Der

gerichtliche Beweis

nach

mosaisch-talmudischem Rechte.

Ein Beitrag

zur

Kenntniss des mosaisch-talmudischen Criminal- und Civilrechts.

Nebst einer Untersuchung

über

die Preussische Gesetzgebung hinsichtlich des Zeugnisses der Juden.

Von

Dr. Z. Frankel,
Oberrabbiner.

Berlin, 1846.
Verlag von Veit & Comp.

Vorwort.

Der Kampf um Gleichheit der Rechte, um Anerkennung des Juden als berechtigte Sohnes des Vaterlandes ist bis zur Erschöpfung geführt: es wurde mit erprobten Waffen gefochten, wurden die egner von einer Position aus der andern verdrängt; und hat sich dennoch kein Sieg ergeben, so liegt die Schuld allein an dem ungleichen Gebiete, auf welchem man sich bewegt: der Jude stehet auf dem geistigen Boden des Rechts und ihm gegenüber erhebt sich als Gegnerin die materielle Macht. Neue Gründe sind schwerlich mehr vorzubringen: neue Bestrebungen dürften nur zum Selbstaufgeben, zur feilen Kriecherei führen; das Recht muss in sich ein Bewusstsein tragen, es will als Recht anerkannt werden; Concessionen, direct oder indirect, bewähren, dass man an seinem Rechte verzweifle, die Ueberzeugung, dass es ein gutes sei, nie gehabt habe. Doch wie die Gesetzgebungen sich hier zurecht finden mögen, was sie dem gerechten Verlangen entgegensetzen, Eines ist das unbestritten vermieden werden muss: Ungleichheit vor dem Gesetze. Gerechtigkeit ist ein zu heiliges Palladium jeder Staatsverfassung als dass es aus Rücksichten oder Vorurtheilen verletzt werden dürfte; in einem Theile angetastet ist die innere Harmonie der Re tsnormen aufgelöst. Auch hier sind noch manche

Schwächen zu überwinden, sind noch manche verwitterte Unterlagen, die die alte Zeit zurückgelassen zu entfernen, und je weniger die heutigen Gesetzgebungen dem Fanatismus Einfluss auf die Legislation gestatten, desto lebhafter muss dem hohen Gebote der Gleichheit vor dem Gesetze Folge geleistet werden.

Einer solchen Unebenheit zu begegnen war das Ziel der von mir im Jahre 1840 veröffentlichten Monographie „die Eidesleistung der Juden in theologischer und historischer Beziehung", die eine formelle Verletzung der Gerechtigkeit hinsichtlich des Juden nachwies. Das gegenwärtige Werk, das mit jenem in inniger Verbindung stehet, weiset auf eine andere wunde Stelle hin: die materielle Verletzung der Gerechtigkeit. Der Jude wird in manchem Staate theilweise von der Fähigkeit Zeugniss abzulegen ausgeschlossen: wird selbst an der Stätte des Rechts ihm zum Vorwurf gemacht, dass er Jude sei! Unter den deutschen Gesetzgebungen tritt in dieser Hinsicht die Preussische am prägnantsten hervor, und fand ich in ihr die eigentliche Veranlassung zur Besprechung dieses Gegenstandes. Die Preussische Gesetzgebung zeigt sich zwar bis auf einige alte Spuren fern von Intoleranz, vermeint aber die Ausnahmsgesetze hinsichtlich der Zeugenhabilität der Juden in den jüdischen Gesetzen selbst begründet, und wurde sie auch durch ein Missverständniss, das nicht ihr zur Last gelegt werden kann, dahin geleitet. Die Aufgabe musste also sein, die jüdischen Gesetze selbst sprechen zu lassen und ihre ganze Doctrin möglichst treu zu erörtern. Zu diesem Zwecke hätte zwar die Lehre vom Zeugenbeweise genügt; allein diese Lehre enthält erst im Zusammenhange mit den anderen Beweisarten ihre Vervollständigung, und so entstand in mir der Gedanke die Lehre vom gerichtlichen Beweise nach mosaisch-talmudischem Rechte wiederzugeben.

Und hierzu bot sich auch noch von der wissenschaftlichen Seite ein gewichtiger Grund dar. Das talmudische Recht wurde noch keiner Bearbeitung gewürdigt: die schwachen Anfänge eines Selden wurden bald aufgegeben; und man flüchtete sich, wenn man sich durch die Praxis gedrängt sah, zu J. D. Michaelis „mosaisches Recht", und war auch Mendelssohn's „Ritualgesetze der Juden" nur ein zu unzulänglicher Nothbedarf. Aber sehen wir auch von der seltenern Praxis ab, so ist doch das eigentliche Kennzeichen der wissenschaftlichen historischen Forschung, dass sie den Manifestationen des menschlichen Geistes in den verschiedenen Phasen nachgehen, die in Zeit und Raum aus einander liegenden Bestrebungen in einem Brennpuncte zusammenfassen und aus ihm die Entwickelung des Menschen erkennen will. Mit welcher Sorgfalt, mit welchem unermüdlichen Eifer wird der Entzifferung eines dem Alterthume angehörenden Denkmals, einer von da herstammenden Inschrift obgelegen: und das talmudische Recht, das nicht etwa versteinerte Mumien oder incrustirte Schriftzüge sondern nach dem den Juden characterisirenden Scharfsinn eine geistige lebendige Ausbeute verspricht, sollte ganz unangebauet bleiben, von ihm wäre nicht mancher Gewinn für die Rechtswissenschaft zu hoffen? Wenigstens muss doch die Nichterwähnung eines Rechts, das durch mindestens zwei Jahrtausende Vielen Norm und Regel war eine fühlbare Lücke in der Geschichte der Rechtswissenschaft zurücklassen! In diesem Werke konnten zwar nur einige schwache Andeutungen gegeben und nur manche Zweige des talmudischen Rechts hervorgehoben werden: aber auch in ihnen schon gewahrt man eine eigenthümliche Verschmelzung des Characters des römischen und des deutschen Rechts: „die mit strenger Consequenz durchgeführte Folgerung aus einem Grundsatz, und die die Lebensverhältnisse würdigende Billigkeit, die vermittelnd zwischen das strenge Recht und die Forderungen der Menschlichkeit tritt“ (Mittermaier Grundsätze des gemeinen deutschen Privatrechts). Und sind auch diese hervorstechenden Züge sowohl im mosaischen Rechte selbst — worüber an mehreren Seiten dieses Werkes — als in der Lage des jüdischen Volkes zur Zeit als das talmudische Recht sich fortbildete gegründet, so erregt die trotz des härtesten Druckes ungetrübte Geistesstärke, das Gefühl des Rechts, das trotz des empörendsten Unrechts von aussen sich in seiner ganzen Kraft erhielt, die Beharrlichkeit mit der dem Studium obgelegen wurde, die rege lebendige Geistesthätigkeit, die auch die schwersten Leiden nicht niederzudrücken vermochten, nicht minder Bewunderung; und bietet schon dieses viel Interesse, zu erkennen, wie ein gedrücktes zerstreutes Volk seine Rechts- und nicht nur Gewohnheitsnormen hatte, nicht etwa nach den Sprüchen einiger Aeltesten bei vorkommenden Fällen, sondern nach, aus einer Rechtslehre und Rechtsprincipien fliessenden Vorschriften gerichtet wurde. — Eine andere bemerkenswerthe Erscheinung ist hier der in seiner Reinheit durchgeführte Accusationsprocess. Dieser Erscheinung wird unsere Zeit wohl um so mehr ihre Aufmerksamkeit schenken, als sie selbst ein mächtiger Drang treibt das Inquisitionsverfahren zu verlassen und zum Anklageprocess zurückzukehren. Kann auch nicht behauptet werden, dass das talmudische Recht dieses Princip mit Bewusstsein aufgefasst, dass es ihm klar als ein Abstractes, Objectives vorgeschwebt und es sich hierüber eine wissenschaftliche Theorie ausgebildet habe, so spricht sich gerade hierin die Lebendigkeit, die innere Nothwendigkeit aus, über die man sich nicht Rechenschaft zu geben wusste, da ein Gegensatz nicht existirte, keine Antithesis darauf hinwies, dass man eine Thesis die erst der Begründung bedürfe, aufstelle. Es wird die Poesie erst dann nach Regeln zergliedert, wenn der räsonnirende Verstand den lebendigen Erguss des Gefühls verdrängt hat und er in ihm das Kunstgebilde erforschen will: nur nachdem das Recht durch verschiedene Phasen gegangen und man Vergleiche anstellt, wird nach dem Geiste jeder Phase geforscht und gelangt erst dieser Geist gleichsam zur Selbsterkenntniss. Das Alterthum konnte nach der Natürlichkeit des Accusationsverfahrens nur dieses allein erfassen; dieser Process war ihm gleichsam ein Gewohnheitsrecht, war ihm noch mehr: innere Nothwendigkeit.

Ueber die Anordnung des Werkes habe ich hier wenig zu erwähnen, da die Anmerkungen das Nähere besagen. Der Beweis ist in kurze Paragraphe gebracht, die durch Anmerkungen erklärt sind: der Leser hat hierdurch einen Ueberblick über das Ganze und stehet ihm auch jede einzelne Norm klar vor Augen. Weder das Eine noch das Andere wäre auf synthetischem Wege, der vorhergehenden ausführlichen Besprechung mit angefügtem Resultate, zu erreichen gewesen. Ein ähnliches Verfahren hat Schneider in seiner Lehre vom rechtlichen Beweise eingeschlagen: seine präcise Weise gibt ihm einen Vorzug vor den wenn auch gründlichen Schriften eines Tavernaer, Globig u. A. Ueber die scharfsinnigen Bemerkungen Webers bringt der letzte Titel Manches; die zweite Auflage mit den Anmerkungen von Heffter kamen mir erst nach Abdruck dieses Werkes zur Hand, ich fand jedoch hierin nicht Veranlassung meine Ansicht zu widerrufen. — Mit vieler Verehrung nenne ich hier noch Mittermaier, aus dessen Beweis und Strafrecht ich reichhaltige Belehrung schöpfte.

Die zweite Section der Einleitung habe ich einem grossen Theile nach in dem von mir redigirten Journal „Zeitschrift für die religiösen Interessen des Judenthums“ als Probe niedergelegt: die günstige Beurtheilung, die sie bei mehreren Gelehrten erfuhr, diente mir als Aufmunderung.

Vielleicht ist diese Arbeit in dem einen Theile, wo sie die Preussische Gesetzgebung bespricht schon in diesem Augenblicke überflüssig geworden, und würde ich mich dessen freuen. Dem Vernehmen nach soll auch in den alten Provinzen Preussens das mündliche Verfahren eingeführt werden; und hierdurch würde natürlich die Criminal-Ordnung (deren Revision ohnediess schon lange in Aussicht stehet) eine Umänderung erfahren, die auch auf die Gesetze hinsichtlich der Zeugenfähigkeit der Juden sich erstrecken dürfte. Ueberhaupt dürfte vielleicht auch von der rigorösen Consequenz der Beeidigung der Zeugen mit der allmäligen Verbreitung der Oeffentlichkeit und Mündlichkeit — wenn auch das französische und englische Recht sie beibehalten — etwas abgegangen werden. Die neueren Gesetzgebungen räumen doch nicht Alles dem Zeugen ein, sondern muss erst deren Aussage durch andere Umstände unterstützt werden: in diesem Zusammentreffen nun, so wie in der genauen Erforschung und dem strengen Verhör liegt der eigentliche Schwerpunct; und dürfte die eiserne Regel des canonischen Rechts, dass ohne Eid kein Zeugniss, unter manchen Umständen verlassen werden. Diese Regel führt, wie im Werke besprochen wird, manche Inconvenienzen herbei und zwingt zuweilen, um nicht in den Widerstreit des Eides mit Eid zu verfallen, zur Umgehung des Rechts. Toscana hat gewagt mit einem rationellen Beispiele voranzugehen, das wohl Nachahmung verdient.

Dresden, im Juni 1846.

Frankel.

Einleitung.

Die vorzüglichste Aufgabe der Gesetzgebung ist Sicherstellung des Lebens und Eigenthumes jedes Mitgliedes der Staatsgesellschaft gegen ungerechten Eingriff. Selbst jene Staatsform, die das Individuum mit seinem persönlichen und sachlichen Rechte in einem Einzelnen, der den Schluss der staatlichen Einheit bildet — dem Despoten — aufgehen lässt, erkennt da, wo die untergeordneten Sphären nicht mit dieser Monas collidiren, das natürliche Recht des Individuums an, und verleihet ihm Schutz durch Gesetze und deren Vollstrecker *). — Der vorsetzliche Eingriff in das Recht eines Andern ist Verbrechen, dessen Grösse nach dem durch diesen Eingriff verursachten Verlust beurtheilt wird. Jedes Verbrechen hat eine doppelte Wirkung; es liegt in ihm ein Frevel gegen das Individuum, an welchem das Unrecht verübt wurde, ferner ein Eingriff in die Sicherheit der zu einem Ganzen sich vereinigenden und gegenseitige Unverletzbarkeit sich verbürgenden bürgerlichen Gesellschaft. — Dem Verbrechen folgt Strafe: nebst der Restitution des verursachten Schadens — wenn er noch zu ersetzen ist — wird, um den Verbrecher selbst von weiterm Vergehen abzuschrecken, und ihn unschädlich zu machen, ferner um den bösen Willen, der auch in Anderen zu solcher Thatäusserung erwachen könnte zu unterdrücken **), das Verbrechen an dem Vermögen oder der Freiheit oder dem Leben des Verbrechers geahndet.

*) Vgl. *Montesquieu Esprit des loix* 2, 1. 3, 9. Gans Erbrecht S. 62.
**) Vgl. weiter das Ausführliche über das Strafprincip.

Das Recht eines Individuums an seinem Eigenthume kann auch durch ein vermeintlich ihm gegenüberstehendes Recht gefährdet werden: der Anspruch eines Rechts tritt einem andern entgegen und erklärt es entweder als unbegründet oder als aufgehoben. Hier wird also die eigentliche Aufgabe sein, das wirkliche Recht vom Scheinrechte zu unterscheiden. Zwar ist die betrügerische, der Unwahrheit sich bewusste Behauptung eines Scheinrechts, ein Verbrechen; doch wird, wo Recht und Recht sich einander gegenübertreten und jeder Behauptende im Recht zu sein vermeint oder es mindestens scheint, das Gesetz sein vorzüglichstes Ziel in der Ermittelung des eigentlichen Rechts erblicken. Diese Behauptung sich entgegenstehender Rechte und deren Ermittelung bildet den Civilprocess, die Ermittelung des Verbrechens den Criminalprocess.

Auch beim Criminalprocesse stehet an sich ein Recht dem andern gegenüber; denn das natürliche Recht jedes Individuums an seinem Leben, seiner Freiheit, seinem Vermögen kann auch dem Verbrecher nicht abgesprochen werden. Aber es wird das Individuum in dem Masse, wie es an dem Rechte eines Andern (Privatverbrechen) oder an dem besondern der Gesammtschaft (Staatsverbrechen) *) frevelt, seines Rechtes verlustig, und hierauf basirt sich die Zulässigkeit der Strafe, als deren Grundlage eine freiwillige Verzichtleistung um so weniger angenommen werden kann, als die Strafe sich zuweilen hinaus über das Gebiet des willkürlichen Schaltens über sich selbst erstreckt (wie Todesstrafe ff.), und der Verzicht hier ein Frevel gegen ein höheres göttliches Recht wäre. — Um so unabweisbarer wird aber die Forderung, dass dem individuellen Rechte des, eines Verbrechens Beschuldigten die Gewissheit, dass er dieses Rechtes sich verlustig gemacht und der Bestrafung anheimfalle, entgegentrete. Eine Muthmassung, ein Verdacht kann daher nicht genügen; das Recht zu bestrafen ist in diesem Falle zweifelhaft, das entgegengesetzte Recht des

*) Jedes Verbrechen ist eigentlich ein Staatsverbrechen, ein Frevel gegen die Gesammtheit, die wie oben bemerkt — hierdurch gefährdet ist; doch waltet noch die besondere Rücksicht vor, inwiefern es unmittelbar gegen den Staat, dessen Grundgesetze, Bestehen, Oberhaupt u. s. w. gerichtet ist, und dient hierfür die Benennung Staatsverbrechen.

Individuums aber gewiss, und es würde also dieses gewisse Recht nicht durch jenes zweifelhafte können aufgehoben werden. Auch würde hierdurch das Strafgesetz seinem eigentlichen Ziele, der Sicherheit der Gesellschaft, direct entgegenarbeiten; denn wann wäre jedes Mitglied in seinem natürlichen Rechte mehr gefährdet, als wenn auf Verdacht Strafe erfolgte, Muthmassung hinreichte um Leben und Freiheit anzutasten!

Der Verhängung der Strafe muss also Gewissheit vorausgehen, und zwar in doppelter Hinsicht: Gewissheit des begangenen Verbrechens (der Thatsache nach ihren strafbaren Umständen) und Gewissheit über die Person des Verbrechers (des Thäters). Dass nur auf solche Gewissheit Bestrafung erfolge, ist nicht minder eine dringende Forderung der Gerechtigkeit als jene, dass das Unrecht bestraft werde; und je entfernter eine Gesetzgebung von Willkür und Despotismus ist, desto gebieterischer dringt sie auf Gewissheit für jede Art des Verbrechens. Diese Forderung müsste aber, wenn sie sich in solchem Grade geltend machen wollte, dass nur die der mathematischen Evidenz sich nähernde unmittelbare Anschauung des Richters als Gewissheit anzusehen sei, zurückgewiesen werden; nur in höchst seltenen Fällen würde hierdurch das Strafgesetz zur Anwendung kommen und der eigentliche Zweck, die Sicherheit der Gesellschaft, ganz verloren gehen. Die unmittelbare Anschauung des Richters muss also durch Wahrnehmungen Anderer und sonstige Hinweisungen auf Verbrechen und Thäter ersetzt, und die durch manche hieran geknüpfte Schlüsse gewonnene Gewissheit als solche (absolute) betrachtet werden.

Diese auf Wahrnehmungen und Hinweisungen gegründete Gewissheit bildet den gerichtlichen Beweis im objectiven Sinne. Hier drückt Beweis das Resultat der Wirkungen aus, die in der Seele des Richters (Beurtheilenden) durch einen natürlichen Schluss aus den Wahrnehmungen und Hinweisungen hervorgehen *). Die Wahrnehmungen und Hindeutungen selbst bilden die Ursachen, sind die Beweismittel, Beweis im subjectiven Sinne, und es erhält also der Beweis eine doppelte

*) Bentham, Theorie des gerichtlichen Beweises, deutsche Uebersetzung, S. 11.

Bedeutung, je nachdem er auf das, was die Gewissheit hervorbringt oder auf die hervorgebrachte Gewissheit bezogen wird *). Der objective Beweis ist nur dann vollständig, wenn genügende Beweismittel zur Hervorbringung der Gewissheit in der Seele des Richters vorliegen; aber es bedarf eines grossen Masses der Urtheilskraft, um das richtige Verhältniss der Gewissheit zu den Beweismitteln aufzufinden, durch einen scharf abgegrenzten Causalnexus, der Ursache die ihr adäquate Wirkung zu vindiciren. Der Beweis in der Bedeutung „Beweismittel" ist ein als wahr angenommener Thatumstand, der zum Beweggrunde dienen soll, das Dasein oder Nichtdasein eines anderen Thatumstandes aus ihm zu folgern **); Gewissheit wird daher nur dann entstehen, wenn 1) genügende Gründe für die Annahme der Wahrheit des frühern Thatumstandes vorliegen; 2) eine solche enge unmittelbare Verbindung zwischen diesem bekannten und jenem auf dem Wege des Schlusses zu erkennenden Thatumstande sich findet, dass sie sich wie Ursache und Wirkung zu einander verhalten. Aber eine solche ist oft sehr schwierig und die Gewissheit nicht selten nur eine subjective. Es werden zuweilen Ursache und Wirkung mit Ueberspringung eines mittleren Gliedes zu einander in Verbindung gebracht: ein Verfahren, das als die Quelle der meisten menschlichen Irrthümer anzusehen ist. Es wird aber auch zuweilen der Schein der Wahrheit für Wahrheit genommen, und bleibt hierdurch die Gewissheit, selbst bei logisch-richtiger Verbindung der Ursache und Wirkung nur subjectiv, da der Ursache, aus welcher man die Wirkung abzuleiten vermeint, eine vollkommene Begründung abgehet. Der Richter kann also nur nach der genauesten Abwägung der Richtigkeit der Beweismittel und des Zusammenhanges, in welchem sie mit der Wirkung — der Gewissheit — stehen, den Beweis als vollgültig anerkennen; und es haben daher im Misstrauen gegen die menschliche Schwäche manche Gesetzgebungen Vorschriften entworfen, nach welchen die genügende Begründung der Ursachen und der mit ihnen enge zusammenhängenden Wirkung zu beurtheilen sei, welche constatirte Beweismittel also vorausgehen, und welcher Grad

*) Mittermaier, Lehre vom Beweise S. 66.
**) Bentham a. a. O.

der Gewissheit ihnen beigelegt werden soll. Auf diese Weise bildet sich die gesetzliche Beweistheorie sowohl für den Criminal- als Civilprocess.

Die Bestimmung, was vorzüglich im Criminalprocess als Beweismittel gelte, stehet in nächstem Zusammenhange mit dem Geiste, der die Institutionen der ganzen Gesetzgebung durchwehet. So wie die Idee des Rechts sich nach den verschiedenen Staatsformen verschieden ausprägt *) und das positive Recht die Incarnation des Naturrechts ist, die es unter diesen Umständen und Begriffen, unter diesen zeitlichen und räumlichen Einflüssen annehmen musste, so spiegelt sich der Geist dieses positiven Rechtes in dem Beweise, der Grundlage jedes richterlichen Urtheils, ab. Wo das Recht nicht in einer Vernunftgemässheit seine Begründung finden kann, sondern sie auf einen höheren ausserweltlichen Willen zurückzuführen gezwungen ist, wird auch nicht der Beweis ausschliesslich in dem natürlichen Zusammenhange der Ursache und Wirkung gesucht werden. Der Befehl der Gottheit allein ist der Ausfluss des Rechts; darum wirkt sie auch unmittelbar zur Entdeckung der Schuld ein, und berechtigt das von ihr gegebene Zeichen zur Bestrafung, fordert eigentlich hierzu auf. Nach den Gesetzen der Hindu wird der Zeuge, dem in den nächsten sieben Tagen nach der Ablegung seiner Aussage ein Unglück widerfährt, als ein falscher Zeuge bestraft; auch wird die Wahrhaftigkeit des Zeugen erprobt, indem der Richter ihn Feuer halten oder unter Wasser tauchen lässt **). Aus einem nicht minder unklaren Begriffe der Ueberwachung des Rechts durch die Gottheit gingen die Ordalien hervor, die schon den Griechen nicht unbekannt waren ***) und in der Feuer-, Wasser- und Abendmalprobe, dem geweihten Bissen, dem Baarrechte, dem Zweikampfe und anderen Proben des Mittelal-

*) Dieses hat Montesquieu in dem vorbenannten Werke trefflich nachgewiesen. Vorzüglich ist hier zu vergleichen das 5. und 6. Buch.

**) Menu B. 8. §. 108. 114. Deutsche Uebersetzung von Hüttner.

***) Vgl. *Sophocles Antigone* v. 264. 265. Ueber andere Ordalien bei den Griechen vgl. *L. C. Valckenaer de Ritibus in jurando a veteribus Hebraeis maxime et Graecis observatis*, p. 65 seq.

ters *) ihre Höhe erreichten. — Von Einfluss auf den Beweis ist ferner die **Staatsform**, je nachdem sie dem monarchischen oder dem demokratischen Principe angehört. Im monarchischen Staate wird der Fürst als dessen Mittelpunct betrachtet und ist in ihm die eigentliche Staatsgewalt repräsentirt; die andere Staatsgewalt, das Volk, erscheint hier als secundär **). Bei Gefahren also, die den Staat bedrohen, unter denen das Majestätsverbrechen hier als eine der ersten angesehen werden muss, wird in einer solchen Verfassung zuweilen weniger auf das oben gedachte Recht des Individuums als auf die Sicherheit des Staates und seines Repräsentanten Rücksicht genommen, und auf manches Beweismittel, das in anderen Fällen als ungenügend betrachtet wird, Werth gelegt ***). — Das Gegentheil hiervon gewahrt man in dem Staate, wo das demokratische Princip und hierdurch die Berücksichtigung der individuellen Freiheit überwiegt. Hier wird der Beweis sehr erschwert, und es ist ein Grundzug der englischen peinlichen Gesetzgebung, dass sie nicht nur auf Selbstgeständniss nicht dringt, sondern sogar davon abzuhalten versucht †). Man wollte die persönliche Freiheit des Bürgers dem Königthum (den königlichen Richtern) gegenüber sichern, vermeinte sie aber, so Selbstgeständniss als Beweis gälte, gefährdet, da der Richter durch manche Mittel, die leicht in Gewaltmassregeln ausarten, auf Selbstgeständniss hinarbeiten könnte (vgl. Anhang zum zweiten Capitel der Anmerkungen), und der Bürger hierdurch der Willkür ausgesetzt wäre ††). Noch bedeutender tritt die Verschiedenheit des Beweises nach dem Principe des Strafprocesses hervor, ob es

---

*) Das Ausführliche hierüber bei C. Tittmann, Geschichte der deutschen Strafgesetze S. 132—163.

**) *Montesquieu l. l.* 2. 4. u. a. a. O. Jedoch gilt dieses nur von der streng monarchischen Form.

***) Vgl. Preussische Criminal-Ordnung §. 358. (Der „revidirte Entwurf des Strafgesetzbuches für Preussen, Berlin 1841" hat diesen Paragraph weggelassen.)

†) Vgl. Cottu, die peinliche Rechtspflege in England, deutsch übersetzt von Hornthal, S. 163.

††) So nach Bentham a. a. O. S. 283. Vgl. hingegen *S. M. Phillipps treatise on the law of evidence* p. 86 seq. — Ueber Selbstgeständniss überhaupt in accusatorischem (und daher auch dem englischen) Strafprocesse vergl. weiter II.

inquisitorisch oder accusatorisch sei, ob nämlich der Richter die Beweise aufzufinden und vom Verdachte zur Gewissheit zu gelangen bestrebt ist, oder ob die Anklage mit bestimmt auftretender Behauptung gemacht wird. Und bei der accusatorischen Form selbst nimmt der Beweis eine verschiedene Gestaltung an, je nachdem materielle oder formelle Wahrheit gesucht wird, ferner je nachdem die Beurtheilung der Gültigkeit des Beweises rechtsgelehrten Richtern oder mehreren aus der Mitte des Volkes hierzu gewählten Männern überlassen ist (vgl. weiter II).

Bei der Forschung über den Beweis nach mosaisch-talmudischem Rechte muss also der Geist, welcher dieses Recht durchdringt, die Verfassung, aus welcher es hervorgegangen, das Princip, auf welches in ihm der Process begründet ist, aufgefasst werden, damit sich hieraus ergebe, welche Beweisart in ihm zur allgemeinen Geltung kommen musste, und welchem Beweise nur eine bedingt gültige Kraft beigelegt werden konnte. Doch muss vorher der Begriff mosaisch-talmudisch nach seiner doppelten Bedeutung aufgefasst werden. Mosaisches und talmudisches Recht sind in einander verwebt; letzteres verhält sich zu ersterm wie eine Folge zum Gegebenen, und schliesst sich ihm in zweierlei Weise an: als Forschung, es will das mosaische Recht erklären und bildet hierzu gleichsam den Commentar; dann als Fortbildung, wobei es jenes als Grundlage ansieht, auf die es weiter fortbaut, und diesem gemäss die einfachen Grundzüge zu einer reichhaltigen Fülle verarbeitet. Bei der Forschung oder vielmehr Erklärung geht es zuweilen mit freiem, aber noch häufiger mit wenig kritischem Geiste zu Werke: das geoffenbarte Gesetz gilt ihm als Canon, dessen erste Ursache zu ergründen nicht zu seiner Aufgabe gehört; es verzichtet daher auf den Totalüberblick und das Aufsuchen der zu Grunde liegenden ursprünglichen Idee. Freier tritt das talmudische Recht in der anderen Hinsicht, als Fortbildung, auf; hier nimmt es durch äussere Einflüsse des Lebens gedrängt die mannigfachsten Gestaltungen an, durchläuft die verschiedensten Bildungsphasen, und hält nur von fern sich an das mosaische Recht, sucht die Idee zu erfassen und sie durch Analogien und Deductionen auf vorliegende Fälle, auf erneute Zeit- und Lebensumstände anwendbar zu machen (vgl. weiter). — Wenn also in der Forschung über mosaisch-talmudisches Recht das mosaische Recht selbst nur in der Auffassungsweise des talm. Rechts und wie es mit diesem zu einem Ganzen zusammenwuchs, berücksichtigt werden kann, so wird man doch oft unwillkürlich veranlasst es in seiner Absolutheit, sowohl seinem ganzen Inhalte nach als in manchem einzelnen Gesetze, zu betrachten, und die in ihm vorwaltende Idee fern von äusserer Zuthat zu erfassen. Und da erhebt sich denn oft die Frage, wie verhält sich Manches nach rein mosaischem, wie nach seinem Zusammenflusse mit dem talm. Rechte: eine Frage, die beim Beweise auf mancher Seite bedeutsam hervortritt.

Ehe wir nun daher auf die Einzelnheiten des Beweises eingehen, richten wir unsere Aufmerksamkeit:

I. Auf den Geist des mosaisch-talmudischen Rechtes, wobei wir auch einen Blick auf die mosaische Verfassung werfen;

II. auf die in diesem Rechte giltige Gerichts- und Processform.

Und da das talmudische Recht sich nicht als ein aus einem Gusse hervorgegangenes Gesetzbuch gibt, sondern aus Meinungen, die den verschiedensten Zeiten angehören, zusammengeflossen ist, darum müssen auch berücksichtigt werden:

III. die Quellen des talmud. Rechts.

I.

Mosaisch-talmudisches Recht.

Es ist ein charakteristisches Zeichen der mosaischen Verfassung, dass sie als eine göttliche Gesetzgebung sich ankündigt: der Wille Gottes steht als Träger der Staats- und Rechtsvorschriften oben an, durchdringt die Einzelnheiten der öffentlichen und Privatverhältnisse. Man hat hieraus den Vorwurf ableiten wollen, dass im Mosaismus das Recht nicht seine Selbstständigkeit erlangt, da es nicht das Product der zum Bewusstsein ihrer selbst und des Rechtsbegriffes gekommenen Vernunft ist, sondern erst durch ein Aeusseres, durch die Religion gesetzt wird, und durch sie erst die verschiedenen Kreise der Gesellschaft, die Person, die Familie u. s. w. ihre Berechtigung erhalten *). Aber gehet man auf diesen Willen, wie er in den Gesetzen sich manifestirt, näher ein, so zeigt sich dieser Vorwurf als sehr einseitig. Im Mosaismus spricht nicht der absolute Wille, der das Aufgehen des eigenen Rechtsbewusstseins vor einem höheren Machtspruche heischt, sondern die im Menschen schlummernden Ideen von Wahrheit und Recht sollen geweckt und zu dessen Bewusstsein gebracht werden; das Recht ist hier nicht ein äusseres willkürliches Moment, sondern hat seine innere Nothwendigkeit, findet seine Berechtigung im menschlichen Geiste: durch die göttlichen Vorschriften tritt es ins Bewusstsein über. Es zeigt sich hier dasselbe Verhältniss, wie bei den im Mosesthume verkündeten Wahrheiten über Gott; sie wurden geoffenbart und doch sind sie nicht ein Aeusseres, Aufgedrungenes, sondern die im Menschen dunkle Ahnung erwacht durch sie zum Leben, zur Klarheit. Darum gehet hier auch kein Kreis vor dem Höheren der Gottheit auf: Gott ist zwar Gesetzgeber, Oberhaupt des Staates, aber Regent und Volk stehen hier nicht einander in ihren Rechten gegenüber, sondern es fliesst das Recht von Gott, als der Urquelle des Rechts, das in ihm die höchste Idealität erreicht, aus, und durchdringt alle Sphären, bildet das Substrat aller Verhältnisse: seine Ausübung ist Gottesverehrung und stehet sogar — wie an vielen Stellen ausgesprochen wird — über der sogenannten rein religiösen Handlung. Im Mosaismus ist das Recht immanent, und hierin liegt sein wesentlichstes Merkmal vor anderen Gesetzgebungen, in so fern sie sich als göttlich ausgeben. Diese haben überhaupt die Selbstsucht der Götter zum Ausgangspuncte; die Götter kümmern sich um den Menschen, weil sie von ihm Opfer und Anbetung verlangen, und wie sie denn auch nach dem Massstabe, wie sie verehrt werden, ihre Lieblinge unter Menschen und Völkern haben **). Daher liegt auch nur in Unterwerfung die Verpflichtung zur Rechtserfüllung ***); vor dem Willen der höheren Mächte

*) Gans, Erbrecht, I. Theil, S. 62 ff.

**) Vgl. Ilias 4, 43—56. und a. a. O.

***) So bei vielen Rechtsgesetzen des Menu und der Zendavesta, die für ihre Befolger reine Religionsgesetze sind.

— an dem sie selbst aber als einem Rechtswillen nicht gebunden sind — schwindet die Freiheit des Menschen; das Motiv ist wie im despotischen Staate Furcht *): und es erreicht diese Unterwerfung ihren Culminationspunct im Menschenopfer — dem tiefsten Rechtseingriffe; es muss, wo es den Göttern gilt, jedes natürliche Recht aufhören. Anders in der mosaischen Gesetzgebung, wo das Recht nicht nur als mit dem Willen Gottes zusammenhängend, sondern als ihm inhärirend und sein eigentlichstes Wesen bildend sich manifestirt. Gott liebt das Recht und kann selbst nicht darüber hinausgehen **); dieses wäre ein Widerspruch in seinem Wesen. — Die Rechtsgesetze sind also im Rechtsprincipe selbst, in der Sittlichkeit und der freien Achtung vor dem Wahren und Guten begründet, sie verbleiben auf dem Rechtsboden, leiten ohne auf das Religionsgebiet hinüberzuschlagen ihre Legitimität aus der Idee des Rechts ab.

Diese innere Anerkennung des Rechts tritt in der Form des Staates hervor, die hier eine republicanische ist, während die alten auf Offenbarung sich stützenden Gesetzgebungen (Menu, Zendavasta) nur einen Staat mit monarchischen Formen kennen. Denn da in ihnen die letzte Ursache des Rechts in Unterwerfung unter den Willen der Gottheit liegt und vor dieser selbst jedes Recht aufgehet, so wird diesem Begriffe gemäss der niedere Kreis von dem je höheren verdrängt. Das Recht ist also nicht ein in allen seinen Puncten cohärirendes organisches Ganze, eine in sich verschlungene Kette, die von der Hütte des Bettlers, von der persönlichen Freiheit des Individuums bis hinauf zum Throne sich ziehet, sondern es bildet nur einen losen Zusammenhang von verschiedenen sich abstufenden Rechten, dessen Gipfel der Fürst einnimmt. Darum hier der leichte Uebergang zum despotischen Staate, wo vor dem Kreise des Herrschers — nach dem Urtypus der Unterwerfung unter die Götter — jeder andere aufgehet, und nur das Recht der Götter stehet noch höher. Die mosaische Staatsform hingegen musste eine republicanische sein. Gott ist

*) *Montesquieu* l. I. 3. 9.

**) So an vielen Stellen der heil Schrift, vgl. Genesis 18, 19. 25. Deuteronom., Psalm. und Propheten sind voll von diesem Gedanken.

das unsichtbare Oberhaupt, aber aus seinem Wesen fliesst das Recht, und so kam auch das des Einzelnen zu seiner Anerkennung, konnte von keinem andern verdrängt werden *); hier gibt es nicht Sphären der Rechte, sondern nur eine Sphäre des Rechts. Der Monarchismus konnte also hier nicht Begünstigung finden und war, da er in den alten Verfassungen sich so häufig dem Despotismus nähert, ganz gegen den Geist dieser Gesetzgebung; daher auch im mosaischen Staate die Monarchie von den Einsichtigeren stets mit Widerwillen zurückgewiesen wurde **). — Diese innere Berechtigung des Rechts manifestirt sich noch merklicher auf einer andern Seite. Da die Gesetze von einem unsichtbaren allgegenwärtigen Oberhaupte vorgeschrieben sind, von dessen Auge das Gesetz nie unbewacht bleibt und dem jede Nichterfüllung offenbar ist, so dürfte zu folgern sein, dass in Fällen, wo der Richter nicht zur Entdeckung eines verübten Verbrechens gelangen kann, dieser göttliche Gesetzgeber unmittelbar eingreife, es entweder aufdecke oder nach seiner Verbindung mit dem Staate es unmittelbar bestrafe. Aber weder das Eine noch das Andere! Diese Gesetze sind nur die dem Menschen zum Bewusstsein gebrachten, in ihm verborgen liegenden Rechtsideen, die natürliche Entwickelung des Rechtsgefühls, zu der ihm durch diese Gesetze verholfen wird und die nun sein ganzes Eigenthum werden. Er selbst soll daher über sie wachen und sie ausführen, keine Intervention der Gottheit findet Statt.

*) Die asiatisch despotischen Staatsverfassungen werden auch aus dem patriarchalischen Verhältnisse hergeleitet. Das Familienhaupt ist Herr über Leben und Tod seiner Angehörigen; diese Beziehung wurde auf das Staatsoberhaupt übertragen. Aus derselben Ansicht mag sich auch der Begriff über die willkürliche Herrschaft der Götter herausgebildet haben: die Familie Eigenthum des Familienvaters, das Menschengeschlecht Eigenthum der Gottheiten. Die Persönlichkeit des Menschen kommt also nicht zum Bewusstsein; die Familienglieder sind Sachen des Oberhauptes, die Unterthanen Sachen der Herrscher, die Menschen die der Götter. Im mosaischen Rechte ist die Willkürlichkeit aufgehoben, selbst der Sclave ist Person, seine Ermordung wird mit Tod bestraft, und die Verletzung desselben ziehet dessen Freilassung nach sich.

**) Vergl. I. Samuel c. 8. Sehr viel Gewicht liegt in den Worten (12, 12 das.): „Ihr sprechet ein König soll uns regieren; aber der Ewige euer Gott ist doch euer König." Vgl. auch Hosea 13, 11.

Hier also ein umgekehrtes Verhältniss zu anderen Gesetzgebungen; bei ihnen ist das Recht ein Aeusseres, durch den Willen der Götter Gesetztes, darum greifen sie unmittelbar ein, theils durch Bestrafung des Schuldigen — es verfolgen den Orest die Erinnyen —; theils, wie oben bemerkt wurde, durch Aufdeckung der Schuld. Im mosaischen Rechte bleibt sowohl Bestrafung als Entdeckung im Gebiete des Menschlichen. Nicht greift ein unmittelbar der That folgendes göttliches Strafamt ein, wenn auch die Gottheit den von Menschen nicht bestraften Bösewicht nicht ungestraft lässt; noch kennt dieses Recht den übernatürlichen Beweis. In den Ordalien gilt letzterer als vollkommenes Beweismittel (classischer Beweis), entscheidet für die Schuld oder Unschuld des Angeklagten, an dem, so er nicht die Probe bestehet, die gesetzliche Strafe vollführt wird *). Das mosaische Recht kennt keine Ordalie, selbst bei der Probe des bittern Wassers bei der des Ehebruches Verdächtigen (Num. c. 6), — ein Fall, der übrigens nicht in das stricte Recht gehört — verursacht nicht der schlimme Erfolg eine richterliche Ahndung, gilt er nicht als Zeichen, dass diese Frau als des Ehebruches überführt mit Tod (wie sonst beim Adulterium) zu bestrafen sei, sondern es reducirt sich die Bestrafung auf diesen schlimmen Erfolg selbst, der auf ausserordentlichem Wege und nur bei dem vorgedachten Falle allein eintritt.

Aus der Betrachtung, dass hier die Rechtsvorschriften ganz im Rechtsprincipe wurzeln und die Gottheit nur auf sie hinleiten will, die Ueberführung so wie die Ausführung aber durch menschliche Mittel und menschliche Richter allein bewerkstelligt werden soll, ergibt sich ferner, dass die mosaische Rechtsgesetzgebung nicht eine theokratische genannt werden kann **).

*) So galt bei der Ordalie des glühenden Eisens ff. die Versehrung als Zeichen der Schuld, und wurde an dem hierdurch als Verbrecher Erkannten die gesetzliche Strafe vollzogen. Bei einem Kampfgerichte zwischen den Grafen Gero und Waldo unter Kaiser Otto II. erklärte sich Waldo, als er durch einen heftigen Schlag seines Gegners zu Boden gestreckt wurde, für unfähig zum weiteren Kampfe und wurde auf Befehl des Kaisers sogleich durch den Scharfrichter hingerichtet. Tittmann S. 157, Anmerkung.

**) Es wurde von jeher viel darüber gestritten, ob überhaupt die mosai-

Aber auch von der kirchlichen Verfassung, die man in neuerer Zeit von mancher Seite dem Staate geben will, ist die mosaische Gesetzgebung weit entfernt. Die Kirche hat ihrem eigentlichen Wesen nach nicht Rechtgesetze, sondern Tugendvorschriften, sie weiset auf das Jenseits hin und stehet über den irdischen Beziehungen nach deren Wirklichkeit. Sie kann daher nicht für den Staat Norm werden, sondern nur für ihn vorbereiten, indem sie das Sittengesetz zur lebendigen geistigen Anschauung bringt und jene höhere Freiheit entwickelt, die sich in der Besiegung der Selbstsucht, in der Unterordnung des Einzelninteresses unter das Wohl des Ganzen, in der freiwilligen vernünftigen Achtung vor dem Gesetze kundgibt. Tritt die Kirche bei ihrer Behauptung, dass ihr Reich von Jenseits sei, als Gesetzgeberin auf, so verfällt sie in einen Widerspruch mit sich selbst, da sie doch, durch Setzung der Tugend an die Stelle des Rechts, das Aufgeben vieler menschlichen Verhältnisse verlangt. Im Christenthume kommt daher das Recht nicht zu seiner eigentlichen Berechtigung; die persönliche Freiheit, deren Beachtung in Anderen hier zwar als erhabene Tugend anempfohlen wird, gelangt nicht zum Durchbruch, da im Individuum selbst das Aufgeben des eigenen Rechts beharrlich gefordert wird. Das Christenthum ist nach seinem Wesen eine Religion der Demuth, sie schreibt Unempfindlichkeit gegen Beleidigungen, ein fast übernatürliches Nachgeben bei Eingriffen vor; die Demuth soll also das persönliche Recht und die individuelle Freiheit überwiegen: die Basis ist Unrecht ertragen. Der Staat hingegen will Geltendmachung des Rechts, das sich in ihm als Substantielles, in sich selbst Bedingtes setzt und als befruchtendes Princip den Kreis der Persönlichkeit, der Familie, der Gesellschaft durchziehet: seine Grundlage ist Unrecht abwenden. In der Basis des Christenthums scheint übrigens ein Widerspruch zu

sche Staatsverfassung eine Theokratie zu nennen sei; vgl. u. Andr. J. D. Michaelis, mos. Recht, I. Thl. §. 35. C. Th. Welcker, die letzten Gründe von Recht, Staat und Strafe, S. 279—308. Wir beschränken uns hier auf die Rechtsverfassung; und da diese nicht als eine theokratische angesehen werden kann, so verlieren auch die Gründe, die man für die Theokratie (einen übrigens oft missverstandenen Begriff) beizubringen pflegt, viel von ihrem Gewichte.

liegen. Es wird gefordert Unrecht zu ertragen und nicht Unrecht zu thun. Wird ein Princip des Rechts anerkannt — denn nur nach diesem findet ein „Unrecht thun" statt — so muss es seine ungetheilte Geltung haben; das freiwillige Unrechtertragen, wie es Matth. 5, 38. 39. anempfohlen wird, ist ein Aufgeben des Rechts; und welche Veranlassung liegt hierzu an sich selbst vor? Hat das Recht einen höheren Ursprung — und dieser muss ihm zugestanden werden, da ich es in einem Andern ehren, ihm kein Unrecht thun soll — warum mit der Forderung zurücktreten, dass es auch in mir geehrt werde? — Aber weil das Recht zuweilen in Uebergriff ausartet, und die Grenze, wo die verschiedenen einander gegenüberstehenden Rechte sich berühren, oft verkannt wird *), darum wird dieses Aufgeben zur Tugendpflicht gemacht. Staat und Christenthum, ihrem Ausgange nach sich widersprechend, können nur neben einander bestehen; das Christenthum bildet eine Schutzwehr gegen das zuweilen zu weit ausgedehnte Princip des Staates, will abwehren den Uebergriff des Rechts, kann aber keinenfalls das Fundament des Staates machen; ein christlicher Staat scheint eine Begriffsverwirrung **). — Einen ganz verschiedenen Charakter hat die mosaische Gesetzgebung; sie ist eine für das Diesseits, für den Menschen, wie er mit seinen Anlagen und seinem natürlichen Rechte sich auf Erden bewegen soll, berechnete Staats- und Rechtsverfassung. Dem praktischen, in seiner natürlichen Sphäre handelnden Menschen wird die Weise, wie er sein Recht und das Anderer wahren soll, vorgezeichnet; eine duldende und resignirende Passivität

*) Hobbes stellte die Hypothese auf, schon im Naturzustande sei der Mensch als im Kriegszustande mit Anderen anzusehen. Montesquieu meint, das Eintreten in die Gesellschaft erwecke einen natürlichen Kriegszustand, da jedes Individuum die Vortheile der Gesellschaft für sich acquiriren will. *Esprit des loix L. I. ch.* 2. 3.

**) Das Christenthum buchstäblich aufgefasst kann auch neben sich den Staat nicht bestehen lassen und muss ihn, wie die Quäckersectirerei zeigt, mit seinen Forderungen des Rechts negieren. Der Anachoretismus ist daher eine consequente Fortbildung der einseitigen Auffassung des Christenthums. — Da der christliche Staat in neuester Zeit eine grosse Literatur hervorgerufen hat, die wir nicht zu vergrössern gedenken, so brechen wir hier ab.

wird nicht beabsichtigt, daher keine Hervorhebung der Tugend mit Herabdrückung des Rechts. Hingegen musste nach der Persönlichkeit des Gesetzgebers, in welchem sich Tugend und Recht vereinigen, auch die Tugend zur Geltung kommen; die mosaische Verfassung hat daher zwei coordinirte Factoren: Tugend (Sittlichkeit, Ethik) und Recht. Die menschliche Gesetzgebung kann nicht über die Gesinnung, die ihr unerkennbar und undurchdringlich ist, Vorschriften erlassen, sie bleibt nur bei den äusseren Verhältnissen stehen und ihr Ziel ist ausschliesslich die Sicherheit der bürgerlichen Gesellschaft. Selbst die Armengesetze der neuern Zeit haben nicht in der Mildthätigkeit, sondern in dem durch einen überhand nehmenden Pauperismus bedrohten Sicherheitszustande ihren Ursprung, daher sie nur zu oft den Abdruck der Härte — bekannt sind die in England darüber erhobenen Beschwerden — an sich tragen. Die mosaische Gesetzgebung, als ein Ausfluss dessen, der Gesinnung und Handlung kennt und überwacht, dringt auf die Heiligung der Gesinnung und der ihr entsprechenden Handlung; daher Vorschriften wie: „du sollst nicht deinen Bruder hassen in deinem Herzen, sollst dich nicht rächen und Groll nachtragen, sollst dem Armen, der Wittwe und der Waise von dem Deinigen mittheilen u. dgl. m. (vgl. Levit. 19. und Deuteron. an vielen Stellen) *). Tugend und Recht stehen hier also nicht einander gegenüber, kein Princip wird erschüttert sondern nur die strenge Consequenz gemildert. Die Tugend zwingt hier nicht das Recht zum Aufgeben seiner selbst, die eigene Persönlichkeit erliege nicht unter dem Drucke der Tugend; aber auch das Göttliche im Menschen werde nicht durch die aufs Aeusserste getriebene Behauptung des

*) Auch in anderen alten Gesetzgebungen wird zwar nicht das Gebiet des Rechts streng von dem der Tugend geschieden. Doch hat auch hier das mosaische Gesetz sein charakteristisches Merkmal; jene machen manche Tugendpflicht zur Rechtspflicht (wie z. B. die Dankbarkeit bei den alten Persern), das mosaische Gesetz hingegen macht eigentlich nur die Tugend zur Gewissenspflicht, über deren Erfüllung aber der unsichtbare Richter, vor dem Tugend und Recht gleich wägen, wacht. Ferner verbleiben jene alten Legislationen nur bei Handlungen der Tugend; das mosaische Gesetz gehet auch auf die Gesinnung (du sollst deinen Bruder nicht hassen, nicht Groll nachtragen ff.) ein.

Rechts vernichtet. Das Recht wird zwar nach seiner Strenge aufgestellt, aber es werde durch die Tugend gemildert; beide im Menschen schlummernden höheren Kräfte sollen durch den Hauch des Gesetzes sich zu einer innern harmonischen Verbindung vereinigen.

Wir gehen nach diesen Bemerkungen auf den Geist des mosaischen Criminalrechts über. Die Gesetzgebung kündigt sich als eine höhere von Gott ausgehende (durch ihn zum Bewusstsein gebrachte) an. Gott steht an der Spitze der Gesetze, und so musste auch die sogenannte religiöse Uebertretung, die Sünde gegen Gott, hier als Verbrechen namhaft gemacht werden. Doch zeigt sich bei genauerm Forschen, dass der Bestrafung durch die Staatsbehörde (Gericht) nur jene Verbrechen unterlagen, die jede natürliche Staatsverfassung als die Grundlage des Staates zerstörend und die Bande der menschlichen Gesellschaft auflösend, erkennt und als solche bestraft. Die eigentliche, durch Menschen auszuführende Todesstrafe erfolgt auf Götzendienst, Lästerung Gottes, wohin auch Sabbatentweihung zu beziehen ist, da die Sabbatfeier die Anerkennung des Herrn als Schöpfers des Weltalls ausspricht *). Im mosaischen Staate, wo Gott der Gesetzgeber und das Bekenntniss der Einheit Gottes die Grundlage der Staatsverfassung bildet, sind diese Verbrechen als Hochverrath und Beleidigung der Majestät anzusehen. Todesstrafe involvirt ferner freche, die Bande der Sittlichkeit durchnagende Unzucht (Sodomiterei, Incest, Ehebruch), und endlich Handlungen, die den völligen Umsturz des Rechts herbeiziehen, als Mord, Menschenraub. Verbrechen hingegen, die im natürlichen Staate das Staatswohl nicht unmittelbar gefährden, werden auch hier nur als mittel-

---

*) Vgl. Michaelis, mos. R. 4. Thl. §. 195. 5. Thl. §. 249. Mendelsohn Jerusalem S. 118. Es ist übrigens von selbst begreiflich, dass das Sabbatgesetz, da es auf die Anerkennung hindeutet, nicht als ein nationales nur sondern auch als religiöses zu betrachten ist; so wie überhaupt nach der Person des Gesetzgebers Religiöses und Nationales sich hier oft begegnen, und jenes zwar die Form des letztern annimmt, aber doch seine eigentliche nie zu tilgende Verbindlichkeit in der absoluten von äusseren Verhältnissen abgesehenen Beziehung zu Gott hat, nämlich in der Religion.

bar mit der Staatsverfassung zusammenhängend betrachtet und behält die Gottheit sich die Bestrafung vor; denn da sie nur durch den Ungehorsam gegen den Willen des göttlichen Gesetzgebers sich zum eigentlichen Verbrechen gestalten, so fallen sie allein dem Gebiete der Religion anheim, über die Gott richtet *). — Das mosaische peinliche Recht überschreitet also nicht den Kreis einer natürlichen Staats- und Rechtsverfassung.

Auch der eigentliche Begriff von Verbrechen und Strafe tritt uns hier klar entgegen; und stehet unter den alten Gesetzgebungen das mosaische Recht allein auf der Höhe der Rechtserkenntniss, die vom Individuellen zum Allgemeinen aufsteigend das durch das begangene Verbrechen dem Staate, der ganzen Gesellschaft zugefügte Unrecht im Auge behält. Dieses zeigt sich besonders bei näherer Erwägung des Gesichtspunctes, aus welchem das mosaische Recht den Mord betrachtet und ihn bestraft wissen will. Die alten Gesetzgebungen erblicken in dem Morde eigentlich nur ein Privatverbrechen und zwar nach einer doppelten Seite: gegen den Ermordeten und gegen die Familie, der derselbe angehörte. Nach

*) Auf die Verbote, die wir religiöse nennen, ist mit Ausnahme des Sabbats durchgehend die Strafe: Ausrottung (כרת); eine Bestrafung, die wie aus Levit. 20, 4. 5. deutlich hervorgehet („wird das Volk des Landes — die Gemeinde — abwenden seine Augen von dem Manne und ihn nicht umbringen, so werde ich ihn ausrotten ff."), sich die Gottheit vorbehält, und spricht diese Stelle deutlich gegen die Meinung einiger Gelehrten (Michaelis m. R. §. 237. Gesenius Wörterbuch Radix כרת), die unter Ausrottung eine durch Menschen auszuführende Todesstrafe verstehen wollen. Auch heisst es nirgends: Ihr sollet ausrotten, wird die weltliche Behörde nie hiermit, wie bei der Steinigung ff., beauftragt, sondern wo je diese Bestrafung auf ein Subject zurückbezogen wird, so ist es die Gottheit, welche spricht: „ich werde ausrotten." Ferner heisst es stets bei schwereren Verbrechen: מות יומת (er soll getödtet werden), und ist hier nie כרת allein als Strafe ausgesprochen, während hingegen sich nur bei den leichteren כרת ohne weitern Zusatz findet. Dieses tritt selbst bei den Incesten Levit. 20. deutlich hervor: Sodomiterei, Unzucht mit der Mutter, Pädastrie ff. hat מות יומת Incest mit einer väterlichen oder mütterlichen Tante, Halbschwester ff. hat כרת zur Folge. Die Einwendung, dass Exod. 31, 14. 15. ונכרתה und מות יומת neben einander folgen, ist unbedeutend, da ונכרתה ein allgemeiner Begriff ist, und also auch מות יומת, wenn dieses zur näheren Bestimmung hinzutritt, einschliesst.

dem patriarchalischen Verhältnisse nämlich bildet jede Familie einen in sich abgeschlossenen kleinen Staat; durch den Mord eines Gliedes geschieht dem Ganzen Abbruch, wird seine Macht verringert, erleidet die Familie einen äusserlichen Verlust. In der griechischen Mythe verfolgen daher nach dem ersten Gesichtspuncte die Erinnyen des Erschlagenen den Mörder *), die unterirdischen Götter übernehmen an dessen Stelle die Rache und verlangen eine Sühne, die auch bei einem unvorsätzlichen Morde geleistet werden muss **); so lange dieses nicht geschehen, ist der Mörder verunreinigt, und darf nicht die heiligen und öffentlichen Stätten betreten ***). Es bricht nun zwar schon die Ahnung, dass der Mord eine Beleidigung gegen die Götter sei, durch †); doch trat er noch immer nicht aus dem Kreise des Privatverbrechens heraus: die Rache, die der Bluträcher, gewöhnlich der nächste Anverwandte des Ermordeten, übernahm, musste, wenn der Getödtete vor seinem Hinscheiden dem Mörder die Strafe erlassen hatte, unterbleiben ††). Es konnte aber auch der Bluträcher selbst ein Lösegeld annehmen und wurde hierdurch auf die Blutrache verzichtet †††). Hier kommt die Rücksicht vorzüglich zur Geltung, dass die Familie durch den Ausfall eines ihrer Glieder Schaden erlitten habe; der Erschlagene wird also als Sache betrachtet. Uebrigens lag, weil der Mord nur als Privatverbrechen angesehen wurde, die Bestrafung nicht dem Gerichte

---

*) Plato (*Leges Dialog.* 9. p. 865) bewahrt die Sage auf, dass der gewaltsam ermordete Freie (der Sclave gelangt selbst in Plato's idealer Republik noch nicht zur Anerkennung als Mensch, vgl. p. 868 ff.) bei dem Anblick des ruhig lebenden Mörders mit Zorn erfüllt sei, und tief erschüttert und aufgeregt schreckt er denselben u. s. w.

**) Ueber diese Sühne, die hilastisch und kathartisch war (*piatio et lustratio*), vgl. O. Müller, Aeschylos Eumeniden S. 138 ff.

***) Vgl. Plato p. 866. 870.

†) So vorzüglich bei Plato, und scheint er auf dessen Gesetz über den Selbstmord (p. 873) einigen Einfluss zu haben, wobei jedoch noch mehr die den Alten natürliche Verachtung der Feigheit vorwaltet.

††) *Demosthenes adv. Pantenetum* p. 983. 20: *οὐδὲ γὰρ, ἂν ὁ παθὼν αὐτὸς ἀφῇ τοῦ φόνου πρὶν τελευτῆσαι τὸν δράσοντα, οὐδενὶ τῶν λοιπῶν συγγενῶν ἔξεστιν ἐπεξιέναι.*

†††) Die bekannte *ποινή*. Vgl. hierüber mehr bei Müller a. a. O. S. 145.

ob; der Mörder konnte sich selbst verbannen, ehe er vor Gericht gestellt wurde; diese Verbannung war aber nicht eine gesetzliche Strafe, da das Gericht nie (es sei denn bei politischen Verbrechen) auf Verbannung erkannte. Nur wenn von den Verwandten des Erschlagenen der Mörder vor Gericht gefordert wurde, schritt dieses ein und erkannte auf Tod *). — Das vorerwähnte Privat- und Sachverhältniss tritt noch sichtbarer bei den alten Germanen hervor, wo der Mord durch das **Werigeld** vergütet wurde **); eine Einrichtung, die sich bis zu den Carolingern erhielt ***). Aehnliches erblicken wir im Koran †), und wird bei den africanischen Muselmännern noch heute das Strafrecht in solcher Weise geübt ††). — Wie ganz anders nach dem mosaischen Rechte! Der Mord nimmt hier die Stellung ein, die das Rechtsprincip ihm zuweisen muss: ein gegen den Staat, der die Garantie für das Leben jedes Individuums übernommen hat, begangenes Verbrechen. Darum heisst es ausdrücklich: „Ihr dürft kein Lösegeld nehmen für den Mörder, der des Todes schuldig ist, sondern er muss getödtet werden" (Numer. 35, 31.); ferner: „Ihr sollet nicht

*) So ergibt es sich aus Plato a. a. O. und überhaupt aus dem **Blutbann** der alten Griechen (worüber Manches bei O. Müller Eumeniden), der vorzüglich hinsichtlich des Exils, das Mehrere eine **gerichtliche** Strafe wähnten, missverstanden wurde. Der Mörder musste sich exiliren, weil Niemand mit ihm als einem Verunreinigten umgehen konnte. Mehreres hierüber wird ein Aufsatz in der in der Vorrede gedachten Zeitschrift: „der Blutbann der Hebräer und Griechen" bringen.

) Tittmann a. a. O. S. 7. Bei den Germanen war also vorzüglich der zweite Gesichtspunct vorherrschend: der Verlust der **Sache sei zu ersetzen. Da aber dieser Verlust nach dem altgermanischen Heerwesen auch den König (Heerführer) oder den Staat mittraf, so musste ein Theil der Strafe an diesen erlegt werden. *Tacitus de mor. Germ.* c. 12.

***) So nach den Salischen, Ripuarischen, Alemanischen u. a. Gesetzen. Tittmann S. 36.

†) Sura 2. V. 175: „Gläubige! es ist euch verordnet die Wiedervergeltung beim Morde: Freien für Freien, Sclaven für Sclaven, Weib für Weib. Wem aber der Anverwandte vergibt, der mag gezwungen werden nach dem was recht ist, und es soll ihm eine Geldbusse nach Billigkeit aufgelegt werden. Diese Milde und Barmherzigkeit kommt von euerm Herrn."

††) Vgl. *Etudes sur la loi Musulmane (rit de Malek) législation criminelle, par M. B. Vincent, Paris* 1842. Das Nähere im zweiten Anhang.

verrucht machen das Land, worin ihr seid; denn das Blut (die Blutschuld) macht verrucht das Land, und das Land wird nicht gesühnt für das Blut, das darin vergossen wurde, es sei denn durch das Blut dessen, der es vergossen" (das. V. 33.). Hier wird also ausdrücklich gesagt, dass „das Land verrucht werde," der Staat selbst durch Blut, durch Mord verfalle: dieser also nicht als ein Verbrechen an dem Ermordeten allein oder als ein nur der Familie zugefügter Schaden betrachtet werde, sondern als eine Versündigung an dem Lande, an dem Staate, da dessen innere Bande zerstört werden, und das Ueberhandnehmen solcher Frevelthat dessen gänzliche Auflösung herbeiführen müsste. Daher findet kein Lösegeld Statt, und entbindet auch nicht die Verzeihung des Ermordeten oder die des Bluträchers; denn das an der Allgemeinheit begangene Verbrechen ist zu bestrafen. Die Vollstreckung dieser Strafe überlässt zwar das mosaische Recht dem Bluträcher: „er soll umbringen den Mörder, wenn er ihn begegnet." Hierin musste, wie schon von mehreren Seiten bemerkt wurde, den Zeitbegriffen nachgegeben werden, da es als die heiligste Pflicht und Ehrensache der überlebenden Verwandten betrachtet wurde, den Erschlagenen an seinem Mörder zu rächen *). Dieses Gefühl äussert sich bei jedem uncivilisirten oder erst in den Kreis der Civilisation tretenden Volke mit solcher Heftigkeit, dass jeder Versuch es ganz zu unterdrücken vergeblich wäre und jedes dagegen aufgestellte Verbot auf Nichtbeachtung treffen würde. Macht sich doch vom Neuen in unserer weit vorgerückten Zeit eine, aus minder edlen und natürlichen Motiven hervorgehende Blutrache, das Duell, geltend, und es vermag kein Gesetz Einhalt zu thun! — Doch da die Bestrafung nicht Sache des Bluträchers allein war, sondern, wie obige Stellen beweisen, eigentlich die des Staates, so scheint schon aus diesem Umstande hervorzugehen, dass eine gerichtliche Untersuchung stattgefunden (wie es auch die spätere talmudische Interpretation annimmt), und wird dieses zum Theile durch die Schrift selbst bestätigt, da es heisst: „Wenn Jemand

*) Auch nach Plato (l. l. p. 871) liegt zunächst dem Verwandten ob, den Mörder vor Gericht zu fordern, und thut er dieses nicht, so zieht er sich den Zorn der Götter zu.

einen Menschen ermordet, soll man den Mörder umbringen nach der Aussage zweier Zeugen; ein Zeuge aber kann nicht aussagen ff." (das. V. 30.); der Mörder fiel also eigentlich erst dann rechtmässig in die Gewalt des Bluträchers, wenn ihm sein Urtheil vom Gerichte gesprochen worden war (vgl. besonders Deuter. 19, 11). Bekannt ist übrigens, dass bei einem unvorsätzlichen Todtschlag der Thäter durch die Zufluchtsstätte (Num. 33) vor dem Bluträcher sichergestellt wurde: und war also dem, was das Gesetz nicht aufzuheben vermochte, wenigstens Einhalt gethan.

Es treten noch andere höchst bedeutsame Momente hervor, die auf die Würdigung des eigentlichen Rechtsprincipes hinweisen. Nach dem mosaischen Rechte findet vor dem Gesetze keine Exemtion Statt. Der Hohepriester ist nicht minder als der Laie der ganzen Strenge des Gesetzes unterworfen. Auch schützt nicht eine heilige Stätte, ein geweihter Ort vor Bestrafung. „Wenn Jemand seinen Nächsten vorsätzlich mit Hinterlist umbringt, so sollst du ihn von meinem Altare weg zum Tode führen" (Exod. 21, 14.). In den Gesetzgebungen, die den Mord nur als ein Privatverbrechen ansehen und die Bestrafung in dem Motiv der Rache seine Rechtfertigung findet, musste als natürliche Folge die Rache weichen, wenn der Verfolgte sich in den höheren Schutz der Gottheit begab: diese breitete schirmend ihre Flügel aus; vor ihr musste die Leidenschaft des Sterblichen zurücktreten, ihre Stätte war ein unverletzbares Asyl*). Auch der Unterschied des Standes, das Verhältniss des Freien zum Unfreien, des Priesters zum Laien u. s. w. verschaffte bei dieser Ansicht des Privatverbrechens eine gewisse Idemnität**). Das mosaische Recht, das bei dem Verbrechen nicht nur die verletzte Person sondern die verletzte Gerechtigkeit im Auge hat, musste

*) Die Beispiele sind im Alterthum und im Mittelalter (im südlichen Italien sogar bis auf die neueste Zeit) sehr häufig.

**) Die Gesetze des früheren Mittelalters über den Mord eines Unfreien sind bekannt (und noch heute in manchen Ländern gültig); vergl. Tittmann an mehreren Stellen. Nach dem Menu VIII. 380. kann ein Bramine, wenn er auch alle erdenklichen Verbrechen begangen, niemals ums Leben gebracht werden; so wie überhaupt die Strafe sich nach dem Stande des Beleidigers und Beleidigten richtet.

solche Unterschiede zurückweisen; der Mord ist ein an der Gesammtheit, ein an dem Gesetz begangener Frevel; und da Gott selbst nach seinem Wesen der höchste Schützer und Wächter der Gerechtigkeit und des Gesetzes ist, so kann die Gesetzlosigkeit an seiner Stätte am wenigsten Schutz finden und bei dem Priester nicht ungeahndet bleiben. — Als fernere Folge des eigentlichen Rechtsprincipes im Mosaismus erscheint auch die Anerkennung der Persönlichkeit des Menschen, der beim Verbrechen in keinem Verhältnisse als Sache betrachtet wird. Dem Vater stehet daher hier kein Recht über Leben und Tod seiner Kinder zu *); der Herr wird bei dem Morde seines Sclaven mit Tod bestraft **). Es bleibt ferner die Strafe nur bei dem Verbrecher stehen, und nicht können Unschuldige, wie nahe sie auch mit ihm verwandt seien, zur Mitleidenschaft herbeigezogen werden; „nicht sollen Eltern wegen Kinder oder Kinder wegen Eltern hingerichtet werden (Deuteron. 24, 16.) ***).

---

*) Dem patriarchalischen Verhältniss gemäss (vgl. oben S. 11 Anmerk.) verfügte das XII. Tafelgesetz, dass dem Vater das Recht zukomme seinen Sohn ins Gefängniss zu werfen, zu geisseln, ihn gefesselt zu ländlicher Arbeit anzuhalten, ihn sogar zu tödten (*ἐάν τε εἴργειν, ἐαν τε μαστιγοῦν, ἐάν τε δέσμιον ἐπὶ τῶν κατ' ἄγρον ἔργων κατέχειν, ἐάν τε ἀποκτιννύναι προαιρῆται. Dionys. Halicarnass.* L. 2. c. 26.); und bestimmt *Tab. IV. Frag.* 2.: *Si pater filium ter venumdedit, filius a patre liber esto.* — Das mosaische Recht tritt diesem harten Verhältnisse entgegen; über Leben und Tod seiner Kinder hat der Vater durchaus nicht zu schalten, eben so wenig über die Freiheit seines Sohnes. (Michaelis §. 83 fabelt zwar viel davon, dass der Sohn nie von der väterlichen Gewalt loskam, ohne einen triftigen Beweis dafür zu bringen.) Nur hinsichtlich der Freiheit der Tochter stand dem Vater manches patriarchalische Recht zu, das aber durch mehrere Beschränkungen wieder gemildert ist. Vgl. Exod. 21, 7 ff. Mehreres hierüber in einem Beitrage zum mosaischen Eherechte.

**) Exod. 21, 20. nach vielen Commentatoren. Jedenfalls ist hier eine harte Bestrafung vorgeschrieben, und für körperliche Verletzung des Sclaven ist V. 26. 27. dessen Freilassung bestimmt: Vorschriften, welche weiter das Alterthum nicht kennt. Das römische Recht sagt als Regel (§. 1. Instit. I. 8.): „*Apud omnes peraeque gentes animadvertere possumus, dominis in servos vitae necisque potestatem fuisse,*“ welches erst durch Antoninus Pius (§. 2. ibid.) gemildert wurde.

***) Dieses für das weltliche Gericht auf Grund der rechtlichen Institution. Dass nach dem Decalog Gott die Sünden der Eltern an den Kindern,

Forschen wir weiter nach der Straftheorie im mosaischen Rechte, nach Zweck und Rechtsgrund der Strafe, so wird auch hier nicht der absolute Wille bei den in den Kreis des natürlichen Staates fallenden Verbrechen als letzter Grund hingestellt, sondern wird an vielen Stellen die Strafe aus einem Rechtsprincipe abgeleitet, welches zwar häufig verkannt wurde, in neuerer Zeit aber wieder zu Geltung gekommen ist. Nach dem mehrfach (Exod. Levit. Deuteron.) vorkommenden Spruch „Leben für Leben" scheint die Wiedervergeltungstheorie obenan zu stehen, das mit Vorsatz begangene Unrecht soll dem Thäter wieder angethan und hierdurch das Unrecht gutgemacht werden *). Aber es wurde von mehreren Seiten eingewendet, dass dieser Zweck keinesfalls erfüllt werde, und man vielmehr Uebel auf Uebel häufe (A. ist umgebracht worden, und nun soll es auch B. werden; also ein neuer Mord). Bleiben wir aber bei dem abstracten Begriffe Verbrechen stehen. Verbrechen ist, abgesehen von dem verletzten Individuum, eine Verletzung der Gerechtigkeit; diese erlitt — um auf einen gewöhnlichen Begriff zurückzugehen — einen Schaden; es wurde ein Unrecht begangen, an die Stelle des Rechts dessen Negation — Unrecht — gesetzt. Und dieser Schaden wirkt durch

---

dem dritten und vierten Geschlecht ahndet, gehört nicht hierher, und hat nach den meisten Erklärern seine moralische Begründung, weil Eltern ihre Sünden — Fehler — häufig auf ihre Kinder vererben, und die göttliche Ahndung Besserung herbeiführen will. Nur Deuteron. 13, 13 ff. findet eine allgemeine Bestrafung statt, welches aber mehr als eine Art Abwehr des Monotheismus gegen den Polytheismus, zu dem das Volk sich so sehr hinneigte, erscheint, und also als eine ausserordentliche Massregel bei der Gefahr des (auf den Monotheismus gegründeten) Staates, ungefähr wie die heutigen Martialgesetze, zu betrachten ist.

*) Kant, metaphysische Anfangsgründe der Rechtslehre, S. 196. 197. stellte dieses Princip der Strafe wieder auf. Die Einwendung: „dass dann die blosse Wirkung der That, abgesehen von der Vor- oder Unvorsätzlichkeit den Massstab abgeben müsste" (Welcker a. a. O. S. 198) scheint sehr unerheblich; Wiedervergeltung ist nicht Schadloshaltung des Beschädigten, sondern wie Kant sich a a. O. ausdrückt: „das Princip der Gleichheit (im Stande des Züngleins an der Wage der Gerechtigkeit), sich nicht mehr auf die eine als auf die andere Seite hinzuneigen. Also was für ein unverschuldet Uebel du einem Andern zugefügt, das thust du dir selbst an u. s. w." Dieses Verrücken des Züngleins liegt aber nur im Vorsatz, dieser macht das Verbrechen (vgl. Anhang zum zweiten Cap. der Anmerk.)

die Veranlassung des Verletzers noch weiter fort; bewährt seine That, dass das Recht ungerügt beeinträchtigt werden darf, so wird durch solches Beispiel in Vielen die über die Grenzen des Rechts hinausgehende sinnliche Lust die Oberhand behalten, da das moralische Gefühl, der in der Sittlichkeit begründete Abscheu vor dem Bösen dort, wo verderbliche Thaten ihm Hohn sprechen, nicht hinlängliche Garantie bietet. Die Verderblichkeit des bösen Beispiels wird aber durch die Bestrafung des Verbrechers aufgehoben; der Staat gibt durch sie sein Missfallen an der Verletzung des Rechts zu erkennen, und stellt hierdurch die durch das begangene Verbrechen verminderte Ehrfurcht vor dem Gesetze wieder her. Dieser Zweck der Strafe, die Wiederherstellung der Ehrfurcht vor dem Gesetze ist ganz dem höchsten Principe der Gerechtigkeit, Ersatz des Schadens, so er gut gemacht werden kann, gemäss; und hierin liegt auch der unabweisbare Rechtsgrund. Der Verbrecher ist ein Verletzer der Gerechtigkeit, hat ihr einen Schaden zugefügt (die Ehrfurcht vor ihr, ihre Heiligkeit entweihet); dieser Schaden wirkt fort, wächst immer mehr an (die Heiligkeit des Rechts wird durch die von dem Verbrecher angeregte Entweihung vermindert); darum wird Ersatz, durch den die Verletzung des Rechts wieder gutgemacht und dessen Beachtung wieder hergestellt werde, abgefordert *). Dieser Zweck wird zwar häufig durch Abschreckung ausgedrückt, welche zwar von selbst aus der Wiederherstellung der Gerechtigkeit folgt, aber doch nicht jenen Begriff ganz erschöpft. Auch trägt hier nicht die Strafe den Charakter der Rache, die nicht den Wiederersatz des zugefügten Nachtheiles sondern die Befriedigung des aufgeregten beleidigten Gefühls beabsichtigt. Die Strafe wird sich aber daher auch fern von qualvollen Martern halten; sie will nur die Achtung vor dem Rechte herstellen und wird also bei Verfolgung dieses vernunftgemässen Zweckes die Gesetze der Menschlichkeit, so weit sie mit ihm vereinbar sind, nicht aus den Augen verlieren. Selbst die qualificirte Todesstrafe kann nur insofern ihre Rechtfertigung finden, als in dem aussergewöhnlichen Verbrechen sich eine ungemeine Ver-

*) Vgl. Hegel, Grundlinien der Philosophie des Rechts, §. 96—104.

achtung (Entheiligung) des Rechts ausspricht, und es einer grossen Genugthuung bedarf, um diese Verletzung gut zu machen; aber die Genugthuung soll nie in Barbarei, deren eigentliches Motiv Rachsucht ist, ausarten *). — Betrachten wir die Gründe, die in der mosaischen Gesetzgebung an verschiedenen Stellen für die Strafe angegeben werden. An einer Seite heisst es: „Blut (der Mord) verunreinigt das Land ff." (Numer. 35, 33); von den Verbrechen der Unsittlichkeit wird gesagt: „sie sind ein Greul und der Ewige hat ihretwegen die frühern Bewohner des Landes verworfen" (Levit. 20, 22. 23); bei auszuführender Bestrafung heisst es an mehreren Orten: „das Volk soll hören und sich fürchten und nicht freventlich handeln" (Deuteron. 17, 13. 19, 20. 21, 21); endlich wird sehr häufig gesagt: „du sollst das Böse aus deiner Mitte ausräumen." Vergleicht man diese Stellen untereinander, so spricht sich in ihnen das vorgedachte Princip nach Zweck und Rechtsgrund aus. Durch das Verbrechen wird das Land verunreinigt, entfremdet ihr euch euerm Gott, da die Bande des Rechts und der Sittlichkeit sich auflösen. Das eigentliche Verbrechen liegt also in der Verletzung der in Gott repräsentirten Gerechtigkeit und Sittenreinheit **); „das Böse soll ausgeräumt werden," so wird die Verletzung (die Entweihung) gesühnt, und auf das Concrete, auf den gewöhnlichen Begriff übertragen: „das Volk wird hören und sich fürchten und nicht mehr freveln:" die Gerechtigkeit, die Ehrfurcht vor ihr werden wieder hergestellt; dieses ist die eigentliche Wiederver-

*) Nach der Präventionstheorie (Grolman, criminalistische Rechtswissenschaft §. 10—19) könnte die qualificirte Todesstrafe nicht stattfinden. Nach dieser Theorie ist der Zweck der Strafe, der Androhung künftiger Verbrechen, die von diesem Verbrecher nach Massstab seiner bisherigen Handlung mit Recht präsumirt werden, zuvorzukommen; aber hierzu bedarf es nicht der erhöhten Todesstrafe. Vgl. Feuerbach: Ist Sicherung Zweck der Strafe? in Grolmans Bibliothek für die peinliche Rechtswissenschaft 1. Thl. 2. Stück.

**) Auch aus den Worten „ich verwarf desshalb die Völker, die vor euch waren ff." ist zu erkennen, dass das Strafbare nicht sowohl in der Verletzung des geoffenbarten Gesetzes (dieses war doch jenen Völkern nicht geworden!), sondern in der Verletzung der dem Menschen innewohnenden Sittlichkeit- und Gerechtigkeitsidee liege: das Gesetz will, wie oben S. 9 erwähnt wurde, sie zum klaren Bewusstsein bringen.

geltung, die dem Rechte der Sittlichkeit schuldige Genugthuung *). Daher kennt ferner die mosaische Gesetzgebung, da nicht Rache das Princip der Strafe ist, auch durch Martern erschwerte Todesstrafe nicht**).

Wenden wir uns zu den Nichtcapitalverbrechen, so bleibt hier das mosaische Recht häufig auf dem Boden der Privatverletzung und versetzt Manches, was heutigen Tages als Verbrechen betrachtet wird, in die Classe der (nach unseren Begriffen zu nennenden) Polizeivergehungen oder gar der Civilklage, so wie wieder manches Polizeivergehens gar nicht Erwähnung gethan wird. Eine richtige Würdigung der Umstände jener Zeit gibt den Massstab an die Hand, nach welchem diese Verordnungen zu beurtheilen sind. Betrachten wir vorerst das Verbrechen hinsichtlich des Eigenthums. Es ist bekannt, dass bei einem kaum aus dem Naturzustande heraustretenden Volke der Diebstahl nicht als Verbrechen, als Eingriff in ein Recht angesehen wird; der Begriff des Mein und Dein stehet bei ihm noch nicht fest, ihm scheint es nicht unbillig, dass der Arme sich einen Theil der Güter des Reichen verschaffe (ein Begriff, der auch dem modernen Communismus zu Grunde liegt). Ein weiser Gesetzgeber kann aber das nur als Verbrechen erklären, was nach dem Volksbegriffe dafür angesehen wird;

*) Also ganz wie Kant es unter dem Bilde des Züngleins an der Wage der Gerechtigkeit ausdrückt. Durch das Verbrechen wird die Waage aus dem Gleichgewicht gebracht; die Strafe stellt es wieder her.

**) Die Todesstrafen im mosaischen Rechte sind: Hinrichtung (wahrscheinlich durch das Schwert) und Steinigung. Diese Strafe, die wie Michaelis 6. Thl. S. 24 behauptet, keine sehr schmerzhafte sein soll (?), ist im Morgenlande als der Ausdruck des allgemeinen Volksunwillens gebräuchlich (im Koran ist häufig der gesteinigte Satan, wozu viel von den Commentatoren gefabelt wird, aber wahrscheinlich so viel als der verachtenswerthe Satan, dem Jeder einen Stein nachwirft, bedeutet): und hat auch Plato beim Elternmorde die Steinigung (Leg. p. 873). Nur bei zwei Fällen des Incests kommt Verbrennung vor, die aber, da sie so selten erscheint, hier ein aussergewöhnliches Verbrechen, das eine aussergewöhnliche Strafe erforderte, muthmassen lässt. So hat auch der *Code pénal* Art. 13. 86. Abhauen der rechten Hand und Hinrichtung, also Marter und Todesstrafe zugleich, bei zwei ausserordentlichen Verbrechen (Majestätsverletzung und Elternmord). Michaelis §. 235 meint übrigens, dass das Verbrennen an dem entseelten Leichnam vollzogen wurde, welches aber sehr zu bezweifeln ist.

das wesentlichste Merkmal des Strafrechts ist, dass die Bürger es nicht als den Ausfluss eines despotischen blutgierigen Willens sondern als ein ihren Begriffen des Rechts entsprechendes anerkennen und achten lernen: das Strafrecht sei der Ausdruck des allgemeinen Bewusstseins. Der Gesetzgeber wird daher bei einem Standpunkte wie dem vorhergedachten mehr die Unsicherheit, den materiellen Schaden als das Verbrechen beim Diebstahl im Auge behalten; und so findet es sich auch im mosaischen Recht. Dieses spricht seine Missbilligung über den Diebstahl aus (Decalog 8); die Strafe ist aber „doppelter Ersatz" (Exod. 22, 6), „und wenn Jemand einen Ochsen oder ein Lamm stiehlt, und es schlachtet oder verkauft, so muss er für das Rind fünf, für das Lamm vier Stück zahlen" (das. 21, 37). Dieser Ersatz wird jedoch mit aller Strenge eingefordert und bürgt die Person des Diebes dafür: hat er nicht zu bezahlen, so wird er für seinen Diebstahl verkauft (das.) *). Diebstahl mit nächtlichem Einbruche macht den Dieb rechtlos: bringt man ihn um, so ist seinetwegen keine Blutschuld (Exod. 22, 1).

Von solchem Eingehen auf Zustand und Begriffe des Volkes zeigt auch die Strafe für eine an dem Körper des Nächsten verübte Gewaltthätigkeit. Bei einer Schlägerei, wodurch Jemand bettlägerig wird, bezahlt der Schläger, wenn kein Mordschlag dabei vorgefallen, Versäumnisskosten und Heilmittel (Exod. 21, 18. 19.); bei der in einem jugendlichen Volke natürlichen Reizbarkeit liegt in solchem Aufbrausen kein schweres Vergehen. — Sehr streng ist aber das Gesetz, wenn Jemand einen Andern an einem Leibesgliede (vorsätzlich) beschädigt; hier heisst es: „Auge für Auge, Zahn für Zahn, Hand für Hand, Fuss für Fuss ff." (Exod. 21, 24. u. a. a. Stelle). Dieses *jus talionis* ist bei allen alten Völkern heimisch gewesen, und entspricht ebenfalls ganz dem einfachen Charakter eines erst in seiner Bildung begriffenen Volkes **).

*) Für den Raub wird, wahrscheinlich weil er selten war, die Strafe nicht erwähnt; das Verbot vgl. Levit. 19, 13. u. a. a. O., und scheint die Bestrafung dem Ermessen des Richters anheimgestellt gewesen zu sein.

**) So hatte es auch, wie bekannt, die Solonische Gesetzgebung (vgl. *Diog. Laert.* L. 1. §. 57), und das XII. Tafelgesetz (*si membrum rupit, ni cum eo pacit, talio esto*, vgl. §. 7. Inst. 4. 4). Bemerkenswerth ist auch ein Bruchstück aus Cato bei Priscian. *Art. grammat. L.* 6: *Si quis mem-*

Im mosaischen Rechte ist bei dieser sich mehrmals wiederholenden **stehenden** Formel, die ganz einem Adagium ähnlich siehet, von mancher Seite sehr in Zweifel gezogen worden, ob hier eine wirkliche Wiedervergeltung gemeint sei. Es ist hier das auf Wiedervergeltung gegründete Princip der Strafe (vgl. oben) ausgesprochen, und wird dem Richter angedeutet, wie er die Grösse eines solchen Verbrechens und die entsprechende Bestrafung zu erkennen habe *). Jedenfalls muss zugestanden worden, dass es von dem Beschädigten abhing, sich mit dem Beschädiger auf eine andere Weise abzufinden **). Das Gesetz hat hier nicht, wie früher beim Morde „du sollst nicht Lösegeld nehmen," oder wie es bei einem andern Vergehen, wo eine Unsittlichkeit bestraft wird, heisst: „du sollst die Hand abhauen, **dein Auge** soll nicht schonen (Deuteron. 25, 12) ***).

Das mosaische Gesetz verbreitet sich minder über **Injurien**; für diese bedurfte es ebenfalls nach dem Standpunkte des Volkes keiner besonderen Gesetze. Das göttliche über alle alten Gesetzgebungen hervorragende Princip der Anerkennung der Menschenwürde und der Schonung des Nebenmenschen war in den Worten ausgesprochen: „Liebe deinen Nächsten wie dich selbst; hasse nicht deinen Bruder in deinem Herzen" (Lev. 19, 17. 18.); und hierin lag die Abmahnung gegen Beleidigungen †). (Selbst bei der **Realinjurie** Deuteron. 24, 11 scheint die Strafe sich mehr auf das Unzüchtige als auf die Injurie zu beziehen ††.)

---

brum rupit aut os fregit, talione proximus agnatus ulciscitur (also auch hier eine Art Blutrache der Verwandten); doch wird an der Echtheit dieser Stelle, inwiefern sie sich auf das XII. Tafelgesetz bezieht, gezweifelt. Vgl. Dirksen, Zwölf Tafel-Fragmente S. 517.

*) So meinen es die Rabbinen, vgl. weiter, und mehrere christliche Exegeten, wie *Clericus* zu Exod. 21, 24. *Barbeyrac in Grotium de Jure belli et pacis, L.* 1. *c.* 2. §. 8.

**) Vgl. Michaelis 5. Thl. §. 240—243, vgl. auch *Joseph. Antiquitt.* L. 4. c. 8. §. 35.

***) Selbst hier wollen die Rabbinen nur Geldstrafe verstehen.

†) Auch das englische Gesetz kennt nicht Verbalinjurien. Hornthal bei Cottu a. a. O. S. 194.

††) „Wenn sich zwei Männer mit einander schlagen, und die Frau des Einen ergreift den Andern bei dem Schamglied."

Ebensowenig kann die falsche Aussage des Mannes, „er habe bei seiner Frau nicht die Jungferschaft gefunden" (das. 22, 13. 14), als Verbalinjurie angesehen werden; diese Aussage enthält eine Capitalanklage, da, wenn sie richtig befunden wird, die Frau am Leben büssen muss (das. V. 20), und wird hier also nicht die Injurie sondern die Calumnia bestraft. Dass ferner das Fluchen den Eltern (Exod. 21, 17), Fluchen der Obrigkeit oder dem Fürsten (das. 22, 27) nicht zu den Verbalinjurien gehört, bedarf kaum der Erwähnung; eine derartige Verletzung der Ehrfurcht gegen Eltern und Obrigkeit ist nicht eine Privatbeleidigung sondern ein Verbrechen an dem Allgemeinen, und musste vorzüglich in einer der patriarchalischen Verfassung so nahen Zeit ein solches Vergehen gegen Eltern höchst strafbar erscheinen.

Sehr einfach tritt neben der mosaischen Criminalgesetzgebung das Civilrecht auf. Das Hinausschreiten der Gesetze über die Verhältnisse, unter welchen das Volk lebte und in denen es verbleiben sollte, hätte diese Gesetze unbrauchbar gemacht. Der mosaische Staat ist, wie man es an seiner ganzen Richtung erkennt, auf Agricultur gegründet; die Civilgesetze sind daher nicht für einen commerciellen Verkehr berechnet, verbreiten sich nicht über schriftliche Verträge, über Tausch und Handel, sondern verbleiben bei den agrarischen und den mit ihnen zunächst verbundenen Verhältnissen. So werden nur bei dem Verkaufe von Grundstücken mehrfache Bestimmungen aufgestellt (Levit. c. 25); über den Verkauf von Mobilien hingegen verbreiten sich ausser der allgemeinen, von der religiös-moralischen Seite ausgesprochenen Vorschrift „kein Unrecht zu thun in Mass und Gewicht" (das. 19, 35. 36. Deuteron. 25, 14. 15) keine besonderen Gesetze. Das Civilrecht handelt ferner von dem an Feldern angerichteten Schaden durch Abweiden des Viehes oder durch unvorsichtigen Brand, über sonstigen Schaden durch nachlässige Beaufsichtigung des Viehes (vgl. über diese Punkte Exod. c. 22), ferner über Sclaven, deren Behandlung und deren Freilassung (das. c. 21. Levit. c. 25. Deuteron. c. 15); auch hier also Gesetze, die mit dem Agrarischen in nächster Verbindung stehen; endlich (Exod. c. 22) Manches über Deposita und Ausleihungen (ebenfalls zumeist in obiger Beziehung). — Die agrarische Gesetzgebung konnte auch den Verkauf von Grundstücken nicht begünstigen, denn da Handel nicht getrieben wurde und sich daher keine Aussicht auf Gewinn und Emporschwingen durch commercielle Unternehmungen darbot, so hätte der Verkäufer bald seinem gänzlichen Ruin entgegengehen müssen, und es drohte die Gefahr, dass das Nationalvermögen — der Grundbesitz — in die Hand einiger Reichen zusammenfliesse. Die unpractische Idee der Gütergemeinschaft hilft solchem Uebelstand nicht ab; das Gesetz beugte auf eine andere Weise vor: ein bleibender Verkauf fand selten Statt (nur bei Häusern in Städten nämlich [Levit. 25, 29. 30], weil der Städter eher Mittel zu einem Aufkommen findet); der Verkauf war eigentlich nur eine Verpachtung, denn im Jobeljahre ging das verkaufte Feld an den Verkäufer zurück (das.). — Dasselbe Motiv scheint auch bei dem Erbgesetze hervorzutreten: das Eigenthum, das nur in Feldern bestand, ging auf den Sohn über, auf die Tochter aber dann, wenn kein Sohn da war; die vielfache Parcellirung hätte bei der geringen Aussicht auf Vermehrung des Vermögens bald gänzliche Verarmung herbeigeführt *).

Unter den vorbezeichneten einfachen Umständen bedurfte es keiner weitläufigen Verordnungen über Miethe, Pacht, Darlehen ff., keiner Vorschriften über Documente und wie sie bestätigt werden; die in der entwickelten Gesellschaft häufigen Complicationen waren unbekannt. Auch der Process musste nach der Einfachheit der vorkommenden Fälle sehr einfach sein. Die Richter, die im Namen Gottes Recht sprachen und nach seinen Gesetzen richteten, waren hier mehr als je in einer andern Gesetzgebung zur strengsten Gerechtigkeit und Unparteilichkeit verpflichtet (vgl. vorzüglich Deuteron. C. 1 und sonst an vielen Orten). In zweifelhaften Fällen entschied der Eid (Exod. 22, 7), dessen Heiligkeit nach seinem positiven Elemente hier auf erhabene Weise hervortritt **). — Auch

*) Da diese Ideen allgemein bekannt sind, verbreiten wir uns hierüber nicht weiter, und verweisen auf *Montesquieu l. l. L.* 5. *chap.* 5. Michaelis mosaisches Recht §. 73. 78.

**) Vgl. unsere Eidesleistung S. 8 ff.

im Civilrechte gehen übrigens Recht und Tugend Hand in Hand; wenn von einer Seite befohlen wird: „wenn du das Kleid deines Nächsten pfändest, sollst du es ihm bei Sonnenuntergang zurückgeben, denn dieses ist seine einzige Bedeckung, seine Hülle für seinen Leib, worauf soll er schlafen?“ (Exod. 22, 25. 26) — ferner: „wenn du Geld leihest dem Armen, sei ihm nicht wie ein Schuldherr (das. V. 24) u. dgl. mehr, so wird dort, wo das Recht an sich bedrohet ist, die strengste Gerechtigkeit zur Pflicht gemacht: „du sollst den Armen nicht verschonen in seinem Streite“ (Exod. 23, 3); „du sollst nicht Nachsicht haben mit dem Armen und nicht schonen den Reichen; mit Gerechtigkeit sollst du deinen Nächsten richten“ (Levit. 19, 15).

Wir betrachten nun noch mit einem Ueberblick die mosaischen Criminal- und Civilgesetze. Sie erhalten ihre formelle Heiligung durch Gott als Gesetzgeber; ihren innern absoluten Werth haben sie, weil sie von dem Gott der Gerechtigkeit und der Wahrheit ausgehen. Sie verbleiben daher in der Beziehung des Menschen zum Menschen auf der Stufe der sittlichen Erkenntniss, die durch sie zum Bewusstsein kommt. Das Recht ist seinem eigentlichen Wesen nach heilig; es dringt der Gott der Gerechtigkeit auf dessen Vollführung und überwacht es selbst. Er ist aber auch der Gesetzgeber: er hat dieses Recht in Gesetzen ausgesprochen, hat in ihnen die abstracte Idee verwirklicht und sie dem Menschen näher gebracht; ihre Heiligkeit durch seinen Ausspruch gehoben. In der Uebertretung liegt also ein Frevel gegen den Gott der Gerechtigkeit, der allwissend und allgegenwärtig die ungerechte That durchschaut, und sie verwirft, und der durch seine Gesetze zur Ausführung und Ausübung des Rechts auffordert; daher die Uebertretung auch zugleich eine Beleidigung gegen den höchsten Gesetzgeber. — Die Ausführung und Ueberwachung des Rechts bleibt, weil es dem Menschen selbst nach seinem Wesen innewohnt, menschlichen Richtern ohne irgend eine göttliche Einmischung überlassen. Die Mahnung gegen Eingebungen der Willkür liegt in der Erinnerung: der höchsten Richter sei Gott, der Wahrer der Gerechtigkeit; in seinem Namen sprechen die Richter und nach seinen Gesetzen richten sie: Gott selbst ist gegenwärtig, der Richter ist der Vertreter der von

Gott so nachdrücklich empfohlenen Gerechtigkeit *). — Wird nicht auf Erden Gerechtigkeit geübt, so drohet die Gottheit mit ihrem Zorn (Exod. 22, 21—23); durch allgemeine Ungerechtigkeit wendet sich der Herr vom Lande und vom Volke, das hierdurch seines Schutzes unwürdig ist, ab, und löset, wie die Propheten an unzähligen Stellen verkünden, seinen Bund mit ihm auf **).

---

*) Vgl. Deuteronom. c. 1. Ps. 82. und sonst sehr häufig.

**) Wir müssen hier noch die eigenthümliche Stellung des Meineides im mosaischen Rechte besprechen, das für ihn keine weltliche Strafe hat. Bleiben wir vorerst bei dem gemeinen Strafrecht stehen, das auf den Meineid harte Bestrafung folgen lässt (Festungsarbeit u. dgl.), so kann diese nicht als Kirchenbusse angesehen werden, da eine solche nicht in dem Befugnisse des Staates liegt, sondern sie ist durch den dem Meineid zu Grunde liegenden Betrug bedingt (das österreichische Gesetzbuch §. 178 a. führt auch in der That den Meineid unter der Categorie „Betrug" an); der Richter wurde durch die Anrufung des Schwörenden bei Gott (durch den Eid) zum Vertrauen veranlasst, auf diesem Wege sollte die Wahrheit gefunden werden und die Gerechtigkeit die letzte beruhigende Bürgschaft erhalten; durch den Meineid wird dieses Vertrauen aufs schändlichste hintergangen und wird mit der Gerechtigkeit selbst ein frivoles Spiel getrieben. Hingegen ist die Rücksicht, durch die auf den Meineid festgesetzte Strafe von demselben abzuschrecken, eine secundäre, und noch weniger dürfte der gegen Gott begangene Frevel als das vorzüglichste Motiv der Bestrafung in Anschlag kommen (vgl. Eidesleistung S. 4. 43). Einen andern Standpunkt nimmt der Meineid im mosaischen Rechte ein. Wenn auch die Ausführung des Gesetzes menschlichen Richtern übertragen ist, so stammt es doch von Gott her und er überwacht es und die ihm zu Grunde liegende Gerechtigkeit; der Richter spricht Recht im Namen Gottes, der hier nicht getrennt erscheint und erst zum Eide herbeigerufen wird, sondern der unsichtbar den Vorsitz führt und dem das Gegentheil von dem bekannt ist, wozu ihn der Schwörende anruft. Hier ist also die Entweihung Gottes das vorzüglichste Moment, der Hohn gegen die Gottheit, für welchen die menschliche Bestrafung nicht das rechte Mass finden würde (Todesstrafe zu hart, andere Strafe nicht dem Verbrechen ensprechend); die Gottheit behält daher sie sich selbst vor: „der Ewige wird nicht ungestraft lassen, wer seinen Namen falsch ausspricht" (Decalog 3. Gebot). — Mehrere vorzügliche Rechtslehrer der Neuzeit (Konapak, Grolmann, Feuerbach) sind noch der Meinung, dass der Staat die Strafe des Meineides der Gottheit allein überlassen müsse. Dieses scheint aber für die allgemeine Staatsverfassung unrichtig; der heutige Staat setzt sich als vernunftgemässes Institut und beansprucht weder eine göttliche Gesetzgebung noch ziehet er eine göttliche Bestrafung in seinen Codex; er kann daher dieses auch nicht hinsichtlich des Meineides, den er eigentlich nur aus dem Gesichtspunkte eines bürgerlichen und nicht eines religiösen Unrechts betrachten muss.

An das mosaische Recht schliesst sich das talmudische an. Es bildet zu jenem den Commentar und macht keinen Anspruch auf Selbstständigkeit; vermochte also an sich nicht die Lücken des mosaischen Rechts auszufüllen: es hatte einen engen nicht zu überschreitenden Kreis von vorn herein vorgezeichnet. Aber das Leben trieb es über diese Begrenzung in weitere Bahnen hinaus. Zwar gingen an dem Criminalrechte diese Forderungen des Lebens, die nach den Zeitverhältnissen nicht Befriedigung finden konnten, spurlos vorüber; desto prägnanter war aber ihr Einfluss auf das Civilrecht, und es entstand hier eine theilweise neue, mit alten Elementen verhältnissmässig nur schwach geschwängerte Schöpfung. Einige Rückblicke auf den weitern geschichtlichen Gang des mosaischen Rechts und das Verhältniss einer spätern Zeit zu ihm werden hierüber Aufschluss geben.

Durch die Erwählung eines Königs (I. Samuel. c. 10) wurde die Staatsform verändert, und ging die an vier hundert Jahre bestehende Republik *) in eine Monarchie über. Diese Veränderung musste sich auch hinsichtlich des mosaischen Rechts fühlbar machen. Zwar wurde es nicht abgeschafft, der König lebte unter dem Gesetze **) und musste nach ihm Recht sprechen; allein das Königthum rief nothwendig manche Bestimmungen ins Leben, die eine Republik nicht kennt. Es trat jetzt ein Unterthanenverhältniss ein: und mit ihm entstand manche neue Classe von Staatsverbrechen, als Verletzung der Majestät, verweigerter Gehorsam, Aufruhr; und wie oft entschied die Willkür der Könige und ging ihr Despotismus weit über das Gesetz hinaus! Doch wirkte es selbst unter den schlechten Königen scheinbar fort und wagten sie nicht ganz ihre Despotenlaune an dessen Stelle zu setzen; — Achab stehet an, dem Nabot (I. Kön. c. 21) seinen Weinberg offen zu entreissen und nimmt zu einer falschen Anklage seine Zuflucht —: und es trat sein Einfluss sehr wohlthätig hervor bei Königen, die einigermassen ihm zu hören geneigt waren; hier war es ein Hemmniss gegen die, morgenländische Fürsten

*) Dieser Zeitraum für die Republik ergibt sich aus I. Kön. 6, 1.

**) Vgl. Deuteron. 17, 14 ff. Die über die Authenticität dieser Stelle erhobenen Zweifel ändern nichts an der Behauptung, dass der Regent auf das Gesetz verpflichtet war und unter ihm stand.

beherrschende Eingebung der Leidenschaft, und es machte sich selbst bei Majestätsverbrechen die milde Gerechtigkeit der alten Gesetzgebung geltend *). — Auch die einfachen Civilverordnungen der alten Zeit waren in der Folge nicht ausreichend. Die Verhältnisse des Verkehrs hatten sich mit der fortschreitenden Entwickelung des Volkslebens erweitert, und erheischten neue Normen. So hatte sich schon unter den Richtern eine Art Ratification bei Einlösung und Tausch festgestellt (Ruth 4, 7); zur Zeit des Propheten Jeremias wird der Verkauf durch Documente und Zeugen bekräftigt (Jerem. 32, 9 ff.): und es haben sich diesem analog wahrscheinlich noch andere Rechtsverhältnisse und neue peinliche Verordnungen herausgebildet **). Das Stillschweigen der Geschichte widerlegt eine solche Vermuthung nicht; der Geschichtschreiber war von dem Referate über die unaufhörlichen Spaltungen im Innern des Reiches und die sich stets erneuenden Kriege zu sehr überwältigt, als dass er noch ein Auge für die Gesetze des Friedens haben konnte; auch liess ihn nicht der trübe Anblick des häufigen Unrechts bei der nur schwach sich geltendmachenden Gerechtigkeit verweilen.

Wir gehen nun über die Zeit des ersten Tempels weg, in welcher sich viele feindselige Elemente gegen die Aner-

---

*) Joas, König in Jehuda, war von Verschwörern umgebracht worden. Als sein Sohn zur Regierung kam, liess er die Verschwörer hinrichten, aber nicht ihre Kinder, „so wie es im Buche der Lehre Moses, die der Ewige befohlen, heisst: „„Es sollen nicht Eltern getödtet werden wegen Kinder u. s. w.“ (I. Kön. 14, 6). Es ist dieser Fall um so bemerkenswerther, als bei einem derartigen Majestätsverbrechen (Königsmord) die alten Staaten (und auch manche neuere) die Kinder der Verbrecher mit in die Strafe zogen, und führen wir hierfür das römische Gesetz L. 5. §. 1. C. 9. 8. an, obschon dasselbe römische Recht sonst festsetzt: *ibi esse poenam, ubi et noxia est. Propinquos, notos familiares procul a calumnia submovemus, quos reos sceleris societas non facit. Nec enim adfinitas vel amicitia nefarium crimen admittit* (*L.* 22. C. 9. 47.). Die mosaische Institution, die nach ihrer republicanischen Form eigentlich auf solche Fälle nicht berechnet war, wirkte auch hier ein.

**) Manche wollen nach Sprw. 6. 31 „wird er (der Dieb) erwischt, so bezahlt er siebenfach“ eine Veränderung der früheren Strafordnung hinsichtlich des Diebstahls (vgl. oben) wahrnehmen (Michaelis Thl. 6. §. 286). Allein die Zahl s i e b e n ist im Hebräischen wie bekannt ein hyperbolischer Ausdruck für die Vielheit.

kennung der mosaischen Rechtsverfassung geltend machten, als: das Ringen des Monotheismus mit dem Polytheismus, der Kampf einer reinen Gottesverehrung mit der grob sinnlichen Neigung und den rohen Begriffen des Volks und seiner Könige, das orientalischen Herrschern natürliche Verlangen sich der Unterwerfung unter das Gesetz, dessen erster Unterthan hier eigentlich der König war und durch das Jedermann die Richterwage über seine Handlungen in der Hand hielt, zu entziehen. Ist es auch eine voreilige Annahme, dass der Mosaismus ganz erloschen und er sich nicht noch in vielen seiner Institutionen neben dem Polytheismus und zwar selbst bei vielen Anhängern des letztern forterhalten habe *); weisen auch wie oben Beispiele nach, dass die mosaische Rechtsverfassung noch manchen Einfluss übte, so war sie doch durch die vielen Gewaltthätigkeiten der Könige und der Grossen untergraben, und scheint sie nur in manchen Gewohnheitsrechten, in schwachen Traditionen fortgelebt zu haben. — Desto kräftiger pulsirte aber der Mosaismus und seine Rechtsverfassung in den Adern des neuen Staates, den die aus dem babylonischen Exil Zurückkehrenden gründeten; der regste Eifer für den Glauben war in ihnen durch die erfahrenen Leiden geweckt worden, und sie erblickten das Bestehen und Wohl des Staates ausschliesslich in der Anhänglichkeit an das Gesetz. Auch war der neue Staat nach der Stellung, die er einnahm, ziemlich zum Träger der mosaischen Gesetzgebung geeignet. Er hatte zwar keine politische Freiheit, Judäa war den Persern tributbar; aber die Politik der alten Eroberer und Herrscher erblickte nicht in den besiegten und durch die Macht der Waffen unterworfenen Provinzen einen organischen Zuwachs ihres Ländergebiets, das durch ein inneres, das Ganze belebendes Princip zu einem in sich gegliederten und durch Einen Lebensgedanken des Gesetzes und des Rechts getragenen Staatskörper sich gestalte, sondern es genügte dem Eroberer die Erweiterung seiner (persönlichen) Macht, und dass seinem Willen der Tribut und die Mannschaft des unterjochten Volkes zu Gebote stehe. Hiermit war dem Despotismus, der

*) Hierüber gedenken wir an einem andern Orte manche Beweise zu liefern.

den selbstsüchtigen Willen des Herrschers, in dem jeder andere Wille aufgehet, als das Gepräge seines Wesens trägt, Genüge geleistet. Der Herrscher übernahm nicht mit der Eroberung auch die Sorge für das Wohl der neuen Unterthanen, — war doch das Unterthanenwohl selbst in dem eigentlichen Staate nur von untergeordnetem Range! — sondern er wollte seinen Ruhm und seine Gewalt vergrössern. Aber diese Selbstsucht despotischer Eroberer hat für die Unterworfenen den Vortheil, dass ihre Gesetzverfassung vor Eingriffen und gewaltsamen Umänderungen geschützt bleibt. So behaupteten bei der Völkerwanderung die römischen Provinzen den ungestörten Besitz ihrer Gesetze, und griffen die Eroberer nicht in deren peinliche und civilrechtliche Jurisdiction ein *); und auch die Perser liessen den Juden ihre heimatliche Verfassung, so sie nur den Tribut, den ein Pascha einholte und sich nebenbei wohl manche Erpressung und Willkürlichkeit erlaubte, entrichteten **). Der jüdische Staat war daher nach seinem Innern betrachtet eine Republik, und kam das göttliche Gebot nun erst zu seiner wahren Geltung, die es früher durch den Conflict, in welchen das Königthum zu ihm getreten war, nicht erlangen konnte. Man hielt wieder den Gedanken fest, Gott sei der Gesetzgeber; und wendete diese Gesetze auf die bürgerlichen Verhältnisse an. Die zurückkehrenden Exulanten mussten überdiess ganz gesetzlos sein, wenn sie sich nicht an die mosaische Legislation hielten. Zur Entwerfung eines neuen Gesetzbuches mochten die mit Ungemach aller Art kämpfenden Colonisten schwerlich Musse haben, noch sich dazu gedrungen fühlen; und würde auch ein neues Gesetzbuch sich so schnell Eingang verschafft haben, oder sollte man es vorziehen, bei jedem vorkommenden Falle ein neues Gesetz zu entwerfen? — Die mosaische Gesetzverfassung fand also gerade unter der Perserherrschaft die günstigsten Umstände für ihre Entwickelung; selbst die Abhängigkeit war nach dem losen Zusammenhange, in welchem die Provinzen mit dem Hauptlande standen,

*) So zeigt es hinlänglich das *Breviarium Alaricianum;* vgl. ferner *Sismondi*, *Histoire des républiques italiennes*, T. 1.

**) Ein solches Verhältniss stellt sich in den historischen Hagiographen und *Joseph. Antiquitt.* L. 21 c. 1—8 dar.

nicht fühlbar, und befanden sich die Juden in demselben (ja vielleicht in einem noch günstigern) Verhältnisse wie die Lydischen und Kleinasiatischen Provinzen, die ebenfalls ihre innere gesetzliche Organisation nicht aufgegeben hatten.

Aber wenn auch der Geist der alten Gesetzgebung die Staatsverfassung und die Rechtsformen durchdrang, so hatte doch das frühere Recht ein zum Theil zu weites, zum Theil zu enges Gebiet für die Verhältnisse und Begriffe der Gegenwart. Durch die in der Mitte zwischen der Zeit der mosaischen Gesetzgebung und jener Epoche liegenden Indifferenz vieler Jahrhunderte war an sich die Verbindungskette an mehreren Seiten abgerissen, und konnte die Verständigung für manches der Gegenwart ganz fern Liegende nicht mehr gefunden werden *). Aber auch die Verschiedenheit der Begriffe brachte Manches aus der frühern Zeit nicht zur Ausführung. So scheint die Blutrache viel von der Heftigkeit, in der wir sie zu den Zeiten Mosis erblicken, verloren zu haben, und wurde über den Mörder, wie aus den zwar aus einer spätern Epoche herrührenden, aber an eine frühe Vergangenheit anknüpfenden Rechtsverordnungen zu ersehen ist, gerichtlich abgeurtheilt **). — Auch die strenge Bestrafung des widerspänstigen Sohnes (Deuteron. 21, 18 ff.) scheint nicht zur Ausübung gekommen zu sein ***); das patriarchalische Verhältniss mochte viel von seiner Härte verloren, und die von demselben den Eltern eingeräumte (obschon im Mosaismus sehr begrenzte) Herrscherautorität sich in eine Beziehung der Liebe umgewandelt haben, das einem solchen harten Verfahren nicht Raum gab †). — Nicht

*) Wir führen beispielsweise an Levit. 19, 26. und *Talm. Synhedrin* f. 63. Selbst der alten Septuaginta zu diesem Verse war schon die eigenthümliche Bedeutung verloren gegangen.

**) Von Zufluchtsstädten für den unvorsätzlichen Mörder finden wir für die Zeit des zweiten Tempels keine Erwähnung in dem Geschichtswerke des Josephus; doch scheinen sie nach einem geschichtlichen Referat der Mischna, *Maccot.* f. 11., das in seiner Einfachheit das Zeichen der Authenticität an sich trägt, auch im zweiten Tempel existirt zu haben.

***) Vgl. *Synhedrin* 71, welches auf die Zeit des zweiten Tempels zu beziehen sein dürfte.

†) Auch das Sclavenverhältniss soll eine grosse Veränderung erlitten haben, und konnte kein freier Einheimischer sich zum Sclaven verkaufen

minder konnte nach der Verschiedenheit der Verhältnisse manches Gesetz nicht zur Ausführung kommen, und heben wir die Jobeleinrichtung hervor, die Zurückgabe des erkauften Grundeigenthums an den frühern Besitzer *). Die mosaische Gesetzgebung, die von der Gütergleichheit ausgegangen war, und jedem Bürger gleichen Anspruch und Besitz bei der Vertheilung des Bodens in dem eroberten Lande zugestand, konnte mit Recht fordern, dass Jedem das Seinige verbleibe und der Besitz nicht in die Hände Weniger zusammenfliesse. Die aus dem Exil Zurückkehrenden hingegen konnten eine solche Vertheilung nicht anstellen; sie waren nicht unumschränkte Herrn des Bodens, sondern sie hatten eine gewisse Steuer abzutragen (Nehemias 5, 3), und hing also der Erwerb von den mitgebrachten Geldmitteln ab. Ueberhaupt kann nicht in einem Lande, das einen alljährlichen grossen Tribut zu entrichten hat, Gütergleichheit und Zurückgabe stattfinden; diese befördern nur einen mässigen gleichförmigen Wohlstand aber keinen Reichthum, in einem tributpflichtigen Lande aber ist nach der Staatsöconomie wünschenswerth, dass in mancher Hand sich bedeutende Mittel sammeln und zur Zeit der Noth (wie z. B. wenn von dem Tributsherrn aussergewöhnliche Forderungen gemacht werden) sich ergiebige Hülfsquellen finden **).

Kam also die mosaische Gesetzgebung nicht ganz zur Ausführung, so musste sich wieder auf der andern Seite das Unzureichende des alten Gesetzes für viele in der Neuzeit nothwendig hervortretende Rechtsverhältnisse fühlbar machen, und diese Lücken mussten ausgefüllt werden. Bleiben wir bei dem Criminalrecht stehen. An die Entwickelung der Mensch-

---

oder hierzu wegen Diebstahles (vgl. oben) verkauft werden, vgl. *Erachin f.* 29a. 32b. (Nehem. 3, 25. kann nicht hierher bezogen werden: die Verhältnisse waren noch nicht geordnet, und war es überhaupt ein Schritt, zu welchem, wie dort bitter geklagt wird, die äusserste Noth trieb).

*) Vgl. *Talmud. l. l. Maimonides de Schemita et Jobel c.* 10. § 8.

**) Auch das auf die Gütergleichheit gegründete Gesetz, dass die erbende Tochter nur in ihrem Stamme heirathen darf (Numer. 36), wurde der gegenwärtigen Lage gemäss als nicht verbindend erklärt und soll sich daran ein Volksfest geknüpft haben (*Taanit* 30, woselbst es aber auf noch frühere Zeiten bezogen zu werden scheint). Auch wurden in späterer Zeit die Töchter zum Theil erbfähig, worüber weiter.

heit knüpft sich als natürliche Folge die Entwickelung des Verbrechens; mit der steigenden Cultur nimmt das Laster neue Formen an, und drängt sich in vielfacher Gestalt in die erweiterten bürgerlichen Verhältnisse. Der Naturmensch kennt wenige Bedürfnisse und findet, da deren Befriedigung nicht fern liegt, seltner Gelegenheit über sie hinauszugehen. Auch sind seine Verbrechen nicht das Werk kalter, auf schnöden Vortheil zielender Berechnung, sondern das Ergebniss schneller momentaner Aufwallung, deren er nach der Heftigkeit und Frische seines Gefühls nicht Meister werden kann. Daher je älter die Verfassung eines Volkes, desto weniger kennt sie ein Gesetz gegen schlauere Verbrechen; es hat noch Alles einen Charakter der Offenheit, der Mörder tritt mit der tödtenden Waffe seinem Opfer gegenüber. — Die mosaische Gesetzgebung thut vieler Verbrechen gar nicht Erwähnung, die nach der weitern Entfaltung der gesellschaftlichen Verhältnisse in der Zeit des zweiten Tempels nothwendig auftauchten. So kennt jene nur den qualificirten Todtschlag; die Abstufungen, die bis dahin führen, der mittelbare Mord durch Anstiftung und Anreizung, durch Complot und überdachte Böswilligkeit, so wie andere derartige raffinirte Verbrechen waren jenem frühen Zeitalter fremd. Dem Criminalrecht stand also manche neue Gestaltung bevor; und schien die Schrift selbst für solchen Fall vorgesehen und die Berechtigung hierzu eingeräumt zu haben. „Wenn dir (heisst es Deuteron. 17; 8. 9) eine Sache unbekannt ist für den Rechtsfall zwischen Blut und Blut, zwischen Recht und Recht, zwischen Schaden und Schaden von den Streitsachen in deinen Thoren, so mache dich auf und gehe nach dem Orte, den der Ewige dein Gott erwählen wird, und begib dich zu den Priestern, den Leviten, oder dem Richter, der in denselben Tagen sein wird, und frage sie und sie werden dir sagen den Spruch des Rechts.“ An die Stelle des Richters trat zur Zeit des zweiten Tempels der höchste Gerichtshof (vgl. weiter II.), und waren seine Decisionen in zweifelhaften Fällen bindende Normen.

Diese Decisionen würden sich wahrscheinlich bei weiterer Ausbildung neben dem geoffenbarten (canonischen) Rechte zu einem positiven Rechte gestaltet haben; aber es traten zwei gewichtige Elemente dieser Ausbildung und naturgemässen Entwickelung des Criminalrechts hindernd entgegen.

Schon in der ungemeinen Heilighaltung des geoffenbarten Gesetzes lag es, dass neben ihm keine neue Verordnung zu grossem Ansehen gelangen konnte. Das alte Gesetz war die Schutzwehr, unter der allein man sich gesichert hielt; aus ihm allein leitete man die Regeln für das Leben nach seinen verschiedenen Verhältnissen ab, und suchte es nach allen Richtungen in seiner Integrität aufrecht zu erhalten. Durch dieses Streben zog sich aber auch der einheitliche Gedanke, jede Verordnung auf das Gesetz selbst zurückzuführen und ihr nur dann normale Geltung zuzugestehen, wenn sie in dem Wesen des Gesetzes oder in seinem Buchstaben Begründung fand, und also durch nahe oder ferne Beziehung mit ihm zusammenschmolz. Verordnungen hingegen, denen eine solche Weihe abging und die allein in den Umständen, in den Bedürfnissen der Gegenwart ihre Rechtfertigung hatten, erlangten zwar für diese auftauchenden Fälle Gültigkeit; und es mochte der in späterer Zeit ausgesprochene Grundsatz: „das Gericht kann, wenn Umstände es erheischen, Todes-, Geissel- und Geldstrafe auferlegen, wenn auch die Schrift sie nicht verhängt" (Jebamot 90), schon früher anerkannt worden sein. Aber Gesetzeskraft erhielten Verordnungen solcher Art nicht; sie waren nur transitorisch und war die folgende Zeit nicht an sie gebunden. Die Autorität der Offenbarung drückte jedes Gesetz neben ihr nieder.

Vielleicht würde aber dennoch die in der öffentlichen Sicherheit tief begründete Forderung der Vervollständigung der Criminalgesetzgebung dieses Hemmniss beseitigt, und sich hierzu den Weg durch Assimilation und Anknüpfung an das geoffenbarte Gesetz gebahnt haben; ein Verfahren, das in der üblichen freien Auffassungs- und Deutungsweise, die der Schrift die mannigfachsten Gestaltungen abzugewinnen wusste, viele Erleichterung gefunden hätte. Aber es trat zu dem formellen Hindernisse noch ein materielles hinzu: die Theilung der Staatsgewalt in zwei Staatskörper. Und hierin lag ein noch schwerer zu beseitigendes Hinderniss, als diese Staatskörper sich oft feindlich einander gegenüberstanden und mit eifersüchtigem Blicke jede Machterweiterung überwachten.

Nach der Besiegung der syrischen Könige aus der Seleucidendynastie, deren einer, Antiochus Epiphanes, durch gewaltsame Eingriffe in die religiösen Verhältnisse das Land zu blutigem Aufruhr, der mit der Unabhängigkeit vom auswärtigen Joche endigte, gereitzt hatte, wandelte sich der Staat in eine in dem Hause der Maccabäer, deren aufopfernder Tapferkeit er seine Freiheit verdankte, erbliche Monarchie um. Also wieder mosaische Gesetzgebung und Monarchie nebeneinander; doch wie verschieden waren jetzt die religiösen und staatlichen Verhältnisse von denen des ersten Tempels! Damals war Mosaismus ein leerer Name, dem Volke unverständlich und wenig bekannt, und stand daher der Monarchie, die ihn häufig ignorirte, nicht hinderlich im Wege. Jetzt war der Staat bis in die untersten Kreise von der mosaischen Gesetzgebung durchdrungen, für ihre Erhaltung hatte man das Aeusserste gewagt, für sie das theuerste Blut verspritzt, ohne sie hatte das Leben keinen Werth, sie war der Hebel zu der errungenen Freiheit gewesen, durch sie, durch die Begeisterung zu welcher sie entflammte, war die Unabhängigkeit erkämpft worden. Die Ueberwachung dieser Gesetzgebung, die Grundlage und Palladium des Staates bildete, wurde nicht dem Monarchen anvertraut, da sie als seinen Interessen widerstrebend in seiner Hand zu sehr gefährdet war; sondern lag diese Sorgfalt dem (schon früher bestehenden) obersten Gerichtshof, Synhedrium genannt (vgl. weiter), ob. Der König bildete demnach, so weit die Criminal- und Civilvorschriften der alten Gesetzgebung reichten, nur eine secundäre Staatsgewalt; hingegen stand er in den nach dem Drange der Zeit neu auftauchenden Verhältnissen, für die die mosaische Gesetzgebung keine Bestimmungen hatte, an der Spitze der Staatsverwaltung, und übte hier unumschränkte Gewalt. Beim aufmerksamen Forschen in den bei Josephus Flavius und den talmudischen Quellen enthaltenen Nachrichten, gewahrt man folgendes Verhältniss zwischen dem Wirkungskreise des Synhedriums und dem des Königs. So weit das Gesetz reichte, war das Synhedrium die höchste Instanz; seinem Ausspruche musste selbst der König sich fügen. Das Synhedrium war legislativ und administrativ zugleich: es deducirte aus der mosaischen Gesetzgebung, was aus ihr als natürliche Consequenz folgte, und dem daher, weil es nicht Neuerung war, gleiche Kraft mit dem Gesetze vindicirt wurde; und es lag auch die Administration der Gesetze in der Hand dieses höchsten Gerichtshofes und der kleinen, in seinem Geiste handelnden Gerichtshöfe (vgl. weiter). Da aber die mosaische Legislatur nur gegen innen gerichtet ist, so war auch seine Wirksamkeit auf diesen Kreis beschränkt. In der Hand des Königs lag die Administration der äusseren Angelegenheiten: das Recht über Eingehen von Bündnissen, über Krieg und Frieden *) stand dem König zu. Der König war natürlich diesem gemass auch befugt die Armee aus den Landesgebornen auszuheben: das Gesetz wollte zwar, dass er nicht viele Pferde (Reiterei) halte (Deuteron. 17, 18); aber dieses konnte auf den Kriegszustand nicht Anwendung finden **). Dasselbe Verhältniss galt auch in Ansehung der Steuern, von denen die alte Republik keine Ahnung hatte: sie kannte nicht stehende Heere sondern nur Aufgebote; und die Richter, die zuweilen an die Spitze des Staates traten, sahen in diesem Ehrenamte den höchsten Lohn für ihre republicanische Tugend. — Die Könige, die also eine ziemlich ausgedehnte Macht besassen ***), mussten den obersten Gerichtshof, der unabhängig ihnen gegenüber stand und dem sie selbst zum Theil unterworfen waren, sehr unbequem finden †), und darauf bedacht sein, ihn in mancher Weise zu beschränken. Aus dem alten Gebiete der Gesetz- und Rechtsadministration konnte er zwar nicht verdrängt werden: das Synhedrium war mit dem Gesetze zusammenverwachsen und das Volk erblickte in ihm den Wächter und Bewahrer des heiligsten Nationalgutes; hingegen mochten ihm die Könige die Jurisdiction, die ihre Begründung nicht im alten Gesetze fand, streitig machen und sie ihrem Tribunale vindiciren.

---

*) Zwar will die Mischna (*Synhedrin* 2. 20.), dass das Synhedrium auch über Krieg entscheide; doch scheint eine solche Autorität ihm nicht von den Königen zuerkannt worden zu sein.

**) *Synhedrin* f. 21b.

***) Es kann an sie nicht der Massstab der Lacedämonischen Könige, die in jedem Zweige der Verwaltung unter der Aufsicht der Ephoren standen, gelegt werden.

†) Das Synhedrium sah sich auch durch mehrfach entstandene Reibungen endlich veranlasst, die Jurisdiction über die Könige aufzugeben. Vgl. weiter Anmerk. zu §. 8.

In diesem Conflicte und dem bezeichneten herabdrückenden Gegengewicht ist das eigentliche Hinderniss wahrzunehmen, das weder eine Vervielfältigung der Verordnungen des Synhedriums, noch eine naturgemässe Ausbildung des Criminalrechts gestattete. Aber doch verblieb dem Synhedrium eine bedeutsame legislative Function: die oben bemerkte natürliche Ableitung, die sich zur **Interpretation** der Gesetze erweiterte. Es entstehen bei jedem geschriebenen Gesetze, der Nachwelt, der Manches von dem Geiste der frühern Zeit verloren gehet, Zweifel; und da oft der Buchstabe vielfache Deutungen zulässt, so knüpft sich an ihn je nach der eigenthümlichen Auffassung die verschiedenste Auslegung. Der grosse Gerichtshof war Autorität *): er war zwar an dem Erlasse neuer, mit der Schrift nicht in Verbindung stehender Verordnungen behindert; aber das Recht der Interpretation konnte, da sie das Gesetz selbst betraf, ihm nicht streitig gemacht werden. Viele auf solche Interpretation gegründete Bestimmungen sind uns in der Mischna (vgl. weiter III.) aufbewahrt. Zwar fehlt häufig die Angabe der Zeit, und werden zuweilen diese früheren Bestimmungen mit den später daran geknüpften Discussionen so in einander verwebt, dass die Spur des ältern Ursprunges fast ganz verwischt ist; doch zeigt sich dem kritischen Blicke an vielen Seiten ein unverkennbar hohes Alterthum, und man gewahrt mehrere Facta und Gerichtsformen, die uns in die Tiefen des diese Gerichtshöfe leitenden Geistes einführen und über die hier geltende Process- und Strafform manches Licht verbreiten **).

Minder interessant an praktischen Resultaten ist die weitere Fortbildung des Criminalrechts nach Aufhebung der peinlichen Jurisdiction. Die Gerichtsbarkeit über Leben und Tod hatte schon vierzig Jahre vor der Auflösung des Staates aufgehört ***), und wurde nun das mosaische Criminalrecht ein Gegenstand der speculativen Erörterung, ohne dass für die

---

*) Vgl. *Chagiga* 16b. Hierher ist auch zu beziehen *Synhedrin* 12. 86 (זקן ממרא).

**) Wir werden an mehreren Stellen dieses Werkes auf manche nähere Erörterung zurückkommen.

***) *Synhedrin* 41a.

Resultate sich ein Feld der Ausübung darbot. Zur Erklärung dieses Phänomens muss ein Moment hervorgehoben werden, das einen wesentlichen Factor in der Entwickelung des Judenthums bildet: das Verdienstliche, das man in der Erforschung des Gesetzes erblickte. Die Schrift selbst macht an vielen Stellen das Gesetzstudium zur Pflicht: „du sollst darüber nachdenken Tag und Nacht," „du sollst darüber sprechen, wenn du zu Hause sitzest und auf dem Wege gehest u. s. w." Dieses Studium soll, wie der erste Anblick zeigt, die Kenntniss der Ausübung des Gesetzes zur Folge haben, und zielt also seine Anempfehlung auf eine practische Richtung. Aber auch der tiefer liegende Zweck darf nicht übersehen werden: durch öftere Beschäftigung mit dem Gesetze, durch die Richtung der geistigen Thätigkeit auf dasselbe erstand dem Gesetze selbst ein Gewinn an intensiver Liebe und Anhänglichkeit; und so setzte sich die Speculation als Selbstzweck, trat auch da hervor, wo sie nicht durch ein äusseres Bedürfniss bedingt war und in unmittelbarer Verbindung mit dem Leben stand. Diese Speculation beschäftigte sich mit dem Gesetze nach seiner formellen Seite; sie setzte sich die Erklärung der Ausübung desselben zum Ziele und hatte also das Practische des Gesetzes zur Unterlage. Sie nahm daher nicht jenen phantastisch-mystischen Charakter an, der aus morgen- und abendländischen Philosophemen zusammengeflossen sich in Alexandrien Geltung verschaffte, und von dem nicht nur der Geist der Schrift sondern auch das Gesetz allmälig verdrängt und auf Symbole herabgesetzt wurde, die ebenfalls ihren Ursprung in griechischen Ideen hatten. — Aber weil sich die Forschung in den engen Dimensionen der formellen Auffassung des Gesetzes bewegte und der Verstand in ihr eine überwiegende Potenz bildete, so verfiel sie nach der analysirenden Function dieser Geisteskraft in Zergliederung und Auffindung aller möglichen Fälle, knüpfte an das Gesetz wieder neue Zweifel an und trieb zuweilen die Folgerungen bis auf die äusserste Spitze. So wurde die Speculation durch sich selbst getragen; sie ging zwar von der Schrift aus, wurde aber durch diese Verstandesoperation in weite Bahnen hinausgetrieben und suchte zuletzt wieder den Anhalt in der Schrift, den sie zuweilen nur durch entfernte Deutung finden konnte. Ein vorzüglich weites Feld bot sich ihr auf dem Gebiete der nicht mehr gangbaren Gesetze dar. Es ist das characteristische Merkmal des nach seinen Formen construirenden Verstandes, dass die von ihm gesetzten Fälle nicht selten ausser dem Kreise aller Ereignisse liegen; aber er kehrt zuweilen von der Wirklichkeit gemahnt aus diesem sich selbst Verlieren zurück, richtet sein Auge auf das Leben, auf dessen Erfahrungen, die ihm das Unanwendbare seiner Constructionen zeigen, und wendet sich dem Realen zu. Diese Abmahnung fand die spätere Forschung über das mosaische Criminalrecht nicht; die peinliche Gerichtsbarkeit hatte aufgehört, man stiess also nicht auf den Contrast der abstracten Theorie mit der Wirklichkeit; das Criminalrecht wurde zwar fortgebildet, aber die dem Realen sich anschliessende Fortentwickelung wird häufig vermisst. Noch weniger kann in dieser spätern Periode eine Vervollständigung des Criminalcodex, eine Ausfüllung der durch das Fortrücken der Zeit entstandenen Lücken erwartet werden; die Aufgabe der Speculation war allein die Erklärung und Erforschung des geoffenbarten Gesetzes, zu unabhängigen positiven Bestimmungen fand man sich in keiner Weise gedrungen, da kein jüdisches Tribunal über eigentliche Criminalfälle sprach *). — Es ergeben daher diese späteren Forschungen nur wenig practische Resultate; doch bieten sie von Seiten des Geistes, der sich in ihnen über Verbrechen und Strafe ausspricht, manches Interesse, und legen sie manches Zeugniss von dem in ihnen waltenden Gerechtigkeitssinne ab. Wir fassen die uns erhaltenen Verordnungen der grossen Gerichtshöfe, die aus alten Facta hervorgehenden Resultate (vgl. weiter III.) und diese späteren Forschungen unter

*) Daher Manches unvollkommen und anscheinend ungerecht im talmudischen Rechte, und wurden hieraus die lieblosesten Anschuldigungen abgeleitet. Aber es wurde übersehen, dass das talmudische Recht nur bei dem mosaischen Gesetze stehen blieb und es nach seiner Weise fortbildete, auf Verordnungen aber, die über das Gesetz hinausgingen, sich gar nicht einzulassen hatte; daher also sein Lossprechen (פטור, wie z. B. bei einem mittelbaren Morde, *Cholin* f. 16 und in anderen Fällen), keinesfalls eine Straflosigkeit ausdrücken will. Bei der Wiederherstellung der peinlichen Gerichtsbarkeit würde man hier durch Verordnungen die Strafe bestimmt haben. Maimonides hat in solchen Fällen gewöhnlich: „aber der König hat diese Frevelthaten zu bestrafen," d. i. das Gesetz bestimmt hier nichts, und hat also der König diese Fälle vor sein Tribunal (wie oben) zu ziehen.

dem Namen **talmudisches Criminalrecht** zusammen, und heben einiges Characteristische aus der Zeit der Ausübung der peinlichen Jurisdiction, so wie aus den späteren Ansichten hervor.

Sowohl bei den Gerichtshöfen als in der nachherigen Forschung über Criminalrecht galt der Grundsatz: die Todesstrafe werde nur selten ausgeübt; die Forschung ging sogar so weit: die Todesstrafe völlig aufzuheben. Es wird nämlich berichtet: „der Gerichtshof, der je in einem Zeitraume von sieben Jahren eine Todesstrafe vollziehet, wird ein verderbender (mörderischer) genannt *).“ Diese Sentenz tritt als Norm aus der Zeit, wo die peinliche Gerichtsbarkeit geübt wurde, hervor und gibt zu erkennen, wie vorsichtig die Gerichtshöfe in der Fällung eines Todesurtheils waren. Zwei Autoren, die nicht lange nach Aufhebung der peinlichen Jurisdiction lebten, erklären an derselben Stelle geradezu, dass, wenn sie im Synhedrium gesessen hätten, ein Todesurtheil nie wäre gesprochen worden: worauf aber ein anderer Autor entgegnet, dass durch eine solche Schonung das Blutvergiessen zumeist wäre vermehrt worden (d. h. die Straflosigkeit hätte den Reiz zum Verbrechen, zum Morde ff. geweckt). — In dieser Discussion liegt der Principienstreit, der auch in unseren Tagen so lebhaft auftauchte und noch immer seiner endlichen Ausgleichung entgegensieht. Das mosaische Recht hat unstreitig Todesstrafe; und sie war in jener Zeit, wo Gefängnisse und andere Strafanstalten unbekannt waren und überhaupt nach der Organisation des Staates nicht stattfinden konnten, zu dessen Bestehen sowohl als zur Heilighaltung des Rechts nothwendig. Ein völlig anderer Gesichtspunkt bietet sich dar, wo der Verbrecher auf andere Weise unschädlich gemacht und dennoch der Gerechtigkeit ihre Genugthuung gegeben werden kann: in einem ausgebildeten, Absperrungsorte und andere derartige Anstalten enthaltenden Staate. Hier entstehet die Frage, ob nicht durch lebenslängliche Einkerkerung des Verbrechers die Gerechtigkeit die genügende Satisfaction erlange, und durch solche Bestrafung ihr verletztes Ansehen wieder hergestellt werde; ob nicht solche Ahndung hinreiche, um die in dem bösen Beispiele liegende Anreizung zu vernichten und von der

---

*) *Maccot* f. 7a.

Nachahmung des Verbrechens abzuschrecken? Denn es kommt von der andern Seite zu erwägen, dass die schnell endende Hinrichtung oft dem grossen Haufen mehr zum Schauspiel als zur Abschreckung dient, und mancher Bösewicht durch sie noch mehr in seinen Vorsätzen bestärkt wird u. s. w. Es muss ferner die Unsicherheit der menschlichen Erkenntniss und die Beschränktheit der irdischen Einsicht in Betracht kommen: es wird nicht selten Wahrscheinlichkeit mit Gewissheit verwechselt, wird zuweilen durch übereilten Schluss manchem Beweise mehr Kraft zugeschrieben als in ihm liegt, oder der nicht hinlänglich begründete Beweis als vollständig (classisch) angenommen; und es befleckt sich die Justiz mit Mord *). — Die jüdischen Gerichtshöfe waren der Todesstrafe abgeneigt; man stellte ein ungemein strenges Examen über die Beweise an (vgl. weiter), so dass sie nur selten in einem so klaren Lichte hervortraten, dass die im Gesetze verfügte Todesstrafe verhängt werden konnte. Und da das Gesetz selbst eine strenge Prüfung des Beweises zur Pflicht macht (worüber weiter), so fand sich hinreichender Grund, die Seltenheit der Todesstrafe gesetzlich zu rechtfertigen. Aber es musste auch der Forderung der Gerechtigkeit, den Schuldigen zu bestrafen und hierdurch für die Sicherheit der Gesellschaft zu sorgen, Genüge geleistet werden; und hier tritt eine höchst merkwürdige Bestimmung, für die sich im mosaischen Strafrecht kein Anknüpfungspunkt findet, und die also als selbstständige Verordnung zu bezeichnen ist, hervor. „Wer ohne Zeugen (d. i. ohne hinlänglichen unwiderlegbaren Beweis) einen Mord begehet, den sperrt man in ein enges Gefängniss bei sparsamer Kost an Brod und Wasser **).“ Die Todesstrafe konnte demnach verseltsamt und der strengen Prüfung des Beweises

*) Gegen die Todesstrafe vorzüglich Beccaria in seiner bekannten Schrift „über Verbrechen und Strafen (*dei delitti e delle pene*, deutsche Uebersetzung von Bergk), 1. Thl. S. 168 ff., 2. Thl. S. 65 ff., wo von dem Uebersetzer viele Schriftsteller für und gegen die Todesstrafe angeführt werden. In neuester Zeit hat u. A. Zöpfl die Unzweckmässigkeit der Todesstrafe besprochen.

**) *Synhed.* 81b, vgl. weiter. Diese Verordnung verdient um so grössere Beachtung, als sie allein sich erhalten, und sich zur Gesetzeskraft erhob.

freier Lauf gelassen werden; daher wurde der Gerichtshof, der die Vollführung der Todesstrafe öfter in einem gewissen Zeitraume wiederholte, als blutdürstig angesehen: und behaupten endlich jene zwei Autoren, sie hätten die Todesstrafe (durch sehr erschwerendes Verhör) völlig abgeschafft. Diese Behauptung dürfte um so weniger als das müssige Spiel einer unpractischen Speculation zu betrachten sein, als einer dieser Autoren, R. Akiba, ein eifriger Anhänger des einen grossen Aufstand leitenden Bar-Kochba war. Es hatten sich nämlich die Juden mit ungemeiner Erbitterung und Hartnäckigkeit gegen Hadrian und das römische Joch erhoben, und erblickten sie in diesem Bar-Kochba einen Messias, durch den sie ihren Staat neu zu gründen und ihre Unabhängigkeit wieder zu erlangen hofften *). Diese Hoffnung theilte nicht nur der gedachte Akiba, sondern er betrieb den Aufstand mit dem lebhaftesten Eifer und hatte sogar, um ihm eine grosse Ausdehnung zu geben, die weitesten Reisen unternommen **). Er rechnete also auf Erfolg und eine neue Herstellung des Reiches; und sollte demnach seine Behauptung, die Todesstrafe abzuschaffen, practische Gültigkeit erlangen. An ihre Stelle würden nämlich andere entsprechende Strafen getreten sein, auf deren Auseinandersetzung aber der Autor sich weniger einlässt, da hier nur das Princip der Abschaffung der Todesstrafe ausgesprochen werden soll. Ihm wird nun aber von einem andern Autor das entgegengesetzte (und noch in den neueren Strafgesetzgebungen anerkannte) Princip entgegengehalten, dass nur Todesstrafe allein ein genügendes Abschreckungs- und Sicherungsmittel sei, andere Strafen hingegen die in dem begangenen Verbrechen liegende Verlockung zum Bösen nicht genugsam hintertreiben.

Neben dieser Verseltsamung der Todesstrafe zeigt die

*) Ueber diesen Aufstand vgl. Midrasch Rabba zu Echa 2, 2. Synhedr. 93b. Dio Cassius 29, 13. 14. — Rappoport Kerem Chemed 5. und 7. Thl. Jost, Geschichte der Israeliten, 3. Thl. S. 242 ff. Robinson, Palästina im Jahre 1838, 2. Thl. S. 198—205.

**) Ueber seine Reisen sehr häufig im Talmud. Sie hatten sich bis Africa erstreckt, und standen wahrscheinlich mit dem unter Trajan in Cyrene ausgebrochenen Aufstand der Juden (vgl. Dio Cassius 28, 32) in Zusammenhang.

Interpretation der Strafgesetze und das Strafverfahren einen eigenthümlichen, meist humanen Character. Das Gesetz, nach welchem die Frau, über die der Mann Klage führt, er habe bei ihr nicht die Jungfernschaft gefunden, gesteinigt werden soll (Deuteron. 22, 20. 21.), wurde dahin erklärt, dass der Mann durch **Zeugen**, welche aussagen, dass sie als Jungfrau während ihres Brautstandes Unzucht getrieben, seine Klage erhärte: sonst hat die Klage in criminalistischer Hinsicht kein Gewicht *). — Ebenso wurde das Gesetz, dass, wenn eine Priestertochter sich durch Unzucht entweihet, sie verbrannt werden soll (Levit. 21, 9.), auf einen Ehebruch, den sie als Braut **) oder (nach Anderer Meinung) als Gattin begangen hat ***), gedeutet †). Auch der Dolus, der in der Schrift zuweilen mit der Culpa zusammenzulaufen scheint, wurde von den grossen Gerichtshöfen näher begrenzt und in der speculativen Strafrechtslehre weiter verarbeitet ††).

Bei den Verboten, die die Schrift mit Ausrottung bedrohet, trat eine gerichtliche Todesstrafe nicht ein †††). Bei Verboten, deren Bestrafung nicht ausdrücklich beigefügt ist, wurde Geisselung, die in neununddreissig Riemenhieben bestand, angewendet ††††); hierbei wurde aber die strengste Rücksicht auf die Leibesconstitution des Verbrechers genommen, und wurde die Strafe auf das Mass herabgesetzt, das er, ohne

*) So allgemein in Mischna und Talmud von der ältesten bis auf die späteste Zeit; vgl. jedoch *Ketubot* f. 64a.

**) Der Brautstand wurde in früherer Zeit (jetzt nicht mehr gebräuchlich) bei den Juden durch ein feierliches Angelöbniss eingegangen, und hatte er schon Vieles mit dem ehelichen Verhältnisse gemein.

***) Vgl. *Synhedr.* 50. —

†) Auch dieses gilt allgemein im ganzen talmudischen Criminalrecht von der frühesten bis auf die späteste Zeit: die nichtverlobte Priestertochter wird nicht mit dem Tode bestraft; und es dürfte mit Recht aus dieser Allgemeingültigkeit auf eine frühe ihr zu Grunde liegende Praxis geschlossen werden.

††) Das Ausführliche hierüber Anhang zum 2. Cap. der Anmerkungen.

†††) Die Ausrottung ist eine Strafe, die sich die Gottheit vorbehält (vgl. oben S. 17). Ob jedoch hier Geisselung stattfinden soll, vergl. die verschiedenen Autoren, *Maccot* 13b. 23a.

††††) *Maccot* f. 22. *Joseph. Antiquitt.* l. 4. c. 8. §. 21. 23. Corinth. 13, 24.

dass für sein Leben irgend eine Gefahr daraus entstehe, ertragen konnte *).

Die Wiedervergeltung bei körperlichen Verletzungen wurde auf eine dem Schaden entsprechende und dem Verletzten zu entrichtende Geldentschädigung bezogen **).

Auch über das Strafverfahren wurde Manches in solchem Sinne festgesetzt. Die mosaische Gesetzgebung hat an vielen Stellen: „er soll getödtet werden,“ ohne die Todesstrafe anzugeben, an anderen Stellen wird Verbrennung (in zwei Fällen), oder Steinigung genannt. Die Gerichtshöfe wiesen „Verbrennung auf einem Scheiterhaufen“ zurück, und interpretirten eine innere Verbrennung der Eingeweide durch eingegossenes glühendes Blei; sie leitete der in der spätern Erklärung ausgesprochene Grundsatz: „„du sollst deinen Nächsten lieben wie dich selbst,““ suche ihm daher die Todesart zu erleichtern“ ***). — Bei der Steinigung stiess man vorher

*) *Maccot ibid.* (Die Strafe durch Riemenhiebe ist in der Zendavesta sehr häufig, und wird bis zu einer schaudererregenden Höhe — bis auf Tausende sogar — getrieben. Vgl. Kleuker, Zendavesta 1. Thl. S. 228, 341, 359 u. a. m.; ja, es werden selbst unwissentliche Vergehen mit Riemenhieben bestraft, vgl. S. 317. Im talmudischen Strafrecht ist das Maximum 39, und lässt es noch überdiess Rücksicht auf die Körperconstitution des zu Bestrafenden eintreten: eine Rücksicht, die erst der humane Geist neuer Legislationen beachtete, den alten aber unbekannt war) Diese Strafe ist aber auch nur für wissentliches Thun; unwissentliches wird nicht bestraft. Dieses ist Axiom im talmudischen Rechte, vgl. auch *Maimonid. de Synhed.* c. 16, 4. (In seiner Erklärung zur Mischna *Schabbat* 2. ist offenbar ein Versehen, das er selbst *Isure Bia* 3, 14. verbessert.)

**) Auch dieses durchgehends. Die Forschung (*Baba Kama* 83) sucht es aus Gründen, die gegen das *jus talionis* sprechen, zu beweisen, vgl. auch *Maimonid.* Einleitung zu *Seraim.* 93b. — Dieser Punkt bildete übrigens lange eine Controverse zwischen den Schriftgelehrten und den Sadducäern. Letztere, an dem Buchstaben haltend, wollten das *jus talionis* nach seiner ganzen Rigorosität, Hand für Hand u. s. w; es drang aber die Meinung der Schriftgelehrten durch, und machte sie sich allgemein geltend. *Megilat. Taanit.* c. 4.

***) Auf diesen Spruch wird häufig im *Tract. Synhed.* u. a. a. O. zurückgekommen, und findet man, wenn man von der Weise des Talmuds Verse als Beweisstellen anzuführen abstrahirt, den Grundsatz ausgesprochen, dass auch gegen den Verbrecher Menschlichkeit beobachtet werden müsse, und das Menschliche in ihm zu beachten sei. Sehr treffliche

den Verbrecher von einem erhöhten Orte herab, so dass er schon vor der Steinigung betäubt war. Andere Todesstrafen waren Enthauptung und Erdrosselung *). — Bezeichnend ist, dass man dem Verbrecher einen mit Weihrauch gewürzten Becher Wein bei seinem letzten Gange trinken liess, dass er weniger die Schrecknisse des Todes fühle **).

Im Geiste der mosaischen Gesetzgebung, die eine durch Qualen vermehrte Strafe nicht billigte (vgl. oben), bestimmte die Forschung, dass, wenn Jemand mehrere Verbrechen begangen, auf deren eines Geisselung, auf das andere Todesstrafe erfolgt, nur die letztere allein (und zwar ohne irgend eine Schärfung) vollführt werde ***). Man ging hierbei sogar so weit, dass man (auf Grund der Schrift) annahm, dass selbst, wenn eine Beschädigung an dem Vermögen bei einem todeswürdigen Verbrechen stattgefunden (es hat z. B. Jemand das Haus seines Nächsten angezündet, und ihn in den Flammen umkommen lassen), neben der Todesstrafe nicht richterlich auf Schadenersatz gedrungen werde; doch ist der Thäter moralisch hierzu verpflichtet †).

Wir schliessen hier mit der Bemerkung, dass, blickt man auf die Theorie des talmudischen Strafrechts, so scheint es sehr strenge: es setzt häufig auf minder bedeutende Verbrechen Todesstrafe; aber diese Strafe kommt nur unter sehr

---

hierauf bezügliche Lehren und Verordnungen sind ebenfalls in *Tractat. Synhedr.* und *Maccot* zu finden.

*) Ueber die Todesarten *Synhed.* f. 45 - 53. Die Sadducäer scheinen auch bei der Todesstrafe der Verbrennung sich an den Buchstaben gehalten zu haben (?), das. f. 52. — Kreuzigung war von den Griechen und Römern herübergekommen und verhängten sie zuweilen grausame Könige: das talmudische Recht kennt nicht diese Strafe. Die Kreuzigung Jesu wurde nicht nach talmudischem, sondern nach römischem Rechte vollführt, vgl. weiter II.

**) *Synhed.* 43, wo erzählt wird, dass die vornehmen Frauen zu Jerusalem diesen Wein verabreichen liessen; vgl. auch *Matth.* 27, 34.

***) *Ketubot* 37. *Maccot* 13.

†) *Ketubot* 30b. *Baba Kama* 37b. *Synhedrin* 9b. Ueber moralische Verpflichtung *Baba Mezia* 91a. — Das Resultat des talmudischen speculativen Criminalrechts ist, dass ein Verbrechen nicht zweifach geahndet werden soll, *Maccot* 4. u. a. a. O. Ueber Geisselung und Geldstrafe vgl. das. ferner *Ketubot* 32. *Cholin* 81b. u. a. a. O. (aber nur in richterlicher Hinsicht, in moralischer wie oben).

erschwerenden Bedingungen zur Ausführung, und bleibt also die Wirklichkeit weit hinter der durch die abstracte Forschung zuerkannten Strafe zurück. Wenn übrigens diese abstracte Forschung mit dem Aufhören der peinlichen Gerichtsbarkeit jede Bedeutsamkeit für das Criminalrecht verlor, so hatte sie doch, behält man das höchste Ziel der Criminalgesetzgebung, den Gesetzen Achtung zu verschaffen, im Auge, ihren practischen Werth, da sie nach diesem Ziele gestrebt und es auch zum Theile erreicht hat. Es erkennen alle denkenden Rechtslehrer, dass Strafe ein Uebel sei; und wie glücklich wäre der Staat, wenn die Rechtsidee in jedem seiner Bürger zur Geltung käme, und es nicht der von fern drohenden Strafe zur Abwehr des Unrechts bedürfte! Doch ein solcher Staat ist ein noch nirgends erreichtes Ideal; die Autonomie des Rechts dringt bei der Menge nicht durch, das Gesetz an sich hat für sie nicht bedeutende Kraft, und so muss ihm von aussen, durch Androhung von Strafen und durch deren Vollziehung, dazu verholfen werden. Die mosaische Gesetzgebung hat hier einen bedeutenden Vortheil. Sie kündigt sich, wie oben bemerkt wurde, als eine göttliche an, und wenn sie auch hinsichtlich des Rechts auf natürlichem Boden bleibt und die Ueberwachung Menschen anheim stellt, so sind die Gesetze doch nicht minder durch göttliche Autorität gehoben und ist das Vergehen gegen sie ein Vergehen gegen die Gottheit. Wo nun eine richterliche Bestrafung nicht erfolgt, weil sie ausser dem Kreise der Wirksamkeit des weltlichen Gerichts liegt, bleibt das Verbrechen in seiner Intensität als Sünde gegen Gott, und tritt er zur Ahndung des misachteten Gesetzes auf. Und hier schwindet jede Aussicht, dass das Verbrechen verborgen bleiben und der Strafe entgehen werde: es ist daher, da die Gottheit selbst die Gesetze überwacht, sowohl das Bewusstsein der Schuld als der Gedanke, dass die Strafe nicht ausbleibe, ungemein drückend. So lange also der religiöse Sinn im Volke lebt und die Achtung vor diesen geoffenbarten Vorschriften aufrecht erhält, wird das Verbrechen geflohen: die Religion lehrt es verabscheuen, und was der innere Rechtssinn nicht vermag, wird an der Hand des als göttlich und heilig geachteten Gesetzes erlangt werden. Durch die Forschung, der das Gesetz das Höchste war und an dessen Erkenntniss sie ihre ganze Thätigkeit setzte, wurde diese Heilighaltung befördert. Die Zuerkennung der Strafe, die Gott anheimgestellt wurde, die Erkenntniss, dass diese Handlung sündhaft sei und Gott missfalle, übte bei der in allen Gemüthern lebenden und den unsichtbaren Richter stets vergegenwärtigenden Anhänglichkeit und Verehrung für das Gesetz einen unberechenbaren Eindruck auf den Willen und auf das Thun. Diese moralische Wirkung brachte die mosaische und talmudische Criminalgesetzgebung, selbst als sie der weltlichen Gerichtsbarkeit sich begeben hatte, hervor: ja es verschwanden wie die Geschichte zeigt vorzüglich seit der Zeit, wo man mit Zuerkennung der Strafe sich begnügte, die Capitalverbrechen bei den Juden, so wie auch die an ihnen anerkannte Keuschheit und die Seltenheit fleischlicher Vergehen ein Product dieses Verfahrens ist; und blieb also die speculative Forschung nicht ohne practische Einwirkung auf Recht und Sittlichkeit.

Reicher als das Criminalrecht ist das talmudische Civilrecht an practischen Resultaten. Die Civilgerichtsbarkeit wurde auch nach Aufhebung der peinlichen Jurisdiction geübt; und verblieb bis in die Mitte des vorigen Jahrhunderts allgemein in Kraft, die meisten morgenländischen Gemeinden halten sich noch heute an sie. Ausser dem religiösen Character, den das Recht angenommen hatte (vgl. weiter), wirkten noch andere Ursachen zu dieser fernern Beibehaltung des Civilrechts mit. Jede unterdrückte, wegen des Glaubens in ihren Rechten gekränkte Confession sucht ihre Bekenner den Unterdrückern gegenüber durch ein gemeinschaftliches Band zusammen zu halten, will daher in ihrem Schosse die Zwietracht erdrücken und jeden Zwiespalt zwischen ihren Mitgliedern schlichten; da wenn er sich hinaus erstreckt die Confession selbst an Achtung verliert und man hieraus neuen Stoff zum Vorwurfe und zur Verspottung abholt (denn es wird in solchem feindseligen Zustande gewöhnlich der Confession zugerechnet, was die Schuld des Menschen ist), andrerseits aber ihre Anhänger sich nach aussen einander feindlich gegenüberstehen und das allgemeine Band lockern *). In den Zeiten, wo die Gesetze

*) Vgl. Corinth. 6, 1—7, wo Paulus die Corinther ermahnt, ihre Streitigkeiten unter sich und nicht bei Auswärtigen auszumachen.

den Juden ganz ausser dem Zusammenhange mit dem Staate stellten und sein Bekenntniss, dem man mit allem Abscheu begegnete, ihn zum Ausgestossenen machte, musste man daher im Interesse der Erhaltung und Ehrenrettung des Judenthums darauf dringen, dass alle Processe innerhalb der Confession verhandelt werden und ihre Rechtslehre die Norm für ihre Bekenner sei. Es lag aber auch bei der mangelhaften Gerichtspflege der römischen Proconsulen, so wie bei dem später bis zu den Tribunalen verbreiteten Vorurtheile und finstern Religionshasse *) im Vortheile der jüdischen Parteien selbst, von Richtern aus ihrer Mitte, denen sie die tiefste Achtung vor dem Rechte zutrauen konnten, gerichtet zu werden. Die Competenz dieser jüdischen Gerichte war durch Edicte römischer **) und deutscher Kaiser ***) anerkannt, und standen sie auch bei Nichtjuden in solchem Ansehen, dass diese noch im fünften Jahrhunderte zuweilen ihre Processe vor jüdische Gerichte brachten †). — Das Civilrecht hatte also einen practischen Boden, wurde durch das Leben vor Excentricität bewahrt und in die Grenzen der Wirklichkeit zurückgedrängt. Es musste nun aber in zweifacher Hinsicht an Ausdehnung gewinnen und weit über das mosaische Gesetz hinausgehen. Dieses berührt nur mit kurzen Worten manche Verhältnisse, die in späterer Zeit sich weit verzweigten und nach den verschiedensten Richtungen ausliefen, schweigt aber ganz über andere, die durch die fortschreitende Entwickelung und den erweiterten Verkehr neu entstanden waren und in die innersten Fugen des Lebens eingriffen. Dem talmudischen Recht war also seine doppelte Wirksamkeit vorgezeichnet: es verbreitete sich über die civilrechtlichen Verordnungen des mosaischen Rechts als ein geoffenbartes, und suchte die weiteren Ausläufe und Verzweigungen durch Analogien und Subsumtionen auf

---

*) Aeusserungen dieses Hasses auch auf dem Rechtsgebiete, vgl. Eidesleistung S. 96 ff.

**) L. 8. C. I. 9. u. a. a. O. —

***) So sagt eine in der Zeitschrift „Orient" 3. Jahrgang Nr. 47 abgedruckte Urkunde Heinrichs III. vom Jahre 1090: *Quod si Judaei litem inter se aut causam habuerint discernendam, a suis paribus et non ab alienis convincantur et judicentur.*

†) Vgl. Eidesleistung S. 40 Anmerk.

dasselbe zurückzuführen; es musste aber auch bei den Rechtsverhältnissen, die erst die Neuzeit erzeugt hatte, selbstständig hervortreten. Wir begegnen also hier positiven Rechtsgesetzen, im Gegensatze zu den canonischen (geoffenbarten); sie suchen sich zwar mitunter durch Erklärung manches Schriftausdruckes an die Offenbarung anzuklammern, doch haben sie ihre eigentliche Gültigkeit in sich, in dem diese Verhältnisse beurtheilenden Rechtssinne (also in mancher Hinsicht natürliches Recht).

Bei einem nähern Eingehen dürften die Kreise des geoffenbarten und des positiven Rechts ungefähr in folgender Weise zu bezeichnen sein: das Object des geoffenbarten Rechts bildet zumeist ein verletztes Rechtsverhältniss, ein Verlust, den Jemand an einem besessenen Rechte erleidet *); das Object des positiven Rechts ist zumeist die Erwerbung eines Rechts, dem ein beiderseitiger Wille (Vertrag) vorausgeht **). Jenes wurde durch die daran geknüpfte Forschung, die viele andere Fälle hineinzog, erweitert, fortentwickelt; dieses bildet in vieler Hinsicht eine neue Schöpfung. Letzteres bespricht ausführlich: die Acquisition von beweglichem und unbeweglichem Gute, Pacht ***) nnd Miethe, Hypotheken, Kauf und Verkauf, Association und andere derartige privatrechtliche Verhältnisse. Dieses Recht ist aus verschiedenartigen Elementen zusammengeflossen; es verliert sich theils in Altherkömmliches †), theils wurde Manches von den Rechten der Nationen,

---

*) So die Verordnungen über angerichtete Schaden durch Abweiden, Feuersbrunst, über Diebstahl, Abhandenkommen der Deposita ff.

**) Wie die sogleich zu erwähnenden Species zeigen. Betrachtet man ferner die Klage, so sind dort grösstentheils *actiones in rem*, hier *in personam*.

***) Zu unterscheiden von dem oben erwähnten Pacht bis zum Jobel. Hier handelt es sich um die Art der Pacht, um die Verpflichtung, die der Pächter oder Verpächter hat, u. s. w.

†) So z. B. die Acquisition bei Mobilien, indem der Empfänger die Sache an sich ziehet. Dieses weiset auf eine Zeit hin, wo Geld noch weniger im Umlauf war und der Handel sich mehr auf Austausch beschränkte (daher auch diese Art der Acquisition (חליפין) noch häufig im talmudischen Rechte). Dieses an sich Ziehen scheint für die spätere Zeit nur eine *traditio symbolica* gewesen zu sein. Andere Arten der Traditio *longa manu*, *brevi manu* kommen nicht vor im talmudischen Rechte. — Vgl. auch weiter über die *Ketuba*.

unter denen die Juden lebten, der Griechen *), Römer **) und Perser ***) aufgenommen. Doch behielt hierbei das tal-

*) Hierfür sprechen nicht nur allgemeine Ausdrücke, wie דייתיקי *διαθήκη* Testament, אוני *ὠνή* (Kauf, Kaufcontract), sondern es wird mancher Terminus ausschliesslich im Geiste des griechischen Rechts aufgefasst. So wird אפותיקי ganz in der technischen Bedeutung des *ὑποθήκη* genommen, ein Pfand, auf welchem dem Gläubiger ein Recht zustehet (*jus in re*, vgl. Meier und Schömann, der Attische Process, S. 504, 505.), das Faustpfand (*ἐνέχυρον*, *pignus*) ist משכנא.

**) Vgl. weiter.

***) Das altpersische Civilrecht ist uns nur sehr wenig bekannt; die wenigen Notizen aus der Zendavesta, Herodot (I, 137. 138) und der romanhaften Cyropädie des Xenophon sind auf das Strafrecht oder die allgemeine Moral zu beziehen. Ebenso dürftig ist bei den wenigen Nachrichten von Tavernier und Chardin unsere Kenntniss des neupersischen Rechts. — Im Talmud wird Manches aus dem persischen Rechte zur Zeit der Sassaniden angeführt, welches als oberflächlich und nach der gegenwärtigen Sachlage richtend, ohne auf die ferneren Beziehungen einzugehen, characterisirt wird, vgl. *Baba Kama* 58b. *Schebuot* 34b. Als persisches Recht wird angeführt, dass, wenn der Schuldner ein Haus als Hypothek verschreibt, der Gläubiger, bis die Schuld entrichtet ist, darin wohnen kann. *Baba Mezia* 73b. — Wenn Jemand für den Schuldner bürgt, so kann sich der Gläubiger zuerst an jenen (den Bürgen) halten. *Baba Batra* 173. (Auch der Mulkata [die türkische Rechtslehre] befolgt diesen Grundsatz, vergl. Hammer-Purgstall, Wiener Jahrbücher der Literatur, 102. Band, S. 21, vgl. auch L. 5, C. 8, 41). — Wenn ein Richter in seinem eigenen Processe vor Gericht belangt wird, so verliert er, selbst wenn er unschuldig befunden wird, die Fähigkeit, ferner Richter zu sein *Baba Batra* 58a. — Die an den Ufern der Flüsse liegenden Grundstücke erstrecken ihr Recht bis in den Fluss, so weit ein Pferd hineinzugehen vermag (der eigentliche Ausdruck: עד כדי צוארי סוסיא מיא bis zum Halsvoll des Pferdes mit Wasser). *Baba Mezia* 108a. — Zur Usucapio bedarf es des Zeitraums von vierzig Jahren. *Baba Batra* 55a. — Verfügungen über Kopfsteuer (schon unter dem Namen *Charag* [כרגא]) und Grundsteuer vgl. *Baba Batra* l. l. *Gittin* 58. Die Weise und Erhebung der Grundsteuer [Taska (טסקא) genannt] zeigt das Eigenthum des Bodens eigentlich nur als Lehn. — Es ist zwar nicht mit Gewissheit anzugeben, was das talmudische Recht aus dem persischen in sich aufgenommen; doch dürfte es, nachdem sich die Sassaniden Babylon und Mesopotamien, wo viele jüdische Schulen blühten, unterworfen hatten, schwerlich ganz dessen Einflusse entgangen sein (welches aber nur für den babylonischen Talmud — vgl. weiter III. — anzunehmen ist). So dürfte die sehr befremdende Lehre, dass bei einem Verkaufe auch bei der *Vis* eine Willensbestimmung stattfinden kann (*Baba Batra* 47 ff.), aus in Persien herrschenden Verhältnissen hergenommen sein (doch bespricht selbst das römische Recht nicht die erzwungene Einwilligung bei einem Verkaufe, vgl. D. 4. 2).

mudische Recht nichtsdestoweniger seine Selbstständigkeit. Es sind hier nicht nur die Normen, die wir in anderen alten Rechtslehren wiederfinden *), in eigenthümlicher Weise verarbeitet **), sondern ist selbst die Entlehnung zu bezweifeln, so wie überhaupt die Annahme mehr als problematisch ist, dass bei einem Zusammentreffen mehrerer Gesetze verschiedener unter denselben Bedingungen sich geltend machender Gesetzgebungen eine aus der andern abgeholt habe. Was die Nachwelt als ein der Geschichte verfallenes, dem Volksgeiste und dem Volkswillen der Gegenwart widerstrebendes Recht ansiehet, hatte in den Ansichten und Verhältnissen des Zeitalters, in welchem es entstanden, in den damaligen gesellschaftlichen Einrichtungen und Berührungen, in dem Verkehr jener Zeit und dem Contact sich gegenüber stehender Interessen seinen tiefgewurzelten Grund, und musste daher in mancher Beziehung aus den Schranken eines Particularrechts treten. — Auch auf die Juden übten nothwendigerweise die Rechtsverhältnisse des Volkes, unter welchem sie lebten, Einfluss. Man

*) Da von den alten Gesetzgebungen nur die römische vollständig bekannt ist, so werden wir hier diese vorzugsweise herausheben.

**) So z. B. die Specification §. 25. 26. J. 2. 1. L. 7. §. 7. L. 12. §. 1. L. 24. L. 26. D. 41. 1. verglichen mit *Baba Kama* f. 66. 95 ff. Bemerkenswerth ist, dass die im römischen Rechte angenommene Unterscheidung, ob die Species wieder auf die frühere ursprüngliche Materie zurückgebracht werden könne (J. l. l.), erst von späteren, zumeist unter persischer Herrschaft lebenden talmudischen Autoren, denen das römische Recht fern lag, deutlich ausgesprochen wurde (שינוי החוזר לברייתו *Baba Kama* l. l.); der jerusalemische Talmud schweigt, so viel dem Verfasser bekannt ist (vgl. *ad loc.* und *Gittin* 22b.), hierüber (vgl. weiter III.). Das römische Recht weiss übrigens nicht von dem im talmudischen Recht eine bedeutsame Potenz bildende ייאוש (d. i. wenn der Eigenthümer die Hoffnung aufgibt, die Sache wieder zu erlangen), so wie wieder das talmudische Recht nicht den Unterschied kennt, den das römische Recht macht, ob der Specificant Besitzer eines Theiles der Materie sei. Die beiden Rechte verfahren nach verschiedenen Principien und haben ganz verschiedene Bestimmungen. — Das §. 29. J. 2. 1. angeführte XII. Tafelgesetz: „*Ne quis tignum alienum aedibus suis conjunctum eximere cogatur*“ kommt auch *Gittin* 55, aber nicht als Recht, sondern als Connivenz vor; den Nachsatz „*sed duplum pro eo prostet*“ (*ibid.*) kennt das talmudische Recht nicht. Die rigorose Schule *Schamai's* wollte übrigens diese Connivenz nicht gelten lassen, und soll mit Niederreissung des Hauses der Balken zurückgegeben werden (das.).

wurde durch die äussere Berührung auf neue Rechtsfälle aufmerksam, es lernten die Parteien Manches als ein ihnen zustehendes Recht ansehen, dass sie früher als ein solches nicht beachteten oder auf das es bei einfacheren Verhältnissen gar nicht ankam *). Was nun das talmudische Recht mit dem römischen am meisten gemein hat, sind die Rechtsfälle; dieselben Materien werden oft hier und dort besprochen, und bilden die Unterlage, auf die die Rechtsideen angewandt wurden. Diese Gemeinschaftlichkeit der Materie lag in den Verhältnissen, den Bedürfnissen der Zeit, und es trafen auch auf gleiche Weise bedingt manche Rechtsbestimmungen zusammen; so wie auch durch den Verkehr der unter und mit den Römern lebenden Juden und den täglichen Gebrauch Manches von selbst herübergekommen sein mag, wie dieses bei einer derartigen Berührung eines Volkes mit einem andern fast unausweichbar ist. Aber es weichen in noch mehreren und fast in den meisten Fällen diese Rechtsbestimmungen von einander ab, und beweisen deutlich, dass nicht eine Rechtslehre von der andern abgeholt. So ist die Hypothek des talmudischen Rechts eine ganz andere als die des römischen **), divergiren sie in den Obligationen und Servituten ***),

*) So wird z. B. bei erweiterter Civilisation durch angehäufte Bevölkerung, enges Zusammenwohnen u. dgl. mit grösserer Sorgfalt auf Servituten gehalten, und entstehen deren ganz neue Arten, die früheren Geschlechtern, denen es bei einer dünnen Bevölkerung und Auseinanderwohnen auf viele derartige Berechtigungen gar nicht ankam, ganz unbekannt waren.

**) Jost, Geschichte der Israeliten, 4. Thl., Anhang S. 240 meint: „der Ausdruck *servitus* ist שעבוד fast in allen Arten der Servituten.“ Allein שעבוד gehört offenbar in die Hypothek (die im talmudischen Rechte eine ganz eigene Gestaltung hat): für Servitut gibt es im talmudischen Rechte keinen besondern Ausdruck.

***) Ueber Hypotheken und Obligationen Manches weiter im 2. Abschnitt. Ueber Servituten handelt *Baba Batra* c. 1. 2. und c. 3 f. 58—60. (שעבוד im eigentlichen Sinne kommt es hier nicht vor; *Maimonid.* handelt hierüber ab unter dem Titel „שכנים [über] Nachbarn“). Es werden zumeist besprochen die *servitt. praediorum urbanorum*, weniger die *servitt. praed. rusticorum* (vgl. hierüber Manches *Baba Batra* 99. *Gittin* 59. 60). Das talmudische Recht hat für die meisten Servituten ganz andere Bestimmungen als das römische Recht; übergehet viele Servituten, die dieses erwähnt, und hat andere, die das römische Recht nicht kennt, vgl. obige Abschnitte mit *pr.* §. 1. 2. J. 2. 3. D. 8. 2. 3. — Bemerkenswerth ist, dass manche Servituten des römischen Rechts erst von späteren, unter

also in den vorzüglichsten Theilen des Rechts. Es musste übrigens nach der divergirenden Geistesrichtung des Orientalen und Occidentalen selbst das, was etwa das talmudische Recht aus dem römischen aufgenommen, in ihm in ganz anderer Weise gestaltet und ausgeprägt werden. Den Forschungsgang des Orientalen characterisirt Scharfsinn und Lebendigkeit der Auffassung; er wird in seinen Rechtsbestimmungen weniger von einem Principe, auf das er die untergeordneten Fälle zurückführt, geleitet als von der Frische seines Verstandes, der in die verborgenen Falten des vorliegenden Rechtsfalles einzudringen und ihm manche neue Seite abzugewinnen sucht: daher denn auch eine freiere von der Last der Regeln weniger niedergedrückte Geistesthätigkeit *). Den Occidentalen bezeichnet Tiefsinn, er will eine universelle Auffassung, sucht einen systematischen Zusammenhang und die Zurückführung auf ein Princip: er bildet also das Recht zu einem harmonischen Ganzen aus, während es bei Jenem nur aus unter sich unzusammenhängenden Theilen besteht. Es mussten also selbst die aus einem gemeinschaftlichen Centrum auslaufenden Radien des römischen und talmudischen Rechts sich in ungemeinen Abständen von einander entfernen **); das talmudische Recht verarbeitete das Fremdartige nach seiner Eigen-

persischer Herrschaft lebenden talmudischen Autoren, die (wie vorher bemerkt) jenes Recht gar nicht kannten, besprochen wurde, und die früheren Autoren dieser Servituten entweder gar nicht oder nur schwach erwähnen. Vgl. *Baba Batra* f. 8 über *servitus oneris ferendi* und *tigni immittendi*, ferner über *servit. stilicidii* das. und f. 58, über *servit. projiciendi* f. 63.

*) So z. B. das bekannte Urtheil Salomons (1. Kön. 3.). Ein abendländischer Richter wird schwerlich zu einem solchen Indicium seine Zuflucht nehmen, noch das darauf gegründete Urtheil als in sich gerechtfertigt ansehen. Die frappanten witzigen Gedankensprünge, durch welche orientalische Richter der Wahrheit auf die Spur zu kommen suchen und nach ihnen aburtheilen, sind aus den Reisebeschreibungen über das Morgenland bekannt: in Europa verfolgt der Richter ganz andere Normen. Wir werden weiter bei der Miggo diesen Einfluss näher kennen lernen.

**) Zwar ist auch der talmudische Civilprocess auf einige Grundprincipien zurückzuführen, vgl. weiter III.; doch gehet dem talmudischen Rechte, wenn es auch vielleicht an Geistesschärfe das römische Recht überragt, doch das Systematische desselben ab, und war es erst der spätern Zeit vorbehalten einen in sich gegliederten Codex zu liefern; vgl. weiter.

thümlichkeit, verschmelzte es durch einen geistigen Cement mit seinen Begriffen, und so gestaltete sich durch diese Wiederverjüngung auch das Fremdartige zu einer selbstständigen Consequenz des einheimischen Rechts *).

---

*) Es muss auch bemerkt werden, dass sich kein lateinischer Rechtsterminus im talmudischen Rechte findet, während nicht nur griechische Rechtsausdrücke sich hier eingebürgert, sondern auch ganz im Sinne des griechischen Rechts, wie oben angedeutet wurde, gebraucht werden. — Jost hat a. a. O. 4. Thl., S. 114 und Anhang, S. 238 ff. das talmudische Recht anders aufgefasst, scheint aber — ohne dass seinem Verdienste um die jüdische Geschichte nahegetreten werden soll — hier nicht genug tief eingegangen zu sein. Ueber seine Deutung des שעבוד wurde oben gesprochen; er hält sich überhaupt zu sehr an die äussere Aehnlichkeit des Ausdruckes. So führt er an, das talmudische Recht unterscheide nach dem römischen Rechte *fructus pendentes* und *percepti*; aber das talmudische Recht hat nur *fruct. pend.* und *separati*: *fruct. percepti* (vgl. L. 13. D. 7. 4. und die interessante Rechtsfrage L. 12. §. 5. D. 7. 1.) sind ihm unbekannt. Es bedarf kaum der Erwähnung, dass *Ketubot* 51a. *Schebuot* 43 (welches auch Jost selbst nicht anführt) nicht hierher gehört. — *Res communis* soll ferner nach Jost sein רשות הרבים: aber weder kommt im talmudischen Rechte dieser Ausdruck für eine Sache vor (er ist im talmudischen Rechte ein örtlicher, Benennung für Strasse, im Gegensatze zu רשות היחיד dem Hause u. s. w.), noch ist der römische Begriff der *res communis* (*aër, aqua profluens et mare et per hoc littora maris.* L. 2. §. 1. D. 1. 8. §. 1. J. 2. 1.) im talmudischen Rechte herrschend; und nur *Maimonides*, der doch gewiss nicht aus dem römischen Rechte abgeholt(!), führt zur Vervollständigung *Gesela* c. 6. §. 13. *aqua profluens* als *res communis* an, und zwar nach einer ziemlich fern liegenden Stelle (vgl. *Maggid Mischna* das., ferner *Maimonid. Sechija* c. 1.). — Nicht minder unbegründet ist die nach dem römischen Rechte dem talmudischen Rechte aufgedrungene Eintheilung der *res nullius* und *res derelictae*: das talmudische Recht kennt beide nur unter dem Begriff הפקר; hingegen ist ייאוש dem römischen Rechte unbekannt (vgl. oben, ferner §. 48. J. 2. 1. Nicht hierher gehört D. 49. 15). — Sehr auffallend ist, wie Jost מחובר mit *adjunctio* benennen konnte. Adjunction ist die enge Verbindung zweier, verschiedenen Eigenthümern zugehörigen Gegenstände, so dass sie nicht mehr von einander getrennt werden können. Das römische Recht beziehet hierher das Einweben eines einem Andern gehörenden Stoffes, z. B. Purpurs, in mein Gewand (§. 26. J. 2. 1.); das Auftragen eines Gemäldes auf eine fremde Tafel (§. 34 *ibid.*, vgl. auch die dortige interessante Rechtsfrage): wer wollte dieses unter dem מחובר des talmudischen Rechts verstehen? Und handelt überhaupt das talmudische Recht in solcher Weise von der Adjunction? — Zu letzterer gehört ferner nach römischem Rechte das Bauen, Säen auf dem Boden eines Andern; und auch hierfür

Durch die Anknüpfung an die mosaischen Gesetze, die vorzüglich bei der Fortentwickelung des geoffenbarten Rechts sich vielfach fand und auch bei dem positiven Rechte durch Analogie, Anlehnung ff. gesucht wurde, behielt das talmudische Recht* eine religiöse Färbung bei. Gott wurde noch ferner

passt keinesfalls מחובר, und stimmt ebenso wenig über diesen Punkt das talmudische Recht (vgl. *Baba Mezia* 101. *jer. Talmud. Baba Kama* 25b. *Maimon.* l. l. c. 10) mit dem römischen Rechte (vgl. §. 30—32. J. I. 1.) zusammen. Dasselbe ist auch über die zu der Adjunction zu rechnende *avulsio* (wenn ein Fluss ein Stück Land von einem Grundstück losreisst, und es an ein einem Andern zugehöriges Grundstück ansetzt) zu bemerken: und handelt auch hierüber das talmudische Recht (*Baba Mezia* 100b) in ganz anderer Weise als das römische Recht (§ 21. J. I. 1. L. 7. §. 2. D. 41. 1). — Wenn ferner Jost sagt: „was die Rabbinen dabei (über Pacht und Miethe) in Erwägung ziehen, siehe *Baba Mezia Perek Hammkabbel*, welches fast abgeschrieben aus älteren römischen Quellen mit Uebertragung der Worte und Anordnung der Stellen," so ist sehr zu bedauern, dass diese Quellen nicht angegeben wurden. Der erwähnte Perek bespricht die Pacht von Feldern, und ist hier zuvörderst von dem *colonus partiarius* (מקבל, der Pachtpreis ein aliquoter Theil der Erndte) die Rede: vergleicht man hiermit die römischen Quellen, L. 25 §. 6. D 19 2., so muss man gestehen, dass das talmudische Recht nicht aus dem römischen Rechte (das noch überdiess sehr arm ist) „abgeschrieben," und es eine ganz andere „Anordnung der Stellen" hat. Selbst der Ausdruck *vis major*, *divina*, *Θεοῦ βία* (D. l. l.) findet sich nicht im talmudischen Rechte, sondern hat dieses מכת מדינה, und nach ganz anderen Begriffen als das römische Recht (vgl. *Baba Mezia* 105b). Ferner wird das gehandelt, wo der Pachtpreis in einer Quantität von Früchten bestehet (חוכר), und auch hier in ganz anderer Weise wie das römische Recht (vgl. L. 8. C. 4. 65.); und was die Emphytheusis anbelangt, so kommt sie in diesem Perek gar nicht und anderswo (vgl. *Gittin* 47b. *Baba Batra* 46b) in ganz anderer Weise als im römischen Rechte zur Besprechung. Ueberhaupt betrachtet das römische Recht „Miethe und Pacht (*locatio et conductio rerum*)," welches sich aber nicht auf *Perek Hammkabbel* beschränkt, von ganz anderen Gesichtspunkten, und hat andere Bestimmungen als das römische Recht. Vgl. ferner über Rechtsausdrücke unsere früher gedachte Zeitschrift, 1. Jahrg. S. 282. — Jost, den die durch ihn erst gründlicher angebaute jüdische Geschichte genugsam in Anspruch nahm, mochte vielleicht auf diesen, der eigentlichen Geschichte etwas ferner liegenden Gegenstand nicht seine ganze Aufmerksamkeit verwenden können. — Eine Vergleichung der Beziehung des canonischen Rechts zum römischen und des talmudischen zum römischen Recht dürfte noch mehr die Unabhängigkeit des talmudischen vom römischen Rechte klar machen, und selbst ihr Begegnen (wie bei der Usucapion) aus den im Text angegebenen Ursachen abholen.

als der oberste Wahrer und Wächter des Rechts angesehen: dieses lag in der Idee der Gerechtigkeit selbst, als deren Vertreter die Gottheit in der heil. Schrift vielfach erscheint, und sie aufs heiligste bewahrt wissen will (vgl. oben); und es gab auch die Grundlage des talmudischen Rechts, die mosaische Gesetzgebung, eine Berechtigung hierzu. Das talmudische Recht gehet aber keinesfalls darauf aus, jede seiner Rechtsbestimmungen von Gott abzuleiten: und ist es sich auch der Eintheilung in geoffenbartes und positives Recht, wie sie hier angenommen wurde, nicht bewusst, so erkannte es doch deutlich, dass Vieles Meinung der Rechtslehrer sei, und nicht seine Legitimation aus der Schrift ableite *). Aber es behielt in seiner Gesammtheit einen religiösen Character bei, da es sich an das Geoffenbarte anschloss, und es ganz in sich aufnahm **). — Das talmudische Civilrecht kennt auch Verordnungen aus alter Zeit, die es sogar aus der Epoche der ersten Eroberung des Landes durch Josua herleitet: sie sind meistens agrarischen und forstlichen Inhalts ***). Unter ande-

*) Der Talmud beruft sich in seinen Discussionen über das Civilrecht nur selten auf die Tradition.

**) Das Verhältniss des talmudischen Rechts zu den mosaischen Gesetzen, in so weit es sie erklärt und erweitert, ist dasselbe, wie das durch die römischen Rechtsgelehrten (und späteren Glossatoren) erweiterte römische Recht zu den *Leg. XII. Tabul*, *edicta praetorum* u. s. w. Aber das römische Recht enthält auch Vieles, das aus diesen Quellen nur schwach oder gar nicht hergeleitet werden kann, und durch spätere Verhältnisse hineingetragen werden musste; doch verzichtete das römische Recht nichtsdestoweniger nicht auf sich selbst, und bestand nach seiner Grundlage noch weiter als solches fort. Dasselbe Verhältniss zeigt sich nun auch bei dem mosaisch-talmudischem Rechte trotz der positiven (im Gegensatze zu der geoffenbarten) Seite desselben.

***) Vgl. *Baba Kama* 81. Sie weisen ihrem ganzen Inhalte nach, da sie nur auf ländliche Verhältnisse grösstentheils Bezug haben, und commercieller, so wie anderer bei weiterer Civilisirung sich aufdrängender Berührungen nicht erwähnen, auf eine frühe Zeit hin: und dürften sie also jedenfalls bei der Besetzung des Landes ins Leben gerufen worden sein. Nur scheint, dass man den Einzug unter Esra mit dem unter Josua verwechselt habe, und es sei ersterer statt letzteror zu setzen. Zu dieser Annahme berechtigt auch, dass (das.) manche dem Esra zugeschriebene Anordnungen berichtet werden, die aber ganz unerheblich sind. Die Erwähnung Esra's hierbei scheint auf der angedeuteten Verwechselung zu beruhen.

ren alten, wenn auch nicht so frühen Einrichtungen ist die der Morgengabe, *Ketuba* (*donatio propter nuptias*) genannt, hervorzuheben. Die Schrift schweigt über diese (der Bräutigam scheint seine Braut durch Geschenke an den Vater erworben zu haben); und wird auch hinsichtlich der Wittwe nicht Erwähnung gethan. Aber schon in der frühern Zeit des zweiten Tempels wurde es Sitte, der Frau eine *Ketuba* von 200 Sus *) zu verschreiben, die sie im Falle der Scheidung oder beim Absterben des Gatten einzufordern hatte **). Hieran knüpfte sich (in späterer Zeit) noch manche andere Verpflichtung gegen die Wittwe; und sicherte zu Jerusalem so wie auch in Galiläa der Gatte der Gattin zu: „du sollst durch deinen ganzen Wittwenstand in meinem Hause wohnen, und aus meinem Vermögen Alimente beziehen" ***); und ging dieses in ein Recht über, so dass es dieser Zusicherung gar nicht mehr bedurfte †). — So änderte sich auch Manches hinsichtlich der Erbfähigkeit der Töchter. An die Stelle der frühern Geschenke des Braütigams an den Vater trat im Gegentheile die Mitgift, die die Frau dem Manne zubrachte. Starb nun Jemand und hinterliess unverheirathete Töchter, so bekamen sie bei ihrer Verheirathung den zehnten Theil des

---

*) Der Sus nach Einiger Meinung der vierte, nach Anderer der sechszehnte Theil eines Schekel, vgl. *R. Ascher*, *Ketubot* f. 11. Die Priester verschrieben gewöhnlich vierhundert Sus (*Ketubot* 12).

**) Dass dieser Gebrauch der *Ketuba* alt sei, gehet aus dem Umstande hervor, dass schon *Simon ben Schetach*, Schwager des Alexander Jannai (170—130 vor der gewöhnlichen Zeitrechnung), die Ketuba als Langbestehendes vorfand und manche Verbesserungen traf, vgl. *Ketubot* 82b *jer. Tal. Ketubot* 30a. Gans Erbrecht (1. Thl., S. 143) sucht aus Unkenntniss frühern und spätern Sprachidoms der Ketuba griechischen Ursprung zu vindiciren. Aber man erkennt bei näherm Eingehen, dass die nach der Schrift gewöhnlich dem Vater gegebenen fünfzig Schekel (= 200 Sus) sich durch das Zurücktreten der patriarchalischen Verhältnisse in die *Ketuba*, die Morgengabe an die Frau, umgewandelt hatten, vgl. *Ketubot* 10a. Auf welchen schwachen Füssen übrigens Gans stehe, erkennt man schon daraus, dass er נדוניא von *donatio* ableitet und hier die römische *dos* wahrnimmt, während doch schon Ezechiel 16, 36. נדניך vorkommt.

***) *Ketubot* 52b.

†) In Judäa sicherte der Mann nur zu: „du sollst, bis die Erben dir die Ketuba auszahlen, in meinem Hause wohnen ff." (das.).

zurückgebliebenen Vermögens *); auch mussten sie bis dahin (oder bis zu erlangter Grossjährigkeit), selbst mit Hintansetzung der Söhne **), alimentirt werden ***).

Wir können hier, ohne zu weit in die talmudische Rechtslehre einzugehen, selbst die Hauptmomente des positiven talmudischen Civilrechts nicht näher bezeichnen; und erwähnen nur, dass, da es manche Anlehnungen und Analogien aus der heil. Schrift suchte, es mitunter eine andere Richtung nahm als es auf dem Wege der ganz unabhängigen juristischen Schlussweise eingeschlagen haben würde. Dieser Einfluss des geoffenbarten Gesetzes tritt vorzüglich in Adhäsionsfällen hervor, wenn nämlich die Norm ins Criminal- und Civilrecht zugleich einschlägt. Auf dem Gebiete des Criminalrechts, welches, wie oben bemerkt, dem Leben entrückt war, hatte die Speculation mehr Raum, und erging sich nicht selten in unausführbare Folgerungen; und dieses wirkte zuweilen auf das adhärirende Civilrechtliche hemmend ein. Die Lehre vom Zeugenbeweis wird hierzu manchen Beleg liefern. — Eine andere Art der Adhäsion entspringt aus der dem Mosaismus eigenthümlichen Grundlage des Rechts und der Tugend (vgl. oben). Wo nun das Civilrecht an das Gebiet der Tugend (und hierdurch an die Religion) streift, verlor es Manches an der scharfen juristischen Ausbildung. So zeigt es sich z. B. bei der Vormundschaft †). Das mosaische Recht hat über dieselbe kein Gesetz; hingegen wird häufig in sehr liebevoller Weise der Waisen gedacht, dass man sie nicht unterdrücke, ihrer

*) *Ibid.* 68a. Gans, der überhaupt nicht aus den Quellen abgeleitet zu haben scheint, irrt ungemein, indem er (a. a. O.) diesen zehnten Theil auf die Alimentirung (wahrscheinlich durch den Ausdruck פרנסה irregeleitet) bezog.

**) *Ibid.* 43. 108. *Baba Batra* 139.

***) *Ketubot* 52b.

†) Quellen hierfür *Ketubot*, *Gittin*, *Baba Mezia* auf mehreren Seiten. *Maimonides Nachlot* c. 10. 12, *Choschen Hammischpat* c. 290. Wir führen hier nur die Tutel an; das talmudische Recht kennt auch die Cura, doch in ganz anderen Verhältnissen und in anderer Weise als das römische Recht, vgl. *Baba Mezia* 38. *Maim.* l. l. c. 7. 8. *Chosch. Hammischpat* c. 285, mit *Dig.* 27, 10. 49, 15. — Ueber Cura über Wahnsinnige und Geistesschwache *Ketubot* 48. *Maimonid. Mechira* 29, 4. *Chosch. Hammisch.* 235, 20. 390, 27.

mit milden Gaben gedenke ff. Das talmudische Recht abstrahirte aus diesen Mahnungen, dass man sich der Waisen annehmen soll, und gründete hierauf eine vollständige Lehre über die Vormundschaft. Als oberster Grundsatz gilt daher: das Gericht ist der natürliche Vormund der Waisen *), und übernimmt es (wenn nicht der Vater einen Vormund ernannt hat) entweder selbst die Verwaltung des hinterlassenen Vermögens oder bestellt hierzu einen erprobten redlichen Mann **). Es folgen nun Verwaltungsregeln für den Vormund ***), aber es wird, da Gott Vater der Waisen und Wahrer des Rechts ist, dem Vormund vertraut, dass er sich an sie halten werde; und es bedarf daher, wenn er etwas zum Vortheil der Waisen unternimmt (veräussert, ankauft ff.), nicht erst der Anzeige beim Gerichte und dessen Erlaubniss †). — Bei beendigter Vormundschaft (Grossjährigkeit der Mündel) legt der vom Gericht eingesetzte Vormund ††) nicht einen Rechenschaftsbericht (ein solcher mit rechtmässigen Belegen mochte überhaupt in früherer Zeit sehr selten sein), sondern einen Eid ab, dass er treu verwaltet habe: eine Appellation an das religiöse Gefühl (vgl. weiter 2. Abschnitt: Eid). Und so wird überhaupt, da sich der Waisen annehmen eine in der Religion begründete und von ihr sehr empfohlene Tugendpflicht ist, viel Gewicht auf die Heiligkeit, die sie nach dem mosaischen Gesetze in Jedermann behaupten soll, gelegt, wird hier noch mehr die Tugend als das strenge Recht zu Hülfe gerufen. Und auch hier hat abermals diese Verpotenzirung des Rechts zur Tugend treffliche Früchte getragen: und mit welcher Zartheit, mit welcher Gewissenhaftigkeit wird gegen Waisen ver-

---

*) *Maimon.* l. l. c. 10. §. 5. *Chosch. Hammischp.* §. 1.

**) *Maimon.* §. 6. *Chosch. Ham.* §. 2. Die Glosse das. bemerkt, dass in manchen Fällen das Gericht einen Vormund setzen muss, um nicht Kläger und Richter in einer Person zu sein (vgl. auch §. 3. J. 1. 21., von wo der Autor dieser Glosse wohl nicht abgeholt). Einen Zwang zur Tutel kennt übrigens das talmudische Recht nicht.

***) *Maimon.* und *Chosch. Mischp.*

†) Wird aber ein gegründeter Verdacht gegen den Vormund rege, dass er das Pupillengut antaste, so wird ihm die Vormundschaft abgenommen. *Maimon.* c. 10. §. 7. *Chosch. Mischp.* §. 5.

††) Vgl. *Gittin.* 52. und *Chosch. Mischp.* l. l. §. 16. und *Glosse* das. Mehreres weiter zu §. 80.

fahren und das ihnen Gehörende grösstentheils mit der grössten Gewissenhaftigkeit verwaltet!

II.

Mosaisch-talmudische Gerichts- und Processform.

Nach dem wesentlichen Einflusse, den der Process nach seinen verschiedenen Grundformen, dem Accusations- und Inquisitionsverfahren auf den Beweis übt, muss, ehe wir an den Beweis gehen, die im mosaisch-talmudischem Rechte vorkommende Processform erörtert werden.

Wir wollen vorerst die Anordnung der Gerichte, wie sie zusammengesetzt und von wem sie installirt waren, kennen lernen, und hierbei zugleich unsere Aufmerksamkeit auf die zur Pflege des Strafrechts competenten Gerichtskörper wenden.

Das mosaische Recht spricht sich über Criminalgerichte nirgends ausführlich aus, sagt aber: „Richter und Aufseher sollst du dir setzen in allen deinen Thoren, die der Ewige dein Gott dir gibt nach deinen Stämmen, und sie sollen richten das Volk mit Gerechtigkeit“ (Deuteron. 16, 18). Nach dem dortigen Zusammenhange scheint zwar dieses Gesetz sich mehr auf Civilrichter zu beziehen; doch heisst es auch bei Criminalfällen häufig: „Du sollst den Mann oder die Frau hinausführen zu deinen Thoren“ (in den Thoren war, wie bekannt, der Sitz des Gerichts); „man soll ihn bringen zu den Aeltesten seiner Stadt ff.;“ es entschieden demnach die gewöhnlichen Ortsrichter auch über Verbrechen. Aus wie viel Richtern das Gericht zusammengesetzt sein soll, und ob sie durch besondere Gesetzkunde sich die Qualification zu ihrem Amte erwerben mussten, wird nirgends erwähnt; doch wurden diese Richter זקנים (Aelteste, *seniores*) genannt, und in jener einfachen Zeit, wo nicht Bücherkunde sondern Erfahrung die Reife des Geistes gab, lag im erlangten Alter die Bürgschaft für Besonnenheit und genaue Abwägung des Urtheils. Waltete bei diesem Gerichte ein Zweifel ob, so erholte man sich von dem Orte, den Gott erwählt hatte, bei den Priestern oder dem (an der Spitze der Republik stehenden) Richter Auskunft (Deuteron. 17, 8. 9): es gab also eine Art obersten Gerichtshofes, dessen Function in Belehrung (Auskunftgeben) bestand; doch fand nicht eine Appellation an ihn gegen den Ausspruch des Gerichts statt *). — Das Gericht wurde öffentlich in den Thoren gehegt; und scheint es (nach I. Kön. 21, 9 ff.) vorzüglich an Tagen, wo das Volk zusammenkam, gehalten worden zu sein. Das Verfahren war mündlich **); der Ankläger trat dem Angeklagten gegenüber, oder vielmehr ihm zur Rechten (vgl. Ps. 109, 6. Zacharias 3, 1); letzterer vertheidigte sich selbst, Anwälte kannte man nicht ***). — Zu den Zeiten der Könige sprachen diese zuweilen Recht (vgl. weiter), welches aber nicht selten in Willkür und Despotismus ausartete; doch scheint, dass bei Majestätsverbrechen, da der König hier selbst Partei war, der Spruch dem Volksgerichte übertragen wurde †). Unter den besseren Königen erscheinen in der Person der Leviten (vgl. I. Chron. 23, 4. 26, 29. II. Chron. 34, 13) rechtsgelehrte Richter; über ihre Function wird weiter Aufschluss werden.

Von wichtigerer Bedeutung ist das Richterinstitut zur Zeit des zweiten Tempels. Zwar fehlen über den Gerichtszustand in Palästina unter der Perserherrschaft alle Nachrichten; hingegen bildete sich unter der darauf folgenden Syrer-

---

*) Sigonius (*de Republica Hebraeor.*) will aus der oben erwähnten Stelle das Recht der Appellation gegen das Ortsgerichts ableiten; allein diese Stelle besagt offenbar nur das, was wir im Texte angeführt: die Auskunft in zweifelhaften Fällen. Auch wäre, wie weiter dargethan werden wird, eine solche Appellation im grellsten Widerspruche mit dem Principe des mosaischen Processes. — Dass das talmudische Strafrecht keine Appellation kennt, ist unbezweifelt.

**) Manche Gelehrte (Michaelis, de Wette u. A.) meinen zwar Job. 31, 35. Spuren eines schriftlichen Verfahrens wahrzunehmen. Allein dort tritt dichterisch Job mit dem Bewusstsein seines Rechts vor die Welt hin, und fordert Jedermann, auch die Abwesenden auf, ihn zu widerlegen. Daher „hier ist mein Zeichen“ (Urkunde meiner Unschuld).... möge mein Widersacher seine Klage aufschreiben (und mir sie selbst aus der Ferne zuschicken).“

***) Jesaia 1, 17. weiset so wenig wie Job 29, 12 (wie de Wette Archäologie §. 176 meint) auf Anwälte hin. Beide Stellen sind in Bezug zum Richter zu deuten; die Richter sollen sich, wie dieses das Gesetz selbst vielfach empfiehlt, der Wittwen und Waisen annehmen.

†) So gehet aus I. Kön. c. 21 hervor, wo Nabot der Gottes- und Königslästerung angeklagt wird.

herrschaft der unter dem Namen Synhedrium [סנהדרין] *) bekannte oberste Gerichtshof zu Jerusalem, dem die höchste Gerichtsbarkeit zukam. An der Spitze dieses Synhedriums stand in früherer Zeit der jedesmalige Hohepriester; von der Zeit der Maccabäer an nahm ein durch freie Wahl ernannter Präsident (*Nasi*) nebst einem Gerichtsvorsteher (*Ab-Bet-Din*, Vicepräsidenten) den Vorsitz ein **). Das Synhedrium bestand,

---

*) Synhedrium ist eine griechische Benennung; der Areopag zu Athen wurde auch συνέδριον genannt (vgl. Meier und Schömann a. a. O. S. 130), bei späteren griechischen Schriftstellern heisst der römische Senat συνέδριον (vgl. *Dio Cassius* T. 1. p. 216. T. 4. p. 306 *ed. Sturz* u. a. a. O.). Bei der Untersuchung über die Zeit der Entstehung mancher Aemter und Würden in der Periode des zweiten Tempels ist die Benennung ein wichtiges Criterium. Die unter persischer Herrschaft creirten Aemter haben persische Bezeichnungen; so סגן, אמרכל, גזבר u. a. m. — Hingegen weisen griechische Benennungen auf eine Zeit hin, wo griechischer Einfluss sich geltend gemacht; vgl. קתליקין καθολικός, בלווטין βουλευτής (plural). (Sehr bedeutsam ist פרוזבול, welches ebenfalls an eine griechische Institution erinnert, und für das nur eine Aehnlichkeit in der προβολή aufzufinden ist. Mehr hierüber an einem andern Orte)

**) Ueber die Entstehung des Synhedriums herrscht grosses Dunkel. Der Talmud betrachtet als Vorbild für das Synhedrium den Numer. 11, 16. 24. erwähnten Senat von siebenzig Aeltesten, an deren Spitze Moses, in diese Zahl nicht mit eingerechnet, stand (*Synhed.* f. 2), und nimmt (vielleicht nur als ein Mnemosynon für spätere Begriffe und Zustände) auch für die Zeit des ersten Tempels das Fortbestehen des Synhedriums an; welcher Meinung auch manche christliche Gelehrte (vgl. *Sigonius* l. l. L. 5. c. 6. *Relandi Antiquitt.* P. 2. c. 7) beitraten. Allein das gänzliche Stillschweigen in den historischen Büchern der heil. Schrift hierüber, so wie dass die für Recht und Gerechtigkeit so heftig eifernden Propheten nie seiner Erwähnung thun und die Ausübung des Rechts stets auf die Könige und die Grossen zurückbeziehen, deutet darauf hin, dass dieses Institut erst dem zweiten Tempel angehöre. Zunz (Gottesdienstliche Vorträge, S. 37) versetzt dessen Entstehen unter den maccabäischen Fürsten und Hohepriester Simon. Aber der Beweis, welchen er aus I. Maccab. 14, 9. hierfür anführt, ist sehr schwach, da dieser Vers nur eine antithetische Nachbildung aus Klgl. 5, 14. ist. (Der Verf. von I. Maccab. liebt überhaupt biblische Nachbildungen, vgl. 14, 8. mit Ezechiel 34, 27. V. 14, mit I. Kön. 5, 5. und noch mehr in den früheren Kapiteln.) — Jedenfalls zeigt aber die Benennung (s. vor. Anmerk.), dass das Synhed. nicht über die griechische Herrschaft in Palästina hinausgehe. Forschen wir nun genauer, so gibt schon der Chronist II. Chron. 19, 8. 11. in ziemlich deutlichen Umrissen das Bild des grossen Synhedriums, da er zu Jerusalem einen obersten Gerichtshof aus Priestern, Leviten und Familienhäuptern mit einem

diese zwei Vorsteher mit eingeschlossen, aus ein und siebenzig durch Gelehrsamkeit und Ansehen hervorragenden Mitgliedern *). Seinen Sitz hatte dieser Gerichtshof in einem grossen

Präsidenten (dem Hohepriester, v. 11) an der Spitze bestehen lässt. Der fromme Eifer des Chronisten, gottesdienstliche und andere religiöse Einrichtungen hervorzuheben und sie bei ihrem unbekannten Ursprunge auf frühere Zeit zurückzuführen, sein Gefallen, den guten Königen aus dem Hause David's die bestmöglichsten Verdienste zu vindiciren, liess ihn die Institution der Gegenwart auf den König Josafat, von dessen getroffenen Anordnungen für Rechtspflege durch Hohepriester und Leviten Nachrichten vorlagen, zurückführen. Nun lebte aber der Chronist, wie Zunz (das. S. 32) nachgewiesen, ungefähr im Anfange des zweiten Jahrhunderts der Seleucidischen Aera; damals also bestand schon das Synhedrium, und ist dessen Beginn in die Zeit zu setzen, in welcher durch Alexander und die ihm folgenden Ptolemäer- und Seleucidendynastien Vorderasien heftig erschüttert wurde. Auch Palästina empfand tief die Folgen der neuen Umwälzungen, und es bedurfte, um die innere (religiöse) Selbstständigkeit zu bewahren, eines festen, Lehre und Recht überwachenden Körpers; dieser bildete sich in dem Synhedrium, an dessen Spitze, wie aus Sirach 50, 4. 5 so wie aus Chron. a. a. O. zu ersehen ist, der Hohepriester stand. Das Synhedrium scheint durch die unwürdigen Hohepriester zur Zeit des Maccabäeraufstandes (vgl. II. Maccab.) sich aufgelöst zu haben. Nachdem das syrische Joch abgeschüttelt war, wurde das Synhedrium vom Neuen constituirt; man wollte aber den Chasmonäern, die schon Fürsten und Hohepriester waren, nicht die ganze Gewalt in die Hände legen: und so standen von nun an der Nasi und der Ab-Bet-Din an dessen Spitze. Hierauf weiset auch die Traditionskette der Präsidenten und Gerichtsvorsteher *Abot* c. 1. (vgl. auch *Chagiga* 16a, und hierzu Zunz S. 37 Anmerk.) hin. Es dürfte nun für die Gerichtsbarkeit zur Zeit des zweiten Tempels sich Folgendes ergeben. Unter Perserherrschaft scheint, wie aus Josephus an mancher Stelle hervorgeht, der Hohepriester als Präsident der Republik betrachtet worden zu sein; in ihm concentrirte sich gewissermassen die Staatsgewalt, und bildete er (vielleicht mit einem ihm zur Seite stehenden, jedoch nicht ganz unabhängigen Collegium) das höchste Gericht, wozu ihm nach Deuteron. 17, 8. 9. die Befugniss zukam. (Ueber das Verhältniss der s. g. *Synagoga magna* ist zu wenig bekannt, um etwas hierüber angeben zu können.) Zur Zeit der Seleucidendynastie ist diese Gewalt des Hohepriesters schon beschränkt; er stehet nur an der Spitze des obersten Gerichtshofes; in der Maccabäerepoche endlich erlangt dieser Gerichtshof seine völlige Selbstständigkeit, und ernennt seine Präsidenten durch freie Wahl.

*) Dieser Gerichtshof wurde aber nicht, wie zuweilen irrthümlich angeführt wird, aus Priestern gebildet: er konnte ganz aus nichpriesterlichen Mitgliedern bestehen; man hielt es nur für wünschenswerth, dass einige Priester und Leviten Mitglieder seien (*Maimonid. de Synhed.* c. 2. §. 2. nach *Sifri*). Dass die Hohepriester Präsidenten des Synhed.

Saale im Tempel, *Lischcat Hoggasit* genannt, und hielt täglich Sitzung *). Neben diesem grossen Synhedrium zu Jerusalem bestanden in anderen Städten kleine Synhedrien **), die je aus drei und zwanzig Mitgliedern, mit einem (in diese Zahl eingeschlossenen) Präsidenten an der Spitze, zusammengesetzt waren. Ueber die Errichtung dieser kleinen Synhedrien verfügte das grosse Synhedrium ***). Bei den kleinen Synhedrien soll es auch mehrere Reihen Auscultatoren gegeben haben, die zwar ohne höhere Aufforderung nicht stimmberechtigt waren, aber vorzüglich bei Capitalfällen an der Discussion Theil nahmen †). Zu einem Todesurtheile bedurfte es einer Majorität von zwei Stimmen; bei den kleinen Synhedrien mussten eigentlich dreizehn Richter das Schuldig aussprechen ††). Niemand wurde ungehört (oder abwesend) verdammt †††); auch wurde das Verdammungsurtheil nicht an dem Tage, an welchem der Fall verhandelt wurde, gesprochen, sondern es schrieben zwei Gerichtsschreiber die abgegebenen verurtheilenden und absolutorischen Meinungen nebst den Gründen auf; den andern Tag kamen die Richter wieder zusammen, und wurde bei einem etwaigen Widerspruche der Stimmende durch die von dem Gerichtsschreiber geführte Tabelle an seine gestrige Meinung erin-

---

gewesen, ist nach vor. Anmerk. auf die vormaccabäische Zeit zu beschränken; und fügen wir noch hinzu, dass in der bei *Joseph. Antiquitt.* L. 20. c. 10. angeführten Reihefolge der Hohepriester kein Name der in der obenerwähnten Tabelle Abot 1. genannten Präsidenten ff. (mit Ausnahme Simon des Frommen, der aber der vormaccabäischen Zeit angehört) vorkommt. (Auch Kaiphas im N. T. erscheint nicht als Präsident, sondern nur als Hohepriester, der mit dem Synhedrium (?) im Einverständnisse handelt.)

*) An Ruhe- und Feiertagen wurde in einem academischen Saale im Tempel Sitzung gehalten. *Synhed.* 88b. *Maimonid.* l. l. c. 3. §. 1.

**) Auch zu Jerusalem befanden sich zwei kleine Synhedrien. *Ibid.* 86b.

***) *Ibid.* 2a. Auch auf die Installirung der einzelnen Mitglieder übte das grosse Synhedrium manchen Einfluss, so wie es sich auch aus diesen kleinen Synhedrien ergänzte. *Ibid.* 88b. — Der Ursprung letzterer dürfte auf die Zeit zurückzuführen sein, als der römische Feldherr Gabinius Palästina in fünf Oberlandsgerichte (*εἰς πέντε συνόδους*. *Joseph. Bellum Judaicum* 1, 1. 8.) theilte.

†) *Synhed.* 37a.

††) *Ibid.* 2a. 40a.

†††) Dieses kehrt als Axiom an unzähligen Stellen des Talmuds wieder; vgl. auch Johannes 7, 51.

nert *). Die Verhandlung war mündlich **) und öffentlich ***), und stand dem Angeklagten das weiteste Vertheidigungsrecht zu. Er wurde ermahnt, sich nicht einschüchtern zu lassen; und selbst wenn er beim Hinausgehen zur Richtstätte einen neuen Vertheidigungsgrund angab, wurde er zum Gerichte zurückgeführt, dass dieses dessen Haltbarkeit prüfe †). Ueberhaupt herrschte der Grundgedanke vor, dass das Gericht nicht sowohl auf Bestrafung des Schuldigen als auf Schutz des Angeklagten vor einem etwa an ihm zu begehenden Unrecht seine Aufmerksamkeit richten müsse: „Die Gemeinde (das Gericht) soll suchen zu retten" ist ein unzähligemal vorkommendes Axiom des talmudischen Strafrechts †).

Wir kehren nach dieser kurzen Skizze zur Untersuchung über das Princip des mosaisch-talmudischen Processes zurück, und wollen hier in einigen Umrissen die Basis der Oeffentlichkeit und Mündlichkeit, so wie des Gegensatzes hiervon, des heimlichen und schriftlichen Verfahrens, verzeichnen. Wir gehen zurück auf das Anklage- und Inquisitionsprincip, dass diese Grundlage bildet, und im Criminalprocesse zu seiner eigentlichen wichtigen Bedeutung kommt ††). Nach dem Anklageprincip muss, wie schon der Name besagt, eine bestimmte Anklage vorliegen: es tritt ein Ankläger offen und mit Gewissheit mit einer Beschuldigung auf, und ist der Angeklagte bestrebt sie zurückzuweisen. Kläger und Beklagter sind hier in einem Kampfe vor dem Richter begriffen; und ist nach dem Ausdrucke eines geistreichen

---

*) *Synhed.* 37a.

**) *Ibid.* 32b.

***) So gehet es deutlich aus der *Joseph. Antiquitt.* L. 14. c. 9. §. 4. angeführten Processverhandlung gegen Herodes, so wie aus dem Processe Jesu hervor; vgl. auch *Synhedr.* 30a. 37a. Mehreres hierüber weiter.

†) *Ibid.* 42b. Auch ging ein Herold vor dem Verurtheilten her und rief aus: N. N. ist auf Aussage der Zeugen N. N. wegen des Verbrechens N. verurtheilt worden: wenn Jemand etwas zu seiner Vertheidigung vorzubringen weiss, der komme und sage es (*ibid.* 43a).

††) Ueber Anklage- und Inquisitionsprincip und das Verhältniss der Oeffentlichkeit ff. dazu vgl. Mittermaier, die Lehre vom Beweise im Strafprocesse §. 3. und an anderen Stellen. In neuerer Zeit sind viele Schriften und Broschüren über diese Tagesfrage erschienen. Wir haben hier versucht, den Leser in einer gedrängten Uebersicht mit den Resultaten dieser Forschungen bekannt zu machen.

Schriftstellers *) das Gemüth des Richters der Kampfplatz, in so fern jede Partei ihn zu überzeugen sucht, und auf ihn als eine passive, den Eindrücken der Rede und Gegenrede offen stehende Kraft, mit allen Mitteln wirken will. Es ficht nun hier gleichsam Mann gegen Mann: der Ankläger ist der Angreifende, der Angeklagte der Abwehrende; von Tortur und anderen gewaltsamen Massregeln, so wie von Suggestionen, um den Angeklagten zum Geständnisse zu bringen, kann hier nicht die Rede sein. soll doch der Richter durch die Parteien selbst, durch die Beschuldigung und deren Entkräftung, durch Beweise und Gegenbeweise überzeugt werden: durch Tortur u. s. w. würden dem Angeklagten seine Waffen entrissen werden, würde der Richter von vorn herein sich für den Ankläger erklären, also das schon voraussetzen, was erst der Ankläger durch seine Anklage beweisen will **). — Da nun dieser Kampf vor dem Richter vorgehen soll, so muss, wie sich von selbst versteht, dieses Verfahren mündlich sein; die Kraft der Ueberzeugung liegt in dem lebendigen, ausgesprochenen Worte. Auch verlangt dieses Princip Oeffentlichkeit: der Ankläger tritt mit Bestimmtheit auf, er darf also nicht die Oeffentlichkeit scheuen; und soll dieser Kampf, da er von so wichtigem Interesse für die bürgerliche Gesellschaft ist, vor den Augen Aller ausgefochten werden. — Anders nach dem Inquisitionsprincip. Hier gehet der Process von keiner bestimmten Anklage aus: es liegt für sie keine Gewissheit vor, sondern sie wird erst gesucht, weil gegen ein Individuum ein starker Verdacht rege geworden ist, und es strebt nun ein vom Staate angestellter Inquirent von einzelnen vorliegenden Anfängen zu grösseren Anhaltspunkten aufzusteigen, bis er bei Gewissheit anlangt. Zu diesem Zwecke werden viele Verhöre angestellt, werden die Aussagen des Inculpaten (Angeschuldigten) gegen einander gehalten, wird endlich auf Selbstgeständniss, als den äussersten Grad der Gewissheit, hingearbeitet; und es werden also hier erst durch die durch längere Zeit

*) *Carmignani delle leggi della sicurezza,* bei Mittermaier a. a. O. S. 32.

**) Diese Voraussetzung wäre um so ungerechter, als gegen sie die allgemeine moralische Annahme, die der Angeklagte für sich hat, „Jeden für gut zu halten, bis das Gegentheil erwiesen ist" streitet

sich hinziehenden Verhöre die Materialien aufgefunden: daher muss dieses Verfahren **schriftlich** sein. Aber auch **heimlich**: man tritt hier noch mit keiner positiven Behauptung hervor; das öffentliche Verfahren wäre eine ungemeine, nicht zu rechtfertigende Verletzung des Beschuldigten. Auch liegt es in der Natur dieser Processform, in welcher so viel auf die Aussage des Inculpaten ankommt und auch das mindeste Moment neue Bestandtheile liefern soll, dass die Verhöre von allen äussern Einflüssen frei bleiben und der Beschuldigte sich mit dem inquirirenden Richter allein befinde.

Es ist einleuchtend, dass zur Schonung der jedem Individuum zukommenden persönlichen Freiheit die Anklageform die angemessenste sei. Hier wird nicht auf einen Verdacht die Ehre und Freiheit eines Mitgliedes der Gesellschaft gefährdet, wird nicht die Thätigkeit eines Menschen durch längere Zeit sich hinziehende und im Dunkeln gepflogene Verhöre gehemmt, und ihm hierdurch oft ein unersätzlicher Schaden an Gesundheit und Vermögen zugefügt. Es liegt aber auch im Anklageprocess sowohl für die Aufklärung der Wahrheit als für die Integrität der Gerechtigkeit eine grosse Garantie, da der Richter nicht durch die kalte, leblose, oft Zweideutigkeiten enthaltende Schrift, sondern durch das von der Gottheit dem Menschen angewiesene Mittel der Mittheilung, die Sprache, mit dem Angeklagten (und dem Ankläger) in Verbindung tritt; hier ferner der Mienenausdruck, manche unwillkürlich sich kundgebenden Empfindungen manchen tiefen Einblick thun lassen, was durch die sogenannten Geberdenprotocolle nicht ersetzt werden kann; endlich sich in der Oeffentlichkeit eine Schutzwehr gegen vorsätzlichen Irrthum des Richters, gegen die das Licht scheuende Ungerechtigkeit findet. Je höher also bei einem Volke die individuelle Freiheit gehalten wird, desto gesicherter ist die Bewahrung des Anklageverfahrens, und kommt es also vorzüglich in der demokratischen Verfassung zur Geltung. — Hingegen tritt mit der Ausbildung und Vollendung des monarchischen Staates das Inquisitionsverfahren mehr hervor. Da nämlich der Anklageprocess eine bestimmte Beschuldigung voraussetzt, und wo diese fehlt eine richterliche Untersuchung nicht eingeleitet werden kann, so nimmt das Verbrechen die Gestalt eines Privatverbrechens, und die Bestrafung die einer

Privatrache an: verzichtet der Verletzte auf die Anklage, so bleibt die That ungestraft. Wie dieses aber dem Grundbegriffe des Staates widerspricht, und im Verbrechen ein gegen ihn begangenes und von ihm zu ahndendes Unrecht liegt, wurde schon oben dargethan. Von dem Staatsoberhaupt also, dem die Verpflichtung, die Gerechtigkeit zu überwachen, obliegt, muss im Interesse des Allgemeinen die Verfolgung des Verbrechens ausgehen; dieses muss aufgesucht und erforscht werden, und der Staat durch hierzu bestellte Beamte mit der Klage auftreten, die natürlich in ihrem Beginne nicht von Gewissheit, wie im Anklageprocess, ausgehen kann, sondern sie erst durch fortgesetzte Untersuchung finden will. — An diese Motivirung des Inquisitionsverfahrens knüpft sich noch eine andere. Im monarchischen Staate bilden die politischen Verbrechen einen ausgebreiteten Zweig der Vergehungen, und ist hier der Staat selbst der unmittelbar verletzte Theil. Da nun aber in dem weiten Kreise des durch viele Individuen gebildeten Staatskörpers das politische Verbrechen vielfache Gelegenheit sich zu verbergen findet, und der den Staat vertretenden Gewalt die Allgegenwart abgehet, sie also nur in höchst seltenen Fällen mit Gewissheit hervortreten kann, so muss sie durch Verfolgung der Spuren des Verbrechens Gewissheit zu erlangen streben.

In der mosaischen Staatsverfassung, die den bürgerlichen Verhältnissen nach eine democratische (republicanische) war, lag von selbst das Anklageprincip involvirt: und musste also das Gerichtsverfahren mündlich und öffentlich sein. Aber wir nehmen auch bei weiterm Eingehen hier ein Princip wahr, welches in seinen Grundzügen mit dem des Geschwornengerichts bedeutende Aehnlichkeit hat, so wie auch in der That der mosaisch-talmudische Strafprocess sich sehr dem englischen nähert, in welchem das Institut der Jury das vorzüglichste Moment bildet *). Zur genauern Erkenntniss wollen wir die Ausgangs-

*) Der englische Strafprocess geht ebenfalls von dem Principe aus, dem Angeklagten die Vertheidigung zu erleichtern, und es soll der Gerichtshof als sein Vertheidiger erscheinen. Vgl. Zentner, das Geschwornengericht S. 196. 217. Vor Beginn der Untersuchung vor der Jury sagt der Gerichtsschreiber (*goaler*): Gott gebe euch eine glückliche Befreiung (*God give you a good delivrement*), so wie überhaupt Richter und Advocaten

punkte des Geschwornengerichts erforschen und hierauf auf die Uebereinstimmung, die sich zwischen ihm und dem mosaisch-talmudischen Rechte findet, eingehen. Man unterscheidet bei jedem Strafgerichtsverfahren zwei wesentliche Punkte: die Thatfrage und die Rechtsfrage. Jene begreift in sich die Untersuchung über That und Thäter (ob A. wirklich durch Mord das Leben verloren ff., ferner ob der der Vollführung des Mordes bezüchtigte B. wirklich der Thäter sei): sie hat es also vorzüglich mit dem Beweise zu thun, hat zu prüfen, in wiefern die Aussage der Zeugen oder andere Anzeichen (Indicien) auf That und Thäter hinweisen, welches Gewicht ihnen beizulegen sei, welche Gewissheit sie hervorbringen u. s. w. — Die Rechtsfrage hingegen untersucht, welche Strafe das Gesetz auf das durch die Lösung der Thatfrage ermittelte Verbrechen setzt. Das gewichtigere Moment ist, wie sich bei einigem Nachdenken zeigt, die Thatfrage; durch sie soll das Verbrechen constatirt, soll über dasselbe und die Beziehung des Angeklagten zu ihm Gewissheit werden, und erst, wenn diese Grundlage gesichert ist, kann das Gesetz — die vorgeschriebene Bestrafung — seine Anwendung finden.

Zur Entscheidung der Rechtsfrage bedarf es, wenn das Gesetzbuch umfassend ist, und erst die genaue Bekanntschaft mit ihm die Befähigung gibt zu unterscheiden, unter welche Categorie ein Verbrechen falle, rechtsgelehrter Richter: Männer, die der Gesetzkunde obliegen, und sich durch Nachdenken und genauere Bekanntschaft mit dem Gesetze die Fertigkeit es auszulegen und zu erklären erworben haben. Hinge-

---

(selbst die des Anklägers) den Angeklagten ermahnen, sich zu vertheidigen (vgl. Cottu a. a. O. S. 145. 146.). — Bemerkenswerth ist, dass wenn der rechtsgelehrte Richter das dem Angeklagten günstige Urtheil der Jury unrichtig findet, dasselbe dennoch verbleibt, es sei denn, dass die Jury auf eine einfache Aufforderung des Gerichtshofes das Verdict ändern will; ist aber das Urtheil der Jury dem Angeklagten ungünstig, so hat der Richter, wenn es ihm unrichtig scheint, das Recht, die Vollziehung aufzuschieben und nach vorgängiger Berathung mit den Richtern der königlichen Gerichtsbank (*Court of King's bench*) den Fall dem Könige zur Begnadigung vorzulegen (vgl. die oben angeführten Autoren). Und so will es auch das talmudische Recht: das Gericht muss, wenn ein Grund sich dazu findet, das verdammende Urtheil zurücknehmen; kann aber nicht das absolutorische aufheben (*Synhedr.* 32a).

gen drängt sich bei der Thatfrage die gewichtige Erwägung auf, ob nicht hier, wo es darauf ankommt zu beurtheilen, in welchem Verhältnisse eine Aussage oder ein Anzeichen zu einem Vorgange stehe und welches Licht es darüber verbreite, der gewöhnliche, gesunde Menschenverstand hinreiche? Diese Frage wird vorzüglich beim Anklageprocess rege: hier liegt eine bestimmte Anklage vor, die der Beschuldigte zurückweist, und es soll entschieden werden, welche Partei gewichtigere Gründe darlegt und ob sie in dem Nichtbetheiligten (dem Richter) Ueberzeugung hervorbringen; sollte die Ueberzeugung nichtgelehrter Richter nicht competent genug sein, da es doch im Grunde nicht erst der Gelehrsamkeit, sondern nur des gesunden, dem allgemeinen Menschenverstande eignen Urtheiles zu einer solchen Entscheidung bedarf? Es muss zwar zugestanden werden, dass der Einzelne, das Individuum sehr dem Irrthume unterworfen ist; seine Geisteskräfte sind häufig nicht umfassend genug, um einander gegenüberstehende Gründe nach ihrem ganzen Gehalte zu prüfen; auch vermag der Einzelne selten seinem Urtheile die vollständige Objectivität zu geben, dass er nicht seiner selbst unbewusst von dunklen Eindrücken beherrscht werde, sich von Mitleid oder Abscheu bestochen zu dieser oder jener Partei hinneige, für den Ankläger oder den Angeklagten sich eingenommen fühle. Allein wenn dieses Urtheil von Vielen zugleich ausgesprochen wird, wenn eine grössere Anzahl von Individuen, deren Character erprobt ist und denen man Besonnenheit des Urtheils zutrauen kann, in ihrer Ueberzeugung übereinstimmen, so liegt in dieser Harmonie des Urtheils eine Bürgschaft gegen Irrthum und vorgefasste Meinung.

Auf diese Ansicht gründet sich das Institut des Geschwornengerichts — Jury — kraft dessen Männer aus dem Volke, nichtgelehrte Richter, über die Thatfrage entscheiden. Seinen Namen Geschwornengericht hat es von dem früher in Deutschland und England allgemein verbreiteten Gebrauch, die aus dem Volke zu solcher Entscheidung gewählten Männer auf die redliche Erfüllung ihrer Pflicht schwören zu lassen*);

*) Die Beeidigung der Beisitzer oder Schöffen (*scabini*) kommt schon in den Capitularien vor. Vgl. Tittmann a. a. O. S. 66. Die Eideshelfer sind nicht hierher zu rechnen.

dem Principe nach aber ist es so alt wie das Anklageverfahren, aus welchem allein es auch nur hervorgehen konnte. Die alten Germanen so wie Griechenland und Rom hatten Richter aus dem Volke; bei ersteren nahm die ganze Volksversammlung an dem Urtheile Antheil *), bei Griechen und Römern bildete gewöhnlich ein Ausschuss aus der Mitte des Volkes das Geschwornengericht, wie es mit mancher Modification noch in neueren Staaten üblich ist **). Auch wurde häufig die Rechtsfrage von der Thatfrage nicht streng gesondert, und urtheilten die aus dem Volke gewählten Richter über beide Fragen zugleich ***).

Das Geschwornengericht hat wie das Anklageverfahren das demokratische Princip zur Basis und gewährt der persönlichen Freiheit ungemeine Garantie. Die Richter — Geschwornen — sind hier nicht von der Staatsgewalt ernannt, sondern vom Volke erwählt und treten wieder bald in dessen Mitte zurück †). Sie sind also u n a b h ä n g i g von dem Einflusse der Staatsregierung ††); auch darf man sich bei ihnen um so mehr der Unparteilichkeit versehen, als sie von der öffentli-

---

*) *Tacitus de moribus Germ. c. 11: Si displicuit sententia fremitu aspernantur; sin placuit frameas concutiunt.*

**) Vergl. Feuerbach, Betrachtungen über das Geschwornengericht S. 12.

***) Feuerbach S. 13. Mittermaier a. a. O. S. 10. Nach Welcker (Staatslexicon, Artikel Jury S. 38) entschieden in Deutschland bis tief in das 18. Jahrh. Geschworne über That- und Rechtsfrage zugleich.

†) Die Geschwornen werden für die jedesmaligen Assisen, die in England zweimal des Jahres (Cottu S. 84), in Frankreich viermal des Jahres gehalten werden (Zentner S. 243) neu gewählt. In England bilden die Geschwornen ein wahrhaftes Volksgericht: es verfertigen die Constables alljährlich (zu Michaelis) eine Liste aller in ihrer Gemeinde befindlichen, die Befähigung zu Geschwornen habenden Einwohner. (Die Befähigung bestehet in einem gewissen Alter und einem jährlichen Einkommen u. s. w.) Diese Listen werden öffentlich ausgehängt, dann an den Oberconstable gesendet, der aus ihnen eine Hauptliste verfertigt, aus welcher letzterer der Sherif eine Anzahl als Geschworne auswählt und sie einberuft; vgl. Cottu S. 96 ff. In Frankreich übt die Regierung einen zu grossen Einfluss auf die Zusammensetzung der Jury, und sind die Geschwornen häufig Creaturen der Regierung. Zentner S. 255 ff.

††) Dieses ist von vorzüglichster Wichtigkeit bei Anklagen über politische Verbrechen. Vgl. Mittermaier, Beweis S. 106.

chen Meinung überwacht werden, und deren Urtheil ihnen sehr wichtig erscheinen muss, da sie nicht ständige sondern nur zeitweilige Richter sind, und die Verachtung ihrer Mitbürger für etwaige ungerechte Urtheile ihnen bei ihrem Zurücktreten in ihre früheren Verhältnisse sehr fühlbar sein würde *). Endlich liegt in der grössern Anzahl dieser Richter auch eine Gewähr für die Richtigkeit ihres Ausspruchs; das Geschwornengericht besteht nämlich gewöhnlich aus zwölf Mitgliedern, die entweder Alle (wie in England) oder von denen acht (wie in Frankreich) in dem Verdammungsurtheile übereinstimmen müssen **). Wesentliche Merkmale des Geschwornengerichts sind: 1) Gegen das Urtheil der Geschwornen findet keine Appellation statt; denn da die Geschwornen den allgemeinen gesunden Menschenverstand repräsentiren, an wen soll nun weiter appellirt werden? ***) 2) Die Geschwornen geben keinen Grund für ihr Urtheil ab, denn sie sprechen nach ihrer innern Ueberzeugung, nach dem Eindrucke, den die Anklage und die Beweismittel, so wie die Vertheidigung, auf sie gemacht. 3) Die Geschwornen sind an keine Beweistheorie gebunden, d. i. es finden hier nicht Regeln statt, welche Beweise als überzeugend (vollständig, classisch) gelten und welche als ungenügend zu betrachten sind: die Ueberzeugung der Geschwornen muss hierüber entscheiden †). — Es hat aber aus diesen Merkmalen

---

*) Dieser Grund scheint aber ziemlich ungenügend, da hier, wie von den Gegnern geltend gemacht wird, die Einschüchterung, die gerade in der Oeffentlichkeit liegt, zu wenig berücksichtigt ist, und dass, wenn die öffentliche Meinung sich für oder gegen den Angeklagten ausgesprochen hat, sie auf das freie Urtheil des Geschwornen, der eben, weil er wieder bald in sein früheres Verhältniss zurücktritt, eher auf sie zu hören geneigt ist, hemmend einwirkt.

**) Mittermaier S. 101, 107. — Eine andere Garantie liegt in dem Recusationsrechte: der Angeklagte so wie der Kläger kann nämlich die gegenwärtigen Geschwornen bis auf eine gewisse Anzahl zurückweisen, wenn er irgend eine Parteilichkeit aus Feindschaft gegen sich von ihnen fürchtet. Cottu S. 148 ff. Mittermaier S. 108.

***) Nur wenn eine Partei meint, dass die Jury die Formen verletzt, so kann sie auf Cassation des Urtheils antragen: und kommt dann der Rechtsfall vor eine andere Jury.

†) Doch hat die Jury manche durch Gewohnheit geheiligte Regeln für den Beweis; in England sind sie im *common law* begründet, in Frankreich hat der *Code d'Instruction* manche derartige, wenn auch unvollständige Vor-

selbst das Geschwornengericht die stärksten Anfechtungen gefunden, und wurden viele Zweifel gegen die Rechtmässigkeit seines Urtheils erhoben. Das Urtheil, wurde vor Allem eingewendet, gehe mehr aus dunklen Begriffen, aus einem Instincte gleichsam hervor *) und nicht aus klarer Ueberzeugung, da die Geschwornen von dieser Ueberzeugung keine Rechenschaft ablegen und sie nicht abzulegen wissen. Und wie kann überhaupt durch einen seiner Natur nach einseitigen Eindruck das Urtheil begründet werden? Es können die Geschwornen, wenn viele Zeugen in einem Processe auftreten und verschiedenartige Beweise zusammenkommen, die Aussagen und die angegebenen Umstände nicht ganz auffassen, noch die Einzelnheiten so genau zusammenhalten, dass sie ihnen gegenwärtig seien und sie nicht von einigen hervorragenden Umständen, die gerade in ihrem Gedächtnisse auftauchen, sich bestimmen lassen und diesem Eindrucke sich hingeben; es gehet ihnen ferner, da sie nicht ständige und rechtsgelehrte Richter sind, sowohl die Erfahrung als die vorbereitende Theorie ab, um wesentlichen Beweis von unwesentlichem zu scheiden, den Schein von Wahrheit zu trennen, dem augenblicklichen Einflusse zu widerstehen u. s. w. **). Was nun den ersten Einwurf anbelangt, so wird entgegengehalten, dass der Geschworne sein Urtheil auf eine Summe von Wahrscheinlichkeiten gründet, von deren jeder einzelnen er sich nicht Rechenschaft abzulegen weiss und die auch einzeln für sich betrachtet nicht Ueberzeugung verschaffen; aber sie bringen in ihrer Gesammtheit in dem Geschwornen Gewissheit hervor, eine Evidenz, die auf einer festen, innern, moralischen Ueberzeugung beruht ***). Man wendet zwar auch hiergegen ein, dass selbst die lebendigste innere

---

schriften. Vgl. Mittermaier, Beweis S. 39. 110. und dessen Strafverfahren 1. Thl. S. 99.

*) Es berufen sich auch wirklich mehrere englische und französische Anpreiser des Geschwornengerichts auf einen Wahrheitsinstinct; aber mit Recht wendet Feuerbach a. a. O. ein, ein Instinct sei nur wollend und begehrend, aber nicht erkennend.

**) Die ausführlichen Gründe gegen das Geschwornengericht vgl. bei Feuerbach a. a. O, Bischof in seiner Schrift, Fonk und Hamacher 1. Thl. u. A. — Vertheidiger des Geschwornengerichts: Mittermaier, Zentner, Welcker a. a. O. u. A.

***) Vgl. Canard bei Feuerbach S. 129.

Ueberzeugung keine Bürgschaft für Wahrheit und Richtigkeit ist *); aber es wurde hier, wie wir glauben, ein anderes noch gewichtiges Moment übersehen: die Uebereinstimmung vieler Personen in dieser innern Ueberzeugung. In einer solchen Uebereinstimmung liegt eine an Evidenz grenzende Gewissheit: und vermögen menschliche Kräfte, wenn nicht wie in der Mathematik von abstracten Begriffen ausgegangen wird, mehr als solche Gewissheit dort, wo nicht unmittelbare sinnliche Wahrnehmungen vorliegen, zu ermitteln? Hat denn je der rechtsgelehrte Richter, wenn er nicht selbst Augenzeuge war (was in den seltensten Fällen) volle Evidenz, und muss er sich nicht auch mit an Evidenz annähernder Gewissheit beruhigen **)? — Auch die Behauptung, dass den Geschwornen die Klarheit über die vorgebrachten Beweise, Umstände u. s. w. abgehe, ist mindestens in ihrer Allgemeinheit nicht ganz richtig. Es liegt vor Allem in dem Totaleindrucke, den die Verhandlungen auf den Geschwornen machen, die vorzüglichste Grundlage seines Urtheils, und auf sie basirt sich die innere Ueberzeugung ***. Der Geschworne selbst kann ferner bei den Verhandlungen Fragen an den Zeugen richten, nach genauer Auskunft forschen, Manches schriftlich anmerken; der Präsident des Gerichtshofes resumirt die ganze Verhandlung mit allen erörterten Umständen und Aussagen, und wenn die Geschwornen sich hierauf zurückziehen, so discutiren sie selbst unter einander über den vorliegenden Fall und rufen sich also gegenseitig das Nähere und Einzelne zurück. Scheinen übrigens noch immer die von vielen Schriftstellern und Rechtsgelehrten getheilten Bedenken nicht ganz beseitigt †), so dürften wenigstens für den reinen Anklageprocess, wie ihn das Alterthum kannte, diese Einwendungen sehr an ihrem Gewichte verlieren. Im reinen Anklageprocess wird nicht nach materieller Wahrheit d. i. nach der Constatirung der That und des Thäters durch äussere Beweise, durch vom Richter aufgesuchte Beweis-

---

*) Feuerbach a. a. O. S. 135.

**) Canard hat diesen Schritt weiter (die Rücksicht auf die Uebereinstimmung) nicht gethan und bleibt blos bei dem einzelnen Geschwornen stehen; daher ihn Feuerbach (wie oben) mit Recht widerlegt.

***) Vgl. Canard a. a. O.

†) Vgl. die früher bemerkten Autoren.

mittel geforscht, sondern es wird allein an der formellen, moralischen Wahrheit gehalten, an dem Eindrucke, den die gegenwärtige Verhandlung auf die Richter macht. Daher kennt das Alterthum nicht den Beweis durch richterlichen Augenschein, durch Sachverständige u. s. w.; sondern bleibt lediglich bei den von den Parteien vorgebrachten Behauptungen und Beweisen stehen *). Hier findet also keine Complication der Beweismittel statt, und wird die Uebersicht durch deren Anhäufung nicht erschwert: es verliert daher der Eindruck nichts an der nöthigen Klarheit.

Es darf aber auch von der andern Seite nicht übersehen werden, dass das Inquisitionsverfahren manche der an dem obigen Verfahren gerügten Gebrechen theilt, und ihm die Klarheit in einem noch bedauerlichern Grade abgeht. Dem Inquirenten liegt die Aufgabe ob, die Schuld zu ermitteln, die Beweise dafür herbeizuschaffen, den Spuren des Verbrechens nachzugehen, in der Aussage des Beschuldigten fernere Materialien aufzusuchen; er ermittelt also die Thatsache, und es entscheidet dann ein anderer Richter — das Criminalcollegium —, inwiefern der Beweis aufgefunden sei. Es wurde schon oben bemerkt, wie dem entscheidenden Richter Vieles und Wesentliches verloren gehet, da er nicht nach eigner Wahrnehmung urtheilt, sondern durch Anderer Augen sieht und durch die kalte leblose Schrift hört. Aber noch unsicherer scheint die Erforschung und Herstellung der Thatsache durch den Inquirenten. Dieser hat eine doppelte Verpflichtung: er muss Alles, was auf That und Thäter hinweist, sorgfältig verfolgen; aber er soll zugleich mit Eifer jedem Anzeichen der Schuldlosigkeit des Incriminirten nachgehen, alle sich zu dessen Gunsten irgend darbietenden Beweise aufsuchen: und vereinigt also der Inquirent in sich das Amt des Anklägers und Vertheidigers zugleich. Eine solche Objectivität wird aber, da eine Thätigkeit nach zwei Seiten verlangt wird, und der Richter nicht über den Parteien steht, sondern selbst zwei Parteien bildet, in

*) Der reine Anklageprocess, wie er oben im Texte bezeichnet ist, fand nur im Alterthum statt; selbst das englische Strafverfahren führt nicht mehr das Princip ganz durch und hat manche Beimischung vom Inquisitionsprocesse. Vgl. Mittermaier S. 37.

den meisten Fällen vergebens gesucht werden; und liegen vollends manche scheinbar gegründete Andeutungen gegen den Beschuldigten vor, so wird dieses Gleichgewicht der Geistesthätigkeit gestört: es wiegt dann zum Nachtheile des Inculpaten jene andere Richtung vor, die dessen Widerstand nicht gehörig würdigt, sie als Halsstärrigkeit ansieht, und Selbstgeständniss, das (wie oben) im Inquisitionsprocesse als die äusserste Gewissheit erzielt wird, häufig durch ungerechte Mittel (Folter, körperliche Bestrafung, Entziehung der Nahrung ff.) bewerkstelligen will. Und dieser Missbrauch wird durch das heimliche Verfahren — die natürliche Folge des Inquisitionsprocesses — noch mehr befördert; und wie viele andere Nachtheile entspringen noch überdiess aus dieser Heimlichkeit! Der Angeschuldigte kennt nicht seine Angeber (und die Denunciation schleicht doch mit ihrem Lügengewebe gern im Finstern!), er kennt nicht die Anschuldigungszeugen und es bleibt daher seine Vertheidigung mangelhaft u. s. w. *). Zwar wird die Nothwendigkeit des Inquisitionsverfahrens aus der Verpflichtung des Staates das Verbrechen zu erforschen und zu bestrafen abgeleitet; und kann solches nicht von der Privatklage abhängig gemacht werden. Allein wird durch eine weise Staatserziehung dahin gewirkt, dass die Bürger von dem Geiste der Gesetze und ihrer Trefflichkeit durchdrungen, in ihnen die Schutzwehr der Freiheit und des Bestehens der Gesellschaft erblicken, und deren Verletzung als eine Beeinträchtigung des theuersten Gutes ansehen, dann erstehet dem Verbrechen in jedem Bürger ein Ankläger, erblickt Jedermann in dem gegen das Gesetz begangenen Unrecht ein Unrecht gegen sich selbst: und schweigt auch Jener, den die Folgen des Verbrechens zunächst trafen, so kommen Andere der Verpflichtung nach, es der gerechten Strafe zu überliefern. Von diesem Gesichtspunkte ausgehend hielten mehrere alte Gesetzgebungen Jedermann zur Angabe des Verbrechens verpflichtet **),

*) Sehr scharf bezeichnet Feuerbach selbst a. a. O., S. 37 ff., und in seinen Betrachtungen über Oeffentlichkeit und Mündlichkeit 1. Thl., S. 147, die Nachtheile des Inquisitionsverfahrens.

**) Vgl. Filangieri, System der Gesetzgebung (deutsche Ubersetzung, Anspach 1786) 3. Thl. S. 13. 14.

und scheint noch das heutige englische Strafgerichtsverfahren, das nicht von Staats wegen dem Verbrechen nachforscht *), diesen Gesichtspunkt festzuhalten **).

Wir gehen nun auf den mosaisch-talmudischen Strafprocess zurück und gewahren hier allenthalben die Anklageform. Die Schrift lässt den Ankläger entweder in der Person des Verletzten (wie Deuteron. 22, 13.) oder in den Zeugen (und dieses am häufigsten) ***) auftreten, und muss also eine bestimmte Beschuldigung vorgebracht werden: das Gericht sucht weder das Verbrechen auf, noch hält es sich an einen Verdacht, um den Verdächtigen zur Inquirirung zu ziehen. Dass nicht die Idee der Privatrache und dass das Verbrechen nur ein Unrecht gegen den Verletzten sei diesem Verhältnisse sein Entstehen gegeben, gehet schon aus der Stellung, den, wie wir oben erkannt, der Mord im mosaischen Rechte einnimmt, hervor, und würde überhaupt eine solche Idee der Natur des mosaischen Strafrechts widersprechen. Dieses bezeichnet nämlich viele Handlungen als Capitalverbrechen, die nichts mit der Verletzung eines Nebenmenschen, eines gewissen Individuums gemein haben: so die Sabbatentweihung, Sodomie, Blutschande u. a. Und auch hier, wo nicht Privatrache zur Anklage treibt, werden nicht vom Gerichte (oder einem öffentlichen Ankläger) die Spuren aufgesucht, und wird nicht die Erforschung eingeleitet: wer tritt also hier als Ankläger auf? — Aber es fühlte Jedermann durch die Ehrfurcht vor dem Gesetze, die

---

*) Cottu S. 144. Mittermaier S. 37.

**) In manchen neueren auf das Accusationsprincip basirten Criminalgesetzgebungen leitet ein hierzu vom Staate verordneter Ankläger (Staatsanwalt) die Erforschung des Verbrechens und des Thäters ein, stellt die Anklage und nimmt die Anzeige über begangene Verbrechen entgegen. Ob der Angeklagte wirklich in den Anklagestand zu versetzen sei entscheidet ein Criminalcollegium (in Frankreich die „Anklagekammer," welche aus fünf Richtern bei geheimer Sitzung bestehet, also auch hier im Nachtheil gegen England, wo eine Jury [die s. g. *Grand Jury*] über die Versetzung in den Anklagestand entscheidet; vgl. Cottu S. 138. 144. 203). Der Process (Thatfrage) kommt hierauf vor die Jury (in England vor die kleine [*petty*] Jury); und sind also hier durchgehends Inquirent und Vertheidiger von einander getrennt.

***) Die Schrift erwähnt selten eines Anklägers, sondern hat grösstentheils „auf die Aussage zweier Zeugen soll ff."

nach dem ganzen Character der mosaischen Gesetzgebung als einer göttlichen in der Brust eines jeden Bürgers tiefe Wurzeln schlagen musste, sich zur Anklage verpflichtet, und erblickte in dem Verbrechen eine Verletzung *). — Eine weitere Consequenz des Anklageprincips im mosaischen Rechte ist, dass die Aeltesten das Gericht ausmachten, also eine Jury nach heutigen Begriffen bildeten; nur entschieden sie nach der Einfachheit des Gesetzes über That- und Rechtsfrage zugleich. In der späteren Zeit, als das Gesetz schon weitere Entwickelung erfahren und manche neue Bestimmung aufgenommen haben mochte, treten die Leviten auf; sie standen wahrscheinlich als rechtsgelehrte Richter den Volksgerichten zur Seite **). — Es findet ferner dem eigentlichen Charakter des Geschwornengerichts gemäss keine Appellation im mosaischen Rechte statt, und wird über manche dem heutigen Gerichtsverfahren fremde Erscheinung hierdurch Aufschluss ***).

Noch deutlicher tritt das Anklageprincip im talmudischen Rechte hervor: der Process wird allgemein als durch Zeugen — Ankläger — eingeleitet dargestellt. Hingegen scheint an scharfer Consequenz hier Manches verloren: das talmudische Recht hat kein Geschwornengericht, sondern es tritt ein Gerichtshof von drei und zwanzig Richtern an dessen Stelle, der mündlich und öffentlich verhandelt. Man könnte diese Form eine aus dem Anklage- und Inquisitionsverfahren gemischte

---

*) Bei der Beschuldigung, dass eine ganze Stadt oder ein Individuum sich dem Götzendienste ergeben (Deuteron. 13, 13 ff., 17, 2 ff.), scheint zwar dem Gerichte die Erforschung zur Pflicht gemacht (vgl. 13, 15. 17, 4): allein auch dort ist es nicht die Aufsuchung des Verbrechens, wird nicht der Beschuldigte zum Verhöre gezogen, um aus seinen Aussagen gegen ihn eine Anzeige zu finden, sondern es wird die Erforschung in dem Sinne anempfohlen, dass die Richter die möglichste Gewissheit sich verschaffen sollen, worauf 17, 4 hinweist: „auf die Aussage zweier Zeugen soll der Schuldige umgebracht werden und nicht auf die eines Zeugen ff.“ Es bilden also auch hier wie überall nur Zeugen den Beweis, und wird nur durch sie „die Wahrheit der Sache“ (V. 4. das.) erkannt.

**) Ob sie ausschliesslich über die Rechtsfrage entschieden, oder überhaupt den Gerichten berathend an die Hand gingen, ist bei den spärlichen Nachrichten nicht zu erörtern.

***) So besonders, wie weiter dargethan werden wird, über den Beweis.

Processform, wie sie in manchen Staaten vorkommt *), nennen; nur entscheiden hier in mündlicher Verhandlung alle Richter über That- und Rechtsfrage zugleich **). Doch zeigt sich bei tieferm Forschen, dass diese jüdischen Gerichtshöfe den meisten Grundbedingungen des Geschwornengerichts entsprachen, und sich in ihnen allein nach den Umständen, die die Zeit ihres Bestehens begleiteten, die hinlängliche Sicherheit für die individuelle bürgerliche Freiheit darbot. Es hatte sich nämlich unter den Hasmonäern die frühere republicanische Staatsform in eine monarchische umgewandelt; und übten manche Fürsten, wie Alexander Jannai, Herodes, einen grenzenlosen Despotismus. Wie schwach das Institut des Geschwornengerichts einer derartigen Herrschergewalt gegenüber sei, wie seine Grundform durch sie zerstört und es auf einen leeren Namen reducirt werde, zeigt — um von den letzten Zeiten Roms zu schweigen — die Veränderung, die die Jury in Frankreich im Jahre 1808 erlitt, und durch welche sie nicht nur viel von ihrer ursprünglichen Gestalt verlor, sondern zu einem Werkzeuge des Absolutismus herabgewürdigt wurde ***). Und die französische Jury war durch die Staatsverfassung (von 1793) gesichert; wie konnte sie nun erst dort, wo kein Grundgesetz ihr Bestehen aussprach, von einem Despoten umgangen und endlich ganz aufgehoben werden! Hingegen war das Ansehen des Synhedriums eben so unantastbar wie das der Herrscher. Das Synhedrium bildete eine von den Monarchen unabhängige Staatsgewalt, die denselben das Gleichgewicht hielt. Die peinliche Gerichtsbarkeit des Synhedriums war also ein Damm gegen ungerechte Eingriffe; und da es zur Aufnahme in dieses Collegium weder der Bestätigung der Fürsten bedurfte, noch deren

---

*) Vgl. Mittermaier S. 40 ff.

**) Nach dem baierschen Gesetzentwurf von 1831 entscheiden aus dem Collegium von neun angestellten (rechtsgelehrten) Richtern fünf über die That-, vier über die Rechtsfrage. Die Einwürfe hiergegen vgl. Mittermaier S. 95 ff.

***) So ist das Instructionsverfahren (die Voruntersuchung), die ein vom Staate angestellter Richter leitet, geheim und schriftlich. Ebenso das Verfahren der Anklagekammer, die ebenfalls aus angestellten Richtern besteht. Ferner hängt die Zusammensetzung der Geschwornenliste sehr von der Regierung ab; vgl. Cottu S. 203. Zentner a. a. O.

Gunst oder Ungunst irgend einen Einfluss auf die amtliche Stellung der Synhedrialmitglieder äusserte, so waren diese Gerichtshöfe echte Volksgerichte und kam ihnen das unbedingteste Vertrauen entgegen. Und liegt doch hierin gerade der bedeutendste Vorzug des Geschwornengerichts, dass in ihm die Richter nicht von Rücksichten gegen Vorgesetzte und Höhere geleitet werden, dass das Volk sich bei ihrer Entscheidung beruhigt und überhaupt die öffentliche Meinung sich für sie ausspricht *). Ein anderer oben erwähnter Vorzug des Geschwornengerichts, die grössere Anzahl der Richtenden, fand sich hier in noch grösserem Masse als in der Jury der Neuzeit. Diese besteht gewöhnlich aus zwölf Mitgliedern; das Synhedrium hatte deren drei und zwanzig, wovon bei einem Verdammungsurtheil wenigstens dreizehn übereinstimmen mussten **). Endlich leitete die unmittelbare mündliche Verhandlung mit dem Ankläger und Angeklagten, so wie die Discussion von drei und zwanzig Richtern zur genauesten Erwägung und Einsicht über die That- und Rechtsfrage: und trat also die innere Ueberzeugung hier zum klaren, lebendi-

---

*) Daher kennt auch nicht das talmudische Strafverfahren das Recusationsrecht; man vertraute diesen Richtern, da sie der Staatsgewalt gegenüber standen, vollständig. Selbst in England, wo dieses Recht als Bollwerk für die persönliche Freiheit hingestellt ist, soll, weil die Geschwornenliste mit grosser Vorsicht entworfen wird und also nur die erprobtesten Männer als Geschworne erscheinen, die Recusation selten sein. Im Oberhause, wo über die Pairs in Criminalsachen gerichtet wird, findet eine Recusation gar nicht statt. Cottu S. 151. 231 ff.

**) Hierdurch ist also sowohl der an der englischen Jury so häufig gerügten Mangelhaftigkeit, dass alle Glieder im Verdammungsurtheile übereinstimmen müssen, als der Veranlassung zu diesem Gesetze vorbeugt. Die allgemeine Uebereinstimmung ist bei einem Collegium selten zu finden; und wie soll also, wenn nur eine Stimme widerspricht, das Urtheil der andern Mitglieder ungültig sein? Allein da die englische Verfassung für den Schutz des Individuums so grosse Sorge trägt, so wurde, da die Anzahl der Richter sich auf zwölf beschränkt, auf der andern Seite zur Sicherheit des Angeklagten die Uebereinstimmung verlangt. Das talmudische Recht hat eine grosse Anzahl Richter, drei und zwanzig (der Grund für diese Zahl wird *Synhedr.* 2a. angegeben, scheint aber mehr historischer Natur zu sein): daher bedarf es keiner allgemeinen Uebereinstimmung, sondern genügt die Majorität von drei (eigentlich zwei) Stimmen.

gen Bewmestaein über *). Eine Appellation fand auch hier nicht statt; denn obschon rechtsgelehrte Richter sprachen, und nicht der allgemeine, gesunde Menschenverstand allein sondern auch die Wissenschaft repräsentirt wurde, so hob schon das mündliche Verfahren, bei welchem die Reden und Gegenreden der Parteien nicht protocollirt wurden, die Appellation auf, da der obern Behörde die Unterlagen zur Revision des Processes fehlen mussten **); auch mochte bei einem so zahlreich besetzten Tribunal und wo, was nur irgend zu Gunsten des Angeklagten sprach, hervorgesucht wurde ***), eine Revision und Prüfung des Urtheils von Seiten der obern Behörde (und dieses ist der Zweck der Appellation) überflüssig erscheinen. — Nur in einem wesentlichen Punkte weichen diese Gerichtshöfe von dem Geschwornengerichte ab: es bildete sich eine gesetzliche Beweistheorie, die an die mosaische Vorschrift anknüpfte, und wurde also der Ausspruch der innern Ueberzeugung sehr beschränkt †); doch scheint man zur Zeit der Ausübung der peinlichen Gerichtsbarkeit die späteren engen Grenzen der Theorie noch nicht gekannt zu haben und behauptete die Praxis manche freiere Beweglichkeit ††).

*) Da das talmudische Recht das Anklageverfahren strenge beibehält, und in dem Synhedrium die eigentlichste Garantie gegen monarchische Einflüsse bot, so fallen die Einwürfe weg, die man gewöhnlich über die Entscheidung der That- und Rechtsfrage durch rechtsgelehrte Richter oder durch eine Theilung des Collegiums (wie im bairischen Entwurfe) erhebt.

**) Es wird noch jetzt von vielen rechtsgelehrten Schriftstellern angenommen, dass nach dem Anklageverfahren eine Appellation nicht stattfinden kann. Vgl. jedoch dagegen Mittermaier im neuen Archiv des Criminalrechts 1843, I. Stück.

***) Man kann in dieser Hinsicht auf das talmudische peinliche Gerichtsverfahren die treffenden Worte Feuerbach's über die englische Criminalgerichtsverfassung anwenden: „es ist ihr Zweck und Geist, das Schwert der Gerechtigkeit so fest in seine Scheide zu klemmen, dass es nur mit grösster Mühe selbst gegen den Schuldigen gezogen werden kann."

†) Zwar scheint überhaupt bei einem Tribunal rechtsgelehrter Richter eine gesetzliche Beweistheorie unerlässlich (vgl. Mittermaier S. 120 ff.); allein nach der im Texte nachgewiesenen Gestaltung und dem Standpunkte des Synhedr. fallen bei genauer Prüfung die meisten (das.) angeführten Gründe für eine solche Nothwendigkeit weg.

††) Hierüber weiter das Ausführliche. Zu merken ist übrigens, dass auch der englische Geschworne sich streng hält an das *common law*, das Re-

Wir erwähnen nun noch Manches über das Civilgerichtsverfahren, wobei ebenfalls die Mündlichkeit den Hauptfactor bildet, an den Oeffentlichkeit und Volksthümlichkeit sich reihet: und hierdurch die Vortheile einer baldigen Entscheidung mit denen eines unparteiischen Rechtsspruches verbunden werden. Hinsichtlich des mosaischen Rechts wurde schon oben die Vorschrift: „Richter und Aufseher sollst du dir setzen ff." angeführt, wobei bemerkt wurde, dass dieses vorzüglich auf Civilgerichte zu beziehen sei. Ueber ihre Zusammensetzung so wie über die Processform in Civilsachen schweigt hier die Schrift; doch scheint aus einer andern Stelle (Deuter. 1, 12.) hervorzugehen, dass die Richter vom Volke gewählt, also durch dessen Vertrauen zu diesem Amte berufen wurden. — Als durch Samuel der gesunkene Staat wieder gehoben wurde, die Lehre durch die angelegten Prophetenschulen eine neue Basis erhielt, und das Volk allmälig zur Erkenntniss und Auffassung des Monotheismus und des Gesetzes gelangte, gewann auch die Rechtspflege einen neuen Aufschwung. An drei Orten (zu Bet-El, Gilgal und Mizpa) wurde von Samuel alljährlich Gericht gehalten (1. Sam. 7, 16) *). — Ueber die Gerichtsform zur Zeit der Könige liegen ebenfalls nur geringe Spuren vor. Die Civilgerichtsbarkeit ging (wie wir es auch oben bei der peinlichen Jurisdiction wahrnahmen) an die Könige und Grossen über, und sprach der König (oder hatte er wenigstens eine solche Verpflichtung) jeden Morgen das Recht **).

---

geln für den Beweis angibt. — Wir führen hier noch an, dass, nach der Bemerkung mehrerer Gelehrten über den Process Jesu, mit der Umwandlung Palästina's in eine römische Provinz die That- und Rechtsfrage von dem jüdischen Gericht, über die Vollziehung der Todesstrafe und die Art der Vollziehung von den römischen Statthaltern entschieden wurde. Der Talmud weiss nur von der vierzig Jahre vor Zerstörung des Tempels erfolgten gänzlichen Aufhebung der peinlichen Gerichtsbarkeit. *Synhedr.* 4a; vgl. auch Jost a. a. O. 2. Thl, Anhang S. 82 ff.

*) Man nimmt hier manche Aehnlichkeit mit den altdeutschen März- und Maigerichten wahr. Ob auch über Staatsangelegenheiten verhandelt wurde, ist bei der weiten Bedeutung des שפט (das.) schwer zu ermitteln.

**) Vgl. Jerem. 21, 12. 22, 2. 3. Hosea 5, 1. Jesaia 1, 23. Micha 7, 3. u. a. O. — Die Volksgerichte mochten übrigens nicht ganz aufgehört haben, und kamen vor den König wahrscheinlich nur die grösseren Processe. Hingegen findet man für richterliche Function der Priester

Dass das Wesen des Rechts häufig litt, und die von der Schrift so dringend anempfohlene Unparteilichkeit und Unbestechlichkeit verloren gegangen war, ist aus den Propheten, aus ihrer bittern Geisselung der Grossen und Richter wegen der überhand nehmenden Verkäuflichkeit des Rechts, genugsam zu ersehen.

Wir wenden uns zum Civilgerichtsverfahren nach talmudischem Rechte. Es gibt ständige Tribunale (Bet-Din) von drei gelehrten Beisitzern; doch bilden je drei Männer aus dem Volke (unter denen ein Rechtsgelehrter) *) einen Gerichtshof, dem, sobald eine Partei sich an ihn gewendet, auch die andere Partei Rede stehen muss **). Dieses Tribunal wird nach seiner eigentlichen Form auf folgende Weise zusammengesetzt: jede der Parteien wählt einen Richter, diese beiden von den Parteien gewählten Richter wählen einen dritten, mit dem zusammen sie das Gericht bilden ***). Hier tritt mit einigen Modificationen das Institut der Schiedesgerichte †) hervor.

---

keine Spur in dieser Zeit, und gehörte also das Rechtsprechen nicht zu ihrem Amte.

*) *Tur Choschen Mischpat* c. 3.

**) *Synhedr.* 2a ff. Geständnisse vor einem solchen Tribunal haben die Kraft eines gerichtlichen Geständnisses (*Choschen Mischpat* 1, 1.; vergl. weiter 2. Titel); auch können hier Processe über Geldausleibung, Verträge u. s. w. verhandelt werden. Hingegen ist zum Spruche über Geldstrafen (wie bei Diebstählen, Verwundungen ff nach dem mosaischen Rechte) nur ein Tribunal von drei gelehrten Richtern, die die Semicha erhalten haben, befugt (*Synhedr. l. l. Maimonid. l. l.* c. 4. §. 8). Diese Semicha bestand in der Approbation eines Lehrers, der wieder seine Anerkennung von einem frühern Lehrer ableitete, und so wurde die Semicha bis auf Moses hinaufbezogen (vgl. *Maimonid.* l. l. §. 1). Nach der wörtlichen Bedeutung ist Semicha „Handauflegung" (nach Numer. 27, 18. 23.); aber es bedurfte solcher nicht (und war sie auch nicht gebräuchlich), sondern bestand das Wesen der Semicha in der Approbation der Gelehrsamkeit des mit ihr zu Belehnenden (*Maimonid. l. l.* §. 2). Die Semicha wurde übrigens nur in Palästina ertheilt und hat schon vor mehr als vor tausend Jahren aufgehört; daher über Straffälle nur beschränkt auch von den gelehrten Tribunalen gesprochen werden kann (*Ibid.* §. 9. *Chosch. Mischp.* c. 1). Auch zur Einsetzung in ein streitiges Besitzthum ist nur das rechtsgelehrte Tribunal befugt; vgl. *Ketubot* 97b. *Baba Mezia* 32a.

***) *Synhedr.* 21a.

†) Ueber Schieds- und Friedensgerichte vgl. Welcker, Staatslexicon Thl 6. 14.

Zwar entscheidet bei dem vorgenannten Tribunale nicht das Gutdünken der Richter, sondern muss ihr Spruch seine Motivirung in den Rechtsgesetzen haben, und ist er daher rechtskräftig; doch ist die Zusammensetzung dieses Gerichts vertragsmässig und kommt es hierin wesentlich mit dem Schiedesgerichte überein, dass es von den Parteien gewählt ist, sie also ihr Recht in ihm vollkommen vertreten sehen und zu ihm Vertrauen fassen *). — Ein anderer characteristischer Zug der talmudischen Gerichte ist, dass sie eine wesentliche Aufgabe darin erblicken, sich als Friedensgericht zu constituiren. Es liegt dem Richter ob, die Parteien zu einem gütlichen Vergleiche aufzufordern und sie zu bewegen, dass sie durch theilweisen Verzicht auf ihr Recht sich einigen. Selbst wenn schon der Richter einsieht, auf welche Seite sich das Recht neige, soll er noch einen gütlichen Ausgleich herbeizuführen suchen **); denn die strenge Gerechtigkeit erbittert und es scheidet die unterliegende Partei mit Hass und Groll, hingegen gewinnt selbst die im Recht sich befindende Partei das, was durch theilweises Aufgeben verloren geht, an Frieden, Einheit und Beschwichtigung auf der andern Seite ***). Der Versuch eines Vergleiches wird übrigens da zur gebieterischen Pflicht, wo einer Partei ein Eid zuerkannt wurde †).

Das ständige Ortsgericht hält Sitzung an gewissen Tagen ††), und ist auf Vorladung durch den Gerichtsdiener die

---

*) *Synhedr. l. l. Tur Chosch. Mischp.* c. 13.

**) Ein früherer Autor meint zwar (*Synhedr.* 6b), dass in diesem Falle der Vergleich eine Beeinträchtigung des Rechts sei, und daher nicht vorgeschlagen werden darf. Doch wird ihm von vielen anderen Autoren widersprochen, und die im Text angegebene Norm ist die allgemeine. *Maimon. l. l.* c 22. §. 4. *Chosch. Mischp.* c. 12.

***) *Synhedr. l. l.* „Wann verbindet sich Recht und Güte? Durch den Vergleich.“ Vgl. ferner *Chosch. Mischp.* c. 12. *Sema* Anmerk. 9. — Nach einer bedauerlichen Zeitrichtung, die in alle Disciplinen das christliche Moment hineinzudrängen sucht, werden auch an dem Recht Experimente solcher Art gemacht, und will man von mancher Seite den Friedensgerichten auf Grund der „christlichen Moral, die Versöhnlichkeit und Frieden gebietet“ Eingang verschaffen. Aber auch die verschrieene „talmudische Moral“ predigt solche Grundsätze und — sie führt sie aus.

†) *Chosch. Mischp.* c. 12. §. 2.

††) Nach einer alten Ordnung (die von Esra sich herschreiben soll)

Partei verpflichtet vor ihm zu erscheinen *). Die Mitglieder eines solchen Gerichts müssen nicht nur durch Gelehrsamkeit, sondern auch durch ihren tadellosen, uneigennützigen Character hervorragen und das Vertrauen des Volkes geniessen **). Die Verpflichtung, Recht zu sprechen, hat übrigens jeder Rechtsgelehrte ***), so sich die Partei an ihn wendet und kein gelehrterer Richter im Orte lebt †). Bei Schuldforderungen kann der Kläger mit Uebergehung des Ortsgerichts die Gegenpartei vor ein gelehrteres und in allgemeinerm Ansehen stehendes Gericht belangen, und muss diese ihm dahin folgen ††); jedoch untersucht erst die Ortsbehörde, ob die Klage einigen Grund habe †††). Ist das Ortsgericht in Zweifel über

---

am Montag und Donnerstag (*Baba Kamma* 82a); doch hängt dieses ganz von dem Gerichte ab. *Tur Chosch. Mischp. l. l.*

*) *Baba Kamma* 113a. *Chosch. Mischp.* 11, 1.

**) *Sifri* zu Deuteronom. 1, 12; vgl. *Maimonid.* l. l. c. 22. §. 7 die treffliche Auseinandersetzung der Qualification zu einem Richter. — Das Tribunal selbst ist empfehlenswerther, je mehr Mitglieder es zählt. *Ibid.* c. 3. §. 13.

***) Dieser Ausdruck ist jedoch nicht ganz adäquat, da die talmudische Rechtsgelehrsamkeit nicht eine besondere Disciplin bildet, sondern nur einen Theil der theologischen Gelehrsamkeit ausmacht.

†) Doch kann er in dem Falle, dass eine der Parteien gewaltthätig ist, und er sich von ihr Verfolgung zuziehen würde, den Rechtsspruch ablehnen (*Synhedr.* 6b). In wiefern die Parteien dem einzelnen rechtsgelehrten Richter Rede stehen müssen, vgl. *Synhedr.* 3a; in späterer Zeit wurde hierauf gänzlich verzichtet. *Chosch. Mischp.* c. 3. §. 2. Glosse. In welchem Falle der Richter bei einem falschen Spruche zum Schadenersatze verpflichtet ist, wird *Synhedr.* 33 und *Alfasi* das. *Maimonid.* l. l. c. 6. *Chosch. Mischp.* c. 25. weitläufig behandelt. (Aber himmelweit verschieden von dem *Judex qui litem suam facit* des römischen Rechts L. 6. D. 50. 13.)

††) *Synhedr.* 31b. *Maimonid.* l. l. c. 6. §. 7. 9. *Chosch. Mischp.* c. 14. §. 1.

†††) Ob nämlich der Kläger kein Chicaneur sei, und den Beklagten, um von ihm Geld zu erpressen, mit einer Citation bei einem entfernten Gerichte bedrohe. *Tur Chosch. Mischp. ibid. Glosse.* — In späterer Zeit (13. Jahrh.) ist man dahin übereingekommen, dass keine Partei die andere mit Uebergehung des Ortsgerichts zu einem andern Gerichte vorladen kann (vgl. *Or serua* bei *Bet Josef* l. l.). Nach einer noch spätern Einrichtung bildet das Ortsgericht zugleich ein Distriktsgericht, und gehören alle

einen zu gebenden Bescheid, so wird der Rechtsfall an ein höheres (gelehrteres) Gericht verschickt; die Entscheidung wird dann den Parteien von der Ortsbehörde mitgetheilt *). Appellation gegen den Ausspruch eines Gerichts an ein höheres Gericht findet statt; doch muss die von der ersten Instanz zur Zahlung verurtheilte Partei die Summe sogleich deponiren **). — Jeder Rechtsspruch wird unentgeltlich ertheilt ***).

Die Verhandlung ist mündlich †) und stehen die Parteien

Familien und Gemeinden, die einen gemeinschaftlichen Gottesacker haben, zu einem Distrikte. Responsa *J. Isserlein* 65 (15. Jahrh.).

*) *Chosch. Mischp.* c. 14. §. 1.

**) *Chosch. Mischp. ibid.* §. 1. und §. 4. Glosse. Nach *Sema* Anmerkung 27 wird die Summe sogleich der Gegenpartei ausgezahlt (die, wenn das grössere Gericht für den Beklagten entscheidet, das Geld wieder zurückerstatten muss). Einen eigentlichen Instanzenzug im heutigen Sinne findet man im talmudischen Rechte nicht; vgl. was über den talmudischen Criminalprocess bemerkt wurde.

***) Da die Rechtslehre einen Theil der Theologie bildet, so ist der Rechtsspruch eigentlich nur eine Auskunft, die Jedermann verpflichtet ist zu geben. „Jeder für Lohn ertheilte Rechtsspruch ist ungültig" sagt die Mischna (*Bechorot* 29a). Da es aber nicht selten geschah, dass mancher Gelehrte von seinem Handwerke abgerufen wurde, um einen Rechtsspruch zu ertheilen (vgl. *Ketubot* 105a; das Gesetzstudium war nämlich nicht eine eigne Profession, sondern Jedermann war verpflichtet, sich damit zu befassen), so wurde gestattet, dass er für sein Versäumniss einigen Ersatz bekomme (*Ketubot ibid.*): wer aber kein bestimmtes Gewerbe treibt, der muss unentgeltlich Recht sprechen (*Chosch. Mischp.* c. 9. §. 5). Ueber den Gehalt der ständigen Gerichte, als der grossen und kleinen Synhedrien ff. herrscht vieles Dunkel; nur von den weiter zu erwähnenden legislativen Richtern zu Jerusalem wird (*Ketubot ibid.*) berichtet, dass sie aus dem Tempelschatze besoldet wurden. Im 8. Jahrh. wurde die Einrichtung getroffen, dass in jeder Gemeinde eine Casse errichtet wurde, zu welcher jeder Hausvater beisteuerte und aus der das ständige Gericht seinen Gehalt bezog (*Chosch. Mischp.* c. 9. §. 3). — In welchem Gegensatze dieses ganze Verfahren mit anderen Gesetzgebungen, wie z. B. der athenienischen, stehe, wo die Parteien vor Allem vor Beginn des Processes die Gerichtsgelder (Prytanieen) erlegen mussten (vgl. Meier und Schömann a. a. O. S. 603), so wie mit dem kostspieligen Processgange neuerer Zeit, ist leicht zu beurtheilen.

†) So allenthalben, und ist hierauf der ganze talmudische Process basirt. Selbst in den Fällen, wo eine Partei vom Erscheinen beim Gericht dispensirt ist, schickt dasselbe eine Deputation (die Gerichtsactuarien) zu

einander gegenüber und tragen ihre Gründe dem Gerichte vor*). Auf beiderseitiges Verlangen der Parteien werden ihre vorgebrachten Behauptungen und Einwendungen von einem Gerichtsschreiber schriftlich aufgenommen**). Die Parteien können sich nicht durch Anwälte vertreten lassen***); doch kann der Kläger einen Bevollmächtigten, dem er das klagbar gewordene Object (die Schuld ff.) cedirt, an seiner Stelle zum Gerichte senden****). — Der Richter darf nicht eine Partei in Abwesenheit der andern anhören, da er hierdurch leicht zu deren Gunsten gestimmt werden könnte †). Er darf ferner nicht der Partei durch Fragen und Andeutungen zur Einrede verhelfen ††); ist aber die Partei nicht vermögend ihre von dem Richter als gegründet anerkannte Einrede in einen gehörigen Zusammenhang zu bringen, so soll der Richter ihr nachhelfen †††); doch muss dieses mit grösster Vorsicht geschehen, damit er nicht als Vertreter der Partei erscheine ††††). Es wird der Partei zur Beibringung der Beweise eine Frist (von dreissig Tagen) gestattet †††††); ist bis dahin der Beweis nicht

---

derselben (*Chosch. Mischp.* c. 124) und auch die andere Partei kann dieser Verhandlung beiwohnen (*Sema* das. Anmerk. 3). Treffend bemerkt ein nachtalmudischer Autor (*Isaak ben Scheschet Respons.* 298): „Aus dem mündlichen Vortrage der Parteien stellt sich zuweilen dem Richter das Wahre und Falsche der Klage und der Gegenrede heraus: die schriftliche Eingabe aber sucht oft unter rhetorischem Schmucke die Lüge zu verbergen. Die Rabulisterei hat freies Spiel, und man lässt sich von Anderen nicht nach der Wahrheit, sondern wie es zum Nutzen ist, die Klage oder Einrede aufsetzen ff."

*) Doch kann (nach späterer Einrichtung) durch beiderseitige Uebereinkunft der Process auch schriftlich geführt werden. *Chosch. Mischp.* c. 13. §. 3. Glosse.

**) *Baba Batra* 167b. *Chosch. Mischp.* l. l.

***) *Tur Chosch. Mischp.* c. 17. (vgl. auch R. Ascher zu *Schebuot* 30).

****) *Chosch. Mischp.* c. 122. 123. Die Form der Vollmacht vgl. c. 122. §. 4; doch wird auch dieses nur beschränkt gebilligt, c. 123. §. 15. Glosse das. — Ueber Dolmetscher und anderes hierher Gehörende vgl. weiter.

†) *Schebuot* 31a.

††) *Ibid. Chosch. Mischp.* c. 17. §. 8.

†††) *Ibid.* §. 9.

††††) *Ibid.*

†††††) *Synhedr.* 31a. *Chosch. Mischp.* c. 21. §. 1.

beigebracht, so wird das Urtheil gesprochen und auf Bezahlung oder Eid, je nach der Natur des vorliegenden Rechtsfalles, erkannt *). — Der Rechtsspruch wird, nachdem die Parteien abtreten **) und die Richter hierüber discutiren, nach Mehrheit der Stimmen gefällt ***). Das Urtheil wird hierauf den wieder eintretenden Parteien bekannt gemacht und auf Verlangen schriftlich abgefasst †).

Das talmudische Recht führt nach dieser Darstellung den Civilprocess ganz auf das Anklageprincip zurück. Zwar bildet überhaupt die Anklage, wie verschieden auch die Ansicht über die Criminalgerichtsform sei, die alleinige Basis des Civilprocesses. Denn da der Civilprocess nicht ein Vergehen, sondern ein zweifelhaftes Recht zum Object hat, so wird, wenn kein Kläger auftritt, von Staats wegen nicht geforscht; und findet auch hier Verzichtleistung statt, da Jedermann mit seinem Gute schalten kann. Aber es tauchen in den verschiedenartigen gesellschaftlichen Verhältnissen und den daraus entstehenden Collisionen viele Beziehungen auf, über die zu urtheilen es einer grossen Uebung und des Vertrautseins mit den verschiedenen Abstufungen dieser Verhältnisse bedarf, wie es bei dem Nichtrechtsgelehrten selten gefunden wird. Das Geschwornengericht wird daher selbst von seinen eifrigsten Vertheidigern als nicht genügend für den Civilprocess erkannt ††); da der allgemeine, gesunde Verstand allein nicht in die unendlichen Nüancen einzugehen und den Ariadnefaden in diesem Labyrinthe der Abstufungen aufzufinden vermag. Aber mit der Beschränkung auf rechtsgelehrte Richter trat auch das

*) Das. Doch ist diese Frist nicht eine absolute Fristellung (*peremtorium fatale*); wird der Beweis später gebracht, so wird er angenommen, und das Urtheil restituirt.

**) *Synhedr.* 31a.

***) Sowohl lossprechend als verurtheilend. *Ibid.* 32a.

†) *Ibid.* 29a. 30a. Doch werden hier nicht die Meinungen der einzelnen Richter, dass z. B. zwei verurtheilten und einer lossprach, angeführt, sondern wird blos der Rechtsfall und das Urtheil schriftlich eingehändigt; vgl. *Synhedr.* 30a. *Maimonid.* l. l. c. 22. §. 8. *Chosch. Mischp.* c. 19. §. 2. und *Glosse* zu c. 14. §. 4.

††) Vgl. Zentner S. 327. Doch spricht in England die Jury auch in Civilfällen.

schriftliche Verfahren ein; und welche Gestalt bekam hierdurch der Process, in welchen Misscredit verfiel er beim Volke, mit welchem Widerwillen wird sein langsamer Gang von Jedermann angesehen. Es wird im Verlaufe des Processes durch den Schriftenwechsel so wie durch die Vertreter der Parteien (Advocaten) oft das beste Recht zweifelhaft, die Dauer des Processes reibt das Vermögen der Parteien auf und ziehet sich zuweilen über ihre Lebenszeit hinaus; die Gerichtskosten übersteigen nicht selten die Höhe des ganzen Streitobjects, so dass selbst der gewinnende Theil sich noch im Verlust befindet und ihm der einzige Trost bleibt: er habe sein Recht behauptet! — Wenn die talmudische Processform zu einfach scheint und nicht allen Anforderungen eines nach allen Dimensionen geregelten Gerichtsganges entspricht, so liegt auf der andern Seite ein bedeutender Vortheil in seinem stricten Verbleiben bei der Anklageform, in der unmittelbaren Berührung der Parteien, in dem bald zu erfolgenden Spruche des Richters und der dadurch herbeigeführten schnellen Beendigung des Processes. Dieses mag wohl auch die Veranlassung gewesen sein, dass römische Unterthanen um dem langsamen, tödtenden schriftlichen Processe auszuweichen *), ihre Streitigkeiten vor jüdischen Gerichten ausmachten, welches Chrysostomus als ein Höllenwerk verschrie **), ohne zu ahnen, wo der Sitz des Uebels war.

Dieses nun ist das Gesammtbild des talmudischen Civilgerichtsverfahrens, das nicht auf den vagen Schwingen der Speculation nur getragen wird, sondern eine reale Basis hat, da die civilgerichtliche Praxis sich bis zum vorigen Jahrhundert herabzog. Wir können hier auf eine historische Entwickelung nicht eingehen und bemerken nur, dass sich mehrere

---

*) Nach dem alten römischen Rechte wurde der Process von dem Prätor eingeleitet und dem *Judex* zur weitern Untersuchung der Thatumstände überwiesen; dieses Gerichtsverfahren hörte in späterer Zeit auf. Vgl. *Glück*, Commentar zu den Pandecten 6. Thl. §. 499. ff. (Litiscontestation.). *Thybaut*, System des Pandecten-Rechts, 1. Thl. S. 475. *C. L. Goldschmit* über Litiscontestation und Einreden.

**) *Homilia I. adversus Judaeos.* Vgl. die Stelle in unserer Eidesleistung, S. 40. Vgl. ferner *Baba Mezia* 69a, wo auch in Babylon der Process von Nichtjuden vor jüdischem Gerichte.

Daten aus der Zeit des zweiten Tempels erhalten haben. Die Jerusalemitaner bedienten sich häufig der obenerwähnten nichtständigen Gerichte: es wird erzählt *), dass die Einsichtsvolleren zu Jerusalem sich nur mit bekannten (erprobten) Männern zu einem Tribunal constituirten. Auch geben schon Autoren des zweiten Jahrhunderts Bestimmungen über das Schiedsgericht **), und erscheint dieses Institut als ein altes, allgemein bekanntes. — Das mündliche Verfahren so wie die wesentlichen damit verbundenen Formen haben ebenfalls ihren frühern Ursprung. Es wird den Einsichtsvolleren zu Jerusalem nacherzählt, dass sie die Parteien, nachdem dieselben ihre Gründe ff. vorgebracht, bei der richterlichen Discussion abtreten liessen ***). Ueberhaupt schreiben noch andere Rechtsformen sich aus Jerusalem her, welche auf eine scrupulöse Genauigkeit weisen. — So unterschrieben die Einsichtsvolleren sich nur dann als Zeugen, wenn sie wussten, wer der Nebenzeuge sei (ob von gutem Character); zu Jerusalem bezeichnete man bei Kauf- und anderen Contracten nicht nur den Tag, sondern auch die Stunde des Kaufes ff. †). — Auch scheint zu Jerusalem ein Gesetzgebungstribunal für civilrechtliche und polizeiliche Verordnungen niedergesetzt gewesen zu sein ††). Manche angefochtene Meinungen der (wie es scheint)

---

*) *Synhedr.* 23a.

**) *Synhedr.* 23a.

***) *Ibid.*

†) *Ketubot* 93.

††) Vgl. *ibid.* 104 b, 105 a. Nicht wenig bemerkenswerth sind die daselbst angeführten „Söhne der Hohepriester", die über verschiedene Verordnungen anderer Meinung sind. Welches Tribunal bildeten diese „Söhne der Hohepriester" und wie fanden sie sich zusammen, da es doch je nur einen Hohepriester gab? Aber es bestand, wie aus 12b *ibid.* hervorgeht, ein Bet-Din (Tribunal) für Priester, und wird berichtet über manche Civileinrichtung, die diese unter sich trafen. (Vielleicht wurde auch hier gewöhnlich über Civilstreitigkeiten der Priester entschieden, über Tempel- und Opferangelegenheiten Rath gepflogen u. dergl. m. [vgl. auch *Rosch Haschana* 22 a]; doch man darf nicht an ein mit besonderen, einem priveligirten Stande zu Gute kommenden Vorrechten niedergesetzten Gericht, wie etwa die geistlichen Gerichte im canonischen Rechte oder die Adelsgerichte, denken; es wurde schon oben (S. 21) bemerkt, dass das mosaische Recht keine Exemtion kenne.) An der Spitze dieses Bet-Din, das von den Priestern für ihre Angelegenheiten niedergesetzt war, stand,

Präsidenten dieses Tribunals sind nach dem Namen ihrer Autoren uns aufbewahrt *); andere Gesetze hatten allgemeine Gültigkeit erlangt: und da sie ins Leben allenthalben übergingingen, so vergass man über dem Gesetz selbst den Autor und den Gerichtshof, der es erlassen hatte **), und so blieb der Nachwelt die Zeit seines Entstehens unbekannt.

III.

Quellen des talmudischen Rechts.

Eine unabweisbare Bedingung der gründlichen Auffassung des talmudischen Rechts bildet die Erforschung der Quellen, aus denen es floss, da dieses Recht ursprünglich nicht in der Gestalt eines gegliederten Codex, sondern in aphoristischen, an vielen Orten zerstreuten Lehrmeinungen auftritt. Das Verhältniss des talmudischen Rechts zum mosaischen ist durch den eines Commentars zu seinem Texte keinesfalls erschöpft; es hatte sich in den Wirbel der weitesten Speculation hineingeworfen und wuchs mit unaufhaltsamer Gewalt zu einem reissenden Strome, bei dessen Mündung man schwer den Rückweg zu der Quelle zu finden vermag. Doch bekam es seinen ersten Anstoss nicht sowohl vom Bewusstsein der Rechtsforschung als von dem der für sehr verdienstlich gehaltenen Bibelforschung; nur machten sich nach dem früher Bemerkten durch das sich immer mehr entfaltende Leben viele neue Rechtsbestimmungen nothwendig, die entweder einen wenn auch nur entfernten Anhalt in der mosaischen

wie allem Vermuthen nach anzunehmen ist, der Hohepriester, und scheinen die Beisitzer dieses Gerichts in Bezug zu ihrem mit der höchsten priesterlichen Würde bekleideten Präsidenten „Söhne der Hohepriester" genannt worden zu sein (eine Benennung, die nach den frühern Verhältnissen, wo man auf die Beziehungen der Höheren und Niederen oft den Namen „Vater" und „Sohn" übertrug, nichts befremdendes haben dürfte). Und so wäre denn unter dem Namen „Söhne der Hohepriester" das Bet-Din der Priester gemeint.

*) *Ibid.* Nach Rappoport (Zunz Gottesd. Vortr. S. 37) lagen die Civilprocesse vorzüglich dem Ab-Bet-Din ob; doch hat R. nicht die nähere Motivirung gegeben.

**) Vgl. Vorwort zu unseren „Vorstudien zu der Septuaginta." S. XIII.

Gesetzgebung fanden oder, wie wir es häufig beim Civilrechte wahrnehmen, als selbstständig auftraten. — Das talmudische Recht zeichnet sich durch eine sehr prägnante Geistesschärfe vor anderen morgenländischen Gesetzgebungen aus *); das Concrete bildet den Stoff **), und wird nach den verschiedensten Ansichten und Geistesrichtungen verschieden behandelt. In dieser Meinungsfluctuation konnten aber durch den spätern Mangel oberster Gerichtshöfe die Rechtsnormen nicht zur Fixirung kommen, und war der Geistesthätigkeit des gelehrten Richters ein ungemein offenes Feld gelassen. Doch wurden, je weiter die Zeit herabrückte, festere Grundlinien verzeichnet, und es gewann das Civilrecht sowohl durch manche Principien ***) als durch practische Anwendung und fleissige Behandlung allmälig an Consistenz. Und hierdurch waren die ersten Bedingungen zur Feststellung eines Codex erfüllt.

Aber die Nothwendigkeit eines Codex musste im Grunde nur für das Civilrecht empfunden werden. Die peinliche Gerichtsbarkeit hatte bald aufgehört, und es blieb die Bearbei-

*) In den älteren morgenländischen Legislationen, wie im Menu und in der Zendavesta sind die Rechtsverhältnisse nach den frühen socialen Zuständen ganz einfach. Bedeutender tritt die Geistesoperation in dem durch muselmännische Gelehrte bearbeiteten koranischen Rechte hervor, das schon weit vorgerückte bürgerliche Beziehungen zu berücksichtigen hatte. Das koranische Recht hat in der Behandlungsweise dieses mit dem talmudischem Rechte gemein, dass es sich auf für göttlich gehaltene Aussprüche zurückbezog, sie als seinen Ursprung ansah, nach denen es sich weiter fortbildete; an scharfsinniger Auffassung stehet es, wie sich aus einer Vergleichung manches bei *Muradgea d'Ohosson* und in den *Wiener Jahrbüchern für Literatur* Angeführten zeigt, hinter dem talmudischem Rechte zurück. Aber das Geschäft der mahomedanischen Gelehrten war noch schwieriger als das der talmudischen Lehrer, da der Koran nur gelegentlich einige Rechtssätze aufstellt und also sehr wenige Anhaltspuncte bietet.

**) Vgl. oben S. 59.

***) So bilden die Hauptfactoren des talmudischen Civilprocesses: a) das Axiom der Fortdauer eines Rechts oder ursprünglichen Zustandes (חזקה); b) das theilweise Eingeständniss (מודה במקצת); c) der Beweis aus der zu Gebote stehenden besseren Einrede מיגו). Auf diese drei Principien sind, wenn man noch Zeugenaussage nach §§. 79. 88. 124. hinzurechnet, fast die meisten Decisionen zurückzuführen. Vrgl. weiter 2. Abschnitt.

tung des Criminalrechts nur ein Stoff der Forschung: gehörte allein der Schule an. Hier drängte also kein practisches Bedürfniss zur Bearbeitung eines Codex: auch würde die Speculation nicht auf ihr Recht über ihn hinauszugehen verzichtet haben, und musste sie, so lange sie sich als Selbstzweck betrachtete (vgl. oben), sich zur Behauptung ihrer Freiheit ein weites Feld der Geistesthätigkeit bewahren. Ein solcher Codex würde ferner auch sehr an Unvollständigkeit gelitten haben: denn da, wie früher bemerkt wurde, durch den Abgang der peinlichen Jurisdiction die Forschung sich im Criminalrechte innerhalb der Grenzen des alten mosaischen Gesetzes hielt und die ausserhalb desselben liegenden Verbrechen und Strafverhältnisse, als zu ihrem Ressort nicht gehörend, unbeachtet liess, so würde sich hier eine ungewöhnliche Lücke fühlbar gemacht haben. — Von um so grösserm Interesse ist aber hier die historische Forschung, die zu der frühen Zeit als noch das jüdische Gericht über Leben und Tod sprach, hinaufsteigt, und zu ermitteln sucht, was dieser Zeit angehöre. Von diesem, wenn auch nur mit grosser Anstrengung durch Hülfe der Critik zu erringenden Standpunct, wird mancher Einblick in den Geist des frühern practischen Strafrechts gewonnen werden. Es wird aber die critische Forschung nicht nur von oben herab das Geschichtliche entwickeln, sondern wird sie auch den Rückweg antreten und in den Ergebnissen der Speculation selbst manches ihnen zu Grunde liegende geschichtliche Moment erkennen: die Allgemeinheit, mit welcher mitunter ein Satz gleichsam als Axiom hingestellt wird, gilt ihr als Anzeichen eines frühen Ursprunges, und sie wird was einst dem Leben angehörte sondern von der Zuthat der sich selbst überlassenen Reflexion. — Von nicht so bedeutender Wichtigkeit ist die historische Forschung hinsichtlich des Civilrechts: dieses wurde ausgeübt, und traten seine Normen aus dem Gebiete der Speculation in die Wirklichkeit über; sie haben also ihre geschichtliche Geltung in sich selbst. Doch behält die historische Forschung hier den Werth, der ihr in der Geschichte jeder Rechtsverfassung eingeräumt wird: sie verfolgt den Entwickelungsgang des Rechts, erkennt unter welchen Ort- und Zeiteinflüssen sich die Normen gestalteten, wie das Gegebene ausgebildet wurde, welche Behandlungsweise es erfahren und in welcher Consequenz sich die späteren Gesetze an die früheren angeschlossen.

Als die vorzüglichste Quelle des talmudischen Rechts (für das mosaische natürlich der Pentateuch) ist die **Mischna** anzusehen. Dieses ist eine im zweiten Jahrh. gew. Zeitr. von *R. Jehuda Hannasi* veranstaltete Sammlung der Lehren und Meinungen früherer Autoren *). Die mit Namen in dieser Sammlung als Autoren von Lehrmeinungen angeführten Lehrer reichen nicht weit über hundert Jahre vor der Zerstörung des Tempels hinauf **); hingegen werden sehr häufig Sätze ohne Benennung eines Autors gegeben, denen die Critik in Erwägung anderer sich an sie anschliessenden und schon auf eine weite Entwickelung hinweisenden Lehren ein hohes Alter zuerkennt; und zeigen vorzüglich Sentenzen in Gestalt von Gnomen auf ganz frühen, vielleicht über die Maccabäerepoche hinaus sich erstreckenden Ursprung ***). Diese Sammlung zerfällt in sechs Abtheilungen, deren jede wieder mehrere Sectionen (Tractate) hat. In der vierten Abtheilung bespricht eine Hauptsection, die wieder in drei Sectionen, die „Thore" (*Babot*) genannt, zerfällt, das Civilrecht: zwei andere Sectionen, *Synhedrin* und *Maccot*, besprechen das Strafrecht und das Richterinstitut. Doch werden hier nicht reine Normen nur aufgestellt, sondern auch die Controversen der verschiedenen Autoren aufgenommen, über die selten ein Endur-

*) Die Mischna erlitt zwar noch manche spätere Zusätze; doch ist ihre eigentliche Redaction das Werk des vorerwähnten R. Jehuda. Von einer noch frühern Mischna *Hillel's* und *R. Akiba's* besitzen wir blos die Namen; sie wurden wahrscheinlich durch jene spätere und vollständigere des R. Jehuda verdrängt. Ueber die Etymologie des Wortes Mischna wird viel gestritten; doch gehört diese Untersuchung nicht hierher.

**) *Hillel*, der älteste dieser Autoren, lebte um diese Zeit. *Abot* c. 1. sind zwar sehr frühe Autoren angeführt (so *Simon der Fromme*, im dritten Jahrhundert vor der gewöhnlichen Zeitrechnung); aber es werden nur ethische Sentenzen von ihnen mitgetheilt. (Nur von einem Autor des zweiten Jahrhunderts, *Jose ben Joeser*, werden *Ediot* 8, 4. drei Lehrsätze angeführt. Ueber *Simon ben Schetach* weiter in den Anmerkungen zu den Paragraphen). Auch die *Chagiga* 17b angeführte frühere Meinungsverschiedenheit ist nicht von besonderm Gewichte.

***) Als solche Gnomen erscheinen *Berachot* 1, 1. *Schabbat* 1, 1. *Baba Kama* 1, 1. u. a. m.

theil abgegeben wird *). — Der Zusammenhang ist mitunter sehr lose; auch beschränkt sich nicht das Civil- und Criminalrecht auf diese Sectionen, sondern kommt auch in anderen Abtheilungen Manches hierüber gelegentlich vor **).

Die Mischna hatte ihren Stoff nicht ganz erschöpft, und waren viele Meinungen, Lehren und Facta in dieses Werk nicht aufgenommen worden. Zwei Schüler des vorerwähnten R. Jehuda Hannasi, *R. Chia* und *R. Oschia*, fanden daher eine reichliche Nachlese, indem sie nachtrugen, was ihr Lehrer bei der Reichhaltigkeit des Materials nicht zusammenzufassen vermochte. Ihr Werk, *Beraita* genannt, hat sich als authentisch nur in den im Talmud angeführten Bruchstücken erhalten ***); aber auch diese Fragmente übersteigen an Inhalt fast die Mischna und sind sie von vorzüglichem Werthe für die historische Forschung, da sie wichtige Facta, die R. Jehuda, mehr die Theorie berücksichtigend, unerwähnt gelassen hatte, anführen und hierdurch über die frühesten Zustände, so wie über manches in der Mischna selbst nur kurz Berührte Aufschluss geben. Die Critik muss zwar diese Facta sondern, und weiset manchen Anachronismus nach; doch wird häufig mit solcher Einfachheit berichtet und tragen die Erzählungen das Gepräge der Absichtslosigkeit an sich, dass ihnen ihre Authenticität nicht streitig gemacht werden kann, wenn man auch wegen des hohen Alters des referirten Factums oder der angeführten Rechtsnorm, in der Zeit ungewiss war und sie zu weit

---

*) Eine solche Behandlung schien überhaupt dem frühern Geiste, der nicht sowohl ein festes Gesetz als mehr einen Leitfaden für den Richter aufstellen wollte, nicht unangemessen. Auch in den Pandecten gewahrt man häufig ein solches Verfahren: sie bringen Controversen der römischen Rechtsgelehrten, und zuweilen mit, zuweilen ohne Endresultat.

**) So z. B. Vieles über Apprehension in der dritten Abtheilung im Tractat *Kidduschin;* über Hypothek und Obligationen dieselbe Abtheilung, ferner Tractat *Ketubot* und *Gittin*. Eine Erörterung des Planes, den der Redactor der Mischna verfolgte, würde hier zu weit führen.

***) Wir besitzen zwar noch eine Sammlung dieser Beraita unter dem Namen *Toscfta;* doch ist die Authenticität derselben sehr zweifelhaft; vgl. *R. Ascher* zu *Cholin* f. 30. — Beraitot wurden übrigens auch von anderen Zeitgenossen, als: *Levi*, *Bar Kafra* u. A., angelegt. Als solche Beraitot sind auch anzusehen: *Mechilta*, *Sifri*, *Safra*, *Seder Olam* u. a.

hinauf suchte, oder überhaupt durch das Medium der langen Tradition auch manches Unechte sich ansetzte.

Nebst der Mischna und Beraita dienen noch für das Criminalrecht als (obschon sparsam fliessende) Quellen: die *Apocryphen* des A. T., das N. T., und *Josephus Flavius*. Die Apocryphen leiten auf manche Spuren über die Processordnung; das N. T. gibt ebenfalls Anlass zu manchen Bemerkungen über das gerichtliche Verfahren in peinlichen Fällen, obschon nur zu einer Zeit, wo die strafrechtliche Jurisdiction zum Theile erloschen war *). — In eine weit frühere Epoche steigt Josephus hinauf, und berichtet sowohl über gerichtliche Einrichtungen als über sich wirklich zugetragene Criminalfälle **); aber es bedarf bei Josephus der strengsten Sichtung, da er theils sich zuweilen gern einem rhetorischen Schwunge überlässt und seine Phantasie Manches einflicht, dem die Wirklichkeit abgehet, theils von dem Streben geleitet wurde, seine Werke nach dem Geschmacke und den Begriffen seiner römischen Leser zu formen und der jüdischen Gesetzgebung einen bei diesen Eingang findenden Anstrich zu geben. Ueberhaupt vergisst Josephus häufig den Geschichtschreiber, und muss man vorzüglich dort, wo er apologetische Zwecke verfolgt, mit grosser Behutsamkeit seine Aussagen prüfen ***). — Von ganz untergeordneter Bedeutung für die Rechtslehre ist Philo, der ausserhalb Palästina (in Alexandrien) lebte, und sich grösstentheils in mystischen Speculationen ergehet.

An die Mischna und Beraita knüpften sich neue Forschungen und Discussionen. Die in jenen vorgetragenen Sätze und Lehren galten zwar als Autoritäten (gleichsam wie die *responsa prudentium* des römischen Rechts), denen von Späte-

---

*) Vgl. weiter Anmerk. zu §. 17.

**) Vgl. *Antiquitt.* L. 14. c. 9. §. 4. *ibid.* L. 16. c. 1. §. 1. u. a. m.

***) So hat Josephus in seinem Werke *Contra Apionem* c. 2 Mehreres über die Gerichtsverwaltung durch Priester, das mit vielfachen als authentisch anerkannten mischnischen Nachrichten nicht in Einklang gebracht werden kann. Sehr viel hat den Gelehrten seine Angabe der Besetzung der Richterbank durch sieben Richter, worunter zwei Leviten (*Antiquitt.* L. 4. c. 8. §. 14.), zu thun gegeben; vgl. das. die Anmerkungen bei Havercamp

ren nicht widersprochen werden durfte; allein es fanden die Späteren ein sehr reiches Feld in der Erklärung dieser Sätze selbst und in der weitern Folgerung aus ihnen. Diese forschten ferner, da Mischna und Beraita selbst Verschiedenheit der Meinungen (Controversen) enthielten, welche Meinung die richtigere sei, stellten neue Hypothesen auf und entschieden selbstständig über Fälle, von denen jene nicht Erwähnung thun. Den Complex dieser Discussionen, Erklärungen ff. bildet der Talmud *). Die jüdische Gelehrsamkeit wurde übrigens nach dem Tode des R. Jehuda Hannasi durch dessen Schüler *Abba* (*Rab*) nach Babylon (eigentlich Mesopotamien) verpflanzt, und bildeten sich daselbst Academien und Lehrschulen, die mit denen in Palästina wetteiferten. Es entstand auch daher ein doppelter Talmud: der jerusalemische, der die Meinungen und Discussionen späterer palästinischer Lehrer, und der babylonische, der die Meinungen späterer babylonischer Lehrer enthält **). Unter diesen babylonischen Lehrern ragen als berühmte Rechtsgelehrte Samuel und R. Nachmann hervor: ihre Aussprüche haben grösstentheils Gesetzeskraft (*legis vicem*) erlangt ***). Die Redaction des jerusalemischen Talmuds fällt

*) Mit dem Ausdrucke Talmud umfasst man zwar grösstentheils auch Mischna und Beraita, im Gegensatze zu der Schrift. Doch muss vorzüglich dort, wo das Geschichtliche von wichtigem Momente ist, Mischna und Beraita von dem spätern Talmud (Gemara) gesondert werden.

**) Der babylonische Talmud ist weit umfassender als der jerusalemische, von dem noch überdiess der fünfte und sechste Theil (von letzterm hat sich nur der Tractat *Nidda* erhalten) verloren gegangen sind. Das Civilrecht ist im jerusal. Talmud ziemlich unvollständig verarbeitet und scheint es zu Palästina in der nachexilischen Zeit nicht sehr geübt worden zu sein; unter Hadrian war nach der Dämpfung des durch *Bar Kochba* ausgebrochenen Aufstandes (vgl. oben S. 48) die Ausübung des Civilrechts ganz untersagt (vgl. *jerus. Talm. Synhedrin* 2a. 19b). Anders im babyl. Talmud. Die babylonischen Juden standen seit den Sassaniden unter einem Exiloberhaupt, *Resch Galuta* genannt, dem die Civiljurisdiction zukam, und in dessen Namen es von demselben approbirte Gelehrte sprachen (vgl. *Synhedrin* 6a. u. a. a. O.). — Die in Babylon lebenden Juden waren übrigens, wie allenthalben zu ersehen ist, mit Sprache, Sitten und Gebräuchen der Römer völlig unbekannt; und kann daher von einem Einflusse des römischen Rechts auf die babylonischen Autoren gar nicht die Rede sein. (Wo „*Talmud*“ ohne weitern Zusatz citirt wird, ist der babylonische gemeint.)

***) Diese beiden Autoren sind vorzüglich geschätzt, weil sie eine ausin den Beginn, die des babylonischen Talmuds in das Ende des vierten Jahrhunderts *). — Für das Criminalrecht konnte der Talmud, da die peinliche Jurisdiction aufgehört, sich nur auf dem Gebiete der Speculation verhalten; hingegen ist er aus den früher bemerkten Gründen von ungemeiner Wichtigkeit für das Civilrecht.

Mit der Redaction des Talmuds nahm das Studium eine neue Wendung. Die Lehrer der Mischna und Beraita forschten mit der grössten Selbstständigkeit und erkannten ausser der Schrift und den durch Tradition und Herkommen allgemeine Geltung habenden Normen, keine Autorität an **). Die späteren Lehrer des Talmuds waren zwar schon an die Aussprüche Jener gebunden; aber sie sprachen auch selbstständig ihre Meinung für neue Fälle aus, ohne dass sie Belege aus früherer Zeit zu suchen brauchten. Man befürchtete nun bei einer Verfolgung dieses Weges ein Auseinandergehen und Zerfahrenheit des Gesetzes, das unter dem Gewichte der bisher aufgestellten Meinungen ff. erdrückt zu werden drohte. Um dem Uebel vorzubeugen, sollte mit dem Abschlusse — mit der Redaction — des Talmuds auch der Abschluss der Gesetze und Normen erfolgen und keine neuere mehr auftauchen. Es mussten also seit dieser Zeit die Lehrer ihre Meinungen aus Mischna, Beraita und Talmud motiviren, und verlor die Forschung an Selbstständigkeit; doch fand der Geist an der Verarbeitung des vorliegenden Materials, an der durch eine Kette von Schlüssen gemachten Anwendung früherer Aussprüche auf vorliegende Fälle, an der scharfsinnigen Ergründung und Deutung dieser Aussprüche selbst, ein reiches Feld für seine Thä-

gebreitete Civilpraxis hatten, und man vernunftgemäss der mit der Speculation verbundenen Praxis einen Vorzug vor der alleinigen Speculation einräumte. *Nachmann* war der Schwiegersohn des Resch Galuta, hatte also viele Gelegenheit Rechtssprüchen beizuwohnen und selbst Recht zu sprechen; es räumt ihm daher auch ein von ihm in einer Rechtsmeinung divergirender Autor offen aus dieser Rücksicht den Vorrang ein (*Baba Batra* 65a). Ueber *Samuel* vgl. *Baba Batra* 114 u. a. a. O., ferner *R. Ascher* zu *Baba Kama* f. 37.

*) Dieses nach einer ungefähren Angabe. Die Redaction beider Talmude ging eine geraume Zeit vor sich, und dürfte die eigentliche Beendigung viel später zu suchen sein.

**) Vgl. *Maimonides* Einleitung zu *Seraim*.

tigkeit. Die Früchte hiervon liegen uns in den Werken und Responsen früherer nachtalmudischer Lehrer, *Geonim* genannt, vor *); im Civilrecht sind vorzüglich zu nennen: *R. Natronai Gaon*, *R. Paltoi G.*, *R. Simon* aus Cairo, Verfasser der *Halochot Gedolot*, *R. Jehudai Gaon*, dem Andere die Autorschaft des vorgedachten Werkes zuschreiben **); *R. Saadia G.*, auch bekannt durch seine philosophischen und grammatischen Schriften; *R. Scherira G.*, dessen noch berühmterer Sohn *R. Hai Gaon* (mit dem die Geonimperiode schliefst) und des letztern jüngerer Zeitgenosse *R. Chananel* ***).

Aber noch immer fehlte es an einem Codex: Mischna Beraita und Talmud boten Meinungen und Disputationen, weniger förmliche Abschlüsse und Decisionen. Zudem wurde vorzüglich im Talmud, der nur ein Sammelwerk bildet, systematische Ordnung und Rubricirung vermisst: die unter sich entferntesten Fragen und Sätze sind hier nicht selten durch einen schwachen äussern Zusammenhang neben einander gestellt (oft fehlt auch dieser), und wird mancher Gegenstand in einem Tractate behandelt, wohin er seiner Natur nach am wenigsten gehört †). — *R. Jizchak Alfasi* (11. Jahrh.) leistete daher ungemein Nützliches, als er eine Art Compendium verfasste, in welchem er nach der Reihe der talmudischen Tractate kurze Auszüge aus dem Talmud mit daran geknüpften Endresultaten gab, das Zusammengehörende zusammenstellte, in dieses Compendium aber nur was auch für die nachexilische Zeit bin-

---

*) Diese Geonim waren Häupter der babylonischen Academien. Von ihren Schriften haben sich grösstentheils nur Fragmente erhalten.

**) Vrgl. *Rappoport* in den Anmerk. zu der Biographie des *R. Nathan* Verf. des Aruch, in der Zeitschrift *Bikkure Haittim.*

***) Letzterer lebte zu Kirwan in Nordafrika. Sehr interessante Biographieen des *Saadia*, *Hai* und *R. Chananel* hat *Rappoport* in obiger Zeitschrift geliefert.

†) Ueber der Redaction des Talmuds herrscht Dunkel. Sie ist ziemlich verunglückt: man findet hier weder Plan noch Auswahl. Zur Entschuldigung der Redactoren muss jedoch angeführt werden, dass die völlige Redaction nicht auf einmal, sondern zeitweise, und wie es scheint von von einander mitunter unabhängigen Redactoren (hierfür sind die vor den weiter zu erwähnenden *Geonim* lebenden *Saburoi* anzunehmen) vor sich ging; ferner dass sie die grosse Masse des vorliegenden Materials nicht zu übersehen, geschweige denn zu überwältigen vermochten.

dend ist, also nicht der reinen Speculation allein angehört, aufnahm *). Aber Epoche machend war das Unternehmen eines Gelehrten des 12. Jahrhunderts, den vorhandenen Stoff in ein System zu bringen und einen universellen Codex herzustellen. *Moses ben Maimon* aus Cordova, bekannt unter dem Namen *Maimonides*, *Rambam* (12. Jahrh.), dessen Geist in der peripatetischen Schule ausgebildet wurde und sich die Aristotelische Methode der logischen Schematisirung eigen gemacht hatte, verfasste mit staunenerregender Gelehrsamkeit und umsichtiger Beherrschung des vorliegenden Materials sein grosses Werk *Jad Hachasaka*, in welchem er das Ganze des Gesetzes, des schriftlichen (mosaischen) und mündlichen (talmudischen), wiedergab. In diesem Werke stellte er die Resultate hin, ohne auf weitere Disputationen und Erläuterungen einzugehen, ordnete den Stoff mit bewunderungswürdiger Architectonik nach Abtheilungen, Abschnitten, Capiteln und Paragraphen, so dass jeder Gegenstand in gruppenhafter Formirung aller seiner Einzelnheiten um ihn, der Species, Divisionen und Subdivisionen um ihr Genus, vollständig und erschöpfend behandelt wird. Ein Theil (der vierte) dieses Werkes enthält das Criminal- und Civilrecht **); und liegt hier zuerst ein vollständiger Rechtscodex vor. Was Maimonides geleistet, wie er gleichsam der Schöpfer einer systematischen Darstellung der talmudischen Lehre wurde, kann nur durch tieferes Eingehen in dieses Werk gewürdigt werden, zu welchem er die Bausteine aus den entferntesten, oft am wenigsten beachteten Winkeln der fast unübersehbaren talmudischen Literatur zusammengetragen und sie mit ordnendem umfassenden Geist zu einem Gebäude zusammengefügt, dem keine Zeit ihre Bewunderung versagen wird ***). — Doch hat dieses Werk auch

*) *R. Ascher* aus *Toledo* (14. Jahrh.) bearbeitete weiter dieses Compendium, und werden wir auf ihn mehrmals zurückkommen.

**) Mehrere Puncte des Strafrechts werden in den anderen Theilen behandelt, je nachdem das Object der Strafe (z. B. Sabbatentweihung, Incesten u. dgl.) dahin gehören.

***) Maimonides verfasste noch andere treffliche Werke, unter denen vorzüglich sein Commentar zur Mischna, sein *Sefer Hammizwot* (Buch der Gebote, in welchem nach einer trefflichen Einleitung die mosaischen Gebote aufgezählt werden) und die philosophische Schrift *More Nebuchim*

seine Mängel: es ist zu sehr Kunstwerk, und hängt ihm daher sowohl in der Anlage als in der Ausführung manche Unvollkommenheit an. Wenn für das in der Praxis Geltende — für Rituelles und Civilrecht — ein geschlossener Codex Bedürfniss war, so war er, nach dem oben Bemerkten, für Gegenstände, die blos der Speculation angehören, nutzlos, und musste nur zum Widerspruche mit sich selbst führen. So stellt Maimonides im Criminalrechte feste, unabweichbare Normen auf, die weit hinter der Wirklichkeit zurückbleiben und die, wenn sie auch in der Speculation auftauchten, auf Anwendung nicht Anspruch machen können. Das Streben des Maimonides, seinem Werke die möglichste Vollständigkeit zu geben, veranlasste ihn ferner Alles, was je einem talmudischen Autor entfiel und vielleicht nur als Ansicht hingeworfen wurde, hier zusammenzutragen: und so musste vollends das Criminalrecht ganz entstellt erscheinen und das Flüssige der Speculation sich hier in unbrauchbare vertrocknete Lehrsätze verkörpern. Zudem konnte die talmudische Forschung über das Strafrecht, da sie nur innerhalb der Grenzen des alten Gesetzes sich gehalten und bedeutende Lücken zurückgelassen hatte (vgl. oben S. 45), zur Unterlage eines nur einigermassen vollständigen Criminalcodex nicht dienen. Maimonides versuchte zwar an manchen Orten diese Lücken auszufüllen *); aber wie nothdürftig! und trat er doch gerade hierdurch aus dem talmudischen Criminalrecht heraus **)! — Einen fernern Mangel zeigt dieses Werk in seiner Ausführung. Der Verfasser hatte keine Quellenangabe beigefügt, noch motivirte er durch einen Commentar, was ihn unter den häufig dissentirenden früheren Meinungen für die

(Führer der Verirrten) zu nennen sind. Auch sind von ihm wichtige Briefe und Responsen vorhanden. Maimonides, der Arzt am Hofe des egyptischen Sultans *Saladdin* war, ist auch durch medicinische Schriften bekannt, worüber ein Aufsatz in Schmiedel's Zeitschrift, Jahrgang 1845, von *M. Steinschneider*, zu vergleichen ist.

*) So z. B. *Rozeach* c. 2. §. 4. 5. *Edut* c. 18. §. 6.

**) Es wird zwar von mancher Seite behauptet, dass Maimonides durch sein Werk der überhand genommenen Casuistik und der Sucht nach Spitzfindigkeiten entgegentreten wollte. Allein gerade bei einem abgeschlossenen Werke findet die Grübelei und die Deutung das weiteste Feld; und es erfuhr Maimonides selbst bei den Späteren am meisten dieses Schicksal.

in sein Werk aufgenommene Meinung bestimmt hatte; und wurde dieses Verfahren schon von einem Zeitgenossen *) strenge gerügt **).

R. *Moses* aus Coucy (13. Jahrh.) verfasste ein Werk *Sefer Mizwot Gadol* (abbrevirt *Semag*), in welchem er die Gebote und Verbote der Schrift nach der talmudischen Auffassung und Ausübung mit kurzer Angabe der Stellen und Motivirung erklärte. Dieses Werk ist sehr nützlich aber nicht ausreichend, da der Verfasser nicht auf die Einzelnheiten nach dem Plane seiner Arbeit eingehen konnte.

Den Mängeln des Maimonid'schen Werkes ausweichend verfasste *R. Jacob ben Ascher* (14. Jahrh.) ein Werk, *Tur* genannt, welches in vier Theilen das Ritualgesetz und das gangbare Civil- und Eherecht umfasste. Maimonides' Schematisirung diente ihm häufig zum Leitfaden; doch wusste er dessen steriler (und dem jüdischen Forschungsgange so wenig entsprechender) Trockenheit dadurch abzuhelfen, dass er die Quellen anführte, die vorzüglichsten Meinungen neben einander stellte und die Motive seines Urtheiles aussprach ***). Der vierte Theil dieses Werkes ist ausschliesslich dem Civilrecht gewidmet.

R. Joseph Karo (16. Jahrh.), der einen ausgebreiteten Commentar mit sehr reichen Nachweisungen und von aussergewöhnlicher Gelehrsamkeit unter dem Namen *Bet-Joseph* zu dem vorgedachten *Tur* verfasste †), mochte erkannt haben, dass dieses Werk trotz seiner Brauchbarkeit durch die Quellenanführung und Motivirung sich zu einem Codex nicht eigne. Er bearbeitete daher, indem er obiges Werk nebst dem von ihm hinzugefügten Commentar als Grundlage nahm, einen Codex unter

---

*) *R. Abraham ben David* aus Pesquiera, der M's. Werk mit scharfen kritischen Glossen begleitete.

**) Mit ungemeiner Bescheidenheit spricht Maimonides selbst in einem seiner Briefe an die Gelehrten zu Lünel über diesen Mangel (vgl. אגרת הרמבם); und war auch sein Vorsatz, bei längerm Leben obigem Werke eine Quellennachweisung beizufügen.

***) Er nimmt grösstentheils die Meinung des oben S. 106 erwähnten *R. Ascher* zur Richtschnur.

†) *Karo* verfasste auch einen Commentar zu obigem Werke des Maimonides, unter dem Namen *Kesef Mischna*.

der Benennung *Schulchan Aruch*, der (wie bei Maimonides) nur die Normen allein ohne Quellen und Motivirung (diese sind im *Tur* und dessen Commentar aufzusuchen) gab. Dieser Codex umfasst in vier Bänden Ritualgesetz, Civilrecht und Eherecht. Ein Zeitgenosse Karo's, *R. Moses Isserls*, fügte zu diesem Codex Glossen hinzu, welche theils Zusätze, theils andere Meinungen als die von Karo im Codex angeführten bringen *). Der das Civilrecht umfassende Theil heisst *Choschen Hammischpat* (kurzweg *Choschen Mischpat*) **). Dieser Choschen Hammischpat ist nun der bei den jüdischen Gerichten zur Geltung gelangte Rechtscodex; und wenn auch mancher Paragraph angefochten wurde, so ist doch allgemein die Autorität dieses Codex anerkannt. Als die bedeutendsten Commentatoren zum Choschen Hammischpat sind zu merken: *R. Falk Cohen* (16. Jahrh.) in seinem Werke *Sema*, und *R. Schabbatai Cohen* (17. Jahrh.) in seinem Werke *Schach* ***), ferner *R. Dawid Halewi* in seinem Werke *Ture Sahab*. Eine Ueberarbeitung des *Schulchan Aruch* übernahm *R. Mordechai Jafe* (16. Jahrh.), dessen Werk bekannt unter dem Namen *Lebusch*. *R. Joel Serkisch* (um diese Zeit) verfasste einen Commentar zum *Tur*, unter dem Namen *Bajit Chadasch*; ferner lieferte *R. Chajim Benbenaste* (17. Jahrh.) unter dem Namen *Keneset Hagedola* einen Commentar zum *Tur* u. A. m. — Als Verfasser eines Commentars zum *Choschen Mischpat* ist noch zu nennen der scharfsinnige *R. Jonathan Eibeschütz* (vor. Jahrh.) in seinem Werke *Urim Wetumim*.

Dieses für die endliche Gestaltung des Codex. Unter den Gelehrten, die durch ihre Erklärungen und Forschungen

---

*) Isserls gibt zumeist das Rituale u. s. w., wie es sich unter den deutschen und polnischen Juden ausgeprägt; die morgenländischen und italienischen Juden halten sich an den Codex des Karo.

**) Diesen Titel führt auch der das Civilrecht umfassende Theil des *Tur*, und man setzt, wenn aus diesem citirt wird, das Wort *Tur* zur Unterscheidung. Ueberhaupt nahm *Karo* die Benennungen der Theile des *Tur* auch auf die Theile seines Codex herüber, folgte dem Tur auch in der Capitelabtheilung, theilte aber in Paragraphen ein und unterscheidet sich hierdurch vom Tur, der in den ersten drei Theilen keine Paragraphen, in dem letzten Theile (*Choschen Mischp.*) andere Paragraphenabtheilung als Karo hat.

***) Dieses sind Abbreviaturen für grössere hebräische Aufschriften.

einen grossen Einfluss auf die Ausbildung des Rechts übten, und von deren Meinungen *Tur* und *Karo* sowie der Verfasser der Glossen (und früher beziehungsweise *Maimonides*) bestimmt wurden, sind ausser den oben gedachten *Geonim* und anderen Gelehrten *) noch zu nennen: *R. Isack ben Giat* (11. Jahrh.), *R. Joseph ben Meir Ibn Megas*, Lehrer des Maimonides (11. Jahrh.), *R. Isack ben Ruben Albarceloni* (11. Jahrh.) hinterliess ein Werk: *Schaare Schebuot* (wovon weiter 2. Abschnitt 1. Titel); *R. Jehuda Barceloni*, *R. Salomon Jizchaki* (11. Jahrh.), bekannt unter dem Namen *Raschi* und ausgezeichnet durch seinen an logischer Kürze und Bündigkeit bisher unübertroffenen Commentar zu den meisten Theilen des Talmud; die Verfasser der *Tosefot*, d. i. erläuternder Zusätze und Erklärungen zum Talmud (12. und 13. Jahrh.); diese Verfasser, von denen wir herausheben: *R. Samuel ben Meir*, *R. Jizschak ben Meir*, *R. Jacob ben Meir*, *R. Jehuda ben Nathan*. *R. Jizschak* der Aeltere u. a. bildeten, sich um *Raschi* reihend, die französische Schule; (die oben zuerst genannten Autoren und die hier unmittelbar folgenden Autoren sind Spanier); *R. Abraham ben David*, der scharfsinnige Kritiker des Maimonides, der noch andere Werke schrieb; *R. Serachja Halewi* (12. Jahrh.), Verfasser des Buches *Hammaor*, enthält kritische Bemerkungen zum *Alfasi*; *R. Meir ben Todros Halewi* aus Toledo (12—13. Jahrh.), *R. Jona* aus Gerona (12 — 13. Jahrh.), *R. Isack* (12—13. Jahrh.), Verfasser des Buches *Haittur*, *R. Moses ben Nachmann* (13. Jahrh.), bekannt unter dem Namen *Ramban*, einer der scharfsinnigsten Gelehrten (auch als Commentator des Pentateuchs berühmt), von dem sehr geschätzt seine Erläuterungen zu manchen Theilen des Talmuds (*Jebamot*, *Baba Batra*), seine Apologie des *Alfasi* gegen den vorgedachten *R. Serachja*, und ist er überhaupt einer der fruchtbarsten Schriftsteller; *R. Salomon ben Abra-*

*) Von *R. Hai Gaon* besitzen wir noch als sehr wichtig für das Civilrecht die Bücher *Mekach Umimkar* und *Mischpte Schebuot*, beide aus dem Arabischen, in welcher Sprache *R. Hai* diese Werke verfasst hatte, übersetzt. Mehr hierüber weiter im zweiten Abschnitt. Der ebenfalls oben gedachte *R. Chananel* hatte die für das Civilrecht sehr wichtigen Werke *Sefer Hammikzoot* und *Sefer Chefez* verfasst, die verloren gegangen und von denen nur Citate bei Autoren vorkommen.

ham ben Aderet (13—14. Jahrh.), Synagogenhaupt zu Barcelona, durch hohen Geist und Gelehrsamkeit über seine Zeitgenossen, die allgemein sein Ansehen anerkannten, hervorragend, schrieb sehr geschätzte Erläuterungen zu mehreren Theilen des Talmuds und eine Art Codex (*Torat Habbajit*) über manche Theile des Rituellen; *R. Nissim* (14. Jahrh.), bekannt durch seinen Commentar zu *Alfasi* und andere Werke; *R. Vidal*, bekannt durch einen sehr concisen und scharfsinnigen Commentar zu Maimonides, *Maggid Mischna*; *R. Baruch ben Isack* (13. Jahrh.), Verfass. des *Sefer Hattruma; R. Samuel Hassardi*, Verfass. des *Sefer Hattrumot* (13.—14. Jahrh.); *R. Baruch ben Samuel* (13. Jahrh.), Verf. des verloren gegangenen *Sefer Hachochma; R. Meir ben Baruch* aus Rothenburg (13. Jahrh.), Lehrer des *R. Ascher* *) und des *R. Mordechai ben Hillel*, Verfassers des Buches *Mordechai*, das reich an Entscheidungen über Ritual- und Civilsachen ist und viele Ansichten anderer Gelehrten bringt; *R. Isack* aus Wien (14. Jahrh.), Verfasser des nur noch im Manuscript vorhandenen Buches *Or Serua* u. A. Diese Gelehrten (von *R. Baruch ben Isack* an) bilden die deutsche, der französischen sich nähernde Schule. Noch sind sehr viele andere Gelehrte zu nennen, deren Namen sich theils in selbstständigen Werken, theils in Citaten bei anderen Autoren erhalten haben; es herrschte trotz des ungemeinen Druckes von aussen die grösste Geistesregsamkeit, bekundete sich ein kräftiges inneres, durch Gesetz und Studium gehobenes Leben, dessen Frische die unsäglichsten Leiden nicht herabzudrücken vermochten

Für das Recht sind ferner ungemein wichtig die in *Responsen* niedergelegten Entscheidungen und Erklärungen; und sind ausser *Responsen* der *Geonim*, von denen sich nur Bruchstücke erhalten, hier vorzüglich zu nennen: *Respons.* des *R. Jacob Tam*, *Respons.* des *Moses ben Nachmann*, *Respons.* des *Meier* aus Rothenburg (von denen mehrere das Civilrecht betreffende bei *Maimonid.* 4. Thl. hinten angehängt), *Respons.* des *Salomon ben Aderet* (ausgezeichnet durch Concinnität und Klarheit; wir besitzen noch von diesem Gelehrten an 4000 Respons. verschiedenen Inhalts), *Respons.* des *Ascher ben Jechiel; Respons.* des *R. Nissim.*

*) Vgl. oben S. 106. Dieser R. Ascher flüchtete aus Deutschland und ging nach Toledo, wo er Synagogenoberhaupt wurde.

u. A. — Aus einer etwas spätern Zeit: *Respons.* des *R. Isack ben Scheschet* (Ende des 14. Jahrh.), sehr geachtet und oft normirend; *Respons.* des *R. Simon ben Zemach Duron* (jüngern Zeitgenossen des Vorigen), *Respons.* des *R. Josef Kolon* (15. Jahrh.), *Respons.* des *R. Juda Minz* (Zeitgenossen des Vorigen), *Respons.* des *R. Josef ben Leb* (16. Jahrh.), *Respons.* des *R. Salomon Luria* (16. Jahrh.), *Respons.* des *R. Moses Isserls* (Verfassers der Glossen zum Codex, und jüngeren Zeitgenossen des Vorigen), *Respons.* des *R. Meir* aus *Padua* (*Isserls* Zeitgenosse), *Respons.* des *R. Joël Sirkesch*, *Respons.* des *R. Meir* aus Lublin u. A. m. Diese Responsen sind auch sehr wichtig für die damalige Zeitgeschichte, so wie sie einen tiefen Einblick in die Weiterbildung des Rechts gewähren *).

---

*) Von christlichen Autoren haben über talmudische Processordnung geschrieben (das talmudische Recht wurde von dieser Seite noch nicht bearbeitet): *Selden de Synhedriis Hebraeor.* 3. *Tom. Lond.* 1653 (ein fleissiges Sammelwerk, doch ohne tiefer auf den Geist einzugehen). *H. Reland de Synhedriis* (in seinen *Antiquitt. veterum Ebraeor. Traject.* 1717). *C. Sigonius de Republica Hebraeor. Lugdu.* 1701. *Cunaeus de Republ. Hebraeor.* u. A. — *J. D. Michaelis* schrieb *mosaisches Recht*, 6 Thle., wobei er aber auf das talmudische Recht keine Rücksicht nahm, ja sich ausdrücklich dagegen verwahrte. (Befremdend ist, dass manche Rechtsgelehrte bei in der Praxis vorkommenden Fällen des jüdischen Eherechts sich auf Michaelis berufen, obschon derselbe das jüd. [talmudische] Recht durchaus perhorrescirt.) — Manches über die talmudische Processordnung findet sich auch bei Schriftstellern zum N. T., wie bei *H. Grotius*, *Lightfoot* u. A.; in der Uebersetzung der *Mischna* von *Surenhuis*, ferner in Schriften über jüdische Alterthümer, so bei *de Wette* (in dessen Lehrbuch der hebr.-jüd. Archäologie), *Winer* (Reallexicon) u. A. Zu merken ist auch *Pistoret*, *Moyse consideré comme Législateur et comme Moraliste. Paris*, 1788. Ueber frühere Rechtsverhältnisse und Gerichte der Juden in Deutschland: *J. T. Fischer*, *Comment. de statu et jurisdictione Judaeorum. Argentor.* 1763. *Jo. Sigism. Thiel*, *principia jurispr. judaicae per Germaniam communis Hal.* 1790. Ferner Mehreres bei *J. H. Boehmer Jur. Eccles. Protestant.* und in einzelnen Dissertationen, deren manche weiter werden angeführt werden.

Der gerichtliche Beweis

nach mosaisch-talmudischem Rechte.

Der gerichtliche Beweis des mosaisch-talmudischen Rechts zerfällt in zwei Classen, deren eine die sowohl in Criminal- als Civilfällen anwendbaren Beweisarten, die andere die nur in Civilfällen anwendbaren Beweisarten umfasst. Zur ersten Classe gehört der Beweis durch Zeugen; zur zweiten Classe: Eid, Geständniss, Urkunden, und der Beweis aus der zu Gebote stehenden bessren Einrede (Miggo).

Erster Abschnitt.

Der Beweis durch Zeugen ist allein der allgemein anwendbare Beweis. Hierbei kommt in Betracht zu ziehen: I. Vollständigkeit des Zeugnisses und die Verpflichtung es abzulegen; II. Vernehmung der Zeugen; III. Befähigung zur Ablegung des Zeugnisses.

Erstes Capitel.

Vollständigkeit des Zeugnisses und die Verpflichtung es abzulegen.

§. 1.

Zwei in ihren Aussagen übereinstimmende Zeugen liefern sowohl in Criminal- als in Civilfällen einen vollständigen Beweis.

§. 2.

Die Aussage Eines Zeugen beweiset nicht in Criminalfällen; in Civilfällen veranlasst sie einen Eid oder entbindet von demselben.

§. 3.

Die Aussage Eines Zeugen gilt, wenn sie sich nicht auf eine Anklage sondern auf einen Umstand beziehet, in manchen Fällen als vollständiger Beweis.

§. 4.

Nur das freiwillig abgelegte Zeugniss hat Beweiskraft. Das erzwungene Zeugniss, so wie das Zeugniss, für dessen Ablegung Bezahlung genommen wurde, ist ungültig.

§. 5.

Nur das mündliche vor Gericht abgelegte Zeugniss hat Beweiskraft.

§. 6.

Eine Zeugenaussage über Nichtwissen ist in den meisten Fällen unerheblich und übt keinen Einfluss auf den Beweis.

§. 7.

Das Zeugniss muss in Gegenwart des Beklagten abgelegt werden; jedoch wird bei Civilsachen bei dringenden Umständen das Zeugniss auch in Abwesenheit des Beklagten angenommen.

§. 8.

Jeder zur Ablegung eines Zeugnisses Befähigte ist verpflichtet Zeugniss abzulegen: und enthebt kein Stand von dieser Verpflichtung.

§. 9.

Die Verpflichtung Zeugniss abzulegen ist bei Criminalsachen absolut; bei Civilfällen tritt sie auf Aufforderung der Partei ein.

§. 10.

In Criminalfällen hat nur das Zeugniss Beweiskraft, das auf unmittelbarer Anschauung beruhet.

§. 11.

Der Zeuge darf weder eine absolute noch eine relative Unwahrheit aussagen.

§. 12.

Das Zeugniss ist sowohl in Criminal- als in Civilsachen nur dann vollständig, wenn jeder Zeuge die ganze Thatsache bezeugt.

§. 13.

In Criminalfällen erhält das Zeugniss nur durch gemeinschaftliches Mitwissen der Zeugen Gültigkeit; in Civilfällen bedarf es nicht eines solchen Mitwissens.

§. 14.

Das Zeugniss wird nicht nach der Menge der Zeugen sondern nach seiner Vollständigkeit abgewogen.

Zweites Capitel.

Vernehmung der Zeugen.

§. 15.

Der Zeugenvernehmung gehen einige Vorfragen voran, ferner die Admonition, nichts als die Wahrheit zu sagen, aber auch sie nicht zu verschweigen.

§. 16.

Das Zeugenverhör muss mit grosser Vorsicht angestellt werden, und muss der Richter jede Suggestion vermeiden. Die Zeugen werden einzeln vernommen.

§. 17.

In Criminalfällen wird der Zeuge auf Haupt- und Nebenumstände befragt. Hauptumstände bilden nach vorangegangener Constatirung des Thäters: Zeit und Ort der Begebenheit, und was sonst mit dem Factum wesentlich cohärirt. Ihm Adhärirendes bildet einen Nebenumstand.

§. 18.

Weiss der Zeuge nicht Auskunft über einen Hauptumstand, so ist das Zeugniss ungültig.

§. 19.

Widerspruch der Zeugen sowohl in Haupt- als Nebenumständen macht das Zeugniss ungültig.

§. 20.

Widerspruch in der Zeit, in so fern ihm ein leicht zu begehender Irrthum zu Grunde liegt, hebt bei sonstiger Uebereinstimmung nicht das Zeugniss auf.

§. 21.

Bei vielen ein Zeugniss gemeinschaftlich Aussagenden hebt das Nichtwissen eines Hauptumstandes das Zeugniss nicht auf, wenn noch eine genügende Zeugenanzahl zurückbleibt, die über diesen Hauptumstand Auskunft gibt; Widerspruch eines dieser Zeugen aber hebt das ganze Zeugniss auf.

§. 22.

In Civilfällen, so wie bei dem Zeugnisse über den Tod eines Ehemannes bedarf es nicht des strengen Verhörs über Haupt- und Nebenumstände.

§. 23.

In Civilfällen macht Widerspruch in den Hauptumständen das Zeugniss ungültig; Nichtwissen aber in den Haupt- und Widerspruch in den Nebenumständen hebt nicht das Zeugniss auf.

§. 24.

Die Zeugen brauchen weder in Criminal- noch in Civilfällen ihre Aussage durch einen Eid zu bekräftigen.

§. 25.

Ist ein Zeuge dem Richter verdächtig, so kann er auch in Civilfällen das Verhör verschärfen. Ebenso können nach Umständen Zeugen zur Ablegung eines Eides angehalten werden.

§. 26.

Ist der Richter der Sprache des Zeugen völlig unkundig, so kann er nicht durch einen Dolmetscher dessen Aussage annehmen.

§. 27.

Die Zeugen können nicht nach beendigtem Verhöre ihre Aussagen widerrufen. Jedoch verfallen sie in Civilsachen durch den Widerruf in Schadenersatz.

§. 28.

Wenn der Richter die innere Ueberzeugung hegt, dass das Zeugniss falsch sei, so darf er kein Urtheil fällen.

§. 29.

Wenn eine Partei mehrere Parteien Zeugen gebracht, deren Aussagen als falsch befunden worden, so ist es ihr dennoch gestattet, andere Zeugen zu bringen.

§. 30.

Die Beweisführung liegt dem Kläger ob; in Civilfällen unter manchen Umständen dem Beklagten.

Drittes Capitel.

Befähigung zur Ablegung eines Zeugnisses.

§. 31.

Der freie, an Geist und Körper gesunde, und sowohl in religiöser als moralischer Hinsicht unbescholtene Mann bildet, in so fern er nicht mit einer der Parteien verwandt ist, oder ihm aus dem Zeugnisse ein Vor- oder Nachtheil entstehet, einen classischen Zeugen.

§. 32.

A. Unfähige Zeugen durch Geschlecht, Stand und Alter sind: a) Frauen; b) Sclaven; c) Kinder; d) Hermaphroditen.

§. 33.

Frauen, Sclaven und Hermaphroditen bilden in jenen Fällen, wo Ein Zeuge volle Beweiskraft hat, classische Zeugen.

§. 34.

Auf das Zeugniss eines der im vorigen Paragraph benannten Zeugen gegen die Glaubwürdigkeit einer Partei kann der Richter nach Ermessen dieser Partei die auf sie fallende Eidesleistung verweigern.

§. 35.

Frauen können auf civilrechtliche Vorfälle, bei denen männliche Zeugen nicht gegenwärtig zu sein pflegen, Zeugniss ablegen.

§. 36.

Knaben treten mit hervorbrechenden Pubertätszeichen nach zurückgelegtem dreizehnten Jahre in den Stand der Grossjährigkeit, und sind dann classische Zeugen. Bei Zeugniss über Grundstücke wird jedoch auch erfordert, dass der Zeuge mit Geschäften dieser Art vertraut sei.

§. 37

Der Erwachsene kann nicht Zeugniss ablegen über das, was er in seiner Kindheit wahrgenommen. Doch ist bei Recognition von Urkunden ein solches Zeugniss unter manchen Umständen gültig. Auch wird ihm bei minder wichtigen Begebenheiten Gültigkeit zugestanden.

§. 38.

Ein von Kindern erzählungsweise vorgebrachter Bericht hat Gültigkeit bei dem Zeugnisse über den Tod eines Ehemannes, und sonst in manchen minder wichtigen Fällen.

§. 39.

B. Unfähige Zeugen wegen geistiger oder körperlicher Gebrechen sind: a) Wahn- und Blödsinnige; b) Taubstumme; c) Blinde; d) Stumme; e) Taube.

§. 40.

Temporäre mit Geistesabwesenheit verbundene Krankheit

ten machen zwar das Zeugniss in den lichten Zwischenräumen nicht ungültig; doch bedarf es hierbei sehr des vorsichtigen Ermessens des Richters.

§. 41.

Der vom Wahnsinn Genesene kann Zeugniss ablegen über das, was er in dem frühern gesunden Zustande wahrgenommen.

§. 42.

Ueber das Zeugniss eines in manchem (niederem) Grade Blödsinnigen, so wie über das Zeugniss sehr unbesonnener und leichtsinniger Menschen entscheidet das Ermessen des Richters.

§. 43.

C. Unfähige Zeugen in religiöser Hinsicht sind Jene, die den Glauben nicht anerkennen oder ihm entgegenhandeln.

§. 44.

Die Uebertretung eines allgemein bekannten biblischen Verbotes, worauf Geisselstrafe erfolgt, macht biblisch unfähig zum Ablegen eines Zeugnisses.

§. 45.

Bei der Uebertretung eines minder bekannten biblischen Verbotes wird der Uebertreter nur dann unfähig, wenn vorher an ihn eine Verwarnung ergangen ist.

§. 46.

Die Uebertretung eines biblischen Verbotes macht von der Zeit des Vergehens an jedes Zeugniss ungültig.

§. 47.

Verdacht der Uebertretung hebt nicht die Glaubwürdigkeit auf.

§. 48.

Der durch Uebertretung eines Verbotes unfähige Zeuge wird durch erlittene Strafe fähig zum Zeugnisse.

§. 49.

D. Unfähig in religiös-moralischer Hinsicht macht der ungerechte Gelderwerb, als: Raub, Diebstahl, Verleihen auf Zinsen, Ableugnung eines Pfandes und dergleichen mehr; ferner Meineid, Ablegung eines falschen Zeugnisses.

§. 50.

Uebertretung eines nichtbiblischen, auf Geldvortheil sich beziehenden Verbotes macht unfähig zum Zeugen.

§. 51.

Wer einem unwürdigen Gewerbe obliegt, als Würfelspieler von Profession, ferner der von Profession Wetten auf Thierkämpfe anstellt, ist nach vorangegangener Verwarnung ein unfähiger Zeuge.

§. 52.

Wer wie §. 50. 51. unfähig wurde, der wird als solcher öffentlich verkündet, und tritt erst von der Zeit der Verkündigung die Unfähigkeit ein.

§. 53.

Bei den §. 49—51. benannten unfähigen Zeugen genügt nicht die Zurückerstattung des unrechten Gutes, sondern müssen thatsächliche Beweise ihres gebesserten Lebenswandels vorliegen.

§. 54.

Der rohe, verwahrloste, Gesetz und Sitte verletzende Mensch ist unfähig ein Zeugniss abzulegen.

§. 55.

Mit einem unfähigen Zeugen (§. 43—54.) darf Niemand zusammen Zeugniss ablegen.

§. 56.

Zeugen, die bei einer andern Gelegenheit gegen einander aussagten, können nicht zusammen Zeugniss ablegen.

§. 57.

E. Verwandte des ersten und zweiten Grades können weder für noch gegen einander Zeugniss ablegen.

§. 58.

Gatte und Gattin bilden eine Verwandtschaft ersten Grades.

§. 59.

Der mit dem Gatten im ersten oder zweiten Grade Verwandte ist in Beziehnng zu dessen Gattin, und der mit letzterer in solchem Grade Verwandte ist in Beziehung zu dem Gatten ein unfähiger Zeuge.

§. 60.

Schwager sind zu einander unfähige Zeugen.

§. 61.

Der Tod des Gatten oder der Gattin hebt die jenseitige Verwandtschaft auf.

§. 62.

Verlobte sind zu einander unfähige Zeugen.

§ 63.

Eltern sind zulässige Zeugen über Geburt und Erbschaftssachen der Kinder.

§. 64.

Ueber eine Wahrnehmung vor eingetretener Verwandtschaft kann nicht der Verwandte Zeugniss ablegen.

§. 65.

Eine an zwei Personen gerichtete und von mit einer dieser Personen verwandten Zeugen unterschriebene Urkunde ist ungültig. Enthält aber die Urkunde zwei verschiedene Objecte, so ist sie hinsichtlich der Person, mit der die Zeugen nicht verwandt sind, gültig.

§. 66.

Die Zeugen dürfen weder unter einander, noch mit dem Richter oder dem Bürgen verwandt sein.

§. 67.

Der Beschädigte ist, in sofern ihm aus seinem Zeugnisse kein Vortheil erwächst, ein gültiger Zeuge gegen den Beschädiger. Ebenso sind die Verwandten des Ermordeten gültige Zeugen gegen den Mörder.

§. 68.

F. Der Zeuge darf durch keinen Vor- oder Nachtheil irgend einer Art bei dem Objecte des Zeugnisses betheiligt sein.

§. 69.

Der Gläubiger so wie der Bürge kann auf das Grundstück des Schuldners, wenn derselbe ein anderes nicht besitzt, nicht zu dessen Gunsten Zeugniss ablegen.

§. 70.

Der Pächter kann, so lange er noch Früchte auf dem gepachteten Felde hat, nicht Zeugniss für den Pachtherrn über das Feld ablegen. Ebenso kann nicht der Miethmann, wenn er schon die Miethe entrichtet hat, Zeugniss für den bisherigen Besitzer über das Haus leisten.

§. 71.

Bei Gemeingut einer Commun kann kein zu dieser Commun Gehörender, so er nicht jedem Anspruche auf die gemeinschaftliche Nutzniessung entsagt, Zeugniss ablegen.

§. 72.

Der Verkäufer kann nur unter beschränkten Umständen dem Käufer hinsichtlich des erkauften Gutes Zeugniss ablegen. Dieses gilt auch von Jenen, die gemeinschaftlich Grundstücke besassen und die Gemeinschaftlichkeit aufgelöst, in Beziehung zu diesen Grundstücken.

§. 73.

Wer in einer Angelegenheit einen Reinigungseid abzuleisten hat, der kann in ihr nicht Zeugniss ablegen.

§. 74.

Vormünder in Sachen der Pupillen sind fähige Zeugen. Der Richter kann bei minder wichtigen Umständen Zeugniss ablegen; ferner der Bote, in sofern er nicht bei der Angelegenheit interessirt ist.

§. 75.

Bei Civilprocessen können, wenn die Parteien damit einverstanden sind, unfähige Zeugen als gültige angenommen werden.

§. 76.

Communen können in ihren Angelegenheiten, von den gesetzlichen Formen abweichende Einrichtungen hinsichtlich der Annahme von Zeugnissen und Zeugen treffen.

§. 77.

Freundschaft und Feindschaft machen nicht unfähig zum Zeugnisse.

Zweiter Abschnitt.

Beweismittel nur in Civil- aber nicht in Criminalfällen sind: Eid, Geständniss, Urkunden und die zu Gebote stehende bessere Einrede (Miggo).

Erster Titel.

Eid.

§. 78.

Eid ist die Behauptung einer Thatsache unter feierlicher Anrufung Gottes als des Urquelles der Wahrheit.

§. 79.

Der eigentliche **gerichtliche** Eid ist der Reinigungseid und wird er in folgenden drei Fällen geleistet: *a*) bei einem theilweisen Geständniss; *b*) bei der Aussage eines Zeugen zu Gunsten des Klägers; *c*) bei dem Abhandenkommen in Verwahrung gegebener Gegenstände. Dieser Eid wird der **biblische** genannt.

§. 80.

Es wird aber in mehreren Fällen dem Producenten ein Eid zuerkannt, und dieser Eid (Ergänzungseid) wird der **mischnische** genannt.

§. 81.

Der Reinigungseid muss zuweilen auch in Fällen, wenn der Producent nicht mit auf einer auf Gewissheit gegründeten Klage hervortritt, geleistet werden. Auch dieser Eid (Manifestationseid) wird der **mischnische** genannt.

§. 82.

Dem Producten wird zuweilen, auch wenn gegen die Wahrhaftigkeit seiner Einrede ein erheblicher Verdacht nicht vorliegt, ein Eid zuerkannt. Diesen Eid nennt man den **rabbinischen (Eid der Lehrer)**.

§. 83.

Der biblische und mischnische Eid wird unter Anfassung eines heiligen Gegenstandes (Bibel) und der Anrufung Gottes, der rabbinische Eid ohne Anfassung eines heiligen Gegenstandes und Anrufung Gottes geleistet.

§. 84.

Wenn Jemandem ein Eid zuerkannt wurde, so kann er hierdurch zur Eidesleistung über andere Klagepuncte angehalten werden, die sonst nicht Gegenstand eines Eides sind. Diesen Eid nennt man **Adhärirungseid (Anschiebungseid)**.

§. 85.

Auf eine nicht auf Gewissheit gegründete Klage wird (mit Ausnahme §. 79 c. und §. 81.) nicht auf Eid erkannt. Bei Aussage Eines Zeugen muss auch auf ungewisse Klagen der (biblische) Eid geleistet werden.

§. 86.

Auf ein gegebenes Versprechen, dem eine rechtliche Verbindlichkeit nicht zu Grunde liegt, kann ein Eid nicht zuerkannt werden.

§. 87.

Kann Product den ihm zuerkannten biblischen Eid nicht leisten, so wird die Forderung des Producenten als erwiesen angesehen.

§. 88.

Wenn Product den Empfang abgeleugnet und Zeugen das Gegentheil aussagen, so wird die Forderung des Producenten als erwiesen angesehen.

§. 89.

Das Object der Eidesleistung muss in der Regel relevant und bestimmt sein. Ferner muss es bestehen in Mobilien und gewöhnlichem Gute.

§. 90.

Kinder, Wahn- und Blödsinnige sind zur Eidesleistung nicht zulässig.

§. 91.

Der Eid wird nur auf die Forderung Mündiger zuerkannt.

§. 92.

Der Uebertreter eines biblischen Verbotes, ferner der Uebertreter eines auf Geldvortheil sich beziehenden nichtbiblischen Verbotes (§. 43. 50.) ist zur Eidesleistung als verdächtig nicht zugelassen.

§. 93.

Beim rabbinischen Eid findet eine freiwillige Eideshinüberschiebung, d. i. ein Verzicht der Partei auf den ihr zukommenden Eid mit der Aufforderung an die Gegenpartei zur Eidesleistung, statt.

§. 94.

Tritt zu dem eigentlichen Eid ein Adhärirungseid (§. 84), so kann der Eid nicht hinübergeschoben werden.

§. 95.

Hat der Product den biblischen Eid zu leisten, kann aber als Verdächtiger nicht zur Eidesleistung zugelassen werden (§. 90), so wird der Eid auf den Producenten hinübergeschoben. Kann dieser, weil die Klage zweifelhaft (§. 79 c.) den Eid nicht ablegen, so unterbleibt die Eidesleistung.

§. 96.

Ist auch der Producent verdächtig und kann den auf ihn geschobenen Eid nicht leisten, so zahlt Product die Hälfte des klagbaren Gegenstandes.

§. 97.

Hat Producent den mischnischen Ergänzungseid (§. 80.) zu leisten und kann als verdächtig nicht zugelassen werden, so wird dem Producten der (rabbinische) Eid zugeschoben. Hat aber Product den mischnischen Reinigungseid (§. 81.) zu leisten und ist verdächtig, so unterbleibt die Eidesleistung.

§. 98.

Hat eine Partei den rabbinischen Eid (§. 82.) zu leisten und sie ist verdächtig, so wird der Eid nicht auf die andere Partei hinübergeschoben, sondern unterbleibt er ganz.

§. 99.

Eine freiwillige Eideshinüberschiebung (§. 91.) auf eine Partei, die zur Eidesleistung unfähig ist, findet nicht statt.

§. 100.

Hat Jemand einen Eid geleistet und es erweist sich, dass er als verdächtig hierzu nicht zulässig war, so ist der Eid ungültig und wird auf die Gegenpartei der Eid geschoben.

§. 101.

Wenn Jemand sich selbst als eidesunfähig wegen eines Vergehens (§. 92.) angiebt, so kann er beim Ergänzungseide nicht zugelassen werden.

§. 102.

Die Eideshinüberschiebung findet nicht statt, wenn Producent bei Abschliessung des Geschäfts davon wusste, dass Product verdächtig (und also zur Eidesleistung unfähig) sei.

§. 103.

Ein vertragsmässiger Eid hat vollkommene Beweiskraft selbst bei Gegenständen, auf die sonst ein Eid nicht geleistet wird.

§. 104.

Durch einen Vertrag kann der Eid auch unter der dem eigentlichen Eide nicht entsprechenden Form gültig werden.

§. 105.

Wenn Product auf seinen Eid entweder vor Gericht oder durch eine den Producenten gegebene Versicherung verzichtet hat, so kann er den Verzicht nicht zurücknehmen.

§. 106.

Wenn Product den rabbinischen Eid auf den Producenten auf die im vor. §. gedachte Weise hinübergeschoben hat, so wird auf seine Erklärung, den Eid zu leisten, nicht gehört.

§. 107.

Durch die Eidesleistung der einen Partei verzichtet die Gegenpartei noch keinesfalls auf andere sich ihr etwa darbietende Beweise.

§. 108.

Der Mandatar kann nicht den Eid erlassen. Schiebt Product auf den abwesenden Mandanten den Eid hinüber, so muss er das Object des Processes (die Summe u. dergl.) beim Gericht deponiren, welches eine Frist anberaumt, bis zu welcher der Mandant zu erscheinen hat.

§. 109.

Wenn Product mehreren Associes einen Eid zu leisten hat und hat ihn in Gegenwart Eines von ihnen abgelegt, so ist er der ferneren Eidesleistung entbunden. Haben mehrere Associes einen Eid zu leisten, so schwört Einer von ihnen in Gegenwart der Anderen, die auf den Eid Amen antworten.

Zweiter Titel.

Geständniss.

§. 110.

Geständniss ist die Erklärung, wodurch Jemand einen ihm nachtheiligen Thatsatz aussagt und zerfällt in Eingeständniss und unaufgefordertes Geständniss, welche beide entweder gerichtlich oder aussergerichtlich sind.

§. 111.

Zu jedem gültigen Geständnisse wird erfordert, dass es ernstlich und ohne Nebenabsicht sei.

§. 112.

Von jedem gerichtlichen Eingeständniss wird angenommen, dass es ernstlich und ohne Nebenabsicht abgelegt sei.

§. 113.

Ob Stillschweigen für ein Eingeständniss zu nehmen sei, hängt von dem Ermessen des Richters ab.

§. 114.

Ein aussergerichtliches Eingeständniss ist unwiderruflich, wenn es in Gegenwart von Zeugen abgelegt wurde, die entweder Product selbst als solche aufforderte oder bei der Aufforderung an die Zeugen von Seiten des Producenten schwieg.

§. 115.

Ein gänzliches Stillschweigen bei einer aussergerichtlichen, in Gegenwart von Zeugen gemachten Forderung wird nicht als Eingeständniss angenommen.

§. 116.

Das aussergerichtliche Eingeständniss wird so lange für ernstlich angenommen, als es nicht Product für ein nicht-ernstliches erklärt.

§. 117.

Gehen dem aussergerichtlichen Eingeständnisse die §. 114. gedachten Eigenschaften ab, so ist es zwar widerruflich; doch muss Product den rabbinischen Eid leisten.

§. 118.

Wenn Producent im Besitze eines dem Producten gehörigen und der eingestandenen Forderung gleichkommenden Gegenstandes ist, so wird auch das aussergerichtliche Eingeständniss, wenn auch nicht, wie §. 114., die Zeugen aufgefordert wurden, als unwiderruflich angenommen.

§. 119.

Das aussergerichtliche Eingeständniss eines Kranken ist unwiderruflich.

§. 120.

Ein einem Kranken abgelegtes aussergerichtliches Eingeständniss ist unwiderruflich.

§. 121.

Wenn ein Kranker seine letzte Verordnung in Gegenwart eines dabei zu seinem Nachtheile Betheiligten machte und dieser nicht dagegen protestirte, so wird das Stillschweigen als Geständniss angenommen, dass Testator das Recht hatte diese Verfügung zu treffen.

§. 122.

Ein von einer Commun abgelegtes Eingeständniss wird als ernstlich angenommen.

§. 123.

Ein in Gegenwart Eines Zeugen unter den erforderlichen Formen (§. 114) abgelegtes Eingeständniss ist unwiderruflich.

§. 124.

Wenn aus der Einrede des Producten ein Eingeständniss hervorgehet, das mit einer zu seinen Gunsten von Zeugen abgelegten Aussage in Widerspruch stehet, so wird auf diese Aussage kein Gewicht gelegt.

§. 125.

Als Eingeständniss wird nur das angenommen, worauf die Forderung des Producenten sich beziehet.

§. 126.

Ein, einen einschränkenden Satz enthaltendes Eingeständniss wird nur in so weit wie es die Einschränkung besagt, als Geständniss angenommen.

§ 127.

Ein unaufgefordertes Geständniss vor Gericht ist unwiderruflich.

§. 128.

Das vor Zeugen in Gegenwart des Producenten, ferner das in dessen Abwesenheit unter Aufforderung der Zeugen als solcher abgelegte unaufgeforderte Geständniss ist unwiderruflich.

§. 129.

Ein unaufgefordertes theilweises Geständniss veranlasst nicht einen Eid.

§. 130.

Ein Geständniss, das sich als irrthümlich erweiset, hat kein Gewicht.

§. 131.

Das Vorgeben eines Irrthums hebt nicht das Geständniss auf. Jedoch macht das Geständniss eines Kranken eine Ausnahme.

§. 132.

Wenn Product die Forderung des Producenten in Abrede stellend ein Geständniss zu Gunsten eines Dritten machte, so hat dieses nicht Beweiskraft.

§. 133.

Ein schriftliches Geständniss, Geständniss unter der symbolischen Zusicherung, ferner Geständniss in Gegenwart eines Dritten, dem das Geforderte übergeben werden soll, ist unwiderruflich.

§. 134.

Ein Geständniss, auf das geschworen oder ein Handschlag abgelegt wurde, ist unwiderruflich.

§. 135.

Das Geständniss des Producenten wird für ein ernstliches und ohne Nebenabsicht abgelegtes angenommen.

§. 136.

Das Eingeständniss eines Associe's hat nicht Gültigkeit hinsichtlich des andern Associe's.

Dritter Titel.

Urkunden.

§. 137.

Urkunde im eigentlichen Sinne ist ein, vom Producten oder von Zeugen im Auftrage des Producten zu Gunsten eines Andern, ausgestelltes schriftliches Document.

§. 138.

Eine Urkunde tritt nur dann in ihre volle Rechtskraft, wenn sie von Zeugen unterschrieben oder vor Zeugen übergeben worden ist.

§. 139.

Die Zeugen dürfen nur dann eine Urkunde ausstellen, wenn Product sie mit der Ausstellung beauftragt hat.

§. 140.

Ist die symbolische Zusicherung eingegangen worden, so

können die Zeugen auch ohne ferneres Wissen des Producten und selbst nach längerer Zeit die Urkunde ausstellen.

§. 141.

Eine Schuldurkunde kann in der Regel nur in Gegenwart des Schuldners und Gläubigers ausgestellt werden, und muss jener diesem sie sogleich übergeben.

§. 142.

Eine Kaufurkunde kann, wenn Verkäufer angibt, dass er den Kaufpreis schon empfangen und der Käufer das Object acquirirt habe, auch ohne Vorwissen des Käufers ausgestellt werden.

§. 143.

Mieth- und Pachturkunden, Ehecontracte, Urkunden über Wahl der Schiedesrichter u. dgl. m. können nur mit Vorwissen beider Parteien ausgestellt werden.

§. 144.

Die Urkunde muss die Namen des Producenten und Producten, genaue Angabe der Summe, Datum und Ort der Ausstellung enthalten. Doch verliert die Schuldurkunde, wenn Gläubiger nicht benannt ist, nicht ihre Gültigkeit.

§. 145.

Bei einer vom Schuldner ausgestellten Schuldurkunde genügt, dass sie von demselben unterzeichnet sei; und braucht sie nicht ganz von seiner Hand geschrieben zu sein.

§. 146.

Wohnen Zwei gleichen Namens an einem Orte, so muss, wenn einer von ihnen eine Urkunde ausstellt, noch eine nähere Bestimmung hinzugefügt werden.

§. 147.

Die Urkunde muss auf einem Material, das, und in einer Weise, die keine Verfälschung zulässt, geschrieben sein.

§. 148.

Die Summe muss in Wörtern und nicht in Zahlen ausgedrückt sein.

§. 149.

Wenn keine nähere Bestimmung der Summe angegeben ist, so wird die geringste Summe, ist die Münzart nicht beigesetzt, die geringste Münzart angenommen. Jedoch wird bei letzterm Falle die Art der gewöhnlichen Berechnung berücksichtigt.

§. 150.

Enthält die Urkunde Stellen, die sich über die Grösse der Summe widersprechen, so wird die zuletzt folgende Stelle als die richtige angenommen.

§. 151.

Dem Producenten liegt bei jedem Zweifel über den Inhalt einer Urkunde, insofern sie nicht durch diesen Zweifel ganz aufgehoben wurde, der Beweis für seine Behauptung ob.

§. 152.

Eine Urkunde ohne Datum hat nur mangelhafte Rechtskraft.

§. 153.

Eine Urkunde, in welcher die Jahrtausende und Jahrhunderte fehlen oder der Wochentag nicht mit dem Monatstag übereinstimmt, ist dennoch gültig.

§. 154.

Eine Urkunde mit früherm Datum verliert ihre Gültigkeit.

§. 155.

Eine Schuldurkunde mit späterm Datum ist unter Umständen gültig; eine Verkaufsurkunde mit späterm Datum ist durchgehends ungültig.

§. 156.

Bei einem Zweifel, ob eine Urkunde von früherm oder späterm Datum sei, wird Letzteres angenommen.

§. 157.

Wenn Zeugen auf eine symbolische Zusicherung eine Urkunde ausfertigen (§. 140) und sie sich an einem andern Orte befinden als an dem, wo die Zusicherung geschah, so schreiben sie die Urkunde nach Ort und Zeit der Zusicherung. Haben sie aber die Zeit, wann die Zusicherung geschah, vergessen, so schreiben sie die Urkunde nach Ort und Zeit der Ausstellung.

§. 158.

Die Urkunde wird durch Unterschrift von mindestens zwei Zeugen rechtsgültig. Ist nur ein Zeuge unterschrieben, so veranlasst sie zwar den Producten im Ableugnungsfalle zu einem Eid, hat jedoch nur mangelhafte Rechtskraft, selbst wenn noch ein anderer Zeuge mündlich den Inhalt der Urkunde bezeugt.

§. 159.

Die Zeugen müssen die Urkunde Wort für Wort durchlesen, ehe sie dieselbe unterschreiben. Auch müssen sie beide Parteien nach ihrem Namen kennen.

§. 160.

Die Unterschrift der Zeugen darf nicht zwei Zeilen von der Urkunde abstehen.

§. 161.

Wenn auf einer Urkunde Verwandte oder Unfähige und zwei Nichtverwandte und Fähige als Zeugen unterschrieben sind, so ist die Urkunde durch letztere gültig. Ist bei nur zwei unterschriebenen Zeugen einer verwandt oder unfähig, so veranlasst der andere den Producten zum Eide (§. 158).

§. 162.

Wenn die Zeugen zwei Zeilen von der Urkunde entfernt unterschrieben und der Zwischenraum durch Verwandte oder Unfähige ausgefüllt wurde, so ist die Urkunde gültig. Wenn ein Jude von einem Nichtjuden eine Urkunde, auf der die Zeugen zwei Zeilen abstehen, gekauft und eine derartige Urkunde beim nichtjüdischen Gerichte gültig ist, so hat sie auch beim jüdischen Gerichte Gültigkeit.

§. 163.

Die Urkunde schliesst mit den Worten: „Das Ganze ist richtig und bewährt.“

§. 164.

Wenn in der Urkunde manche Wörter über den Zeilen geschrieben, ausgelöscht oder durchstrichen sind, so müssen sie vor obiger Schlussformel nochmals bemerkt werden. Sind diese Wörter nicht nochmals bemerkt worden, so ist, wenn sie den Namen des Gläubigers, Schuldners oder der Summa enthalten, die Urkunde ungültig; enthalten sie das Datum, so hat die Urkunde nur mangelhafte Rechtskraft.

§. 165.

Wenn in der vorletzten Zeile so viel verloschen ist wie die Schlussformel §. 163 fasst, so ist die Urkunde ungültig, wenn auch nochmals was verloschen ist bemerkt wurde.

§. 166.

Eine auf verlöschtem Pergament geschriebene und unterzeichnete Urkunde ist gültig, wenn das Pergament in Gegenwart der Zeugen verlöscht wurde. Ist die Urkunde auf reinem und die Unterschrift der Zeugen auf verlöschtem Pergament, so ist sie gültig, wenn die Zeugen diesen Umstand angemerkt haben. Ist endlich die Urkunde auf verlöschtem und die Unterschrift der Zeugen auf reinem Pergament, so ist sie ungültig.

§. 167.

Eine Rasur auf der Rückseite macht an Orten, wo man die Quittung auf die Rückseite zu schreiben pflegt, die Urkunde ungültig.

§. 168.

Eine Urkunde, die theilweise verwischt, verweset oder durchlöchert ist, bleibt gültig, wann sich kennbare Spuren des eigentlichen Inhalts erhalten haben.

§. 169.

Eine in zwei Theilen gerissene, eine zerschnittene oder auf an ihr vorgenommene gerichtliche Vernichtung hinweisende Urkunde ist ungültig.

§. 170.

Ist eine Urkunde dem Verlöschen nahe oder ist sie wirklich verloschen, so wird dem Producenten, so die Zeugen die die Urkunde unterschrieben (Instrumentszeugen), oder Zeugen die sie gelesen, auf ihren Inhalt aussagen, eine neue Urkunde vom Gericht ausgestellt (renovirt) und die frühere vernichtet.

§. 171.

Bei einer renovirten Urkunde muss der Umstand, dass Producent eine verloschene Urkunde producirt, ferner diese nach ihrem Inhalte und den Namen der auf ihr unterschriebenen Zeugen, so wie, dass das Gericht die aussagenden Zeugen genau erforscht (befragt) habe, angegeben werden.

§. 172.

Eine Schuldurkunde kann nur dann renovirt werden, wenn dargethan wird, dass sie ohne Verschulden des Gläubigers verloschen ist.

§. 173.

Ist eine Kaufurkunde dem Käufer abhanden gekommen,

so wird ihm eine neue mit dem Bemerken ausgefertigt, dass er hierdurch kein Recht an dem Verkäufer habe, sondern sie ihm blos als Beweis dienen soll. Ist eine Schuldurkunde dem Gläubiger erweislich abhanden gekommen, so wird ihm nur mit Vorwissen des Schuldners eine andere Urkunde ausgestellt.

§. 174.

Muss Gläubiger den Schuldner an einem entfernten Orte aufsuchen und er fürchtet die Schuldurkunde bei sich zu führen, so legt er die Originalurkunde bei dem gegenwärtigen Ortsgerichte nieder, welches ihm eine andere Urkunde ausstellt.

§. 175.

Eine treue Abschrift einer Urkunde mit dem Bemerken, dass diese Abschrift ein Duplicat sei, kann auch aussergerichtlich von zwei Zeugen ausgefertigt werden.

§. 176.

Eine Schuldurkunde, die bezahlt wurde, kann nicht als Urkunde einer neuerdings contrahirten Schuld dienen.

§. 177.

Grössere Schuldurkunden dürfen nicht in kleinere umgeschrieben, und kleinere nicht in eine grosse Schuldurkunde zusammengezogen werden.

§. 178.

Eine Quittung wird nur dann ausgestellt, wenn die Schuldurkunde verloren gegangen oder nur zum Theile bezahlt wurde.

§. 179.

Die Urkunde gilt nur dann für authentisch, wenn sie richterlich recognoscirt ist. Das Gericht recognoscirt eine Urkunde: a) wenn die Instrumentszeugen die Unterschrift als die ihrige anerkennen; b) wenn sie vor dem Gericht ihre Namen aufschreiben und man bei dem Gegeneinanderhalten die Unterschriften für identisch erkennt; c) wenn die recognoscirenden Richter selbst die Unterschriften kennen; d) wenn Andere aussagen, dass sie die Unterschriften kennen; e) wenn das Gericht durch Vergleichung der Unterschrift der Instrumentszeugen mit ihrer Unterschrift auf einer schon recognoscirten Urkunde oder auf zwei unangetasteten Verkaufs- oder

Eheurkunden, die sich im Besitze Anderer befinden, die Unterschriften als identisch erkennt.

§. 180.

Die Recognition wird ganz nahe an die Unterschrift der Zeugen oder auf die Rückseite der Urkunden geschrieben.

§. 181.

Er ist zwar nicht unbedingt nöthig aber doch gewöhnlich, dass in der Recognition die Weise, wie die Urkunde recognoscirt wurde (§. 179), angegeben wird.

§. 182.

Wird bei einer recognoscirten Urkunde Einspruch gegen die Echtheit der Recognition erhoben, so genügt, dass entweder zwei der auf der Recognition unterschriebenen Richter ihre Unterschriften anerkennen, oder einer der Richter seine Unterschrift und andere zwei oder auch nur ein Zeuge die Unterschrift der Instrumentszeugen anerkennen.

§. 183.

Wenn einer der Instrumentszeugen in der Zwischenzeit zwischen der Ausstellung der Urkunde und der Recognition durch ein moralisches Vergehen (§. 49) unfähig zum Zeugnisse wurde, so findet eine Anerkennung von seiner Seite (§. 179 a) nicht statt: und erkennen Andere seine Unterschrift an (§. 179 d), so müssen sie diese Urkunde mit der Unterschrift schon vor eingetretener Unfähigkeit gesehen haben. Ist die Unfähigkeit einer der Instrumentszeugen durch eingetretene Verwandtschaft oder geistige und physische Gebrechen (§. 39) entstanden, so findet zwar eine Anerkennung von seiner Seite nicht statt (§. 64), hingegen ist die Anerkennung Anderer unbedingt gültig.

§. 184.

Wenn bei einer nichtrecognoscirten Urkunde die Instrumentszeugen zwar ihre Unterschrift anerkennen, jedoch hinzufügen, dass sie erzwungen gewesen sei, so wird ihnen Glauben geschenkt. Dasselbe Verhältniss tritt auch ein, wenn die Instrumentszeugen aussagen, Product habe ihnen dargelegt, dass er zu der Ausstellung der Urkunde gezwungen werde; ferner wenn die Zeugen oder auch nur einer von ihnen behauptet, es sei mit der Ausstellung der Urkunde eine, in dieser nicht erwähnte, von dem Producenten zu erfüllende Bedingung verbunden gewesen. Jedoch wird nicht zum Nachtheile des Producenten auf eine Aussage, durch die die Instrumentszeugen sich selbst eines Unrechts zeihen, gehört.

§. 185.

Ist eine Urkunde recognoscirt, so finden die im vor. §. gedachten aufhebenden Aussagen der Instrumentszeugen nicht statt. Geben jedoch diese an, dass erst nachdem sie unterschrieben hatten ihnen der die Gültigkeit der Urkunde aufhebende Umstand bekannt wurde, so wird ihnen Glauben geschenkt. Treten bei einer recognoscirten Urkunde Zeugen auf, die die Glaubwürdigkeit der Instrumentszeugen beanstanden, so hat die Urkunde nur zweifelhafte Gültigkeit.

§. 186.

Eine Urkunde, die nur vom Producten unterschrieben ist, kann nicht durch Vergleichung der Unterschrift (§. 179 e) recognoscirt werden.

§. 187.

Genaue Rechnungsbücher berechtigen sowohl Producenten als Producten zur eidlichen Klage und Einrede. Dieses gilt auch, wenn andere Anzeichen für den im Rechnungsbuche eingetragenen, nun in Rede stehenden Klagepunkt sprechen.

§. 188.

Das Rechnungsbuch des Producten beweiset völlig gegen ihn, wenn die daselbst bemerkten Specialitäten für die Behauptung des Producenten sprechen.

§. 189.

Wenn eine der Parteien behauptet, dass in einer Urkunde, die im Besitze eines Dritten ist, sich für sie ein Beweis findet und sie diese Behauptung einigermassen wahrscheinlich gemacht hat, so wird dieser Dritte zur Edition der Urkunde an das Gericht veranlasst, welches den Beweispunkt ausschreibt (und die Urkunde dann dem Eigenthümer zurückgibt).

§. 190.

Wenn Zeugen aussagen, dass Producent von ihnen die Ausstellung einer falschen Urkunde gegen Producten verlangte, so ist jede vom Producenten gegen diesen Producten vorgebrachte Urkunde ungültig, so nicht die Instrumentszeugen selbst ihre Unterschrift anerkennen. Sagen aber Zeugen aus, dass Producent überhaupt die Ausstellung einer falschen Urkunde verlangte, so bleiben alle von ihm vorgebrachten Urkunden, so lange sie nicht die Instrumentszeugen anerkennen, ungültig.

§. 191.

Bei Producirung einer alten (längstfälligen) Urkunde muss der Richter genaue Nachforschung anstellen.

§. 192.

Jede Urkunde enthält stillschweigend die Verpflichtung, der dem Gewohnheits oder Ortsgebrauchs gemäss sich gewöhnlich der Product unterwirft.

Vierter Titel.

Der Beweis aus der zu Gebote stehenden bessern Einrede (Miggo).

§. 193.

Wenn Product eine Einrede vorbringt, durch die er einen ihm zum Nachtheile gereichenden Thatsatz einräumt, den er ebenso gut hätte in Abrede stellen können, so wird diese Einrede für beweisend angenommen.

§. 194.

In der Regel ist nur eine zu Gebote stehende bessere Einrede beweisend; doch bildet auch eine zu Gebote stehende bessere Klage, wenn Producent eine Urkunde in Händen hat, einen Beweis.

§. 195.

Diese Klage bildet ferner für den Producenten einen Beweis, wenn er sich im Besitze befindet, oder der Product nur eine ungewisse Einredè seiner bestimmten Behauptung entgegensetzt.

§. 196.

Gegen eine gegründete Präsumtion bildet diese Einrede keinen Beweis.

§. 197.

Wenn der Ortsgebrauch gegen die Behauptung des Producten spricht oder sie in irgend einer Weise gegen einen Beweis durch Zeugen verstösst, so bildet die zu Gebote stehende bessere Einrede keinen Beweis.

§. 198.

Die zu Gebote stehende bessere Einrede entbindet nicht vom Eid.

§. 199.

Schweigen, so wie Nichtwissen kann nicht als zu Gebote stehende bessere Abwendung der Klage betrachtet werden.

§. 200.

Der Richter darf nur mit grosser Vorsicht die zu Gebote stehende bessere Einrede als Beweis annehmen.

Anmerkungen.

Der gerichtliche Beweis bildet im talm. Recht nicht einen für sich abgeschlossenen Theil des Rechtscodex, sondern sind die Arten des Beweises und die Regeln ihrer Anwendung einzeln hier und dort zerstreut. Wir haben hier eine Zusammenstellung nach den wesentlichsten Merkmalen versucht; und wenn in neueren Gesetzgebungen der Beweis eine zweifache Doctrin als „Beweis in strafrechtlicher und Beweis in civilrechtlicher Beziehung" bildet, so scheint für das talm. Recht die im Texte angenommene Eintheilung die angemessenere. Das talm. Recht hat für Criminalfälle lediglich den Zeugenbeweis, welcher aber stark ins Civilrecht hinüberschlägt und (wie weiter dargethan werden wird) in diesem seine völlige Ausbildung erhalten hat. Da ferner die Grundform des Civilprocesses — die Accusation — auch das Princip für den Criminalprocess bildet (vergl. Einleitung S. 83 ff.), so ist die Grenze zwischen beiden nicht so scharf bezeichnet; und konnte daher die für beide Rechte gültige Beweisart (Zeugen) nebst den beziehendlichen Abweichungen in eine Classe gebracht werden. Es wurde daher vorgezogen, die Beweisarten nach ihrer allgemeinen (d. i. für Criminal- und Civilrecht) und partiellen (nur für Civilrecht) Gültigkeit zu classificiren. — Hinsichtlich der Form wurde in einem Schema eine gedrängte Uebersicht der wesentlichsten Puncte gegeben; die Erklärung hierzu, so wie das minder Wesentliche bringen die Anmerkungen.

Zum ersten Abschnitt.

Quellen: Numer. 35, 30. Deuteron. 17, 6. 19, 15. 18—21 Die Tractate Synhedrin und Maccot (sowohl im jerus als babylon. Talmud). — *Halochot Gedolot* Hilchat Edut (de Testimonio). *Maimonides* Hilchat Edut. *Haïttur voce* קבלת חעדות. *Tur* und *Choschen Mischpat*. Bet Joseph *).

Die Lehre vom Zeugenbeweise ist am vollständigsten bei Maimonides ausgearbeitet: sie bildet bei ihm eine eigene Halacha (Titel **), in welcher er mit grossem Fleisse alles hierher Gehörende, sowohl für Criminal- als Civilrecht, zusammengetragen. Doch hat er auch das Strafverfahren mit hineingezogen: er verbreitet sich weitläufig über die an den falschen Zeugen auszuübende Bestrafung und die Art, wie sie überführt werden; welches strict zur Lehre vom Beweise nicht gehört. — Der *Choschen Mischpat* enthält manche andere von Maimonides abweichende Meinung, so wie die Meinungen nach Maim. lebender Autoren: und ist für das Civilrecht noch vollständiger als Maimonides. Hingegen übergehet er nach seinem Zwecke (vergl. oben S. 108. 109) den Beweis für das Criminalrecht. Letzteres gilt auch vom Halochot Gedolot und Haïttur. — Wir haben nach einer Combination beider Codices (Maimonides und Choschen Mischpat) die wesentlichsten Puncte herausgehoben und sie in den Text gebracht.

Die Grundlage des Zeugenbeweises machen geoffenbarte Normen, die weiter ausgebildet und erweitert wurden. Da sich schon die Einleitung über die Forschungsweise des Talmuds und die Entwickelung des talm. Rechts verbreitet hat, so bemerken wir hier blos, dass diese geoffenbarten Normen ihrer

*) Für die hier genannten Autoren verweisen wir auf Einleitung III. Wo wir in der Folge ohne nähere Angabe der Zeit des Autors citiren, ist derselbe schon in der gedachten Section genannt, welche der Leser stets nachschlagen wolle, da sich hierdurch manche Grundlinien zu einer Rechtsgeschichte ergeben. — Eine sehr reichhaltige Quelle ist das zuletzt genannte Werk Bet Joseph, das die meisten Autoren und Stellen citirt.

**) Maimonides hat sein Werk Jad Hachasaka nach „Buch" (Sefer), „Titel" (Halacha), „Capitel" (Perek), „Paragraphe" (ebenfalls Halacha gewöhnlich benannt) geordnet. Der Choschen Mischpat hat zwar auch „Titel" (Halacha); allein da die Capitel (hier „Siman" benannt, der Paragraph hier „Sëif") durchlaufen — der ganze Choschen Mischpat enthält 427 Capitel —, so wird gewöhnlich nach letzteren citirt und weniger auf die Titel Rücksicht genommen.

Anzahl nach sehr geringe sind. Es wird zuweilen Manches als Vorschrift festgesetzt, für das das Wort der Schrift oder dessen Erklärung als letzter Grund angegeben wird; für andere durch die Weiterbildung gesetzte Normen ist nur vernunftgemässe Motivirung aufzufinden, und ist diese selbst bei manchen auf die Offenbarung erklärungsweise gestützten Regeln wahrzunehmen (vgl. unsere „Vorstudien zu der Septuaginta" S. 179. 180). — Wir haben für das Criminalrecht auch die Zeit der Entstehung der Normen anzugeben versucht, da hier so viel darauf ankommt, ob sie einst practische Anwendung hatten oder ob sie blos der Speculation angehören (Einleitung I. III). Auch haben wir zur bessern Erforschung des Beweises nach mos. talm. R. manchen Vergleich zwischen diesem und dem Beweise alter und neuer Gesetzgebungen angestellt, und dürfte sich hierdurch auch mancher interessante Aufschluss über den Beweis überhaupt darbieten.

Zu §. 1.

Für diese Norm ist die Schrift die unmittelbare Quelle: „Auf den Ausspruch zweier Zeugen oder dreier Zeugen soll der des Todes Schuldige getödtet werden" (Deuteron. 17, 6. 19, 15. vgl. auch Numer. 35, 30). Diese Bestimmung ist auch in das canonische Recht (c. 5. 10. Tit. de Testibus), in die Carolina (Artikel 67) und in die meisten neueren Gesetzgebungen übergegangen. — Die Schrift selbst erwähnt übrigens keiner weitern Vorschrift, wie die Zeugenaussage zu prüfen sei, und könnte es scheinen als müsse der Richter jede Thatsache, die durch zwei Zeugen bezeugt wird, als erwiesen annehmen; allein da das Gericht eigentlich eine Art Geschworenengericht bildete und hier eine abgegrenzte (gesetzliche) Beweistheorie nicht anwendbar ist (Einleitung II.), so ist von selbst involvirt, dass dem Ermessen des Richters die Art, wie er durch näheres Erforschen der Zeugen sich von deren Glaubwürdigkeit überzeuge, anheimgestellt sei. Die Schrift besagt nur, dass zwei Zeugen (im Gegensatz von Einem, vgl. folg. §.) hinreichen um ein Todesurtheil zu begründen. Vgl. weiter zu §. 12 und Ende des zweiten Capitels. — Dass auch in Civilfällen zwei Zeugen einen vollständigen Beweis liefern, ist mit dem Talmud leicht aus obiger Vorschrift über Capitalfälle zu schliessen. Andere alte Gesetzgebungen, wie Menu

Cap. 8, **Plato** *Gesetze* 9. *Dialog*, stellen keine Norm über die Anzahl der Zeugen auf (sie scheinen dem Accusationsprincip gemäss auch hier das Ermessen des Richters entscheiden zu lassen; vgl. jedoch folg. §.). — Das röm. Recht verlangt in manchen Fällen drei (L. 17. C. 4. 2), in manchen Fällen fünf (L. 8. §. 3. C. 6. 36. L. 4. C. 8. 57. L. 18. C. 4. 20. Novell. 77. c. 8. L. 1. §. 10. D. 25. 4), bei Testamenten sieben Zeugen. Doch gilt im Allgemeinen: *Ubi numerus testium non adjicitur, etiam duo sufficiunt.* L. 12. D. 22. 5.

Zu §. 2.

Auch hier sagt die Schrift ausdrücklich: „Nicht soll Ein Zeuge aussagen wider Jemanden, dass er sterbe" (Numer. 35, 30); „nicht soll er (der Angeklagte) getödtet werden auf den Ausspruch Eines Zeugen" (Deuteron. 17, 6.); ferner: „nicht soll Ein Zeuge wider Jemanden auftreten in irgend einer Vergehung und einer Sünde und einem Fehler, den man begehet" (das. 19, 15). Da nun das talm. R. den Beweis durch Jndicien nicht anerkennt und also hier der zusammengesetzte Beweis nicht stattfindet (vgl. Ende dieses Cap.), so hat Ein Zeuge gar keine Beweiskraft. — In Civilsachen gilt zwar Ein Zeuge nicht als vollständiger Beweis und wird durch ihn der Beklagte nicht zur Bezahlung veranlasst (dieses ist ein durch Mischna und Talmud allgemein verbreitetes Axiom; vgl. auch *Sifri* zu Deuteron. 19, 15 und Tract. Schebuot 32 a): es wird aber durch die Aussage des Zeugen gegen den Producten demselben ein Eid zuerkannt; und ist sie für ihn, so hat sie absolutorische Kraft, entbindet ihn vom Eide in den Fällen, wo ihm ein Eid zuerkannt werden würde (vgl. weiter zu §. 79. 85). — Auf Criminalfälle übt dieses keinen Einfluss, da das talm. Recht den Reinigungseid in Criminalfällen, von welchen übrigens auch jede vernünftigere neuere Gesetzgebung zurückgekommen ist, nicht kennt (vgl. Ende dieses Cap.).

Auch in den im v. §. erwähnten alten Gesetzgebungen scheint, da grösstentheils „Zeugen" (vielfache Zahl) angeführt wird, Ein Zeuge nicht volle Beweiskraft gehabt zu haben. Nach einem frühern röm. Gesetze wurde Ein Zeuge von hohem Range angenommen (wie es scheint als vollständiger Beweis);

durch ein späteres Gesetz wurde die unbedingte Nichtzulässigkeit Eines Zeugen ausgesprochen. L. 9. C. 4. 20.

Zu §. 3.

Tractat Sota 2. 47. (Maimonid l. l. c. 5. §. 2) werden zwei Fälle angegeben, in denen Ein Zeuge völlige Glaubwürdigkeit hat. Wenn ein Ermordeter gefunden wurde, und man nicht wusste wer der Thäter sei — die Schrift schreibt hier eine Sühne durch das Entnacken einer Kalbe in einem nicht angebauten Grunde ff. vor, vgl. Deuterom. 21, 1 bis 9 — und so sagt Ein Zeuge aus, er habe den Mörder gesehen, so unterbleibt die Sühne; doch ist diese Aussage hinsichtlich des Angeklagten ebenso wenig wie in andern Criminalfällen beweisend (also nur auf den Umstand). Ein Zeuge hat ferner volle Glaubwürdigkeit hinsichtlich der eines Ehebruches verdächtigen Frau, und wird durch diese Aussage nicht die Num. c. 6. vorgeschriebene Probe der bitteren Wasser an ihr vorgenommen; aber auch hier ist hinsichtlich der Strafe die Aussage nicht beweisend. — Wichtiger als diese fern liegenden Beziehungen ist die zwar nicht gesetzlich begründete, aber durch allgemeine Rücksichten herbeigeführte Norm, dass über den Tod eines (abwesenden) Ehemannes Ein Zeuge völlig beglaubigt ist, und die Frau auf diese Aussage eine neue Ehe eingehen kann. Jebamot 117. 122 und a. a. O. und sonst an vielen Stellen, *Maimonides* a. a. O. und Geruschin c. 12. §. 15. Eben Haëser c. 17. §. 3. Als Grund hierfür wird die Rücksicht auf den traurigen Zustand einer ewigen Wittwenschaft angegeben (Jebamot 88), da bei dem im fernen Lande verstorbenen Ehemann es in den meisten Fällen fast unmöglich ist, zwei Zeugen hierüber aufzufinden*). Man bezog ferner noch hierher, dass der Zeuge nicht wagen würde eine Unwahrheit zu sagen, deren Gegentheil doch so offenbar, durch die Rückkehr des angeblich Verstorbenen, an den Tag kommen kann (Maimon. Geruschin 13, 29); auch wird wohl die Frau selbst vor einzugehender Ehe die genauesten Nachforschungen anstellen, da, wenn der als verstorben Angegebene zurückkommt, sie sowohl den ersten

*) Das talm. Eherecht kennt nicht eine Verschollenzeitserklärung, und kann nicht durch eine solche die Ehe aufgelöst werden.

als den zweiten Mann verlassen muss, ihre Kinder aus der zweiten Ehe als in Ehebruch erzeugt (Bastarde) erklärt werden, sie ihre Morgengabe verliert u. dgl. m. *Jebamot* 115. und a. a. O. — Bemerkenswerth ist, dass von einem spätern nachtalmudischen Autor, *R. Aaron Halewi* (13—14. Jahrh.), der mit dem Accusationsprincip ganz übereinstimmende Grundsatz angeführt wird, dass die Schrift es eigentlich dem Ermessen der Gelehrten anheimgestellt, welches Zeugniss sie für hinlänglich glaubwürdig ansehen: und da aus den vorher gedachten Gründen ihnen hier Ein Zeuge genügend erscheint, so hat dieser völlige Beweiskraft. vgl. *Nimuke Joseph* zu *Alfasi Jebamot* 31[b]. — Diesem dürfte noch hinzuzufügen sein, dass die Schrift eigentlich nur von einer Anklage spricht, wo also dem Zeugen eine moralische Präsumtion der Unschuld des Angeklagten entgegenstehet (vgl. weiter 2. Abschnitt 4. Titel); das Zeugniss aber über den Tod des Ehemannes über einen Umstand aussagt (über die hier stattfindende Präsumtion des Lebens vgl. das.).

Diese Verfügung, die von der Bildungsfähigkeit d.s talm. R. zeugt und die Vermuthung bestätigt, dass wenn das Strafrecht nicht auf dem Gebiete der Speculation allein verblieben wäre, es sowohl an sich selbst (vgl. oben S. 44 ff.) als nach dem Beweise manche andere Gestaltung angenommen hätte, scheint eine geschichtliche Basis zu haben und fällt in die Zeit der Aufstände der Juden unter Trajan und Hadrian (vgl. *Jebamot* 122 und oben S. 48. *)). Es waren viele Männer in diesen Kämpfen gefallen und das Schwert des Siegers wüthete allenthalben: wie trostlos musste in solcher Verlassenheit der Zustand schutz- und wehrloser Frauen werden, und wie schwer mochten hier zwei Zeugen über den Tod des Gefallnen aufzufinden sein! So wird auch (das.) erzählt, dass *R.* Gamaliel sich erinnerte, es wären zu Tel-Arsa Mehrere erschlagen worden, und er gab auf Aussage Eines Zeugen den hinterlassenen Frauen Erlaubniss zu heirathen. (Doch wurde später bezweifelt, ob bei einem

*) Zwar wird *Jebamot l. l. R.* Gamaliel der Alte, der Grossvater des unmittelbar zu erwähnenden Gamaliel's der unter den Herodäischen Herrschern lebte, als Urheber dieser Verfügung angeführt; allein auch seine Zeit war schon sehr umdüstert und der Vorabend grossen Aufruhrs. Auch trat diese Verfügung erst in der oben bezeichneten Periode in Wirksamkeit.

Kriege — einer Schlacht — Ein Zeuge beglaubigt sei, da hier Täuschung [es wird Jemand als todtgestochen ff. gehalten, obschon er nur gefährlich verwundet ist] sehr leicht eintritt; vgl. *Jebamot* 115 und *Tosefot* das.)

Bei dem Zeugnisse über den Tod eines Ehemannes adhärirt noch ein civilrechtlicher Fall, da durch den Tod des Mannes die Wittwe auch ihre Ketuba (vgl. oben S. 63.) und Paraphernen zu fordern hat. Es machte sich hier schon zeitlich die Meinungenverschiedenheit zweier Schulen (des Samai und des Hillel) geltend (*Mischna Jebamot* 116[b]), ob die Aussage Eines Zeugen — in der Mischna, die Aussage der Frau vgl. weiter zu §. 33. — auch auf das Civilrechtliche Einfluss übe, d. i. der Zeuge auch in dieser Hinsicht vollständige Glaubwürdigkeit finde, und die Frau ihre Forderungen geltend machen könne? Es vereinigten sich aber zuletzt die beiden Schulen dahin (*l. l.*), dass da dem Zeugnisse in der viel wichtigern Hinsicht der abermaligen Verheirathung Glauben geschenkt wird, dieser ihm ohne den grösten innern Widerspruch bei dem hiermit enge zusammenhängenden civilrechtlichen Puncte nicht versagt werden könne. (Doch hat nicht dieses Zeugniss für die anderen Erben Kraft [*ibid.*], so wie im Gegentheile zuweilen Fälle eintreten, bei denen hinsichtlich der Frau der Mann nicht als verstorben, hinsichtlich der Erben aber als verstorben betrachtet wird und letztere zur Besitznahme des von ersterm hinterlassenen Vermögens schreiten können; vgl. *Maimonid. Nachalot. c.* 7. §. 1—4.)

Noch ist zu bemerken, dass in den Fällen wo Ein Zeuge völlige Glaubwürdigkeit hat, seine Aussage in der Art von gleicher Kraft mit der zweier Zeugen ist, dass sie durch den Widerspruch eines Zeugen nicht aufgehoben werden kann. *Cfr. Jebamot* 115[b]. *Maimonid. Geruschin c.* 12. §. 19. *Eben Haëser c.* 17. — Nur wenn die Aussage des einen Zeugen und der Widerspruch des andern Zeugen gleichzeitig sind, jener also noch nicht Beweiskraft gewonnen hat, hebt der Widerspruch die

*) Der Ausdruck Zeuge ist hier überhaupt nicht adäquat. Dem eigentlichen Begriffe nach ist Zeuge Derjenige, der eine Thatsache bemerkt, wodurch eine Veränderung eines frühern Zustandes oder Verhältnisses entstehet — Augenzeuge; — sagt er über diese Thatsache aus, so ist er Zeuge im nähern Sinn.. (Das lateinische *testis* von *antesto*, *antisto* beziehet sich seiner ursprünglichen Bedeutung nach auf Augenzeuge; das

Aussage auf. *Sota*. 31. *Maimon. l. l.* und *Rozeach c.* 9. §. 13. Ferner *Hilchat Sota c.* 1. §. 17. *Eben Haëser c.* 17. §. 37. — Nach anderen Autoren (*Tosefot* zu *Jebamot l. l.*) wird selbst bei Gleichzeitigkeit der Aussage und des Widerspruches der Aussage Glauben geschenkt (vgl. weiter zu §. 33.).

Noch wird im talm. Ritualen die Glaubwürdigkeit Eines Zeugen über die Beschaffenheit eines Gegenstandes, ob er nach dem Gesetze geniessbar oder nicht geniessbar (ob z. B. das vorliegende Stück Fleisch das eines zum Speisen erlaubten oder nichterlaubten Thieres sei u. dgl. m.) besprochen. Hierüber und über Manches hiermit zusammenhängende Civilrechtliche wird *Gittin f.* 2. 54. *R. Ascher* das. und *Jore Dea* (zweiter Theil des S. 109. gedachten Schulchan Aruch und bildet den Codex für das Rituale) *c.* 127 gesprochen; gehört aber nicht in die eigentliche Lehre vom Beweise.

Zu §. 4.

Ein durch Drohung erzwungenes Zeugniss kann natürlich nichts beweisen; *Chosch Mischp. c.* 34. §. 18. Glosse, vgl. auch *Ketubot f.* 18. 19. — Auch wenn der Zeuge sich dafür, dass er sich zu Gericht begibt und Zeugniss ablegt, bezahlen lässt, ist die Aussage ungültig. Die Mischna *Bechorot* 29ª. stellt dieses in eine Parallele mit dem Spruche des Richters, der für das Rechtsprechen Bezahlung annimmt (vgl. oben S. 92. dritte Anmerk.). Vgl. ferner *Chosch. Mischp. l. l.* Glosse. — Auch neuere Gesetzgebungen erklären ein derartiges Zeugniss für ungültig; sie sehen einen solchen Zeugen als einen be-

deutsche „zeugen," das eigentlich etwas hervorbringen [*procreare*, *prolem edere*] bedeutet, beziehet sich mehr auf die Aussage, die eine Geburt der Wahrnehmung des die Aussage Ablegenden ist). Ueber eine Beschaffenheit, ob z. B. diese Farbe grün oder blau sei, dieser Stoff verbrennbar oder nicht verbrennbar ff., findet nur Auskunft, nicht aber Zeugniss statt. Beziehet sich endlich die Aussage auf einen Zustand, der durch eine Veränderung hervorgebracht worden ist, wobei aber von dem Modus dieser Veränderung selbst abgesehen wird, so ist es ein Zeugniss auf einen Umstand. Bei diesem wird also nur das objective Referat, N. ist gestorben (und treten seine Kinder in sein Recht ff.) im Auge behalten: ob eines natürlichen oder gewaltsamen Todes bleibt hier dahingestellt. — In der talm. Lehre wird nach mancher Beziehung des Rituellen, der Ausdruck Zeugniss (und daher auch Zeuge) auch auf Auskunft erweitert; vgl. auch weiter zu §. 179.

stochenen an (vgl. Preussische Criminalordnung §. 356. Nr. 5. Baierisches Strafgesetzbuch Art. 278. Nr. 7.). Neuere Rechtslehrer wollen ein solches Zeugniss nur dann als ungültig erklären, wenn sich aus den Umständen ergibt, dass sich der Zeuge durch den ihm angebotenen Vortheil zur Unwahrheit bestimmen liess (*Globig* Theorie der Wahrscheinlichkeit 1. Thl. S. 135. *Mittermaier* Beweis S 320.). — Das talm *R.* scheint die Ungültigkeit auch aus dem Umstand herzuholen, dass der Zeuge sich für das, was ihm als Pflicht obliegt (vgl. § 8) bezahlen liess (und hat er sich hierdurch des Vertrauens verlustig gemacht); daher in der gedachten Mischna die Parallele mit dem für Bezahlung sprechenden Richter, dessen Spruch, wenn auch an sich richtig, ebenfalls aus gedachtem Grunde für ungültig erklärt wird. Diesem gemäss will auch *Tosefta* zu Bechorot und *jer. Talm. Synhedrin* 2[a], dass wer einmal Bezahlung als Zeuge angenommen, so lange verdächtig bleibe, bis er Proben eines uneigennützigen Zeugnisses abgelegt (vgl. *R. Ascher* zu Bechorot *l. l.*, der einen solchen Nachweis für schwer hält. Einen interessanten Vergleich bietet *L.* 6. *pr.* §. 1. *D.* 48. 11). *R. Salom. ben Aderet respons.* 787. ist jedoch der Meinung, dass wenn der Zeuge sich nicht hat zu einem falschen Zeugnisse dingen lassen, er für die Zukunft ein gültiger Zeuge bleibe. — Hat er die empfangene Bezahlung zurückgegeben, so ist er nach *R. Mos. ben Nachman* (bei *R.* Nissim Kidduschin 58[b]) selbst für den gegenwärtigen Fall noch ein gültiger Zeuge.

Bemerkt muss noch werden, dass unter Bezahlung hier Vortheil, Gewinn verstanden wird. (Nach *R. Joseph Karo*, *Bet Joseph c.* 37. §. 13. ist auch der Zeuge ungültig, der zu der Partei sagte, er verlange zwar nichts für seine Aussagen, stelle es aber ihr anheim, ob, im Fall der Process zu ihrem Vortheile entschieden werde, sie ihm eine Gratification geben wolle. Doch ist dieses mehr zu §. 66 ff. zu beziehen). Hingegen werden Versäumnisskosten nicht als Bezahlung angesehen *), und kann der Zeuge einen derartigen Ersatz bean-

*) Dieser Unterschied wird auch in mehreren neuen Gesetzgebungen festgehalten, vgl. Preuss. Crimin. Ord. §. 316. und ist Mittermaiers Einwurf a. a. O., der hier der Pr. C. O. Unrecht thut, erledigt.

sprechen; *jer. Talm.* Synhedrin 2[a] (wo dieses für Civilfälle besprochen wird, ist aber analog auch für Criminalfälle anwendbar; vgl. auch oben S. 92. Anmerk.). — *Salom. ben Aderet* in *respons.* (vgl. Chosch. Mischp. *l. l.*) bemerkt, dass wohl Bezahlung angenommen werden darf, um als Zeuge bei einer Civilhandlung gegenwärtig zu sein, weil Jedermann zwar verpflichtet ist das auszusagen was er wahrgenommen, Niemandem aber die Pflicht obliegt wahrzunehmen (bei einer Handlung als Zeuge gegenwärtig zu sein). Vgl. Bet Joseph *c.* 28. §. 26. (Dieser Unterschied zwischen Beweiszeugen und Solemitäts- und Instrumentszeugen ist auch in anderen Gesetzgebungen anerkannt.)

Zu § 5.

Die mündliche Aussage ist nach dem im talm. *R.* häufig angeführten Axiom „aus ihrem Munde und nicht aus ihrer Schrift", bei jedem Zeugnisse, sowohl in Criminal- als Civilfällen eine unerlässliche Bedingung (*Jebamot f.* 31[b]. *Ketubot* 20[a]. *Gittin* 71[a]. *Maimonid. Edut c.* 3. §. 4. *Chosch. Mischp. c.* 28. §. 11.), und ist sie in dem Principe des talm. Processes tief begründet (vgl. Einleitung II. und f. §.), daher mit Recht die Meinung einiger späteren nachtalmudischen Autoren, dass in Civilfällen schriftliche Zeugenaussage gestattet sei, zurückgewiesen wird. *Chosch. Mischp. l. l.* — Dieses mündliche Zeugniss muss vor Gericht (und zwar vor einem rechtsgelehrten) abgelegt werden; ein aussergerichtliches Zeugniss hat keinen Werth. *Schebuot* 32[a]. *Maimon. Schebuot (de jurejurando) c.* 9 §. 2. vgl. auch *Chosch. Mischp.* 28, 21. — In Criminalfällen ist diese Norm in dem Erfordernisse des strengen Zeugenverhöres, durch welches allein Werth und Gehalt der Aussage bestimmt wird (vgl. f. Cap.), hinlänglich begründet; aber auch im Civilprocesse hat diese Vorschrift nicht nur in der Offenbarung (a. a. O.) sondern in sich selbst ihre Rechtfertigung, da bei dem aussergerichtlichen Zeugnisse der Zeuge nicht so tief von der Wichtigkeit seiner Aussage durchdrungen ist, und ihm die ernste Abwägung der Wahrheit mangeln dürfte (vgl. *Mittermaier* Beweis S. 354. und die daselbst angeführten Schriftsteller über aussergerichtliches Zeugniss). Die Norm „das Zeugniss sei mündlich und nicht schriftlich" beziehet sich übrigens nur auf die Aussage, die erst nachdem durch die Widerrede der gegenüberstehenden Partei ein Zweifel rege geworden ist. abgelegt wird. Diese Norm ist daher nicht anwendbar auf Urkunden und sind sie durch die Unterschrift der Zeugen gültig; hier ist der Gegenstand von vorn herein, vor dem Beginn jeder Gegenrede constatirt: die Zeugen sind hier objectiv, stehen nicht in dem Kampf der Parteien, sondern ist das Zeugniss schon früher abgelegt *). Wir bemerken dieses wegen der paradoxen Meinung Maimonides *Edut* c. 3. §. 4., der das schriftliche Zeugniss auf Urkunden nur wegen der Erleichterung des Verkehres gelten lässt. Vgl. *Schach* (*R. Schabbatai Cohen*) Anmerk. 14. zu *Chosch. Mischp.* c. 28. §. 12. wo ebenfalls diese Meinung Maimonides angeführt wird; vgl. auch weiter zu §. 185. und Ende des 3. Titels.

Zu §. 6.

Eine Aussage über Nichtwissen, d. i. wenn Jemand eine Thatsache oder einen Umstand nicht in Abrede stellt, sondern nur bezeugt, dass er keine Kenntniss hiervon habe, beweiset nichts, selbst wenn diese Thatsache u. s. w. leicht zur Kenntniss der Zeugen kommen konnte (*Edujot* 2, 2. *Sebachim* 12, 4. *Ketubot* 23ᵃ·).

Diese Aussage über Nichtwissen muss aber geschieden werden von der verneinenden Aussage. Dem verneinenden Zeugen wird auch dem bejahenden Zeugen gegenüber volle Gültigkeit im talm. R. eingeräumt, und tauchte die grundfalsche Regel: *Plus creditur uni testi adfirmanti quam mille negantibus* (vgl. Glück Pandecten Thl. 2. S. 208.) im talm. *R.* nicht auf. Gibt der verneinende Zeuge genügende Gründe für sein Wissen des Nichtgeschehenseins einer That an (er negirt unter Angabe von Zeit und Ort eine Handlung, die nach einem andern Zeugen sich zu derselben Zeit und an demselben Orte ereignet haben soll), so hebt seine Aussage die des bejahenden Zeugen auf (vgl. weiter zu §. 14. und Anhang zum 2. Capitel). Auch wenn der Zeuge bei einer Handlung, die der Aufmerksamkeit der Anwesenden nicht entgehen konnte, aussagt, dass er sich an demselben Orte ff. befunden und nichts

---

*) Bei tieferm Eingehen zeigt sich bei dem ersterm Falle (wo beide Parteien schon im Streite begriffen sind) die Aussage des Zeugen als Anklage der gegenüberstehenden Partei; bei der Urkunde hingegen als Zeugniss auf einen Umstand. Vgl. zu §. 3.

habe vorfallen sehen, so ist diese Aussage des Nichtwissens als bestimmt verneinend zu betrachten und hebt sie ebenfalls das bejahende Zeugniss auf. *Chosch. Mischp.* c. 29. §. 3. nach *Mischna Sota* 47ᵃ· und *Häittur.* (Von neueren Gesetzgebungen ist hiermit zu vergleichen Baier. Strafges. Art. 296.).

Diese zuletzt bemerkte Norm wird von einem spätern nachtalmudischen Autor auch auf Zeugnisse über Ortsgebräuche angewendet. Wenn man nämlich einen Gebrauch bezweifelt (ob z. B. es an diesem Orte üblich sei, dass dem Tagelöhner nebst seinem Lohn auch Kost gegeben werde, u. dgl. m.), und ein Ortsbewohner aussagt, er habe nie gesehen, dass solches stattgefunden, so wird diese Aussage als eine bestimmt verneinende betrachtet, da bei der Frequenz der Ereignisse das Gegentheil nicht hätte der Aufmerksamkeit entgehen können. Vgl. *J. Kolon respons.* 172 (Lemberger Ausgabe 171.), *Chosch. Mischp.* c. 37. §. 22. *Glosse* und *Schach* das.

Zu §. 7.

Dass die Zeugen in Gegenwart des Beklagten aussagen müssen, gilt als Axiom und wird an unzähligen Stellen wiederholt. Hinsichtlich des im talm. R. auf die Accusationen gegründeten Criminalprocesses ist die Gegenüberstellung des Zeugen in diesem Princip selbst hinlänglich bedingt: der Zeuge tritt als Beweis für den Ankläger oder als Ankläger selbst auf (vgl. oben S. 83. Anmerk.): es muss daher dem Angeklagten anheimgegeben sein, offen mit seinem Feinde zu kämpfen und ihm seine Waffen, die Beweise, zu entwinden (vgl. Einleitung II.). Die Gegenwart des Angeklagten bei der Zeugenaussage erscheint auch von der moralischen Seite als dringende Forderung. Denn welchen Eindruck muss es auf den falschen Zeugen machen, Jenem gegenüber zu treten, dem der ganze Umfang der Unwahrheit seiner Aussage bekannt ist; welcher Grad der äussersten Verhärtung gehört dazu dem ihm von Angesicht zu Angesicht gegenüberstehenden Unschuldigen eine Schuld anzudichten und die jedem Rechtsgefühle hohnsprechende Lüge zu behaupten! Auch dem Richter (oder den Geschwornen) ist durch diese Gegenüberstellung Gelegenheit gegeben die Aussage des Zeugen an dessen Mienen, an der Sicherheit oder Unsicherheit, mit der er seine Behauptung dem Angeklagten gegenüber vorträgt, zu prüfen und sich hierdurch ein weit sichereres Urtheil als durch die Vergleichung der in den Acten verzeichneten Aussagen der Angeschuldigten und der Zeugen zu bilden.

Dieses für das Accusationsverfahren, und tritt das Zeugenverhör dieser Art am bezeichnendsten im englischen Strafprocess hervor, wo nicht nur der Zeuge persönlich erscheinen und in Gegenwart des Angeklagten vor der Jury aussagen muss, sondern es dem Angeklagten selbst anheimgestellt ist, Fragen an den gegen ihn aussagenden Zeugen zu richten, denselben sogar durch Suggestionen in Widersprüche zu verwickeln ff. und geschiehet überhaupt nach der Hauptbefragung (*examination in chief*) die Vernehmung der Zeugen je durch die gegenüberstehende Partei (*cross-examination*, Kreuzverhör), so dass in diesser Hinsicht die Parteien die eigentlichen Inquirenten bilden (vgl. *Cottu* a. a. O. S. 158. *Mittermaier* Strafverfahren 2. Thl. S. 187 ff.; über eine Art Kreuzverhör im röm. R. vgl das. 1. Thl. S. 44.). — Anders musste sich das Zeugenverhör im Inquisitionsprocesse gestalten: hier kann natürlich die Abhörung der Zeugen in Gegenwart des Inculpaten nicht gestattet werden (vgl. Preuss. C. O. §§. 318. 343. 347. Baier. Strafgesetzb. Art. 207.); denn da der Inquirent erst den Stoff zur Anklage zu sammeln hat und hierzu auch die Aussage des Zeugen, selbst wenn er mit keiner bestimmten Anklage hervortritt, verhelfen soll, so würde unstreitig in vielen Fällen die Gegenwart des Angeschuldigten auf die besonnene Aussage des Zeugen hindernd einwirken (vgl. auch oben S. 73.). Aeltere Juristen verlangten zwar, dass der Inculpat bei der Beeidigung der Zeugen gegenwärtig sein soll; doch ist später auch dieses als mit dem Geist des Inquisitionsverfahrens unvereinbar, ausser Gebrauch gekommen (*Mittermaier* a. a. O. S. 136. und Anmerk. 12. das.) *).

---

*) So sehr Alles für das Zeugenverhör, wie es das Accusationsprincip verlangt, spricht, so liegt doch viel Wahrheit in der Bemerkung, dass die Gegenwart des Angeschuldigten manchen störenden Eindruck auf den Zeugen bei dessen Verhöre mache, und dadurch ihm die Klarheit des Geistes, mit der er sich alle Umstände zurückrufen und der Wahrheit gemäss aussagen soll, raube. Es muss auch bei dem Zeugenverhör die doppelte Rücksicht, die die Grundlage des Strafprocesses bildet, obwalten: Schutz dem Unschuldigen, Strafe dem Schuldigen. So wie nun vorgebeugt werden muss, dass nicht durch falsches Zeugniss ein Unschuldiger bestraft werde,

Wir kehren zu unserem § zurück und bemerken, dass das talm. R. auch im Civilprocess es als Axiom anerkennt, dass die Zeugen nur in Gegenwart des Beklagten angenommen werden können (die Gegenwart des Klägers bei der Zeugnissablegung ist nicht nöthig; *Chosch. Mischp*, *c.* 28. §. 18). — Ueber Ablegung des Zeugnisses in Gegenwart der Parteien vgl. v. *Tavernaer* Theorie der Beweise im Civilprocesse 2. Auflage S. 163.). Nur in Behinderungsfällen, wie bei Krankheit der Zeugen oder des Klägers und wenn dieser auf Abnahme des Zeugnisses vor seinem Tode dringt *), ferner wenn die Zeugen

---

so soll anderseits wieder dahin gewirkt werden, dass der Schuldige nicht durch mangelhaftes Zeugniss losgesprochen, dass nicht durch Einschüchterung, durch Erregung des Mitleidens, durch falsche Scham die Wahrheit umgangen oder nur theilweise angegeben werde. Dass die Gegenwart des Angeschuldigten häufig solche Gefühle errege, kann, wenn man frei von vorgefaster Meinung nicht die Theorie allein sondern auch das Leben befragt, nicht in Abrede gestellt werden; und es mag zu dem häufigen *not guilty* der englischen Jury, über das viele Klagen gehört werden, nicht allein die Härte der Gesetzgebung (Mittermaiers Beweis S. 115.), sondern auch das oben bezeichnete Kreuzverhör beitragen. — Die Forderung der Gerechtigkeit dürfte aber vielleicht auf folgende Weise nach beiden Seiten befriedigt werden. Das summarische Zeugenverhör werde in Anwesenheit des Angeklagten vorgenommen. Die ganze Intensivität, mit der die Wahrheit die Unwahrheit niederschmettert, drängt sich in diesen ersten Moment, wo Zeuge und Angeschuldigter einander gegenüber treten, in dem Eindruck, den dieses Begegnen macht und der bei der öftern Confrontation sich verwischt, zusammen und übt tiefe Gewalt auf den noch nicht ganz Verstockten. Hingegen wird die Abwesenheit des Angeschuldigten bei dem speciellen Verhöre dem wahrhaften Zeugen die ungetrübte Klarheit lassen, dass er sich alle Umstände genau zurückrufe und frei von jeder leidenschaftlichen Einwirkung aussage. Doch dürfte hier wieder manche vortheilhafte Seite des mündlichen Verfahrens verloren gehen. Das talm. Recht hat unbedingte Gegenüberstellung. Der *Code d'Instruction Art.* 315. gestattet, den Angeklagten abtreten zu lassen, wenn dessen Anwesenheit auf den Zeugen einen nachtheiligen Einfluss üben sollte. Das österreich. Strafges., obschon auf das Inquisitionsprincip gegründet, scheint auf die beiden Forderungen aber im umgekehrten Verhältnisse eingegangen zu sein: der Zeuge wird erst allein vollständig vernommen, und dann dem Beschuldigten theils nothwendig, theils auf Ermessen des Richters gegenübergestellt (§. 387. 388). Vgl. auch weiter zu §. 15.

*) Um den Zeugen manchen Umstand zurückzurufen. In wie fern in dergleichen dringenden Fällen der Beklagte erst zu benachrichtigen sei, und seine Weigerung zu erscheinen Einfluss auf die Zeugnissabnahme übe,

verreisen wollen und der Beklagte zögert vor Gericht zu erscheinen, wird das Zeugniss auch in dessen Abwesenheit vorgenommen (*Tur c.* 28. *Chosch. Mischp. l. l.* §. 16.). Befinden sich die Zeugen an einem entfernten Orte und der Beklagte will sich nicht zu ihnen begeben, so nimmt das dortige Gericht die Zeugen vor und schickt die Aussage an das Gericht, vor welchem der Process anhängig gemacht wurde (*Chosch. Mischp. l. l.* §. 17.). Sind die Zeugen von einander entfernt, so nimmt je das Ortgericht des Zeugen die Aussage auf (*Sema ibid.*) Dieses bisher Erwähnte gilt aber natürlich nur für Civilfälle; für den Strafprocess musste das talm. R. seinem Princip gemäss ein anderes Verfahren einschlagen. Neuere Gesetzgebungen wenden diese Normen auch für Criminalfälle an (vgl. Oesterreich. Strafgesetzbuch §. 378. 379. Preuss. C. O. §. 353, 354. Baier. Strafges. Art. 201.)

Der talmudische Civilprocess kennt übrigens nicht die nach dem gewöhnlichen Rechte übliche schriftliche Uebergabe der Beweisartikel (vgl. Schneider a. a. O. §. 519 ff. Preuss. Allgem. Gerichtsordn. 1. Thl. 5. Titel §. 4. 11.), sondern überlässt, da die Parteien bei jedem Processe gegenwärtig sein sollen (Einleitung II.), diesen selbst die Beweisführung. Vgl. weiter Ende des 3. Cap. *)

---

ist ein weites Feld der Discussion. Vgl. *Chosch. Mischp. l. l.* §. 16. und Glosse. — Bei Krankheit des Beklagten kann nach der Meinung nachtalmudischer Autoren die Zeugnissabnahme in dessen Abwesenheit nicht stattfinden. *Chosch. Mischp. l. l.*

*) Die schriftliche Eingabe der Beweisartikel rührt wahrscheinlich von dem durch den Inquisitionsprocess allmälig zur Geltung gekommenen schriftlichen Verfahren her. Doch gewahrt man auf überraschende Weise auch im attischen Processe Aehnliches. Der Kläger setzte die Puncte für die er Zeugen anführte auf einer Tafel auf, und liess diese Puncte (Artikel) von den Zeugen unterschreiben. Diese Tafel wurde in der Anacrisis (Voruntersuchung) dem Richter übergeben; man verlas das Zeugniss und es wurde (nach Heraldus) als ein processualisches producirt; wenigstens scheint, dass wenn die Unterschrift der Zeugen für echt anerkannt wurde, oder sie sich in der Anacrisis zu der schriftlichen Aussage bekannten, solches hinreichend war (vgl. Platner Process und Klage bei den Attikern S. 234. 23b.). Die mündliche Erforschung des Zeugen war demnach minder wesentlich und ging ein Hauptmoment verloren. Auch ist bei diesem Verfahren zu rügen, dass hier die Partei gleichsam das Zeugenverhör aufnahm und sie natürlich, da weder Richter noch Beklagter gegenwärtig war, leicht Suggestionen anwenden konnte.

Nach einer von früheren talmudischen Autoren (*Geonim*) getroffenen Bestimmung werden bei Raufhändeln, Zankereien u. dgl. (Policeivergehen) die Zeugen auch in Abwesenheit des Beklagten vernommen und wird demselben deren Namen verschwiegen, um nicht vom Neuen Anlass zu Zwist und Raufereien zu geben (*Chosch. Mischp. l. l.* §. 15. Glosse). Doch wird dieses nur als ausserordentliche Massregel angesehen, und kann auf solche Zeugenaussage eine gesetzliche Strafe nicht erfolgen. Aus der Norm, dass die Zeugen in Gegenwart des Beklagten aussagen müssen, entwickelte sich auch die Lehre, dass Pupillen in manchen civilistischen Fällen nicht klagbar sind und wird die Klage bis zu deren Grossjährigkeit verschoben. Vgl. *Baba Kama* 113[a]. *Erachin* 22. *Chosch. Mischp. c.* 28. §. 19. *c.* 108. 110. Vgl. weiter zu §. 108. *).

Zu §. 8.

Die Verpflichtung Zeugniss abzulegen ist eine religiöse; wer ein Zeugniss weiss und es nicht aussagt, ist vor Gott straffällig und ist der Partei, der sein Zeugniss genützt haben würde, moralisch (nach talm. Ausdrucke „um dem Himmel — Gott — Genüge zu leisten") zum Schadenersatz verpflichtet (*Baba Kama* 56[a]. *Maimon. l. l. c.* 1. §. 1. *c.* 17. §. 7.). Nach der religiösen Basis der talm. Rechtslehre ist eine Verpflichtung im Namen der Religion gesprochen eine natürliche Consequenz der ganzen Rechtsverfassung, da Rechtüben als ein göttliches Gesetz betrachtet wird, Gott selbst das Recht überwacht und es in seinem Namen gesprochen wird (Einleitung I). Es genügt daher, dass die Religion eine solche absolute Verpflichtung auferlegt; die Mahnung ergehet von innen: und da das religiöse Gefühl überhaupt im talm. R. wach gehalten wird, so bedarf es nicht des Zwanges zum Zeugnissablegen durch Gefängniss- oder Geldstrafe. Wie heilig diese Pflichterfüllung gehalten wird, gehet aus dem zu §. 4. Bemerkten hervor, und es kann auch ein eidliches Versprechen das Zeugniss nicht

*) Wir schliessen diesen §. mit der Bemerkung, dass die im Finstern schleichende Denunciation im talm. R. nicht stattfand; und es wird sogar selbst der Zeuge, der voraussehen konnte, dass sein Zeugniss keinen Erfolg haben könne, als Calumniant bestraft. *Pesachim* 113*b*. *Chosch. Mischp. l. l.* §. 1. Glosse.

abzulegen nicht von ihr entbinden (*Sema* zu *Chosch. Mischp.* c. 28. §. 1. c. 267. §. 3. nach früheren Autoren; nur ist der, dem das eidliche Versprechen geleistet wurde, anzugehen, dass er des Versprechens entlasse; das. Nach *Ture Sahal l. l.* ist auch dieses nicht nöthig). Die Partei kann übrigens nach der Schrift (Levit. 5, 1.) den Zeugen beschwören, dass er vor Gericht ihr Zeugniss ablege. Nach einer spätern (nachtalmudischen) Einrichtung kann diese Beschwörung an einem öffentlichen Orte (wie z. B. in der Synagoge ff.) allgemein von einer der Parteien ausgesprochen werden: „Wer in dieser Sache Zeugniss abzulegen weiss, der ist hiermit beschworen es zu thun". *Chosch. Mischp. l. l.* §. 2.

Eine andere Richtung mussten hier sowohl ältere als neuere Gesetzgebungen einschlagen. Sie nehmen das absolute Recht zur Basis der Legislation und lassen es durch den Staat überwachen. Die Verpflichtung Zeugniss abzulegen ist also eine Pflicht gegen den Staat, der durch die Integrität des Rechts Dauer und Sicherheit erhält; so wie die Nichtablegung eine Vernachlässigung einer Bürgerpflicht ist, da in Criminalfällen das Verbrechen hierdurch ungestraft bleibt oder die Unschuld ungerechterweise bestraft wird; und in ähnlicher Beziehung auch in Civilfällen das Recht beeinträchtigt wird. Es schreiben daher die Gesetzgebungen einen Zwang zum Zeugnisse vor: der Zeuge, der sich weigert ein Zeugniss (oder den Eid, vgl. weiter zu §. 24.) abzulegen, wird durch äussere Mittel hierzu angehalten. Dieser Zwang zum Zeugnissablegen erscheint schon im attischen Rechte und in den XII Tafelgesetzen. Das attische Recht will, dass wenn Jemand ein Zeugniss unter dem Vorgeben nichts von der Sache zu wissen nicht ablegt, er auf dieses Nichtwissen einen Eid (*ἐξομοσία*) leisten müsse. Verweigerte er den gedachten Eid oder erschien er nicht auf die durch einen Herold gewöhnlich zu ergehende Vorladung, so musste er eine Strafe von tausend Drachmen entrichten, die dem Staatsschatz zufiel. Man liess sich auch oft in Gegenwart Anderer von dem Zeugen das Versprechen ablegen, dass er vor Gericht erscheinen und Zeugniss aussagen wolle. Erfüllte nun der Zeuge das Versprechen nicht, so wurde gegen ihn die Klage wegen unterlassenen Zeugnisses (*δίκη λειπομαρτυρίου*), und wenn die Partei, der das Zeugniss zu Gute gekommen wäre, den Process verlor, die Klage auf

Schadenersatz (*δίκη βλάβης*) eingereicht (Meier und Schömann S. 387. 671. Platner S. 281.). Diese im attischen R. so hoch gehaltene und sich häufig erneuernde Verpflichtung (die processsüchtigen Athener riefen, wie man aus ihren Rednern ersiehet, bei jeder Gelegenheit Zeugen an) stehet in Zusammenhang mit dem, die Solonsche Gesetzgebung durchdringenden trefflichen Grundsatz, dass der Bürger nicht ein getrenntes alleinstehendes Individuum, sondern mit dem Staate, den andern Bürgern zusammenhänge und mit ihnen ein organisches Ganze bilde. Es wurde daher wer ein einem Bürger zugefügtes Unrecht gleichgültig mit ansah, wegen dieses Egoismus bestraft, und lag es Jedermann ob das unterdrückte Recht des Andern zu dem Seinigen zu machen. Hieraus ist also auch die obige Verpflichtung des attischen Rechts abzuleiten, die auch bei Plato sehr hoch gehalten wird. Dem aussagenden Zeugen legt Plato in seiner Gesetzgebung keinen Eid zur Bestätigung seiner Behauptung auf (vgl. weiter zu §. 24.); bei dem Vorgeben des Nichtwissens aber muss ein sehr schwerer Eid hierauf abgelegt werden (*τοὺς τρεῖς θεοὺς, Δία καὶ Ἀπόλλωνα καὶ Θέμιν ἀπομόσας*, *Leg. XI*, *p.* 936.). Das XII. Tafelgesetz will, dass wer der Verpflichtung Zeugniss abzulegen nicht nachkommt, unfähig werde ferner ein Zeuge zu sein: *Qui se sierit testarier libripensve fuerit*, *ni testimonium fariatur*, *improbus intestabilisque esto* (*Tabul.* 8. *Frag.* 2 bei Dirksen: Zwölf-Tafel Fragmente. Ueber *intestabilis* vgl. *Gellius Noct. Attic. L.* 6. *c*, 7.). Doch scheint das XII. Tafelgesetz nur von einer übernommenen Verpflichtung, d. i. wenn Jemand versprochen Zeugniss abzulegen *), zu handeln und liegt also diesem Gesetz die attische *δίκη λειπομαρτυρίου*, (die XII Tafeln nahmen wie bekannt viel aus den Solonischen Gesetzen auf) zur Grundlage (vgl. auch *Ritterhuis Dodecadelta* *p.* 140.); eine absolute Pflicht Zeugniss abzulegen kennt demnach das XII. Tafelgesetz nicht (vgl. zu. folg. §.). — Nach dem spätern römischen R. muss sowohl in Criminal- als in Civilsachen Zeugniss abgelegt und beim Vorgeben des Nichtwissens ein Eid

*) Nach der gewöhnlichen und von den besten Critikern adoptirten Leseart: *Qui se sierit.* Andere lesen: *qui si erit* oder *quae si erit.* Vgl. *Funccius Leges XII Tabul. p.* 326 und Dirksen a. a. O. S. 609.

hierauf geleistet werden (L. 16. C. 4. 20.). Von der Art des Zwanges wird im römischen R. geschwiegen; um so strenger ist das canonische Recht, welches sich über den Zwang sehr verbreitet (*X. de Testibus cogendis*), und Kirche und Staat untereinanderwerfend religiöse und weltliche Strafe, Excommunication, Amtsentsetzung ff. verhängt. In neueren Gesetzgebungen bestehet der Zwang in Gefängniss- oder Geldstrafen.

Der Zwang zum Zeugnisse ist, wie schon bemerkt, ganz consequent dem diesen Gesetzgebungen (mit Ausnahme des canon. Rechts *]) zu Grunde liegenden Princip; aber es erwacht gegen das durch Zwang herbeigeführte Zeugniss mancher Zweifel, ob nicht die Motive, die Jemanden zur Verweigerung des Zeugnisses verleiteten, auch auf seine Aussage Einfluss üben und er einen Theil der Wahrheit verschweigen werde (vgl. *Globig*, Theorie der Wahrscheinlichkeit 1. Thl. S. 209. 2. Thl. S. 186.). Doch mag die Rücksicht auf den Eid, den in neueren Gesetzgebungen der Zeuge vor (oder nach) der Aussage zu leisten hat, diese Besorgniss beschwigtigt haben. (Das XII. Tafelgesetz scheint am richtigsten zu verfahren: der verweigernde Zeuge wird nicht gezwungen Zeugniss abzulegen, aber es folgt auf diese Renitenz Strafe, bürgerliche Ehrlosigkeit, und wird sie also von solcher Verweigerung zurückschrecken.)

Ueber den andern Theil des §. ist zu vergleichen *Schebuot* 30. Da das Ablegen des Zeugnisses eine religiöse Verpflichtung ist, so kann natürlich kein Stand hiervon absolviren. Sie liegt daher auch dem Hohepriester ob (*Mischna Synhedrin* 18.), nur erscheint dem Hohepriester zu Ehren der König und sitzt dem Gerichte bei (das. *Maimon. Kele Hammikdasch* hat etwas ungenau, dass der Hohepriester nur in Sache des Königs Zeugniss abzulegen brauche; vgl. die Comentatoren das.). Bloss den König dispensirt die Mischna, welches aber nach Talmud 19a das. nur auf Könige bezogen wird, die nicht aus dem

---

*) Im canonischen Rechte herrscht eine ungemeine Confusion über Kirche und Staat. Als Kirche fehlt ihm die Grundlage des Staates, da das Christenthum nicht weltliche Gesetzgebung ist; als Staat dürfte es nicht als Kirchenrecht auftreten wollen. Allein die Päpste betrachteten sich durch die von Oben ihnen eingeräumte Macht zugleich als Herrscher der Erde.

Hause Davids stammen. Dieses ist eigentlich ein Euphemismus für die Harmonäischen und Herodianischen Könige, die oft mit dem Synhedrium das mit ihm die Staatsgewalt theilte (Einleitung S. 41.) in Streitigkeiten verwickelt waren, daher das Synhedrium sich endlich ganz der nach dem Gesetze ihm zustehenden Jurisdiction über sie begab *). Das Haus David wurde nach den Hoffnungen, die man in der trüben Zeit des zweiten Tempels für die Zukunft bildete, als das Ideal eines Gottesfurcht und Tugend in sich vereinigenden Geschlechts angesehen: die aus diesem Stamme hervorspriessenden Fürsten werden solcher Connivenz nicht bedürfen, und sich gern dem Gesetze und dessen Vollführern unterwerfen (vgl. auch *R. David ben Simra respons.* 773). — Für die nachexilische Zeit sind diese Bestimmungen ohne Einfluss; und wird nur bemerkt, dass, wenn das Gericht ein minder rechtsgelehrtes ist (Einleitung S. 89.) und der Zeuge es an Gelehrsamkeit übertrifft, so braucht er sich nicht zum Gericht zu begeben, sondern schickt das Gericht einige Glieder aus seiner Mitte zu ihm zur Vernehmung. *Chosch. Mischp.* 28, 5. (Auch neuere Gesetzgebungen haben hinsichtlich der Standespersonen eine solche Bestimmung; vgl. Preuss. Crim. Ordn. §. 315. und Allg. G. O. 10. Titel. §. 182.)

Bei der Verpflichtung zur Zeugnissaussage kommt neben der Frage über Standesunterschied **) noch zu erörtern, ob

---

*) Im Talm. *l. l.* wird erzählt wie Jannai (Alexander Jannai) die dem Synhedrium schuldige Decenz bei einem Rechtsfalle nicht beobachtet, wie die Synhedrialmitglieder feig geschwiegen, der Präsident Simon Ben Schetach (vgl. weiter) es allein wagte dem Jannai sein ungebührliches Betragen vorzustellen, und endlich ein Engel diese Mitglieder zur Strafe ihrer Feigheit tödtete; und wurde von dieser Zeit an festgesetzt, dass das Synh. über den König keine Jurisdiction übe. Ziehet man dieser Sage das Fabelhafte ab, so ist dieser Racheengel wahrscheinlich Niemand als Jannai selbst, von dessen Herrschsucht und Grausamkeit Josephus (*Antiquitt. L.* 13. c. 14.) viel berichtet. Derselbe Geschichtsschreiber erzählt Aehnliches von Herodes, der als Angeklagter trotzig vor dem Synhed. erschien, das hierdurch ganz eingeschüchtert wurde, und nur der Präsident stellte ihn wegen seines kecken Uebermuthes zu Rede ff. (*Ibid. L.* 14. c. 9.). Es ist nicht ganz unwahrscheinlich, dass jener talmud. Sage dieses historische Factum zu Grunde liege, das mit Verwechslung der Person und der Zeit auf obige Weise verarbeitet wurde. Vgl. Jost Geschichte der Jsraeliten, 3. Thl. Anhang S. 147.

**) Nach *L.* 16. *C.* 4. 20. können „erlauchte Personen und die über

diese Verpflichtung auch den Verwandten des Angeklagten obliege *). Sowohl die Stimme der Natur als die des Rechts spricht hier gegen den Zwang zum Zeugnisse. Welche unnatürliche Forderung, dass z. B. der Sohn gegen seinen eigenen Vater aussagen und durch sein Zeugniss dessen Tod herbeiführen soll? Kann das Gesetz sich Geltung erpressen wollen, wo die stärkere Stimme der Natur sich gegen dasselbe auflehnt und ein derartiger Gehorsam gegen das Gesetz mit den tiefsten unauflöslichen Gefühlen im Widerspruche stehet? Und welche Glaubwürdigkeit kann überhaupt einem derartigen Zeugnisse beigelegt werden? Waltet (wie oben) schon bei jedem durch Zwang herbeigeführten Zeugnisse mancher Zweifel ob, so gehet in diesem Falle der Zweifel fast zur Gewissheit über, und dürfte schwerlich wie sonst beim Zwang der Eid zur Beruhigung dienen. Selbst das freiwillige Zeugniss ist hier höchst verdächtig, ist durch seine Anomalie, durch den Abscheu, den es erregt, als eine Abart zu betrachten, mit der das Gesetz sich nicht befreunden kann. Die Gesetzgebungen weichen nun hier unter einander ab. Das röm. Recht (*L.* 6. *C.* 4. 20.) lässt Eltern und Kinder auch wenn sie sich freiwillig hierzu anbieten nicht zum Zeugnisse gegen einander zu, und ihm folgt das französische Recht (*Code d'Instruction Art.* 322.). Hingegen können nach canon. Rechte (*de Testib.*) auch Verwandte, wenn durch sie allein die Wahrheit zu entdecken ist (*si veritas aliter haberi non potest*), zum Zeugnisse gezwungen werden. Neuere deutsche Gesetzgebungen wollen zwar nicht den Zwang bei Verwandten (Oesterr. Strafgetzb. Art. 377. macht bei Hochverrath eine Ausnahme, vgl. auch Preuss. C. O. §. 358.); erbieten sich aber dieselben hierzu, so sind sie schuldig den Eid zu leisten und das Zeugniss ganz auszusagen.

---

ihnen stehen (*exceptis ..... illustribus et his qui supra illustres sunt*) nicht zum Zeugnissablegen gezwungen werden; hingegen kennt *L.* 1. §. 1. *L.* 21. §. 1. *D.* 22. 5. keine Ausnahme: vgl. auch Glück Commentar zu den Pandecten 2. Thl. S. 164 ff., wodurch aber noch keinesfalls der Widerspruch gehoben ist, da die L. C. im Eingange von Criminalfällen spricht

*) Vgl. Mittermaier's Beweis, S. 309. ff.

Da das talmudische Criminalrecht nur fähige und unfähige Zeugen kennt (Cap. 3.), Verwandte aber auch einen halben Beweis nicht liefern, so fällt eine Verpflichtung zur Zeugenaussage für sie ganz weg. Hingegen dürfte in Civilsachen eine solche Verpflichtung ihnen obliegen, wenn beide Parteien übereingekommen sind, Verwandte als zuverlässige Zeugen gelten zu lassen (§. 75.); ferner bei Zeugnissen über den Tod des Ehemannes (vgl. 3. Cap.). — Einige spätere Autoren meinen auch, dass wenn Jemand im Allgemeinen beschworen hat, dass wer ihm Zeugniss ablegen könne, der komme und sage es aus (vgl. oben), auch die Verwandten sich zu Gericht verfügen und Zeugniss ablegen müssen. *Chosch. Mischp. c.* 28. §. 2. Glosse. Diese Meinung wird aber (*ibid.*), da das Zeugniss unnütz ist (das Zeugniss von Verwandten wird in keiner Weise berücksichtigt, vgl. Cap. 3.), von den meisten Autoren verworfen; und wird sie nur darauf beschränkt, dass in diesem Falle die Verwandten alle Documente und sonstige Beweismittel auszuliefern verpflichtet sind. Vgl. *Chosch. Mischp. c.* 16. §. 3, *Sema* das. und weiter zu §. 189.

Zu §. 9.

Maimonides l. l. c. 1. §. 1. vgl. auch *R. Ascher Maccot* 6ᵃ. Da das Verbrechen im mos.-talm. Recht nicht als Privatverletzung betrachtet wird, so muss es in Jedermann seinen Ankläger finden; daher es keiner Aufforderung bedarf Zeugniss abzulegen, sondern ist die Verpflichtung allgemein (Einleitung S. 19. 83.).

Bei Civilsachen bedarf es erst der Aufforderung. *Maimonid. l. l. Chosch. Mischp. c.* 28. §. 1. Scheint auch etwas unklar aus welcher Quelle Maimon. geschöpft (vgl. *Kesef Mischna* das.), so findet nichtsdestoweniger dieser Satz im natürlichen Rechte manche Begründung. Die Partei zu deren Gunsten das Zeugniss abgelegt werden soll, hat den Zeugen nicht aufgefordert (und ihn nicht als solchen namhaft gemacht); es scheint also dass sie auf dessen Zeugniss verzichte (bei Civilsachen findet Verzichtleistung statt, wie Einleitung a. m. Seiten), oder sie selbst ihn nicht für zulässig halte. — Auch die neuere Theorie erklärt Jenen, der sich unaufgefordert zum Zeugen darbietet, als einigermassen verdächtig; vgl. Schneider a. a. O. §. 137. vgl. hingegen *L.* 11. *D.* 22. 5. Die Lex spricht allgemein, und ist auch auf Civilfälle zu beziehen.

Wir bemerken noch, dass auch manche alte Gesetzgebungen einen Unterschied in dem Zwang zum Zeugnisse zwischen Civil- und Criminalfällen machten. So kennt das XII. Tafelgesetz für Civilfälle nur dann einen Zwang, wenn das Versprechen auf das Zeugnissablegen geleistet wurde (vgl. v. §.); hingegen scheint *Tab. II. Fragm.* 3. „*Cui tesimonium defuerit is tertiis diebus ob portum obvagulatum ito*“ sich auf Criminalfälle zu beziehen (vgl. die Commentatoren). — Auch die *L* 21. §. 1. *D.* 22. 5., die keine Ausnahme beim Zeugnissablegen kennt (vgl. v. §. Anmerk. 8.), soll sich nur auf Criminalfälle beziehen (vgl. Glück a. a. O. S. 166., der aber wie es scheint irrt, da *D.* 1. §. 1. *D.* 22. 5. gerade das Gegentheil sagt).

Zu §. 10.

Vgl. Ende dieses Cap. — Bei Civilfällen bedarf es nicht der Anschauung, sondern ist das Zeugniss ebenso gültig, wenn es auf Geständniss der Partei beruhet. Vgl. weiter 2. Abschnitt 2. Titel. Ein Zeugniss auf Hörensagen aber, d. i. eine Berichterstattung von dem was man aus dem Munde des eigentlichen Zeugen vernommen, kennt (mit Ausnahme über den Tod eines Ehemannes, *Jebamot* 121. vgl. auch weiter zu §. 76.) das talm. Recht weder für Criminal- noch für Civillfälle. Selbst das Zeugniss, das auf der Aussage gerichtlich vernommener Zeugen beruhet, wird als ein Zeugniss durch Hörensagen für ungültig erklärt. *Chosch. Mischp. c.* 30. §. 11. Glosse. (Das attische Recht gestattet ein *ἀκοὴν μαρτυρεῖν*, wenn die Zeugen von denen man etwas gehört zu haben behauptet, bereits gestorben sind [vgl. Meier und Schömann a. a. O. S. 669.]. Das röm. und canon. Recht lassen das Zeugniss auf Hörensagen gelten, wenn andere Zeugenaussagen nicht gut möglich sind, wie bei Zeugnissen über alle Vorfälle, die über Menschengedenken hinausgehen. *L.* 28. *D.* 22. 3. *Cap.* 13. *X.* 2. 19. *Cap.* 5. 47. *X.* 2. 20. Doch dürfte dies nur für Civilfälle nach den angeführten *Leg.* gelten. Vgl. auch *can.* 15. *Causa III. qu* 9 und *Gratian* das.)

Zu §. 11.

Wir bezeichnen mit der Benennung **absolute** Unwahrheit, wenn der Zeuge des Widerspruches seiner Aussage mit dem Factum sich bewusst ist, so wie wenn er auf ein Factum, dessen Wahrhaftigkeit ihm völlig unbekannt ist, aussagt. Das neunte Gebot des Decalogs: „du sollst nicht ablegen gegen deinen Nächsten ein lügenhaftes Zeugniss“ ist offenbar sowohl gegen diese als jene Art der Unwahrheit gerichtet. — Der Zeuge sagt eine relative Unwahrheit wenn er zwar seine Aussage für wahr hält, es wurde ihm nämlich eine Thatsache von glaubwürdigen Männern mitgetheilt, gegen deren Wahrhaftigkeit kein Zweifel gehegt werden kann; aber diese Aussage ist als Zeugniss, das ein Product der eigenen Wahrnehmung sein muss und als solches hier von dem Bezeugenden ausgegeben wird, unwahr; *Synhedrin* 36. *Maimonid. l. l. c.* 17. §. 1. Das talm. Recht verwarnt strenge gegen das relativ falsche Zeugniss, *Schebuot* 31., und es wird dieses (das.) noch mehr an einigen Fällen erläutert. „Wenn ein Lehrer zu seinem Schüler sagte, du weist, dass ich für alles Geld keine ungerechte Forderung machen würde: nun habe ich aber bei N. eine gewisse Summe, die er mir ableugnet und habe nur einen Zeugen, willst du nicht den andern abgeben? so muss dieses unbezweifelt abgelehnt werden, denn es heisst: „du sollst nicht ablegen ein lügenhaftes ff.“ Aber auch wenn Jener nur verlangte, dass ohne wirkliches Zeugniss auszusagen der Schüler nur mit der Miene eines Zeugen vor Gericht erscheine, um den Gegner hierdurch einzuschüchtern, so darf er auch hierauf nicht eingehen, denn es heisst: „du sollst von einer falschen Sache dich fern halten“ (*Exod.* 23, 7.) ff. vgl. auch *Maimonid. l. l.* §. 5. 6. vgl. auch weiter zu §. 55.

Zu §. 12.

Jeder Zeuge muss die ganze Handlung die das Object des Zeugnisses bildet, wahrgenommen haben: das auf theilweiser, sich supplirender Wahrnehmung beruhende Zeugniss ist ungültig. Diese Theorie wird im talm. Rechte häufig besprochen (*Baba Kama* 70^{b}. *Baba Batra* 56^{b}. *Synhed.* 306. *Maimonid. l. l. c.* 4. §. 17. *Chosch. Mischp. c.* 30. §. 13.) und erkennt auch das gemeine Recht dieses Princip an. Wir führen zur nähern Erklärung ein derartiges theilweises Zeugniss an. A sagt aus, dass C dem B aufgelauert, D sagt, dass C die Pistole losgedrückt, E sagt, dass B todt niedergestürzt sei ff., so unterstützen zwar diese Aussagen einander (*singularitas testium adminiculativa*); aber es liegt für die

Thatsache selbst kein vollständiges Zeugniss vor. Dieses gilt selbst für den Fall, wenn einer dieser Zeugen sagte, er habe gesehen, wie C auf B geschossen und dieser todt hingestürzt sei; für die Thatsache ist hier nur Ein Zeuge. Das gemeine Recht lässt eine derartige Aussage als Zeugenbeweis nicht gelten, erblickt aber hier einen zusammengesetzten (durch mehrere einander supplirende Umstände getragenen) Beweis, über dessen Werth und überzeugende Kraft die Gesetzgebungen, je nach der Beweiskraft welche Indicien zugestanden wird, von einander abweichen (vgl. Glück a. a. O. S. 216, der auch in Civilfällen hier nur einen halben Beweis erblickt, vgl. hingegen die das. angeführten Schriftsteller, ferner *Mittermaier* Beweis S. 374. 463.). — Im talm. Recht hat das Zeugniss, wo der Zeuge nicht auf die ganze Handlung aussagt, sowohl in Criminalfällen (hier gelten Indicien nicht als Beweis, vgl. weiter), als in Civilfällen keinen Werth. So wenn z. B. die Usucapion, die im talm. Recht bei Immobilien in dem unangefochtenen dreijährigen Besitze bestehet *), von drei Zeugen bezeugt wird, deren jeder auf ein Jahr unangefochtenen Besitzes aussagt, so legt Jeder nur eine halbe Thatsache dar und findet sich also hier kein volles Zeugniss vor. Selbst wenn hier fünf Zeugen wären, deren

*) Das talm. Recht hat hinsichtlich der Usucapion Manches mit dem röm. Recht gemein; so sichert die *praescriptio longi temporis* den Besitz, wird ein *justus titulus* verlangt u. a. m. vgl. *Baba Batra* c. 3. mit *Instit.* II. 6. *Dig.* XLI. 3—10. *Cod.* VII. 26—40. Es weicht aber das talm. Recht in noch wesentlicheren Puncten ab. Die Usucapion findet nur bei Immobilien, aber nicht bei Mobilien statt (und es dürfte hier gewiss eher dem talm. Recht als dem röm. beizustimmen sein); die Dauer der Usucapion ist auf drei Jahre festgesetzt, also weder wie das ältere noch wie das neuere röm. Recht, vgl. *pr. J.* 2. 6.; eine Usucapion von 40 Jahren (*praescriptio longissimi temporis*) wurde nach Eroberung Babylons durch die Sassaniden von diesen als Gesetz promulgirt (vgl. oben S. 56. Anmerk.), aber nicht, dass sie etwa wie im röm. Recht von den sonstigen Erfordernissen des *just. tit.* u. s. w. enthebe, sondern dass die Ersitzung unter 40 Jahren keine *species acquisitionis* bilde (eine Massregel, die von einem ehrenhaften Rechtsinn der Eroberer zeugt). Sie wurde als landesherrlicher Befehl, dem in Civilsachen Folge zu leisten Grundsatz des talm. Rechts ist, von den Juden in Persien, angenommen (*Baba Batra* 55a) und also die dreijährige Usucapion aufgehoben (vgl. das. *R. Sam. b. Meir*); fand aber sonst im talm. Recht nicht Eingang.

je zwei auf ein Jahr aussagten, hat das Zeugniss nicht Gültigkeit, weil für eines dieser drei Jahre nur Ein Zeuge spricht.

Gestützt auf eine Schriftstelle will das talm. Recht ferner (*Baba Batra l. l.* und sonst, — vgl. auch *jer. Synhedr.* 13*a.*), dass wenn in den einzelnen Wahrnehmungen an sich keine Veranlassung zu einer Aussage liegt und sie erst in ihrer Gesammtheit das Object eines Zeugnisses bilden, selbst wenn zwei Zeugen auf einen haben Umstand und zwei Zeugen auf den andern halben Umstand aussagen, das Zeugniss ungültig sei. So bedarf es z. B. zur Grossjährigkeit zweier Pubertätszeichen, ein derartiges Zeichen ist ganz bedeutungslos, da es auch an Kindern sich zu finden pflegt (vgl. zu §. 36.). Wenn also je zwei Zeugen auf ein Pubertätszeichen aussagen, so ist die Aussage werthlos, da ein Zeichen nicht andeutet, dass irgend etwas sich (an dem Kinde) verändert, dass eine Veranlassung zum Zeugnissablegen da sei. Hingegen beweiset, wenn bei den drei Usucapionsjahren je zwei Zeugen auf ein Jahr aussagen; hier ist auch schon der Genuss von einem Jahre ein wichtiger Umstand, indem er ein Besitznehmen des bisher für das Eigenthum eines Andern Gehaltenen ausdrückt und also schon hier ein Vorfall, der zu einem Zeugnissablegen veranlasst, sich findet. Dasselbe Verhältniss waltet auch bei einem derartigen, *Mischna Gittin* 63*b* gedachten Fall vor. Vgl. *Ramban* zu *Baba Batra l. l. Alfasi* das., ferner *R. Sam. b. Meir* das. und *Tosefot Baba Kama* 70*b*. — Der Grundgedanke scheint zu sein, dass da das Wesen des Zeugenbeweises nicht bloss die Wahrhaftigkeit der Zeugen, sondern nicht minder die Tiefe der Auffassung bildet (vgl. weiter), bei einer an sich unwichtigen Wahrnehmung das Zeugniss nichts besagen kann, da hier selten die gehörige Aufmerksamkeit angewendet wird. Es erklärt sich daher vollkommen die Unterscheidung, ob ein Vorfall etwas besage (oder besser, ob etwas vorgefallen), und Veranlassung zum Zeugnissablegen gebe.

Zu §. 13.

Das gemeinschaftliche Mitwissen bestehet darin, dass jeder Zeuge aussagt: er und der andere Zeuge haben zusammen diese Handlung beobachtet; jeder also gleichsam für sich und den andern das Zeugniss ablegt. Wir führen zur Erläuterung die Worte der *Beraita Maccot* 6*b* an. „Wenn Zwei ihn (den das Verbrechen Begehenden) sahen, Einer aus diesem Einer aus jenem Fenster und sie sahen sich nicht gegenseitig, so werden sie nicht zum Zeugnisse zusammenbezogen.“ — Ob diese Theorie (für die das. auf eine Bibelstelle gestüzt wird) schon zur Zeit der Ausübung der peinlichen Gerichtsbarkeit gekannt war, und ihr also practische Geltung zugestanden werden kann (vgl. Einleitung I.), ist, da hierüber kein Factum erzählt wird, nicht zu entscheiden. Jedenfalls leuchtet der leitende Gedanke hervor, dass man in den Beziehungen der Zeugen zu einander, in diesem gegenseitigen Bewusstsein der Aussage, eine neue Garantie für die Wahrhaftigkeit suchte: und ist auch in der That diese Garantie von ungemeinem Gewichte. Denn es ist psychologisch begründet, dass wenn auch in einem Individuum der innere Gewissensruf von der Verlockung zum Bösen übertäubt wird und in ihm der Entschluss zu einer unmoralischen Handlung aufkeimt, er doch vor dem Gedanken zurükbebt, dass ein Anderer seine Schuld wisse und er in ihm einen steten Vorwurf, in dessen Anblick eine unaufhörliche Erinnerung seines Verbrechens finden werde. Es wirkt aber hier noch ein anderes practisches Moment tief ein: die Furcht vor Entdeckung der Unwahrheit; denn wenn auch der Unmoralische sich seiner selbst gewiss hält, dass er sich nicht verrathen werde, so kann er nicht leicht ein solches Vertrauen auch zu einem Andern fassen, ob auch dessen Schlechtigkeit in dem schweren Zeugenverhöre (vgl. folg. Cap.) bestehen und er nicht unwillkührlich zum Verräther an beiden zugleich werde. — Doch dürfte gegen diese Theorie, so viel sie auch ihrem Principe nach für sich hat, der Einwurf geltend gemacht werden, dass durch das Erforderniss des gemeinschaftlichen Mitwissens, auch das wahrhafte Zeugniss in den meisten Fällen erfolglos bleiben müsse, und es werde über der zu weit getriebenen Rücksicht, dass nicht ein Unschuldiger bestraft werde, die andere Grundlage der Gerechtigkeit, den Schuldigen nicht straflos ausgehen zu lassen, zurückgedrängt *). Dieser Vorwurf müsste das talm. Recht

*) Die alten Juristen sprechen viel von *singularitas testium* und theilen sie ein in *singul. test. obstativa* (wenn die Zeugen sich völlig widersprechen), *singul. test. diversificativa* (wenn sie über Zeit und Ort von einander abweichen, *singul. test. adminiculativa* (wie im v. §.); vgl.

um so mehr treffen, als dieses keinen andern Beweis als den durch Zeugen anerkennt. Allein das talm. Recht hat hier vorgebeugt: nur Todesstrafe (die man überhaupt nur in höchst seltnen Fällen anwenden wollte, Einleit I.) kann nicht auf das Zeugniss ohne gemeinschaftliches Mitwissen erfolgen; hingegen veranlasst es eine Art harter lebenslänglicher Gefängnissstrafe. *Synhedr.* 81b *).

Zu dem vereinzelten (d. i. ohne gemeinschaftliches Wissen abgelegten) Zeugnisse ist auch zu rechnen, wenn bei einer continuirlichen verbrecherischen Handlung (wie Ehebruch ff.) die Zeugen succesive, je Einer nach dem Andern die Handlung mit ansahen. Hier sagen zwar *in abstracto* zwei Zeugen für die Thatsache aus; aber das Concrete wird nur durch Einen bezeugt **). Die Gesetzgebungen, die den zusammengesetzten Beweis als vollständig ansehen, werden auch dieses Zeugniss als beweisend erklären, welches aber das talm. Recht nach seiner Theorie über Judicien nicht annehmen konnte. (*Maccot l. l.*). Doch auch hier erkennt es zwar nicht auf Tod, aber auf die vorerwähnte lebenslängliche Gefängnissstrafe (vgl. *Maimon. Rozeach c.* 4. §. 8., welcher die erwähnte Stelle aus Synhedrin hierher deutet; und es scheint sowohl

---

Farrinacius de Testibus, Titulus 7. (*Osnabrugi* 1678). Ein gemeinschaftliches Mitwissen wird nicht verlangt; vielmehr gilt als Grundsatz: *Quod non propterea testes dicuntur singulares ex eo, quod se ipsos in contestes non allegent, dummodo tamen in depositione concordent. Farrin. l. l. p.* 291. *Nr.* 29.

*) Die Mischna setzt diese lebenslängliche Gefängnissstrafe darin, dass man den Verbrecher in einen engen mannshohen Kerker einsperrt, und gibt ihm spärliche Kost an Brod und Wasser. (Nach dem kurzen Ausdrucke לכיפה das. scheint, dass dieses ein bekanntes Gefängniss war. Vielleicht ist auch כיפה ein technischer Ausdruck für einen nach einer gewissen bogenartigen Structur erbauten engen Kerker vgl. auch die Hald. Version zu Jeremias 29, 16) Die spätere Theorie will, dass man den Verbrecher bei abnehmenden Kräften Gerste zur Nahrung gebe, um seinen Tod zu beschleunigen. Die Mischna selbst hat dieses Verfahren nur für einen sehr seltnen Fall.

**) Und hierdurch unterscheidet sich dieser § von dem obigen §. Dort ist die Wahrnehmung unvollkommen, der Zeuge weiss nur von einem halben Umstand; hier ist sie vollkommen, jeder der Zeugen sagt auf die ganze Thatsache aus, aber die Wahrnehmung geschah je nur durch Einen Zeugen.

diese als die früher erwähnte Deutung, die *Raschi* angehört, richtig zu sein) *).

In Civilsachen ist das vereinzelte Zeugniss gültig (*Maccot l. l.*) und zwar sowohl das des ersten als des zweiten Falles. Wenn also jeder Zeuge, ohne dass er von dem andern weiss, aussagt, A habe B eine gewisse Summe geborgt, so ist das Zeugniss vollkommen beweisend. Es wird sogar, wenn jeder Zeuge auf eine verschiedene (sich nicht widersprechende) Thatsache aussagt, das Zeugniss *in abstracto* genommen und als vollständiger Beweis erklärt. So z. B. ein Zeuge: A habe an B 100 Thlr. geborgt, der andere Zeuge B habe vor ihm eingestanden, dass er A 100 Thlr. schulde, so sind auf das Abstracte, dass B dem A 100 Thlr. schulde, zwei Zeugen, und das Zeugniss vollständig **). Dieses auch wenn ein Zeuge sagt: A habe B im Januar 100 Thlr. geborgt, der andere Zeuge: A habe B im März 100 Thlr. geborgt, so liegt ebenfalls auf die abstracte Thatsache, dass B an A hundert Thlr. schulde, die Aussage zweier Zeugen vor. (Es braucht kaum erwähnt zu werden, dass A an B 200 Thlr., je eine Forderung zu hundert Thalern beansprucht. Würde A sagen, dass er an B 100 Thlr. geliehen, so ist einer dieser Zeugen durch den eignen Widerspruch des Gläubigers falsch.) Ausführlich wird dieses Thema *Synhed. f.* 30^b behandelt, woselbst namhafte frühere und spätere Talmudautoren ein solches abstractes Zeugniss (vorzüglich das zuletzt erwähnte) nicht wollen gelten lassen. *Maimon. Edut c.* 3. §. 3. *c.* 4. §. 3 ff. *Chosch. Mischp. c.* 30. §. 2 ff.

Zu §. 14.

Ein Zeugniss ist vollständig wenn es von zwei Zeugen abgelegt wird (§. 1.); sagen mehr als zwei Zeugen auf eine Thatsache (oder einen Umstand) aus, so werden zwar alle vernommen, da durch deren Uebereinstimmung eine noch grös-

*) Die alten Juristen halten das successive Zeugniss für beweisend. „*Hinc probare testes deponentes, unum post alterum adulterium, copulam vel alium actum vidisse*" *Farrinacius l. l. p.* 297. Nr. 91. Sie halten dieses für *indicia indubitata*, welche nach dieser alten Lehre vollkommene Beweiskraft haben.

**) Diese Art Zeugniss (ein Zeuge auf das Factum, der andere auf das Geständniss) wird von den alten Juristen als adminiculativ und völlig beweisend angenommen. *Idem l. l. p.* 301. *Nrus.* 121 *seqq.*

sere Gewissheit hervortritt, so wie anderseits der etwa in ihren Aussagen sich findende Widerspruch Gelegenheit zur weitern Forschung geben und zur Enthüllung der Unwahrheit führen kann (vgl. zu §. 16 ff.). An sich selbst ist nach talm. Recht das Zeugniss zweier Zeugen so vollständig wie das von hundert Zeugen: eine Norm, die durch das ganze talmudische Criminal- und Civilrecht sich ziehet (*Maccot* 5^b und sonst allenthalben). Diese Norm äussert vorzüglich ihren Einfluss, wenn einer Zeugenaussage eine ihr widersprechende Zeugenaussage gegenüberstehet: gehet letztere auch nur von zwei, erstere von noch so vielen Zeugen aus, so werden nicht Stimmen gegen Stimmen, sondern das aus den Aussagen hervorgehende Resultat: Zeugniss gegen Zeugniss, einander gegenübergestellt und wird also hierdurch die anschuldigende Aussage Jener paralysirt. Das talm. Recht weicht hier sehr von andern sowohl alten als neuen Gesetzgebungen, von anerkannt falschen und von für wahr angenommenen Theorien ab. Da sich diese Norm auf die Offenbarung stützt (*Maccot l. l.*), so findet sie eigentlich von diesem Standpunkt aus ihre Rechtfertigung in sich selbst; aber das talm. Recht muss nach seiner strengen Verfolgung des Accusationsprincipes, auch vom rationellen Standpunct aus (und dieser scheint Einfluss geübt zu haben, da diese Norm durchgängig angenommen ist, obschon die hierher angeführte Bibelstelle nicht sehr beweisend ist und auch von mehrern Autoren (*l. l.*) anders gedeutet wird) zu diesem Resultate gelangen. Wir wollen vorerst einen prüfenden Blick auf die verschiedenen Theorien über Zeugenwiderspruch werfen.

Es wurde schon oben (zu §. 1.) bemerkt, dass die meisten Gesetzgebungen darin übereinstimmen: zwei Zeugen bilden einen vollkommenen Beweis. Widersprechen den zwei anschuldigenden Zeugen zwei entlastende Zeugen, so nimmt der Richter das dem Angeklagten günstige Zeugniss für wahr an, und zwar nicht etwa aus einem Principe der Schonung sondern aus dem der Gerechtigkeit, da hier Zeugen gegen Zeugen sich aufheben und das individuelle Recht des Angeschuldigten an seinem Leben, seiner Freiheit ff. (vgl. oben S. 2.) als Residuum zurückbleibt. Forschen wir aber, was der Aussage von zwei Zeugen volle Beweiskraft gibt. Ist es die materielle numerische Grösse, weil hier zweimal eine Behauptung über eine Thatsache ausgesprochen wird, oder liegt das Gewicht in der moralischen Ueberzeugung, die durch die von Zweien wiederholte Aussage und durch deren Uebereinstimmung hervortritt? Aus der Verschiedenheit dieser Grundansichten entspringt die Verschiedenheit der Lehre über Widerspruch der Zeugen. Bildet die Zahl das Hauptmoment, so wird bei verschiedener Grösse (wenn z. B. vier und zwei Zeugen einander gegenüberstehen) die vorwiegende Differenz, wenn nämlich nach der Subtraction für die Anklage die Zahl zwei verbleibt, den Ausschlag geben *). Dieser Theorie liegt aber eine Verkennung des Zeugenbeweises zu Grunde. Dieser gehet nämlich von der Erfahrung des Lebens aus, dass nicht immer die Wahrheit ausgesagt, sondern sie zuweilen durch Irrthum oder Absichtlichkeit entstellt werde: dass dem Zeugen zuweilen die physische oder intellectuelle Befähigung abgehet und er in einem Irrthum befangen ist (also nicht die Wahrheit sagen kann, wie bei Kurzsichtigkeit, Mangel an Gedächtniss oder Urtheilskraft ff.), oder ihm die moralische Befähigung fehlt (er also nicht die Wahrheit sagen will, wie bei einem boshaften lügnerischen Menschen ff.). Zu diesem Zweifel liegt aber bei der gewöhnlichen Zeugenaussage keine besondere Veranlassung vor, sondern ist er ein allgemeiner; waltet also nicht Verdacht, sondern nur Besorgniss ob. Diese Besorgniss wird durch die übereinstimmende Aussage von Zweien zerstreut, da Irrthum und Absichtlichkeit nicht dem Menschen nothwendig inhärirende Mängel sind, die in Jedermann wiederkehren; und es sucht endlich der Richter durch das Zeugenverhör sich noch weiter so viel als möglich über diesen Zweifel zu beruhigen. Wenn sich hingegen ein Widerspruch (eine entgegengesetzte Aussage, die sich nicht mit der ihrigen vereinigen lässt) gegen die Zeugen erhebt, so tritt ein specieller Zwei-

*) Spuren dieser Ansicht tauchen noch in dem spätern Grundsatz auf, dass ein verdächtiger Zeuge für einen halben, zwei für einen ganzen Zeugen genommen werden: also vier verdächtige Zeugen zwei classischen gleichkommen und einen vollen Beweis bilden; vgl. Baier. Strafgetzb. Art. 288. 289. Doch will das Gesetz, dass auch die besonderen Umstände erwogen werden sollen; vgl. Art. 292.

fel gegen sie hervor, es erwacht in der Seele des Richters ein **gegründeter Verdacht**, da von einer Seite eine **bestimmte Behauptung** gegen diese Zeugen vorliegt. Bleiben nun auch nach der arithmetischen Subtraction zwei Zeugen zurück, so gehet ihnen doch die Glaubwürdigkeit gewöhnlicher zwei Zeugen, gegen die nur ein allgemeiner Zweifel obwaltet, ab.

Wenden wir uns zu der weit vorzuziehenden und von vielen alten (*L.* 25. §. 3. *D.* 24. 5. *X. c.* 32. *de Testib.*) und neuen Gesetzgebungen angenommenen Theorie, dass nicht die Menge der Zeugen, sondern deren Glaubwürdigkeit den Richter bestimmen soll: bei sich widersprechenden Zeugnissen wird er also jene Aussage, die glaubwürdigere Zeugen für sich hat, für die richtigere halten (daher erklärt Hadrian *L.* 3. §. 3. *D. ibid* „*se testibus non testimoniis credere*"). Aber auch diese Regel hat viel Schwankendes, da die Grenze zwischen grösserer und minderer Glaubwürdigkeit bei classischen Zeugen schwer aufzufinden ist *). Und ist doch überhaupt hier schon die Glaubwürdigkeit durch das gegenüberstehende Zeugniss vermindert; es wird also statt der in der ersten Theorie erwähnten numerischen Subtraction eine moralische gemacht, und trifft auch diese Lehre der gegen das Zahlenverhältniss gemachte Einwurf **).

Am richtigsten dürfte daher die Theorie sein, nach welcher der Richter bei dem Widerspruche der Zeugen das

---

*) Einen Menschen aus der Mittelclasse, der eine gewöhnliche Erziehung genossen, als Massstab annehmen und so auf- und abwärts auf der Scala steigen und dem Zeugen von höherem Stande und sorgfältigerer Erziehung grössere und umgekehrt mindere Glaubwürdigkeit zuschreiben (Bentham Theorie des gerichtlichen Beweises deutsche Uebers. S. 46 ff. vgl. auch *Hommel Rhapsod.* Obs. 210.) ist unhaltbar, da der Schluss von Stand und Erziehung auf die Wahrheitsliebe nur zu häufig vom Leben als falsch erwiesen wird; vgl. ferner Mittermaier Beweis, S. 340.

**) Hier ist vorzüglich das canonische Recht in einen grossen Irrthum verfallen. Nachdem es l. l. den Grundsatz aufgestellt: „*Quia etiam ad multitudinem respicere non opportet sed ad testium qualitatem etc. etc.*" will es doch daselbst: „*si testes utrinque producti ejusdem honestatis et existimationis exstiterint, cum constet testes monachorum esse testibus archidiaconi numero pauciores, pro ipso archidiacono sententiam proferatis.*" Also doch die arithmetische Subtraction!

Zusammentreffen der Aussage mit den **Umständen** und anderen Anzeichen abwägt: je mehr die etwa erforschten anderweitigen Umstände mit dem einen Zeugnisse übereinstimmen desto mehr ist ihm vor dem ihn widersprechenden Glauben beizumessen. Und diese Norm ist tief begründet, selbst wenn auch dem Beweis aus Umständen (circumstantiellen Bew.) nicht volle Beweiskraft zugeschrieben wird, oder dass nicht an sich völlig beweisende Indicien vorliegen. Denn der Richter subtrahirt hier nicht Glaubwürdigkeit gegen Glaubwürdigkeit, so dass zuletzt nur diese Umstände als Beweis zurückbleiben, sondern sie bestärken jene Aussage und entkräften die entgegengesetzte und wird durch sie der Zweifel gehoben, der durch den Widerspruch in der Seele des Richters entstanden *).

Kehren wir nun aber zu dem talm. Recht zurück. Dieses verbleibt ganz bei dem eigentlichen Princip des Anklageprocesses, das keine Obliegenheit die Umstände zu erforschen und die **materielle Wahrheit** aufzusuchen kennt, sondern nur die formelle Wahrheit aufsucht und sich mit ihr begnügt, der Richter also ausser der Zeugenaussage sich nicht über die Thatsache belehrt ff. (vgl. weiter). Es würde also hier bei dem Widerspruche classischer Zeugen, der seine rechtmässige Lösung nur durch Erforschung anderer Umstände finden kann, der Zweifel nie ganz entfernt werden können: und musste daher das talm. Recht bei wie oben gedachtem Widerspruche auf Gewissheit ganz verzichten, und weder in dieser noch in jener Zeugenpartei einen Beweis erblicken.

Wir wenden uns, nachdem dieses Cap. den Begriff des Zeugenbeweises nach talm. Recht gebracht, zu der Beweis-

---

*) Die erwähnte *L.* 23. *D.* nähert sich diesem Princip an, indem sie will, dass berücksichtigt werden: *negotii quantitas ac judicis motus* (vgl. Glück a. a. O. S. 212 ff.); ferner: *testimonia, quibus lux veritatis adsistit.* — Aeltere Juristen stellen die Lehre auf, dass wenn eine Minderzahl **für**, eine grössere Zahl **gegen** den Angeschuldigten ausgesagt, jener Glauben geschenkt werde. *Farrinac. l. l. N.* 157. Man vermisst aber bei ihnen das Princip. Als Curiosum führen wir noch die Meinung des Arretin (bei *Farrin. l. l.*) an, dass bei sich widersprechenden Zeugnissen sowohl die Zeugen die **für** als die **gegen** aussagen als falsche Zeugen bestraft werden!!!

kraft, die der talm. Criminalprocess den im gemeinen Strafrechte vorkommenden Beweisarten zuerkennt. Das gemeine Strafrecht hat ausser dem Zeugenbeweis: Beweis durch richterlichen Augenschein, Aussage der Sachverständigen, Geständniss des Angeschuldigten, Urkunden, Zusammentreffen von Umständen (Indicien). — Den alten Gesetzgebungen, die nach dem Grundtypus des Anklageprocesses nur die formelle Wahrheit suchen, mussten mehrere dieser Beweisarten, die erst den Umstand ermitteln wollen, unbekannt sein. So will bei dem richterlichen Augenschein sich der Richter durch eigene sinnliche Anschauung von dem Dasein gewisser Merkmale, die auf die Beurtheilung der vorliegenden Thatsache Einfluss haben, überzeugen. Zu diesem Zwecke untersucht er den Gegenstand, an dem das Verbrechen, die Werkzeuge, mit welchen es verübt wurde, begibt sich an den Ort des stattgefundenen Verbrechens, um hier Manches zu ermitteln u. dgl. m. Der Sachverständige untersucht das Dasein der Merkmale, die mit der Thatsache im Zusammenhange stehen und nur durch erlangte technische und wissenschaftliche Kenntnisse aufgefunden werden können *). Die Schrift kennt zwar unter einem gewissen Gesichtspuncte das Urtheil durch Sachverständige, da es beim Mordschlag heisst: „Wenn er ihn mit einem Stein in der Hand, durch welchen man sterben kann, geschlagen, dass er gestorben ist, ist er ein Mörder ff. oder wenn er mit einem Geräthe von Holz, durch welches man sterben kann, geschlagen dass er gestorben ist, so ist er ff." (Numer 35, 17. 18). Es hängt also hier von der Beurtheilung, in welchem Verhältnisse Mittel (Mordinstrument) und die Wirkung (der Todschlag) zusammenstanden, Verdammung und Lossprechung ab. Zwar macht nicht die Schrift Sachverständige namhaft, da eine solche Beurtheilung einfach und es hierzu nicht mit der Kunst Vertrauter bedurfte, aber das Princip scheint schon hier involvirt **).

---

*) Vgl. Mittermaier Beweis S. 165. 189. Meier und Schömann. S. 659. Anmerk. 3.

**) Das talm. Strafrecht verbreitet sich über diese Materie weiter: ob die Verwundung an einer Stelle, wo sie lebensgefährlich wird, beigebracht wurde, ob der Thäter die Kraft besitzt einen Todschlag zu appliciren (vgl. *Sifri* zur Stelle und *Maimonid. Rozeach.* c. 3. §. 1—8); es

Allein das Princip der Aussage durch Sachverständige in den neueren Gesetzgebungen ist ein ganz verschiedenes von dem der Schrift. Der Sachverständige soll theils das Dasein einer bestimmten Thatsache erörtern (so z. B. wenn sich bei einer Leiche Zeichen von Verletzungen finden, soll er erkennen, ob hier Selbstmord oder fremde verbrecherische Thätigkeit einwirkte), theils die Angabe der Zeugen controliren (wenn z. B. der Zeuge über eine Vergiftung aussagt, durch chemische Zersetzung untersuchen, ob sich in diesem Körper Gift findet *)). Der Sachverständige des gemeinen Strafrechts sucht also Umstände auf, welche die Thatsache constatiren oder die Angaben entkräften, seine Aussage ist controllirend **). Der Sachverständige der Schrift hingegen (wenn er so genannt werden kann) urtheilt über eine bestimmt vorliegende Thatsache, stellt sie nicht in Abrede oder bestätigt sie, sondern sagt bloss ob diese Wirkung dem Thäter zuzurechnen sei ***). — Auch Geständniss des Angeschuldigten bildet im Anklageprocess kein eigentliches Beweismittel, da der Richter auf dasselbe nicht dringen kann (Einleitung S. 71 ff.), und ist hier nur das freiwillige Geständniss des Angeklagten als Beweis anzunehmen, da er selbst den Kampf aufgibt und die Behauptungen des Gegners als richtig anerkennt. Allein wenn auch der Anklageprocess sich mit der formellen Wahrheit begnügt, so kann doch nicht in Abrede gestellt werden, dass eine Verzichtleistung (ein sich selbst als besiegt Erklären) im Capitalprocesse

kommt also noch mehr die Beurtheilung Anderer über das Wesen der Thatsache hinzu.

*) Zuweilen auch die physische Befähigung des Zeugen, ob er im Stande war in einer gewissen Entfernung die Thatsache wahrzunehmen; vgl. Mittermaier S. 181.

**) Daher wird auch von manchen Criminallehrern der Sachverständige als Zeuge angesehen (vgl. Mittermaier Beweis S. 184). Doch waltet der Unterschied ob: der Zeuge berichtet über eine Handlung, einen Vorgang, der sich vor seinen Augen ereignete, der Sachverständige über eine Beschaffenheit. Vgl. zu §. 3. Anmerk.

***) Im talm. Recht vertreten daher die Zeugen selbst die Stelle solcher Sachverständigen, sie sagen aus ob der Stein tödtend war ff. Zwar will ein früher (mischnischer) Autor, dass das Mordinstrument dem Gericht vorgelegt werde. Ihm wird aber (dem Anklageprincip gemäss) aufs entschiedenste widersprochen und entgegengehalten, dass man sich hierüber bei den Aussagen der Zeugen beruhigen müsse. *Tosefta Synhedrin* c. 12

gegen alle Gesetze der Religion und Moral streitet (vgl. oben S. 2.); dass überhaupt das freiwillige Geständniss eine solche Anomalie ist, einen solchen Widerspruch mit den natürlichen Gesetzen der Selbsterhaltung enthält, dass es nur als Product eines unnatürlichen Zustandes, des Lebensüberdrusses, der düstern Schwermuth, des temporären Wahnsinns u. s. w. erscheinen muss. Trefflich drückt Maimon. diese von philosophischen Schriftstellern des vor. Jahrh. gemachte Einwendung (vgl. *Filangieri* System der Gesetzgebung 3. Thl. S. 179 ff. *Beccaria* von Verbrechen a. m. O.) in seinem schon vor vielen hundert Jahren verfassten Werke aus: „Das Synhedrium verhängt nicht Todes- und Geisselstrafe auf Selbstgeständniss, vielleicht ist hier (partieller) Wahnsinn, vielleicht gehört dieser (sich selbst Anklagende) zu den Schwermüthigen, Lebensmüden, die auf den Tod hoffen, sich selbst ein Schwert ins Herz stossen ff.“ — Das Unnatürliche des Selbstgeständnisses gibt ferner auch Anlass zu vermuthen, dass Jemand sich ein Verbrechen andichte, um hierdurch gewisse Vortheile zu erlangen *). Es wird zwar eingewendet, dass nach der sittlichen Natur des Menschen das Gewissen nie zum Schweigen gebracht werden kann: das Verbrechen bewirkt ein Zerwürfniss im Gemüthe des Verbrechers, zerstört seine innere Ruhe und er kann nicht eher Erholung von der ihn marternden Seelenfolter finden, als bis er das Bekenntniss seiner Schuld abgelegt und sich zur Sühne des Verbrechens hingegeben hat (*Mittermaier* S. 277). Allein wenn hierin eine genügende Ursache für die Selbstanklage liegt, so müsste dieses gerade einen Grund abgeben, dass auf sie die gesetzliche Strafe nicht erfolge, da diese Gewissensbisse, diese tiefe Reue laut die Besserung des Verbrechers verkündet und auch die Gerechtigkeit, so nicht die Bestrafung als

---

*) Mittermaier S. 230. Anmerk. 17—18. — In England wird der Angeklagte befragt, ob er *guilty* plädiren, d. h. seine Schuld gestehen will. Es vermahnen ihn aber Richter, Gerichtsschreiber, Advocaten dagegen, und stellen ihm vor, dass er nichts Nachtheiliges gegen sich selbst aussagen soll (*Cottu* a. a. O. S. 163). Mancher Angeklagte plädirt aber *guilty*, theils weil er hierdurch eine mildere Strafe hofft, theils weil er dem Ankläger das Versprechen gab das geringere Verbrechen zu gestehen, damit dieser die schwerere Anklage zurücknehme. *Cottu* S. 145. 146. *Mittermaier* S. 239.

eine dem Ermordeten zu gebende Genugthuung betrachtet wird *), ihre strenge Forderung erlassen muss. Nur im Inquisitionsverfahren findet das Selbstgeständniss seinen eigentlichen Platz. Der Inquirent gehet von Vermuthungen aus, steigt von Frage zur Frage, und versucht, da keine bestimmte Anklage vorliegt, durch den Inculpaten Gewissheit zu erlangen (Einleitung S. 72.), und er findet diese völlige Gewissheit in dem Geständniss. Doch bildet es auch im Inquisitionsverfahren nur dann einen vollständigen Beweis, wenn es durch das Zusammentreffen von Umständen unterstützt wird, die von anderswo auf die That und den Thäter hinweisen, durch Angaben die nur dem Thäter bekannt sein können, durch die Beharrlichkeit mit welcher der Gestehende bei seiner Behauptung verbleibt ff. Uebrigens erzeugte dieses Beweismittel,

*) Fast dürfte man noch manche Spur dieser bei den alten Völkern vorwaltenden Ansicht *(vgl. Einleitung S. 17.) in manchen neuen Gesetzgebungen, hinsichtlich der Todesstrafe der Kindesmörderin (vgl. u. a. Preuss. Strafrecht §. 874. 887. — Schleifung zum Richtplatz und Rad von unten herauf; — ferner Rescript vom 14. April 1794. vgl. auch *Code pénal* §. 300. 302.), wiederfinden. Nur der äusserste Grad der Verzweiflung vermag das Muttergefühl zu überwältigen: auch ist der Zustand in welchem eine solche That ausgeführt wird, als der der Zerrüttung der Geisteskräfte anzusehen, und gehet endlich hier der eigentliche Dolus ab. Vgl. *Feuerbach* Lehrbuch des peinlichen Rechts §. 239. und verweisen wir auf die Schriftsteller, die über diesen Punct handeln, vgl. Grolman Bibliothek für die peinliche Rechtswissenschaft. (Die Carolina Art. 131 will den Sitten des Zeitalters gemäss, dass die Kindesmörderin lebendig begraben und gepfählet werde. Als Act der Gnade „darinnen Verzweiflung zu verhüten" soll manche Kindesmörderin nur ertränkt werden. Manche neuere Gesetzgeb. folgen dem milderen Princip: so das österr. Strafgesb. §. 122, das keine Todestrafe hat; das baier. Strafgb. Art. 157. 158. Todesstrafe nur auf wiederholten Kindesmord; das neue Criminalgsb. für Sachsen in den ersten 24 Stunden keine Todesstrafe.) — Das mos.-talm. Recht schweigt über dieses Verbrechen, das erst ein Product der fortschreitenden Cultur ist. Das Alterthum hielt eine solche That für unerhört (*L.* 1. *D.* 48. *c.*9. hat eine andere Art Kindesmord [Verwandtenmord] als den hier beregten im Sinne vgl. das. vgl. jedoch *L.* 8. *D.* 48. 8.), und erwähnte nicht dieses Verbrechen aus demselben Grunde wie Solon den Vatermord überging. Im talm. R. wird nur der Fall gedacht (*Mischna Maccot* 8*a*), „wenn ein Vater sein Kind schlägt (züchtigt) und es stirbt"; aber dieses ist freilich nur ein unfreiwilliger Mord, und dispensirt die Mischna sogar von dem Auswandern in die Zufluchtsstädte (vgl. weiter Ende des 2. Cap.).

das ursprünglich dem Inculpaten zum Schutze dienen sollte, dass er nicht auf Vermuthungen verdammt werde (vgl. *Carolina Art.* 22. 62. 69). Die schrecklichen Auswüchse Tortur und Ungehorsamsstrafen, durch die man das Geständniss zu erpressen suchte: Suggestionen und captiöse Fragen, die das Freie des Geständnisses ganz zweifelhaft machen oder es gänzlich aufheben, sind hier fast unvermeidlich, und ist dieses eine der schwächsten und von den Gegnern mit dem meisten Erfolg angegriffene Seite des Inquisitionsverfahrens *). Im talm. Recht, in welchem wie öfter bemerkt der Richter nicht die andern Umstände aufsucht, wird auf Selbstgeständniss kein Werth hinsichtlich des Thäters **) gelegt. Der Satz, dass Niemand auf sich selbst verzichten kann, bewahrte seine Geltung trotz des Festhaltens an dem Accusationsprincip, und so wie das talm. Recht im Verbre-

*) Vgl. *Zentner* a. a. O. *Welcker* Staatslexicon Artikel „Anklage", „Jury" u. a. Autoren. — Das röm. Recht erblickt ebenfalls in dem Geständnisse und der Selbstanklage keinen genügenden Beweis; vgl. *L.* 1. §. 17. 27. *D.* 48. 18; nur ist genug befremdend, dass es in demselben Tit. durch die Tortur (bei Sclaven nämlich: vgl. weiter zu §. 32.) die Wahrheit erpressen will. Vgl. auch das. §. 23. Ferner ist zum Selbstgeständniss zu beziehen *L.* 2. *C.* 7. 65. Aus *L.* 8. *pr. C.* 9. 12. und besonders aus *L.* 16. *C.* 9. 47 scheint Selbstgeständniss ein vollständiger Beweis zu sein. — Doch erhielt es erst seine eigentliche Bedeutung im canon. Recht, welches die Ansicht der Besserung hervorhob, und in dem Geständnisse Reue und Unterwerfung unter die Strafe erblickte (*Mittermaier* S. 236). Auch hier also wieder das Untereinanderwerfen von Tugend und Gerechtigkeit (Kirche und Staat): das Geständniss wird als Besserung angesehen, und soll zugleich die Strafe motiviren. Das talm. Recht hat das Princip der Besserung weit richtiger aufgefasst: auf der Besserung (dem Geständniss) wird nicht verurtheilt; wenn aber der Verbrecher schon durch andere Beweise verurtheilt war, wurde er auf seinem Wege zur Richtstätte ermahnt, dass er bekenne, denn wer bekennt, hat Theil an dem jenseitigen Leben. *Mischna Synhed.* 43*b*.

**) Die That selbst wird, wenn in anderer Hinsicht daran gelegen ist, nach einer (unter Widerspruch eines talm. Autors) angenommenen Norm als constatirt angesehen. So wenn z. B. Jemand sagt, er habe den Gatten jener Frau umgebracht, so wird er auf diese Selbstanklage nicht hingerichtet, aber es wird auf seine Aussage angenommen, dass jener gestorben sei (eines gewaltsamen oder natürlichen Todes), und darf die Frau eine andere Ehe eingehen. Vgl. *Jebamot* 25*a*. *Synhedrin* 9*b*. vgl. auch weiter zu §. 67.

chen nicht eine Privatverletzung siehet (vgl. oben S. 19.), so ist auch das Leben ff. des Verbrechers nicht ein Privateigenthum, über das er nach Gefallen schalten könnte. Es heisst daher im talm. Recht: „Niemand kann sich zum Bösewicht machen," d. i. durch seine Anklage sich selbst beschuldigen *). *Synhedrin* 9ᵇ u. a. a. O.

Der Beweis durch Urkunden in Criminalfällen (Urkunden sind schriftliche Aufzeichnungen, welche die Wahrheit einer Thatsache zu beweisen geeignet sind, z. B. ein Brief, in welchem Jemand einem Freunde das von ihm begangene Verbrechen, oder dass er davon Zeuge war, vertraulich mittheilte u. dgl. m., — auch Denkmäler, Symbole begreift man im weitern Sinne unter Urkunden, vgl. *Mittermaier* §. 48.) ist erst in neuerer Zeit ausgebildet worden und übergehen ihn ältere Gesetzgebungen mit Schweigen (*Mittermaier* S. 382. 384. 385). Auch das talm. Recht gedenkt seiner nicht. (Die *Mischna Kidduschin* 76ᵃ· hat zwar eine Art Urkunde im weitern Sinne: „Wer in der Armee des Königs eingeschrieben ist [dieses scheint sich zu beziehen auf die Leibgarde; der Talmud das. hat eine andere Erklärung], der ist legitimirt", und wäre also hier eine Art *monumentum publicum*, vgl. *L.* 10. *D.* 22. 3. Allein dieses hat nur Einfluss hinsichtlich der Puritität der Familie, und gehört nicht in's Criminalrecht.)

Um so mehr müssen wir aber unsere Aufmerksamkeit auf den Beweis durch Zusammentreffen von Umständen (Indicienbeweis) richten. Die Kette von Nebenumständen und Thatsachen, welche das Verbrechen umgeben, sind oft geeignet, zu dessen Entdeckung zu führen; und bilden Indicien gerade nach dem aus dem Principe des Anklageprocesses hervorgehenden Geschwornengerichte einen vollständigen Beweis. Denn die Grenze, wo Indicien nur einen Verdacht und wo sie Gewissheit ergeben, ist sehr enge; es

*) *Raschi* erklärt (a. letzt. O.) „weil Jeder zu sich selbst verwandt sei" (der Verwandte aber weder zum Vor- noch zum Nachtheile Zeugniss ablegen kann). In der Schrift finden sich Todesurtheile auf Selbstangaben (II. Sam. c. 1 u 4). *Maimon. l. l.* macht selbst hierauf aufmerksam und fügt hinzu, diese Urtheile seien nicht gesetzmässig gewesen, sondern sie waren ausserordentlich, verhängt durch ein Zeitbedürfniss oder Königsbefehl. Auch Josua c. 7. findet sich ein Selbstgeständniss, doch war der Thäter schon vorher ermittelt. Vgl. das.

können hier nicht erschöpfende Vorschriften aufgestellt werden, sondern bleibt Vieles dem Ermessen des Richters überlassen. Aber das Ermessen des einzelnen Richters (oder weniger Richter) bleibt immer unzuverlässig, es wirkt bei dem einzelnen Individuum häufig die Subjectivität ein und wird es von unklaren täuschenden Vorstellungen bestimmt *). Hingegen ist dieses gerade der Grundzug des Geschwornengerichts, dass die Beurtheilenden nach dem auf sie gemachten Eindruck entscheiden (Einleit. S. 78.); ihr übereinstimmender Ausspruch (das. S. 80.) ist der Ausspruch des gemeinen Verstandes, und wo diesem die Wahrheit entgegenleuchtet, dort ist sie auch zu finden: halten sich also die Geschwornen durch die vorliegenden Indicien überzeugt, so waltet über der Thatfrage mehr kein Zweifel ob und ist sie als entschieden anzusehen. Und dieses ist das wichtigste Motiv, das die Vertheidiger des Geschwornengerichts anführen. Der vollständige Beweis durch Zeugen ist selten, denn das Verbrechen schleicht im Verborgenen und wird im Verborgenen ausgeführt; durch Geständniss des Angeklagten Gewissheit herzustellen, führt zur Tortur und anderen Entwürdigungen der Gerechtigkeit: nur Indicien geben gewöhnlich Aufschluss über Verbrechen: „sie sind gleichsam stumme Zeugnisse, von der Vorsehung selbst in Verbindung mit dem Verbrechen gebracht, damit aus dem Dunkel ein Strahl hervorbreche, welcher die Spur zur Enthüllung des Verbrechens zeigt" (*Bentham* bei *Mittermaier* S. 402).

Befragen wir nun das mosaisch - talmudische Recht, in welchem wir ebenfalls das Geschwornengericht wiederfanden (Einleit. S. 85.), so spricht zwar die Schrift selbst sich nicht über den Indicienbeweis aus; aber dass allenthalben nur (zwei) Zeugen als vollständiger Beweis hervorgehoben werden, scheint darauf hinzudeuten, dass die Schrift einen andern Be-

*) Der Indicienbeweis ist im Inquisitionsverfahren schon desshalb als ein unvollkommener anzusehen, weil ihm hier eine Hauptbedingung, die Mündlichkeit, abgehet: das Mittel, die als Indicien sich darstellenden Umstände in allen ihren Windungen und Verwickelungen, im Angesichte des Angeschuldigten und der Zeugen zu prüfen und so den hier so leicht unterlaufenden Schein vom Wesen zu sondern. Vgl. *Braun* Hauptstücke des öffentlich - mündlichen Strafverfahrens S. 28, woselbst auch (§. 5.) eine treffliche Darstellung über Nothwendigkeit und Wesen des mündlichen Verfahrens.

weis nicht kenne. Darum wird eben so oft wiederholt, dass „durch Einen Zeugen Niemand umgebracht werden solle“; wo Indicien Beweiskraft zugeschrieben wird, liefert Ein Zeuge, wenn ihn hinlängliche Indicien unterstützen, einen vollkommenen Beweis (zusammengesetzten Beweis; das Ausführliche hierüber *Mittermaier* §. 62. 63). — Und anbelangend das talmudische Criminalrecht, so negirt dieses ausdrücklich den Indicienbeweis; und zwar nicht in der Speculation nur, sondern hatte schon die alte Praxis sich dagegen ausgesprochen (*Mischna Synhed.* in 37^{a} vgl. weiter zu §. 10), und liegt auch ein Factum vor, welches Indicien als unzureichend erklärt. Der Synhedriumspräsident Simon ben Schetach, der zur Zeit Alexander Jannai's lebte und in gewisser Hinsicht als Restaurator der Criminalgerichtspflege, die durch Jannai und die ihm zu Willen lebenden Sadducäer (vgl. zu Ende des 2. C.) einen empfindlichen Stoss erlitten hatte, angesehen werden kann (es haben sich von ihm noch mehrere Verordnungen erhalten, vgl. weiter), erzählt: „Ich sah einst Jemanden einen Andern in eine Ruine verfolgen. Ich eilte ihm nach und erblickte ein von Blut triefendes Schwert in seiner Hand, und Jener lag erstochen und sich in seinem Blute wälzend *). Ich sprach: Bösewicht! wer hat diesen umgebracht, ich oder du? Doch was kann ich thun, dein Blut ist nicht in meine Hand (zur Bestrafung) gegeben“ **). Und es schliesst der Talmud hieraus, dass Indicien keinen vollständigen Beweis liefern.

Um zur Motivirung der Ansicht des mosaisch-talmudischen Rechts zu gelangen, wollen wir auf die vielfach angeregte Frage, welche Gewissheit dem künstlichen (Indicien-) Beweise beizulegen sei, eingehen. Der Indicienbeweis beruhet

---

*) Solche Anzeichen sehen viele Schriftsteller für *indicia luce clariora* an, die nach *L. ult. C.* 4. 19. beweisen. (Doch ist diese *L.*, wie der ganze Titel und das vorhergehende *vel instructa apertissimis documentis* zeigt, nur auf Civilfälle zu beziehen. Vgl. weiter unten.)

**) Im babyl. Talmud folgt noch: „Da die Schrift sagt, auf den Ausspruch zweier Zeugen ff.“ Dieser Satz fehlt im jerus. Talm. 15; und meint auch der babyl. Talm. nicht, weil nicht zwei Zeugen es mit ansahen, sondern weil überhaupt der Zeugenbeweis fehlt und die Schrift nur diesen gelten lassen will. Vgl. *Tosefot* das.

auf Combinationen; auf einer geistigen Operation, die nach den Gesetzen des Schliessens von Ursache und Wirkung und umgekehrt, von einem Gegebenen (den sich vorfindenden Merkmalen, als dem Mordinstrumente, dessen Eigenthümer bekannt ist, Blutflecken an dem Gewande eines in der Nähe der Mordthat befundenen Menschen u. s. w.) zu Höherm aufsteigt und durch Inductionen in dem Zusammentreffen vieler solcher Merkmale Ueberzeugung zu erlangen strebt. Gegen diese Ueberzeugung wird zwar von den Gegnern eingewendet, dass ihr das, was den Erfahrungssätzen die eigentliche Gewissheit gibt, die sinnliche Evidenz, abgehe; allein es wird entgegengehalten, dass auch der Beweis durch Zeugen nicht auf sinnlicher Evidenz beruhe. Denn wenn auch der Zeuge seine Aussage auf sinnliche Wahrnehmung basirt, der seiner Versicherung nach keine Gehör- oder Gesichtstäuschung zu Grunde liegt, so gehet doch dem Richter, von dem das Zeugniss abgelegt wird, diese Evidenz ab: er baut auf die Aussage der Zeugen, weil er sie für glaubwürdig hält, d. i. voraussetzt, dass sie die Wahrheit wissen und sie sagen wollen; er prüft die Uebereinstimmung ihrer Aussagen und schliesst durch diese Harmonie auf die richtige Wahrnehmung; er beziehet das Zeugniss zu mehrern anderen Umständen und ermisst, in wie fern sie das Zeugniss unterstützen (vgl. zum 2. C.): es wird also auch beim Zeugenbeweise erst durch eine Geistesoperation Gewissheit erlangt und treten auch hier die Merkmale des künstlichen Beweises hervor (vgl. *Globig* a. a. O. 1. Thl. S 97. *Mittermaier* §. 59). — Und doch dürfte bei weiterm Forschen der Indicienbeweis sowohl an formeller als an materieller Wahrheit hinter dem Beweise durch Zeugen zurückstehen. Betrachten wir zuerst die formelle Wahrheit, so ist die Basis des Zeugenbeweises, wie erwähnt, sinnliche Evidenz: die Zeugen haben nach ihrer Aussage mit ihren Sinnen That und Thäter wahrgenommen (waren Augenzeugen): und dürfte man der Aussage unbedingt Glauben beimessen, so wäre diese Gewissheit unantastbar. Aber der Richter wirft sich gegen diese Evidenz Zweifel (ob nicht Irrthum oder Vorsätzlichkeit obwalten) auf, die zwar an sich Anomalien sind, aber die Erfahrung sagt, dass diese Anomalien nicht selten im Leben hervortreten (vgl. zu §. 13). Je mehr diese Zweifel schwinden (durch das Verhör, Uebereinstimmung ff.), desto mehr tritt die Evidenz hervor und macht sie der Richter zur Grundlage seines Urtheils. Bei den Indicien hingegen ist die Grundlage Wahrscheinlichkeit: hier werden nicht erst Zweifel aufgeworfen, erscheinen sie nicht als Anomalien, sind nicht erst von aussen hinzugekommen, sondern sind sie diesen Wahrnehmungen selbst inhärirend, diese tragen in ihrem Entstehen den Zweifel in sich, der erst durch den Schluss, in wie fern diese Merkmale mit That und Thäter zusammenhängen entfernt werden soll. Die Induction muss also die hier fehlende positive Basis ersetzen: nach den Gesetzen der Erfahrung ist eine andere Ursache kaum denkbar; der Richter sucht die Möglichkeit jeder andern Erklärungsweise zu Gunsten des Angeschuldigten auf und er vermag sie nicht zu finden: daher schliesst er auf den verbrecherischen Zusammenhang des Angeklagten mit der That. Allein wenn sich auch im Leben unsere Entwürfe und Unternehmungen grösstentheils auf Inductionen gründen und wir uns bei der menschlichen Beschränktheit mit ihnen begnügen müssen, so liegt doch allein in der Evidenz Gewissheit, und stehet formell hinsichtlich der Basis der Indicienbeweis hinter dem Zeugenbeweis zurück. Und muss nicht bei dem Indicienbeweis auch der Zeugenbeweis herbeigerufen werden? Der Richter selbst erkennt in den meisten Fällen die Indicien nicht durch eigene Anschauung, sondern durch die Aussage Anderer: man hat den A. aus dem Hause des Ermordeten eilen sehen, nahm bei ihm das Instrument wahr u. dgl. m. Hier ist also ein doppelter Zweifel: ob die Zeugen beweisen, d. i. ohne Irrthum und Vorsätzlichkeit aussagen, und ob die Indicien beweisen, d. i. sie hinlängliche Veranlassung geben, auf den Thäter zu schliessen. Oder sollte dieses beruhigen, dass hier nur ein kleinerer Zweifel hinsichtlich der Vorsätzlichkeit obwaltet, da die Zeugen nur auf Nebenumstände, deren Einfluss oft unbedeutend erscheint und von denen sie sich kaum einen Erfolg versprechen könnten, aussagen?

Und noch bedeutender tritt der materielle Unterschied hervor. Beim Zeugenbeweis ist das richterliche Ermessen in einem engen Kreise abgegrenzt, und kann daher der Richter sein Urtheil über die Glaubwürdigkeit der Zeugen eher fixiren und sich dabei beruhigen. Bei dem Indicienbeweise hingegen wird dem Ermessen ein fast unübersehbares Gefielde eingeräumt: selbst bei dem Zusammentreffen verschiedener Umstände, welcher Kette von Schlüssen bedarf es da, es muss jedes Indicium besonders geprüft und in Verbindung mit anderen gebracht (und die Zeugen jedes Indiciums besonders erforscht) werden: welche Aufgabe, um sich hier vor jedem Fehlschlusse zu sichern und eine an Evidenz grenzende Wahrscheinlichkeit zu gewinnen, wie kühn, da oft verschiedene Ursachen dieselbe Wirkung hervorbringen, die Behauptung, man habe da, wo die Ursache verborgen ist und erst durch die Wirkung auf sie zurückgeschlossen werden muss, die Möglichkeit jeder andern Erklärungsweise entfernt? Zeigen doch die Gesetzgebungen selbst, dass diesen Schlüssen nicht ganz zu trauen sei; und während z. B. das Oesterreichische Strafgesetzbuch (§. 412.) und das Baierische (Art. 328.) bestimmte Vorschriften über den Indicienbeweis geben, nach welchen die Evidenz (der Beweis) wirklich hergestellt zu sein scheint, wagen sie doch nicht, Todesstrafe auszusprechen (Oesterr. Gesetzb. §. 430. Baier. Gesetzb. §. 330.), und schwebte bei ihnen also doch über der durch Indicienbeweis erlangten Gewissheit ein leiser Zweifel, der in einer andern Gesetzgebung (Preuss. Criminalordn. §. 405) für so stark erachtet wird, dass auf Indicien nur ausserordentliche Strafe verhängt werden kann*). —

*) Der revidirte Entwurf der Strafprocessordnung für die Preussischen Staaten (Berlin 1841) lässt zwar 1. Thl. §. 270. auf Indicien „Verurtheilung in die gesetzliche Strafe erfolgen", will aber, „dass in diesem Falle niemals auf Todesstrafe oder lebenswierige Freiheitsstrafe erkannt werde." Vgl. hierzu 2. Thl. S. 106. Das neue Criminalgesetzbuch für das Königreich Sachsen No. 32. Art 10. scheint zwar dem Indicienbeweis volle Beweiskraft einzuräumen; ermächtigt aber den Richter, bei den mit Todesstrafe bedrohten Verbrechen auf lebenslängliche Zuchthausstrafe zu erkennen. Wie zusammengesetzt der Indicienbeweis sei und wie er mit Recht den Namen künstlichen verdiene, ist aus den bei Mittermaier, dem eifrigen Vorkämpfer dieser Beweisart, gestellten Bedingungen zum vollständigen Beweise durch Indicien zu ersehen. Es wird hier nach einer an Divisionen und Subdivisionen reichen Theorie in der Wirklichkeit über ein Leben abgeurtheilt: ob je der Richter sich wird mit Gewissheit sagen können, dass er alle diese feinen Distinctionen aus der bstracten Regel in's Coucrete übertragen und allen diesen Forderungen Genüge geleistet habe?

Und gehen wir weiter auf die Geistesoperation ein, die beim Indicienbeweise thätig ist, so vermindert sie gerade durch ihre Unmittelbarkeit das Gewicht der Wahrscheinlichkeit und stehet auch in dieser Hinsicht hinter dem Zeugenbeweise zurück. Es ist eine sich tausendfach wiederholende Erfahrung, dass wir gegen die Wahrnehmungen Anderer viel misstrauischer als gegen unsere eigenen sind, jene einer sorgfältigern Prüfung unterwerfen, bei ihnen Zweifel anregen, die bei der eigenen Anschauung nicht zum lebendigen Bewusstsein gelangen. Dieses Verhältniss gilt auch für die geistige Wirksamkeit. Verfolgen wir die Schlüsse Anderer, so finden wir manchen unmotivirten Zusammenhang von Grund und Folge, Ursache und Wirkung ff., die wir bei den Schlüssen, die wir selbst machen, nicht erkennen: die logischen Irrthümer der Assimilation und der Wahrscheinlichkeit erzeugen eine Ideenassociation, die der Geist bei seinem Streben nach einem Ziele nicht ganz nach ihrem Werthe und Gehalte zu analysiren vermag, und er überspringt durch die Verwechslung des Aehnlichen mit dem Gleichen manches Glied in der Kette. Der fremde Forscher, der diesen Gang nochmals durchmacht und noch nicht das Ziel im Auge hat, prüft genau den Zusammenhang und entdeckt die Quelle des Irrthums. Beim Indicienbeweise ist die eigene geistige Wahrnehmung thätig: der Zusammenhang wird durch den Schluss des Richtenden constatirt, — er findet durch seine Combination Verbindung der Wirkung und Ursache auf. Daher auch die merkwürdige Erscheinung, dass Indicien auf das Publicum oft überweisender einwirken, als Zeugenaussage. In dem bekannten Fonk'schen Process (vgl. J. N. *Bischoff*: P. A. Fonk und Chr. Hamacher) sprach, ehe noch das (erzwungene) Zeugniss abgelegt wurde, sich allenthalben die Ueberzeugung, dass Fonk die dort in Rede stehende Mordthat begangen habe, mit einer Hartnäckigkeit aus, die keinem Gegenbeweise Kraft einräumen wollte. Weil hier Jedermann selbst die geistige Operation machte, von einem allgemein verbreiteten und beim Volke festgewurzelten Verdachte (dass Fonk Schröder betrogen), zu einem Schlusse gelangte (es habe Fonk den von Schröder an ihn zur Untersuchung der Rechnungen abgesandten, und nach einem nächtlichen Besuche bei Fonk in dem Rhein ermordet gefundenen Cönen umgebracht): es sprach also hier scheinbar die eigene Ueberzeugung. Ueberhaupt stösst man beim Indicienbeweise auf ein Moment, das hier unbeachtet blieb, während man es auf einer andern Seite mit aller Kraft hervorhob. Es wird gegen das Inquisitionsverfahren eingewendet, dass die doppelte Thätigkeit des Inquirenten als Ankläger und Vertheidiger leicht gestört wird, er häufig, so scheinbar gegründete Andeutungen gegen den Angeschuldigten vorliegen, sich zu der dem Beklagten ungünstigen Richtung hinneigt, und sein Ziel durch unrichtige Mittel erreichen will (Einleit. S. 81); dasselbe gilt auch in gewissem Masse vom Indicienbeweise. Die Anklage wird hier eigentlich von dem Urtheilenden (Richtenden) aus einem Verdacht — aus den vorliegenden Merkmalen — gebildet, und will er aus diesen (wie bei dem unterscheidenden Characterzeichen des Inquisitionsprocesses von dem Anklageprincip) zur Gewissheit aufsteigen. Sind nun diese Indicien scheinbar als Andeutungen auf den Thäter begründet, so neigt sich die Richtung auf jene Seite hin, wird das Gleichgewicht der Seelenthätigkeit aufgehoben, und bildet sich im voraus das Urtheil bei dem man anzulangen strebt.

Selbst hinsichtlich der Garantie des Geschwornengerichts gegen eine derartige Einseitigkeit dürfte mancher Zweifel erwachen. Die Competenz des Geschwornengerichts liegt nicht in einem dunkeln Instincte, sondern in der inneren Ueberzeugung der Geschwornen und in deren Uebereinstimmung; aber bei dem allgemeinen Eindrucke, den Indicien zu machen, der überraschenden Uebereinstimmung die sie hervorzubringen pflegen, dürfte gerade das was sonst das Vertrauen zu der Jury begründet, hier weniger in Anschlag zu bringen sein (besonders da wo nur die Stimmengleichheit von zwei Drittheil der Jury zu einem Urtheil erforderlich ist). Und da der Geschworne Niemandem Rechenschaft von seinem „Schuldig“ ablegt und man nicht untersuchen kann, auf welchem Wege jeder der Geschwornen zu dieser Ueberzeugung gelangt ist, so bietet diese Uebereinstimmung fast noch mindere Gewährleistung als das Urtheil rechtsgelehrter Richter, wo mehrere Collegien berathen und die höhere Instanz nochmals den Weg durchmacht, den die untere gegangen, die geistige Wahrnehmung Anderer der Prüfung unterwirft und Gelegenheit hat den Irrthum aufzudecken *). Jedenfalls muss wenn die Jury nach Indicien urtheilen soll eine tiefe Besonnenheit bei den Gliedern, aus denen sie gebildet ist, vorausgesetzt werden: und zeigt sich uns von dieser gegründeten Forderung aus ein neues Resultat. Betrachten wir nämlich die Natur der Indicien, so machen sie vorzüglich auf Jene, deren Phantasie lebhaft und die arm an Erfahrungen sind, einen tiefen Eindruck **). Es ergehet aber der Menschheit im Allgemeinen, wie dem Menschen im Einzelnen. Es werden in dem grossen Umrisse der Geschichte die späteren Generationen durch die Versuche, Unternehmungen und Irrungen der früheren belehrt; die Zeit klärt auf über Schein und Wahrheit, und stellt die Täuschung Früherer den Späteren als Warnungstafel hin. Auch tragen die erweiterten und ausgebildeten gesellschaftlichen Verhältnisse die Warnung zur ge-

---

*) Doch kommt freilich hier, was oben über Mündlichkeit erwähnt wurde, zu beachten. Nicht entsprechend ist, was *Carmignani* (bei Mittermaier S. 408) für den Indicienbeweis beim Geschwornengericht anführt: „Diese Beweisführung ist hier die regelmässige, um so mehr, als da, wo Volksgerichte urtheilen, der Ankläger weniger den kalt prüfenden Verstand der Richter als vielmehr das Gemüth der Richter zu überreden, ihre Einbildungskraft und durch die Führung des künstlichen Beweises die Stimmen der Richter zu gewinnen suchen wird, so dass Gewissheit und Wahrscheinlichkeit weniger streng geschieden werden." Hierin aber läge wohl der stärkste Angriff auf Geschwornengericht und Indicienbeweis und scheint Carmignani (der Gegner des öffentlichen Gerichtsverfahrens) diese Consequenz absichtlich hervorgehoben zu haben.

**) Der Indicienbeweis ist in der Hand des auf einer andern Stufe der Bildung stehenden Volkes auch von der Seite des Aberglaubens, der hier häufig seinen schädlichen Einfluss übt, eine sehr gefährliche Waffe. Wir haben schon oben der Gottesurtheile erwähnt, die ebenfalls als Indicien zu betrachten sind; und führen hier noch aus der Carolina (in welcher übrigens Indicien keinen vollständigen Beweis bilden, sondern nach Art. 22. nur eine peinliche Befragung veranlassen — und auch hierfür finden sich Art. 25. genaue Bestimmungen) den Art. 21. an: „Es sol auch auf der Anzeigen, die auss Zauberey, oder anderer Künsten Wahrzusagen sich anmassen, niemand zu Gefängnuss, oder peinliche Frag angenommen, sondern dieselben angemasten Wahrsager und Ankläger sollen darumb gestraffet werden." Hierzu bemerkt der Herausgeber der Carolina, Ludovici (*Magdeburgi* 1716): *Agitur de illis, qui arte diabolica divinare conantur in crystallo, speculo vel vitro polito in quo, ut dicunt, repraesentatur illa persona, quae furtum vel aliud delictum commisit.*

nauern Prüfung in sich; die naive Poesie des Lebens schwindet, und das Gebiet der Wahrheit erweitert sich und es bekundet sich die Reife des Menschen hierin, dass er erlernt kalt prüfen und die Wahrheit erforschen. Ganz das Gegengentheil hiervon tritt, wie bei dem jugendlichen Menschen, so bei dem im Jugendalter stehenden Volke hervor; die Einbildungskraft ist hier stark und lebendig, und in ihrer Empfänglichkeit für Scheineindrücke vorwiegend; denn das Gebiet der Erfahrungen ist noch sehr beschränkt und fliesst Dichtung und Wahrheit zu einem Bilde zusammen. Die legislative Weisheit kann auch deshalb nicht einem jugendlichen Volk die Unbefangenheit und die besonnene Prüfung zutrauen, deren Indicien zu ihrer Bewahrheitung bedürfen. Die Ansicht, dass das mos. Recht den Indicienbeweis nicht als vollständigen Beweis anerkenne *), dürfte daher nach dem Standpuncte des Volkes, welchem die Gesetzgebung galt, ihre unbestreitbare Gültigkeit haben **).

Das talm. Strafrecht erklärt ebenfalls mit Ausnahme der

---

*) Man findet zwar in der Schrift ein Urtheil auf Indicien, das bekannte Urtheil Salomon's, 1. König. c 3; doch ist dieses nicht als ein gesetzliches anzusehen, auch ist das Object des dortigen Spruches nicht eine Criminalsache.

**) In den alten Gesetzgebungen scheint ausser den, wie oben erwähnten Gottesurtheilen der Indicienbeweis nicht als vollständig in Criminalfällen angesehen worden zu sein. Bei den Attikern war zwar der künstliche Beweis (πίστεις ἔντεχνοι, πίστ. ἐξ εἰκότων) sehr im Schwunge und kommen diese εἰκότα fast in jeder Rede der alten Rhetoren vor (*Meier* und *Schömann* S. 658). Aber nur in Civilsachen; in Capitalfällen scheinen sie, wie aus dem Verfahren gegen den Sparterkönig Pausanias hervorgehet, keinen vollständigen Beweis geliefert zu haben, da, obschon gegen denselben, wie aus Plutarch und Nepos bekannt, die gravirendsten Anzeichen vorlagen, man doch den Urtheilsspruch nicht eher wagte, als bis man mit grosser Vorsicht aus seinem Munde das Geständniss vernahm. — Ueber den Indicienbeweis im römischen Rechte sind die Meinungen sehr getheilt; vgl. *Mittermaier* S. 443. 444. Ueber *ult. C.* 4. 19. wurde schon oben bemerkt, dass sie nach dem dortigen Zusammenhang sich auf Civilfälle beziehet. Eine andere Ansicht vgl. *Mittermaier* das. — *L.* 2. *C.* 7. 65. *L.* 22. *C.* 9. 22. *L.* 16. *C.* 9. 47. besagen nicht, dass Indicien allein genügen, so wenig wie z. B. die *L.* 22. *C.* 9. 22. erwähnte *collatio scripturarum* allein hinreicht. *L.* 34. *C.* 9. 9. spricht vom Adulterium, worüber vgl. folgende Anmerk., und *L.* 1. §. 3. *D.* 48. 8. hat mit Indicien gar nichts zu thun.

Fälle, bei denen nach jeder rationellen Rechtsansicht nur Indicien vorliegen können *), den Indicienbeweis als unvollständig. Zwar bestand der Gerichtshof aus drei und zwanzig Beisitzern, die durch ihre Besonnenheit und Gelehrsamkeit einerseits, so wie durch ihre unabhängige Stellung und das mündliche Verfahren andererseits (Einleitung II.) die Vortheile des Geschwornengerichts mit denen eines rechtsgelehrten Collegiums verbanden, und stand also hier, wo noch überdiess dreizehn Mitglieder in dem Verdammungsurtheile übereinstimmen mussten (das.), der Gültigkeit des Indicienbeweises nichts entgegen. Allein das talm. Recht fand sich gebunden durch die Schrift, die nach seiner Auffassung diesen Beweis nicht anerkennt. Doch that es einen Schritt weiter und liegt hier eine Verordnung (vgl. Einleitung S. 47.) vor: „Wer ohne Zeugen umbringt, den sperrt man in ein enges Gefängniss, und verabreicht ihm sparsam Brod und Wasser.“ Dieses „wer ohne Zeugen umbringt“ beziehet sich offenbar auf Indicien; denn wenn ohne Zeugen, woher die Angabe, dass er umgebracht? Der Talmud, der diese Frage aufwirft, nimmt zwar daselbst andere Deutungen an (vgl. oben zu §. 12.); doch ist hierdurch diese Erklärung keinesfalls ausgeschlossen. Das talm. Recht hat also die, wie oben bemerkt auch von neueren Gesetzgebungen beobachtete Norm, dass auf Indicien nicht Todesstrafe verhängt werden kann: und treffen es, da überhaupt Verminderung der Todesstrafe das leitende Princip des talm. Strafrecht war (vgl. oben S. 47.), noch weniger als diese die zum Theile nicht sehr erheblichen Einwürfe, die von einigen Rechtslehrern gegen diese Auffassung des Indicienbeweises gemacht werden **).

*) Wie bei Ehebruch, Blutschande: die fleischliche Vermischung kann nur auf Indicien beruhen und erkennt auf sie das talmud. Recht Todesstrafe. Vgl. *Baba Mezia* 91*b*. *Maccot*. 7*a*. *Maimon*. *Isure Bia* c. 1. §. 19. Als ein Curiosum des Malekitischen Strafrechts (2. Anhang) führen wir an, dass es bei Fornication nur die Aussage jener Zeugen als gültig erkennt: *Qui viderunt eum sicut stylum in pyxide stibii*. Vgl. *Vincent* p. 95.

**) So z. B. dass auch Gefängnissstrafe ff. nicht minder irreparabler Natur als Todesstrafe sei, und wenn man diese auf Indicien nicht zuerkenne, so muss solches auch für jene gelten (*Mittermaier* S. 458). Aber Todesstrafe ist irreparabel für alle Zukunft: Gefängnissstrafe ist eine Rücksicht auf die Sicherheit der Gesellschaft, die, weil sehr gravirende Indicien vorliegen, doch hier zu beachten ist. „Das Vertrauen des Vol-

Wir schliessen dieses Cap. mit der Bemerkung: dass obschon nach der Consequenz des Anklagprocesses das talm: Recht grösstentheils die bisher gedachte Theorie über die erwähnten Beweismittel verfolgen musste, auch hier die weiter vorgerückte Zeit die Erfahrung aufgedrungen hätte, dass man in dieser Consequenz am Leben (wie sonst so häufig) den kräftigsten Widerspruch findet, da in dieser Weise die Enthüllung des Verbrechens nur in den wenigsten Fällen ermöglicht werden kann. Wie also der englische Strafprocess, obschon am meisten unter den neueren Gesetzgebungen das Anklageprincip beibehaltend, doch manches von der Grundlage des Inquisitionsverfahrens, Erforschung der Nebenumstände, Urtheil der *coroner*, der Sachverständigen u. dgl. m. aufnehmen musste, so würde auch der talm. peinliche Process dahin gelangt sein, und würden also mehrere Beweisarten sich herausgestellt haben. Allein die peinliche Gerichtsbarkeit hatte aufgehört: und es waltete allein die Speculation, die freilich sich gern an Theorien in ihrer ganzen Consequenz hält (vgl. Einleitung S. 44. 45).

Zum zweiten Capitel.

Es wurde schon zu §. 1. bemerkt, dass die Schrift selbst sich über Zeugenverhör nicht ausdrücklich ausspricht. Sie empfiehlt zwar Deuteron. 13, 15 (was aber mehr auf das dort im Rede stehende sich verbreitende Gerücht zu beziehen scheint), ferner 19, 18, dass man genau forsche und prüfe; über die Art des Zeugenverhöres selbst aber wird nichts vorgeschrieben. Wir fanden den Grund hierfür in dem Wesen des Geschwornengerichts, wo das Ermessen des Richters und ob er sich überzeugt fühlt, entscheidet. Vielleicht erblickte auch das mos.

kes wird zu der Gesetzgebung, die den Indicienbeweis als nicht vollständig ansiehet und doch Strafe darauf erkennt, geschwächt" (das.). Das Volk wird aber vielmehr zum Gesetzgeber durch dessen Sorgfalt für das Leben jedes Individuums Vertrauen fassen, und wird die Bestrafung als Erforderniss der allgemeinen Sicherheit für gerecht erkennen. Dieses Vertrauen musste zu dem Synhedrium, dessen Verhandlungen mündlich und öffentlich waren, wohl noch mehr bestärkt werden. Manche Rechtslehrer gestehen die Unsicherheit des Indicienbeweises zu, da aber auch der Zeugenbeweis unsicher sei, so folgern sie gerade hieraus auf Abschaffung der Todesstrafe. Hierdurch erscheint das talm. Recht noch mehr gerechtfertigt.

Recht in der schweren Strafe, die den falschen Zeugen trifft („Ihr sollet ihm thun wie er gedacht seinem Brüder zu thun, — und es soll dein Auge nicht schonen Leben um Leben ff" das. 19, 16. vgl. zu Ende des Cap.), eine Gewährleistung gegen unwahre Aussage. Das mos. Recht bildete also dem Accusationsprincip gemäss eine Theorie des Zeugenbeweises nicht aus (vgl. Einleitung S. 78.); sie gab nur die kurze Vorschrift an, dass „auf Einen Zeugen nicht umgebracht werden könne." Solche allgemeine Regeln sind mit dem Geschwornengerichte nicht unvereinbar; auch das englische *common law* hat mehrere *rules* über den Beweis, die von den Geschwornen strenge beobachtet werden (vgl. *Mittermaier* Strafverfahren, 1. Thl. S. 99.)

Das talm. Recht behielt mehrere Puncte des Anklageprocesses fest; doch bildete sich hier allmälig eine Beweistheorie aus, die in je engere Schranken gedrängt wurde, je mehr durch das Aufhören der peinlichen Jurisdiction die Speculation sich ihrer bemächtigte. Das talm. Recht kennt nicht, wie zu Ende des v. C. bemerkt wurde, die Bewährung der Zeugen durch Nebenumstände, und wird nicht richterlicher Augenschein, Prüfung durch Sachverständige ff. verlangt. Hingegen muss die Aussage des Zeugen sich durch sich selbst bewahrheiten; die Zeugen werden selbst über unwesentliche Umstände befragt, ihre Wahrhaftigkeit wird durch ein äusserst schweres Examen auf eine sehr harte Probe gesetzt, und liegt in ihrer Uebereinstimmung in allen Umständen der Schwerpunct, der ihrer Aussage Glaubwürdigkeit verschafft. Die Verschiedenheit des Verhältnisses des talm. Criminalprocesses zu dem Criminalprocesse neurer Gesetzgebungen tritt in doppelter Hinsicht hervor. Das talm. Recht will eine **intensive** Bürgschaft für die Wahrhaftigkeit der Zeugen: diese darf nicht erst durch Beweise unterstützt werden, sondern sie muss aus der Aussage der Zeugen, d. i. durch die sorgfältige Befragung, durch den Versuch die Zeugen in Widerspruch zu verwickeln, durch das gemeinschaftliche Mitwissen der Zeugen (§. 12.), endlich durch den erweiterten Kreis der unfähigen Zeugen (C. 3) hervorgehen; die neueren Gesetzgebungen lassen auf die Ueberzeugung von der Wahrhaftigkeit der Aussage auch äussere Umstände einwirken, daher nur in den wesentlichsten Puncten Uebereinstimmung gesucht wird, der Widerspruch über Zufälligkeiten aber das Zeugniss nicht ungültig macht. Hingegen rauben die auf äussere Umstände gegründeten Beweise wie z. B. das Erkenntniss der Sachverständigen zuweilen der Zeugenaussage ihre Beweiskraft: anders der talm. Process, der sobald die Wahrhaftigkeit der Zeugen durch ihre Aussage constatirt ist hier einen vollkommnen Beweis erblickt, der nur durch einen ihm ebenbürtigen Gegenbeweis, d. i. durch den Widerspruch anderer Zeugen aufgehoben werden kann.

Das talm. Recht stellt mehrere Normen über Zeugenverhör auf, deren Grundzüge sich in frühere Zeit hinauferstrecken und entgegnet durch seine Weise des Verhöres dem Vorwurfe, der dem ohne hinreichend unterstützende Beweise als vollständig angenommenen Zeugenbeweise häufig gemacht wird. Es wird nämlich eingewendet, dass hierdurch Leben und Freiheit jedes Bürgers gefährdet seien, da leicht zwei Bösewichter ein Complott gegen Jemanden schmieden und sich zur Aussage gegen ihn vereinigen können (vgl. *Volkmann* Lehrbuch des im Königr. Sachsen geltenden Criminalr. 2. Thl. S. 102 ff.). Aber in dem strengen Verhör des talm. Processes werden unwahrhafte Zeugen kaum bestehen *). — In diesem C. werden nun die wesentlichsten Puncte des Zeugenverhöres mitgetheilt.

Zu §. 15.

Die *Mischna Synhedrin* 37 hat eine Formel der Vorfragen und der Admonition, die der Richter in Capitalfällen an die Zeugen zu richten hat. (Die Mischna selbst knüpft auf ihre Weise noch andere moralische Betrachtungen daran, die wie ein critischer Blick zeigt, nicht zu der Formel gehören.) Diese ist ihrer Concinnität nach classisch, und scheint bei den über Leben und Tod sprechenden Gerichtshöfen (also zur Zeit der peinlichen Gerichtsbarkeit) sich zum festen Typus gestaltet zu haben. Sie lautet: „Vielleicht saget ihr nach einem „Dafürhalten oder nach einem Hörensagen, als Zeugen aus dem

*) Ein in vorbenanntem Werke erwähnter falscher Anschlag wird auch im j. Talmud *Synhedrin* 17*b* erzählt. — Die Zeugenaussage und Annahme I. Kön. c. 19. war zu sehr mit boshafter Vorsätzlichkeit verbunden und gehet auch der Geschichtschreiber über sie zu kurz weg, als dass auf sie Werth gelegt werden könnte.

„Munde eines Zeugen oder aus dem Munde eines glaubwürdigen „Mannes. Vielleicht wisset ihr nicht, dass wir euch genau „befragen und ausforschen werden. Bedenket dass Capital- „sachen nicht sind wie Civilsachen: in Civilsachen gibt der Mensch „(d. h. wer Jemandem ein Unrecht thut) Geld, und es wird „ihm verziehen: in Capitalfällen kommt sein (des unschuldig „Hingerichteten) Blut und das seiner Nachkommen in Ewigkeit „auf ihn (den falschen Zeugen). Es wurde anfangs nur ein „Mensch erschaffen: wer also einen Menschen (jerus. Talm „14 Maimon. Synhedr. c. 12. §. 3. im babyl. Talm. ein Zu- „satz „aus Jsrael") umbringt, dem wird es angerechnet, als „habe er eine ganze Welt vernichtet." Diese Formel scheint zugleich ein Breviarium für die Richter und ihnen durch sie angedeutet gewesen zu sein, worauf sie ihre vorzüglichste Aufmerksamkeit zu richten haben. Daher die Umständlichkeit über „Zeugniss auf Hörensagen" (wobei aber auch Manches ein späterer Zusatz sein mag), ferner die an sich gewiss sehr befremdende Allocution: „vielleicht wisset ihr nicht, dass wir euch genau ff." Bei der zu jener Zeit seltnen Fixirung gesetzlicher Normen durch Schrift und Gesetzbuch diente eine solche Formel als Mnemosynon, als Anweis, der dem Richter in kurzen Worten das bei dem Zeugenverhöre ihm vorzüglich Obliegende ins Gedächtniss zurückrief; und sind also hier die wesentlichsten Puncte angedeutet, auf die bei der Vernehmung die richterliche Thätigkeit sich vorzüglich richten muss. — Die Frage: „ob nicht nach einem Dafürhalten," ist sehr umfassend. Sie schliesst, wie es der Talmud (das.) annimmt, Aussagen auf Indicien aus; aber es liegt hier auch die Erinnerung, dass das Zeugniss nur auf Gewissheit nicht auf Wahrscheinlichkeit beruhen darf: und war also dem Richter auch angedeutet zu erforschen, ob der Aussage nicht eine subjective Wahrheit zu Grunde liege, ob der Zeuge nicht durch Sinnestäuschung oder voreiligen Schluss zu seiner Aussage veranlasst wurde.

Die Mischna fährt weiter fort, wie der Richter dem Zeugen die Verpflichtung, das wahrhafte Zeugniss nicht zu verschweigen, vorstellen soll. „Vielleicht werdet ihr aber „denken, was soll uns diese Noth (wozu Zeugniss ablegen, da „es mit so vielen Scrupeln und Gefährlichkeiten verbunden ist)?

„Allein die Schrift sagt: „„Wenn Jemand Zeuge ist, er hat ge„sehen oder gehört und sagt es nicht, so trägt er seine Sünde.“ „Vielleicht werdet ihr sprechen, wozu uns an dem Blute dieses „Menschen eine Schuld zuziehen? Allein es heisst: „Bei der „Ausrottung der Bössen ist Freude““ (Sprw. 11, 10).

Auch für Civilfälle wird *Mischna Synhedrin* 29ª. der Vorfragen Erwähnung gethan; nur ist hier keine bestimmte Formel aufgestellt, d. i. nicht angegeben welche Vorfragen der Richter an die Zeugen zu stellen habe. Mehrere talm. Autoren führen auch für Civilfälle Admonitionen an; und als eine vorzügliche wird angesehen: „falsche Zeugen seien selbst denen, die sie zur Aussage dingen, verächtlich“ (das.), und ist dieser und dergleichen Ermahnungen noch hinzuzufügen, wie verwerflich und strafbar ein falsches Zeugniss sowohl im diesseitigen als im jenseitigen Leben sei. *Maimon. Edut. c.* 7. §. 2. *Chosch. Mischp. c.* 28. §. 7.

Für geringere Criminalfälle, auf welche Geistesstrafe folgt, wird aus früherer Zeit Nichts angeführt, es war vielleicht hier keine Admonition fixirt; und die spätere Zeit mochte sie, mit Aufhebung der peinlichen Jurisdiction, da sich keine Gelegenheit zu einer solchen Admonition darbot, auch weniger berücksichtigen. Ueberhaupt werden in Mischna und Talmud für das hier und in den folgenden §§. Angeführte nur Capital- und Civilfälle als Gegensätze erwähnt und wird über die geringeren Criminalfälle geschwiegen; sie gehören aber grösstentheils in die Categorie der ersteren, und werden wir weiter bei mancher Gelegenheit darauf aufmerksam machen.

Zu §. 16.

Simon ben Schetach (vgl. Anhang zum vor. Cap.) hatte zum Wahlspruch: „Forsche vielfältig die Zeugen aus: und sei vorsichtig in deinen Worten, vielleicht (dass nicht) die Zeugen daraus zu lügen erlernen“ (*Abot* 1, 8). Es ist hier also eine doppelte Warnung ausgesprochen: Gegen die nur allgemeine Zeugenvernehmung, denn hierdurch wird dem Zeugen Gelegenheit geboten zu verschweigen, was er verschweigen will, und wird auf diese Weise die lügenhafte Aussage befördert; ferner gegen die suggestive Befragung, da durch sie erst oft dem Zeugen die Lüge an die Hand gegeben und er aufmerksam gemacht wird, wie er mit Umgehung der Wahrheit das

Zeugniss ablegen kann. Dieser Lehrsatz ist übrigens der alleinige, der uns von diesem Simon aufbewahrt ist *); ausser diesem werden nur Facta von ihm berichtet (vgl. oben, ferner zu §. 26. und Ende dieses Cap.): doch ist dieser Lehrsatz als Fundament des wahrscheinlich erst durch Simon festgestellten strengen Zeugenverhöres (worauf derselbe vielleicht durch seine eigene traurige Erfahrung — vgl. zu §. 27 — hingeleitet wurde) anzusehen.

Für den andern Theil des §. ist für den Civilprocess *Mischna Synhedr.* 29ᵃ, für den Criminalprocess *Mischna* 40ᵃ das. zu vergleichen. An beiden Stellen heisst es: „Man vernimmt den einen Zeugen, hierauf vernimmt man den andern und erkennt, ob ihre Aussagen übereinstimmen.“ Diese Uebereinstimmung soll sich aus dem Zeugenverhöre ergeben, die gleichartige Zeugenaussage allein beweiset nichts; ja sie erregt sogar, wenn die Zeugen in Ausdruck und Wortwendung ganz conform sind, den Verdacht, es sei hier eine Verabredung: und muss der Richter in solchem Falle das Verhör mit noch grösserer Sorgfalt anstellen. *Jerusal. Talm. Synhedr.* 11. *Chosch. Mischp. c.* 28. §. 10.

Für Civilfälle führt die gedachte Mischna (f. 29.) an: „Man lässt Alle (die Anwesenden ausser den Parteien f. 30. das.) abtreten und vernimmt den einen Zeugen ff.“ Bei den Vorfragen also völlige, bei der eigentlichen Untersuchung aber nur bedingte Oeffentlichkeit (in Gegenwart der Parteien). Das talm. Recht scheint also auch auf die Einwürfe, die gegen Oeffentlichkeit des Zeugenverhöres erhoben werden (dass nämlich die Zeugen bei einer grossen, auf sie ihre Aufmerksamkeit richtenden Versammlung leicht verwirrt werden, sich nicht gehörig sammeln können u. dgl. m.), Rücksicht genommen zu haben. Die andere Mischna über Zeugenvernehmung in Ca-

---

*) Weil man, wie oben S. 97 bemerkt wurde, über der allgemeinen Sättigkeit, die manche Vorschriften erlangten, häufig den Autor vergass. — Noch wird *Maccot 7a.* ein anderer Lehrsatz von Simon Ben Schetach angeführt; allein das dort vorgesetzte רבי erregt Zweifel und soll es vielleicht heissen רש״בי; vgl. auch *Tosefta Synhedrin c.* 3. zu Ende, wo die ganze Allegation ש׳ בן שטח ausgelassen ist. Ein anderes Referat von Simon Ben Schetach vgl. *Schabbat* 14*b*. (vgl. auch oben S. 63. zweite Anmerk.), welches aber nicht hierher gehört.

pitalfällen (*f.* 40.) erwähnt nichts von dem Abtreten der Anwesenden (vgl. auch *Maimonid. Synhedr.* 12, 3. und *Edut* 17, 2.): es galt also dieses Abtreten vielleicht nur für Civilfälle, wo auch nach allgemeiner Ansicht ganze Oeffentlichkeit weniger erforderlich zu sein scheint, oder rührt diese Verordnung überhaupt aus einer schon spätern Zeit her, wo nur die civilrechtliche Jurisdiction geübt wurde *).

Zu §. 17. 18. 19.

Die talmudische Theorie über Zeugenverhör theilt die an die Zeugen zu stellenden Fragen in zwei Classen: in jene, über welche die Zeugen Auskunft geben müssen: können sie es nicht, so ist das Zeugniss ungültig; und in jene, bei deren Nichtwissen das Zeugniss nicht aufgehoben wird. Nebst genauer Constatirung der Person (die Mischna *Synhedr.* 40. sagt: „man fragt, kennet ihr ihn [den Thäter]") sind **Zeit** und **Ort** wesentliche Fragen: und bilden diese auch in andern Gesetzgebungen Hauptumstände **). Nach der talmudischen Criminalordnung werden die Zeugen hinsichtlich der Zeit befragt: „In welchem Siebencyclus, in welchem Jahre (des Siebencyclus) ***), in welchem Monate, am wievielten Tage des Monats, an welchem Tage der Woche, an welcher Stunde

---

*) Zu vergleichen ist ferner *Ture Sahab* zu *Chosch. Mischp.* 28, 5., der nach *Alfasi* dafür hält, dass nur das Abtreten des Zeugen während des Verhöres des andern in der zuletzt gedachten Mischna gemeint sei; andere Zuhörer können durch das ganze Verhör anwesend bleiben (unbedingte Oeffentlichkeit). Der Verfasser, in dessen Tagen (vgl. oben S. 109, er war Zeitgenosse des *R. Schabbatai Cohen*) die Civiljurisdiction von den jüdischen Gerichten geübt wurde, sagt, dass es etwas alltägliches sei, dass das Publicum dem ganzen Zeugenverhöre beiwohne. Vgl. auch bei *R. Lippmann Heller* (*Tosefot Jom Tob*) zu *Synhedr.* c. 3. *Mischna* 6. die verschiedenen Lesearten dieser Mischna.

**) So muss nach *L.* 3. *pr. D.* 48. 2. der Ankläger Ort und Zeit angeben; doch wird ausdrücklich gesagt, dass nur Monat, nicht aber Tag und Stunde erforderlich sei. — Die alten Juristen sind übrigens über diese Materie sehr weitläufig und unterscheiden, in wie fern Zeit und Ort zu dem Wesen der bezeugten That (*ad substantiam actus*) gehören; verbreiten sich ferner über muthmaassliche Angaben, über generelle (z. B. die Stadt) und über specielle (an welchem Orte der Stadt). Vgl. *Farrinac. l. l. Quaestio* 64. *No.* 19. 20. 72. 109.

***) Die alte jüdische Zeitrechnung war nach Jobel und nach Siebencyclus. Sieben Siebencyclen machen ein Jobel.

des Tages" (*Mischna Synhedr.* 40., welche als Fortsetzung der §. 14. erwähnten zu betrachten und authentisch ist). Im talm. Rechte kam noch ein vorzügliches Moment hinzu, das die an sich schon so wichtige Erforschung über Zeit und Ort zu einer hohen Bedeutung erhob und an sie die Gültigkeit des Zeugnisses knüpfte. Es wurde im Eingange dieses Capitels erwähnt, dass in der, das falsche Zeugniss bedrohenden Wiedervergeltungsstrafe eine Bürgschaft für die Wahrhaftigkeit der Zeugenaussage liegt; und stellt daher das jüdische Criminalrecht das an vielen Stellen (*Ketubot*, *Synhedrin*, *Macot* und sonst allenthalben) wiederkehrende Axiom auf, dass nur jenes Zeugniss ein vollständiges sei, bei welchem die Zeugen eine Ueberführung der Unwahrheit und die darauf folgende Wiedervergeltungsstrafe zu fürchten haben *). Eine solche Ueberführung aber kann, da im talm. Strafprocess der Richter nicht nach äusseren Umständen fragt und durch sie die Wahrhaftigkeit der Zeugen oder das Gegentheil constatirt, nur durch ein Alibi, d. i. dass die Zeugen zu der Zeit, wo die von ihnen bezeugte Handlung vorgegangen sein soll, an einem andern Orte gewesen seien, stattfinden. Ein Alibi ist aber, wie es schon der Begriff besagt, nur durch Zeit und Ort bedingt; daher werden Zeit und Ort als Hauptumstände betrachtet, und ist die Aussage unvollständig, so nicht die Zeugen über sie Auskunft geben können (vgl. *Synhedr.* 40[b].).

Gehet man nach der Forschung über Ort und Zeit, die nothwendig jeder Handlung inhäriren, auf andere Umstände über, die eine Handlung gewöhnlich begleiten **), so stehet mancher Umstand in so wesentlicher Verbindung mit ihr, dass, wenn die Zeugen die Thatsache beobachteten, ihnen dieser Umstand schwer entgehen konnte. Wo also nun, wie im talm. Process das Verhör das vorzüglichste Criterium für die Glaubwürdigkeit ist (Eingang zu diesem Cap.), da wird diese Glaubwürdigkeit durch vorgeschützte Unwissenheit über einen solchen Umstand vermindert werden. Hierher ist nach

*) Ob dieser Satz auch für Zeugniss in Civilsachen gilt, sind die Meinungen verschieden. Vgl. *Schach* zu *Chosch. Mischp.* c. 33. §. 16.

**) Die alten Juristen erörtern diese Fragen nach dem bekannten peripatetischen Categorien: *Quis*, *quid*, *ubi*, *quomodo*, *quando* ff.

Einigen (*Maimonid. Edut* c. 1. §. 4. c. 2. §. 1., welche Meinung aber von *Abrah. ben David* daselbst angefochten wird) zu beziehen die Angabe des Instruments, mit welchem der Mord begangen wurde; bei dem Zeugnisse über Sabbatentweihung, durch welche Handlung der Angeklagte ihn entweihet ff. Es gibt aber Umstände, die mit der Handlung selbst in gar keiner Verbindung stehen und die den Zeugen um so eher entgehen konnten, je mehr die Aufmerksamkeit auf die Handlung selbst gerichtet war und sie sich dem Eindrücke ganz hingaben. Diese Umstände sind also unwesentlich. So z. B., welches Kleid der Mörder oder der Ermordete angehabt und andere dergleichen Merkmale. Bei Zeit und Ort und anderen wesentlichen Umständen macht schon Nichtwissen, d. i. wenn nicht beide Zeugen hierüber Auskunft geben können, das Zeugniss ungültig; bei den unwesentlichen Umständen hebt nur Widerspruch das Zeugniss auf, aber nicht ein Nichtwissen (*Maimonid. l. l.* nach *Mischna Synhedr.* 40). Doch wird durch den Widerspruch in unwesentlichen Dingen nur auf Todesstrafe nicht erkannt, hingegen tritt die bereits öfter erwähnte lebenslängliche Gefängnissstrafe ein. *Synhedr.* 81ᵇ. *Maimonid. Rozeach* c. 4. §. 8.

Diese Theorie des ausgedehnten Zeugenverhöres scheint schon zur Zeit der peinlichen Jurisdiction in ziemlichem Umfange ausgebildet gewesen zu sein. So wird (das. 41ᵃ) erzählt, dass ein Richter die Zeugen sogar nach der Gestalt der Frucht des Baumes fragte, unter welchem nach ihrer Aussage Jemand eine Mordthat begangen hatte; und lehrt ein anderes Factum, wie man überhaupt bei jedem Zeugnisse wichtigerer Art, wie z. B. über die Erscheinung des Neumondes (der jüdische Kalender hat, wie bekannt, Mondmonate und wurde in früherer Zeit auf die Aussage von Zeugen, dass sie den Neumond gesehen, der Anfang des Monates bestimmt; erst im vierten Jahrhundert wurde durch astronomische Berechnung der Beginn des Monats festgesetzt), genau die näheren Umstände zu erforschen strebte; *Rosch Haschana* 22ᵇ. — Aber auch nichttalmudische Quellen weisen auf die Wichtigkeit hin, die man auf ein genaues Zeugenverhör legte. *Marcus* 16, 55—59. wird erzählt: „es suchten der Hohepriester und das ganze Gericht ein Zeugniss gegen Jesus; und es sagten zwar Viele gegen ihn aus: allein diese Zeugnisse waren nicht übereinstimmend.“ Welche Macht muss die gewöhnliche Processordnung geübt haben, welches allgemein anerkannte Gewicht auf die Erforschung der Zeugen und ihre Uebereinstimmung gelegt worden sein, wenn ein Gericht, das nach dem Erzähler den Vorsatz hegt, den Angeklagten zu verdammen und sogar falsche Zeugen hierzu aufsucht, es doch nicht wagt, gegen die Volksmeinung zu verstossen, und entweder ohne Verhör oder wenigstens auf ein oberflächliches Vernehmen der Zeugen, wobei eine Uebereinstimmung leicht zu finden gewesen wäre, das Verdammungsurtheil auszusprechen? Es wird auch daselbst ein Zeugniss namhaft gemacht. „Es bezeugten Einige, wir haben ihn (Jesus) sagen hören, ich werde diesen von Menschenhänden erbauten Tempel zerstören, und in drei Tagen einen nicht von Menschenhänden erbauten Tempel herstellen.“ Also selbst bei einem Zeugnisse, das sich nicht auf ein Factum, sondern nur auf Worte (Blasphemie) bezog und wobei mehrere bei dem gewöhnlichen Verhöre über Thatsachen zu erforschende Umstände gar nicht zur Fragestellung kommen, konnte, trotz der vorgeblichen böswilligen Absicht der Richter, die Aussage der Zeugen aus Mangel an Uebereinstimmung nicht angenommen werden: wie wesentlich musste also ein solches Erforderniss erachtet worden sein *)!

*) In dieser Erzählung zeigt sich auch die unbedingte Oeffentlichkeit. — Matth. 26, 61. weicht übrigens etwas ab: „die Zeugen sagten aus, er habe gesagt, ich kann zerstören den Tempel Gottes, und ihn wieder aufbauen.“ Sowohl dem Berichte des Matth. als dem des Marcus liegt aber die grösste Unwahrscheinlichkeit zu Grunde, da nirgend im ganzen jüdischen Strafrecht eine solche Rede als Blasphemie, noch als ein Verbrechen irgend einer Art, auf das Todesstrafe (!) erfolgte, angesehen wird. Nur beim gemeinen Volke mochte, bei seiner unbegrenzten Veneration für den Tempel, sich der Wahn gebildet haben, dass eine solche Redensart strafwürdig sei; und nach diesem Volksglauben gestaltete sich die spätere Erzählung, Jesus sei wegen solcher Worte vor Gericht gefordert worden. Doch findet sich hier jedenfalls eine tiefe Andeutung, wie das genaue Verhör und die Uebereinstimmung der Zeugen mit dem Gerichtsgebrauch aufs innigste verwachsen gewesen, so dass selbst das Volk sie als wesentliche untrennbare Bestandtheile des Gerichtsganges betrachtete.

Noch mehr zeigt die Erzählung der Susanna (Apocryphen des A. T.) von dem allgemein bekannten Gebrauche des Zeugenverhöres. Diese Erzählung trägt zwar das unverkennbare Gepräge der Dichtung an sich, und ist sie überreich an Uebertreibungen und Abgeschmacktheiten, wie sie nur die, wie bekannt, zügellose Phantasie eines Alexandriners hervorzuzaubern vermochte *). Den Wendepunct bildet das Verhör der zwei Zeugen, welche die Susanna des Ehebruchs bezüchtigen und verwickelt sie Daniel (*v.* 52—59 das.) in Widerspruch, indem er jeden der Zeugen einzeln befragt, unter was für einem Baum die Unzucht begangen worden sei: worauf der eine erwidert, unter einem Mastix (*ὑπὸ σχῖνον*), der andere unter einer Steineiche (*ὑπὸ πρῖνον*). Der phantastische Erzähler gehet zwar noch weiter, und lässt (*v.* 61. 62.) die Zeugen, als der Lüge durch diesen Widerspruch überführt (!), nach der Wiedervergeltungsstrafe hinrichten; aber würde, wenn Untersuchungen solcher Art, die genaue Befragung nach allen Umständen, sich nicht beim Gerichte begeben und dort Gebrauch gewesen wäre, so dass man aus solchen Widersprüchen Zweifel gegen die Glaubwürdigkeit der Zeugen erhob, der Erzähler gewagt haben, eine Processform, die wegen ihres Ungewöhnlichen sehr auffallen musste, als Beweis und Rettungsmittel für die Unschuld hervorzuheben und sie zur Basis der Apotheose seines Helden (Daniel) zu machen? — Also selbst über Palästina hinaus, in Alexandrien, scheint man mit dem Grundsatze des umständlichen Zeugenverhöres bekannt gewesen zu sein **); zwar wurde daselbst (wie aus Philo hervorzugehen scheint) die Capitalgerichtsbarkeit nicht geübt, aber der Gerichtsgebrauch zu Pa-

*) Dass Susanna eine reine Erdichtung sei, stehet ziemlich unter allen Critikern fest und wurde die Erzählung schon im 2. Jahrhundert von Julius Africanus in einem Briefe an Origenes (vgl. unsere Vorstudien zu der Septuaginta S. 256) angegriffen. Susanna ist nicht aus dem Hebräischen übertragen, sondern war ursprünglich griechisch und hat aller Wahrscheinlichkeit nach einen Juden aus Alexandrien, woselbst auch die Schrift früher in's Griechische übersetzt worden war, zum Verfasser.

**) Das Zeugenverhör in Susanna hat viele Aehnlichkeit mit dem oben aus *Synhedr.* 41. erwähnten talm. Factum, und scheint dieses den Stoff zu der Abwickelung der Susannadichtung geliefert zu haben.

lästina hatte diese Norm so in sich aufgenommen, dass sie allgemein als Grundbedingung angesehen wurde und selbst ein im Auslande lebender Erzähler sie zur Grundlage seiner Dichtung machen konnte. (Ueber einen andern Hauptumstand, der aber nicht als Criterium für die Wahrhaftigkeit der Zeugen dient, vgl. zu Ende dieses Capitels.)

Zu §. 20.

So strenge die Untersuchung hinsichtlich der Zeit war (vor. §), so macht doch auch hier der Widerspruch, der auf einem in der Zeitrechnung leicht vorfallenden Irrthum beruhet, das Zeugniss nicht ungültig. Die vorgedachte Mischna *Synhedr.* 40. spricht hierüber umständlich. „Wenn ein Zeuge sagt am zweiten des Monats (hat A. den B. erschlagen), ein anderer Zeuge am dritten des Monats, so ist das Zeugniss gültig; denn der eine mag gewusst haben, dass der vorige Monat einen Schalttag hatte, der andere nicht" (da nämlich der jüd. Kalender, wie oben bemerkt wurde, Mondmonate hat, der periodische Umlauf des Mondes aber 29 Tage 12 Stunden beträgt, so hatte mancher Monat neun und zwanzig, mancher dreissig Tage; dieser dreissigste Tag war der Schalttag, und wurde durch die Erscheinung des Neumonds festgestellt, ob er zu dem vorigen oder zum neuen Monat gehöre). „Sagt aber Einer am dritten, der Andere am fünften Tage des Monats, so ist das Zeugniss ungültig" (da ein solcher Widerspruch nicht durch einen Irrthum der Zeitrechnung motivirt werden kann). „Wenn ein Zeuge sagt, zwei Stunden am Tage, der andere drei Stunden (der Tag wird zu zwölf Stunden vom Morgen an gerechnet; vgl. das Nähere *Maimonid.* Erklärung zu *Berachot c.* 1. *Mischna* 1.), so ist das Zeugniss gültig (um eine Stunde kann man leicht irren); sagt ein Zeuge drei, der andere fünf Stunden, so ist das Zeugniss ungültig." Sehr richtig wird (*l. l.* 42.) hierzu bemerkt, dass, wenn ein Zeuge aussagt „vor Sonnenaufgang", der andere „nach Sonnenuntergang", so ist das Zeugniss, wenn auch die Zeitdifferenz keine Stunde beträgt, ungültig, da hier nicht Zeitunkunde die Differenz ausgleichen kann.

Dass übrigens hier dem Irrthum Manches zu Gute gehalten wird und man bestrebt ist, den Widerspruch auszugleichen, hat, wie *Raschi Pesachim* 11ᵃ· und *Tosefot ad* *locum* bemerken, darin seinen Grund, weil die Uebereinstimmung der Zeugen in den sonstigen Puncten der Zeit darauf hinweiset, dass hier nur ein Irrthum in der Zeitrechnung obwaltet *).

Zu §. 21.

Wenn Mehrere zusammen ein Zeugniss aussagen, d. i. Einer sich auf den Andern beruft und es findet sich ein Widerspruch, so ist das Zeugniss ungültig, wenn auch noch zwei sich nicht widersprechende Zeugen zurückbleiben; denn da diese Zeugen durch ihre Beziehung zu einander ein Ganzes bilden, so erweckt der Widerspruch des Einen Verdacht gegen die Glaubwürdigkeit aller dieser Zeugen. Weiss aber einer dieser Zeugen nicht Auskunft zu geben, so reicht (da durch das Nichtwissen Jenes noch kein [erheblicher] Verdacht gegen die Glaubwürdigkeit vorliegt), selbst wenn das Nichtwissen einen Hauptumstand betrifft, die Aussage der anderen Zeugen hin, um ein vollständiges Zeugniss zu liefern. *Synhedr.* 41[b.] *Maimonid. l. l. c.* 2. §. 3.

Zu §. 22.

Die Mischna *Synhedrin* 32[a.] will zwar auch in Civilsachen dasselbe strenge Zeugenverhör wie in Capitalfällen; aber man ging, da hierdurch eine ungemeine Störung im gewöhnlichen Verkehre veranlasst werden würde (nach dem Ausdrucke des Talmuds das. „um nicht die Thüre vor dem Ausleiher zu versperren", d. i. es wird Niemand einem Andern borgen, wenn die die Schuld Bezeugenden erst einem so scharfen Verhör unterworfen werden), später hiervon ab. Vgl. ferner weiter zu §. 156. — Auch bei dem Zeugnisse über den Tod eines Ehemannes, wo man aus der zu §. 3. erwähnten Rücksicht bedeutende Erleichterungen eintreten liess, bedarf es nicht des strengen Verhöres. *Jebamot* 116[b.] *Maimon. Respons.*, der sogar das genaue Verhör hier missbilligt; doch muss der Zeuge angeben, wie er sich von dem Tode Jenes überzeugt (ob er nämlich nicht auf Wahrscheinlichkeit aussage). *Jd. Geruschin c.* 13. §. 15. Vgl. auch *Eben Haeser c.* 17. §. 21.

---

*) Auch die alten Juristen haben Manches Interessante über Conformation des Widerspruches der Zeugen. Vgl. *Farrinac. l. l. No.* 247 ff., 262 ff.

(Bei Geisselstrafe und anderen Straffällen bedarf es des strengen Verhöres.)

Zu §. 23.

Für Civilfälle wird nach vor. §. folgende Norm aufgestellt. Wenn die Zeugen nicht alle Hauptumstände anzugeben wissen (den Ort, wo das Darlehn gemacht wurde, die Zeit, die Münzsorte), oder wenn sie sich in den Nebenumständen widersprechen (der Eine gibt an altes, der andere neues Gold), so ist das Zeugniss gültig: Widerspruch in den Hauptumständen aber hebt das Zeugniss auf. *Synhedr.* 30 31. *Maimon. Edut c.* 3. *Chosch. Mischp. c.* 30. — Doch muss der Widerspruch von der Art sein, dass eine Aussage die andere direct negirt: ein Zeuge sagt, das Darlehn sei im Februar, der andere: n i c h t im Februar, sondern im Mai sei das Darlehn gemacht worden. Denn würde nicht der Zeuge jenes negiren, so läge das Zeugniss Zweier *in abstracto* vor. Vgl. zu §. 12. — Auch wenn ein Zeuge aussagte, auf ein hundert, der andere auf zwei hundert Gulden, so wird dieses ebenfalls für ein Zeugniss zweier auf ein hundert Gulden angenommen. Vgl. a. a. O. und *Sema* zu *Chosch. Mischp. l. l.* Anmerk. 8. 9. Ferner bedarf es auch nicht bei Civilfällen der Confrontation der Zeugen. *Synhedr. l. l. Maimon. l. l.* c. 4. §. 4. *Chosch. Mischp. l. l.* §. 8. — Noch wird *Chosch. Mischp. l. l.* nach *R. Moses ben Nachman* eine scharfsinnige Theorie über die Verschiedenheit mehrerer Zeugen hinsichtlich der Summe aufgestellt, die auf dem vorerwähnten Princip des Zeugnisses *in abstracto* beruhet *).

Zu §. 24.

Weder das mosaische, noch das talmudische Recht erwähnt je, dass Zeugen zur Bewahrheitung ihrer Aussage in Criminal- oder Civilfällen einen Eid abzulegen haben: und

---

*) Die alten Juristen, die, wie oben bemerkt wurde, derartige Fälle häufig besprechen, behandeln ebenfalls ausführlich die Frage: wenn die Zeugen verschiedene Summen aussagen. Einige meinen, wenn ein Zeuge z. B. fünf, der andere zehn, der dritte funfzehn, so wird die mittlere Proportionalzahl als die richtige angenommen. Nach Anderen werden die Summen aller Aussagen zusammenaddirt, und hierauf bei drei Zeugen der dritte, bei vier Zeugen der vierte Theil als das eigentliche Darlehn angenommen. *Farrinac. l. l. Quaest.* 67. *No.* 247. 248.

weiset auch kein Factum aus früherer Zeit darauf hin, dass eine Beeidigung der Zeugen üblich gewesen wäre. Auch in dem Falle, dass Jemand ein Zeugniss verweigert, d. i. angibt, es sei ihm nichts von dem Gegenstande, worüber von ihm das Zeugniss verlangt wird, bekannt, ist er nicht zu einem Eide über dieses sein Nichtwissen verpflichtet. Nach Levit. 5, 1. konnte blos die Partei den Zeugen beschwören, dass er das Zeugniss ablege; gibt er trotz seines Wissens nicht der Beschwörung Gehör, so will die Schrift, dass er sein Unrecht durch ein Opfer sühne *). Auch die Mischna, die *Synhedr. f.* 29. 37. die Norm des Zeugenverhöres für Civil- und Capitalfälle angibt (vgl. zu den vor. §§.), sagt nirgend, dass man den Zeugen beeidige; auch erinnert nicht der Richter, der bei Capitalfällen dem Zeugen in der Voruntersuchung vorstellt, er werde strenge verhört werden (zu §. 14.), dass er seine Aussage durch einen Eid bekräftigen müsse. — Wir haben an einem andern Orte (Eidesleistung S. 46) nachgewiesen, wie die Nichtbeeidigung der Zeugen im Wesen der mosaischen Gesetzgebung begründet ist. Das Gericht wird nämlich als eine göttliche Institution betrachtet, und gehet das Recht von Gott aus, der es selbst überwacht und in dessen Namen der Richter Recht spricht (Einleit. I.). Der Zeuge legt demnach sein Zeugniss vor Gott ab: welche grössere Aufforderung zur Wahrhaftigkeit könnte es nun geben als diese Erinnerung? Und der Gott der Wahrheit hat überdiess ausdrücklich gewarnt: „Du sollst gegen deinen Nächsten

*) Michaelis mos. Recht, 6. Thl. S. 125 irrt ungemein. Er führt an, „dass die Zeugen einen Eid ablegten (!!), oder, um noch deutlicher zu reden (!), einen Eid verlesen hören mussten, noch ehe sie zeugten.“ Aber die von Michaelis selbst citirte Stelle der Schrift Levit. 5, 1. sagt: „Wenn Jemand hört die Stimme einer Beschwörung und er war Zeuge, hat gesehen oder gehört, wenn er nicht sagt, so soll er seine Sünde tragen.“ Die Schrift sagt also, wenn Jemand einen Zeugen beschwört: nach Michaelis hat dieses „wenn er nicht sagt“, keinen Sinn. Eine Erwähnung des Zeugeneides kommt übrigens weder Deuteron. 19, 16., wo von dem falschen Zeugen gehandelt wird, noch bei dem Criminalprocesse I. Kön. 21, 14—19., noch sonst an einer Stelle der Schrift vor; und auch Spr. 29, 24. beziehet sich auf Beschwörung des Zeugen durch die Partei. Sehr befremdend ist, dass auch neuere Gelehrte (de Wette Archäologie) diesen Fehler theilen.

kein falsches Zeugniss aussagen“ (Decalog, 9.): wer gegen dieses Gebot handeln, wer im Angesichte des Allwissenden und Allwahrhaften vor einer Lüge nicht zurückstehen würde, welchen Eindruck kann der Eid, dessen eigentliches Wesen doch nur die Erinnerung an Gott, den Urquell der Wahrheit, bildet (Eidesleistung S. 9), auf ihn machen? Liegt doch schon im lügenhaften Zeugnisse selbst, da es vor Gott ausgesagt wird, ein Meineid (ein Ableugnen, dass Gott die Wahrheit wisse und wolle); und wäre der Zeuge eines solchen verdächtig (wäre anzunehmen, dass seine Aussage unwahr sei), so kann der Eid, der nur in der Voraussetzung aufgelegt wird, dass Niemand einen Meineid leisten würde, keine Garantie bieten: wer einen Meineid begangen, dem wird auch der zweite nicht schwer. Zwar wird der Eid gewöhnlich nicht zur Abwehr gegen falsches Zeugniss allein aufgelegt, sondern es soll durch den Eid in der Seele des Zeugen jener ernste Eindruck hervorgebracht werden, der ihn von jeder leichtsinnigen Aussage oder von einem ungenauen Wiedergeben seiner Wahrnehmungen abhalte und an die heilige Verpflichtung zur genauesten Wahrheit erinnere. Aber diese ernste Mahnung liegt nach der mosaischen Institution schon in der Hinweisung, dass der Zeuge vor Gott aussage: der Richter kann also nur das Verwerfliche und Strafbare des falschen Zeugnisses in Erinnerung bringen (vgl. zu §. 14.); der Eid verhilft nicht zur grösseren Wahrhaftigkeit *).

Dieses über das mosaisch-talmudische Recht **). Inter-

*) Man rechnet zwar auch darauf, dass der Schwörende sich durch die Strafe, die der Staat an den Meineid knüpft, vor einem falschen Schwure hüthen werde (Mittermaier, Beweis S. 292). Aber diese Rücksicht ist nur eine secundäre; und wurde auch Einleitung I. bemerkt, dass das mosaische Recht keine weltliche Strafe auf Meineid habe.

**) Mehrere Rechtsgelehrte, wie *Thomasius de Fide juridica p.* 79, *Stryk Meletemata de Juramento p.* 380, *Abrah. Kaestner Dissertatio de Teste jurato*, halten dafür, dass die im mosaischen Rechte angeordnete Wiedervergeltungsstrafe des falschen Zeugen genug Abschreckendes gehabt und den Zeugen hinlänglich von Unwahrheit abgeschreckt habe: daher das mosaische Recht einen Zeugeneid nicht vorschrieb. Der Jurist Stryk hat übrigens (nebst vorbenannten Autoren) besser gesehen, als der gelehrte Theolog Michaelis; er sagt (das.): *Vestigia testimonii jurati non exstant in V. T.*

essant ist, dass überhaupt mehrere ältere Gesetzgebungen die Beeidigung der Zeugen nicht als wesentliches Moment ansahen und verbreiten wir uns hier über diesen, den Ausgangspunct dieses Werkes bildenden Gegenstand (vgl. Vorwort) etwas weiter. Schon zu §. 8. wurde erwähnt, dass Plato zwar beim Vorgeben des Nichtwissens dem Zeugen einen schweren Eid auferlegt, für das Zeugniss selbst aber verlangt er keinen Eid. — Das attische Recht lässt über den Zeugeneid ungewiss (*Meier* und *Schömann* S. 675; anderer Meinung ist *Platner* a. a. O. 1. Thl. S. 223, der den Eid als unerlässlich erachtet). Bei weiterm Forschen dürfte sich Folgendes ergeben: wenn mehrere Zeugen aussagten, so pflegten sie wohl zu schwören, waren aber nicht zum Eide verpflichtet. So ist bei Demosthenes in der Rede *contra Eubulid.* der Eid, wo Mehrere ein Zeugniss ablegen, mehrfach (1305, 10. 1310, 1. 1312, 20. 1315, 10. 1316, 5. 25.) erwähnt, und wird an allen diesen Stellen hervorgehoben: sie haben bezeugt und geschworen (*τούτων μαρτυρούντων καὶ διομνυμένων*); mussten die Zeugen schwören, so besagt *διομνυμένων* nichts, was nicht schon in dem *μαρτυρούντων* liegt; und wollte man es auch als rhetorische Figur, um die Wahrhaftigkeit der Zeugen hervorzuheben, betrachten, so käme sie doch in einer Rede zu oft wieder*). Die Eidesleistung war also eine freiwillige Handlung der Zeugen. Hingegen musste Ein Zeuge in der Regel seine Aussage durch einen Eid bekräftigen, der aber auch bei anerkannter Recht-

*) Platner bringt a. a. O. auch aus der Rede *contra Timotheum* 1192, 10. einen Beweis für den bei den Athenern zu leistenden Zeugeneid; allein dort ist der Eid offenbar eine *ἐξωμοσία*: es klagt nämlich Demosthenes den Antiphanes der *δίκη βλάβης* (vgl. zu §. 8.) an, *ὅτι μοι οὔτ' ἐμαρτύρησεν, οὔτ' ἐξομόσατο κατὰ τὸν νομόν.* Hingegen dürfte Platner beizustimmen sein, dass aus der Rede gegen Aphobus 860, 17., wo die Zeugen sich erbieten, ihre Aussage durch einen Eid bei ihren Kindern zu bekräftigen, kein Beweis gegen den Zeugeneid (wie Meier a. a. meint) vorliege; da dieses Erbieten sich eigentlich auf den Eid bei den Kindern, welcher der heiligste war, beziehet. Wenn übrigens der Zeugeneid, wenn auch nicht vom Gesetze geboten, häufig war, so darf dieses bei den Athenischen Gerichten, wo es überhaupt an Eiden nicht fehlte, nicht befremden: es schwor im gewöhnlichen Processe der Richter, der Kläger, der Angeklagte! (Vgl. Eidesleistung S. 45. 50.)

lichkeit nachgelassen werden konnte. Daher erzählt Diogenes Laertius von Xenocrates (p. 241): ὥστε μὴ ἐξὸν ἀνώμοτον μαρτυρεῖν, τούτῳ μόνῳ συνεχώρουν Ἀθηναῖοι. Vgl. auch hierzu *Plutarch. reg. et imperat. apophtegmata* (*ed. Hutten vol. VIII. p.* 116): πρὸς φίλον τινὰ μαρτυρίας ψευδοῦς δεόμενον, ἦ προςῆν καὶ ὅρκος ἔφησε (ὁ Περικλῆς) μεχρὶ τοῦ βωμοῦ φίλον εἶναι. Hier wie dort das Zeugniss eines Einzelnen. — Auch im frühern röm. Rechte scheint zwar der Eid gewöhnlich, aber er war nicht durch ein Gesetz verordnet; daher Cicero in seiner Rede *pro Fontejo* (*Tom. I. p.* 483 *ed. Ernesti*) von Aemilius Scaurus erzählt: *Hujus, cujus injurati nutu prope terrarum orbis regebatur, jurati testimonio neque in C. Fimbriam neque in C. Memmium creditum est.* Hätte das Gesetz den Eid auferlegt und die Richter also den Scaurus nach diesem Gesetze schwören lassen, sie hätten nicht das Zeugniss unter dem Vorwande zurückweisen können: *Noluerunt.... hanc patere inimicitiis viam, quem quisque odisset, ut eum testimonio posset tollere.* Scaurus hatte also den Eid unaufgefordert (freiwillig) geleistet. Uebrigens erwähnt Cicero bei dem Zeugnisse der Cäpionen und Metellen (das.) keines Eides *). — Die alten germanischen Völker sahen ebenfalls, selbst nachdem sie in Italien eingedrungen und mit den Gesetzen der Besiegten bekannt wurden, den Eid nicht als unbedingt nothwendig beim Zeugnisse an; und es heisst *L. II. tit.* 28. *l.* 2. *Longobardorum: Si ad istos testes non crediderit qui furtum quaerit, firment ipsi testes per testimonium: excepto si tales fuerint, quibus rex aut judex sine juramento credere possit* (*Stryk. l. l. p.* 385. *Tittmann* Geschichte des deutschen Strafrechts S. 49 ist hier ungenau). Der Zeuge brauchte also nur auf die Aufforderung der Gegenpartei zu schwören, und selbst da wurde ihm, wenn ihn der Richter für glaubwürdig hielt, der Eid erlassen. Wir bemerken noch, dass auch der Koran, der die Verpflichtung, Zeugniss zu sagen, auferlegt (Sura 2. u. a. a. O.), nirgends erwähnt, dass der Zeuge

*) Die Stelle des *Seneca de ira L.* 2. *c.* 29.: „*de parvula summa judicaturo, tibi res sine teste non probaretur: testis sine jurejurando non valeret*“ ist, wie schon von mehreren Autoren erkannt worden, mehr eine (bei Seneca überhaupt nicht seltene) rhetorische Declamation.

seine Aussage beschwören soll, und hat auch das Malekitische Recht, mit Ausnahme bei Zeugnissen der Verwandten, keinen Zeugeneid (vgl. 2. Anhang).

Diese Nichtbeeidigung scheint auch in dem, in diesen Gesetzgebungen nach seiner Consequenz verfolgten Accusationsprincip und dem sich hieran knüpfenden Geschwornengericht und richterlichen Ermessen, bedingt zu sein. Eine gesetzliche Beweistheorie war den Alten entweder ganz unbekannt oder nur in schwachen Umrissen verzeichnet (vgl. Eingang zum 3. Cap.). Das richterliche Ermessen entschied über die Aussage der Zeugen: glaubten die Richter hier die Wahrheit zu erblicken und fühlten sie sich überzeugt, so bedurfte es nicht des Eides. Hingegen wurde auch das (freiwillig) beschworne Zeugniss zurückgewiesen, wenn dem Richter noch ein Zweifel beiging; und war er nicht durch ein Gesetz verpflichtet, dem Zeugniss Glauben zu schenken, gegen das seine innere Ueberzeugung sprach *).

Der Eid als unerlässlich bei der Zeugenaussage wurde erst durch Constantin festgestellt (*L.* 9. *C.* 4. 20.), und von Justinian ausdrücklich auch auf Civilfälle erstreckt (*L.* 10. *ibid.*) **). Das canonische Recht verfuhr mit noch grösserer Strenge und will (*c.* 51. *de Test. et Attestation.*), dass kein Zeugniss, wie gross anch die Glaubwürdigkeit der Zeugen sei, ohne den geleisteten Eid Gültigkeit habe. Diese unbedingte Eidesablegung ging nun in alle neueren Gesetzgebungen über ***). Dass im Inquisitionsprocesse (der im canonischen Rechte seine Vollendung erreicht), wo dem Ermessen des Richters ein freies Feld nicht gestattet ist, der Eid als Probirstein für die Glaubwürdigkeit der Zeugen gesucht wird,

*) Nur Menu 8, 113. hat ausdrücklich den Zeugeneid, der je nach den verschiedenen Classen verschieden ist; auch hat er daselbst 114. 115. Ordalien für den Zeugen. Der Menu leidet aber auch an anderen Unregelmässigkeiten, die mit dem Accusationsprincipe nicht vereinbar sind: so das. 73., dass beim Widerspruche der Zeugen die Mehrheit entscheidet u. a. m. Das Princip der Zeugenaussage ist überhaupt unrichtig aufgefasst, und ist sogar bei mancher Gelegenheit ein falsches Zeugniss abzulegen gestattet (das. 103. 104).

**) Vgl. auch *Malblanc Doctrina de jurejurando* §. 78.

***) Mit Ausnahme der Toscanischen, nach der der Zeuge nur auf Verlangen des Angeklagten den Eid zu leisten hat. Vgl. Staatslex. Art. Toscana.

ist ganz natürlich; und es musste auch hier die Schattenseite hervortreten, dass dem Richter Vertrauen zu der beeideten Zeugenaussage, wenn er auch in seinem Innern von deren Gegentheil überzeugt ist (vgl. zu §. 28.), abgedrungen wird. Aber auch der auf das Anklageprincip basirte englische (und französische) Criminalprocess bleibt bei dem Grundsatze stehen, dass ein unbeeideter Zeuge keinen Beweis liefere; und scheint dieses ein Ueberbleibsel der alten Praxis der geistlichen Gerichte, aus der sich auch andere, dem Geschwornengerichte wenig entsprechende Gestaltungen und Regeln entwickelten, an denen noch strenge gehalten wird (vgl. *Mittermaier* Strafverfahren 1. Thl. S. 99). Doch tritt aus dieser Vermengung der Accusations- und Inquisitionsprincipe eine ungemeine Inconsequenz im englischen Processe bei Beeidigung der Zeugen hervor, für die schwerlich eine rationelle Rechtfertigung zu finden ist. Das englische Recht lässt nämlich in neuerer Zeit Kinder in dem zarten Alter von fünf Jahren zum Zeugnisse zu; aber das Kind muss vorher einen Eid leisten und wird es examinirt, ob es einen Begriff vom Guten und Bösen habe *). Allein, wenn einem Kinde dieses Alters Glauben geschenkt werden soll, so kann es nur aus der Rücksicht geschehen, dass aus ihm die Unschuld spreche, und muss der Richter ermessen, ob diese Stimme der naiven Wahrheit sich aus seinem Munde vernehmen lasse. Denn die Ueberzeugung von der Verpflichtung zur Wahrhaftigkeit kann einem fünfjährigen Kinde nicht zugetraut werden, da auch, wenn sein Verstand reif ist, ihm doch der Ernst einer solchen Auffassung abgehet; das Criterium muss im Gegentheile in seiner Unschuld gesucht werden, in der Absichtlosigkeit, in der es aussagt: seine Verständigkeit kann nur die Garantie geben, dass seine Phantasie, die Kindern eigene lebhafte

*) *Phillipps Treatise on the law of evidence* p. 17. Die ältere Praxis wollte, dass Kinder unter neun (und manche unter zehn) Jahren nicht Zeugniss ablegen können. Aber hierdurch waren Kinder in früherem Alter gegen manche Verletzung schutzlos (*wich was in some measure denying them the protection of law aigainst secret acts of violence*, meint der Verfasser). In einem Processe über eine an einem fünfjährigen Kinde verübte Gewaltthat wurde dasselbe, nachdem es geschworen, zum Zeugnisse zugelassen (das.).

Regsamkeit, die die verschiedensten Eindrücke aufnimmt und sie unter einander wirft, nicht der Wirklichkeit Eintrag thun. Hat nun sich der Richter von einer solchen Verständigkeit (Klarheit) in dem Kinde überzeugt und findet er in ihm ferner eine der Unwahrheit nicht fähige Unschuld, so ist der Eid überflüssig: ist aber dem Richter diese Unschuld oder diese Klarheit verdächtig, so vermag auch der Eid nichts, da dieses Alter noch zu zart ist, als dass in ihm der Eid die Aufmerksamkeit auf das Ernste der Aussage und die Verpflichtung zur Wahrhaftigkeit erwecken sollte. Aber es war nun einmal aufgestellter Grundsatz: „jedes Zeugniss muss beschworen werden", und so wurde auch hier der Eid beibehalten *), und fügte man Inquisitions- und Anklageform auf eine höchst irrationale und widersprechende Weise zusammen. Vgl. auch weiter zu §. 38.

Die Regel, dass ohne Eid kein Zeugniss Gültigkeit habe, wurde überhaupt in allen neueren Gesetzgebungen mit ungemeiner Aengstlichkeit festgehalten, und gleichsam wie ein geoffenbartes göttliches Gesetz betrachtet. Man wagte keine Ausnahme und durfte selbst die Formel nicht geändert werden: gelehrte Juristen stritten darüber, ob gekrönte Häupter den Zeugeneid bei ihrer „königlichen, fürstlichen ff. Ehre" schwören dürfen **), und man hielt es schon für ein grosses Zugeständniss, dass sie ihre Hand nicht auf die heil. Schrift bei der Eidesleistung zu legen brauchen ***). Der Einfluss des (spätern) römischen und canonischen Rechts ist hier unverkennbar; denn nach dem von vielen neuern Gesetzgebungen angenommenen Grundsatze, dass zwei Zeugen nur dann einen vollkommenen Beweis liefern, wenn andere Umstände ihre Aussage unterstützen (vgl. Volkmann a. a. O. 2. Thl. S. 102), bedingt der Eid allein nicht den Glauben des Richters an die Wahrheit der Zeugen, und dürfte also diese ungemeine Aengstlichkeit etwas übertrieben erscheinen. — Doch

*) *Phillips* a. a. O.

**) Vgl. *Thomasius*, *Kaestner l. l. Stryk p.* 397. *Walther Dissert. de valida per testes injuratos probatione.*

***) Vgl. *Farrina. Quaestio* 84. *No.* 24. 81; vgl. auch Preuss. Crim. O. §. 335, 1., wo ebenfalls eine solche Berücksichtigung stattfindet. Vgl. auch Pr. Allg. G. O. 203, 1.

weichen manche neuere Gesetzgebungen in einem Punkte vom römischen Rechte ab: dieses will (vgl. die oben angeführten *Legg.*), dass der Zeuge vor abzulegendem Zeugnisse den Eid leiste; nach jenem (Oesterr. Gesetzbuch Art. 254. 256. Preuss. Crimin. Ordn. §. 317. 333.) leistet er den Eid am Ende des Verhöres und wird er am Eingange der Vernehmung ermahnt, dass er seine Aussage werde durch einen Eid bewahrheiten müssen. Diese Art der Beeidigung hat den Vortheil, dass hierdurch der Eid ein assertorischer und der falsche Eid also ein wirklicher Meineid wird, da der Beeidigte zur Zeit, wo er die feierliche Betheuerung ausspricht, ein Geschehenes (seine abgelegte Aussage) durch einen Schwur bekräftigt, und sich, wenn er falsch schwört, im Momente der Eidesleistung des Meineides schuldig macht: wo hingegen bei der Beeidigung vor der Ablegung des Zeugnisses der Eid nur promissorisch ist, und hat der Zeuge im Falle der Unwahrheit nur einen falschen Schwur, aber nicht einen Meineid geleistet (vgl. ausführlich Eidesleistung S. 41 ff.; vgl. ferner *Mittermaier* Strafverfahren 2 Thl. S. 90. — Gutachten der Criminal-Deputation des Kammergerichts über Verletzung eines Cautionseides, Preuss. Crim. Ordn. Anhang zu §. 236). Auch wird bei der letztern Art die durch den Eid beabsichtigte feierliche Wirkung in dem Falle sehr vermindert werden, wenn die Vernehmung längere Zeit dauert und der Zeuge durch verschiedene Zeiten auf Umstände, deren Constatirung sich erst im Verlaufe der Verhandlung als nothwendig zeigt, befragt wird: das Zurückgehen auf Gott, die feierliche Stimmung hat inzwischen an Intensität verloren und fühlt sich der Zeuge weniger von der Heiligkeit und Wichtigkeit des Actes durchdrungen. Aber auch die assertorische Eidesleistung leidet an manchen Gebrechen, da bei einem längern Verhöre dem Zeugen die Fragen im Momente der Eidesablegung nicht ganz gegenwärtig sein können: der Eid bleibt also nur ein summarischer, die Seele vermag nicht in diesem Momente jede einzelne Aussage nach ihrem ganzen Umfange zu überschauen. Auch kommt das erregte ernstliche Nachdenken (wie *Schneider* a. a. O. S. 560 bemerkt) zu spät und es fällt vielen Menschen schwer, eine schon gesagte Unwahrheit zurückzunehmen. Doch vielleicht glaubte man eine Abhülfe zu finden in der gleich am Eingange des Verhöres zu machenden Ermahnung, „dass er (der Zeuge) seine Aussage werde beschwören müssen.“ Jedenfalls dürfte die assertorische Beeidigung weit der promissorischen vorzuziehen sein.

Wir bemerken noch, dass verschiedene Rechtsgelehrte des vorigen Jahrhunderts der Beeidigung der Zeugen überhaupt nicht geneigt waren (so *Thomasius*, *Stryk*, *Kaestner* a. a. O., nur irren sie, wenn sie sich auf das mos., röm., german. Recht berufen, da hier der Anklageprocess die Grundlage ist, das gemeine Recht aber auf dem Inquisitionsprocess beruhet); neuere Rechtslehrer hingegen betrachten den Eid als wesentlich zur Bekräftigung jedes Zeugnisses (vgl. *Filangieri* System der Gesetzgeb. 3. Thl. S. 295. *Globig* a. a. O. *Bentham* a. a. O. *Mittermaier* Beweis S. 292 u. A.).

Zu §. 25.

Der erste Theil dieses §. beruhet auf einem ausdrücklichen Ausspruche des Talmuds *Synhedr.* 32[b], dass, wenn der Richter Verdacht gegen eine Zeugenaussage hegt, er die frühere mischnische Vorschrift, die auch für Civilfälle das strenge Zeugenverhör verlangt (vgl. zu §. 22.), befolgen soll. *Maimonides l. l. c.* 3. §. 2. *Chosch. Mischp. c.* 15. §. 3. (woselbst die Glosse etwas mildernd ist) und *c.* 30. §. 1.

Dass der Zeuge zur Eidesleistung angehalten werden kann — der zweite Theil des §. — wird *Chosch. Mischp. c.* 28. §. 2. angeführt, und war dieses schon im 14. Jahrhundert eine bei den in christlichen Ländern wohnenden Juden gewöhnliche Gerichtspraxis. *Respons. R. Simon ben Zemach Duron*, *T. III.* 15. Vgl. auch *Resp. R. Jizchak ben Scheschet* 170. 176. zu Ende. Diese Praxis wird gebilligt, so das Zeitalter (nach einem freilich falschen Begriffe) den Meineid höher stellt als das falsche Zeugniss, jenen mehr als dieses scheut, und der Richter durch den Eid besser die Wahrheit zu erzielen hofft. *Ben Zemach l. l.* — *Ben Scheschet* berichtet *respons.* 170., dass er bei der Anklage gegen einen eines Vergehens Verdächtigen gewöhnlich die Zeugen schwören lasse, weil sie dann der Furcht vor dem Angeklagten weniger Raum geben werden: und es sind auch die Zeugen gewöhulich hiermit zufrieden, weil hierdurch der Angeklagte weniger über ihre Aussage ungehalten sein kann. Für Civilfälle hält er (der in Algier lebte, wo nach Koran und Malekitischem Rechte — vor. §. — auch bei den nichtjüdischen Gerichten kein Zeugeneid stattfand) den Eid für überflüssig. In christlichen Ländern, wo nach römischem und canonischem Rechte der Eid unerlässlich war, wurde, wie *ben Zemach* erzählt, auch bei den Juden der Eid allgemein als integrirender Theil des Zeugnisses angesehen, und mussten daher die Gerichte darauf eingehen. — Da die jüdische Jurisdiction sich zu jener Zeit nur auf Civilfälle (und Ritualfälle) erstreckte, so wird dieser Gebrauch nur für Civilrecht (und Rituales) angeführt; doch zeigt schon ein einfacher Schluss, dass unter Umständen, wie die vorerwähnten, oder wenn sonst der Richter sich hierzu veranlasst siehet, die Beeidigung nicht minder im Criminalprocesse anwendbar sei. Ja hier sogar in noch höherm Grade: denn wenn im Civilprocesse, bei dem nach talmudischem Rechte die strengere Zeugenvernehmung nachgelassen wurde (§. 22.), man die Zeitbegriffe erwägend dem Zeugen die Eidesleistung auferlegte, so würde man, wenn die peinliche Jurisdiction noch üblich gewesen wäre, mit noch grösserer Strenge im Criminalprocesse, der das ausgedehnteste Zeugenverhör verlangt (§. 17 ff.), auf den Zeugeneid gedrungen haben.

Ueberhaupt gehet aus den im vor. §. entwickelten Gründen der Nichtbeeidigung der Zeugen klar hervor, dass die Behauptung, „der jüdische Zeuge dürfe nicht schwören", eine nicht nur grundlose, sondern ganz widersinnige sei. Wird die Nichtbeeidigung der Zeugen aus dem Anklageprincip hergeholt (wie wir es v. §. versucht), so ergibt sich nur daraus, dass das jüdische Gericht (da es den Grundtypus des Geschwornengerichts bewahrt) den Zeugen nicht zu beeidigen braucht und dem richterlichen Ermessen das Verhör und die Glaubwürdigkeit anheimgestellt sei. Darum berichtet auch *ben Zemach* an obiger Stelle: „Man erzählt von *R. Nissim* zu Barcelona, dass er Zeugen habe schwören lassen, indem er sagte: „ich verlange bei diesem Zeugnisse einen Eid." Es hängt also auch die Beeidigung vom richterlichen Ermessen ab. — Und wird der specielle Grund für die Nichtbeeidigung darin gesucht, weil nach mosaisch-talmudischem Rechte die unwahrhafte Aussage eine nicht mindere Entweihung als der unwahrhafte Eid ist (v. §.), so kann ebenfalls nicht gesagt werden, dass der jüdische Zeuge nach seiner Religionslehre nicht schwören dürfe, sondern dass er nicht zu schwören brauche, d. i. das jüdische Gericht glaubt ihm, wenn nicht besondere Umstände eintreten, auch ohne Eid. Der Zeuge kann aber in keinem Falle wie der Bekenner mancher christlichen Religionspartei (z. B. der Mennonite) angeben, dass er einen Eid ablege, der wider sein Gewissen ist. Es dürfte nur einzuwenden sein, der Eid sei überflüssig; aber auch diesem entgegnet der erwähnte *ben Zemach l. l.*: „Man beeidigt bei manchen Gerichten den Zeugen.... und man kann nicht sagen, es ist ein vergeblicher (überflüssiger) Eid, denn man kann nach dem Spruche der Lehrer *Nedarim* 8[b.] schwören, dieses oder jenes Gebot zu halten (obschon man auch ohne Schwur dazu verpflichtet ist), um sich hierdurch im Glauben anzueifern (um hierdurch mit desto lebhafterm Willen an die Ausführung zu gehen)." Vgl. auch Eidesleistung S. 50 ff. *Ben Zemach* siehet mit Recht den Zeugeneid als Aneiferung zur Wahrheit und besonnenen ernsten Aussage an *). Der Zeuge könnte, wenn allgemein eine Zeugenbeeidigung beim Gerichte nicht üblich ist und der Richter ausnahmsweise von ihm einen Eid verlangte, über Ehrenverletzung klagen; nur wäre diese Klage, da dem Ermessen des Richters viel anheim gegeben ist, nicht sehr gegründet: wie es auch aus dem obigen Beispiele des *R. Nissim* zu ersehen ist. Ist aber die Vereidigung allgemein, weil, wie *ben Zemach* anführt, der Zeitbegriff das Unrecht eines falschen Zeugnisses nicht so hoch anschlägt, wie den Meineid, so kann auch der jüdische Richter mit vollem Rechte den Zeugen zur Eidesleistung anhalten.

Der weitere Schluss auf Beeidigung jüdischer Zeugen bei Gerichten, bei denen der Process weder auf das

*) Wir führen hier noch gelegentlich das bei *ben Zemach l. l.* citirte *Responsum* des *R. Hai Gaon* an: „Dass die Formel: „„Lo Allah ill Allah"" („es ist kein Gott ausser Gott", die bekannte mahomedanische Formel), von einem Juden geschworen, ebenfalls als ein heiliger, unverbrüchlicher Eid zu betrachten sei.

Religions- noch auf das Anklageprincip gegründet ist und die allgemein den Zeugeneid haben, ist leicht zu machen; und wird die angehängte „Untersuchung über das Gesetz der Preuss. Crim. O.“ das Nähere besprechen.

Zu §. 26.

Mischna Maccot 6[b]: „das Synhedrium muss aus dem Munde der Zeugen, aber nicht aus dem Munde des Dolmetschers hören“ *). Die Mischna lehnt diese Norm an eine Bibelstelle an; aber es ist auch leicht zu ersehen, dass, da nach talmudischem Rechte, wie öfter erwähnt, Zeugen allein ohne Zuziehung und Befragung anderer Umstände als Beweismittel dienen und daher ungemeines Gewicht auf das Zeugenverhör verwendet wurde, man die Vernehmung durch den Mund eines Dolmetschers nicht genügend finden konnte (vgl. *Tosefot Jom Tob ad loc.*). Denn es ist nicht in Abrede zu stellen, dass bei der mündlichen Uebertragung eines Dolmetschers manche Wendung, mancher Ausdruck, der dem Richter Anlass zur weitern Befragung und Entdeckung geben könnte, verloren gehet. Die Einwendung, die gegen das schriftliche Verfahren des Inquisitionsprocesses gemacht wird, trifft in fast höherm Grade die Vernehmung durch Dolmetscher. Dem dort beim Verhöre nicht anwesenden urtheilenden Richter gehet viel, was er aus den Mienen und eigentlichen Worten des Inculpaten u. s. w. entnehmen könnte, verloren und können Geberdenprotocolle diesen Verlust nicht ersetzen (Einleit. S. 73); hier ist der Dolmetscher der Inquirent und gibt er dem hinsichtlich des Verstehens der Worte als abwesend zu betrachtenden Richter die Aussagen wieder: dort vermisst man ein wichtiges Moment: die Wahrnehmung des Mienenspiels; hier das unstreitig noch wichtigere: den eigentlichen Ausdruck des zu Vernehmenden. — Dieser Ansicht consequent (vgl. *Sema* zu *Chosch. Mischp. c.* 17. §. 6.) erklärt das talmudische Recht, das selbst in Civilsachen die Forderung stellt, dass der Richter der Sprache des Zeugen kundig sein soll (*Maccot* das. *Chosch. Mischp. c.* 17. §. 6.), „dass, wenn der Richter die Sprache des Zeugen verstehet, aber sich nicht in ihr auszudrücken vermag,

*) Desshalb wurde auch viele Sprachkenntniss von den Synhedrialmitgliedern gefordert. *Synhedr.* 17*a*. *Maimon. Synhedr. c.* 2. §. 6.

so kann er durch einen Dolmetscher den Zeugen befragen" (*ibid. ibid.*). Hier überwacht der Richter nicht nur den Dolmetscher, sondern er vernimmt die Aussage selbst und erhölt sich unmittelbare Ueberzeugung. (Das Erwähnte gilt natürlich auch hinsichtlich der Angeklagten, die Richter müssen dessen Sprache kundig sein. *Chosch. Mischp. ibid.*)

Andere alte Gesetzgebungen sprechen sich nicht über Dolmetscher aus. Zwar war in Athen (und in den anderen griechischen Städten) eine eigene Behörde in der Person des Polemarch für Fremde niedergesetzt; er musste deren Klagen anhören, sie in ihren Familienrechten schützen und sie sonst vertreten. Allein unter „Fremde" werden hier die ansässigen Schutzverwandten verstanden (vgl. *Meier* und *Schömann* a. a. O. S. 51), die natürlich die Landessprache sprachen; über das rechtliche Verhältniss völlig Fremder (Barbaren) hatte, bei dem damaligen beschränkten Verkehr mit diesen, die Gesetzgebung weniger Gelegenheit zu sprechen. — Auch das römische Recht hatte zwar seinen *Praetor peregrinus* (*ab eo quod inter peregrinos jus dicebat. L.* 2. §. 28. *D.* 1. 2.), erwähnt aber ebenfalls nicht des Dolmetschers. Erst die neueren Gesetzgebungen mussten bei der häufigen Berührung der Völker natürlich Rücksicht auf Verständigung des Richters über Aussagen in einer ihm unbekannten Sprache nehmen; und haben sie daher „Dolmetscher", die hierzu vereidet werden. Die Preuss. Criminal - Ordnung gehet hier mit ungemeiner Vorsicht zu Werke, und verlangt §. 59. 329. zwei Dolmetscher; nur scheint die Vereidigung (§. 63.), „dass sie (die Dolmetscher) die Fragen des Richters und die Antworten des zu Vernehmenden genau wörtlich und richtig übersetzen... wollen" unstatthaft, da eine wörtliche Uebersezzung mündlich fast ausser dem Bereiche des menschlichen Vermögens ist. Schon eine schriftliche wörtliche Uebersezzung ist mit den grössten Schwierigkeiten verbunden und wird sie oft nur auf Kosten der Verständlichkeit bewerkstelligt: und der Dolmetscher soll in dem Augenblicke, wo er den Angeschuldigten anhört, aus der fremden Sprache wörtlich in die des Richters übertragen? Besser daher das österr. Strafgesetzb. Art. 356.: „Der Dolmetscher muss vorläufig einen Eid ablegen, dass er die Fragen aus dem Munde des

Beamten und die Antworten aus dem Munde des Befragten ohne Aenderung, genau und treu übersetzen.... werde." Uebersetzt der Dolmetscher „ohne Veränderung", so ist das Wörtliche ohnediess überflüssig. Trefflich ist auch die Bestimmung des erwähnten Art. des Oesterr. Strafg., dass wenigstens ein dieser Sprache **kundiger Beisitzer** — ausser dem Dolmetscher — gewählt werden muss. Und findet sich ein solcher in dem Bezirke des Criminalgerichts nicht, so muss dem Obergerichte die Anzeige hiervon gemacht werden, das einen solchen Beisitzer zuweist, oder die Verfügung trifft, dass der Beschuldigte an ein Criminalgericht, wo ein solcher Beisitzer vorhanden ist, abgeliefert werde. (Also in mancher Weise das Princip des talmudischen Rechts.)

Zu §. 27.

Es ist ein an unzähligen Stellen wiederkehrendes Axiom des talmudischen Rechts: „Sobald der Zeuge ausgesagt, kann er nicht wieder aussagen", d. i. sobald die Zeugen vernommen sind (*Maimonides Edut c.* 3. §. 5.), können sie ihr Zeugniss nicht widerrufen Vergl. weiter zu §. 131. Dass der blosse Widerruf das Zeugniss nicht aufheben kann, ist in sich hinlänglich begründet, und wird von jeder Gesetzgebung, die das Verbrechen nicht als eine Privatverletzung, sondern als ein an dem Staat begangenes Unrecht ansiehet, anerkannt. Es können daher Zeugen weder wenn sie als Beweismittel des Anklägers, noch wenn sie selbst als Ankläger, Angeber auftreten (und in diesem Sinne erscheinen sie sowohl im mosaischen als im talmudischen Rechte) *), ihre Aussage zurücknehmen. Das talmudische Recht stellt übrigens dieses Axiom unbedingt auf, weil es nur die Zeugenaussage ohne eine sonstige Berücksichtigung im Auge hat: nach anderen Gesetzge-

*) Angeber hier im besseren Sinne: Einer, der die Pflicht eines guten Bürgers, die Gesetze mit zu überwachen und sie in ihrer Integrität aufrecht zu erhalten, erfüllt. Vgl. Einleit. S. 82. 83. und oben zu §. 8. — Auch *Sigonius de republ. Hebraeor. L.* 6. *c.* 7. betrachtet die Zeugen als Ankläger. Vgl. auch *Spinoza Tract. theol. politic.* c. 16. Michaelis m. R. 6. Th. §. 290. nimmt nach einer falschen Exegese zu *Levit.* 19, 16. an, dass Ankläger dem mos. Gesetze verhasst waren; allein רכיל heisst, wie fast unter allen Interpreten feststehet, Verläumder, aber nicht Ankläger.

bungen kann der Widerruf der Zeugen durch Erforschung anderer Umstände als begründet erscheinen *).

Dieses Axiom beruhet nicht auf blosser Theorie, sondern wird ein altes merkwürdiges Factum hierfür erzählt. Simon ben Schetach liess einst, als das Zauber- und Hexenwesen überhand genommen, einen Clubb von achtzig diesen Unfug treibenden Frauen aufheben und sie nach Exod. 22, 17. hinrichten. Die Verwandten der Verurtheilten brüteten Rache gegen Simon, und es traten zwei von ihnen mit einer Capitalanklage als Zeugen (Ankläger) gegen dessen Sohn auf. Dem Sohne wurde das Todesurtheil gesprochen; als er aber zur Richtstätte ging, bekannten die Zeugen, dass ihre Aussage falsch gewesen und sie das Motiv der Rache getrieben habe. Das Todesurtheil wurde aber nichtsdestoweniger nach dem Grundsatz „ein Widerruf der Zeugen ist nicht zulässig" vollführt **).

Auch in Civilsachen können die Zeugen ihre Aussagen nicht widerrufen, da durch diese Aussage die Behauptung der einen Partei als rechtmässig anerkannt wird und Widerruf es wieder umstossen will. Doch ist dem Zeugen, wenn seine Aussage einen verschiedenartigen Sinn zulässt, eine Interpretation gestattet (*Choschen Mischpat* c. 29. §. 1.); auch wird der Widerruf angenommen, wenn die Aussage auf einem offenbaren Missverständnisse beruhet. So wird *Baba Mezia* 28[b]. erzählt: „Es hatte Jemand zu einer gefundenen Sache sich als Eigenthümer gemeldet, und er sollte Zeugen für seine Ehrlichkeit bringen. (Dieses eine spä-

---

*) Es dürfte auch gegen den Widerruf der Zeugen geltend gemacht werden, dass, da die im Falle der Unwahrheit zu erfolgende Wiedervergeltungsstrafe eine Garantie gegen das falsche Zeugniss bieten sollte (vgl. oben), diese Garantie bald schwinden würde, wenn der Zeuge seine Aussage zurücknehmen könnte, welches er auch ungesäumt thun wird, sobald er merkt, dass ihm Entdeckung drohet. Auch das röm. Recht behielt diese Rücksicht im Auge und will (um der Calumnie vorzubeugen), dass der Ankläger bei seiner Anklage beharren müsse. *L.* 7. §. 1. *D.* 48. 2.

**) *Talm. jer. Synhedr.* 16*b*. wird erzählt, der Vater habe wollen den Sohn lossprechen lassen; dieser aber weigerte sich und wollte für das Gesetz sterben (das da will, ein Widerruf der Zeugen sei nicht statthaft). Dieses Gesetz schreibt sich demnach aus einer noch frühern Zeit als der des Simon ben Schetach her.

tere Einrichtung wegen getriebenen Missbrauches. Eigentlich wird eine gefundene Sache auf die Angabe entschiedener Merkmale zurückgegeben.) Er brachte Zeugen und der Richter fragte sie, kennt ihr ihn (der sich zu der gefundenen Sache gemeldet hatte) als Betrüger? Sie antworteten: ja! Dieser (der sie als Zeugen gebracht) sagte zu ihnen: wie, ich ein Betrüger? worauf sie antworteten: wir verstanden: Nichtbetrüger. (Die Fragestellung des Richters selbst hatte, wie *Raschi* das. bemerkt, zu diesem Missverständnisse Anlass gegeben, denn er hätte fragen müssen: kennt ihr ihn als ehrlichen Mann?) Man liess diesen Widerruf gelten: denn da Jener, der sich über seine Redlichkeit legitimiren wollte, diese Zeugen gebracht, so hat er allem Vermuthen nach nur solche aufgesucht, die für ihn aussagen, und ist sehr wahrscheinlich, dass sie sich versprochen." Vgl. *Chosch. Mischp.* c. 29. §. 1. Hingegen kann nach vollendeter Aussage der Zeuge nicht zusetzen, dass eine Bedingung in der von ihm bezeugten Angelegenheit stattgefunden. *Chosch. Mischp. l. l.* und so die Meinung der meisten Autoren. Vgl. das. *Schach* Anmerk. 2. und weiter zu §. 184. — Wenn nun aber Zeugen durch ihren Widerruf in Civilfällen das Recht Jenes, für den sie aussagten, nicht aufheben können, so liegt doch nicht minder ein Geständniss der Zeugen vor, dass sie falsch ausgesagt: also jene Partei, gegen welche auf Grund ihres Zeugnisses erkannt wird, in Schaden gebracht haben. Im Civilprocesse ist aber Geständniss die Anerkennung eines rechtmässigen Anspruches, wobei nicht weiter geforscht wird, ob es ein wahres oder falsches sei, da Jedermann eine Verzichtleistung auf sein Vermögen zustehet (Einleit. II. Vgl. auch weiter 2. Abschnitt 2. Tit. Eingang). Daher werden (*Chosch. Mischp.* c. 28. §. 21. c. 38. §. 1. nach *R. Ascher*) beim Widerrufe die Zeugen zum Ersatze des durch ihre frühere Aussage verursachten Rechtsverlustes angehalten. Das Urtheil wird hinsichtlich des Klagepunctes nach der erstern Aussage gefällt (da von der Rechtsseite aus ein Widerruf nicht statthaft ist); hingegen ist, da die Zeugen gestehen, dass sie jener andern Partei Unrecht gethan, in dieser Hinsicht das Geständniss gültig und sind sie zum Ersatz verpflichtet. Vgl. auch weiter zu §. 184.

Zu §. 28.

In der Bestimmung dieses §. tritt uns ein wichtiger Moment des Anklageprocesses entgegen und zeigt, wie dieses Princip trotz mancher hin und wieder ihm gesetzten Beschränkungen durchbrach und sich Geltung zu verschaffen wusste. Das charakteristische Zeichen des Accusationsverfahrens ist, dass das Ermessen des Richters entscheide; und dieses wurde in mehrerer Hinsicht festgehalten. So ist nach *Ketubot* 85[a]. dem richterlichen Ermessen anheimgegeben, Einem Zeugen, und selbst wenn dieser an sich unfähig ist dem Richter aber als glaubwürdig erscheint, in Civilfällen in mancher Beziehung Glauben zu schenken (vgl. weiter §. 34.). So kann ferner der Richter, wenn sich für eine Partei wahrscheinliche Beweise darbieten, nach seiner innern Ueberzeugung das Urtheil fällen. *Ketubot l. l.* wird erzählt: A starb und man fand in seiner Hinterlassenschaft mehrere Edelsteine, über die er nicht bestimmt hatte. Zu diesem meldete sich B, sagte, dass er sie bei A aufzuheben gegeben und gab an diesen Edelsteinen gewisse Zeichen an. Der Richter bezog noch den Umstand hierher, dass A stets für einen armen Mann gehalten und es also nicht wahrscheinlich sei, dass er diese Edelsteine besessen: und sprach sie dem B zu. So ist ferner bei manchem, bei Schenkungen entstehendem Zweifel dem Richter überlassen, nach seinem Ermessen auf den Sinn des Gebers einzugehen. A setzte in seinem letzten Willen seinen Verwandten Tobias zum Erben eines Grundstückes ff. ein. Nun melden sich zwei Verwandte Namens Tobias. Der Richter kann nun nach seinem Ermessen, wem von diesen beiden der Verstorbene geneigter gewesen ff., das Erbtheil zusprechen (*Ketubot* 85[b].; vgl. *Raschi* das. *Maimonid. Sechija* c. 11. §. 3. *Chosch. Mischp.* c. 253. §. 29. Vgl. auch *Sema* Anmerk. 12. zu c. 240. §. 3.). Das richterliche Ermessen findet auch zuweilen bei zweifelhaften Fällen des Verkaufes statt, Vgl. *Ketubot* 94[b]. *Baba Batra* 62[b]. — In der nachtalmudischen Zeit ging man, da hier mancher Missbrauch getrieben wurde, in mancher Hinsicht von dem richterlichen Ermessen ab, und darf der Richter nur nach klaren Beweisen urtheilen (*Alfasi l. l. Maimonid. Synhedr.* c. 24. §. 2.). Aber wenn auch in positiver Hinsicht das Ermessen beschränkt wurde, so behielt denn doch (dem Anklageprincip gemäss) der Satz Geltung, dass der Richter nicht ein Urtheil gegen seine Ueberzeugung sprechen soll. Dieses wird *Schebuot* 30[b] folgendermaassen erläutert: „Wenn der Richter die innere Ueberzeugung hegt, dass die Zeugen ein falsches Zeugniss aussagen, so darf er nicht mit der Vertröstung, dass die Schuld auf die Zeugen falle, das Urtheil sprechen (sich mit dem Gesetze schützen), denn es heist: „„Von jeder falschen Sache musst du dich fern halten““ (Exod. 23, 7.)“ Das talmudische Recht stehet hierin über den neueren (auf das Inquisitionsprincip basirten) Gesetzgebungen, die ihrem Principe nach häufig dem Richter einen Gewissenszwang auflegen, da die vorgeschriebenen Gesetze ihm bindende Normen sind, nach denen er, so sehr sich mitunter sein Bewusstsein dagegensträubt, verurtheilen oder lossprechen muss. Und selbst bei dem letzten formellen Mittel, dem Eid, wie oft fühlt sich der Richter überzeugt, dieser Eid sei ein Meineid: und doch muss er ihn ablegen lassen und nach ihm das Urtheil fällen und der schändlichen Lüge das Recht zuerkennen; denn es liegen nicht materielle Beweise vor, und das Gesetz spricht in trockenen Worten, an die sich der Richter halten muss *)!

Wie es nun aber bei dem vorgedachten Ermessen des talmudischen Rechts mit dem vorliegenden Rechtsfalle zu halten sei? Der Richter muss vor Allem ein strenges, sonst bei Civilfällen nicht erforderliches Verhör anstellen (vgl. zu §. 24.); und fühlt er sich auch dann noch nicht beruhigt, so soll er den Process einem andern Richter (Gerichte) überlassen (*Maimonides l. l.* §. 3). Nach Anderen (*R. Ascher Respons.* 68, 15.) hän-

---

*) Die oben citirte Talmudstelle beziehet sich zwar dem dortigen Zusammenhange nach auf Civilfälle; doch kann, wenn der Richter schon hier nicht gegen seine Ueberzeugung sprechen darf, dieses in Capitalfällen, wo es Princip ist „den Angeklagten zu retten“ (Einleit. S. 87), noch weniger stattfinden: es ist also selbst in dem Gesetze „auf zwei Zeugen umzubringen“ das Ermessen nicht beschränkt, und verliert das Gesetz Manches von dem Irrationalen, das Schriftsteller in ihm finden wollten (vgl. Einleit. zu diesem Cap.). — Es mochte aber auch bei dem in Capitalfällen strengen Zeugenverhör schwerlich je dahin kommen, dass der Richter gegen seine Ueberzeugung spreche.

digt er, wenn sich ihm klar herausstellt, das Unrecht sei auf Seiten des Klägers, dem Angeklagten ein Schreiben ein, in welchem die Gerichte verwarnt werden, sich mit dieser Sache nicht zu befassen. *Chosch. Mischp. c.* 16. §. 3. — Es wird auch das. §. 4. angeführt, dass Obiges nur gelte, wenn der Richter die Ueberzeugung von dem Unrecht des Klägers hat (fällt er kein Urtheil, so geschiehet Niemandem ein Unrecht; der Beklagte bleibt in seinem rechtmässigen Besitze). Ist aber das Unrecht auf Seite des Beklagten (wo also bei Nichtfällung des Urtheils dieser im unrechtmässigen Besitze verharren würde), so muss der Richter die Untersuchung verdoppeln und einen Urtheilsspruch zu erzielen suchen.

Zu §. 29.

Maccot 5[b.] wird erzählt, es habe einst eine Frau in einem Civilprocesse Zeugen gebracht und sie wurden als unwahr befunden; dieses wiederholte sich mehreremal: und es wollte daher ein Richter, dass den von dieser Frau in dem vorliegenden Rechtsfalle etwa noch zu producirenden Zeugen nicht geglaubt werde, da doch offenbar ist, dass sie falsche Zeugen aussuche. Es wurde ihm aber entgegnet, wenn auch die Partei (diese Frau) im Verdacht ist, dass sie falsche Zeugen aufsuche, so ist doch nicht Jedermann in Verdacht, dass er sich werde zum falschen Zeugen brauchen lassen: und sind also neue Zeugen zulässig. *Maimon. Edut c.* 22. §. 5. *Chosch. Mischp. c.* 31. §. 4. Vgl. ferner weiter zu §. 190 *).

Zu §. 30.

Der erste Theil des §. ist in sich selbst begründet, und kommt allenthalben so vor. Vgl. jedoch Eingang zum 4. Ti-

---

*) Für Capitalfälle wird in der Mischna (das.) Folgendes angeführt: Wenn zwei Zeugen gegen Jemanden aussagen, und zwei andere Zeugen zeihen sie eines Alibi, hierauf treten abermals zwei Zeugen mit der frühern Beschuldigung gegen den Angeklagten auf und auch sie werden von denselben Zeugen eines Alibi gezeihet, und dieses wiederholt sich mehrere Male, so will ein Autor, dass diesen Alibizeugen keine Glaubwürdigkeit beigelegt werden kann, da hier eine Verabredung (zu Gunsten des Angeklagten) statt gefunden zu haben scheint. Andere Autoren widersprechen diesem (vgl. *Alfasi* zur Stelle). Da ein solcher Fall mehr der Speculation als der Wirklichkeit angehört, so haben wir in die §§. nur die Anwendung auf Civilfälle, wie sie im Talmud das. angeführt wird, aufgenommen.

tel. — Der zweite Theil gibt eine Ausnahme für Civilfälle, wenn nämlich der Beklagte als ein gewaltsamer Mann bekannt ist und Anzeichen da sind, dass der Kläger Zeugen für sich habe, die aus Furcht vor dem Beklagten ihre Aussagen gerichtlich abzulegen nicht wagen (*Ketubot* 27[b.] vgl. *Tosefot* das. *Chosch. Mischp.* c. 28. §. 15. und *Sema* das.). Diese Bestimmung ist übrigens keine Rechtsvorschrift, sondern wie man aus *Talm. l. l.* erkennt eine Massregel, um ungerechten Handlungen vorzubeugen, die gewaltthätige Männer in dem Vertrauen, dass die Zeugen nicht wagen werden mit ihrem Zeugnisse hervorzutreten, mitunter begehen. — Auch kann man in solchem Falle, wenn die Zeugen sich fürchten in Gegenwart des Beklagten auszusagen, sie ohne dessen Beisein (vgl. zu §. 6.) vernehmen. *Chosch. Mischp l. l. Glosse.*

Wir haben bisher die Zeugenvernehmung betrachtet, in wie fern sie ein Criterium für die Wahrhaftigkeit der Zeugen gibt, und erwähnen noch, dass ausser dem strengen Verhöre und der Wiedervergeltungsstrafe auch die Vorschrift, dass die Zeugen selbst das Todesurtheil mit vollstrecken helfen sollen (Deuteron. 17, 7 und wie es das. 13, 10 scheint, auch der Ankläger), eine Abschreckung gegen falsches Zeugniss enthalten haben dürfte. Denn wie sollte der falsche Zeuge nicht zurückbeben, selbst Hand an das unschuldige Opfer seiner boshaften unwahren Aussage zu legen, Theilnehmer an dessen Hinrichtung zu sein *)? Das talm. Recht dringt mit Rigorosität auf diese Theilnahme der Zeugen, und will ein späterer talm. Autor (*Synhed.* 45[b.]), dass wenn die Zeugen durch Umstände verhindert sind (es sind einem von ihnen z. B. die Hände abgehauen worden), das Todesurtheil nicht vollstreckt werden darf. Nur bei dem, einer Mordthat Angeklagten und Ueberführten wird eine Ausnahme gemacht; dieser wird überhaupt für vogelfrei erklärt und kann ihn Jedermann, so er dem Gerichte vor der Execution entwischt, umbringen. *Maimon. Synhed.* 19, 8. (Das talm. Recht macht also auch, obschon sich auf Bibelstellen stützend einen Unterschied zwischen bürgerlichen und religiösen Verbrechen. — Wir haben aber noch zwei wesentliche Puncte hervorzuheben,

---

*) Vgl. Michaelis mosaisches Recht 5. Thl. S. 20.

deren einer mit zum Zeugenverhöre gehört, aber nicht als Criterium für die Wahrhaftigkeit, sondern der auf Constatirung der Straffälligkeit des Thäters hinzielt: die Verwarnung, ferner ein anderes wichtiges Moment, das zwar seiner Natur nach nicht in der Criminalordnung (wovon der Beweis ein Theil) sondern im Strafrecht seinen Platz hat, aber doch mit dem Zeugenverhöre zusammenhängt: die Ausführung der Wiedervergeltungsstrafe, an die wir auch Manches über die Art wie die Zeugen der Unwahrheit überführt werden, anschliessen.

Hinsichtlich des ersten Punctes berichtet die zu §. 17. über Zeugenverhör angeführte Mischna, „man befragt die Zeugen, habet ihr ihn verwarnt.“ (Diese Verwarnung braucht übrigens nicht von den Zeugen selbst auszugehen; sie müssen nur aussagen, der Thäter ist verwarnt worden. *Maccot* 6[a.] *Maimon. Synhed. c.* 12. §. 2.). Diese Bestimmung, dass eine Strafanwendung nur nach vorhergegangener Verwarnung stattfinden kann, wird von mehreren Autoren (*Synhed.* 40[b.]) noch weiter discutirt; und je entfernter die Autoren von der Zeit der peinlichen Jurisdiction standen, desto mehr Bedingungen wurden an die Verwarnung geknüpft. Nur scheint — wie dieses oft der nicht durch Praxis ins Leben hineingezogenen Speculation widerfährt — hierbei übersehen worden zu sein, dass auf diese Weise das Verbrechen nur in höchst seltnen Fällen werde bestraft werden können. Denn ist es schon selten, dass das Verbrechen in Gegenwart von Zeugen ausgeübt wird, so ist wohl noch weniger anzunehmen, dass der Verbrecher auf die Verwarnung warten oder gar erklären werde, dass er trotz der ihn bedrohenden Strafe das Verbrechen vollführen wolle! Wann wird also je ein Verbrecher zur gesetzlichen Strafe können gezogen werden? Vielleicht mag aber auch hier Abschaffung der Todesstrafe der leitende Gedanke (wenigstens bei den späteren die Verwarnung erweiternden talm. Autoren) gewesen sein, denn es wird *l. l.* 81. erklärt, dass der nicht verwarnte Capitalverbrecher mit der öfter erwähnten lebenslänglichen Gefängnissstrafe bestraft werde (vgl. *Maimon. Rozeach c.* 4. §. 8). Jedenfalls scheint aber die Verwarnung, da sie schon die Mischna unter dem classischen Schema der Zeugenvernehmung anführt, nicht der Speculation allein anzugehören, sondern hat sie eine geschichtliche Basis, wenn auch vielleicht schon die Mischna selbst ihren Umfang etwas erweitert. Die Verwarnung scheint ihrem Ursprunge nach gegen Unkunde des Gesetzes eingeführt zu sein; und es will auch in der That ein mischnischer Autor (*Synhedr.* $41^{a.}$ *Maccot* $6^{b.}$), dass der Gelehrte keine Verwarnung brauche, „denn die Verwarnung ist nur gegeben (eingeführt) um zu unterscheiden zwischen dem der unvorsätzlich und dem der vorsätzlich (eigentlich unwissentlich und wissentlich) handelt." Eine solche Unkunde (*ignorantia juris*) kann freilich in andern Gesetzgebungen, da sie vorzüglich politische und bürgerliche Vergehungen behandeln und schon das blosse Moralgesetz sie als Unrecht, als Eingriff in das öffentliche oder persönliche Recht bezeichnet, nicht angenommen werden *); denn war auch dem Verbrecher die Höhe der Strafe nicht bekannt, so beging er doch nicht minder die That im Bewusstsein des Unrechts. Anders hingegen dort, wo das Strafrecht auch religiöse Vergehen in seinen Kreis ziehet, und Bestimmungen feststellt, die in der That Vielen unbekannt sein dürften. So verbreitet sich z. B. das talm. Strafrecht über Sabbatentweihung und rechnet viele Handlungen als Arbeit, auf die Todesstrafe stehe u. dgl. m. Hier war Unkunde des Gesetzes sehr natürlich (vgl. auch *Maimon. Edut* c. 12. §. 1. und weiter §. 45.); und scheint die Bestimmung, dass eine Verwarnung vorangehen müsse, ursprünglich auf solche Fälle getroffen worden zu sein. Die spätere Zeit, die die Verwarnung nur aus Ueberlieferung kannte und der die Gelegenheit zur Praxis durch Aufhebung der peinlichen Gerichtsbarkeit ganz abging, nahm die Verwarnung allgemein und fügte sogar noch erschwerende Umstände hinzu. (Doch scheint das Bewusstsein des eigentlichen Fundaments der Verwarnung nicht ganz erloschen zu sein, darum wird die oben erwähnte Gefängnissstrafe bei unverwarnten Verbrechen nur auf Mordthat, nicht aber auf andere [religiöse] Verbrechen verhängt. Vgl. *Synhedrin* 81. und *Maimon. l. l.* §. 8. 9. Letzterer begründet

*) Vgl. *Feuerbach* Lehrbuch des peinlichen Rechts §. 86. Anmerk. *a.*, dass *L.* 9. *pr. D.* 22. 6. (und *L.* 12. *C.* 1. 18.: *constitutiones principum nec ignorare quemquam nec dissimulare permittimus*) sich nur auf die Verbrechen beziehet, welche *juris gentium* sind.

den Unterschied in dem Gemeinschädlichen des bürgerlichen Verdrechens. Vgl. auch über *ignorantia juris et facti Maccot* 9a.

Die Verwarnung scheint aber noch aus einem andern Princip sich herausgebildet zu haben: aus der Scheidung nämlich des Dolus und der Culpa. Diese an sich so schwierige und von jeher verschieden aufgefasste und noch immer nicht erschöpfte Materie, die aber um so wichtiger als in ihr allein die Strafbarkeit des Verbrechens bedingt ist, hat auch im talm. Recht ihre weitläufige Behandlung gefunden. — Es unterliegt keinem Zweifel, dass nicht die materielle That für sich, sondern der Wille, der sie leitete, Grund und Massstab für Strafe ist. Den Todtschlag eines Wahnsinnigen, die Verletzung die Jemand im Schlafe zufügt, findet keine Gesetzgebung strafbar: denn der That gehet der Wille ab, und nur der Vorsatz — Dolus — macht die Handlung straffällig. Aber zwischen dem Vorsatz und der ihm diametral gegenüberstehenden Unvorsätzlichkeit liegen viele Abstufungen mitten inne, bei denen sich die Absicht, diesen Schaden beizubringen zwar nicht ausspricht oder gar überhaupt eine Absicht zu schaden sich nicht findet; aber es war leicht vorauszusehen, dass durch diese Handlung ein Schaden entstehen kann. Dieses ist Culpa. So wenn z. B. A dem B in einem Raufhandel ein Auge auschlug (eine solche Absicht ist bei einer Schlägerei gewiss nicht anzunehmen), oder wenn Jemand Steine auf eine Strasse, wo Mehrere vorübergehen, wirft, in der Nähe eines mit brennbaren Materialien angefüllten Magazins Feuer anmacht u. dgl. m. Die Culpa (gewöhnlich durch Fahrlässigkeit bezeichnet) hat, wie schon aus den angeführten Beispielen zu ersehen ist, mehrere Grade: und wird sie eingetheilt in die grössere (*culpa lata*), mittlere (*c. levis*) und die kleinste (*c. levissima*), je nachdem der Thäter mehr oder minder den Erfolg seiner Handlung einsehen und sich deren Gefährlichkeit und Strafbarkeit bewusst werden konnte, oder jemehr diese Handlung als Frevel, Uebermuth ff. oder als Leichtsinn, Unbesonnenheit zu betrachten sei. Die Culpa ist übrigens nicht nur positiv, sondern auch negativ, indem etwas unterlassen wurde, was dieser Person zur Verhüthung eines rechtwidrigen Erfolges oblag *).

*) Ueber Dolus und Culpa vgl. *Grolman* Bibliothek für die peinliche

Bei der nahen Berührung des Dolus und der Culpa ist es eine der schwierigsten Aufgaben der Rechtsgelehrsamkeit die genauen Grenzen, wo Dolus und Culpa sich scheiden, aufzufinden. Die alten Gesetzgebungen werfen gewöhnlich Dolus und Culpa zusammen *); und es scheint, dass auch das mosaische Recht für sie keine Sonderung habe. Es heisst nämlich (Exod. 21, 22. 23): „Wenn Männer zusammen sich streiten (schlagen) und sie stossen eine schwangere Frau ..... wenn ein Unglück ist (die Frau stirbt), so sollst du geben Leben für Leben“ Dem Wortsinne nach ist hier eine blosse Culpa und nur (vielleicht kaum) eine mittlere: es schlagen sich zwei Menschen auf öffentlicher Strasse, lassen in ihrer blinden Wuth Hiebe auf einander fallen und bedenken nicht, dass die Vorübergehenden Schaden nehmen können; da fällt ein Hieb auf eine vorübergehende schwangere Frau, die davon stirbt, und der Thäter soll umgebracht werden **)! — Aber es stehet mit diesem Gesetze, das das Verbrechen nach dem Erfolge und nicht nach der Absicht zu beurtheilen scheint, ein anderes Gesetz in directem Widerspruche. Nach Numer. 35, 17. 18 wird die That nach dem Instrumente mit welchem sie ausgeführt wurde, gewürdigt: „wenn der Mörder mit einem Stein, mit dem man in der Regel nicht tödten kann, den Todtschlag versetzte, so ist er nicht schuldig“ (vgl. oben S. 173.). Hier zeigt sich offenbar, dass die Schrift nicht nach dem Erfolge allein urtheilt — auch hier wurde Jemand getödtet —, sondern dass sie die Absicht genau abwägt, und wo solche zu fehlen scheint, die Handlung nicht strafbar findet. Weil nämlich in dem vorberegten Falle der Dolus durch dieses an sich nicht tödtliche Instrument weniger wahrscheinlich ist, wird auch die That nicht als Mordthat betrachtet.

Rechtswissenschaft I. Th. 1. Stück. 3. Th. 2. St. *Feuerbach* a. a. O. §. 54—60.

*) Doch scheidet schon Plato trefflich (*Leg. Dialog.* 9. *p.* 865 - 876) Vorsatz (ἑκουσία) und Unvorsätzlichkeit (ἀκουσία), wobei auf verschiedene Arten der Culpa eingegangen wird.

**) *Michaelis* mos. Recht 6. Thl. S. 24. 65. meint zu diesem Gesetze, „weil Schwangere und die Frucht im Mutterleibe einen grössern Schutz verdienen.“ Wie ungründlich! als wenn es hier auf einen Schlag gegen die Schwangere oder die Frucht abgesehen gewesen wäre!

Das talmudische Strafrecht hat daher eingehend auf den Begriff des Dolus das Gesetz aus Exod. folgenderweise aufgefasst: „es schlagen sich zwei Männer auf Leben und Tod (es ist bei Jedem der Vorsatz den andern umzubringen) und sie bringen eine vorübergehende schwangere Frau um, so wird der Thäter mit dem Tode bestraft“ (*Synhedrin* 74). Forschen wir nun ob diese Auffassung dem eigentlichen Begriffe des strafbaren Dolus entspricht. Das characteristische Zeichen des Dolus findet sich nach dem Ausdrucke eines der vorzüglichsten Rechtslehrer unserer Zeit „in der Bestimmung des Willens zu einer Rechtsverletzung als Zweck mit dem Bewusstsein der Gesetzwidrigkeit des Begehrens“ *). Das Verbrecherische liegt also in dem Willen (Absicht), den aber der menschliche Richter, der nur die Gerechtigkeit nicht aber die Tugend vertritt, nur dann bestrafen kann, wenn er zur That übergeht. Ob zu einer dem Willen ganz entsprechenden That? Das römische Recht, den Willen vorzüglich im Auge behaltend, sagt: „Wenn Jemand einen Menschen zwar nicht tödtet, ihn aber verwundet in der Absicht ihn zu tödten, so wird er als Mörder verdammt“ **). Die neueren Gesetzgebungen halten die Waage zwischen Willen und der materiellen That, und erkennen das Verbrechen nur dann vollwichtig zur Strafe, wenn eine dem Grade des Dolus entsprechende That sich mit ihm vereinigt. Denn die Gerechtigkeit kann nur Genugthuung für die That fordern; sie hält sich nur an die Wirklichkeit und misst ihre eigene Verletzung und die für diese Verletzung ihr schuldige Genugthuung (vgl. Einleitung I.) nach der bösen That (das Böse liegt in der Absicht, die That der Erfolg). Zwar wird schon der Ver-

---

*) *Feuerbach* §. 54. — *Grolman* a. a. O. S. 26. 27. bezeichnet den Dolus: „Der Handelnde siehet voraus, dass, um seinen Zweck zu realisiren, das Verbrechen nothwendig bewirkt werden müsse, sein Zweck ist also der mit dem begangenen Verbrechen selbst verbundene Vortheil.“ — „Der Handelnde weiss, dass er thun müsse, was ihm verboten war, dass er unterlassen musste, was ihm geboten war, wenn er zu seinem Zwecke gelangen wollte, er wünscht dennoch seinen Zweck zu erreichen.“

**) *L.* 1. §. 3. *D.* 48. 8. *Divus Hadrianus rescripsit: eum .... qui hominem non occidit, sed vulneravit ut occidat, pro homicida damnandum.* Vgl. auch *L.* 14. *ibid.*

such, sobald eine zur wirklichen Ausübung führende Handlung unternommen wurde (worüber vgl. die Gesetzgebung, unter andern Oesterr. Strafges. §. 7. Baier. Strafg. §. 57—60), bestraft, da hier schon die Gefährdung des Lebens eines Andern vorlag, und in dieser Bedrohung der Sicherheit eines Individuums die Gerechtigkeit selbst, welche verlangt, dass Jedermann gesichert sei, verletzt wurde; aber diese Verletzung ist eine geringere als die der vollendeten That, und kann daher auch nicht eine ebenso grosse zu leistende Genugthuung (Strafe) wie bei dieser zuerkannt werden. — Betrachten wir aber einen Fall wie den oben erwähnten: A schiesst eine Pistole auf B ab in der Absicht ihn umzubringen, der Schuss trifft C und tödtet diesen. Hier trifft Alles zusammen was die That strafbar macht: die Absicht, ein eigentlicher Dolus; und der Erfolg, eine Mordthat. Es liegt also eine vollendete böse That vor: die Gerechtigkeit ist hier durch eine Willensbestimmung zum Morde und eine dieser Willensbestimmung entsprechende That — den Mord — verletzt: und verlangt sie die Genugthuung, die jeder Mörder ihr zu leisten hat *).

Wir gehen weiter auf das talmudische Strafrecht aus,

---

*) Einige Zeit nachdem dieses geschrieben war, kam mir Hitzig Annalen der Criminal-Rechtspflege, fortgesetzt von Demme und Kluge 3. Bd. 1. Abtheilung zur Hand, in welcher der Entwurf eines Strafgesetzbuches für das Grossherzogthum Baden abgedruckt ist. Daselbst heisst es §. 86.: „Hat der Erfolg einer vorsätzlichen Handlung wegen Irrthum oder Verwechselung eine andere Person oder eine andere Sache getroffen, als worauf die Absicht des Handelnden gerichtet war, so wird ihm die That mit dem wirklich eingetretenen Erfolg in so weit zum Vorsatz zugerechnet, als durch die Verschiedenheit zwischen der verletzten Person oder Sache, und derjenigen, auf welche die Absicht des Handelnden gerichtet war, nicht ein schwereres Verbrechen begründet wird." Also ganz wie das talmudische Recht; dem Dolus entspricht ein gleichgemässer Erfolg, wenn auch nicht der beabsichtigte. Hingegen kann nur der Grad des Dolus, zu welchem sich der Handelnde bestimmte, in Anschlag kommen; daher der Nachsatz: „als durch die Verschiedenheit ff. nicht ein schwereres Verbrechen begründet wird;" denn in diesem Falle fehlt der Dolus zu diesem schwerern Verbrechen. Und auch hier ganz in Uebereinstimmung mit dem talmudischen Recht, „wenn A auf B einen Stein warf, der ihn nicht tödten konnte, und der Stein traf den schwächern C und tödtete ihn ff." Vgl. weiter.

das sich ausführlich über Dolus verbreitet (*Synhedr.* 74. 79. u. a. a. O.) und führen hier die vorzüglichsten Resultate an:

α) Ohne Dolus keine Todesstrafe. *β*) Der Dolus liegt nicht in der **erreichten** Absicht, sondern schon in der Absicht, sobald ein gleichgemässer Erfolg ihm entspricht. *γ*) Der Dolus allein ohne entsprechenden Erfolg veranlasst nicht Todesstrafe. *δ*) Wenn auch der Erfolg erst später dem Dolus entspricht, so kommt Todesstrafe *).

Eine willenlose, selbst eine culpose That (vgl. weiter) ist also nach *α*) nicht strafbar. Hingegen wird, wenn A auf B einen Stein warf in der Absicht ihn umzubringen und der Stein trifft C und tödtet denselben, A nach *β*) mit Tod bestraft. Und dieses ist der Fall des Gesetzes aus Exodus **). Warf aber A einen Stein auf B in der Absicht denselben umzubringen, B wurde aber nur verwundet, so wird A nach *γ*) nicht mit Tode bestraft. Es wird aber nach *δ*) wenn A dem B mit Absicht einen Mordstreich versetzt und B erst nach einiger Zeit daran stirbt, nichts desto weniger A mit dem Tode bestraft. Die Schrift hat hierüber Exod. 21, 18. 19: „Wenn Männer mit einander in Streit gerathen und einer schlägt den andern mit einem Stein oder mit der Faust, er stirbt zwar nicht, fällt aber aufs Lager (wird bettlägerig): wenn er wieder aufstehet und wandelt auf der Gasse auf seiner Krücke, so ist der Schläger frei.“ Das talmudische Strafrecht hat diesem gemäss, dass wenn er an jenem Schlage stirbt, der Schläger, der bis zum Ausgange der Krankheit verhaftet bleibt, umgebracht werde. Ob, wenn der Verletzte sich erholt und dann wieder recidiv geworden und hierauf gestorben, Jener Todesstrafe zu erleiden habe, und welche andere Umstände hier noch zu berücksichtigen sind, wird ebenfalls ausführlich besprochen *Synhed.* 78. *Maimon. l. l.* §. 3—6. (Man findet hier manche Aehnlichkeit mit dem baier. Strafges. Art.

*) Wir nehmen hier den Dolus bei Capitalfällen an, da er nur bei diesen in der Schrift und talm. Rechte vorkommt.

**) Einige talm. Autoren wollen, dass auch hier nicht Todesstrafe erfolge, und tritt diesen auch *Maimonid. Rozeach c.* 4. §. 1. bei. Doch weisen die meisten Stellen auf die im Texte angeführte Norm hin, und hat auch *R. Abr. ben Dav. l. l.* die Ungenauigkeit des *Maimonides* gerügt.

143.) — Für Culpa tritt nie Todesstrafe ein, obschon die grössere Culpa als dieser Strafe **würdig**, bezeichnet wird. Die Schrift hat Exod. 21, 29. 30: „Wenn es ein stössiger Ochs ist von gestern und vorgestern (d. i. er hat schon mehreremal Schaden angerichtet), und man hat den Besitzer gewarnt und doch hat er ihn nicht in Acht genommen, und er tödtet einen Mann oder eine Frau, so soll der Ochs versteinigt werden und auch sein Herr hat den Tod verwirkt. Wenn eine Sühne ihm aufgelegt wird, so gibt er die Lösung seiner Person, Alles wie es ihm aufgelegt wird." Das talmudische Recht negirt durchaus, dass hier eine wirkliche Todesstrafe gegen den Besitzer ausgesprochen sei; er **sollte** getödtet werden meint die Schrift *), seine grobe Fahrlässigkeit verdient diese Strafe; er ist vor Gott (moralisch) schuldig und er soll sich von ihr durch eine Sühne lösen (*Ketubot* 37[b]. *Synhedr*, 15.) **). — Auch eine durch Dolus bestimmte Culpa (die sogenannte *culpa dolo determinata*) veranlasst nicht Todesstrafe. Wenn z. B. A die Absicht hatte dem B die Hand abzuhauen und er traf ihn aufs Herz so, dass er starb, ist A nicht des Todes schuldig ***). So wird auch nicht als Dolus betrachtet, wenn A auf B einen Stein warf, der diesen nicht tödten konnte, und der Stein traf den schwächeren C und erschlug ihn. Hier ging der Erfolg über den eigentlichen Dolus hinaus ****). — Eine *praesumptio doli* wird (so sie nicht

*) Und so muss es auch jede tiefere Exegese erkennen, da es nicht wie sonst bei Todesstrafe מות יומת, sondern nur יומת heisst. Vgl. Ramban zur Stelle.

**) Sehr oberflächlich meint *Iken Antiquitt. Hebraeor. p.* 440, dass nach den Rabbinen bei Tödtung die Loskaufung durch Lösegeld gestattet sei. Die Rabbinen sprochen ausdrücklich dagegen (*Ketubot l. l.* und an andern Orten), und beschränken die Auslösung auf den im Talmud angeführten Fall, wo keine eigentliche dolose Tödtung ist und auch die Schrift eigentlich nicht-Todesstrafe hat

***) Nach neueren Gesetzgebungen scheint eine solche That als völlig dolos betrachtet zu werden; vgl. Oesterr. Strafges. §. 123. (Baier. Strafg. Art. 145?) neues Criminalges. für Sachsen Art. 35.

****) Den eventuellen oder unbestimmten Dolus (wenn z. B. A auf B einen Stein in der Absicht wirft ihm zu schaden: er hat zwar nicht den ausdrücklichen Vorsatz ihn zu tödten, doch ist ihm der Erfolg gleichviel; er will B schaden, sei es durch Verwundung, sei es durch Tödtung)

aus der That hervorgehet) selbst bei demjenigen, dessen sonstige Beziehungen zu dem Ermordeten darauf hinweisen könnten, wie bei einem Feinde, nicht angenommen (*Maccot* 11[b.]).

Das talmudische Recht gehet auch auf die Culpa, mit Beziehung auf das Gesetz der Schrift (Num. c. 35.), dass der unvorsätzliche Mörder in die Zufluchtsstädte wandere, ausführlich ein. Dieses Auswandern und Verbleiben in der Zufluchtstadt ist zum Schutze vor dem Bluträcher angeordnet (vgl. oben S. 20.); wird aber auch als Sühne angesehen, deren dieser Thäter bedarf, weil der Unvorsätzlichkeit häufig etwas Unvorsichtiges zu Grunde liegt. Hierauf gründen sich nun die Bestimmungen des talmudischen Rechts, welches annimmt, dass einige Fahrlässigkeit (*culpa levissima*) vorwalten muss: das völlig Inculpose enthebt dieser Wanderung; für das mehr als leicht Culpose bietet nicht die Zufluchtsstadt ein Asyl *). Diesem gemäss werden hier auch mehrere Fälle besprochen, von denen wir einige herausheben: „Es wirft Jemand Steine auf eine frequente Gasse und wird ein Vorübergehender getödtet; es lässt ein Zimmermann Jemanden in seine Werkstatt eintreten, setzt aber nicht mit der Arbeit aus, ein Splitter fliegt weg und tödtet Jenen u. dgl. m.: diese wandern nicht nach der Zufluchtsstadt". Hier ist nicht mehr ein ganz unvorsätzlicher Mord, sondern findet sich hier eine (grobe) Fahrlässigkeit vor; die Zufluchtsstadt bietet also kein Asyl. Ferner: „Es steigt Jemand die Leiter hinauf und er fällt herab und tödtet Jemand, so wandert er nicht in die Zufluchtsstadt". Hier ist auch eine geringe Culpa nicht, und braucht er also nicht auszuwandern. „Es fällt aber Jemand im Heruntersteigen auf einen Menschen und tödtet ihn, oder er lässt ein Fass herab und dieses bekommt einen Schwung und tödtet Jemanden im Herabstürzen, so gehet Jener in die Zufluchtsstadt." Hier ist, wie *Maimonid. Rozeach c.* 4. §. 12. bemerkt, schon eine leichte Culpa, denn da jeder schwere Körper sich seiner Natur nach schnell zur Erde senkt, so sollte man bei

---

erwähnt das talmudische Recht nicht ausdrücklich. Doch dürfte nach *Mischna l. l.* 79. dieser Dolus nicht straffällig sein.

*) Ausführlich wird hierüber *Maccot c.* 2 gehandelt. Vgl. auch *Baba Kama* 32*b*.

jedem Herabsteigen oder Herablassen eines Gegenstandes um so vorsichtiger sein. Wir setzen noch die Worte *Maimonid. l. l.* §. 1—4. hierher. „Es giebt dreierlei Art unvorsätzlicher Mörder. Einer bringt ungern und mit gänzlichem Nichtwissen (Unvorsätzlichkeit) um: dieser gehet in die Zufluchtsstadt. Einer bringt ungern um und zwar ereignete sich die That durch einen ausserordentlichen Umstand, wie er im gewöhnlichen Leben gar nicht vorkommt: dieser braucht nicht in die Zufluchtsstädte zu wandern, und wird der Bluträcher, wenn er ihn tödtet, umgebracht. Einer bringt zwar unvorsätzlich um, aber die Unvorsätzlichkeit grenzt an Muthwillen oder Nachlässigkeit: diesem bietet die Zufluchtsstadt kein Asyl und muss er sich vor dem Bluträcher in Acht nehmen, da dieser, wenn er ihn tödtet, nicht umgebracht wird" *). Ob auf die Culpa letzterer Art eine gesetzliche Strafe folge, hierüber schweigt das talmudische Strafrecht, da die Schrift nichts hiervon erwähnt und der Talmud, der keine Gelegenheit zur Ausübung der peinlichen Jurisdiction hatte, sich nur die Erklärung des in der Schrift vorkommenden Strafrechts zur Aufgabe setzte. Hätte das talmudische Recht hier einen practischen Kreis gefunden, so würde wahrscheinlich durch Verordnungen (vgl. Einleitung S. 40 ff.) die Lücke ausgefüllt worden sein.

Das talmudische Strafrecht gehet also genau auf Dolus und Culpa ein, und weiset jedem sein besonderes Gebiet an, das zwar in der frühern Zeit noch nicht so ausgebildet sein mochte, aber doch jedenfalls die Anfänge hierzu schon vorbereitet hatte. Und hierin liegt der Aufschluss über die Fragestellung auf die Verwarnung: die Ermittelung des Dolus hatte sie ins Leben gerufen. Man wollte nämlich gewiss sein, ob die That mit Absicht verübt worden sei: und diese Gewissheit würde am evidentesten erlangt, wenn sich herausstellte, dass der Verbrecher auf das Sträfliche seiner That aufmerksam gemacht worden war und

*) Maimonid. §. 5. *l. l.* will auch, dass bei dem Mörder auf vereinzeltes Zeugniss (§. 13) oder auf nicht ergangene Verwarnung der Bluträcher wenn er denselben umgebracht, nicht bestraft werde. Vgl. *Kesef Mischna ibid.*

er sie dennoch begangen hatte. Doch ist auch aus der Weise wie die That verübt wurde häufig auf die Absicht zu schliessen*); und mochten auch die, die peinliche Jurisdiction ausübenden Gerichte sich, obschon man zu noch grösserer Gewissheit auf die Verwarnung — wie die obige Mischna sagt — fragte, hiermit (d. i. mit der nach dem Accusationsprincip von den Zeugen gegebenen Auskunft) in den meisten Fällen begnügen. Die spätere Zeit, die auf die Strafgerichtsbarkeit verzichtet hatte, hielt in der Theorie die Verwarnung fest, und fand nur in ihr die Gewissheit für die Absicht**).

Wir gehen nun auf die Ueberführung der Zeugen und die Wiedervergeltungsstrafe über; wollen aber vorher noch Einiges zu der oben (Einleitung II. und in diesen Cap.) dargelegten Form des talmudischen peinlichen Processes, so wie der Stellung der Zeugen ergänzen. Der talmudisch peinliche Process hat keine Voruntersuchung, und war sie im heutigen Sinne überhaupt dem Alterthum unbekannt. Die Voruntersuchung will nämlich prüfen, ob irgend ein Grund zur Anklage vorliege, ob Jemand zur Verantwortung zu ziehen sei, hinlängliche Anzeichen auf die Thatsache und den Thäter hinweisen u. dgl. m. (vgl. *Mittermaier* Strafverfahren 1. Thl. §. 3). Sie ist zumeist im Inquisitionsverfahren an ihrem Orte, da in ihm nicht mit Gewissheit, sondern mit Muthmassungen begonnen wird, und man daher vor Allem sich vergewissern muss, ob ein gegründeter Verdacht vorliegt; die Achtung vor dem persönlichen Rechte und die der Unschuld gebührende Schonung machen geltend die Forderung, Freiheit und Ehre des Individuums nicht auf eitle Gerüchte und Muthmassungen hin zu gefährden. Doch auch die neueren, auf das Accusa-

---

*) So erforschen die neueren Gesetzgebungen aus den Umständen die Absicht. Vgl. u. A. Oesterr. Strafgb. §. 413. vgl. auch Feuerbach a. a. O. §. 87. Ziemlich roh ist hier noch das römische Recht, vgl. die oben erwähnte *Lex.* in ihrer weitern Ausführung.

**) Vgl. *Maimonid. Jsure Bia* c. 1. §. 2. *Synhedr.* c. 12. §. 2., wo die Worte שׁוגג und מזיד nicht auf Kunde und Unkunde, sondern auf Vorsätzlichkeit und Unvorsätzlichkeit zu beziehen sind. Vgl. die Commentat. das.

tionsprincip gegründeten peinlichen Gesetzgebungen haben die Voruntersuchung. In Frankreich leitet sie der Instructionsrichter: und ist der Process, wobei der Staatsanwalt den Ankläger macht (vgl. Einleitung S. 83. Anmerk.) informirt, so entscheidet die Rathskammer (*Chambre du conseil*) und hierauf die Anklagekammer (*Chambre d'accusation*), jene aus drei Richtern inclusive des Instructionsrichters, diese aus fünf Richtern bestehend, ob der Angeschuldigte in Anklagestand zu versetzen sei. Dieses ganze Verfahren ist geheim und schriftlich: die Jury entscheidet hierauf über schuldig und nichtschuldig *). In England wird die Voruntersuchung vom Friedensrichter eingeleitet, und giebt es hier keinen öffentlichen Ankläger, sondern der Beleidigte klagt an: die grosse Jury entscheidet über die Versetzung in den Anklagestand, und wird dieses als der wichtigste Theil des Processes betrachtet (*Cottu* a. a. O. S. 108 ff.): die kleine Jury, ob der Angeklagte das Verbrechen begangen habe **). So sehr jedoch diese Gesetzgebungen, vorzüglich die englische, auf den Schutz des Angeklagten bedacht sind, so ging das Alterthum hierin noch weiter. Es behielt nur den Kampf des Anklägers und des Angeklagten (Einleitung S. 72.) im Auge, jener hatte also die Anklagepuncte vorzubringen, die Richter entschieden nur über das Schuldig ***). Daher kannten die alten Legislationen weder ein Versetzen in den Anklagestand noch eine Inhaftirung des Angeklagten; es stand sogar, so lange das Urtheil nicht gesprochen war, dem Verbrecher frei sich zu exiliren (*O. Müller* Eumeniden S. 127.). Nur der Elternmord machte zu Athen eine Ausnahme; hier fand Inhaftirung statt (vgl. das.). Es wäre ferner auch die attische Eisangelie zu erwähnen, d. i. die Anmeldung einer ausserordentlichen Klage; hier entschied meistens die Volksversammlung, ob eine Klage stattfinde, und wurde dieses bejahet, so wurde der Beklagte, wenn er nicht

---

*) Vgl. oben S. 85. 3. Anmerkung.

**) *Cottu* (S. 109.) bezeichnet die grosse Jury als Entscheiderin über das Dasein eines Verbrechens (Thatsache), die kleine Jury über den Thäter.

***) In dem reinen Accusationsprocess hat das Gericht die Function der heutigen englischen kleinen Jury; es entscheidet eigentlich nur über den Thäter; die Erforschung der Thatsache gehört nicht in sein Bereich.

Bürgen stellte, bis zur nächsten Volksversammlung festgezetzt. Allein da die Eisangelie nur bei, entweder im Gesetze gar nicht erwähnten oder nicht in dieser Weise erwähnten Verbrechen, vorkommt (vgl. *Meier* und *Schömann* S. 267. 268. *Platner* 1. Thl. S. 365. 366. 369.), so ist hier eigentlich die Volksversammlung als gesetzgebend zu betrachten und gehört die Eisangelie nicht in das Gebiet der heutigen Voruntersuchung *). — Auch das römische Recht hatte nicht Voruntersuchung und Inhaftirung: das Gericht prüfte nur vorläufig die Anklage, die der Ankläger schriftlich eingab, und lud auf sie den Ankläger vor (vgl. *Mittermaier* a. a. O. §. 12.). Die römischen Gesetze waren überhaupt sehr für den Angeklagten gegen den Ankläger bedacht. Dieser musste die Anklage aufschreiben, und zwar (wie ausdrücklich gesagt wird) desshalb, damit Niemand leicht mit einer Anklage hervortrete, und er wisse, dass wenn sie falsch befunden wird, er bestraft werde (*quae res* [*in crimen subscriptio*] *ad id inventa est*, *ne facile quis prosiliat ad accusationem*, *cum sciat inultam sibi accusationem non futuram. L.* 7. *pr. D.* 48. 2. Die Formel einer *in crimen subscriptio* vgl. *L.* 3. *pr. ibid.*). Der Ankläger musste sich, selbst noch unter den Kaisern, eine Art Verhaft gefallen lassen (*L.* 17. *C.* 9. 2.), während der Angeklagte nicht eher in den Kerker geworfen wurde, als bis er überführt war (*L.* 2. *C.* 9. 3.). — Das talmudische Recht hat ebenfalls, wie aus dem ganzen, bis jetzt erwähnten Verfahren zu ersehen ist, keine Voruntersuchung: die Vorladung fand nach dem peinlichen Processe des Herodes (*Joseph. Antiquitt. L.* 14. *c.* 9. §. 4.) zu urtheilen statt, nachdem die Zeugen (Ankläger) ihre Anklage vorgebracht, und hier wurden wahrscheinlich die in der Mischna erwähnten Vorfragen (§. 15.) an sie gerichtet **). Mit der

*) *Plato Leg. p.* 871 verlangt drei Bürgen für die Gestellung bei Jenem, der nach einer Mordthat sich exilirt hatte und doch wieder zurückehrte. Vgl. auch *p.* 872., wo die Bürgschaft allgemein scheint.

**) Im talmudischen Criminalprocess wird zwar wenig über die Selbstvertheidigung des Angeklagten gesprochen und wird nur vorzüglich auf die Zeugen (Ankläger) eingegangen. Dieses liegt aber ganz in der Natur der weitern Ausbildung des talmudischen Criminalprocesses, der sich auf die Schrift beziehet, die Schrift selbst aber nur über die Zeugen spricht. Aber es bedurfte auch nach der ganzen alten Gerichtsform —

Gestellung des Angeklagten fing der eigentliche Process an und wurde nichts vorher gegen ihn verhängt. Nur wenn die Majorität ihn schuldig befand, wobei, wie oben (S. 70.) bemerkt, das Urtheil nicht an demselben Tage ausgesprochen, sondern bis auf den andern Tag verschoben wurde, wurde in dieser kurzen Zwischenzeit der Angeklagte (eigentlich schon Verurtheilte) eingesperrt (*Maimonid. Synhedr. c.* 12. §. 3.): und ist dieses allein die Haft, die — mit Ausnahme von S. 229., wo der Ausgang entscheiden soll, vgl. ferner Lev. 24, 12. Numer. 15, 43. —, das talmudische Recht kennt *). Wurde nun an diesem andern Tage das Schuldig gesprochen, so wurde die Sentenz sogleich, d. i. an demselben Tage vollzogen, und ist es fester Grundsatz: man darf die Qual, welche der Abgeurtheilte im Bewusstsein des ihm bevorstehenden Todes leidet, nicht verlängern (*Synhedr.* 35a. 89a.) **).

So weit der peinliche Process, und bilden also hier durchaus die Zeugen den Cardinalpunct, um welche sich Anklage

der Accusation — nicht einer solchen Erwähnung. Vgl. oben S. 71., vgl. ferner das. dass das Gericht der natürliche Anwalt des Angeklagten. —

*) Die Mischna erwähnt zwar nicht ausdrücklich dieser Inhaftirung, doch führt sie Maimon. als sich von selbst verstehend an: da eine Selbstexilirung oder Bürgschaftstellung nirgends vorkommt, auch hier, wo eigentlich factisch schon die Verdammung ausgesprochen war, nicht stattfinden konnte. Wenn nach gesprochenem Urtheil der Verbrecher flüchtig wurde, so revidirte nicht das andere seiner habhaft gewordene Gericht den Process, sondern vollstreckte das erste Urtheil. Nur wenn er von einem ausserpalästin. Gericht nach Palästina entfloh, soll eine Revision stattfinden. *Maccot* 7a.

**) Diese Schonung wandelt sich in mancher Hinsicht in Härte um, und will die *Mischna Erachin* 7a., dass auch bei einer Schwangern das Urtheil sogleich vollzogen werde. Dieses lag in der Ansicht des Alterthums von der Frucht (*partus*), die nur als ein Theil der Mutter betrachtet wurde (vgl. das.). Uebrigens stand es dem Gericht frei die Fällung des Urtheils zu verschieben (hier ist keine Verlängerung der Qual, da so lange das Urtheil nicht gesprochen war, dem Angeklagten immer die Hoffnung blieb, dass bei der nochmaligen Disscussion [vgl. S. 70.] mancher der früher auf schuldig erkennenden Richter seine Meinung ändern werde; vgl. *Synhedr.* 32. und *Tosefot Erachin l. l. Synhedr.* 89.); und mag dieses auch wahrscheinlich im obigen Falle — über den überhaupt ein Factum nicht vorliegt — häufig geschehen sein.

und Verurtheilung drehet *). Werden nun die Zeugen falsch befunden, so sollen sie bestraft werden; und hat hierüber die Schrift (Deuteron. N. 16—21.) folgendes: „Wenn ein falscher „Zeuge (wörtlich ein Zeuge des Unrechts) auftritt gegen Jeman„den, um gegen ihn eine Uebertretung zu zeugen: so sollen „die beiden Männer, die den Streit haben, hintreten vor den „Ewigen, vor die Priester und die Richter, die in jenen Tagen „sein werden. Und die Richter sollen genau nachforschen, und „ist der Zeuge ein falscher Zeuge, hat er Lüge gezeugt gegen „seinen Bruder, so sollet ihr ihm thun, wie er gedacht seinem „Bruder zu thun, und du sollst das Böse ausräumen aus deiner „Mitte. Und die Uebrigen werden sehen und sich fürchten und „nicht mehr thun wie diese böse Sache in deiner Mitte. Und „dein Auge soll nicht schonen: Leben für Leben, Auge für Auge, „Zahn für Zahn, Hand für Hand, Fuss für Fuss". Die Schrift handelt hier von Zeugen, wo ein Anderer (der Verletzte) als Kläger auftritt: doch wird dieses allgemein auch für den Fall, wo die Zeugen als Ankläger erscheinen (welches vorzüglich bei religiösen Verbrechen stattfand), angenommen, und tritt auch hier die Wiedervergeltungsstrafe ein **). Das talmudische Strafrecht erstreckt sie auch auf Civilfälle, und lässt allenthalben, es mögen die Zeugen Todesstrafe, Geisselung oder Geldverlust haben, eine adäquate Wiedervergeltung eintreten. Nur erklärt es, dass in dem „Auge für Auge ff." nur das Rechtsprincip angedeutet sei, und verwandelt hier die Wiedervergeltung in Geldstrafe (vgl. Einleitung. S. 50.). Ferner wandelt es die Wiedervergeltung in folgenden vier Fällen in Geisselung

---

*) Auch der englische Strafprocess legt das meiste Gewicht auf den Zeugenbeweis und ist in den Formalitäten so strenge, dass, als im Jahre 1776 die Herzogin von Kingston der Bigamie angeklagt wurde und ihr Entlastungszeuge ein alter bettlägeriger Mann war, sie daher verlangte, dass eine Commission von Lords ihn in seinem Hause verhöre, der Lord Oberrichter sich mit Erfolg widersetzte, weil hierdurch heimliche Verhöre begünstigt würden, die Hintergehung kleiner Commissionen leicht sei ff. Vgl. Hornthal bei Cottu S. 118.

**) Die Schrift spricht übrigens nicht im obigen Falle von einer Bestrafung des Anklägers, weil wenn auch die Zeugen falsch doch noch immer die Anklage richtig sein kann. Die Klage hat auch überhaupt, da Zeugen den alleinigen Beweis bilden, so lange diese fehlen, weder Gewicht noch Folgen.

um: Wenn die Zeugen gegen die legitime Abstammung eines Individuums aussagen (A sei ein Bastard ff.), wenn sie aussagen, A habe unvorsätzlich umgebracht und er müsse in die Zufluchtsstadt wandern, ferner A habe gestohlen und er sollte als Sclave verkauft werden (Exod. 22, 2.), endlich der Ochs des A habe mehreremal gestossen, wodurch A in die Geldsühne verdammt wird. (Ueber die Wiedervergeltungsstrafe wird gehandelt *Maccot c.* 1. *Maimonid. Edut c.* 18—22.)

Auch alte und neue Gesetzgebungen sind sehr strenge gegen den falschen Zeugen. So bestimmten die XII Tafelgesetze, dass, wer ein falsches Zeugniss ausgesagt, vom Tarpejischen Felsen herabgestürzt werde (vgl. *Gellius Noct. Attic. L.* 20. *c.* 1.): und scheint dieses Gesetz (das einige Gelehrte in folgenden Worten herzustellen versucht: *si falsum testimonium dicassit, de saxo dejicitor.* Dirksen S. 614), von jedem falschen Zeugnisse, auch in Civilfällen zu sprechen (vgl. *Farrinacius Quaestio* 67). — Aus dem attischen Recht liegt hier nichts Bestimmtes vor (vgl. Meier S. 382); sehr sonderbar ist jedoch die Rechtsverordnung Plato's (*Legg. p.* 937), nach welcher derjenige, der zweimal falsch gezeugt, nicht mehr gezwungen werden kann (vgl. oben zu §. 8.), Zeugniss abzulegen; und wer dreimal falsch gezeugt, der darf nicht mehr Zeuge sein, wagt er es dennoch, so wird er mit Tod bestraft. — Das neuere römische Recht überlässt die Strafe des falschen Zeugen dem Ermessen des Richters (*L.* 16. *D.* 22, 5.); bei Zeugnissen in Capitalsachen wird der falsche Zeuge mit Tode bestraft (*L.* 1. *pr. L.* 3. §. 5. *D.* 48, 8.). Es wurde aber (zu §. 24.) bemerkt, dass durch Edicte der späteren römischen Kaiser der Eid gesetzlich bei jedem Zeugnisse wurde; daher will auch das spätere römische Recht (*L.* 13. *C.* 4. 20.), dass doppelt bestraft werde: als Meineid und als falsche Beschuldigung. Diese Ansicht ging auch auf manche neuere Gesetzgebungen über und lassen sie den Frevel des Meineides vorwalten (vgl. Preuss. Strafrecht §. 1412. Sächs. Criminalgesetzb., das das falsche Zeugniss unter der Rubrik „Verletzung der Ehrerbietung gegen die Religion" anführt); und verhängen sie Todesstrafe, wenn durch das falsche Zeugniss ein Unschuldiger hingerichtet wurde (Preuss. Strafr. a. a. O. Sächs. Crim. G. B. Art. 185). Auch der Code pénal *Art.* 361. hat Todesstrafe, wenn Jemand den Tod erlitten, sonst zeitige Galeerenstrafe; nimmt aber nicht den Meineid zum Motiv. Vergl. *Exposé des motifs p.* 99. Das Oesterr. Strafg. §. 178[a.] betrachtet das falsche Zeugniss (sowie Meineid überhaupt) als Betrug, und hat §. 183., wenn ein sehr wichtiger Schaden verursacht wurde, „Ausstellung auf die Schandbühne mit zwanzigjähriger, und nach Umständen mit lebenslänglicher schwerer Kerkerstrafe."

Das mosaische Gesetz hat noch eine besondere Strenge gegen den falschen Zeugen: es will, dass schon die Absicht bestraft werde. „Ihr sollet ihm thun, wie er gedacht (זמם bedeutet „aussinnen, erdenken, androhen"), seinem Bruder zu thun", also selbst wenn das Urtheil noch nicht an dem Angeklagten vollführt wurde *). Doch war dieses ein Controverspunct zwischen den Sadducäern und Schriftgelehrten. Erstere wollten die Wiedervergeltung erst nach vollzogenem Urtheile eintreten lassen, und beriefen sich auf *v.* 21.: „Leben für Leben ff."; es müsste also schon durch das falsche Zeugniss ein Leben ff. geopfert sein. Die Schriftgelehrten führten für sich an die Worte „wie er gedacht": der Ausdruck „Leben für Leben" ist diesem nicht widersprechend (dachte er durch sein Zeugniss ein Leben zu nehmen, so u. s. w.), und deutet, wie letztere erklären, darauf hin, dass schon ein Leben in Gefahr geschwebt, das Urtheil schon gesprochen, wenn auch noch nicht vollzogen war: werden hingegen die Zeugen vor gefälltem Urtheile der Unwahrheit überwiesen, so findet die Widervergeltungsstrafe nicht statt (*Maccot* 5[b]) **). Auch wird daselbst folgendes Factum angeführt:

---

*) So scheint es auch nach dem *Code pénal l. l.* Es heisst: *si .... l'accusé a été condamné:* also schon die Verdammung, der Urtheilsspruch. Auch das *Exposé l. l.* spricht sich hierüber nicht deutlicher aus. Bemerkenswerth ist das daselbst angeführte Edict vom Jahre 1538, welches gegen jedes falsche Zeugniss Todesstrafe hatte. Vgl. was oben zum XII. Tafelgesetz bemerkt wurde. — Auch das Sächs. Crim. G. B. Art. 184. bestraft das falsche Zeugniss (jedoch gelinder), wenn auch das Urtheil nicht vollzogen wurde; nur fliesst diese Bestrafung, wie bemerkt, aus dem Meineid.

**) Das Oesterr. Strafg. *l. l.* betrachtet schon als Betrug, „wenn ein falsches Zeugniss gerichtlich angeboten wird", und folgt hierauf nach §. 181. 183. harte Bestrafung.

Jehuda ben Tabai (älterer Zeitgenosse des Simon ben Schetach und Präsident des Synhedriums) berichtet: „er habe einen der falschen Aussage (in Capitalsachen) überführten Zeugen hinrichten lassen, obschon das Urtheil an dem Angeklagten noch nicht vollzogen war: und habe also thatsächlich gegen die Meinung der Sadducäer protestirt“ *).

Die Speculation ging noch weiter, dass nur auf die Absicht die Wiedervergeltungsstrafe eintrete, bei vollzogenem Urtheile aber sie nicht ausgeführt werde. Unter den mehreren für diese höchst auffallende Lehre (für die übrigens kein Factum vorliegt, und die auch noch nicht in der Mischna angeführt wird) angegebenen Gründen (vgl. *R. J. Karo* zu *Maimonid. Edut* c. 20. §. 2. und *Biur* zu der Mendelsohn'schen Uebersetzung Deuteron. 19, 19), dürfte folgender der gewichtigste sein. Eine der Hauptbedingungen des Staatswohles und der Aufrechthaltung der Gerechtigkeit ist die Erweckung und Belebung der allgemeinen Achtung vor dem, die Gerechtigkeit handhabenden und sie vertretenden Gerichte: gehet das Vertrauen zu den Richtern und dass sie nur mit der genauesten Bedächtigkeit ihr Urtheil abwägen verloren, so schwindet die Achtung vor der von ihnen vertretenen Gerechtigkeit und lösen sich die Bande der Scheu vor Gesetz und Recht auf. Das Vertrauen zu Gerechtigkeit und Richtern muss aber

---

*) Auf diese Meinungsverschiedenheit dürfte vielleicht auch die politische Stellung dieser verschiedenen Parteien einigen Einfluss geübt haben. Der Staat hatte sich unter den Hasmonäern in eine Monarchie umgewandelt, und herrschten manche Könige mit wahrem Despotismus (vgl. Einleit. I.). Wie den Despoten oft feile Delatoren zu Gebote stehen und es ihnen durch diese leicht wird, den Schein des Rechts zu retten, spricht die Geschichte der späteren römischen Kaiser deutlich: im jüdischen Strafrechte, das mehrere religiöse Verbrechen, wie Blasphemie, Sabbatentweihung, als Capitalfälle ansiehet, konnte die Angeberei scheinbar sogar im Interesse der Religion auftreten, und dem Despoten die erwünschtesten Dienste leisten. Ein solches Beispiel bietet deutlich der öfter erwähnte Strafprocess I. Kön. cap. 19. dar. — Bekannt ist aber auch aus den Annalen der Epoche des zweiten Tempels, dass die Sadducäer die Hofpartei, die Schriftgelehrten die Volkspartei bildeten. Daher waren denn auch jene gelinder, diese hingegen sehr streng gegen die falschen Zeugen, bestraften schon die Absicht und strebten der verworfenen Delationssucht kräftig entgegen.

am meisten durch einen Justizmord erschüttert werden: wie wenig ist man geneigt, Jenen, die für Leben und Sicherheit der Bürger verantwortlich sind, die darüber wachen sollen, dass nicht geirrt und gefehlt werde, einen solchen Irrthum zu verzeihen! Erwägt man nun hierzu, dass die Anklagezeugen nur durch Alibizeugen der Unwahrheit überführt werden können und kein äusseres Moment (nach dem reinen Accusationsprocess) hinzutritt, das für die grössere Glaubwürdigkeit der letzteren spricht (vgl. weiter), so würde durch eine Bestrafung der überführten Zeugen nach vollstrecktem Urtheile an dem Angeklagten die öffentliche Meinung noch keinesfalls mit dem Gerichte ausgesöhnt sein, sondern man würde auch auf diese Hinrichtung mit erneutem Misstrauen hinblicken und fragen, ob nicht das Gericht abermals vorschnell gehandelt und hier erst der eigentliche Justizmord begangen worden sei! — Die Norm, dass nach vollzogenem Urtheile die Wiedervergeltungsstrafe nicht stattfinde, gilt übrigens nur für Capitalfälle; bei Zeugnissen in sonstigen Criminalsachen oder in Civilfällen wird die Wiedervergeltungsstrafe auch nach vollstrecktem Urtheile verhängt (*Maimonides l. l.*), was ganz der vorgedachten Ansicht entspricht.

Aus der Lehre, dass auch auf die Absicht Wiedervergeltungsstrafe eintrete, folgt ferner, dass selbst, wenn der Angeklagte auf die Aussage späterer Zeugen als schuldig befunden worden, jene früheren, der Unwahrheit überführten Zeugen nichtsdestoweniger ihre Strafe erleiden müssen, da sie falsch ausgesagt (*Maccot l. l.*). Doch hat das talmudische Recht den mildernden Umstand, dass die Wiedervergeltungsstrafe überhaupt nur dann stattfindet, wenn beide zusammen aussagende Zeugen (und sagen mehrere zusammen aus, wenn alle Zeugen, vgl. §. 13. 21.) der Unwahrheit überführt sind. Diesen Satz stellte schon Simon ben Schetach (*l. l.*) auf, der es auch dem Jehuda ben Tabai, trotz seiner wohlmeinenden Absicht den Sadducäern entgegenzuwirken (wie oben), zum Vorwurfe machte, dass er, da nur ein Zeuge überführt war, ungerecht Blut vergossen.

Ueber die Vollführung der Widervergeltungsstrafe hat das talmudische Recht Folgendes. Bei Capital- und Geisselungsfällen (d. i. wenn die Zeugen dem Angeklagten eine solche Bestrafung zuziehen wollten) wird sie über jeden der

Zeugen verhängt; in Civilfällen wird die als Wiedervergeltungsstrafe zu entrichtende Summe in Gemeinschaft erlegt, und erstattet jeder Zeuge seinen adäquaten Theil, bei Zweien die Hälfte, bei Dreien ein Drittheil u. s. w. (*Maccot* 5[a]. In den zuerst genannten Fällen wird die Bestrafung, bei Civilsachen der Ersatz im Auge behalten. Vgl. *Talm. ibid.*) — Der der Unwahrheit überführte Zeuge wird ferner unfähig zu jedem andern Zeugnisse (*Synhedr.* 27[b].), und zur Eidesablegung (nach Analogie der *Mischna Schebuot* 45. vgl. weiter §. 49. 92.). Er wird ferner öffentlich als falscher Zeuge verkündigt (Infamie); es wird nämlich allen Gerichten die Mittheilung gemacht, N. N. sei eines falschen Zeugnisses überführt worden (*Synhedr* 89[a]. *Maimonid. l. l. c.* 18. §. 7.). Nach einem, zwar von einem talmudischen Autor bestrittenen, später aber allgemein angenommenen Lehrsatz (*Synhedr.* 27[b].) wird der Zeuge nicht nur von der Zeit ab, wo er der Unwahrheit überführt wurde, sondern schon von der Zeit, wo er das Zeugniss ablegte, unfähig zum Zeugnisse. Wenn also Jemand im Januar zeugte und er der Lügenhaftigkeit seiner Aussage erst im folgenden August überführt wurde, so wird er schon vom Januar an als unfähig angesehen: und sind alle Zeugnisse, die er in dieser Zwischenzeit abgelegt, sowie die von ihm unterzeichneten Urkunden, ungültig (vgl. auch weiter zu §. 52.).

Wir fügen hier noch Manches zur Erörterung der sehr bedeutungsvollen Frage bei, wie die Zeugen der Unwahrheit überführt werden können. Im Inquisitionsprocesse oder dort, wo die Anklageform schon eine solche Färbung angenommen, wird die Aussage mit anderen Umständen in Beziehung gebracht: sprechen nun diese gegen die Zeugen und es treten noch überdiess gegen sie selbst Zeugen mit der Anklage der Unwahrheit auf, so werden letztere als glaubwürdig erachtet und jene als falsche Zeugen bestraft (vergl. zu §. 14.) *).

*) Hingegen spricht keine Gesetzgebung aus, dass bei widersprechenden Zeugen durch die glaubwürdigeren die minder glaubwürdigeren als der Unwahrheit überführt angesehen werden, und sie die Strafe falscher Zeugen erleiden müssen. Auf welchem Grunde soll nun aber diese grössere Glaubwürdigkeit gegen den Angeklagten geltend gemacht werden (wie es das römische und canonische Recht verlangt, vgl. zu §. 14.) und gegen ihn eine Strafe verhängt werden?

Wo aber wie im talmudischen Strafprocess nach äusseren Umständen nicht gefragt wird, da können, wie zu §. 17. bemerkt wurde, die Zeugen nur durch ein Alibi überführt werden. Dieses Alibi muss sich aber auf sie selbst beziehen, d. h. es sagen Andere gegen sie aus, dass zu derselben Zeit, wo sie wollen, dass A den B in Berlin umgebracht, sie selbst mit ihnen in Wien gewesen seien. Ein Alibi auf den Thäter oder den Verletzten, d. i. wenn die späteren Zeugen aussagten, dass A oder B mit ihnen zu derselben Zeit in Wien gewesen sei, würde zwar auf den Grund des Widerspruches der Zeugen gegen Zeugen den Richter veranlassen den Angeschuldigten loszusprechen (vgl. zu §. 14.); aber hier könnten noch immer nicht die ersteren Zeugen als der Unwahrheit überführt angesehen werden: denn wer besagt, dass die letzteren Zeugen wahrhafter seien als die ersteren? — Und selbst bei dem Alibi der Zeugen *) wurde die Frage häufig aufgeworfen (*Synhedr.* 27^{a}. u. a. a. O.), warum der andern Zeugenpartei mehr glauben als der ersteren (und diese auf die Aussage jener bestrafen)? Aber es wird hiergegen mit Recht bemerkt (*Tur. Chosch. Mischp. c.* 38.), dass hier sich ein ganz anderes Verhältniss finde. In dem zuletzt gedachten Falle sind die ersteren Zeugen selbst das Object der Anklage, sind sie die Angeschuldigten: die späteren Zeugen sagen gegen sie aus (ihr seid mit uns in Wien gewesen), für sie sagt Niemand aus, ihre eigene Aussage hat kein Gewicht, denn Niemand kann Zeuge in eigener Sache sein. Dieses ist also

*) Der Fall, dass bei einer Capitalanklage der als ermordet Angegebene selbst vor Gericht komme und so die Zeugen auf die schlagendste Weise überführt würden, dürfte höchst selten sein. Der Talmud (*Baba Kama* 74*b*.) will zwar hier nicht die Wiedervergeltungsstrafe, die nach seiner Ansicht sich nur auf Ueberführung durch Zeugen beziehet; schweigt aber darüber, welche andere Strafe dann verhängt werde. Eine solche Bestimmung gehörte auch, wie öfter bemerkt wurde, nicht zu seiner Aufgabe. Bei fortgesetzter peinlichen Gerichtsbarkeit würde man hier wahrscheinlich durch eine Verordnung die entsprechende Strafe festgesetzt haben. Wenn aber *Maimonides Edut c.* 18. §. 6. hier eine Geisselstrafe nach Ermessen der Richter eintreten lässt, so führte er dieses wahrscheinlich zur Vervollständigung der hier sehr fühlbaren Lücke an; aber sehr ungenügend. Vgl. oben S. 107.

ganz analog dem Falle: es sagen zwei Zeugen gegen zwei Menschen aus, sie haben gestohlen; hier kann nicht angeführt werden **zwei gegen zwei**, denn die Zwei, gegen welche ausgesagt wird (sie haben gestohlen), können nicht für sich Zeugniss ablegen; sie sind die Angeklagten; und werden daher zwei, selbst wenn sie gegen zwanzig Personen aussagen und sie des Diebstahls ff. beschuldigen, als Zeugen, nicht aber die zwanzig für und unter einander als solche betrachtet werden können. Es können daher auch die eines Alibi ihrer selbst angeklagten Zeugen nicht als Zeugen mehr gelten, sondern als Angeklagte. Und hierin liegt der Unterschied des **Widerspruches** und der **Ueberführung** der Zeugen: beim Alibi des Beklagten oder Verletzten treten beide Zeugenparteien noch ferner als Zeugen gegen einander auf, hier ist nur ein Widerspruch; bei dem Alibi der Zeugen wandeln sich diese in Angeklagte um, daher Ueberführung. — Diese Erörterung, die eigentlich nur für den reinen Accusationsprocess von Einfluss zu sein scheint, hat noch heute ihre Bedeutung, da die hier zu Grunde liegende Distinction selbst in neuerer Zeit noch nicht gehörig beachtet wurde, und man hierdurch in einen sonderbaren, auf die Praxis einwirkenden Irrthum verfiel. Es wollen nämlich einige neuere Rechtslehrer (*Stübel* Criminalverf. §. 910. *Schneider* a. a. O. §. 390. und Anmerk. hierzu), dass zwei Zeugen Niemanden eines Meineides überführen können, weil hier der Beweis des Meineides selbst auf dem **Eide** beruhet — die Zeugen selbst müssen ihre Glaubwürdigkeit erst durch den Eid (nach neueren Gesetzg. vgl. oben zu §. 24.) darthun — und er einen Thatsatz zum Gegenstand hat, wovon, wenn man ihn als wahr annimmt, die **Unzulässigkeit des Beweismittels** eine unmittelbare Folgerung ist, mithin dieses letztere sich gleichsam selbst aufhebt (*Schneider* a. a. O., und will er daher, dass **drei** Zeugen zur Ueberführung des Meineides erforderlich seien; *Stübel* will den Zeugenbeweis gar nicht gegen Meineid gelten lassen). Allein abgesehen davon, dass die Glaubwürdigkeit der Zeugen nicht erst auf dem Eide beruhet, sondern der Eid sie nur verstärkt (vgl. oben a. a. O.), so wird, wenn zwei Zeugen den A eines Meineides anklagen, nicht der **Thatsatz**, auf welchen A geschworen (B schulde ihm 100 Thlr.), Object der Anklage — wo also Eid gegen Eid in Betracht käme — sondern der Eid selbst: A wird beschuldigt, er habe falsch geschworen. Er kann also nicht für sich zeugen, nicht für sich anführen, er habe wahrhaft geschworen: dieses wird ihm eben streitig gemacht, er ist hinsichtlich des Eides angeklagt, und befindet er sich ganz in demselben Verhältniss, wie ein durch Zeugen des Diebstahls Beschuldigter: dort ist der Diebstahl, hier der Meineid Object der Anklage (vgl. auch *Mittermaier* Beweis S. 364).

Wir fügen noch manche andere Puncte über falsches Zeugniss an.

Die Zeugen können nur in ihrer Gegenwart des falschen Zeugnisses überführt werden. Sind sie abwesend, so wird zwar durch die andere Aussage ihr Zeugniss aufgehoben, doch können sie nicht zur Strafe gezogen werden (*Ketubot* 20^a^.), da eine Anklage nur in Gegenwart des Beklagten vorgebracht werden kann. (Bei falschem Zeugniss auf Urkunden vgl. weiter 2. Abschn. 3. Tit.) — Es wurde bisher das falsche Zeugniss zum Schaden des Angeklagten besprochen. Von einem falschen Zeugniss zu Gunsten des Angeklagten schweigt die Schrift, und daher auch das talmudische Recht, das, wie oft erwähnt, nur die Erklärung der Schrift im Auge hatte. Auch neuere Gesetzgebungen thun dessen nicht Erwähnung; und wäre hier nur der Meineid (vgl. oben) in Betracht zu ziehen. Eine Ausnahme macht der *Code pénal*, der ausdrücklich (Art. 361.) sagt, das falsche Zeugniss wird mit zeitiger Galeerenstrafe bestraft, sei es gegen den Angeklagten, sei es zu dessen Gunsten (*soit contre l'accusé, soit en sa faveur*).

Auch über Verleitung zu einer falschen Zeugnissablegung schweigt die Schrift, und auch das talmudische Recht erwähnt in Criminalsachen nichts hierüber *). In Civilsachen legt es dem

*) Die talmudische Lehre hält übrigens durchgehends die Verführung zur Sünde als eines der schwersten moralischen Verbrechen (vergl. *Synhedr.* 29*a*.); die richterliche Strafe trifft aber den unmittelbaren Thäter, da Jedermann Herr seines Willens ist und nach dem Ausdrucke des

Verleiter, wenn er zu Gunsten eines Andern die moralische Verpflichtung, und wenn zu eigenem Gunsten die wirkliche Verpflichtung auf, den Verlust, den die Partei durch das falsche Zeugniss erlitten, zu ersetzen (*Baba Kama* 56ª· *Maimonid. l. l. c.* 17. §. 7. *Chosch. Mischp. c.* 32. §. 2.). Neuere Gesetzgebungen sind sehr strenge gegen den Verleiter zu einem falschen Zeugnisse (vgl Oesterr. Strafg. §. 178ª· Preuss. Strafrecht §. 1414.), und ist hier das französische Strafrecht hervorzuheben, das die Verleitung zum falschen Zeugnisse noch härter als das falsche Zeugniss selbst bestraft, so dass über den Verleiter stets eine einen Grad höhere Strafe als der Angeklagte hätte erleiden müssen, verhängt wird (wenn bei diesem ewige Galeerenstrafe eingetreten wäre, wird der Verleiter mit Tod bestraft! *Code pénal* §. 365. Vergl. *Exposé p.* 100).

Zum dritten Capitel.

Wir gelangen nun zu dem wesentlichsten Punct des Zeugenbeweises: welche Zeugen an sich (abgesehen von der durch die Vernehmung erst sich herausstellenden Glaub- oder Nichtglaubwürdigkeit) als glaubwürdig betrachtet werden, fähig sind ein Zeugniss abzulegen. Man erkennt bei einigem Nachdenken, dass manche Personen absolut unfähig zum Zeugnisse, manche hingegen nur durch gewisse Beziehungen zu dem vorliegenden Falle oder zu den Parteien, nur in diesem Falle oder diesen Parteien nicht Zeugniss' ablegen können. Es wurde schon oben (zu §. 14.) bemerkt, die Beweiskraft durch Zeugen stützt sich auf die Voraussetzung, dass der Zeuge die Wahrheit sagen könne und sie sagen wolle. Ob der Zeuge die Wahrheit sagen könne, wird durch dessen physische und psychische Beschaffenheit bestimmt: hat der Richter die Ueberzeugung oder auch nur den gegründeten Verdacht, dass eine mangelhafte Organisation des Körpers oder die gestörte Geistesfunction ein Individuum zur richtigen Wahr-

Talmuds „Niemand ein Bote zu einer Uebertretung wird" (*Ketubot* 32*b.* u. a. a. O.), d. i. Niemand dadurch der Strafe ledig wird, dass er im Auftrag und Veranlassung eines Andern gehandelt.

nehmung eines in seiner Gegenwart sich ereigneten Vorfalles unfähig mache, so kann er seiner Aussage keinen Glauben schenken. Individuen dieser Art sind an sich entweder zu jedem Zeugnisse unfähig; so Wahn- und Blödsinnige, Rasende u. s. w.; oder zu solchem Zeugnisse, wo dem Zeugen ein Sinn abgehet, durch den allein die in Rede stehende Wahrnehmung aufgefasst werden konnte. So ist z. B. der Blinde ein unfähiger Zeuge, wo es auf Constatirung der Person des Thäters oder einer Unterschrift (Recognition) ankommt; der Taube, wenn über verbrecherische Worte, wie bei Hochverrath, bei einem Complotte u. s. w. ausgesagt werden soll. — Bei der Frage, ob der Zeuge die Wahrheit sagen wolle, können dem Richter sich nur blos Vermuthungen für die Verneinung aufdrängen, die aber wegen ihrer Allgemeinheit einen sehr hohen Grad von Wahrscheinlichkeit haben. Diese Vermuthungen sind in einem, den freien Willen des Aussagenden hemmenden und das Gleichgewicht zwischen Wahrheit und Unwahrheit störenden Umstand begründet; und steigen dort auf, wo ein natürliches oder von aussen hinzugekommenes Interesse den Sieg der Wahrheit entweder unwahrscheinlich oder wenigstens sehr zweifelhaft macht. Aus dieser Rücksicht ist Jedermann in seiner eigenen Sache ein unfähiger Zeuge, wenn er zu seinem Vortheile aussagt (und nach mancher Gesetzgebung in Criminalsachen auch zu seinem Nachtheile, vgl. oben S. 174 ff.); ferner sind nahe Verwandte unfähig ein Zeugniss abzulegen, weil sie ein natürliches Interesse an der, der ihnen verwandten Partei schädlichen wahrhaften Aussage verhindert; endlich wird auch Jener, dem ein materielles Interesse aus der Aussage erwächst, nicht als Zeuge angenommen werden können. Diese Zeugen sind jedoch nur für einen gegebenen Fall, für jenen nämlich, in welchem dieses Interesse obwaltet, unfähig. — Aber auch bei der Frage, ob der Zeuge die Wahrheit sagen wolle, kann ein Umstand eintreten, der den Zeugen für alle Fälle unfähig macht: notorischer Mangel der moralischen Willenskraft zur Wahrheit. Dieser Mangel manifestirt sich durch begangene Verbrechen, die auf ein sittlich verdorbenes Gemüth hinweisen, dem wo ein materieller Vortheil zu erlangen weder Recht noch Wahrheit heilig ist; der Meineidige, der Verläumder, der einmal der Unwahrheit überführte Zeuge wird **nie** ein Zeugniss ablegen können. Der Richter hat zwar hier nicht wie bei den physischen Fehlern Gewissheit, das der Zeuge nach seiner Subjectivität unrichtig aussage; aber es liegt hierfür eine sehr begründete Vermuthung durch diesen dargelegten Mangel an Wahrhaftigkeit vor.

Bei dem Können und Wollen der Zeugen tritt manche Abstufung ein, so dass zuweilen der Zeuge zwar nicht als fähig, aber auch nicht als ganz unfähig anzusehen ist, und über seine Aussage also nur Zweifel obwalten. So hinsichtlich des Könnens, wenn der physische und psychische Organismus zwar nicht im normalen Zustand, aber doch nicht völlig gestört ist, wie z. B. bei einem sehr hart Hörenden oder sehr Kurzsichtigen, bei einem Blödsinnigen in niederm Grade u. s. w. Noch mehr tritt eine solche Berücksichtigung hinsichtlich des Wollens ein. Bei dieser Frage geben, wie bemerkt wurde, nur Vermuthungen die Richtschnur: diese finden zuweilen sich nur in einem geringern Grade und erwecken nur Zweifel gegen die Glaubwürdigkeit der Zeugen, vermögen aber nicht diese Glaubwürdigkeit ganz aufzuheben. Es entstehet also eine neue Classe von Zeugen: **verdächtige Zeugen**, d. i. solche, deren Aussage zwar nicht als glaubwürdig angenommen werden kann, weil ein Verdacht entweder gegen ihr (physisches oder psychisches) Vermögen oder gegen ihren Willen die Wahrheit zu sagen, obwaltet: wird aber dieser Verdacht durch andere Umstände entfernt *), so verdient das Zeugniss Glauben. Nur wird bei dem Willen, da hier moralische Zweifel rege sind, die Grenze zwischen unfähigen und verdächtigen Zeugen sehr schwer aufzufinden sein; und weichen auch die neueren Gesetzgebungen sehr von einander ab, indem manche Gesetzgebung einen Zeugen für unfähig erklärt, den die andere nur als verdächtig ansiehet (worüber Manches weiter).

Die alten Gesetzgebungen verfolgen eine von den neueren ganz verschiedene Norm, die aus der Verschiedenheit der

---

*) Zuweilen auch durch die Aussage der Zeugen selbst, vgl. *Mittermaier* Beweis S. 329. Ueber obige Materien überhaupt das. §. 41. 42. und *Globig* a. a. O. 1. und 2. Thl.

Grundansichten des Criminalprocesses, des Anklage- und des Inquisitionsprincipes hervorgehet. Das Anklageprincip kennt keine gesetzliche Beweistheorie: der Eindruck, den die Aussage auf die Geschwornen macht, entscheidet; und fühlen sie sich durch sie überzeugt, so spricht die Uebereinstimmung der sämmtlichen (oder zwei Drittel der) Geschwornen dafür, dass die Aussage Wahrheit enthalte (vgl. Einleit. II.). Diese Uebereinstimmung erhebt auch den Indicienbeweis zu einem vollkommenen Beweise (vgl. oben S. 179); gilt also den Geschwornen die Aussage eines Zeugen unter Umständen als ein hinreichendes Indicium (fühlen sie sich durch ihn völlig überzeugt), so sollte ihm, wenn er auch sonst als verdächtig oder unfähig angesehen wird, Glauben geschenkt werden, da hier weniger der Zeuge als die Aussage im Auge behalten wird. Eine absolute Theorie über Unfähigkeit der Zeugen wäre also hier nicht aufzustellen *); allein es haben durch die Volksansicht in vielen auf das Anklageprincip gegründeten Gesetzgebungen sich gewisse Bestimmungen als Regeln festgesetzt, an denen gleichsam wie als an herkömmlichem Gesetz (so das englische *common law*) gehalten wird. Hierdurch entstand der Unterschied zwischen fähigen (classischen) und unfähigen (untüchtigen) Zeugen; eine dritte Classe, verdächtige Zeugen, kennen diese Gesetzgebungen nicht, da hier der Richter nicht die Umstände aufsucht und an ihnen die Aussage der Zeugen prüft **). — Hingegen musste bei dem Inquisi-

*) Selbst über Unfähigkeit durch Verwandtschaft oder noch nicht entwickelte Geisteskräfte stellt nicht das englische Recht eine absolute Theorie auf. Vergl. *Phillipps l. l. p.* 16. 46. (Vielleicht weil es, da es viel vom Inquisitionsprocess annahm, die Erforschung der Umstände und deren Uebereinstimmung mit dem Zeugnisse viel in Anschlag bringt.)

**) Doch scheint Menu VIII, 69 — 71. auch verdächtige Zeugen zu kennen. Besonders bemerkenswerth ist §. 72. das., dass Gewaltthätigkeiten, bei Diebstahl und Ehebruch ff. muss er (der Richter) die Zulänglichkeit der Zeugen nicht allzu genau untersuchen." Das Gesetz scheint hier das Verwerfliche des Verbrechens und dass es nicht unbestraft ausgehe, im Auge gehabt zu haben; und huldigt also dem von manchen Rechtslehrern des Mittelalters aufgestellten Satz: *in atrocissimis leviores conjecturae sufficiunt et licet judici jura transgredi.* Darum will auch Menu das. §. 69., „dass bei einem Todesfalle jede Person ohne Ausnahme zum Zeugen dienen kann" (vgl. auch Plato *Leg. p.* 937). Allein man wird mit

tionsverfahren schon von vorn herein das richterliche Ermessen durch gewisse Gesetze beschränkt werden, da die subjective Ansicht dem Irrthum unterworfen ist, auch leicht in Willkürlichkeit ausartet. Daher eine gesetzliche Beweistheorie (vgl. Einleit. S. 5), in welcher, da das Gesetz, ohne sich ins Unendliche zu ergehen, nicht einzelne Fälle ins Auge fassen kann, eine allgemeine Classification aufgestellt und manche Zeugen als allgemein unfähig bezeichnet werden. Aber es kann wegen dieser Allgemeinheit das Gebiet der unfähigen Zeugen nicht zu sehr ausgedehnt werden, da hierdurch der Beweis durch Zeugen zu sehr beschränkt würde; und so schuf man eine neue Classe, die der verdächtigen Zeugen. Diese liefern einen theilweisen (halben) Beweis, und werden sie durch Nebenumstände, nach denen dem Inquisitionsprocess seinem Princip gemäss geforscht wird, unterstützt, so liefern sie einen vollen Beweis. Diese Forschung nach Nebenumständen trägt ferner auch bei, dass manche in den alten Gesetzgebungen unfähige Zeugen hier nur als verdächtige betrachtet werden. Vgl. *Mittermaier* Beweis §. 39. 41.

Gehen wir nun zum mosaisch-talmudischen Rechte über, so hat die Schrift selbst keine Bestimmung über die Glaubwürdigkeit der Zeugen. Dieses ist ganz der Processform der Schrift — Ermessen der aus der Mitte des Volkes hervorgegangenen Richter, Geschwornen (Einleit. II.) — gemäss: das Urtheil über die Aussage blieb also den Richtern überlassen. Doch mögen wahrscheinlich schon manche Gewohnheitsrechte, die die Glaubwürdigkeit beschränkten, bestanden haben (auf die aber die Schrift, da sie im Volke lebten, nicht näher einging), oder bildeten sie sich nicht lange hierauf aus, da überhaupt das Alterthum derartige Beschränkungen kennt und eine allgemeine Fähigkeit, Zeugniss abzulegen, so dass das Urtheil über die Glaubwürdigkeit der Aussage durchgehends dem Ermessen des Richters anheimgestellt wäre, nirgends angenommen wird. (Vgl. über Recht der Hindu Menu VIII, 61—69. Ueber

Beccaria (von den Verbrechen S. 108) gerade das Gegentheil annehmen: je grösser das Verbrechen, desto geringer die Wahrscheinlichkeit, dass es begangen worden sei, und bedarf es also hier noch einer grössern Glaubwürdigkeit der Zeugen.

attisches Recht *Meier* und *Schömann* S. 671. *Plato Leg. p.* 937. Ueber röm. Recht *L.* 4. *D.* 22. 5.) — In der Schrift wird kein Factum erzählt, bei welchem die das Zeugniss ablegenden Individuen nach ihrem Character und dem Verhältnisse zu den Parteien besonders bezeichnet wären, und kann also über die Zeit des ersten Tempels hier nichts mit Gewissheit ermittelt werden. Dieses gilt auch für die Zeit des zweiten Tempels; doch ist mit vieler Wahrscheinlichkeit anzunehmen, dass manche im talmudischen Recht allgemein (d. i. ohne Widerspruch irgend eines Autors) festgestellte beschränkende Norm bis zu dieser Zeit und vielleicht noch weiter hinaufreiche. Derartige Normen finden sich auch bei einem jüdischen nichttalmudischen Schriftsteller, der zu Ende des zweiten Tempels lebte (vgl. weiter zu §. 32.). Diese Regeln erweiterten sich zu einer gesetzlichen Beweistheorie, jemehr durch das Aufhören der peinlichen Gerichtsbarkeit das theoretische Element — die Speculation — vorwaltete, und so stellte sich für den Criminalprocess manche den Zeugenbeweis sehr bezchwerende Beschränkung heraus. Diese Beschränkungen übten auch auf den Civilprocess manchen Einfluss; doch wurden, wie weiter dargethan werden wird, hier manche dieser Härten (da man sich hier mehr auf practischem Boden befand) gemildert.

Betrachten wir nun das Princip des mosaisch-talmudischen Rechts im Allgemeinen, so muss sich ein neues Moment bei der Fähigkeit Zeugniss abzulegen geltend machen: das religiöse. Das mosaisch-talmudische Recht basirt die Verpflichtung des wahrhaften Zeugnisses auf geoffenbartes Gebot, und hat daher sogar keine Beeidigung der Zeugen (§. 24.). So wie nun in den nicht auf Offenbarung gegründeten Gesetzgebungen das Verbrechen das nur mit Verletzung der Wahrheit und des sittlichen Gefühls begangen werden kann, unfähig zum Zeugnisse macht, so wird hier das Verbrechen gegen ein religiöses Gesetz ebenfalls die Glaubwürdigkeit des Zeugen aufheben, da hier in der religiösen Verpflichtung die Bürgschaft für die Richtigkeit der Vermuthung, dass der Zeuge die Wahrheit sagen wolle, gesucht wird. Die Uebertretung eines geoffenbarten Gebotes kann nämlich ebenso wenig als vereinzelte That betrachtet werden, wie die Uebertretung eines Gebotes der Wahrheit und Sittlichkeit. Wer gegen letztere in irgend einer Weise frevelt, den erkennt jede Gesetzgebung als unfähig zum Zeugnisse, weil die Wahrheit an sich ein Einziges, Unzertrennbares ist, und in einem Theile verletzt sie in ihrer Totalität verletzt ist, ihre Verbindlichkeit nicht anerkannt wird; dasselbe gilt auch hinsichtlich der Offenbarung. Sie bildet ebenfalls ein Unzertrennbares, hat den in jedem Gesetze hervortretenden göttlichen Ausspruch zur Basis; wer gegen ein Gebot der Offenbarung frevelt, dem sind auch ihre andern Gebote wenigstens als solche nicht mehr heilig. Wird daher das Zeugniss aus dem Gesichtspunkt der Offenbarung beurtheilt, so macht die Verletzung eines geoffenbarten Gebotes dasselbe ungültig (vgl. Eidesleistung S. 45 ff.).

Man hat übrigens auch in neurer Zeit das religiöse Moment hervorgehoben, und wird ein Zeuge von irreligiösem Wandel als sehr verdächtig betrachtet (*Mittermaier* Beweis S. 338.). Doch waltet hierbei mehr die Rücksicht auf den Eid, den der Zeuge zu leisten hat, ob; die Verpflichtung zur Wahrhaftigkeit des Zeugnisses wird in den neuern Gesetzgebungen eigentlich aus dem Sittlichkeitsprincip hergeleitet und man ruft die Religion — den Eid — zur Vergewisserung und Verstärkung herbei und zwar in einem so (vielleicht zu) hohen Grade, dass man den Satz aufstellte: ohne Eid kein Zeugniss (vgl. zu §. 24). Das canonische Recht, das von religiösen Handlungen das Zeugniss abhängig macht, ist im Grunde consequent, da es eine religiöse Basis zu haben vermeint; nur hinterging es sich selbst, indem es Kirche und Staat vermengte (Einleit. I.). Hingegen werden neuere Gesetzgebungen, da sie eine andere Basis haben, hier nothwendig eine Grenze ziehen und den Zeugen nur auf Uebertretungen, die die Religion in der Weise gefährden, dass sie entweder den Eid ganz unstatthaft machen, oder wenigstens gerechte Zweifel erregen, ob der Schwörende dessen Heiligkeit anerkenne, für unfähig oder für sehr verdächtig erklären. Hier wird auch Manches auf die Eidesformel, wie weit die positive Religion hineingezogen wird, und auf die den Eid begleitenden Formalitäten ankommen (vgl. weiter). So erklärt das englische Recht, dass wer das Dasein Gottes ableugnet unfähig zum Zeugnissablegen sei (*Phillips l. l. p.* 18.); was nach dem Vorbemerkten ganz natürlich mit dem Eid zusammenhängt.

Sehr bemerkenswerth ist, dass selbst im talmudischen Recht

in früherer Zeit (der mischnischen) das exclusive Religionsprincip sich noch nicht geltend gemacht. Die Mischna spricht nur von Vergehungen, die eine Verletzung des sittlichen Principes bedingen (vgl. *Mischna Synhedrin* 24[b.] *Rosch Haschana* 22[a.]). Erst in der talmudischen Zeit erlangte das Religionsprincip Geltung und wurde von einigen Autoren, unter mancher Protestation, in seiner ganzen Schärfe durchgeführt (vgl. weiter zu §. 43 ff.). — Verfolgen wir überhaupt die historische Entwickelung der Lehre über Glaubwürdigkeit der Zeugen, so gewahren wir nach den Zeitabschnitten folgendes: Die Mischna und Beraita (vgl. oben S. 100. 101.) kennen als unfähige Zeugen: Frauen (*Mischna Schebuot* 30[a.]), Sclaven (*Rosch Haschana l. l.*), Kinder (*Ketubot* 28[a.] zwar nicht ausdrücklich, aber doch implicite), und da Wahnsinnige und Taubstumme allgemein in die Kategorie der Kinder (Unmündige) gesetzt werden, so sind auch diese als mischnisch unfähig zu betrachten. Ferner sind nach der Mischna unfähig: Verwandte (*Synhedr.* 27[b.] *Schebuot. Rosch Haschana l. l.*), Jene die das sittliche Princip verletzen, als Räuber, Meineidige, falsche Zeugen (*Beraita Synhedr.* 27[a.]), wer ein verwerfliches Gewerbe treibt (*Mischna Synhedr.* 24[b.] *Beraita* das. 25[b.]), oder verwerflichem Geldinteresse folgt (*Mischna l. l.* und *Rosch Haschana l. l.*), auch wenn es nicht durh ein positives Religionsgesetz verwerflich ist; vgl. weiter. Ferner kann Niemand Zeuge sein in einer Sache aus der für ihn Vortheil entspringt (so an vielen Stellen und vorzüglich *Beraita Baba Batra* 43. 46.); auch kann, wer in einer religiösen Angelegenheit verdächtig ist, in dieser Angelegenheit nicht Zeugniss ablegen (*Mischna Bechorot* 30[a.] 35[a.]). Die talmudischen Autoren gingen auf das Religionsprincip ein; auch entwickelten sie weiter die Verwandtschaftsgrade, und trafen nähere Bestimmungen über den Grad der Betheiligung, die das Zeugniss ungültig macht. Man unterschied nun Jene, „welche nach der Schrift“ und jene, welche „nach dem Ausspruche der Lehrer“ unfähig sind. Zwar spricht die Schrift selbst sich nirgends über Unfähigkeit des Zeugen aus; aber es hatte, wie oben bemerkt, sich schon vor der ältesten Zeit eine gewisse Theorie herausgebildet, die man nach ihrem hohen Alterthum aus der Schrift herzuleiten versuchte, und wurden hierher zu beziehende unfähige Zeugen als solche „unfähig nach der Schrift“ benannt, und knüpfte man hieran noch manche andere durch Erklärung aus der Schrift abgeleitete Unfähigkeit. In der Folgezeit drang sich manche andere neue Bemerkung auf, die nicht zur Kraft eines Schriftgesetzes sich erhob: und so wurde Mancher „unfähig zum Zeugnisse" durch Ausspruch der Lehrer (die weiteren Folgen vgl. zu den §§.). — Maimonides sammelte jede hingeworfene Bemerkung und stellte sie in seinem Tractate über Zeugniss (*Edut*) zusammen; von wo dann diese Theorie in den *Chosch. Mischp.* überging. Der Kreis der fähigen Zeugen wurde hierdurch sehr beengt, aber da das talmudische Recht keine Beeidigung der Zeugen hat, so musste es um so strenger in der Auswahl der Zeugen sein (vgl. zu §. 32. 43. u. s. w.). — Dieses als Uebersicht, und gehen wir nun zu den einzelnen Erläuterungen über *).

Zu §. 31.

In diesem §. sind die Erfordernisse zu einem classischen Zeugen zusammengestellt: gehet eines dieser Erfordernisse dem Zeugen ab, so ist er unfähig zum Zeugnisse. Diese Unfähigkeit tritt im Gegensatze zu unserm §. auf sechs Arten hervor: und fassen wir in den folgenden §§. jede dieser Art unter einer Rubrik zusammen, an die wir dann die näheren Modificationen reihen.

Zu §. 32.

Die in diesem §. als unfähige Zeugen bezeichneten Personen galten fast dem ganzen Alterthume als solche. Neuere Gesetzgebungen weichen bei einigen ab und halten sie für glaubwürdig, andere erklären sie auch als unfähig.

Wir bemerken hier zuerst über Frauen. Das Alterthum, bei dem nach dem damaligen Zustande der menschlichen Ge-

*) *C. F. Hommel* hat in seinen *Rhapsod. Observat.* 211 einen *Catalogum alphabeticum testium* (vorzüglich für den Civilprocess) geliefert, deutsch herausgegeben und mit Anmerkungen vermehrt von *G. A. Ackermann*, unter dem Titel „Hommel's alphabetischer Zeugenkatalog, mit besonderer Berücksichtigung des Allgemeinen Sächsischen, Preussischen und Baierischen Processrechts." Wir werden auf diese Schrift mehreremal zurückkommen. Im Allgemeinen will Hommel, dass dem Ermessen des Richters viel überlassen bleibe, und überhaupt die Bestimmung über Zeugenunfähigkeit beschränkt werde, da hier oft der unschuldige Beweisführer darunter leidet. Hommel nimmt drei Grade für verdächtige Zeugen an, sehr, mässig und wenig verdächtige; eine Gradation die freilich dem Ermessen des Richters einen grossen aber unsichern Spielraum lässt.

sellschaft die physische Stärke viel in die Wage warf und Kraft- und Thatäusserung den Ausschlag gab, erkannte in der physischen Schwäche der Frau einen Grund, sie auch als geistig schwächer und als tiefer denn der Mann stehend, zu betrachten. Auch auf die Glaubwürdigkeit der Frau übte diese Ansicht Einfluss, nur mochte hier die vernünftigere Berücksichtigung vorwalten, dass die Beharrlichkeit im Beobachten und das genaue Wiedergeben des Wahrgenommenen bei dem weiblichen Geschlechte nach dessen natürlichen Anlagen leicht vermisst werde, die in den Frauen oft die Oberhand behauptende lebhafte Phantasie sie nicht selten zu einem Urtheile nach momentanen Eindrücken verleitet und die Wahrnehmung mit vielen Ausschmückungen wiedergibt. Diese Rücksicht scheint auch Plato im Auge gehabt zu haben; er gestehet das Recht Zeugniss abzulegen erst der vierzigjährigen Frau zu (*Leg p.* 937.): in diesem Alter ist die Phantasie schon minder lebhaft und tritt mehr der genau abwägende Ernst hervor. Das attische Recht scheint Frauen die Fähigkeit zum Zeugnisse abgesprochen zu haben (*Meier* und *Schömann* S. 667.); das römische Recht hält zwar Frauen zulässig als Beweiszeugen *), erkennt sie aber nicht als Instruments- (Testaments) Zeugen an (§. 6. *J.* 2. 10. *L.* 20, §. 6. *D.* 28. 1.) **). — Das canonische Recht schloss Frauen vom Zeugnisse aus, doch hatte die ältere Praxis Frauen für fähig erklärt (vgl. *Jul. Clarus Sententiar. L.* 5. *p.* 155). Die Carolina schweigt über das Zeugniss der Frauen (Art 63—67) und hat den 76. Art. der Bambergensis ausgelassen, nach welchem Frauen an sich unfähig sind, und nur wenn keine andere Zeugen „so möcht jr sagen zur Erfüllung anderer unvollkomme-

*) *L.* 18. *D.* 22, 5. *L.* 20. §. 6. *D.* 28. 1. wo *non* (*alias autem non posse testem esse mulierem, — edit. Heineccius*) offenbar ein Druckfehler ist.

**) *Menu l. l.* 68. hat: Frauen sollten ohne Ausnahme Zeugen für Frauen sein; und §. 70: „Wenn es an Zeugen fehlt, welche die gehörigen Erfordernisse haben, so kann in solchen Fällen ein Weib, ein Kind, ein Greis Zeugniss ablegen" und scheint in dem zuletzt gedachten Falle die Frau ein vollständiges Zeugniss zu liefern, da §. 71. fortgesetzt wird: „Aber auf das Zeugniss von Kindern, Greisen und Kranken muss der Richter nicht viel bauen" (also verdächtige Zeugen); Frauen aber in diesem §. nicht erwähnt werden (vgl. weiter zu §. 35.).

ner Weisung oder Vermuthung dienstlich sein". Die Carolina ist aber überhaupt sehr kurz über Fähigkeit des Zeugen, erwähnt a. a. O. nichts vom Zeugnisse der Verwandten ff.

Hinsichtlich des mosaisch-talmudischen Rechts so wurde schon oben bemerkt, dass die Schrift überhaupt keiner Erwähnung der Fähigkeit zum Zeugnisse thut. Geschichtlich bekannt ist, dass eine Frau Jsrael richtete (Richter 4, 2.), eine andere das Königthum usurpirte (2. Kön. cap. 11.), also Frauen sogar von den höchsten Aemtern des Richter- und Königthums nicht ausgeschlossen waren. (Nur dürfte von **Athalia**, gerade weil hier eine Usurpation war, kein Beweis sein; und auch **Debora** dürfte als Prophetin eine Ausnahme gemacht haben. Vgl. *Tossefot Nidda* $50^{b.}$ und *R. Ascher* zu *Schebuot* 30.) Doch scheint schon in ganz früher Zeit sich zur constanten Norm ausgebildet zu haben: Frauen sind unfähig zum Zeugnisse; da auch Josephus (*Antiquitt. L.* 4. *c.* 8. §. 15.) dieses als Gesetz anführt und als Ursache hinzufügt: „wegen des Leichtsinns und der Voreile ihres Geschlechts (*διὰ κουφότητα καὶ θράσος τοῦ γένους αὐτῶν*)" *). Die talmudischen Lehrer haben hierfür einige schwache Anlehnungspuncte aus der Schrift gesucht (*Schebuot* $30^{a.}$ *jer. Talm. Synhedr.* $12^{a.}$); aber nicht nur der uralte weit hinaufragende Gebrauch rechtfertigt diese Regel, sondern musste sie sich auch nach der ganzen mosaisch-talmudischen Processweise in dieser Weise gestalten. Es erblicken nämlich selbst neuere Rechtslehrer in der Schwäche des weiblichen Geschlechts eine relative Unvollkommenheit, und gestehen dem Zeugnisse der Frauen nur in Rücksicht auf die vorhergehende richterliche Ermahnung und die Feierlichkeit des Eides Gültigkeit zu (*Globig* a. a. O. 1. Thl. S. 106. 107.); und ist auch in der That der Eid vorzüglich dazu geeignet, einen ernstlichen Eindruck auf das weibliche Gemüth zu machen und die Aufforderung zur Wahrheit durch das Hinweisen auf Gott und die von ihm ausgehende Bestrafung des Meineides lebhaft zu vergegenwärtigen **). Da aber das talmudische Recht nicht

*) Josephus ist hier um so zuverlässiger, als bei den Römern Frauen glaubwürdige Zeugen waren.

**) Vgl. Eidesleistung S. 9. über das positive und negative Princip des Eides. Der Verfasser erinnert sich aus seiner Gegenwart bei Admo-

den Eid beim Zeugnisse kennt, so musste es im Interesse der Wahrheit selbst das Zeugniss der Frauen als ungültig erklären *).

S c l a v e n. Die Unfähigkeit des Sclaven zum Zeugnisse ist tief in seinem Verhältnisse begründet: dem durch das Joch der Knechtschaft Niedergehaltenen und an willenlose Ergebung in die Befehle und Worte eines Gebieters Gewöhnten gehet der ungebeugte Sinn, die Wahrheit zu erfassen, und das Durchdrungensein von ihr ab; wer auf die Stimme des Zwingers und das Schwingen der Geissel zu horchen gewohnt ist, in dessen Brust dürfte vergeblich der freie, die Wahrheit ganz würdigende Sinn gesucht werden. Daher wurden Sclaven zu jeder Zeit für unfähige Zeugen gehalten, doch erfanden manche alte Gesetzgebungen hier den entsetzlichen Ausweg der Tortur, durch die eine solche Aussage rechtskräftig werden soll. Nach a t t i s c h e m Rechte kamen (auch in Civilfällen) beide Parteien überein, welcher Grad der Tortur (*Βάσανος*) angewendet werden sollte, um die Wahrhaftigkeit des Zeugnisses zu erproben: und eine solche auf der Tortur behauptete Aussage eines Sclaven hatte die vollkommenste Beweiskraft und schrieb man ihr mehr Glaubwürdigkeit als der Aussage eines freien Mannes zu (vgl. *Meier* und *Schömann* S. 679—684. *Platner* S. 237 fl.) **). — Das römische Recht ist mit wenigen Ausnahmen dem attischen

---

nitionen, dass bei Frauen fast noch eine tiefere Scheu vor der Ableistung eines Eides (hier ist wie sich von selbst verstehet von unbescholtenen Frauen die Rede) als bei Männern wahrzunehmen ist, wozu das innigere religiöse G e f ü h l der Frauen und die auf das weibliche Gemüth tiefer wirkende Furcht vor der göttlichen Strafe einwirkt.

*) Frauen im spätern deutschen Recht vgl. die Anmerk. *Ackermann's* bei Hommel S. 69. (Daselbst ist Manches ungenau. So heisst es „nach Plato soll ein Weib vor 50 Jahren", „nach Maimonides schliesst das jüdische Gesetz . . . . Nachbarn vom Zeugnisse aus": wofür weder bei Maimonides noch sonst im jüdischen Recht sich etwas findet. Ebenso das. „Fälscher," welches wenigstens nicht ausdrücklich erwähnt wird.

**) Selbst gegen freie Bürger wurde sie in manchen Fällen angewendet. In früherer Zeit war sie überhaupt gegen Bürger nicht selten und wurde später auf Antrag des Scamander durch einen Volksbeschluss abgeschafft; scheint aber für gewisse Verbrechen, vorzüglich für Landesverrath, beibehalten worden zu sein. Doch konnte sie nur auf besondern Beschluss des Volkes angewendet werden. Platner S. 238.

fast conform und wird in einem besondern Titel (*D. de Quaestion.* und *Cod. h. tit.*) hierüber gehandelt *).

Das mosaisch-talmudische Recht erkennt den Sclaven für unfähig: die Schrift schweigt zwar hierüber, allein auch hier hatte der uralte Gebrauch entschieden, und suchten die talm. Lehrer einen Anknüpfungspunkt an die Schrift (*Baba Kama* 88[a]). *Josephus* sagt a. a. O: Sclaven dürfen nicht Zeugniss ablegen wegen ihres Seelenunadels: es ist wahrscheinlich, dass sie entweder wegen Gewinn oder aus Furcht nicht die Wahrheit bezeugen werden“ (μαρτυρείτωσαν δὲ μήτε δοῦλοι διὰ τὴν τῆς ψυχῆς ἀγένειαν, οὓς ἢ διὰ κέρδος εἴκος ἢ διὰ φόβον μὴ τἀληθῆ μαρτυρῆσαι). Ein Zeugniss durch die Tortur kennt das mosaisch-talmudische Recht durchaus, auch bei Sclaven nicht. — Ueber Zeugniss der Dienstboten (der s. g. *testes domestici*) in Sachen ihrer Brodherrschaft (vgl. Glück a. a. O. S. 157 ff.) schweigt das talmudische Recht. Dasselbe kennt ein solches Verhältniss (vgl. *Ketubot* 54[a.] u. a. a. O., also nicht blos das Verhältniss der Sclaven, wie das römische Recht, vgl. Glück a. a. O. S. 249 ff., und es scheint sogar freier gewesen zu sein, als das der heutigen Dienstboten zu ihrer Herrschaft): nach diesem Stillschweigen dürfte ihr Zeugniss als gültig anzusehen sein (*Schebuot* 46[b.] gehört nicht hierher; vgl. *Maimonid. Gesela c.* 4. §. 7.).

Kinder vgl. weiter zu §. 36.

Hermaphroditen. Der Hermaphrodit wird als zweifelhaft betrachtet, ob er zum männlichen oder weiblichen Genus gehöre: und daher erklärt ihn *Maimon. Edut c.* 9. §. 3. (und nach ihm *Chosch. Mischp. c.* 35. §. 14.) als unfähigen Zeugen. (Auch das römische Recht hält den Hermaphroditen unfähig zum Testamentszeugen, bis über sein Geschlecht Gewissheit wird [*L.* 15. §. 1. *D.* 22. 5.]; da, wie oben bemerkt wurde, Frauen nicht als Zeugen bei Testamenten gebraucht werden können) **).

---

*) Die Tortur auch in Civilfällen. Vgl. *L.* 9. *pr. D.* 48. 18.

**) Ueber diese Geschöpfe, über die die Vorzeit nach ihren mangelhaften Naturkenntnissen viel fabelte, ist Plato's Aeusserung (*Symposion p.* 189.) höchst bemerkenswerth: *πρῶτον μὲν γὰρ τρία ἦν τὰ γένη τὰ τῶν ἀνθρώπων, οὐχ ὥσπερ νῦν δύο, ἄῤῥεν καὶ θῆλυ, ἀλλὰ καὶ τρίτον προσῆν, κοινὸν ὂν ἀμφοτέρων τούτων, οὗ νῦν ὄνομα λοιπὸν, αὐτὸ δὲ ἠφάνι-*

Zu §. 33.

Durch den Drang der Umstände bewogen traf man, wie zu §. 3. bemerkt wurde, die Bestimmung, dass Ein Zeuge über den Tod eines Ehemannes volle Glaubwürdigkeit finde: und man dehnte dieses selbst auf unfähige Zeugen wie die im § benannten, und sogar auf die Ehefrau in ihrer eigenen Sache aus. *Jebamot* 121. *Maimon. l. l. c.* 5. §. 3. — Diese Zeugen sind ferner auch gültig für die anderen zu §. 3. zu Anfang erwähnten Fälle (*Sota* 31. 47. und sonst häufig. *Maimon. Edut c.* 5. §. 3.).

Bei diesen Zeugen erleidet übrigens die §. 14. aufgestellte Norm eine Abänderung: es wird nämlich hier, da die Zeugen an sich unfähig sind, nach der Menge der Zeugen abgewogen (*Jebamot* 117[b]. *Maimon. Geruschin c.* 12. §. 22. *Sota c.* 9. §. 17.); wenn also drei für (den Tod des Ehemannes), zwei dagegen aussagen, so wird jene Aussage angenommen. — Wie es aber bei dem Widerspruche fähiger Zeugen in den vorbenannten Fällen zu halten sei? Dass der Widerspruch zweier fähiger Zeugen das Zeugniss unfähiger aufhebe, so wie im Gegentheil der Widerspruch unfähiger Zeugen nicht das Zeugniss fähiger aufzuheben vermag, ist allgemein festgestellt. Sagt aber ein fähiger Zeuge gegen mehrere Unfähige, oder sagen mehrere unfähige Zeugen gegen einen fähigen aus, so ist hierher zu beziehen, was oben zu §. 3. zu Ende über gleichzeitige Aussage und Widerspruch bemerkt wurde: und wird hierüber weitläufig gehandelt *Jebamot l. l. Sota* 31. 47. *Maimon. l. l. Tosafot* zu den angeführten Talmudstellen und *Ketubot* 22[b]. *Eben Haëser c.* 17. §. 37.

Zu §. 34.

Und wird also der Eid auf die Gegenpartei hinübergeschoben. Vgl. §. 95. Ein solcher Vorfall wird *Ketubot* 85[a]. erzählt; wo auf die Erklärung einer dem Richter glaubwürdigen Frau der Partei der Eid verweigert wurde. Vgl. auch *Maimon. Synhedr. c.* 24. §. 1. Doch wurde schon oben zu §. 28. bemerkt, dass man in späterer Zeit wegen getriebenen Missbrauches von dieser Norm abging, und das Ermessen des Richters beschränkte.

Bleiben wir bei der eigentlichen Norm stehen, so erschei-

σται· ἀνδρόγυνον γὰρ ἓν τότε μὲν ἦν καὶ εἶδος καὶ ὄνομα ἐξ ἀμφοτέρων κοινὸν τοῦ τε ἄῤῥενος καὶ θήλεος.

nen diese Zeugen in mancher Hinsicht in Civilsachen als **verdächtige Zeugen**. Sie liefern, da sie biblisch unfähig sind, keinen vollständigen Beweis; allein ihre Aussage gilt, wie im §., dem Richter als ein starkes Indicium. (Aber hier wieder das Princip des Geschwornengerichts, Ermessen des Richters, und hierin der Unterschied von dem verdächtigen Zeugen neuerer Gesetzgebungen, wo durch hinzutretende Umstände die Aussage Gewicht erhält.)

Zu §. 35.

Dieser §. ist nach *Glosse zu Chosch. Mischp. c.* 35. §. 14. und basirt auf eine nachtalmudische Einrichtung des *R. Gerson* (11. Jahrh.), von dem mehrere allgemein angenommene Einrichtungen herrühren: und wurde sie durch *R. J. Tam* befestigt. Aus *Maimon. Niske Mamon. c.* 8. §. 13. dürfte das Gegentheil zu schliessen sein. Doch wird ein Argument dafür aus dem Talmud angeführt, welches an sich sehr wichtig ist: „Es ist die Hebamme beglaubigt zu sagen, dieses sei ein Erstgeborner" *Kidduschin* 74a. (vgl. weiter zu §. 63.), und ist dieses in civilrechtlicher Hinsicht von grossem Einflusse, da der Erstgeborne doppelt erbt ff. Vgl. *Respon. J. Kolon* 180 (179.) *Darke Mosche* zu *Tur l. l.* *).

Zu §. 36.

Kinder werden fast in allen Gesetzgebungen als unfähige Zeugen betrachtet und ist diese Norm genugsam in sich begründet: dem Kinde gehet sowohl die genaue Auffassung als der tiefere Begriff der Wahrhaftigkeit ab (es wird also hier das Können und Wollen — vgl. zu §. 14. — vermisst). Der Talmud (*Baba Kama* 88a.) sucht diese Norm aus der Schrift herzuleiten; an sich selbst ist sie wahrscheinlich uralt (vgl. zu §. 32.). — Die Grossjährigkeit tritt sowohl in religiöser als in

---

*) Bemerkenswerth in mancher Beziehung zu unserm §. ist Menu VIII. §. 69. „Aber jede Person, ohne Ausnahme, welche genaue Kenntniss von Vorfällen hat, die sich in den innern Gemächern eines Hauses, in einem Walde oder bei einem Todesfalle zugetragen haben, kann zwischen zwei Parteien zum Zeugen dienen." Hingegen taucht §. 68. das. das irrationale Princip auf, dass Frauen für Frauen, wiedergeborne Menschen für wiedergeborne Menschen, Diener für Diener u. s. w. zeugen sollen," also der Zeuge nicht an sich, sondern nach dem, für welchen gezeugt wird, zu berücksichtigen sei! Mit unserm §. ist auch zu vergleichen c. 22. X. 2. 20. c. 3. X. 4. 18.

rechtlicher Beziehung mit den Pubertätszeichen (hierüber weitläufig *Nidda* 47—49. *Maimonides Ischut* c. 2.) und den Jahren (bei Knaben dreizehn, bei Mädchen zwölf Jahre) ein. Bleiben die Pubertätszeichen bis dahin aus, so wird ein höheres Alter (und respective andere Zeichen) gefordert (*l. l.*); doch wird gewöhnlich das vorgedachte Alter für die Mündigkeit angenommen und wird nach den Pubertätszeichen nicht geforscht (vgl. *Nidda* 46. *Orach Chajim Glosse* zu c. 55. §. 5. und c. 199. §. 10. vgl. jedoch *Magen Abraham* das.). Das talmudische Recht macht also die Mündigkeit auch von der physischen Entwickelung abhängig; die Reife der Psyche ist auch in der That dort, wo nicht der Geist auf Kosten des Körpers gewaltsam entwickelt wird, durch die Physis bedingt und durch sie gefördert. Diese Ansicht scheint überhaupt in der frühern, dem verfeinerten Zustand ferner stehenden Zeit vorgewaltet zu haben, und so wollte auch das ältere römische Recht, dass bei dem männlichen Geschlecht die Pubertätszeichen über die Mündigkeit entscheiden; erst Justinian stellte fest, dass die Mündigkeit vom Alter allein abhänge, und zwar für das männliche Geschlecht vierzehn, für das weibliche zwölf Jahre (*pr. J.* 1. 22. *L.* 3. *C.* 5. 60.); und gilt dieses Alter sogar auch für Testamente (*L.* 5. *D.* 28. 1.) *).

Einen weitern Unterschied zwischen der Mündigkeit und Volljährigkeit kennt das talmudische Recht nicht (auch keine *venia aetatis*); doch wird bei Verkauf bei ererbten Grundstücken das Alter von zwanzig Jahren, in jedem Falle aber dass er mit Geschäften dieser Art vertraut sei erfordert (vgl. *Gittin* 65ᵃ· *Baba Batra* 155ᵇ· *Maimonides Mechira* c. 29. *Chosch. Mischp.* c. 235. §. 8. 9.): und gilt dasselbe auch für Zeugniss über Grundstücke: der Zeuge muss mit Geschäften dieser Art bekannt sein (vgl. *Baba Batra l. l. Maimonides Edut* c. 9. §. 8. *Chosch. Mischp.* c. 35. §. 3. vergl. auch *Schach* das.).

---

*) Bemerkenswerth ist die am letztern Orte (*D. l. l.*) aufgeworfene Frage, zu welchem Jahre der Geburtstag gerechnet wurde, und die dortige Entscheidung hierüber, welches ganz mit der Ansicht späterer nachtalmudischer Autoren (vgl. *Sema* zu *Chosch. Mischp. l. l.*) zusammenfällt.

Zu §. 37.

Da, wie zu §. 14. bemerkt wurde, es ein wichtiges Moment beim Beweise durch Zeugen ist, ob der Zeuge die Wahrheit sagen **kann**, so entscheidet natürlich nicht nur die Zeit der Aussage, sondern auch die der Wahrnehmung: war zu dieser Zeit der Zeuge unfähig, so hat seine Aussage auch bei der später erlangten Befähigung keinen Werth, da die Wahrnehmung zweifelhaft ist. Das talmudische Recht stellt diesem gemäss die Regel (welche auch aus der Schrift hergeleitet wird) auf: das Zeugniss ist nur dann gültig, wenn der Zeuge zu Anfang (Wahrnehmung) und zu Ende (beim Ablegen des Zeugnisses) ein fähiger Zeuge ist (*Baba Batra* 128[a]. vgl. auch weiter zu §. 39. 41.): und kann diesem gemäss auch der Erwachsene nicht Zeugniss ablegen über das, was er als Kind wahrgenommen. Vgl. *Ketubot f.* 28. *Chosch. Mischp. c.* 35. §. 4. *).

Die Mischna (*Ketubot l. l.*) lässt hinsichtlich letzterer eine Ausnahme bei Anerkennung von Unterschriften (auf Urkunden) in so fern eintreten, als hier der Erwachsene von seiner Kindheit aus bezeugen kann, dieses sei die Unterschrift seines Vaters, Lehrers oder Bruders; denn eine solche Wahrnehmung kehrt oft wieder: das Kind hat häufig Gelegenheit die Schriftzüge wahrzunehmen und prägen sie sich seinem Gedächtnisse ein. (*Talmud Ketubot l. l. Chosch. Mischp. l. l.* §. 4. Vgl. auch *Sema* daselbst. Die Legitimation der Zeugen auf Urkunden wird überhaupt als minder wichtig betrachtet. *Talmud l. l.* Vgl. auch weiter zu §. 179.) Doch muss noch ein anderer, sowohl zur Zeit der Wahrnehmung als der der Aussage fähiger Zeuge mit ihm die Unterschrift bezeugen (*Talmud l. l. Maimonid. Edut c.* 7. §. 2.).

Es treten noch andere Ausnahmen ein bei nichtbiblischen Einrichtungen und Verboten (vergl. weitläufig *Mischna* und *Talm. l. l.* und *R. Nissim* das.), ferner über Begebenheiten, die gewöhnlich in der Weise vorfallen, wie jetzt über

---

*) Bemerkenswerth ist hier Baier. Strafgesetzb. Art. 281., welches die Eidesfähigkeit erst nach zurückgelegtem achtzehnten Jahre eintreten lässt, in diesem Alter aber das Zeugniss auf Vorfälle, die sich nach zurückgelegtem vierzehnten Jahre des Aussagenden begaben, als vollgültig erklärt. Vgl. *Mittermaier* Beweis S. 318.

sie ausgesagt wird (das., also schon von vorn herein eine Präsumtion für sich haben): in allen diesen Fällen kann der Erwachsene von seiner Kindheit her Zeugniss ablegen, und bedarf es sogar bei den zuerst gedachten Fällen nicht wie oben noch eines andern fähigen Zeugen. Vgl. *Chosch. Mischp. l. l.* §. 5. 6. und die Commentatoren das. *).

Zu §. 38.

Das talmudische Recht nimmt bei manchem unfähigen Zeugen die Absichtlosigkeit als ein Criterium für die Wahrhaftigkeit an, und gestehet ihm in manchen Fällen Glaubwürdigkeit zu. Wenn also Kinder unter einander sich erzählen, sie seien heimgekehrt von dem Begräbnisse des N., man habe ihn auf diese Weise betrauert, der Redner N. habe die Leichenrede gehalten u. s. w., so wird dieses als eine vollständige Aussage angesehen, und darf die Frau jenes Mannes wieder heirathen (*Jebamot* 116[b]. *Maimonid. Geruschin c.* 13. §. 9. *Eben Haëser c.* 17. §. 12.). (Das talmudische Recht verfolgt also ein dem englischen Rechte ganz entgegengesetztes Princip. Das englische Recht beeidigt das Kind, hält seine Absichtlosigkeit für keine genügende Bürgschaft, verfällt aber hierdurch mit sich in Widerspruch. Vgl. zu §. 24. Anders das talmudische Recht). Wir fügen noch hinzu, dass, wie schon früher mehrfach bemerkt wurde, man beim Zeugnisse über den Tod eines Ehemannes überhaupt gelindere Rücksichten eintreten liess. — Auch bei Zeugnissen bei nichtbiblischen Verboten und Einrichtungen tritt die Rücksicht auf Absichtlosigkeit (der Ausdruck hierfür gewöhnlich מסיח לפי תומו

*) Vgl. zu diesem und dem vor. §. *Hommel* a. a. O. Artikel „Unmündige." Da die Eidesleistung ein wesentliches unerlässliches Moment bei der Zeugnissablegung macht, so mussten im gem. Recht schon aus diesem Gesichtspuncte Unmündige, da ihnen die Eidesfähigkeit abgehet, als nichtclassische Zeugen erscheinen. Bei schweren Verbrechen werden jedoch nach canonischem Rechte Kinder von 14 Jahren, wenn sie schwören wollen, als Zeugen zugelassen. (Was hiergegen einzuwenden vergl. oben S. 208. ff. S. 249. 2. Anmerk.). Kinder, sobald sie 10½ Jahr alt sind, gelten als adminiculirend. Mündige können bezeugen auch über das, was sie in den Jahren der Kindheit und Unmündigkeit wahrgenommen haben. Vgl. jedoch die Anmerkung Ackermann's daselbst.

„er spricht in seiner Einfalt“) bei den in diesem und §. 43. 52. erwähnten Zeugen ein. Vgl. *Baba Kama* 114[b.] *Ketubot* 27[b.]

Zu §. 39.

Ueber Wahn- und Blödsinnige *Baba Batra* u. a. a. O. *Maimonid. Edut* c. 9. §. 9. 10. Auch wenn der Wahnsinn nur in einer fixen aberwitzigen Idee bestehet, in anderen Dingen aber der von ihr Behaftete sich als ganz vernünftig zeigt, so ist er nichtsdestoweniger ein unfähiger Zeuge (*Maimonid. l. l.*, nach *Chagiga* 4[b.], vgl. *R. J. Karo*; *Choschen Mischp. l. l.* §. 8.).

Taubstumme werden in der talmudischen Lehre allgemein in eine Categorie mit Wahn- und Blödsinnigen gesetzt, und sind sie unfähige Zeugen (*Maimonid. l. l.* §. 11.). Auch Taube und Stumme *) sind unfähige Zeugen: weil ein richtiges Zeugenverhör nicht mit ihnen angestellt werden kann (vgl. *Gittin* 71[a.] über Stumme, aus der Schrift hergeleitet; *Maimonid. l. l.* setzt „Taube“ zu, und gibt den vorgedachten Grund an). — Neuere Gesetzgebungen weichen hier mannigfaltig ab. So spricht das Oesterr. Strafgesetzb. §. 357. von dem Stummen, der schreiben und dem Tauben, der lesen kann: dort ist die Frage mündlich zu stellen und die Beantwortung schriftlich zu fordern, hier umgekehrt. Von dem Taubstummen schweigt dieses Gesetz, scheint ihn also für unfähig zu halten. Das Baier. Strafgb. Art. 278. 4. erklärt „Diejenigen, welche nicht mündlich oder schriftlich durch Worte, sondern nur durch Zeichen ihre Gedanken auszudrücken vermögen, als schlechterdings untüchtige und zum Beweis untaugliche Zeugen.“ Der durch Schrift sich auszudrücken vermögende Taubstumme könnte also sogar (vgl. auch Art. 280.) ein classsicher Zeuge sein. Die Preuss. Crim. Ordn. §. 356. No. 4. (und Pr. Allgem. G. O. Titel 10. §. 227. 4.) scheint ganz mit dem Baier. Strafgb. übereinzustimmen; doch führt „der revidirte Entwurf der Straf-Process-Ordnung“ §. 246. 5. „Taubstumme, die sich durch Zeichen verständlich machen können“ unter der Rubrik Jener an, die zur nähern Erklärung, jedoch ohne Eid, vernommen werden (vgl. Motive 2. Thl. S. 93). Das englische Recht scheint sogar den Taubstum-

*) Vgl. die Anmerkung zu „Stumme“ bei Hommel S. 182.

men, wenn er sich auch nur durch Zeichen verständlich machen kann (*with the assistance of an interpreter* wird hinzugefügt), als einen classischen Zeugen anzunehmen (*Phillipps l. l. p.* 16). Aber das Zeugniss eines Taubstummen hat in jedem Falle viel Bedenkliches, da in neueren Gesetzgebungen der Eid unerlässlich ist und also ein gegründeter Zweifel zurückbleibt, ob ein Taubstummer die Heiligkeit und Gewichtigkeit des Eides ganz begreife und er auf ihn den tiefen Eindruck der Aufforderung zur Wahrheit mache (vgl. *Globig* a. a. O. 2. Thl. S. 149). Unfähig nach gemeinem Deutschen Civilprocessrecht hält ihn Linde; und ebenso Hommel und andere juristische Schriftsteller. Vgl. *Hommel* „Taubstumme" und Anmerk. daselbst. Das talmudische Recht legte auf derartige Zeugnisse wegen der vorbemerkten starken Inquirirung keinen Werth, obschon es bei anderen Gelegenheiten manchen von einem Taubstummen durch Zeichen vollzogenen Handlungen Gültigkeit zuerkennt (*Gittin* 59$^{a.}$ 71$^{a.}$).

Blinde werden im talmudischen Rechte durchgehends als unfähige Zeugen angenommen (vgl. *Nidda* 50$^{b.}$ u. a. a. O.); und consequent dem (zu §. 37 angeführten) Grundsatz: „dass der Zeuge bei der Wahrnehmung und dem Ablegen des Zeugnisses fähig sein muss", wird derjenige, der zwischen der Wahrnehmung und dem Ablegen erblindet ist, als unfähig betrachtet (*Baba Batra* 128). — Diese allgemeine Regel, dass der Blinde unfähig sei, für die nur eine entferntliegende Bibelstelle angeführtwird (*Erachin* 18$^{a.}$), scheint sehr alt zu sein (vgl. Einleitung zu diesem Cap.), und ist im Anklageprincip, das eine Confrontation des Anklägers und der Zeugen mit dem Angeklagten verlangt (vgl. zu §. 7.), gemäss; daher auch die nachmalige Erblindung unfähig zum Zeugnisse macht. (Das talmudische Recht kennt daher auch nicht den von manchem Rechtslehrer und mancher Gesetzgebung angenommenen Satz, dass der Blinde nur in Ansehung der Gegenstände des Gesichts ein unfähiger Zeuge sei. Vgl. *Hommel* „Blinder" und die in der Anmerk. das. angeführten Autoren und Gesetze, ferner *Schneider* a. a. O. §. 112.) Hingegen sollte bei einer Aussage auf einen Umstand (z. B. die Grenzzeichen eines Grundstückes anzugeben u. dgl. m.) der Erblindete ein fähiger Zeuge sein; und ist dieses auch die Meinung verschiedener talmudischer Autoren (*Baba Batra l. l.*), die aber nach dem obengedachten Grundsatze verworfen wird.

Noch ist zu bemerken, dass bei Zeugnissen über den Tod eines Ehemannes das schriftliche Zeugniss eines Stummen gültig ist (*Gittin* 71[a.] *Maimonid.* u. *Chosch. Mischp. l. l.*). Ueber das Zeugniss eines Tauben, den, wie oben bemerkt, erst Maimonides für unfähig erklärt, wird geschwiegen; allein da es hier nicht der strengen Befragung, welche Maimonides als Grund der Unfähigkeit angibt, bedarf (§ 22.), so scheint das Zeugniss gültig (vgl. auch *Gittin l. l.*). Dieses dürfte auch auf ein derartiges Zeugniss eines nach der Wahrnehmung Erblindeten anzuwenden sein (vgl. *Gittin* 23[a.] u. *Tosefot* daselbst).

Zu §. 40.

Bei dem im §. gedachten Zustande tritt das Bedenken ein, ob die Krankheit, da der Ausbruch oft wiederkehrt, nicht auch innerlich fortwirke und den Seelenkräften eine verworrene Richtung gebe, die den Zeugen sowohl zu einer genauen Beobachtung als zu einer abgemessenen, der Wahrheit treuen Aussage unfähig macht (*Mittermaier* S. 119) *). Mehrere alte und neue Gesetzgebungen wollen ein solches Zeugniss nicht als vollen Beweis gelten lassen (Pr. C. O. §. 356. 1.).

*) Dieses Bedenken ist bei dem mit einer fixen Idee Behafteten (v. §.) noch begründeter, da eine Abgrenzung der Geisteskräfte nach ihren verschiedenen Functionen nur ein logischer Begriff ist; die gestörte Seelenkraft wirkt auch auf andere Gebiete hinüber und erzeugt eine Unfähigkeit, die das Vertrauen zu dem richtigen Denken und Schliessen eines derartigen Geisteskranken stört. Die Gesetzgebungen schweigen hierüber; scheinen aber das Zeugniss eines solchen Menschen unter der Categorie „Zeugniss eines Wahnsinnigen“, eine Benennung, mit der man im gewöhnlichen Leben den mit einer fixen Idee Behafteten zu bezeichnen pflegt, zu verstehen. Für die englische Praxis genüge hier, den von Lord Brougham im Monate März 1843 im Oberhause erzählten Vorfall anzuführen. Es war bei einem Klagefall Jemand dem Gericht als Wahnsinniger bezeichnet worden, das Gericht nahm aber trotz vieler an denselben gerichteten Fragen die vollkommenste Besinnung wahr. Endlich verneigte sich der Anwalt der Gegenpartei gegen ihn mit dem Bemerken, dass einer solchen hohen Person grosse Ehrfurcht gebühre. „Ihr habt Recht“, sagte Jener, „ich bin der Heiland“, worauf das Gericht ihn für wahnsinnig erklärte.

Das römische Recht hält zwar (*L.* 20. §. 4. *D.* 28. 1.) ein solches Zeugniss für gültig; doch soll dieses nur auf Handlungen, wo mehrere (d. i. mehr als zwei Zeugen) hinzugezogen werden, anwendbar sein (vgl. Glück a. a. O. S. 142 und oben zu §. 1.). Das englische Recht erblickt hier einen vollkommenen Beweis (*Phillipps l. l.*) *). — Das frühere talmudische Recht spricht sich eigentlich nicht über Zeugniss, sondern über civilrechtliche Handlungen in den lichten Zwischenräumen aus und erkennt sie als gültig (*Ketubot* 20[a]. vgl. auch *Rosch Haschana* 28[b].); dieses wurde von späteren (nachtalmudischen) Autoren auch auf das Ablegen eines Zeugnisses mit der Bemerkung angewendet, dass man hier mit vieler Vorsicht zu Werke gehen müsse (*Maimonid. l. l.* §. 9. *Chosch. Mischp. l. l.* §. 9. Sie sprechen von einem mit der Epilepsie Befallenen und in Folge dieser Krankheit an temporärer Geistesabwesenheit Leidenden, welches aber überhaupt auf den im §. gedachten Fall anwendbar ist) **).

Zu §. 41.

Baba Batra a. a. O., wo neben dem §. 37. angeführten Grundsatze auch ausgesprochen wird, dass, wenn sich der Zeuge beim Anfang (Wahrnehmung) und beim Ende (Aussage) im normalen Zustande befindet, sein Zeugniss gültig ist, wenn er auch in der Zwischenzeit sich in einem ihn unfähig machenden Zustande, wie Blindheit, Taubstummsein, Wahnsinn, befand. Wir haben im §. den vom Wahnsinn Genesenen herausgehoben, weil hier zumeist ein Zweifel erwachen kann, ob nicht durch den Zwischenzustand das Erinnerungsvermögen hinsichtlich früher vorgefallener Begebenheiten gestört worden sei, wie auch in der That zuweilen die Erfahrung zeigt, dass manchem nach einer Geisteszerrüttung wieder zu sich Gekom-

---

*) Doch wird daselbst hinzugefügt: *if they have sufficiently recovered their understandings.* Also im Grunde auch hier wie im talmudischen Rechte von dem Ermessen des Richters (der Geschwornen) abhängig gemacht.

**) Vgl. *Hommel* „Wahnsinniger" und die Anmerk. das. — Der revidirte Entwurf der Straf-Process-Ordn. für die Preuss. Staaten S. 59 lässt den Zusatz der Crim. Ordn. „und seine Aussage hat niemals völlige Beweiskraft" weg, und will nur grosse Vorsicht bei der Vernehmung. Also wie das talmudische Recht. Vgl. auch Motive 2. Thl. S. 93.

menen das frühere Leben ein nur von schwachen Bildern (Erinnerungen) durchwirkter Traum ist.

Zu §. 42.

Maimonid. l. l. §. 10. (nach *Alfasi*), *Chosch. Mischp. l. l.* §. 10. — Das Zeugniss unbesonnener u. s. w. Menschen ist verdächtig, da ihnen oft die nöthige Ruhe zur gründlichen Auffassung des Vorgefallenen und die Sammlung des Geistes zum richtigen Wiedergeben des Wahrgenommenen abgehet. Die meisten Gesetzgebungen sprechen auch davon, dass dem Zeugen, der leichtsinnig in Beachtung der Sittlichkeit und Wahrheit ist, nur bedingt Glauben geschenkt werden kann; doch entspringt dieser Leichtsinn nicht sowohl aus einem schwächern Sittlichkeitsgefühl als einer gestörten Geistesoperation, aus dem Unvermögen, bei einem Gegenstande lange zu verweilen und ihn richtig aufzufassen, aus einer Unruhe, in der ein Wort, ein Einfall, ein Entschluss den andern jagt und nicht zum besonnenen Nachdenken kommen lässt. Es wird daher auch von denkenden Rechtslehrern (*Globig*, *Mittermaier* u. A.) häufig darauf aufmerksam gemacht, dass der Richter sich mit der Individualität des Zeugen bekannt mache und sich über seine geistigen Anlagen Auskunft verschaffe: und sagt treffend *Maimonid. l. l.* „Die sehr über-„eilt und leichtsinnig und verworren sind, gehören eigentlich „zu den Irrsinnigen. Es hängt hier Alles ab von dem, was „der Richter siehet (Ermessen): schriftlich lassen sich keine „Regeln hierüber aufstellen.“

Zu §. 43.

Es wurde schon im Eingange zu diesem Cap. bemerkt, dass nach der Grundlage des mosaisch-talmudischen Rechts das religiöse Moment zur vorzüglichen Geltung gelangen und Einfluss auf die Befähigung Zeugniss abzulegen üben musste. Auf diesem Einfluss des Religionsprincipes, dem gemäss das talmudische Recht sogar nicht den Eid beim Zeugenbeweise für nothwendig erkennt (vgl. zu §. 24.), sind die hier folgenden §§. (43—56.) basirt. — Bei Jenen, die den Glauben nicht anerkennen, d. i. die ausser dem Verbande der Confession stehen, macht die gänzliche Nichtanerkennung der Religion das Zeugniss ungültig. Wir mögen hierfür nicht zum Vorwande suchen, dass der Talmud selbst eigentlich nur von heidnischen Völkern spricht, noch hierdurch manche den Geist ihres Zeitalters an sich tragende Intoleranz beschönigen, die wenigstens den hart gedrückten Juden, die allenthalben nur Feinde erblicken mussten, in gewissem Maasse nachzusehen wäre. Doch dürfte gerade diese Vorschrift, auch bei der liberalsten Ansicht über Andersglaubende, ihre Rechtfertigung in dem oben gedachten Ausgangspuncte finden. Das talmudische Recht legt das religiöse Princip zu Grunde, findet in ihm eine solche Garantie, dass es keinen Eid bei der Zeugenaussage kennt. Bei den Nichtbekennern des Glaubens fällt das religiöse Moment weg; und da dem talmudischen Rechte der Eid bei Zeugnissablegung unbekannt ist, welche Bürgschaft bot sich hier für die Wahrscheinlichkeit der Aussage dar *)? Und auch die negative Aufforderung zum wahrhaften Zeugnisse, die Bestrafung der Unwahrheit (vgl. oben zu §. 24. zu Ende), ging dem talmudischen Rechte, das sich grösstentheils zu der Zeit ausbildete, wo die Juden nicht weltliche Macht besassen, ab; und man musste also auf dieses gewichtige, wenn auch nicht vorzüglichste Mittel, um vom falschen Zeugnisse abzuschrecken, verzichten. Man denke sich nun im Mittelalter einen christlichen Zeugen vor dem verachteten, machtlosen jüdischen Gerichte: war hier mit begründeter Zuverlässigkeit auf die Wahrhaftigkeit der Aussage zu rechnen? Ist doch auch nach neueren Doctrinen das Zeugniss eines Fremden verdächtig (vgl. *Globig* a. a. O. 2. Thl. *Schneider* §. 117.), obschon in ihnen jedes Zeugniss mit einem Eide verbunden ist! — Uebrigens erkennt das talmudische Recht Urkunden, die von competenten nichtjüdischen Gerichten abgefasst und von nichtjüdischen Zeugen unterschrieben sind, selbst dann für gültig an, wenn sie erst ihre Gültigkeit durch die Zeugenunterschrift erhalten (wie Schenkungen nach talmudischem Rechte; vgl. *Gittin* 10[b] und *R. Ascher* daselbst). Ein nachtalmudischer Autor hält dafür, dass an sich Nicht-

*) Die Einführung eines Eides für Zeugen, die Nichtbekenner des Glaubens sind, würde nach dem Gegenstande, bei welchem der Eid hätte abgelegt werden müssen, zu ungemeinen Inconvenienzen geführt haben. Auch mochte das talmudische Recht, da nichtjüdische Zeugen selten vor jüdischen Gerichten erschienen, hier nicht erst neue Normen (Eidesablegung) fixiren.

juden nicht unfähige Zeugen seien, sondern nur ein Verdacht gegen ihre Wahrhaftigkeit obwalte; und diesem gemäss will ein anderer Autor, dass, wenn der Nichtjude ein notorisch wahrhafter Mann ist, sein Zeugniss gültig sei (also ohne Eid und ohne den Rückhalt der Strafe!) vgl. *R. Hai Mekach Umimkar* 13. Pforte im Auszug (woselbst jedoch etwas ungenau). Glosse zu *R. Ascher l. l. Raschi Gittin* 9[b.] Ferner *Tumim* zu *Chosch. Mischp.* c. 68. §. 2.

Dieses über Zeugniss Andersglaubender im Allgemeinen. Er kommt hier aber auch noch zu erwägen, wie es mit dem Zeugniss über ceremonielle Gegenstände zu halten sei? Dem Andersglaubenden gehet hier grösstentheils die Tiefe der Wahrnehmung (und häufig auch der Ernst der Aussage) ab, da dieser Gegenstand ihm gar nicht von Wichtigkeit scheint, er ihm also nicht die gehörige Aufmerksamkeit widmet. Ein solches Zeugniss bleibt immer verdächtig; und daher will die *Beraita Ketubot* 28[b.], dass selbst, wenn ein Andersglaubender sich zum Glauben bekehrt hat, sein Zeugniss auf derartige frühere Vorfallenheiten nicht gültig sei, „weil er damals nicht genau untersuchte" (der Vorfall für ihn nicht genug Wichtigkeit hatte, um ihn ganz aufzufassen). — Zu bemerken ist noch, dass bei Aussagen über den Tod eines Ehemannes der erzählungsweise vorgebrachte Bericht (vgl. zu §. 38.) eines Andersglaubenden als gültiges Zeugniss angesehen wird (*Jebamot* 121[b.]), und gilt dieses auch bei nichtbiblischen Verboten und Einrichtungen (*Baba Kama* 114[b.] u. a. a. O.).

Der andere Theil des §. („die dem Glauben Entgegenhandelnden") fliesst ebenfalls aus dem in der Einleitung zu diesem Capitel entwickelten Princip. Doch kennt nicht nur die Mischna nicht dieses ausschliessliche Religionsprincip, sondern wird es auch noch von einem späteren talmudischen Autor — Raba — bestritten, dessen Ansicht sehr bemerkenswerth ist. „Wenn Jemand", meint dieser Autor, „verbotene Speisen geniesst aus Geldersparniss, unter gleichen Verhältnissen aber sich nur an erlaubte Speisen hält, so ist er ein unfähiger Zeuge; wenn aber Jemand unter allen Verhältnissen verbotene Speisen geniesst, ist er ein fähiger Zeuge" (*Synhedr.* 27[a.]). Weil, wird daselbst hinzugefügt, man nur durch ungerechten Besitz oder ungerechten Geldvortheil (חמס) ein unzulässiger Zeuge wird. Im ersten Falle ist die irreligiöse Handlung zugleich eine unmoralische, denn da hier der Uebertretende das Bindende des Gesetzes anerkennt, ihm nachlebt, wenn kein Geldvortheil lockt, so ist bei ihm die Uebertretung eine Hintansetzung der bessern Erkenntniss um eines niedrigen Interesses willen, und kann also nicht bei ihm Wahrhaftigkeit angenommen werden. Beachtet aber der Uebertretende dieses Gesetz überhaupt nicht, so liegt hier noch gegen seinen moralischen Charakter kein Verdacht vor, und ist er vom Moralprincip aus betrachtet ein gültiger Zeuge. Doch wird diesem Autor nicht beigestimmt, da, wie wir oben bemerkten, das religiöse Princip zur ausschliesslichen Geltung kam. Welche Modificationen hier dennoch eintraten, werden die folgenden §§. lehren.

Zu §. 44.

Wenn auch dem Religionsprincip viel eingeräumt wurde, so waltet doch ein bedeutsamer Unterschied zwischen blos religiösen (ceremoniellen) und religiös moralischen Verboten ob. Religiös biblische Verbote machen unfähig, wenn auf sie Geisselstrafe (und natürlich, wo noch höhere Strafe, als Todesstrafe, Ausrottung ff.) nach dem Gesetze erfolgt (wenn sie auch thatsächlich nach Aufhebung der peinlichen Gerichtsbarkeit nicht vollführt wird). Die Unfähigkeit wird also involvirt durch ein Handeln gegen ein Verbot; die Unterlassung eines Gebotes sowie Uebertretung eines Verbotes, auf das nicht Geisselstrafe folgt, macht nicht unfähig. *Maimonides l. l. c.* 10. §. *Chosch. Mischp. c.* 34. §. 2. (Nur tritt in letzterem Falle nach der Verordnung der Lehrer [vgl. Einleitung zu diesem Cap.] Unfähigkeit ein. Glosse *Chosch. Mischp. l. l.*) — Hingegen macht die Uebertretung eines religiös-moralischen Verbotes, auf das auch nicht Geisselstrafe erfolgt, unfähig zum Zeugnisse. Vgl. *Maimonid. l. l.*

Zu §. 45.

Es wurde zu Ende des vorigen Cap. Manches über die Verwarnung erwähnt und wie sie im talmudischen Rechte, wo auch die Uebertretung reiner Religionsgesetze der Strafe unterliegt, als nothwendig erscheinen musste (vgl. oben S. 224). Auch bei der Beurtheilung über Unfähigkeit wegen Uebertretung tritt eine solche Berücksichtigung ein: die Unfähigkeit wird zwar nicht davon abhängig gemacht, dass der Uebertretende verwarnt worden sei, sondern ob er einer solchen Verwarnung bedurfte, ob nämlich anzunehmen sei, dass das Verbot ihm bekannt sei, weil es z. B. ein allgemein verbreitetes ist, oder nicht: in letzterem Falle muss er erst vorher aufmerksam hierauf gemacht worden sein, wenn die Unfähigkeit auf die Uebertretung eintreten soll. Das talmudische Recht ist hier ungemein nachsichtig; und wird, wenn nur irgend vorauszusetzen ist, dass der Uebertreter aus Unwissenheit oder vielleicht gar in guter Absicht so gehandelt habe, er nicht unfähig zum Zeugnisse. Vgl. *Synhedr.* 26^{b}. *Maimonid. l. l. c.* 12. §. 1. *Chosch. Mischp. l. l.* 24. und Glosse §. 4.

Zu §. 46. vgl. weiter zu §. 52.

Zu §. 47.

Vgl. *Bechorot* 30. 35. *Maimonid. l. l. c.* 11. §. 7. *Jore Dea c.* 119. §. 6. Selbst durch einen auf einem allgemeinen Gerüchte beruhenden Verdacht wird die Glaubwürdigkeit nicht gestört. Vgl. *Sema* zu *Chosch. Mischp. l. l.* §. 25. Doch kann ein der Art Verdächtiger in dem Puncte, in welchem ein Verdacht auf ihm ruhet, nicht bei einem ihm zugehörigen Gegenstand Zeugniss ablegen (wenn z. B. Jemand verdächtig ist, den Zehnten vorzuenthalten, so ist sein Zeugniss — vgl. §. 3. zu Ende — dass dieses gegenwärtige Getreide nicht der Zehnte sei, nicht gültig). Ist jedoch Jemand im Verdacht der Unkeuschheit, so kann er überhaupt in Ehesachen nicht Zeugniss ablegen (Glosse zu *Chosch. Mischp. l. l.* vgl. auch *Schach* zu *Jore Dea l. l.* Anmerk. 18). — So weit übrigens ein Verdächtiger nicht Zeugniss ablegen kann, ist dasselbe auch, wenn er es durch einen Eid bekräftigt, ungültig. *Jore Dea l. l.* §. 7. Vgl. oben zu §. 24.

Wir bemerken noch, dass selbst bei dem wegen wirklicher Uebertretung als zum Zeugen unfähig Erklärten die Unfähigkeit erst von der n o t o r i s c h e n Uebertretung angenommen wird. Waltet ein Zweifel, ob er vor oder nach abgelegtem Zeugniss übertreten, so ist das Zeugniss gültig, da die *praesumtio boni et aequi*, die Jedermann für sich hat (vgl. weiter Einleitung zum 4. Titel), so lange verbleibt, bis sie notorisch aufgehoben ist. Glosse zu *Choschen Mischp. l. l.* §. 23. nach *R. J. ben Schesschet respons.* 266. *).

Zu §. 48.

Maimonides l. l. c. 12. §. 4. und *Toen Wenitan* (*de actore et reo*) *c.* 2. §. 9., wo nebst der Strafe Reue erfordert wird, sowie im Gegentheile Reue allein ihn auch wieder zum fähigen Zeugen macht (vgl. *Kesef Mischna* das.). Nach Glosse zu *Chosch. Mischp.* §. 22. *l. l.* (vgl auch *Schach* Anmerk. 21.) genügt ein ernstliches Versprechen der Besserung. (Das talmudische Recht kennt nicht die Strafe der Ehrlosigkeit und eine hierdurch herbeigeführte Unfähigkeit Zeugniss abzulegen. Gegen letzteres sprechen überhaupt die meisten Rechtslehrer. Vgl. *Hommel* 5. 7. Regel und den das. citirten Sonnenfels; auch die Anmerkung das. über verschiedene Gesetzgebungen. *Mittermaier* Beweis S. 321. 322.)

Zu §. 49.

Ueber diesen §. wurde schon in den obigen §§. Manches besprochen. Die Meinung der talmudischen Autoren ist über Unfähigkeit durch religiöse Uebertretung getheilt (vgl. §. 43. zu Ende); über Unfähigkeit, wo wegen Geld ein Unrecht begangen wurde oder war einmal falsch gezeugt ff., herrscht nur eine Meinung **).

---

*) Bei manchen Rechtslehrern neuerer Zeit gilt die Regel, dass im Zweifelsfalle eher die Glaubwürdigkeit des Zeugen als dessen Verdächtigkeit anzunehmen sei, damit der Zeugenbeweis nicht zu sehr beschränkt werde. Vgl. *Hommel* a. a. O. 8. Regel. Diese Berücksichtigung streitet aber mit dem Begriffe des Zeugenbeweises. Nicht weil der Richter will etwas bezeugt haben, sondern weil der Zeuge der Wahrheit gemäss aussagt, ist er fähig, bildet seine Aussage einen Beweis. Die Rücksicht des talmudischen Rechts, die *praesumtio aequi*, hat daher mehr für sich. — Die weiteren Folgerungen bei Hommel, dass zwei nicht vollgültige Zeugen einem vollgültigen gleichkommen, wurden schon oben zu §. 14. gewürdigt.

**) Die neueren Gesetzgebungen heben, wie bemerkt wurde, nur das moralische Moment heraus; das römische Recht dehnte diesen Begriff aus und erklärt Ehebrecher für unfähige Zeugen. *L.* 14. 18. *D.* 22. 5. *L.* 20. §. 6. *D.* 28. 1. (Auch der *ob carmen famosum damnatus* ist ein unfähiger Zeuge, *L.* 21. *pr. D.* 22. 5. *L.* 18. §. 1. *D.* 28. 1., wobei ebenfalls die mindere Moralität einer solchen Person in Anschlag gekommen sein mag; auch mochte die Superstition hier ihren Antheil gehabt haben.)

Ueber die einzelnen Puncte des §. ist zu bemerken: Unter **Raub** ist hier zu verstehen das gewaltsame Entreissen eines Gegenstandes, ohne dafür einen Ersatz zu leisten (vgl. weiter zu §. 51.). Räuber und Diebe sind biblisch unfähig (*Synhedr.* 26ᵃ). Bei **Verleihung auf Zinsen** wird nicht nur der Gläubiger, sondern auch der auf Zinsen ausleihet, unfähig zum Zeugnisse (das. 25ᵃ), nach Einigen sogar auch der Bürge. Vgl. *Sema* Anmerk. 1. *Chosch. Mischp.* §. 52. und *Schach* Anmerk. 15. zu §. 34. Ueber die dabei anwesenden Zeugen vergl. *Tosefot zu Baba Mezia* 72ᵃ — Der **Meineid** gehört nach gemeinem Rechte zu den religiös-moralischen Vergehen; nach der talmudischen Lehre theils zu diesen, theils zu den rein religiösen Vergehen, da auch das **Gelübde**, ein mit einem Eide ausgesprochener Vorsatz, der auch nicht in Beziehung zum Nebenmenschen stehet, als Eid betrachtet wird und die Uebertretung einen **falschen Schwur** zeigt (vgl. das Ausführliche „Eidesleistung" S. 55 — 58). Die talmudische Lehre betrachtet aus dieser Rücksicht auch einen derartigen falschen Eid auf die Vergangenheit (es schwört z. B. Jemand, er habe gegessen, und er hat nicht gegessen ff.) als **Meineid**. Nach der zu §. 43. angeführten talmudischen Meinung, dass nur der ungerechte Geldvortheil unfähig macht, thut ein derartiger Meineid oder das nicht gehaltene Gelübde keinen Eintrag, *Synhedr.* 26.: und dieses ist der Standpunct des gemeinen Rechts. Da aber, wie bemerkt wurde, das talmudische Recht nach seinem Principe auch das Religiöse mit in seinen Kreis zog, so involvirt auch dieser Meineid Unfähigkeit zum Zeugnisse. *Chosch. Mischp. l. l.* §. 5. — Es ist übrigens überhaupt beim Eid zu unterscheiden, ob er **assertorisch** oder **promissorisch** sei, und kann der Begriff Meineid eigentlich nur auf den assertorischen Eid bezogen werden: hier wurde im Momente der Eidesleistung der Frevel begangen, die Gottheit zum Zeugen einer Unwahrheit, deren man sich bewusst war, anzurufen. Beim promissorischen Eid erfolgt die Verletzung erst in einer darauf folgenden Zeit, und mag in dem Moment des Eides der Vorsatz ihm nachzukommen ernstlich und wahr gewesen, und kann hier eigentlich nur von einem falschen Schwure, nicht von einem Meineid die Rede sein (Eidesleistung S. 41 ff.). Daher ist die Meinung einiger nachtalmudischer Autoren (unter Beziehung auf *Schebuot* 46b.), dass nur der eines assertorischen Meineides Ueberführte unfähig zum Zeugnisse sei; andere Autoren erstrecken diese Unfähigkeit auch auf den Meineid (falschen Schwur) bei Promissionen. *Chosch. Mischp. l. l.* *). — Bei dem Nichthalten eines promissorischen Eides muss noch der Fall in Erwägung kommen, wenn Verhinderung als Veranlassung des Nichterfüllens angegeben wird. Mehrere Autoren (vgl. *Bet Joseph l. l.*) erklären, dass hierdurch keine Unfähigkeit eintrete. (Ueber Glosse zu *Chosch. Mischp. l. l.* vgl. *Schach* Anmerk. 8.)

Ueber falsches Zeugniss führen wir hier noch die Meinung eines mischnischen **) Autors an: dass, wenn Jemand ein falsches Zeugniss in Civilsachen abgelegt, er dennoch in Capitalsachen ein gültiger Zeuge sei (war er auch dort nicht wahrhaft, so wird er bei der ernsten Frage über Leben und Tod doch nur die Wahrheit sagen); welche Meinung aber verworfen wird (*Synhedr. l. l.*).

Unkunde kann bei obigen Fällen nicht vorgewendet werden. Vergl. *Maimonides l. l. c.* 12. §. 1. *Chosch. Mischp. l. l.* §. 24. Ferner oben S. 224. und zu §. 45.

Zu §. 50.

Die von den talmudischen Lehrern getroffenen Verbote beziehen sich nicht nur auf das Ceremonielle, sondern häufig auch auf das Rechtliche: und hat unser §. auf derartige Vorschriften seine Anwendung. So ist z. B. biblisch der Raub, gewaltsames Wegnehmen ohne Ersatz, verboten (vgl. vor. §.); nichtbiblisch (nach der Vorschrift der Lehrer) ist jedes gewaltsame Wegnehmen, auch wenn der Werth erlegt wird, als Raub anzusehen. So ferner wenn ein Kind etwas findet, da Kinder nichts erwerben können (vgl. hierher auch *L.* 1. §. 3. *D.* 41. 2. Doch weicht das talmudische Recht in vieler Hinsicht vom römischen Rechte ab; vgl. *Gittin* 59b.), so

*) Vgl. auch das interessante Rescript, Preuss. Crim. O. §. 236. über einen gebrochenen gerichtlichen Cautionseid.

**) Eigentlich das. in der Beraita. Wir nennen auch die in der Beraita vorkommenden Autoren mischnische, um hierdurch ihr früheres Zeitalter anzuzeigen. Vgl. oben S. 100. 101.

ist der, der es ihm wegnimmt, **biblisch** nicht als Räuber anzusehen; nach der **nichtbiblischen** Einrichtung wird er als solcher betrachtet. So ferner wenn Jemand einen Bienenschwarm einfängt, der sich in dem Felde eines Andern festgesetzt: der Eigenthümer des Feldes hat zwar hierdurch kein eigentliches Recht erlangt (vgl. auch §. 14. J. 2. 1.) und findet an sich hier kein ungerechtes Wegnehmen (Raub) statt. Durch **nichtbiblische** Einrichtung wird der Bienenschwarm als Eigenthum Jenes betrachtet; und nimmt ihn Jemand, so hat er einen Raub begangen. Ferner gehört hierher, wer an bewohnten Orten Locktauben hält u. dgl. m., worüber *Gittin* 59. *Synhedr.* 25[a.] *Maimonid. Gesela* (*de Raptu*) *c.* 16.

Nach einigen nachtalmudischen Autoren (*Maimonid. Edut c.* 10. §. 3. *Tur l. l.*) macht die Uebertretung eines **jeden** nichtbiblischen Verbotes unfähig zum Zeugnisse; nach Anderen aber nur jene nichtbiblischen Verbote, die wie die vorgedachten sich auf das Rechtliche beziehen, also einen Geldvortheil zum Zwecke haben. Wir haben den §. nach dieser Meinung gegeben, da auch Glosse zu *Chosch. Mischp. l. l.* sie anführt und überhaupt bei nichtbiblischen Verordnungen stets nach der mildern Seite interpretirt wird.

Zu §. 51.

Auch die in diesem §. Genannten sind durch spätere nichtbiblische Verordnungen unfähig. *Synhedr.* 24[b.] 25[b.] Solchen Menschen gehet der Ernst ab und vermögen sie nicht das Wichtige eines wahrhaften Zeugnisses abzuwägen (vergl. *Raschi l. l.*). *Maimonid. l. l.* betrachtet das auf diese Weise gewonnene Geld als eine Art Raub durch nachbiblische Verordnung, welches auch die Meinung eines talmudischen Autors das. ist (vergl. auch weiter 2. Abschnitt Einleitung zum 3. Titel); doch wird dieses von den Commentatoren gerügt und wird die früher angegebene Ursache als die richtige festgehalten. Daher wie im §. „von Profession"; ein zufälliges Würfelspielen ff. macht nicht unfähig. *Synhedr. l. l. Chosch. Mischp. l. l.* §. 24. — Doch muss, da Mancher nicht das Unwürdige solcher Handlungen einsehen dürfte, eine Verwarnung (vgl. §. 45.) vorhergehen. *Maimonid. l. l. c.* 12. §. 1. *Chosch. Mischp. l. l.*

Beim Zeugnisse über den Tod eines Ehemannes sind auch die nichtbiblisch unfähigen Zeugen gültig. *Rosch Haschana* 22[a.]

Zu §. 52.

Bei Civilsachen, wo die Zeugen oft als Instruments- und Solennitätszeugen erscheinen, kann durch nicht allgemein bekannte Unfähigkeit der Zeugen leicht dem gesellschaftlichen Verkehr mancher Nachtheil entstehen. So wenn z. B. Jemand im Monat Januar gestohlen und im Juni vor Gericht gestellt und des Diebstahls überführt wurde. Seine Unfähigkeit gilt natürlich schon von Januar und sind Contracte u. dgl., zu denen er als Zeuge herbei gezogen oder die er als solcher unterschrieben, ungültig; es entstehet aber hierdurch dem Verkäufer oder Käufer ff. unverschuldet ein Nachtheil. Dieses Berücksichtigend will ein talmudischer Autor, Raba (*Synhedr.* 27[a.]), dass ein der Unwahrheit überführter Zeuge erst von der Zeit der Ueberführung an als unfähig angesehen werde (so nach einer Erklärung das), und wäre dieses auf jede Ueberführung einer religiösen oder moralischen Unfähigkeit anzuwenden (das.). Doch wird bei Zeugen, die biblisch unfähig sind, diese Meinung nicht angenommen, also das Zeugniss schon von der Zeit des Vergehens an ungültig. Hingegen liess man bei dem durch Uebertretung eines nichtbiblischen Verbotes unfähigen Zeugen die vorgedachte Berücksichtigung eintreten, und ist daher verordnet, dass man bei solchen Fällen öffentlich die Unfahigkeit verkünde. Jeder Vertrag, Contract ff., dem er bis vor der Verkündigung als Zeuge beiwohnte oder unterschrieb, bleibt gültig. *Synhedrin* 26[b.] *Maimonid. l. l. c.* 11. §. 6. *Chosch. Mischp. l. l.* §. 23.

Bei falschem Zeugnisse auf Urkunde tritt die Unfähigkeit erst von der Ueberführung vor Gericht und nicht vom Datum der Ausstellung der Urkunde ein. Denn ist einmal die Urkunde falsch, so liegt gerade hierdurch auch kein Beweis für die Richtigkeit des Datums vor, und kann die Urkunde vielleicht erst gestern oder heute mit früherem falschen Datum ausgestellt worden sein. Es werden daher die Zeugen, wenn nicht die Urkunde schon früher recognoscirt wurde oder Andere sie gesehen haben, erst von der Zeit, wo sie vor Gericht präsentirt wurde, als unfähige Zeugen betrachtet. *Alfasi Baba Kama f.* 30. *Maimonid. l. l. c.* 19. §. 3. *Chosch. Mischp. l. l.* §. 9. (Ueber Datirung und Recognition der Urkunden vgl. 2. Abschnitt 3. Titel.)

Zu §. 53.

Maimonid. l. l. c. 10. §. 4. *c.* 12. §. 4. *Chosch. Mischp. l. l.* §. 29. nach *Synhedr.* 25[b.] Selbst wenn der Dieb oder Räuber das Entwendete freiwillig zurückgegeben, bleibt er nach Maimonides (vgl. *Kesef Mischna* zu c. 12. §. 4.) unfähig, bis er andere Beweise seiner Besserung abgelegt. (Nach Glosse zu *Chosch. Mischp. l. l.* gilt dieses nur von dem, der dem Diebeshandwerk obliegt.) — Die Besserung bestehet übrigens nicht in einer Kirchenbusse, sondern in einer überzeugenden Darlegung, dass man das ungerechte Gewerbe aufgegeben und sich von der unsittlichen Handlung ganz fern halte. So z. B. wer einen Meineid abgelegt, wenn er bei einem Gericht, das ihn nicht kennt, selbst aussagt, dass er einen Eid zu leisten unfähig sei (vgl. weiter §. 92.), oder wenn ihm daselbst in einem bedeutenden Processe ein Eid zuerkannt wurde, auf den Eid mit Verlust seines Processes verzichtet (*jerus. Talmud Schebuot* 23[b.] *Maimonid. l. l.* §. 9. *Chosch. Mischp.* §. 33. und Glosse das.). Ein falscher Zeuge, wenn er bei einer andern Gelegenheit, wo ihm viele Belohnung ein falsches Zeugniss abzulegen geboten wurde, dem Reize widerstand und die Zumuthung von sich wies. Der Würfelspieler, wenn er seine Würfel zerbricht und nie mehr mit Würfeln spielen will u. dgl. m. Vgl. *Maimonides* und *Chosch. Mischp. l. l.*

Wenn der unfähige Zeuge sich auf obige Weise gebessert, so kann er Zeugniss ablegen auch auf das, was er vor seiner Besserung wahrgenommen, und wird hier nicht der §. 37. gedachte Grundsatz „dass Wahrnehmung und Ablegung des Zeugnisses im Zustande der Fähigkeit sein müsse“ geltend gemacht. *Schach l. l.* Anmerk. 33. (Und dieses ganz rational: bei einem Unfähigen dieser Art stehet nichts der richtigen Wahrnehmung entgegen, sondern ist die Aussage zweifelhaft, d. i. ob er die Wahrheit sagen wolle — vgl. Einleitung zu diesem Cap. —; dieser Zweifel aber wird durch die nunmehrige Besserung beschwichtigt.)

Zu §. 54.

Menschen aus dem rohen Haufen, die in ihrer Erziehung verwahrlost weder vor Gesetz noch vor Sitte Achtung haben, sind unfähige Zeugen. *Pesachim* 49b. *Chagiga* 25a. vgl. *Alfasi* zur ersten Stelle und die Commentatoren. *Maimonides l. l. c.* 11. §. 1 ff. *Chosch. Mischp. l. l.* §. 16. (Auch das römische Recht ist hier sehr strenge, und will, dass auf Sitten, Treue, Ernst, sogar auf Vermögenszustand, ob arm oder reich, ff. Rücksicht genommen werde. *L.* 2. *L.* 3. *pr. D.* 22. 5. *Novell.* 90. *Praef.* Neuere Gesetzgebungen scheinen auf das im §. Angedeutete zu wenig Gewicht zu legen: und doch ist ein derartiger Zeuge selten ganz unzuverlässig.)

Zu diesem §. ist noch Manches zu beziehen, was wohl nach den Verhältnissen anderer Gegenden und nach dortigen Gewohnheiten seine Geltung hat, und von dem wir hier Einiges herausheben. Für unfähig wird angesehen, wer auf freier Gasse in Gegenwart Anderer isst, wer nackt bei der Arbeit herumgehet u. dgl. m.; weil, wie Maimonides (*l. l. c.* 11. §. 3.) sagt, diese nicht Schamgefühl kennen und auch leicht ein falsches Zeugniss ablegen. Auch wer sich ohne Almosen ernähren kann und es dennoch öffentlich auch von Nichtjuden beansprucht, ist unfähig zum Zeugnisse, da er hierdurch sich und seinen Glauben verächtlich macht. *Synhedrin* 26b. vgl. *Raschi* daselbst.

Unfähig sind weiter: Hirten und Zöllner (*Synhedr. l. l.*): Hirten, weil sie gewöhnlich ihre Heerden in Anderer Felder treiben, Zöllner, weil sie sich bei Einforderung des Zolles Ungerechtigkeiten erlauben. Doch sind unter Hirten hier nur jene gemeint, die ihr eigenes Vieh weiden (*Synhedr.* das. *Maimon. l. l. c.* 10. §. 4.), also sich mehr den Nomaden nähern, und hat dieses wohl für unsere Zeit kaum mehr eine Bedeutung (obschon es *Chosch. Mischp. l. l.* §. 13. angeführt wird). — Zöllner sind aus den Reisebeschreibungen über das Morgenland (vgl. noch in neuester Zeit E. *Rüppell* „Reise in Abyssinien"), hinlänglich wegen ihrer Willkürlichkeiten sowie ihrer Raub- und Plünderungssucht gegen Fremde bekannt. Wo ein von der Regierung festgesetzter Zoll bestehet, der nicht willkürlich von dem Zöllner erhöhet werden kann, ist dieser natürlich ein fähiger Zeuge. *Chosch. Mischpat l. l.* §. 14. und Glosse.

Als unfähig erklärt Maimonides (*l. l.* §. 10.) ferner den Denuncianten. Bei dem frühern gedrückten Stande der Juden, nach welchem sie blos als Bereicherungsmittel von den Regierungen angesehen wurden, die den Wohlhabenden auspressten und seines Vermögens beraubten, musste der Denunciant, der Jemanden angab und auf ihn die Gier der Gewalthaber lenkte, als ein Todfeind und Verräther an seinen Brüdern angesehen werden.

Zu §. 55.

Schebuot 30 Selbst wenn das Object des Zeugnisses an sich richtig ist, darf man nicht mit dem Unfähigen zusammen Zeugniss ablegen. *Maimon. l. l. c.* 10. §. 1. *Chosch. Mischp. l. l.* §. 1. Dieses will *Schach* (Anmerkung 3. das.) von Instruments- und Solennitätszeugen verstehen: hier erhält das Object erst durch die Zeugen seine Gültigkeit, um Zeuge zu sein; und da Jener unfähig ist, so darf der fähige Zeuge nicht mit ihm zusammentreten. Hingegen findet dieses nicht Anwendung beim Beweiszeugen (dieser sagt über ein Wahrgenommenes aus): wie sollte er mit seinem wahrhaften Zeugnisse zurückbleiben, weil noch ein unfähiger Zeuge sich zu dieser Aussage findet? — Doch erklärt er es auch von Beweiszeugen; denn da einmal die Schrift zwei Zeugen haben will (§. 1.), so darf der Zeuge, so durchdrungen er auch bei sich von der Wahrhaftigkeit seiner Aussage ist, nicht Anlass geben, dass das Gericht nur auf einen Zeugen — denn der Unfähige kommt als Zeuge gar nicht in Betracht — ein Urtheil fälle (vgl. auch zu §. 11).

Zu §. 56.

Zeugen können, wie oben zu Ende des 2. Capitels bemerkt wurde, nur durch ein Alibi der Unwahrheit überführt werden: Widerspruch der einen Zeugenpartei mit der andern hebt zwar das Zeugniss auf, aber ist hier keine dieser Zeugenparteien als überführt anzusehen (vergl. auch zu §. 14.). Doch ist nicht minder richtig, dass eine dieser Zeugenparteien Unwahrheit ausgesagt; wenn also ein Zeuge von dieser Zeugenpartei und ein Zeuge von der andern bei einer andern

Gelegenheit zusammen Zeugniss ablegen, so ist gewiss hier ein unfähiger Zeuge, d. i. der einst falsch gezeugt. Und hierauf gründet sich unser §., für den die Quelle *Schebuot* 47[b] (woselbst sogar ein Autor will, dass jede dieser Parteien, da der Richter ungewiss ist, welche die wahrhafte und welche die lügnerische ist, ihre Glaubwürdigkeit für immer verloren habe); *Alfasi ad loc. Maimonid. l. l. c.* 22. §. 1. *Chosch. Mischp. c.* 31. §. 1. — Es wird das. hieran noch die Frage geknüpft, wie es zu halten sei, wenn ein Gläubiger zwei Schuldurkunden präsentirt, deren jede von einer andern dieser Zeugenparteien unterschrieben ist. Stellt der Schuldner die Urkunden in Abrede, so zahlt er nur eine, bei ungleichen Summen die kleinere, da eine von ihnen ungültig ist. Noch andere das. discutirte Fragen, die mehr zum eigentlichen Process als zum Beweis gehören, übergehen wir hier.

Zu §. 57—62.

Verwandte unfähige Zeugen *Synhedrin* 27 und 28.; und zwar sowohl zum Vor- als zum Nachtheile. Aus der Allgemeinheit, mit der die Verwandtschaft als unfähig betrachtet wird, gehet hervor, dass diese Norm sehr alt sei (vgl. Einleit. zu diesem Cap.), und wird sie *Synhedr. l. l.* aus Deuteron. 24, 16 abgeleitet.

Wenden wir uns nun zu den Verwandtschaftsgraden und verwandten Linien, so gehörte diese Materie von jeher zu den schwierigsten Erörterungen der Gesetzgebung und behandelt schon das römische Recht (*L.* 1—10. *D.* 38, 10.) diesen Gegenstand mit der scrupulösesten Genauigkeit. In neuerer Zeit hat *Schneider* a. a. O. §. 118—127. über verwandte Zeugen ausführliche Normen aufgestellt, wobei ihm freilich der Unterschied der gänzlich unfähigen und der halb glaubwürdigen (verdächtigen) Zeugen zu Statten kam (vgl. auch Pr. G. O. 10. Tit. §. 288.). Folgende Darstellung nach *Synhedr. l. l. Baba Batra* 128. *Maimon. l. l. c.* 13. *Chosch. Mischp. c.* 33., und wobei uns vorzüglich Maimonid. zum Wegweiser diente, wird einen ziemlichen Ueberblick des talmudischen Rechts über die Verwandtschaft hinsichtlich des Zeugnissablegens (bei Erbschaften tritt eine abweichende Norm ein) geben, und was in den §§. nur kurz angedeutet wurde, erläutern.

Das talmudische Recht hat hier drei Verwandtschaftsgrade. Den ersten Verwandtschaftsgrad (den wir A nennen wollen) bilden Geschwister, wenn auch nur von väterlicher oder von mütterlicher Seite *); Vater und Sohn. (Nach *R. Sam. ben Meir* zu *Baba Batra l. l.* bilden Ascendenten und Descendenten nur einen Grad und zwar bis in die weiteste Linie hinaus. Diese Meinung wird aber allgemein verworfen. Vgl. *Tosefot* das. und *Bet Joseph* §. 3.). Zweiter Verwandtschaftsgrad (B): Kinder des einen Bruders mit den Kindern des andern Bruders. Dritter Verwandtschaftsgrad (C): Enkel des einen mit den Enkeln des andern Bruders. Glieder der ersten Verwandtschaftsgrade sind in Beziehung zu einander unfähige Zeugen; ebenso zweiter zum ersten und zweiten Verwandtschaftsgrad. Erster und zweiter Verwandtschaftsgrad zum dritten sind fähige Zeugen: und noch mehr dritter Verwandtschaftsgrad zum dritten. Es sind also diesem gemäss Brüder (A und A), Eltern und Kinder (A und A) zu einander unfähige Zeugen. Dieses gilt auch von Grosseltern und Enkeln (A und B), Onkel und Neffen (A und B), Geschwisterkindern (B und B). Hingegen sind Urgrossvater und Urenkel (A und C), Grossonkel und Grossneffe (ebenfalls A u. C) in Beziehung zu einander fähige Zeugen. Dieses nach der Meinung *Alfasi's* und *Maimonides* nach *Baba Batra l. l.* Andere Autoren, an deren Spitze *R. J. Tam* (*Jacob ben Meir* s. oben S. 110.) erklären nach *jer. Talm. Synhedr.* 13ᵃ· ersten und dritten Verwandtschaftsgrad zu einander für unfähig. Diesem wird zwar *Semag Lawin* 214 (65ᵇ· *Editio Venet.*) und *Chosch. Mischp. l. l. c.* 2. Glosse beigestimmt; in den §. haben wir allein die Grade aufgenommen, die nach Aller Meinung unfähig sind.

Dieses hinsichtlich der Blutverwandtschaft (*cognatio*). Gehen wir auf die Verwandtschaft durch Schwiegerschaft ein, so stehet oben an der §. 58. ausgedrückte Satz: Gatte und Gattin bil-

---

*) Das römische Recht siehet nach der Regel: *Tot sunt gradus quot sunt genera*, Geschwister für den zweiten Grad an. *L.* 1. §. 3. *D. h. t.* Das römische Recht spricht auch vom Zeugnisse des Vaters zum Sohn und umgekehrt (*L.* 9. *D.* 22. 5. *L.* 6. *C.* 4. 20.); will aber, dass bis zum achten Grade kein Zwang Zeugniss abzulegen stattfinde, *L.* 10. *pr. D.* 38. 10 (etwas anders *L.* 4. *D.* 22. 5.), und hat auch das gemeine Recht bei den entfernteren Verwandtschaftsgraden die Frage über Zwang zum Zeugnisse im Auge. Die Gesetzgebungen differiren auch bei Verwandten des ersten Grades — Eltern und Kinder — hinsichtlich des Zeugnisses gegen einander. Vgl. Hommel Art. „Kinder." Ackermann Anmerk. das. Vgl. auch oben zu §. 8.

den zusammen eine Verwandtschaft des ersten Grades. Dieser Satz wird auch ausgedrückt: der Gatte ist wie seine Gattin und umgekehrt (*Synhedr. l. l.*), und ist die Meinung des *Ture Sahab* (zu *Chosch. Mischp. l. l.*), dass Gatte und Gattin als ein Grad (eine Person) betrachtet werden, so dass den Grad, den die Gattin mit einem respect. Verwandten ausmacht, z. B. ihrem Vater (A mit A), der Gatte ebenfalls ausmache. Nach *Sema* Anmerk. 15. 16. das. ist dieses „Verwandtschaft des ersten Grades" buchstäblich zu nehmen; und bildet also schon der Gatte mit dem Vater seiner Frau eine Verwandtschaft des zweiten, mit deren Grossvater eine Verwandtschaft des dritten Grades u. s. w. *). — Schwiegerältern und Schwiegersöhne sind also nach obigem Satze zu einander unfähige Zeugen; ferner Stiefältern und Stiefkinder (z. B. der Sohn aus der frühern Ehe zu dem nunmehrigen Manne seiner Mutter). Auch Schwager (d. Männer die zwei Schwestern geheirathet) sind zu einander unfähig; nur tritt bei ihnen eine neue Rücksicht ein: Männer die Frauen geheirathet, die zu einander im zweiten Grade verwandt sind (zwei Cousinen) sind zu einander fähige Zeugen, weil nach dem talmudischen Rechtsausdruck „zweimal der Mann wie seine Frau bei einer derartigen entfernten Verwandtschaft nicht angenommen wird" (d. i. da hier und dort die Verwandtschaft nur dadurch, dass die Frauen sich verwandt sind, sich herausstellt und hier und dort der Mann in die Stelle seiner Frau treten soll). Nach der als Norm angenommenen Meinung des *R. Ascher* (*Chosch. Mischp.* §. 4. Glosse) sind sogar die Gatten der durch ersten und zweiten Grad zusammen verwandten Frauen (A mit B) zu einander fähige Zeugen: also der Gatte der Nichte zu dem Gatten ihrer Tante, und wird schon hier das „doppelte Mann wie Frau" nicht angenommen. — Die Schwiegerschaft bleibt übrigens nur bei den

---

*) Mit dem Zeugniss der gegenseitigen Verwandten zu ihnen hat es jedoch die Beziehung wie nach *Ture Sahab*; blos der dritte Verwandtschaftsgrad (nach *Tam*) macht hier eine Ausnahme. *Chosch. Mischp. l. l.* §. 3. — Das canonische Recht betrachtet Gatte und Gattin für eine Person, und will daher, dass die Schwester der Frau mit deren Mann den ersten Grad ausmache, wobei auf die Schrift berufen wird, dass „Mann und Frau ein Fleisch seien." c. 3. *Causa* 35. *Qu.* 5. Bemerkenswerth ist überhaupt diese ganze *Causa* und vorzüglich die benannte *Quaestio*. Doch wird dieses das. hinsichtlich des Eingehens der Ehe aufgestellt.

Schwägern stehen: Verwandte des einen Schwager sind daher fähige Zeugen zu dem andern Schwager und dessen Verwandten.

Die erst durch Verheirathung entstandene Verwandtschaft (*affinitas*) wird durch den Tod des einen Theiles wieder aufgehoben. Der Schwiegervater wird also wieder ein fähiger Zeuge zu seinem Schwiegersohne, wenn dessen Gattin (die Tochter jenes) stirbt: und gilt dieses natürlich von allen Verwandten der Gattin. Die gedachte Verwandtschaft wird durch Ehescheidung ebenfalls aufgehoben.

Zusammengebrachte Kinder (völlige Stiefgeschwister) sind zu einander fähige Zeugen.

Verlobte sind zu einander unfähige Zeugen; zu ihren gegenseitigen Verwandten sind sie fähige Zeugen, und ebenso diese zu ihnen. Nur meint *Alfasi* bei Haïttur und *Maimonid. l. l.* §. 14., dass nur, wenn solches Zeugniss schon angenommen wurde, es gültig sei (der Richter also besser solche Zeugen zurückweise). Uebrigens wurde schon oben (S. 49. Anmerk.) erwähnt, dass das jetzt gebräuchliche Versprechen keine Verlobung ausmache, und tritt auch durch dieses nicht Unfähigkeit zum Zeugnisse ein; bei Civilfällen wird jedoch die Fähigkeit bezweifelt. Vgl. *Chosch. Mischp. l. l.* §. 9. *Glosse* *).

Wir bemerken noch, dass die frühere Mischna **) die Verwandtschaft hinsichtlich der Erbfolge zur Norm nahm, und daher nur die Verwandten von väterlicher Seite unfähig, von mütterlicher Seite hingegen (so weit hier keine Erbfähigkeit) die Verwandten fähige Zeugen seien. (So nach *Raschi Synhedr.* 27[b]. vgl. *Nemuke Joseph* das. der eine andere Erklärung bringt, dass nach der frühern Mischna die Verwandten der Frau fähige Zeugen zu deren Gatten und umgekehrt waren; also jener Grundsatz „der Mann wie seine Frau" nicht galt.) Die spätere Mischna stellt das Verhältniss, wie wir es oben gedacht, her.

Das talmudische Recht behandelt übrigens die Unfähigkeit des Zeugnisses durch Verwandtschaft nicht aus der Rücksicht, dass

---

*) Das gemeine Recht hält Brautleute nicht nur unter sich, sondern auch in Sachen der Schwiegerältern für völlig unzulässige Zeugen. Vgl. *Hommel* Art. „Braut" und Anmerk. das.

**) Schon vor der heutigen durch *R.* Jesuda Hannassi redigirten Mischna (vgl. oben S. 100.) gab es mehrere ältere Mischna. Die im Texte gedachte scheint sehr alt, da *Synhedr. l. l.* schon die Mischna des Akiba als eine spätere gedacht wird. Vielleicht ist diese frühere Mischna die des Hillel.

Verwandte wegen ihrer natürlichen Beziehung zu einander nicht die Wahrheit sagen werden (vgl. weiter §. 77), sondern aus dem Standpuncte einer **absoluten** biblischen Vorschrift (vgl. *Baba Batra* 159[a]): und daher ist ihm der Verwandte, auch wenn er zum Nachtheile des Verwandten aussagt, ungültig (vgl. jedoch oben S. 160. vgl. ferner *Synhedr.* 28[b]. משום איקרובי דעתא). — Bei Proselyten wird nur unter beschränkten Umständen durch Verwandschaft Unfähigkeit zum Zeugniss bedingt. Vgl. *Chosch. Mischp. l. l.* §. 11. *Sema* und *Schach* das. Hingegen werden uneheliche und selbst in Blutschande erzeugte Kinder für nicht minder durch Verwandtschaft unfähig zu ihren Eltern u. s. w. wie die ehelichen angesehen. Hinsichtlich Anderer als Verwandten sind in Blutschande erzeugte Kinder völlig gültige Zeugen.

Wir schliessen diesen §. mit einer kurzen genealogischen Tafel des hier berührten Verwandtschaftsverhältnisses.

A	erster Grad: Vater, Bruder, Gatte, Gattin.
B | B	zweiter Grad: Kinder zweier Brüder.
C | C	dritter Grad: Enkel zweier Brüder.

Unfähig:

A mit A
B mit B (Vater und Sohn, Onkel und Neffe, Grossvater und Enkel, Geschwisterkinder ff.)

Fähig:

Nach Alfasi und Maimonides:

A
B mit C (Urgrossvater und Urenkel.)
C

Nach R. J. Tam:

B mit C
C (Bruderkinder und Bruderenkel, Enkel zweier Brüder ff.)

Gatte und Gattin bilden A und A; und zu den gegenseitigen Verwandten einen Grad tiefer (so nach *Sema*; nach *Ture Sahab* bilden Gatte und Gattin A, und nach diesem das Verhältniss zu den gegenseitigen Verwandten).

Ein doppeltes A A wird bei entfernterm Grade, d. i. wenn die Gattinnen B und B oder A und B sind, nicht angenommen.

Zu §. 63.

Der Vater ist beglaubigt über die Legitimität oder Nichtlegitimität des Sohnes. *Kidduschin* 74[a]. *Maimonid.-Isure Bia c.* 15. §. 15. (Doch kann er den Sohn, der als legitim bisher betrachtet wurde und selbst Kinder hat, nicht mehr für illegitim ausgeben. *Jebamot* 47[1] *Maimonides l. l.*). Ebenso ist die Mutter bei einer unbekannten Abstammung (das Kind mit einem unbekannten Manne gezeugt) beglaubigt über die legitime Abkunft (dass das Kind nicht aus einer verbotenen Berührung — Blutschande — abstamme). *Ketubot* 13[1] *Maimonid. l. l.* §. 11. (Doch ist ihre Aussage für den Mann, auf den sie aussagt, nicht bindend.) — Ueber Findelkinder — als solche werden angesehen, die ohne irgend ein Kennzeichen und gänzlich verwahrlosst ausgesetzt sind — sind Vater und Mutter beglaubigt, so lange sie noch Niemand aufgenommen: in bedrängter Zeit (Hungersnoth) sind Vater und Mutter immer beglaubigt, weil die Noth sie zu diesem unnatürlichen Schritt getrieben haben mag (*Kidduschin l. l. Maimonid. l. l.* §. 32).

Hinsichtlich Erbschaftssachen ist der Vater beglaubigt zu erklären, dieser Sohn sei der Erstgeborne (der Erstgeborne erbt nach der Schrift einen doppelten Theil); die Mutter bis sieben Tage nach der Geburt (bis dahin bleibt ihr das Kind unausschliesslich überlassen, am achten Tage als dem Beschneidungstage erkennt es der Vater an) *Kidduschin l. l.* vgl. *Raschi* das. *Baba Batra* 127. *Maimonid. l. l.* und ausführlich *Nachalot c.* 2. 4. — (Auch die Hebamme ist so lange sie der Gebärenden beistehet über obige Puncte beglaubigt *l. l.*).

Zu §. 64.

Vgl. zu §. 37. Auch im umgekehrten Falle, wenn zur Zeit der Wahrnehmung eine Verwandtschaft stattfand, die zur Zeit der Aussage aufgelöst ist, vgl. §. 61., ist das Zeugniss ungültig. *Chosch. Mischp. l. l.* §. 13. — Hinsichtlich Recognition der Urkunden vgl. weiter zu §. 183. — Wenn Jemand vor zwei Zeugen testirt hat, die mit ihm verwandt, mit dem Testerben aber nicht verwandt sind, so wird von einem nachtalmudischen Autor (*R. Hai?*) dafür gehalten, dass das Zeugniss gültig sei, da nicht dem Testator, sondern den Erben ein Vortheil aus dem Testament erwächst (es zu ihren Gunsten gemacht wird), mit diesen aber sind die Zeugen nicht verwandt. Andere nehmen auch dieses Zeugniss für ungültig an, weil bei der Wahrnehmung (dem Testiren) eine Verwandtschaft stattfand. *Chosch. Mischp. l. l.* §. 14.

Zu §. 65.

Alfasi zu *Maccot* 6^b. nach *jer. Talm. ibid.* 2^b. *Maimonid. l. l. c.* 14. §. 7. *Chosch. Mischp. c.* 51. §. 6. An letzterm Orte wird für den erstern Fall (Urkunde mit einem Objecte auf zwei Personen) angeführt, dass wenn der Donatar, mit dem die Zeugen verwandt sind, sich seines Anspruches begibt, die Urkunde Gültigkeit habe (welchem jedoch *Schach* das. Anmerk. 7. widerspricht, da hier von vorn herein, bei der Unterschrift, die Urkunde ungültig war). Nach *R. Hai* und Anderen — vgl. *Bet Joseph* §. 6. — ist die Urkunde in beiden Fällen hinsichtlich des Nichtverwandten gültig (auch ohne Entsagung von Seiten des Donatars). Doch wurde diese Meinung nicht in den *Chosch. Mischp.* aufgenommen.

Zu §. 66.

Die Zeugen nicht verwandt untereinander *Maccot Mischna* 5^b; und ist, wenn unter den zusammen aussagenden Zeugen ein Verwandter oder sonst Unfähiger sich findet, das Zeugniss ungültig. Es wird hierüber weitläufig verhandelt, wie der Richter diesem vorzubeugen habe. Das Ausführliche, so wie manche hier sehr rigoröse Meinung — die rationalste scheint die des *R. Chajim Cohen* bei *Tosefot l. l.* vgl. auch *Alfasi* in *Respons.* bei *R. Nissim l. l.* — findet sich *Chosch. Mischp. c.* 37. vgl. ferner weiter zu §. 161.

Dass die Zeugen nicht mit dem Richter verwandt sein dürfen *Alfasi* zu *Synhedr.* 265. nach *jer. Talm. ibid.* 120. *Chosch. Mischp. c.* 33. §. 17.; von einigen Autoren jedoch nicht angenommen. Vgl. *Tosefot Ketubot* 21^b. — Die Zeugen nicht verwandt mit dem Bürgen *Maccot* 7^a.; da, wenn der Schuldner nicht zahlt, der Bürge für ihn einstehen muss. Vgl. *R. Ascher ibid. Chosch. Mischp. l. l.* §. 16.

Die Recognitionszeugen können mit den Instrumentszeugen verwandt sein; vgl. *R. Nissim* zu *Ketubot* 28. *Chosch. Mischp. c.* 46. §. 17. Nach Einigen können die Recognitionszeugen auch mit dem Producenten und mit den recognoscirenden Richtern verwandt sein. Vgl. das. §. 18. 19.

Zu §. 67.

So nach *Synhedr.* 96. Wenn also Jemand bestohlen wurde und er auf die Zurückgabe des Gestohlenen und den Schadenersatz verzichtet, so ist er ein gültiger Zeuge (Glosse zu

Chosch. Misshp. c. 34. §. 26.). Die Verwandten des Ermordeten sind gültige Zeugen gegen den Mörder, und bei einer Beschädigung gültige Zeugen gegen den Beschädiger, wenn dem Beschädigten kein Vortheil daraus erwächst (Glosse *l. l. c.* 33. §. 16.). Da kein Vortheil für den, zu dessen Gunsten ausgesagt wird, hiermit verbunden ist, so fällt der Verdacht, der auf dem Zeugnisse in eigner Sache ruhet, weg. Selbst wenn der zu Tod Verwundete vor seinem Hinscheiden auf den Thäter aussagt, ist er, wenn er nicht anders jetzt schon als verschieden anzusehen ist, glaubwürdig (vgl. *Sema l. l.* Anmerk. 25. *Schach* Anmerk. 16. Ueber den Umstand „als schon verschieden anzusehen" *Synhedr.* 78ᵃ· und sonst; und wird hierüber viel im talmudischen Strafrecht verhandelt). — Hierher ist auch noch zu beziehen, wenn Jemand ein Zeugniss gegen sich und Andere zugleich in Capital- und Criminalsachen aussagt. Es wurde oben schon vielfach angeführt, dass im talmudischen Recht sich Niemand selbst anschuldigen kann; hingegen wird die Aussage hinsichtlich des Mitschuldigen angenommen und theilt man nach talmudischem Rechtsausdrucke seine Worte (פלגינן דיבוריה). Wenn also A bezeugt, er und B haben Jemanden umgebracht, so ist er hinsichtlich B ein gültiger, zu sich ein ungültiger Zeuge. Ferner, er habe umgebracht den Ehemann N., so darf die Wittwe heirathen, gegen sich selbst ist aber er ungültig. Hier wie dort wird die Thatsache als wahr angenommen, seine Theilnahme daran aber als fingirt. Vgl. *Synhedr. l. l.* und 25ᵃ· *Jebamot* 25ᵃ· *Chosch. Mischp. c.* 34. §. 26.

Der Grundgedanke unseres §. tritt auch in manchen anderen Strafgesetzgebungen hervor. So verbietet zwar das römische Recht Zeugniss in eigener Sache (*L.* 10. *D.* 22. 5. *L.* 10. *C.* 4. 20.), welches aber nach *L.* 1. 11. *D.* 49. 4. nur in so fern dem Bezeugenden ein Nutzen daraus entstehet, zu deuten sein dürfte. Die Carolina Art. 25. Nr. 6. nimmt die beeidete Aussage des Beschädigten oder wenn „er darauf stirbt" (sie in der Todesstunde ablegt) als ein Anzeichen an, worauf wenn noch mehrere das. benannte Anzeichen zusammentreffen die peinliche Befragung (Tortur) erfolgt (Art. 27.). Das baierische Strafgb. Art. 281 erkennt das Zeugniss des Beschädigten für gültig hinsichtlich der That, aber nicht in Hinsicht des Thäters. Hingegen weist *Mittermaier* (Beweis S. 326. Strafverfahren 2. Thl. S. 259 ff.)

nach, dass die Aussage des Beschädigten in den meisten Fällen Gültigkeit habe. Mittermaier verlangt, dass der Beschädigte genau die Umstände angebe: im talmudischen Recht ist, wie oben im 2. Cap. auseinandergesetzt wurde, dieses ein Haupterforderniss bei jedem Zeugnisse in Criminalsachen.

Zu §. 68.

Von hier bis §. 75. wird von dem Zeugnisse, bei welchem dem Aussagenden ein Vortheil (oder Nachtheil) entstehet oder entstehen kann, gehandelt. Diese §§. beziehen sich auf Civilsachen: und sind Quellen hierfür: *Baba Batra* 43—47. *Maimonid. l. l. c.* 15. 16. *Chosch. Mischp. c.* 37. u. a. a. O.

Bei der Abwägung des Vor- und Nachtheils wird zwar vorzüglich der pecuniäre ins Auge gefasst; doch kommt zuweilen auch der an der Ehre daraus entstehende Nachtheil in Betracht und macht er ebenfalls zum Zeugnisse in dieser Angelegenheit ungültig. So können z. B. wenn Drei ein Richtercollegium bildend eine Urkunde recognoscirt haben (vgl. weiter zu §. 179.) und gegen einen dieser Dreien ausgesagt wird, er habe gestohlen (sei unfähig Mitglied eines Gerichts zu sein), die anderen zwei Beisitzer nicht für ihn aussagen, weil ihre Ehre dabei compromittirt erscheint, mit einem derartigen Mitgliede zusammen zu Gerichte gesessen zu haben. Vgl. *Ketubot* 21. 22. nach *Raschi* das. und Anderen. Vgl. auch *Schach Chosch. Mischp. c.* 46. Anmerk. 66.

Das talmudische Recht will auch, dass selbst der nur einen mittelbaren Vortheil aus dem Ausgange des Processes zu erwarten hat, ein ungültiger Zeuge sei (d. i. z. B. zum Vortheil des Producenten, wenn dem Zeugen durch den günstigen Ausgang auf dieser Seite ein Vortheil entstehet. Es braucht aber kaum erwähnt zu werden, dass er in solchem Falle ein gültiger Zeuge sei, wenn er zum Nachtheile des Producenten aussagt; und umgekehrt, vgl. *Schach c.* 37. Anmerk. 1.). Es wird auch anempfohlen, dass der Richter sehr forsche, ob dem Zeugen nicht etwa ein Vortheil, wenn auch nur ein entfernter, daraus entstehe (*Maimonid. l. l.* 16. §. 4. *Chosch. Mischp. l. l.* §. 21.). Das gemeine Recht beobachtet auch (wenn vielleicht nicht in so ausgedehnter Weise) dieselbe Norm (vgl. *Schneider* §. 141—144. *Hommel* 4. Regel; vgl. auch *L.* 1. §. 11. *D.* 49. 4.); nur wird hier zuweilen der Zeuge nur als mangelhaft (verdächtig) angesehen, wovon aber die talmudische Zeugenclassification, wie Einleitung zu diesem Cap. bemerkt wurde, nichts weiss.

Es wird aber auch anderseits genau erwogen, in wie fern ein Vortheil nur scheinbar und wie weit er überhaupt zu berücksichtigen sei. So ist Jener der nach seinem gegenwärtigen Vermögenszustande unbetheiligt ist ein gültiger Zeuge, obschon bei veränderlem Vermögenszustande für ihn eine Betheiligung hervorgehen könnte. (Ein solcher Fall wäre etwa ein vom Vermögen abgekommener Bürge, der zu Gunsten des Schuldners aussagt.) Vgl. *Tosefot Baba Batra* 45a. *Chosch. Mischp. l. l.* §. 10. — Interessant ist auch die Frage, ob, wenn Zwei als Zeugen auf einer Urkunde unterschrieben sind und sie diese Urkunde käuflich an sich gebracht, die Urkunde durch erwähntes Zeugniss Gültigkeit habe (ob nicht etwa die Zeugen in der Absicht die Urkunde an sich zu bringen falsch unterschrieben haben). Nach *Chosch. Mischp.* c 66. §. 21. wird, wenn beide Zeugen die Urkunde gekauft, die Gültigkeit des Zeugnisses negirt, hat aber einer der Zeugen die Urkunde erkauft, so ist sie gültig, da ein unbetheiligter Zeuge da ist. Nach *Schach* Anmerk. 71. das. ist das Zeugniss auch im ersten Falle zulässig.

Zu §. 69.

Wenn gegen ein Grundstück, dessen Eigenthümer einem Andern schuldet, Einspruch erhoben wird (er habe es unrechmässiger Weise an sich gebracht) und der Eigenthümer besitzt nur dieses Grundstück allein, so ist weder der Gläubiger noch der Bürge als Zeuge zulässig. Jener nicht, weil es in seinem Vortheile liegt, dass der Schuldner ein Grundstück besitze, an das er sich bei dessen Insolvenz halten kann; der Bürge ebenfalls nicht, weil es für ihn vortheilhaft ist, dass der Gläubiger beim Schuldner etwas vorfinde, da er sonst für diesen bezahlen müsste. Hingegen sind Gläubiger und Bürge gültige Zeugen, wenn der Schuldner noch ein anderes, der Höhe des Darlehns gleichkommendes Grundstück besitzt; da hier obige Rücksicht wegfällt. *Baba Batra* 46b. *Maimonid.* c. 15. §. 6. *Chosch. Mischp. l. l.* §. 13.

Ueber Bürge ist noch Folgendes zu bemerken. Das talm. Recht unterscheidet zweierlei Bürgen: den gewöhnlichen (ערב) und den übernehmenden (acceptirenden ערב קבלן.) Jener haftet blos für die Schuld und kommt im talmudischen Recht unter der Formel vor: „leihe ihm und ich stehe dafür ein“ oder „ich werde zahlen.“ Hier hat der Gläubiger sich zuerst an den Schuldner zu halten. Sagt aber der Bürge zum Gläubiger, „gib ihm (dem Schuldner) die verlangte Summe und ich werde dir sie wiedergeben“, so ist er ein übernehmender Bürge und kann der Gläubiger sich sogleich an ihn halten (*Baba Batra* 173. 174). Der übernehmende Bürge soll nach einer Meinung (*l. l.* 47a. *Chosch. Mischp. l. l.* Glosse) in keinem Falle, selbst wenn der Schuldner noch andere Grundstücke besitzt, Zeugniss ablegen können; da ihm daran gelegen ist, dass der Gläubiger eine reichere Auswahl bei dem Schuldner finde und ihn verschone (vgl. *R. Sam. ben Meïr ad loc.* und *Tosefot*).

Das gemeine Recht ist übrigens hinsichtlich des Gläubigers und Bürgen strenger als das talmudische Recht. Vgl. *Hommel* Art. Bürge, Gläubiger, Schuldner.

Zu §. 70.

Der in diesem §. angeführte Pächter ist der *colonus partiarius*, doch in dem Sinne, dass er einen aliquoten Theil der Erndte für seine Mühe bekommt (übrigens dürfte es auch umgekehrt sein, dass er dem Eigenthümer einen aliquoten Theil als Pacht abträgt, vgl. oben S. 61, Anmerk.). So lange er Früchte auf dem Felde hat, ist er wie im §. ein unzulässiger Zeuge, um für den frühern Besitzer auszusagen; weil, wenn sich erweisen würde, dass das Feld diesem nicht gehört habe, er um seinen Theil kommen würde (da der neue Besitzer nicht an den von jenem eingegangenen Contract gebunden ist, und er dem Pächter nur die gehabten Auslagen zu ersetzen braucht; vgl. *Baba Mezia* 14. 15.). Ist aber schon die Erndte vorüber, so kann der Pächter Zeugniss ablegen; die Rücksicht, dass er von Seiten des neuen Eigenthümers Aufkündigung des Pachtes befürchten dürfte, wird nicht als Betheiligung angesehen (*Baba Batra* 46b.). Hat er jedoch das Grundstück ameliorirt (vgl. *R. Sam. ben Meir l. l.* und *Tur* a. a. O.) oder hatte er von dem frühern Besitzer sehr vortheilhafte Pachtbedingungen (*Tur* und Glosse zu *Chosch. Mischp. l. l.* §. 2. vgl. *Sema*), so ist er ein unzulässiger Zeuge. — Ist der Pacht emphyteutisch, so ist der Pächter in jedem Falle als Zeuge unzulässig (*Nimuke Joseph* zu *Baba Batra l. l.*).

Auch bei Miethe — der andere Theil des §. — waltet

die obige Rücksicht ab (*Baba Batra* 29ᵃ· *Maimonid. c.* 15. §. 5. *Chosch. Mischp. l. l.* §. 12). Hat der Miether schon den Miethslohn entrichtet, so liegt in seinem Interesse, dass der bisherige Besitzer als rechtlicher Eigenthümer gelte, da er im entgegengesetzten Falle die Miethe nochmals entrichten müsste. Hat er sie aber noch nicht abgetragen, oder gibt der Miethsherr sie ihm zurück, dass er sie dem zahle dem das Grundstück werde zuerkannt werden, so ist der Miether ein zulässiger Zeuge (*Chosch. Mischp. l. l.* und c. 140 §. 12, wo für den Fall, dass der Miethsherr die Miethe zurückgiebt, eine divergirende Meinung angeführt wird, die aber nach *Schach* das. Anmerk. 13. nicht zu beachten ist). Nach gemeinem Recht ist der Miether — und diesem analog der Pächter — ein unzulässiger Zeuge, weil er die Kündigung zu befürchten hat; vgl. *Hommel* Art. Miether. Das talmudische Recht scheint hier richtigere Normen aufgestellt zu haben. Vgl. Ackermann das. Anmerkung.

Zu §. 71.

Baba Batra 43ᵃ· (wo dieses vom Richter). *Chosch. Mischp. l. l.* §. 18. In den Fällen wo dem Communmitglied noch nach der Entsagung ein Nutzen entstehet, kann er nie Zeuge sein. So z. B. bei einer Synagogenrolle, die der Commun entwendet wurde. Wollen auch zwei Mitglieder ihr Eigenthumsrecht an diesem Objecte aufgeben, so ist es noch immer in ihrem Vortheil, dass diese Synagogenrolle der Commun verbleibe, da sie daraus vorlesen hören (*l. l.*). Es müsste denn sein, dass die Commun noch eine andere Synagogenrolle besitzt (Glosse zu *l. l.* §. 19.). Dasselbe gilt auch bei einem Processe über ein der Commun gehöriges Bad, Grundstück u. dgl. m. *Maimonid. l. l. c.* 15. §. (vgl. hingegen §. 1. das.) und Glosse *l. l.* §. 18. — Nach römischem Recht (*L.* 7. §. 1. *D.* 3. 4.) wäre zu schliessen, dass Gemeindemitglieder in Sachen der Gemeinde gültige Zeugen seien. Der Gerichtsbrauch will, dass wenn ein Gemeindemitglied keine Aussicht auf unmittelbaren Gewinn hat, sein Zeugniss in dieser Angelegenheit zulässig sei, da gewöhnlich in Gemeindesachen die Wahrheit nicht anders als durch ein derartiges Zeugniss ermittelt werden kann (also hier wieder die canonische Regel: *si veritas aliter haberi nequit* vgl. ober zu §. 8.). *Hommel* Art. Gemeinheit vgl. auch Anmerk. das. Die Preuss. G. O.

I. Thl. 10. Tit. §. 228. 10. lässt Gemeindemitglieder zur Informations- aber nicht Beweiszeugen sein.

Zu vergleichen ist hier auch *c.* 38. *X.* 2, 20.; doch scheint es dort mehr eine Fiction. Ueberhaupt macht das canonische Recht zu Gunsten der Klöster und Geistlichen manche Ausnahme vgl. *c.* 5. *X.* 2. pg. c. 6. 12. X. 2. 20.

Zu §. 72.

Bei Grundstücken muss in der Regel der Verkäufer für jeden Einspruch, der gegen seinen frühern rechtmässigen Besitz des Grundstückes erhoben wird, haften (Gewährleistung für Eviction), und selbst wenn dieses auch nicht ausdrücklich im Verkaufcontract benannt ist (vgl. ausführlich weiter 2. Abschnitt Einleit. zum 3. Tit. und zu den dortigen §§.) Dass daher der Verkäufer nicht Zeugniss gegen den Einspruch Erhebenden (oder gegen die Fähigkeit des von diesem producirten Zeugen, vgl. *R. Sam. ben Meïr Baba Batra* 44) ablegen könne, ist von selbst begreiflich. Aber selbst wenn der Verkauf unter der ausdrücklichen Nichtgewährleistung abgeschlossen wurde, ist nichtsdestoweniger der Verkäufer nicht befähigt ein Zeugniss gegen den erhobenen Einspruch abzulegen, da ihm hinsichtlich seiner früheren Gläubiger daran gelegen ist, dass der Käufer das Grundstück im Besitz behalte, da nach dem talmudischen Hypothekenrecht es dem Gläubiger zustehet, sich an das, auch schon zum Käufer übergegangene Grundstück zu halten (vgl. die gedachte Einleit.); der Verkäufer ihn also auf dieses Grundstück hinweisen kann und nicht als gewissenloser Schuldner erscheint (*Baba Batra* 43. 45. vgl. *R. Joseph ben Megas* das.). Hingegen kann in diesem Falle bei beweglichen Gütern der Verkäufer bei erhobenem Einspruch gegen seinen frühern rechtmässigen Besitz Zeugniss ablegen, da hierdurch für den etwaigen Gläubiger des Verkäufers kein Vortheil entstehet; denn an verkaufte bewegliche Güter kann der Gläubiger sich nicht halten. Doch kommen auch hier noch manche Bedingungen zum Vorschein, welche aber mehr in das Hypothekenrecht gehören. Es werden noch andere Fälle eines e v e n t u e l l e n Vortheils erwähnt. So z. B. A verdrängte C (nach des letztern Behauptung) aus seinem Grundstücke und verkaufte es an B. D tritt nun auf unter Anführung von Zeugen oder einer Urkunde, dass das Grundstück ihm gehöre; so ist C nicht zulässig als Zeuge gegen D (d. i. gegen den von D producirten Beweis, die Zeugen oder die Urkunde) um zu veranlassen, dass das Grundstück nicht bei D sondern bei B verbleibe. Denn obschon hier wie dort C noch nicht zu seinem Rechte gelangt, ihm also aus dieser seiner Aussage kein Vortheil erwächst, so dürfte C den B als einen billigeren Mann als D ist kennen, und voraussehen, dass, wird er Zeugen für seine Behauptung bringen, er an B keinen so hartnäckigen Gegner wie an D finden werde. *L. l.* 43^{b}. *Maimon.* c. 16. §. 1. *Chosch. Mischp.* §. 16. Andere derartige Fälle (*l. l.*) übergehen wir hier.

Für den andern Theil des §. ist die Bemerkung vorauszuschicken, dass hier der gemeinschaftliche Besitz so zu verstehen sei, es haben A und B Jeder ein Haus ff. besessen, und sie treten nun zusammen zu gemeinschaftlichem Besitz, Genuss und Schaden (Dafürhaftung). Es bedarf daher kaum der Erwähnung, dass, solange die Gemeinschaft fortdauert, der Eine bei dem Einspruche, der gegen den Besitz des Andern erhoben wird, nicht Zeugniss ablegen kann. Aber auch wenn der Eine seine Gerechtsame aufgegeben, seinen Theil an den Mitbesitzenden verkauft hat und es wird nun Einspruch erhoben, dass dieser abgetretene Theil sich unrechtmässig in dem Besitze des Abtretenden befunden habe, so kann dieser nicht als Zeuge gegen den producirten Beweis auftreten, weil ihm wie oben dem Verkäufer noch die Gewährleistung obliegt, er also dabei betheiligt ist. Selbst, wenn er sich ausdrücklich beim Verkaufe die Nichtgewährleistung für Eviction ausbedungen, so kann er auch nur unter sehr beschränkenden Umständen Zeugniss ablegen. — Vgl. *Baba Batra* 43^{a}. *Maimon Chosch. Mischp.* c. 1.

Unter dem Einspruch des unrechtmässigen Besitzers, der erhoben wird und gegen den der frühere Associe und in manchen Fällen, wie oben, der Verkäufer unter beschränkenden Bedingungen als Zeuge auftreten kann, ist hier gemeint die Behauptung, Jener habe das Object von Jemandem erworben, der es unrechtmässig (gewaltsam) an sich gebracht. Würde aber gegen diesen frühern Associe selbst ein Einspruch erhoben werden, dass er das Grundstück (der Verkäufer das bewegliche Gut) unrechtmässiger Weise an sich gebracht, so würde er in keinem Falle hier etwas aussagen können (gegen die Urkunde oder die vom Producenten gebrachten Zeugen als Zeuge auftreten), denn wenn auch keine pecuniaire Betheiligung, so findet doch immer eine Ehrenbetheiligung hierbei statt. Vgl. *Tur l. l.* §. 8. (Ueber das gemeine Recht vgl. *Hommel* Art. Litisdenunciant. Verkäufer.)

Zu §. 73.

Dieses nach *Kidduschin* 43[b]. Wenn ein Schuldner Jemandem Geld übergeben hat, dass er es seinem Gläubiger überbringe, und dieser den Empfang in Abrede stellt, so muss dieser Bote den Reinigungseid (den rabbinischen, vgl. weiter zu §. 82.) schwören, dass er nicht das Geld unterschlagen habe, und hat er diesen geleistet, so wird noch immer nicht seine Aussage als ein Zeugniss für den Schuldner angesehen. Es ist übrigens kein Unterschied, ob der Schuldner durch einen oder zwei Boten das Geld überschickt habe; *l. l. Maimonides Scheluchin Weschotfin* (*de nuntiis et sociis*) *c.* 1. §. 7. *Chosch. Mischp. c.* 121. §. 9. Als Grund hierfür geben *Tosefot* und *R. Nissim* das. an, weil wenn Jemand erst durch einen Eid seiner Aussage Glaubwürdigkeit verschaffen (seine Betheiligung oder sonst einen Verdacht abwenden) muss, er nicht mehr Zeugniss ablegen (seine Aussage nicht mehr als Zeugniss angesehen werden) kann.

Zu §. 74.

Der Vormund ist in Sachen der Pupillen, bei Forderungen die sie an Jemanden haben u. dgl. wo er pecuniär unbetheiligt ist, ein gültiger Zeuge (*Chosch. Mischp. c.* 37. §. 8. *c.* 290. §. 12. Glosse); da er kein persönliches Interesse an der Sache hat (vgl. *R. Ascher* bei *Tur l. l.* §. 35.) *).

Der Richter kann bei minder wichtigen Umständen Zeuge sein, d. i. Zeuge und Richter zugleich. So z. B. bei einer Recognition von Urkunden. Nach dem stricten Rechte bedarf es nach der Ansicht des talmudischen Rechts nicht der Recognition (vgl. weiter zu §. 179.); wenn also ein Mitglied des Collegiums, dem die Urkunde zur Recognition vorliegt die Unterschrift der Zeugen kennt, so kann er vor den andern Beisitzern die Legimität bezeugen (vgl. §. 179. *d*) und hierauf mit ihnen (wenn noch ein Zeuge da ist, vgl. das.) die Urkunde recognos-

---

*) Nach mehreren neuen Rechtslehrern ist jedoch der Vormund, wegen präsumtiver persönlicher Zuneigung für den Pflegebefohlnen, allenthalben ein verdächtiger Zeuge.

ciren. *Ketubot* 21[b]. *Maimonid. l. l. c.* 7. §. 6. *Chosch. Mischp. c.* 46. §. 24. — Ueber ein von ihm gefälltes Urtheil, für das kein schriftlicher Spruch vorliegt und der Richter keinen Rechtsgrund anzugeben vermag, ist er ein ungültiger Zeuge. Vgl. *Kidduschin* 74[a]. *Chosch. Mischp. c.* 23. §. 4.

Der Bote Zeuge: wenn wie im vor. §. der Schuldner ihm eine Summe an seinen Gläubiger übergeben, und zugleich die Versicherung hinzufügte, dass er ihm völlig traue und in keinem Fall einen Eid (dass er nicht das Geld untergeschlagen) verlange; seine Aussage ist daher ein Zeugniss (eines Zeugen). Wir fügen diesem und dem vor. §. noch die Bemerkung hinzu, dass hier kein Zeugniss in eigener Sache sei; da nach talmudischem Recht, wenn der Bote sagt er habe die Summe dem Absender zurückgegeben, er ebenfalls beglaubigt ist. Vgl. *Kuddischin* 43[a]. Ob der Mandatar (Bevollmächtigte) Zeuge sein kann? Dieses wird *Chosch. Misckp. c.* 128. §. 10. 11. dahin entschieden: Hat der Bevollmächtigte vom Ausgange der Rechtssache weder Vor- oder Nachtheil zu erwarten (sind ihm nämlich in jedem Falle dieselben Emolumente zugesichert), so ist er ein gültiger Zeuge; hat er sich aber von dem günstigen Ausgange eines Vortheiles zu gewärtigen, so ist er unzulässig als Zeuge. Dasselbe gilt auch für den entgegengesetzten Fall, wenn umgekehrt man den Zeugen zum Mandatar machen will. Doch wird letzteres, auch wenn der Mandatar keinen Vortheil von dem Ausgange zu erwarten hat, entschieden gemissbilligt (*R. Salomon ben Aderet* bei *Bet Joseph l. l.*) *).

Wir fügen noch zu dem in diesem §. berührten „Richter und Zeugen in einer Person" hinzu, dass das talmudische Recht im obigen Puncte nachsichtig, in anderer Rücksicht wieder mit grosser Strenge verfährt. Es besagt schon der §., dass dieses nur bei minder wichtigen Umständen stattfindet, und ist dieses zu beziehen auf Zeugnisse bei nichtbiblischen Einrichtungen. Bei Zeugnissen über in der Schrift begründete Gegenstände kann der aussagende Zeuge nicht Richter sein. Bei Capitalverbrechen kann schon der Augenzeuge, selbst wenn er kein Zeug-

*) Das gemeine Recht handelt von Mandatar nach beendigtem Geschäfte, und berücksichtigt die aus der Vernachlässigung der Solennitäten ihm nach Reichsabschied vom Jahre 1512. Tit. 1. §. 2. Tit. 2. §. 62. drohende Strafe. Vgl. Hommel Art. Advocat. Notar.

niss hierüber ablegt, nicht Richter sein, in dem Gerichtshofe nicht seine Stimme abgeben, weil zu befürchten, dass er durch den empfangenen Eindruck gegen den Thäter eingenommen, auf die Entlastungsgründe nicht gehörig eingehen werde. *Rosch Haschana* 26[a]. *Baba Kama* 90[b]. *Ketubot* 21[b]. vgl. *Tosefot* das.

Zu §. 75.

Dieses nach *Mischna Synhedr.* 22[a]. „Sagt er mein Vater, sein Vater ist mir beglaubigt ein Richter in diesem Processe zu sein (Verwandte sind nämlich unfähig als Richter und gilt was über Unfähigkeit der Zeugen auch über Richter), so kann er sein Wort nicht zurücknehmen": und wird dieses auch auf Zeugen angewendet. *Chosch. Mischp. c.* 22. §. 1. Sind also die Parteien damit einverstanden, so erhält auch der Unfähige Glaubwürdigkeit; so wie sie auch übereinkommen können Einen Zeugen die Glaubwürdigkeit zweier Zeugen zu schenken, und auch hier selbst einem Unfähigen. Vgl. *Glosse* und *Sema* das. — In Criminalsachen, wo kein Entsagen und Aufgeben seines Rechts stattfindet, hat natürlich Obiges keine Anwendung.

Zu §. 76.

Dieser §. fliesst aus dem vor. §. *R. Salomon ben Aderet respons.* 811 sagt, dass dieses allgemeiner Gebrauch in den Gemeinden (Spaniens) sei, und in Communangelegenheiten auch Verwandte als gültige Zeugen angenommen werden. (Doch machte die Gemeinde zu *Barcelona* nach dem Bericht des *J. ben Scheschet respons.* 195. hiervon eine Ausnahme.) — Bei Zweifeln über ältere Communangelegenheiten oder über Ansässigkeitsrechte (Heimatsrecht) ist das Zeugniss durch Hörensagen, da bei solcher Gelegenheit Augenzeugen oft nicht mehr am Leben sind, gültig. *R. Meïr* aus *Rotenburg respons.* (angehängt zu *Maimonid. Edut c.* 13.). *Chosch. Mischp. c.* 137. §. 22. und Glosse. (Vgl. auch oben zu §. 10. Mit unserm §. stimmt in mancher Hinsicht das englische Recht überein, und sind hierher zu vergleichen einige interessante Fälle bei *R. Phillipps l. l. p.* 193.)

Zu §. 77.

Das talmudische Recht, das die Fähigkeit zum Zeugnisse sonst sehr beschränkt, legt gerade auf diesen in den meisten Gesetzgebungen als Zeugnissunfähigkeit geltenden Punct kein Gewicht. Zwar will ein mischnischer Autor — *Synhedr.* 27[b] 29[a] — dass Freund und Feind unfähige Zeugen seien; und gibt er für den „Feind“ das Criterium an, er hat seit drei Tagen aus Hass nicht mit ihm (gegen den er aussagt) gesprochen, als „Freund“ betrachtet er den Hochzeitsgenossen während der sieben Tage der Hochzeit (so lange dauerten nach einem alten Brauche die Hochzeitsbelustigungen, und wurden gewöhnlich dem Bräutigam Hochzeitgenossen zugesellt, vgl. auch Richter 14, 11 ff.). Doch wird diesem von anderen Autoren (daselbst) mit der Behauptung widersprochen, dass es ein ungegründeter Verdacht sei, dass Jemand aus Freundschaft oder Feindschaft zeugen werde. Es wird also hier sehr auf das Rechtlichkeitsgefühl und die Ehrfurcht vor dem religiösen Verbote ein falsches Zeugniss zu sagen vertrauet; und wenn Verwandte dennoch als unfähig betrachtet werden, so hat dieses seinen Grund in der biblischen Vorschrift. *Maimonid. l. l. c.* 13. §. 15. Vgl. auch zu §. 57. — Nach dem in der Einleitung zu diesem Capitel Bemerkten dürfte so viel feststehen, dass ein alter Gebrauch Zeugen wegen Freund- oder Feindschaft zu verwerfen, nicht bestanden habe (wohl aber hinsichtlich der Verwandtschaft); und dürfte als Grund hier anzusehen sein, weil das Criterium hierfür sehr schwer (wie die meisten Gesetzgebungen beweisen) aufzufinden ist *). Und selbst wenn man die tödtliche Feindschaft (die s. g. *inimicitiae capitales*, vgl. *Glück* a. a. O. S. 154) als einen Maassstab für die Feindschaft annehmen will, so bleibt man noch immer mit der Freundschaft in Verlegenheit. Vgl. auch *Hommel* Art. „Feinde“ und die Anmerk. das. — Dass das talmudische Recht von diesem Gedanken geleitet wurde, dürfte auch daraus hervorgehen, dass es den Freund und Feind unfähig zum Richter erklärt. *Maimonid. Synhedr. c.* 23. §. 6. *Chosch. Mischp. c.* 7. §. 7. nach *Ketubot* 105. Hier ist eine Art Recusations-

---

*) Zu welchen Abirrungen und hierdurch zu welchen Verdrehungen die weite Theorie über den beregten Punct geführt mag beweisen, dass Manche angenommen, wenn Jemand Einem eine Ohrfeige gegeben, sie untereinander als Feinde betrachtet wurden und der Beleidigte kein Zeuge gegen Jenen sein könne. Es räth daher Coepolla: *Si aliquis non habet nisi unum testem contra te, potes hanc adhibere malitiam: videlicet quod tu des ei unam alapham, postea cum ille testis producitur contra te oppones, quod est tuus inimicus.* Vgl. bei Schneider Anmerk 35.

recht (vgl. Einleitung S. 86. Anmerk. 6.): es kann die Partei, wenn sie den Richter sich feindlich gesinnt oder dem Gegner zu sehr geneigt glaubt, ihn zurückweisen. (Doch spricht das talmudische Recht mehr zu dem Richter: wer sich einer Partei geneigt oder abhold weiss, der soll in diesem Processe nicht Richter sein *). Vielleicht mochte auch, da, wie oben mehrfach erwähnt wurde, im mosaisch-talmudischen Rechte der Zeuge eigentlich der Ankläger ist, die Regel, dass Feindschaft unfähig mache, nicht gut haben stattfinden können, da schon in dem Begriffe „Ankläger“ etwas Feindliches liegt, und dieser als Feind nicht nur in den Augen des Angeklagten, sondern auch manches nicht tiefer Eingehenden erscheint. Wenn sich gegen den Staatsanwalt des neueren Anklageprocesses eine solche Ansicht nicht geltend macht, so ist zu erwägen, dass er vom Staate hierzu angestellt ist, eine feindliche Tendenz also ihm nicht untergeschoben werden kann (und wo dieses, wie z. B. dem berüchtigten Fouquier Thinville der französischen Schreckenszeit, wie ist er ein Gegenstand des Hasses!), und dass sein Beruf sogar sei, die Rolle des Vertheidigers zu übernehmen. Vgl. Braun a. a. O. S. 15. — Wo demnach die Anklage eine Bürgerpflicht ist und sie nicht der öffentliche Anwalt vertritt, ist eine Norm für Feindschaft schwer aufzustellen; und haben auch andere alte Gesetzgebungen, wie das attische Recht, Plato in seinen *Legg.* Feindschaft nicht als Unfähigkeit zum Zeugnisse herausgehoben.

Wir schliessen diesen Abschnitt mit der kurzen Bemerkung, dass im talmudischen Rechte der Beweis durch Zeugen ganz auf Mündlichkeit gegründet ist, und dieses Princip

*) *Sema* zu *Chosch. Mischp.* c. 33. §. 1. erklärt den Unterschied zwischen Zeugen und Richter: „der Zeuge hat blos seine Wahrnehmung treu wiederzugeben, und dieses kann er sowohl als Freund wie als Feind. Der Richter aber muss eine Geistesoperation vornehmen, muss die beiderseitigen Gründe prüfen, Schlüsse machen u. s. w.; und da ist es unausweichbar, dass nicht das Gefühl der Freundschaft oder Feindschaft Einfluss übe, und der Richter trotz seinem besten Willen von ihm bestochen werde“. Indessen dürfte in psychologischer Hinsicht doch Manches gegen den ersten Satz einzuwenden sein; das Gefühl übt nicht selten uns selbst unbewusst sowohl auf die Wahrnehmung wie auf die Wiedergebung manchen Einfluss.

hier in seiner Consequenz durchgeführt ist. Daher kennt nicht das talmudische Recht eine Uebergabe der Beweisartikel, Directorium, Zeugenrotulus und andere aus dem schriftlichen Verfahren herrührende Förmlichkeiten. Die Parteien müssen beim Antritte des Processes genau die Klage und Einrede nach allen ihren Umständen angeben (*Maimonides Toen Wenitan. Chosch. Mischp. c.* 75. §. 1.); und ist dieses vorzüglich erforderlich, wenn dem Richter Manches in der Klage oder Einrede trügerisch erscheint. Vgl. *Glosse l. l.* Der Partei wird nun, wenn sie angibt, dass sie Zeugen habe, eine Frist von dreissig Tagen zu deren Herbeischaffung (und dieses gilt auch für jedes andere Beweismittel) gestattet; und kann nach Umständen eine noch längere Frist eingeräumt werden (wenn z. B. dem Gericht bekannt, dass die angegebenen Zeugen gegenwärtig waren und sie nun an einem entfernten Orte wohnen), oder sie auch auf noch weniger als dreissig Tage beschränkt werden (wenn der Richter erkennt, dass der Aufschubsforderung eine Chicane zu Grunde liege). *Chosch. Mischp. c.* 16. §. 1. Eine Dilation wird ferner gestattet, wenn Product sie verlangt, um sich über die Klage zu orientiren: der Richter bestimmt hier die Dauer der Dilation sowie er auch zu ermessen hat, ob dem Verlangen des Producten nicht eine Ausflucht nur, um den Process in die Länge zu ziehen, zu Grunde liege. *Glosse* zu §. 2. das. — Sind die dreissig Tage zur Herbeischaffung der Beweismittel verstrichen und diese nicht herbeigebracht worden, so wird das Urtheil gesprochen Eine peremtorische Frist wird nicht gesetzt, und wird, wenn je die Partei den Beweis bringt, der Process revidirt; es sei denn, dass sie selbst gesagt, dass ihr keine Beweismittel zu Gebote stehen: bringt sie hernach dennoch deren, so haben sie durch jenes frühere Geständniss (Verzicht) keinen Werth. Doch kommt es auch hier auf Umstände an. So z. B. wenn die Zeugen in weite Länder verreist waren; hier lag in der Angabe der Partei, dass ihr keine Beweismittel zu Gebote stehen, kein Geständniss und Verzicht, sondern die physische Unmöglichkeit die Beweise herbeizuschaffen. Oder es hat der Vater einer der Parteien ein Convolut Urkunden bei Jemandem aufzuheben gegeben (nach einigen Autoren die Partei selbst), und es findet sich unter diesen eine hierher bezügliche Urkunde, von der also die Partei leicht nichts wissen konnte (und nach der andern Meinung die Partei selbst vergessen haben konnte). Dieses gilt in einem noch höherm Grade, wenn ein Process gegen den Erblasser anhängig gemacht wird; waren die Erben noch minderjährig bei dessen Tode, so kann ihre Angabe, dass keine Beweismittel ihnen zu Gebote stehen, in keiner Weise gegen sie geltend gemacht werden, da sie sehr leicht von den ihnen in der That zu Gebote stehenden Beweisen nichts wissen mochten. Das Ausführliche hierüber *Synhedr. f.* 31. *Maimonid. Synhedr. c.* 17. §. 6—10. *Chosch. Mischp. c.* 20.

Dieses sowie die meisten §§. des Capitels für den Civilprocess, der auch aus den in der Einleitung angegebenen Gründen vollendeter als der Criminalprocess erscheint.

Zum zweiten Abschnitt.

Das mosaisch-talmudische Recht kennt für Criminalfälle nur den Zeugenbeweis als Beweismittel; hinsichtlich anderer Beweisarten ist zu vergleichen oben Ende des ersten Capitels, und ist hier nur noch Manches über den Eid für Criminalprocess zu erwähnen. Dass auch der Eid nicht als Beweismittel in Criminalsachen anwendbar sei, liegt in der Natur des mosaisch-talmudischen Criminalprocesses, und kann er hier weder als Zuschiebungs- noch als Reinigungs- oder als Ergänzungseid vorkommen. Der Eid durch Zuschiebung ist kein Element des mosaischen Rechts (vgl. weiter); der Reinigungseid ist hier nicht anwendbar, da er nur dann als Beweismittel anzusehen ist, wenn der Angeschuldigte nicht schwört und sich hierdurch als schuldig erklärt (wobei freilich schon der Ausdruck „Eid als Beweismittel" unlogisch ist, da hier gerade der Nichteid das Beweismittel ist, vgl. *Mittermaier* Beweis S. 483. 484): das mosaisch-talmudische Criminalrecht legt aber auf Selbstgeständniss keinen Werth. Ueberhaupt ist es im grössten Widerspruche mit dem Accusationsprincip den Angeklagten zum Selbstgeständniss, wenn auch nur moralisch, zu zwingen (vgl. oben S. 174) und musste daher den alten, auf dieses Princip gebauten Gesetzgebungen der Eid in Criminalsachen unbekannt sein. Und ist man endlich doch selbst im Inquisitionsprocesse von diesem Beweismittel zurückgekommen und zur Einsicht gelangt, dass es ganz ungeeignet zur Eruirung der Wahrheit sei, da, berücksichtigt man die Verhältnisse des Lebens, der Angeklagte sich in einer solchen Collision zwischen dem Rufe der Selbsterhaltung und der Stimme des Gewissens befindet, dass nur die grösste Gewissenhaftigkeit sie zu lösen und jenen Ruf zu überhören vermag; wird solche nicht in dem Inculpaten vorausgesetzt, so ist in den meisten Fällen anzunehmen, dass er den (falschen) Eid leisten und sich der Strafe entziehen werde (vgl. *Mittermaier* das.). — Der Erfüllungseid findet ebenfalls nicht statt. Soll er von dem Angeklagten zur Ergänzung seiner Einrede geleistet werden, so ist er eigentlich ein Reinigungseid (vgl. *Malblanc doctrina de jurejurando* §. 75. *Note* 384.); soll ihn der Ankläger zur Vervollständigung seines Beweises schwören, so ist, abgesehen davon, dass der Accusationsprocess einen solchen Eid nicht kennt (vgl. *Glück* Commentar 12. Thl. S. 388), er schon an sich nach dem Princip des mosaisch-talmudischen Rechts, das einen Eid gegen ein Recht nicht zulässt (vgl. weiter) nicht anwendbar; denn der Angeklagte ist im Besitze eines Rechts auf sein Leben, seine Ehre, seine Freiheit. — Das mosaisch-talmudische Recht erwähnt daher nirgends eines Eides in peinlicher Beziehung; und wenn hier ein Eid vorkommt, so findet dieser nur statt nach der civilrechtlichen Seite, von welcher aus das mosaisch-talmudische Recht manches Criminelle anderer Gesetzgebungen, wie Diebstahl, betrachtet.

Zum ersten Titel.

Quellen: Tract. Schebuot vom 6. Cap. an und andere Talmudstellen. Mispete Schebuot (*modi juramentorum*) von *B. Hai Gaon**). — *Alfasi* und *R. Ascher ad loc.* und a. a. O. – –

---

*) In diesem trefflichen Werke, das sich gleich fern vom trocknen Schematismus wie von weitläufiger Discussionsweise hält, stellt der ge-

Schaare Schebuot (*portae juramentorum*) von *R. Jizchak ben Rëuben Barceloni* *). — *Maimonides* **Toen Wenitan** (*de actore et reo*) und sonst. — *Choschen Mischpat h. t.* — Ferner viele Responsen mehrerer oben S. 110 ff. angeführter Autoren.

Ueber das Princip des Eides und das Formelle der Eidesleistung haben wir bereits in unserer Schrift die „Eidesleistung" gehandelt, und werden wir nur, so weit es zur Einheit des Ganzen nothwendig ist, hier nochmals Manches erörtern. Der gegenwärtige Titel hat den Eid als **Beweis** im Auge, gibt die verschiedenen Arten des rechtlichen Eides und wem er auferlegt wird an: die Anwendung auf die besondern Fälle des Rechts gehört in die specielle Rechtslehre.

Wichtig dürfte hier vor Allem sein die Verschiedenheit der Grundlage des rechtlichen Eides zu erkennen, die zwischen dem mosaisch-talmudischen Recht und dem römischen Recht obwaltet. Im römischen Recht war nach dem Vorbilde des attischen Rechts der Eid ursprünglich ein Vergleichsmittel; man kommt überein das für wahr anzunehmen, was der Gegner beschwören wird (vgl. *L.* 1. *D.* 12. 2.) und gehet also die Eidesauflegung eigentlich von den Parteien aus (vgl. bei *Glück* S. 219. 233.). Daher ist die Eidesdelation, sowohl die aussergerichtliche (*juramentum voluntarium*) als die gerichtliche (*jur. judiciale*) hier von grosser Wichtigkeit; und kann nach *L.* 34. §. 6. *D.* 12. 2. *L.* 9. *C.* 4. 2. *L.* 25. §. 3. *D.* 22. 3. selbst derjenige, der seine Behauptung noch nicht

---

feierte Verfasser die Quellen oben an, deducirt aus ihnen in bündiger, stricter Weise und rollt so vor den Augen des Lesers die Resultate ab. Das Werk selbst, ursprünglich arabisch geschrieben, enthält eine kurze Einleitung über die Rechtskraft des Eides überhaupt, und zerfällt dann in zwei Abtheilungen, deren erste die Fälle des Reinigungseides, die andere die Fälle des Ergänzungseides umfasst. Dieses Werk ist nur in der hebräischen Uebersetzung erschienen, Venedig J. 5362 (1602 der übl. Zeitr.), vgl. *Rappoport* Bikkure Haïttim 10. Jahrg. S. 82.

*) Der Verfasser giebt hier in zwanzig Pforten, deren jede in Unterabtheilungen, die letzte in dreisig Unterabtheilungen, zerfällt, die Fälle des Eides wieder. Sein Werk stehet zwar an Concinnität hinter dem vorgedachten des R. Hai zurück, ist aber doch gedrängt und hat mit jenem die Quellenangabe so wie die Deductionsweise gemein. In den Ausgaben ist es dem zweiten Theile des Buches Alfasi angehängt.

wahrscheinlich gemacht hat, selbst wenn sie sogar unwahrscheinlich scheint, den Eid deferiren (vgl. Glück S. 284. 285.): nur bediente man sich hiergegen (d. i. zum Schutze des Delaten) des Eides für Gefährde (*jur. calumniae L.* 34. §. 4. *D.* 12. 2. *L.* 25. §. 3. *D.* 22. 3., und seit Justinian sehr weitläufig ausgesponnen, vgl. *L.* 2. *pr. C.* 2. 50). Dass das römische Recht den Reinigungseid kenne, wird verneint; ob es den Ergänzungseid kenne, wird bezweifelt. Vgl. Glück S. 373—378.

Ein ganz anderes Verhältniss zeigt sich im mosaisch-talmudischen Rechte. Der rechtliche Eid ist hier ursprünglich der gerichtliche, der vom Richter auferlegte Reinigungseid. In dieser Gestalt tritt er schon in der Schrift — Exod. 27, 10 — hervor; und bildet er auch die Grundlage des talmudischen Rechts. Es folgt von selbst hieraus, dass schon einiger Beweis für den Producenten vorliegen müsse (vgl. weiter zu §. 79.), da sonst der Richter nicht den Producenten zur Eidesleistung veranlassen könnte. Anderseits aber kann die Eideszuschiebung hier nur sehr wenig in Anschlag kommen (vgl. §. 103.) und ist die Eideszurückschiebung nur von untergeordnetem Moment, da der Eid ein zuerkannter nothwendiger Eid ist, von dem der Beklagte sich nicht entbinden kann (vgl. auch Glück S. 389).

Zu §. 78.

Vgl. Eidesleistung S. 8—11. Die Definition des Eides „Anrufung Gottes zum Zeugen der Wahrheit und Rächer der Unwahrheit" ist schon von Mehreren als dem Begriff des Eides zuwider zurückgewiesen worden. Vgl. *Glück* S. 183. *Schneider* §. 55. Anmerk. — Wenn übrigens die, Eidesleistung S. 10. angeführte Meinung des Maimonides, dass der rechtmässige Eid einen Theil der Gottesanbetung ausmache und es verdienstlich sei zur Wahrheit zu schwören, von einem etwas späteren Autor, *R. Moses ben Nachman*, bestritten wird, der auch beim Bewusstsein der Wahrheit den Eid nicht als Verdienst ansiehet (man also auf ihn verzichten kann, eine Ansicht die Manches für sich hat, da menschliche Schwäche nicht selten Wahrscheinlichkeit mit Gewissheit identificirt), so thut dieses doch der dortigen, aus der Schrift hergeholten Definition des Eides keinen Abbruch.

Zu §. 79.

Es wurde bereits bemerkt, dass die Schrift nur den Reinigungseid kennt: und wird diesem gemäss *Mischna Schebuot* 44[b.] der Grundsatz aufgestellt: „Alle Schwörende nach der Schrift schwören und bezahlen nicht", d. i. die Schrift kennt nur einen Eid für den Producten. Der Eid der Schrift wird theils durch deren eigene Angabe, theils durch Erklärung einiger Schriftstellen (vgl. *Baba Mezia* 3[a.] *Schebuot* 40[a.] u. a. a. O.) für die drei im §. gedachten Fälle angenommen. Es kann also der Eid ursprünglich nicht einen Besitz aufheben, sondern soll er über die Einrede des Producten gegen eine mit manchem Grunde gegen ihn vorgebrachte und mit Recht zweifelerregende Klage vergewissern. Dieser tritt bei den Fällen des §. offenbar hervor. Das theilweise Geständniss — A fordert von B die Zurückzahlung hundert ihm geliehener Gulden, und B sagt er schulde ihm nur funfzig — weiset, da ein Geständniss gemacht worden ist, deutlich darauf hin, dass Producent Anrecht und Zutritt zur Klage habe. (Würde aber Product ganz leugnen, so wäre er mit einem eigentlichen Eide nicht zu belasten, da hier noch gar nichts für die Begründung der Klage spricht. Vgl. auch Eidesleistung S. 48. Das Ausführlichere über theilweises Geständniss weiter und im 2. Titel. Vgl. vorzüglich zu §. 125.) — Bei der Aussage eines Zeugen liegt (nach gewöhnlichem Rechtsausdrucke) ein halber Beweis vor. Ebenso wird bei dem dritten Fall die Zulässigkeit einer Forderung von dem Producten zugestanden: dass Producent den Gegenstand in Verwahrung gegeben und ihm das Depositum nicht zurückgestellt worden sei, wird nicht in Abrede gestellt: nur will Product durch ein unverschuldetes Abhandenkommen des Depositums (vgl. Exod. 22, 7. 10.) sich von der Pflicht der Restituirung entlasten; diese seine Einrede nun soll er durch den Eid bewahrheiten (vgl. *Baba Kama* 107[b.] *Maimon. Schaala Upikadon*, d. i. *de rebus commodatis et depositis* c. 4. §. 1. c. 6. §. 3.). — Noch wird ein Fall des biblischen Eides angeführt: A fordert von B 100, die dieser ganz in Abrede stellt. Es treten nun Zeugen auf, die von einem Darlehn von 50 wissen, so hat hier B wie beim theilweisen Geständnisse einen Reinigungseid auf die anderen 50 zu leisten (*Baba Mezia f.* 3. *seq.* vgl. auch *R. Nissim* zu *Schebuot f.* 40.). *Barceloni* führt auch in der That, in der vierten Pforte seines oben benannten Werkes, vier Fälle des biblischen Eides an; allein da der zuletzt gedachte Fall nicht ganz unangefochten ist (vgl. *Baba Mezia* 5ᵃ·), so nahm ihn Maimonid. und nach ihm Chosch. Mischp. nicht unter die rein biblischen Eide auf und räumte ihm (c. 4. §. 10.) seine eigene Rubrik ein (*Chosch. Mischp.* c. 75. §. 4.).

Ein tieferes Eingehen zeigt, dass das älteste jüdische Recht (die Schrift, nach obiger Auffassung) den Eid nicht als ein vollkommenes Beweismittel ansiehet; er vermag nicht ein Besitzrecht (ein solches hat Product unstreitig an seinem Eigenthum, von dem er nach der Klage des Producenten einen Theil herausgeben soll) aufzuheben, sondern soll er den anscheinend triftigen Anspruch des Producenten entkräftigten. Der Eid ist also auf der Seite dessen, wo schon ein natürliches Recht (im Talmud häufig unter dem Ausdruck חזקה vgl. weiter Einleitung zum 4. Tit.) sich findet. Dieses ist auch ganz der Grundlage des Eides des mosaisch-talmudischen Rechts gemäss. Denn da hier der Eid, wie oben bemerkt wurde, nicht aus der Natur des Vertrages, sondern aus dem rechtlichen Erkenntnisse derivirt, der Richter ihn absolut auflegt, so ist dieser da, wo der Eid ein natürliches Recht aufhebt, hierzu nicht ermächtigt *). — Diese Rücksicht auf das natürliche Recht (Besitzrecht des Producten) scheint übrigens im gemeinen Rechte zu wenig in Anschlag gebracht worden zu sein, wie es die so häufig discutirte Frage: ob bei einem halben Beweise der Ergänzungs- oder der Reinigungseid aufzulegen sei, und manche Rechtslehrer sich für den ersteren entscheiden, Andere es dem richterlichen Ermessen anheimstellen (vgl. *Glück* a. a. O. S. 383), darthut. Allein der Producent will hier ein natürliches Recht (das des Beklagten an seinem Besitzthum) aufheben und sein Recht erst nachweisen, Product hingegen ist unstreitig schon im Besitze eines natürlichen Rechts; daher beim halben Beweise billig der Eid dorthin zu deferiren ist, wo ein unzweifelhaftes Recht sich findet: also dem Producten (Reinigungseid).

*) Im römischen Recht, wo nach dem Grundzug des Vertrages die Partei — der Product — deferirt, schwört natürlich der Producent so Product hierauf anträgt, da er hierdurch seine Einwilligung, sich seines Rechtes auf den Eid des Producenten zu begeben, ausspricht.

Zu §. 80

Wenn die Schrift nur den Reinigungseid kennt (v. §.), so ging die Mischna (*Schebuot* 44. 45.) weiter und führte auch den Erfüllungseid ein, den Eid des Producenten, und ist durch dessen Ableistung der Product verpflichtet, der Forderung Genüge zu leisten (nach mischnischem Ausdrucke: „diese schwören und nehmen"). Dieser Eid wird, wie die von der Mischna angeführten Fälle zeigen, geleistet: 1) wenn die Forderung des Producenten begründet ist, die Einwendung des Producten, dass er schon befriedigt habe, auf einem leicht zu entstehendem Irrthume beruhen mag; 2) wenn Product selbst über seine Einrede gegen die begründete Klage ungewiss ist; 3) wenn Product als Verdächtiger nicht zur Eidesleistung zugelassen werden kann (vgl §. 92.); 4) wenn bedeutende Indicien gegen den Producten sprechen. Wir geben hier die einzelnen Fälle wieder und knüpfen an sie manche für das talmudische Recht wichtige Folgerungen.

Der Erfüllungseid wird zuerkannt dem Tagelöhner, der seinen Lohn fordert und der Miethsherr behauptet ihm demselben schon gegeben zu haben. Da der Miethsherr mit den Tagelöhnern (und der Auszahlung des Tagelohns an diese) beschäftigt ist, so kann er leicht vermeinen einem Tagelöhner schon seinen Lohn gegeben zu haben, wenn es auch noch nicht geschehen ist. (Doch wird *Talm. ibid.* hinzugefügt, dass der Tagelöhner in der Zeit, wo der Miethsherr auszahlt, z. B. des Abends, gefordert haben muss, dass Zeugen da seien, dass er gemiethet gewesen u. s. w. vgl. *Chosch. Mischp* c. 89.). — Ferner wird dieser Eid zuerkannt: A sagte dem Krämer B, er werde ihm seine Arbeiter schicken und soll er ihnen den Lohn, den er (A) ihnen schulde, für ihn auszahlen. Diese behaupten hierauf nichts empfangen, der Krämer behaupten ihnen ausgezahlt zu haben. A hat hier nur eine zweifelhafte Einrede, hingegen gestehet er selbst ein, dass die Arbeiter an ihm eine Forderung haben, ferner, dass er an B den Auftrag für ihn auszuzahlen ertheilte, ohne dass er von ihm verlangt dieses vor Zeugen zu thun (nach heutigem Gebrauche sich darüber quittiren zu lassen). Es schwören daher die Arbeiter, dass sie nicht empfangen und bezahlt A ihnen den Lohn; und schwört ferner B, dass er ausbezahlt und muss ihm ebenfalls A die Summe, die er in seinem Auftrage auszahlen sollte, entrichten *). — Es wurde hieraus später auf andere analoge Fälle gefolgert; so wenn A sagte zu B, leihe mir 100 Gulden und entrichte sie meinem Gläubiger C. C stellt den Empfang in Abrede, B aber behauptet die 100 Gulden ihm gegeben zu haben; B und C schwören und A bezahlt an beide *Maimonid. Malwe Welowe* (*de creditore et debitore*) *c.* 16. §. 5. Ferner — wenn auch etwas verschieden — wenn ein Schuldner durch Jemanden an seinen Gläubiger die ihm schuldige Summe überschickt, und der Gläubiger nichts empfangen haben will, der Bote aber behauptet sie ihm gegeben zu haben (*Chosch. Mischp. c.* 121. §. 9. vgl. oben zu §. 73. 74.). — An Obiges, die vom Producten anerkannte und durch keine bestimmte Einrede wiederlegte Forderung ist auch ein anderer mischnischer Erfüllungseid anzureihen, den der Ehemann bei Amelioration der seiner Gattin gehörenden Grundstücke über die Höhe der gehabten Auslagen schwört (*Mischna Ketubot* 79[b].); und es wird diesem gemäss auf jede mit Willen des Besitzers vorgenommene Amelioration gefolgert (*Chosch. Mischp. c.* 91.).

An die Anerkennung des Rechts der Forderung und deren Gegentheil knüpfen sich noch andere wichtige Rechtssätze. So wenn A von B eine Summe fordert, die er behauptet ihm als Darlehn gegeben zu haben; B gestehet zu, dass er die Summe empfangen, er zweifelt aber, ob er sie nicht schon zurückgezahlt, so wird diese Einrede zurückgewiesen und muss er an A, ohne dass dieser einen Eid zu leisten braucht, die Schuld entrichten. Zweifelt aber B ob er das Geld empfangen, so wird A trotz seiner Behauptung der Gewissheit zurückgewiesen, weil seiner Behauptung die Anerkennung fehlt (und vermag sie daher nicht das jenseitige anerkannte Besitzrecht aufzuheben, vgl. v. §.) *Ketubot* 13[b]. *Baba Batra* 118[a]. und ist diese dortige Meinung die angenommene *Maimon. Toën c.* 1. §. 9. *Chosch. Mischp. c.* 75. §. 9. (Hierher ist ferner zu vergleichen *Baba Mezia* 97[b]. wo zwar Manches der obigen Theorie zu widersprechen scheint. Vgl. jedoch *Tosefot* anfangend הלוה und *Nimuke Joseph.*) Doch muss Product nach der spätern Einrichtung (vgl. zu §. 82.)

---

*) Wir haben schon Eidesleistung S. 45. Anmerkung 86 darauf aufmerksam gemacht, man hierher nicht Eid und Gegeneid wie die attische προωμοσία und ἀντωμοσία zu beziehen sei.

den rabbinischen Eid schwören, dass er wirklich zweifele; das., vgl. auch Ende dieses Titels. Noch wird *Baba Kama l. l.* hinzugefügt, dass um vor Gott — vor seinem Gewissen — gerechtfertigt zu sein, Product an Producenten die Summe zahlen soll: vgl. ausführlich *Chosch. Mischp. l. l.* §. 9—12.

Ueber Verdächtige vgl. weiter zu §. 95.

Der Erfüllungseid bei Indicien. Die Mischna führt hier an: „der Beraubte schwört" und erklärt dieses: wenn Jemand in ein Haus hineinging, sich widerrechtlich an den Sachen des Hausbewohners zu pfänden (überhaupt ihm etwas widerrechtlich wegzunehmen), und er dann behauptet von seinem Vorhaben abgestanden zu sein, der Hausbewohner aber behauptet, dass er ihm seine Sachen genommen, so schwört dieser den Erfüllungseid. Doch wird dieses erklärt (vgl. *Talm.* das. 46 und die Commentatoren), es haben Zeugen gesehen, dass er mit einigen Sachen herausging; er also schon in jedem Falle des unrechtmässigen an sich Reissens sich schuldig gemacht hat. (Nach *Maimonid. Gesela — de raptu* — c. 3. §. 16. gilt dieses selbst wenn er eine wirkliche Forderung an ihm hatte, durch das eigenmächtige Verfahren wird er als ein Rechtsräuber angesehen, vgl. auch weiter Einleit. zum 4 Tit. und wird überhaupt in allen diesen Fällen aus dem Motive der Bestrafung dem Producten nicht der Eid zugestanden. Das. *c.* 4. §. 1. vgl. auch *Tur. c.* 90. Nach Raschi zur Mischna aber scheint dieses wegen der hier obwaltenden Indicien.) Der auf diese Weise Beraubte legt einen Eid ab auf die Höhe des Werthes der nach seinem Vorgeben ihm entrissenen Sachen. Doch ist er nur beglaubigt über Gegenstände, von denen anzunehmen ist, dass er sie besessen habe; hingegen kann er, wenn er als ein armer Mann bekannt ist, nicht darauf schwören, dass Jener ihm Edelsteine entwendet habe. Vgl. ausführlich hierüber *Alfasi ad loc. R. Hai* 2. Abtheilung 2. Pforte. *Barceloni* 20. Pforte. *Maimonid. l. l. c.* 4. *Chosch. Mischp. c.* 90 *). — Die Mischna hat noch einen andern

---

*) An diese Beeidigung über die Höhe des Werthes (*juramentum quantitatis*) werden noch andere Fälle angeknüpft: wenn A einen Geldbeutel des B genommen und ihn ins Wasser geworfen, wenn A das Haus des B angezündet und dessen Geräthschaften verbrannt sind u. s. w.; B schwört in diesen Fällen, wie viel sich in dem Beutel, in dem Hause u. s. w. befunden. *Baba Kama* 62 *a. Chosch. Mischp l. l.* und §. 298. 388. 418. Hier

offenbarern Fall auf Indicien: „Der Verwundete schwört", d. i. man sah A unversehrt in das Haus des B, in welchem nur dieser allein sich befand, hineingehen und er kommt verwundet heraus (und sie waren schon früher in Zwist mit einander begriffen, *R. Meir Halewi*, bei *Tur l. l.* §. 23.). A sagt nun B habe ihn verwundet, B aber behauptet A habe sich selbst verwundet, so wird dem A der Eid zugestanden; (dieser hat aber nur eine civilrechtliche Beziehung. Vgl. oben S. 304. *Maimonid.* Erklärung zur Mischna und *Chobel Umasik* — *de vulnus et damnum inferente* — c. 5. §. 1. erblickt auch hier eine Bestrafung gegen Raufbolde ff.; doch scheint die Meinung des *R. Abraham ben David* das., dass hier die Indicien den Eid auf Seite des Producenten veranlassen, wahrscheinlicher). Zuweilen braucht der Verwundete auch nicht zu schwören. Wenn nämlich Zeugen ihn — wie oben — haben gesehen eintreten, und ein Anderer ausser dem angeblichen Verwunder nicht in dem Hause war, und er kommt heraus mit Merkmalen von Verwundung die ihm nur ein Fremder beigebracht haben kann, z. B. mit einem Biss im Rücken u. dgl., so wird B, ohne dass A beeidet wird, zum Schadenersatz verurtheilt. *Talm. l. l.* 46$^{b.}$ *Maimon. l. l. Chosch. Mischp. c.* 30. §. 14. *c.* 90. §. 16. — Hieran werden noch andere Fälle geknüpft; als: es sahen Zeugen den A in ein Haus hineingehen und sie wissen, welche Gegenstände sich darin befanden; nachdem derselbe herausgegangen, und ehe ein Anderer eingetreten, haben sie diese Gegenstände nachgezählt und es werden einige vermisst, diese Gegenstände sind aber von der Art, dass sie nicht in eine Zimmerritze ff. gefallen sein können, so wird Jener als der Entwender angenommen. *Chosch. Mischp. l. l.* §. 6. (Hier dürften zwar die Zeugen als Betheiligte erscheinen, da A gegen sie geltend machen wird, sie haben die Gegenstände entwendet; allein nach der formellen Wahrheit zeugen hier Zwei gegen Einen. Ueberhaupt findet dieser Fall seine Anwendung, wenn das Gericht selbst sich sogleich, nachdem A das Haus verlassen, an Ort und Stelle

---

ist ein *juramentum in litem*; doch bemerken wir, dass das talmudische Recht den Affectionseid nicht kennt, sondern wird nur der wirkliche Werth bezahlt, und nicht der, den er in den Augen des Besitzers hatte.

begad und es so wie oben gefunden.) — Derartige unleugbare Indicien werden in Civilsachen als überzeugend betrachtet, obschon in peinlichen Fällen auf sie nicht erkannt wird (vgl. oben S. 180 ff.). Doch gelten in der Regel auch in Civilfällen trotz der gegenüberstehenden Meinung eines Autors Indicien nicht als Beweismittel. Vgl *Baba Batra* 93[a.] u. a. O. *Maimon. Niske Mamon (de damnis quoad pecuniam) c.* 8. §. 14. *Chosch. Mischp.* c. 408. §. 2.

Die Mischna — *Schebuot l. l.* und *Ketubot* 87 — führt noch andere Erfüllungseide an, die auf Fälle sich beziehen wo Producent eine Urkunde producirt und bewahrheiten soll, dass sie noch nicht gezahlt sei. Dieses gilt vorzüglich, wenn die Urkunde gegen Waisen, gegen die Käufer producirt wird (hier auch ohne Einrede des Producten); wenn die Urkunde eingestandenermassen theilweise gezahlt ist und Producent sie ganz gezahlt haben will u. a. m. Wir werden in diesem und im 3. Titel auf manche dieser Fälle zurückkommen. Im Allgemeinen sind die Bestimmungen der Mischna ausgeprägt und überheben sie über die ganze Scala des halben und mehr oder minder als halben Beweises, auf der die Rechtsgelehrten noch bis auf den heutigen Tag hinauf und hinuntersteigen, ohne festen Fuss fassen zu können.

Zu §. 81.

Der biblische Reinigungseid beziehet sich, wie aus §. 29. erhellt, nur auf eine gegründete Forderung des Producenten; die Mischna hat den Reinigungseid auf Fälle erweitert, wo der Producent selbst ungewiss ist, ob er gar eine Forderung (Ursache zur Klage) habe, aber sich für ihn manche Berechtigung zeigt, von dem Producten Gewissheit über seine Zweifel zu verlangen. Die Mischna führt hierfür an: Associes, Pächter (Gärtner, vgl. zu §. 70.), Vormünder, Hausverwalter u. dgl. m. Hat z. B. der Associe seinen Mitcompagnon in Verdacht, dass er ihm etwas im Geschäft veruntreuet, so muss dieser den mischnischen Reinigungseid schwören. Dieses gilt auch von den anderen vorbenannten Personen; nur ist bei Vormündern zu merken, dass nur der vom Gericht eingesetzte Vormund mit dem Reinigungseide belastet werden kann; aber nicht der von dem Erblasser ernannte Vormund. Vgl. *Gittin f.* 52 *Chosch. Mischp. c.* 93 und

290. Vgl. auch Manches bei *Mendelsohn* Ritualgesetze 2. Hauptstück 1. 2. Abschnitt.

Als Ursache für diese Eide wird *Schebuot* 48[b] angegeben, weil Associes, Verwalter ff. sich nicht selten für ihre Mühewaltung Manches erlauben, was ihnen strengrechtlich nicht zukommt; und also der Verdacht nicht ganz ungegründet ist. Vgl. auch *Barceloni l. l.* 18. Pforte. Vgl. ferner weiter zu §. 93. 94. (Ueber den römischen Manifestationseid vgl. *L.* 22. §. 10. *C.* 6. 30. und kann nach röm Rechte bei Erbschaften der Sclave auf Ungewissheit peinlich — durch Tortur — befragt werden.)

Zu §. 82.

Der Eid dieses §. schreibt sich aus einer spätern talmudischen Einrichtung her, — der Urheber ist der oben S. 103 benannte, in Babylon lebende R. Nachman, — und wird er dem Producten (selten dem Producenten) dort zuerkannt, wo er nach der Mischna keinen Eid abzuleisten hätte. So z. B. bei der gänzlichen Ableugnung einer Forderung; nach der Mischna schwört Product nicht, vgl. zu §. 79; nach der talmudischen Einrichtung muss er (obschon Producent keinen erweislichen Rechtszutritt hat) einen Eid leisten, weil für den Producenten die Präsumtion spricht, dass er nicht die Unverschämtheit haben würde, eine Forderung zu machen, wenn er hierzu gar keinen Grund hätte (*Schebuot* 40[b]). Doch will eine Meinung *Talm. l. l.* und mehrere nachtalmudische Autoren, dass es auch beim rabbinischen Eide eines Rechtszutritts bedürfe, so z. B. A macht an B eine Forderung von Hundert und er gestehet sie ihm ein; den andern Tag verlangt er diese Summe, und B sagt, er habe sie ihm schon ausgezahlt. Leugnete aber B von vorn herein, dass er etwas schulde, so kommt auch der rabbinische Eid nicht. Diese Meinung führt auch *R. Hai* 1. Abth. 5. Pforte an, spricht sich aber für die erstere (die auch allgemein angenommen ist) aus. Vgl. auch *Tosefot ad loc.*, wo *R. Hai* nicht genau citirt ist *). Dieser Eid wurde auch in vielen

---

*) Doch ist nach einer nachtalmudischen Einrichtung (vgl. *Resp.* 37. bei *Maimonid. Sefer Mischpatim*) die Auflegung dieses Eides dem richterlichen Ermessen anheimgegeben: siehet nämlich dieser die Unwahr-

anderen Fällen auferlegt: so z. B. wenn A von B eine gewisse Summe fordert und B bezweifelt, ob er sie empfangen habe (vgl. zu §. 80.), so schwört B, dass er wirklich zweifele. *Chosch. Mischp. c.* 75. §. 9. — Dieser Eid — „Eid der Lehrer", rabbinischer Eid genannt — ist überhaupt in sehr häufigem Gebrauche bei den nachtalmudischen Autoren *).

Die folg. §§. werden manchen Unterschied zwischen den obigen Eiden und diesem Eide zeigen. Es findet sich aber noch ein anderes Merkmal, dass bei den obigen (den mischnischen) Eiden das Gericht den die Eidesableistung Verweigernden als schuldig erkennt, und ihn zur Bezahlung anhält; bei dem rabbinischen Eide aber nur einen dreissigtägigen Gerichtsbann **) verhängt und ist dieser fruchtlos, auch einige (körperliche) Bestrafung, auf Bezahlung aber wird nicht erkannt. *Talm. l. l.* 41[a.] *Chosch. Mischp. c.* 87. §. 9. (Zwar wird auch bei dem mischnischen Eide im Verweigerungsfalle nicht auf Bezahlung gedrungen, doch gehet dieses hier aus der Natur dieses Eides selbst hervor. Bei dem Erfüllungseide §. 80. wird Producent, wenn er nicht schwören will, mit seiner Klage natürlich abgewiesen; und §. 81. ist keine bestimmte Klage da, sondern beruhet sie nur auf einem Zweifel. Vgl. *Chosch. Mischp. l. l.*)

Zu §. 83.

Der biblische Eid nach *Schebuot* 38[a.], der mischnische nach den *Geonim*, vgl. *Tur c.* 87. §. 22. *Bet Joseph* das.

---

scheinlichkeit der Forderung ein; es fordert z. B. ein Bettler von einem Reichen eine bedeutende Summe, die er als Darlehn gegeben haben will und von der unglaublich, dass sie Producent je besessen, so scheint es hier nur auf eine Chicane abgesehen: Producent hofft, dass Product sich mit ihm abfinden werde; und legt also der Richter letzterm keinen Eid auf.

*) *R. Hai* führt im Eingange noch eine Art Verwahrung (denn nur so kann Folgendes benannt werden) an: es kann die unterliegende Partei überhaupt aussprechen, dass, wer ihr Unrecht thue, der sei in Bann, verwünscht. Diese Verwahrung kommt häufig im talmudischen Rechte vor.

**) Das jüdische Gericht bediente sich zur Ausführung des Urtheiles des Bannes gegen Tergiversanten; und nahm man zu ihm aus Mangel an anderen Zwangsmitteln seine Zuflucht. Die Mischna scheint noch nicht den Gerichtsbann für civilrechtliche Fälle zu kennen.

und *Chosch. Mischp. l. l.* §. 13.; für den rabbinischen Eid das. ohne Anfassung eines heiligen Gegenstandes; ferner §. 18. das. ohne Anrufung des Namenn Gottes, sondern blos „ich schwöre.“ (*Maimonid. Schebuot c.* 11. §. 13. ist anderer Meinung, es wird ihm aber nicht beigestimmt. Vgl. *J. ben Schescbet resp.* 437.) Das Ausführliche hierüber, sowie über die Gradation des Eides und dass die talmudische Rechtslehre auf das Intensive desselben viel Gewicht lege, vgl. Eidesleistung S. 31. Ferner S. 34. über die Gegenwart des Klägers beim Eide ff. — Der rabbinische Eid ist im Grunde nur als eine feierliche Versicherung anzusehen, ungefähr wie im gemeinen Rechte bei dem aussergerichtlichen Eide die Formel: „bei dem Worte der ewigen Wahrheit.“ Vgl. *Glück* 12. Thl. S. 190.

Zu §. 84.

Dass die Eideszuschiebung des römischen Rechts dem talmudischen Rechte fremd sein musste, gehet, wie oben erwähnt wurde, aus dem ganzen Wesen der mosaisch-talmudischen Eidesleistung, wo der richterliche Eid die Grundlage bildet, hervor; der Richter kann nicht willkürlich einen Eid deferiren, er muss einen rechtlichen Grund für die Zuerkennung des Eides haben und kann dann aber auch der Eid von dem Delaten nicht verweigert werden (vgl §. 87. 93.). Hingegen findet sich im talmudischen Rechte eine Eidesanschiebung, die wieder dem römischen Rechte unbekannt ist. Ist Jemand Einem einen Eid abzuleisten schuldig, so kann dieser dem Delaten einen Eid über eine andere Forderung (oder Forderungen) zuschieben, auf die an sich ein Eid nicht abgeleistet zu werden braucht. Folgendes Beispiel diene zur Erörterung. Der Product A hat an den Producenten B einen Eid wegen theilweisen Geständnisses zu leisten (§. 79$^{7\cdot}$). Nun macht B an A noch eine Forderung geltend, die aber dieser gänzlich in Abrede stellt, also (wir sehen einstweilen von der spätern Einrichtung des rabbinischen Eides in diesem Falle — zu §. 82. — ab) an sich keinen Eid auf seine Einrede zu leisten braucht; da er aber an B wegen der Forderung mit theilweisem Geständniss einen Eid ablegen muss, so schiebt ihm B — das Gericht für B — auch wegen der andern ganz in Abrede gestellten Forderung einen Eid zu. Diese Eideszuschiebung findet auch statt, wenn der eigentliche Eid, d. i. auf den erkannt wurde, nur der rabbinische war; ferner ist kein Unterschied, ob dieser eigentliche Eid ein Reinigungseid (§. 79.) oder ein Erfüllungseid (§. 80.) war, oder auf zweifelhafte Forderung (§. 81.) zuerkannt wurde. Auch kann der Eid auf Forderungen über Gegenstände geschoben werden, bei denen an sich kein Eid nach talmudischem Rechte stattfindet (§. 89.). Nach dem talmudischen Ausdrucke (*Kidduschin* 28[a.]) kann sogar ein Eid bis auf die persönliche Freiheit angeschoben werden: „schwöre mir, dass du nicht mein Knecht bist" *). Nur bei dem Erfüllungseide des Tagelöhners (zu §. 80.) findet eine Eidesanschiebung nicht statt. *Schebuot* 48[a.] — Die Zurückschiebung des adhärirten Eides gehet nicht an; und selbst wenn der Beklagte den eigentlichen ihm zuerkannten Eid nicht leistet, sondern sich zur Bezahlung des eigentlichen Streitobjectes (auf das der ursprüngliche Eid zuerkannt wurde) bekennt, muss er nicht minder den auf die spätere Klage angeschobenen Eid leisten. Das Ausführliche hierüber *Kidduschin* 27 ff. *Schebuot l. l. R. Hai l. l.* 2. Abtheil. 5. Pforte f. 6. 7. *Barceloni l. l.* 17. Pforte (der in dem zuletzt gedachten Punct anderer Meinung ist). *Maimonid. Toën c.* 3. *Chosch. Mischp. c.* 94.

Der Adhärirungseid (nach dem Ausdrucke der talmudischen Rechtslehre גלגול שבועה „Anschiebung des Eides") wird *Kidduschin l. l.* aus einer Schriftstelle durch Analogie abgeleitet; und scheint hier der Gedanke zu Grunde zu liegen, dass, da Kläger schon einen gegründeten Rechtszutritt zu dem Beklagten hat, dieser also in dem Verdachte eines Unrechts gegen jenen stehet, der Kläger auch mit jeder andern Klage zuzulassen sei: nur muss sie, wenn Kläger selbst ungewiss

---

*) Auch die römische Eidesdelation erstreckt sich auf alle Privatklagen, selbst auf jene, unter denen des Beklagten Ehre leidet, wie z. B. ob er nichts gestohlen, die Ehefrau, ob sie nichts bei Seite geschafft (*actio rer. amotar.*) u. dgl. m. Vgl. *L.* 9. §. 2. *L.* 28. §. 6. *D.* 12. 2. *L.* 11. §. 1. *D.* 25. 2. und *Glück* a. a. O. S. 263—268. Im römischen Rechte kann für dergleichen Klagen nur darin eine Berechtigung gefunden werden, dass der Kläger sich im Verweigerungsfalle zur Eidesleistung (Eidesrelation) bereit erklärt.

ist, eine Rechtsvermuthung für sich haben. *Tosefot Baba Mezia* 97a. *Chosch. Mischp. l. l.* §. 2. *).

Zu §. 85.

Chosch. Mischp. c. 75. §. 17. Die oben §. 79. 81. angeführten Fälle haben ihre Begründung wie das. erklärt wurde. Wenn also A vermeint, bei B 100 Gulden zu haben (er ist dessen nicht gewiss) und B stellt die Forderung in Abrede, so wird selbst der rabbinische Eid nicht zuerkannt. Auch in dem Falle, dass A vermeint, die 100, die er von B geborgt, seien von diesem noch nicht zurückgezahlt worden, B aber behauptet mit Bestimmtheit, sie zurückgezahlt zu haben, so kommt ebenfalls kein Eid, obschon eingestanden wurde, dass A eine Forderung (also einen Rechtszutritt) gehabt. — Für den andern Theil des §. vgl. *Chosch. Mischp. l. l.* §. 23. Der Zeuge veranlasst einen Eid, selbst wenn der Producent sich seiner Klage nicht mit Gewissheit bewusst ist, und sie nur auf diesen Zeugen gestützt vorbringt (der Zeuge hat z. B. gesehen, wie Product etwas entwendet hat ff.). Hier wird der biblische Eid — wie §. 79b. — geschworen. Doch muss dieser Zeuge vor Gericht erscheinen und selbst gegen den Producten aussagen; behauptet aber der Producent, dass er es von glaubwürdigen Männern gehört habe, so erfolgt selbst der rabbinische Eid nicht (das. vgl. auch *Schach* Anmerk. 82). Auf eine ungewisse Anklage muss ferner ein Eid (der rabbinische) geleistet werden, wenn sie sich der Gewissheit nähert; so z. B. wenn Jemand seinen Kasten erbrochen findet und es war Niemand im Hause ausser dem Producten. *Glosse l. l.* (Hier kann also der Producent mit einiger Gewissheit seine Klage anbringen. Bei Zeugen erfolgt in solchem Falle der mischnische Eid. Vgl. zu §. 80.)

Wir bemerken hier noch zur Aussage eines Zeugen: sie veranlasst, wie unser §. sagt, einen Eid, selbst wenn Pro-

*) Mendelsohn (Jahrbücher für preuss. Gesetzgebung 116. Heft 3. Stück S. 413) nennt diesen Eid „Nebeneid", welches aber dem eigentlichen Begriffe, den die Rechtslehre mit Nebeneid (*juram. minus principale*) verbindet und dahin den Eid für Gefährde, Editionseid ff. rechnet, der also doch in eigentlichem (wenn auch nicht wesentlichem) Zusammenhang mit dem vorliegenden Rechtsfall stehet, nicht ganz entspricht.

ducent an sich nicht mit Gewissheit auftritt; doch entlastet sie auch wieder vom Eid, wenn sie zu Gunsten dessen ist, dem ein Eid zuerkannt wurde. Wenn also beim theilweisen Geständniss 79a. ein Zeuge dafür auftritt, dass Product nur den Theil, den er zugestanden, schulde, so findet eine Eidesleistung nicht mehr statt. *Chosch. Mischp. c.* 87. §. 6. Ebenso entbindet auch der Zeuge vom Erfüllungseide. *Glosse* das. — Ist Zeuge gegen Zeuge, so tritt wieder die auf die Partei fallende Eidesleistung ein. *Schach ibid.* Anmerk. 15. gegen *R. Iserlein* (16. Jahrh.), der in diesem Falle die Partei von der Eidesleistung entbunden glaubt.

Zu §. 86.

R. Hai und *Maimonid. Toën c.* 1. §. 15. (da, wenn auch der Promittent sein Versprechen eingestehet, er doch nicht angehalten werden kann, es zu erfüllen). Selbst wenn das Versprechen von einem Schwure begleitet war, so involvirt es noch immer nicht eine rechtliche Verbindlichkeit: der Promittent ist zwar religiös und moralisch verpflichtet, seinen Schwur zu halten, doch kann nicht Producent mit einem Rechte hervortreten und durch dasselbe den Producten zur Erfüllung seines Schwures anhalten: daher denn auch ein Eid nicht stattfindet. Vgl. *J. ben Scheschet resp.* 344. — Diese Regel tritt auch anderwärts hervor: ein Eid findet nur statt, wenn im Falle des Eingeständnisses von Seiten des Producten er rechtlich zur Bezahlung verurtheilt wird. Vgl. *Schebuot Mischna* 35[a]. —

Zu §. 87.

Der in diesem §. vorgetragene Satz ist einer der einflussreichsten des talmudischen Rechts und bildet ein Axiom, auf das viele Fälle zurückgeführt werden Es wurde schon zu §. 84 bemerkt, dass, da das talmudische Recht eigentlich nur den richterlichen Eid kennt und eine Zurückschiebung nicht stattfindet, so wird, wenn Delat den ihm zuerkannten Eid nicht leisten will, die Behauptung der Gegenpartei als erwiesen angenommen. Dieses erstreckt sich aber auch darauf, wenn Delat diesen Eid nicht leisten kann, welches sich auf zweierlei Weise herausstellt: *a*) Delat kann ihn nicht leisten, weil er ungewiss ist; *b*) er kann den Eid auf den eigentlichen Rechtspunct, auf welchen die Ableistung verlangt wird, nicht schwören. Für Ersteres den Fall: es fordert A von B 100 Gulden, B gestehet 50 zu, von den anderen 50 sagt er, er wisse nicht, ob sie ihm A gegeben. Hier liegt dem B nach seinem theilweisen Geständnisse der biblische Eid (§. 79a.) auf die anderen 50 ob; und da er von diesem ihm zu Gebote stehenden Rechtsmittel nicht Gebrauch machen kann, so gilt obiger Satz und wird die Klage als erwiesen angesehen (*Baba Mezia* 98[a]. *Maimonid. Toën* c. 1. §. 7. *Chosch. Mischp.* c. 75. §. 13.). — Für *b.* führen wir zuerst folgenden einleuchtendern Fall an: A fordert von B eine Summe, die er ihm geliehen und worauf auch ein Zeuge aussagt; B gestehet zwar dieses zu, allein er wendet ein, dass A ihm eine ähnliche Summe schulde. Hier liegt B ob, die eigentliche Klage des A zu entkräften, da ein Zeuge für diesen aussagt und den biblischen Eid (§. 79b.) veranlasst: B muss also der eigentlichen Verbindlichkeit, die ihm aus diesem Klagepunct hervorgehet — der Eidesleistung gegen die Aussage der Zeugen — Genüge thun. Allein diesen Eid kann er nach seinem eigenen Geständnisse nicht ablegen: es bleibt also die eigentliche Eidesleistung unerfüllt und wird die Klage als erwiesen angesehen. Vgl. *Maimonides Toën l. l.* §. 7. *Chosch. Mischp. l. l.* §. 13. (wo hinzugefügt wird, dass die Forderung von der Art sein muss, dass dem Producten die Einrede, er habe schon zurückbezahlt, nicht zu Gebote stehet. Vgl. 2. und 4. Titel).

Diese Norm, dass der Eid stets direct gegen die Aussage des Zeugen geleistet werden muss, fliesst aus einem im *Talmud Baba Batra* 33. 34. *Schebuot* 32. 47. vorkommenden Fall, den wir hier ganz wiedergeben. „A hatte B eine Silberbarre entrissen in Gegenwart eines Zeugen, welcher auch dieses vor Gericht aussagte. A antwortete hierauf: ja wohl habe ich sie ihm entrissen, allein sie gehörte mir. Der Richter (R. Ammi) zweifelte nun, wie hier das Urtheil zu fällen sei. A zur Bezahlung verurtheilen? Es sind aber nicht zwei Zeugen da (würden zwei Zeugen aussagen, dass er dem B den Gegenstand entrissen, so würde ihm seine Einrede, der Gegenstand gehöre ihm, nichts nützen, da sonst sich Jedermann unter diesem Vorwande der Sache des Andern bemächtigen könnte, vergl. die

Commentatoren das. und weiter Einleit. zum 4. Titel). Ihn lossprechen? (weil er angibt, dass er das Seinige genommen, und hier noch aus der zu Gebote stehenden bessern Einrede, da er hätte leugnen können, dass er gar etwas genommen, vgl. 4. Titel); allein es sagt ein Zeuge gegen ihn aus (dass er genommen und so fällt auch die bessere Einrede weg). Ihn schwören lassen (auf seine Behauptung)? Allein da er selbst eingestanden, dass er den Gegenstand genommen, so ist er zu dem ihm auf die Aussage des Zeugen obliegenden Eid unfähig. Hierauf ertheilte ein anderer anwesender Lehrer (R. Abba) den Bescheid: er ist schuldig zu schwören, kann aber nicht schwören, daher muss er bezahlen." Folgendes zur nähern Erklärung. Wenn B den A vor Gericht fordert, dass er ihm einen Gegenstand weggenommen und Product gestehet zwar dieses zu, gibt aber an, dass der Gegenstand ihm gehört habe, so findet seine Einrede Glauben: da, würde Product hier eine Unwahrheit vorbringen, er von vorn herein eine bessere Einrede, wodurch er jedes Streites ledig wäre, entgegengehalten haben würde, nämlich er habe nichts genommen (die Theorie weiter 4. Titel ausführlich). Hat B vor zwei Zeugen den Gegenstand genommen, so wird auf seine (obige) Einrede nicht gehört und wird er vielmehr als Räuber angesehen (vgl. *R. Sam. ben Meïr* das.). Sagt endlich ein Zeuge aus, dass die Behauptung des Producenten wahr sei (B hat das Object genommen) und Product stellt das Ganze in Abrede, so leistet er, wie 79b., den biblischen Eid. Aber Product gestand bei dem obigen Vorfalle zu, dass er genommen, brachte jedoch eine anderwärtige Einrede herbei; jede Klage aber wird nur entkräftet, indem der Eid, der gegen sie geleistet werden soll, wirklich geleistet wird, welchem aber hier Product nicht genügen konnte. — Diese Norm wird mitunter kurz unter dem Ausdrucke: „die Norm des R. Abba bei der Silberbarre" (נסכא דר' אבא) angeführt

In Fällen, wo Product nur den rabbinischen Eid zu leisten hat (vgl. zu §. 82.), gilt nicht die Regel, „wenn er nicht bezahlen kann, muss er schwören" *Chosch. Mischp. l. l.* §. 14. nach *R. Meïr Halewi* bei *Tur* §. 17. Hingegen sind die Meinungen getheilt, wie es mit dem Adhärirungseid (§. 84.) zu halten sei; ob, wenn Product diesen nicht leisten kann, weil er über die angeschobene Klage ungewiss, hier auch die Norm des R. Abba gelte. Vergl. *Chosch. Mischp. l. l.* §. 15.

Zu §. 88.

Dieser §. gründet sich auf den Satz: „Wer einmal der falschen Einrede überwiesen ist (nach talmudischem Ausdrucke „wer sich als Ableugner herausgestellt“ הוחזק כפרן), dem stehet in dieser Angelegenheit nicht mehr Einrede und Eid zu.“ A macht B klagbar wegen einer ihm geliehenen Summe und B leugnet, etwas empfangen zu haben: hierauf bringt A Zeugen, in deren Gegenwart er dem B die Summe übergeben, und nun wendet B ein, dass sie ihm A als Geschenk oder Abzahlung einer Schuld gegeben, so wird auf diese Einrede nicht gehört (*Schebuot* 34[a.]). Ebenso: A fordert von B eine Summe und B leugnet das Darlehn ab; A bringt Zeugen und nun sagt B er habe schon zurückbezahlt, so wird diese Einrede nicht angenommen (*Baba Mezia* 17[a.]) und braucht Producent selbst den rabbinischen Eid nicht zu schwören. *Chosch. Mischp. c.* 79. §. 8. Vergl. ferner auch weiter zu §. 124.

Der obige Satz „wer einmal geleugnet ff.“ hat auch seine Geltung, wenn Producent eine recognoscirte Urkunde producirt; und findet überhaupt häufige Anwendung. *Chosch. Mischp. l. l. c.* 69. §. 2. u. a. a. O. *Tur c.* 41. §. 11. Doch muss die Ableugnung vor Gericht sein, aussergerichtlich thut sie der Einrede keinen Eintrag (vgl. folg. Titel). Auch müssen Zeugen gegen die Ableugnung auftreten; wenn aber Product, selbst wenn es schon zur Eidesleistung kommt, seine frühere Ableugnung zurücknimmt und eine andere Einrede vorbringt, so wird er nicht als „Ableugner ff.“ betrachtet und gehet er nicht der Einrede und des Eides verlustig (vergl. weiter zu §. 105. 131. *Sema c.* 75. Anmerk. 24. gibt als Ursache an, weil Product doch auf seine jetzige Aussage schwören will, also der ihm obliegenden Eidesleistung nachkommt.)

Zu §. 89.

Der Eid wird nach *Mischna Schebuot* 38. *Talm.* 39. nur dann zuerkannt, wenn die vom Producten in Abrede gestellte Summe sich mindestens auf die Höhe von zwei Silberstücken beläuft und das Zugestandene (79[a.]) eine Peruta, das Abgeleugnete mindestens zwei Maïn ausmacht.

(Ueber den Werth dieser angegebenen Münzen vgl. *R. Hai l. l.* 1. Abtheil. Eingang f. 2. *Maimonid. Toën c.* 3. §. 1. *Chosch. Mischp. c.* 88. §. 1. Ferner *Zunz* zur Literatur und Geschichte S. 539). Doch macht die Klage auf Geräthschaften oder wenn Producent einen Zeugen hat (§. 79b.) eine Ausnahme, und muss hier ohne Unterschied der Eid geleistet werden. *R. Hai* und *Maimonid.* nach *Talm. l. l. Chosch. Mischp. l. l.* 3. 4. Abweichende Meinungen über Geräthschaften vgl. *Schach* das. Anmerk. 2. und 4. Bei der Klage über Deposita (79c.) sind ebenfalls die Meinungen über die Höhe der Summe, die einen Eid veranlasst, getheilt. Das. §. 5.

Das Object muss ferner bestimmt sein, d. i. Producent muss genau in Zahl, Mass oder Gewicht seine Forderung angeben und Product sie in solcher Weise in Abrede stellen. Sagt also Producent, er habe einen Beutel mit Geld (ohne eine Zahl zu bestimmen) aufzuheben gegeben und Product erwidert, es wären zehn Silberstücke darin gewesen, so wird nicht auf Eid erkannt. Ebenso im umgekehrten Falle, wenn Producent zwar eine bestimmte Summe fordert, Product aber entgegnet, er habe wohl einen Beutel mit Geld empfangen, allein da es ihm nicht zugezählt worden, wisse er nicht, wie viel in dem Beutel gewesen u. dgl. m. *Mischna l. l. Maimonid. l. l. Chosch. Mischp. l. l.* §. 23. 24. Doch wird allenthalben der rabbinische Eid zuerkannt. Vgl. *Chosch. Mischp.* §. 7.

Ueber den andern Theil des §. sagt die *Mischna l. l.* 42[b], dass auf Immobilien (wenn z. B. A sagt, B habe ihm zwei Häuser verkauft und dieser gestehet nur Eines zu), Heiligthümer, Urkunden und Sclaven kein Eid geleistet werde (d. i. der biblische, der rabbinische Eid wird nach der spätern Einrichtung geleistet. *Chosch. Mischp. c.* 95. §. 1.). Dieses wird dort aus einer Bibelstelle abgeleitet, und motivirt Manches *R. Hai* 1. Abtheil. 5. Pforte. Der Eid findet nur statt zwischen Menschen und Menschen; zwischen Menschen und Gott ist der Eid am unrechten Orte. (Heiligthümer gehören Gott an, der Eid wird bei Gott geleistet: was kann er also nützen? Wo der Verdacht des Sacrilegiums obwaltet, welche Auskunft soll der Eid geben?). Bei Immobilien kann beim theilweisen Eingeständniss der biblische Eid nicht auferlegt werden, weil hier das Eingeständniss wie das Uebergeben eines Theiles der Forderung anzusehen ist (vergl. zu §. 125. zu Ende), denn Immobilien sind nicht entwendbar. Doch wird bei letzteren der rabbinische Eid, bei Heiligthümern auch dieser nach R. Hai nicht aufgelegt Vgl. aber *Chosch. Mischp. c.* 95. §. 1. dass allenthalben der rabbinische Eid.

Zu §. 90.

Mischna Schebuot 38 Ein Kind nie zum Eide zuzulassen. Vgl. *R. Abr. ben David zu Sechirut c.* 11. §. 6. und *R. Jehuda de Rosanes* (*Mischne Lemelech*) das. Ferner *Chosch. Mischp. c.* 89. §. 2. und *Maimon. Toen c* 5. §. 10 Auch ist dieses ganz analog der Regel, dass nach der Heiligkeit des Eides derselbe einem Verdächtigen, selbst wenn die Gegenpartei einwilligt, nicht zugestanden wird. Vergl zu §. 99. — Das römische Recht, den Eid als Vertrag im Auge behaltend, hat hier von der Heiligkeit des Eides und dass er im Munde eines Kindes entwürdigt werde, abgesehen und gestattet, dass auch einem Kinde ein Eid deferirt werden kann. Vgl. *L.* 26. *D.* 12. 2. „*Qui jurasse dicitur nihil refert cujus sexus aetatisve sit: omni enim modo custodiri debet jusjurandum adversus eum, qui contentus eo, quum deferret, fuit.*" Die Partei war zufrieden mit dem Eide des Kindes, da sie ihm denselben deferirte und so hat er Gültigkeit. (Aber diesem gemäss auch natürlich nur zum Nutzen des Kindes, nicht zu dessen Nachtheil. Vgl. *L.* 34. §. 2. *h. t.* und *Glück l. l.* S 206.) Besser hat das canonische Recht die Heiligkeit des Eides bewahrt, und schliesst (*canon.* 14. 15. *Causa XXII. qu.* 5.) Unmündige bis zum zurückgelegten vierzehnten Jahre von der Eidesleistung aus.

Zu §. 91.

Auf Klagen eines Kindes (und Wahnsinniger ff.) wird nach *Mischna l. l.* ein Eid nicht zuerkannt. Doch soll nach Mancher Meinung, wenn ein Zeuge zu Gunsten des Kindes aussagt, der Eid, nach Analogie von §. 85. — Aussage eines Zeugen bei ungewisser Klage — geleistet werden müssen. Auch in den Fällen, bei denen, da eine Veranlassung vorliegt, auch die ungewisse Klage den Eid herbeiführt (§. 79c. §. 81.), soll ebenfalls nach Einigen auf die Klage eines Kindes der Eid zuerkannt werden. Vergl. *Maimonides*

Sechirot c. 2. §. 7. (jedoch von *R. Abr. ben David* das. bestritten). *Chosch. Mischp. c.* 92. §. 1.

Nach der nachtalmudischen Einrichtung wird, damit Kinder nicht recht- und schutzlos seien (Jedermann ihnen, was sie etwa haben, aus den Händen reisse), auf deren Klage der rabbinische Eid geleistet. (Doch wollen Einige, dass sie schon ein gewisses Alter — 8 bis 9 Jahre — erreicht haben, da früher ihre Klage als nichtig angesehen wird.) Vgl. *Maimonid. Toën c.* 5. §. 10. *Chosch. Mischp. l. l.* §. 2. *Tur* § 9. (vgl. oben zu §. 8. 24. die englische Gesetzgebung).

Zu §. 92.

Maimonid. Toën 2. 1. *Chosch. Mischp. c.* 92. §. 1. nach *Mischna Schebuot* 44[a]. Selbst wenn Producent zufrieden ist, dass der Verdächtige den Eid leisten soll, so wird dieser doch nicht zum Eide zugelassen. Vgl. weiter zu §. 98.

Das Ausführliche über Verdächtige wurde übrigens schon zu §. 43 — 51. besprochen, und führen wir hier noch an, wie durch Ableugnung (§. 50.) die Unfähigkeit zur Eidesleistung (und zur Zeugnissablegung) eintrete. Jede Ableugnung mit einem Eid macht durch den Meineid unfähig. Ableugnung eines Darlehns ohne Eid macht nicht unfähig (weil vielleicht Product jetzt nicht im Stande ist zurückzuzahlen, vgl. Eidesleistung S. 48 ff.); Ableugnung eines Depositums aber, das die Zeugen zu derselben Zeit in der Hand (Gewalt) des Depositen gesehen, macht auch ohne Hinzufügung eines Eides unfähig zur Eidesleistung. *Chosch. Mischp. l. l.* §. 3. 4.

Zu §. 93. 94.

Wir haben den Ausdruck Eideshinüberschiebung" gewählt, weil der Begriff Eideszuschiebung und Eideszurückschiebung dem talmudischen Rechte nicht adäquat ist. Im talmudischen Rechte, das nur den richterlichen Eid kennt (vgl. zu §. 84. 87.), kann nur davon die Rede sein, dass der Eid, den eine Partei zu leisten hat, auf die andere hinübergeschoben wird, und zwar, wie dieser und die folg. §§. besagen, in zweierlei Hinsicht: entweder Delat schiebt den Eid auf die Gegenpartei hinüber — freiwillige Eideshinüberschiebung — oder es siehet sich das Gericht hierzu nothgedrungen. Also hier weder eine Eidesde- noch Relation im Sinne des römischen Rechts.

Beim rabbinischen Eide findet die freiwillige Hinüberschiebung — wie im §. — statt und macht dieses, nach *Schebuot* 41ᵃ·, den Unterschied zwischen dem rabbinischen und dem biblischen Eide, bei welchem, als dem nothwendigen Reinigungseide, eine Hinüberschiebung, wie oben mehrfach erwähnt wurde, nicht stattfinden kann. Wir lassen hierüber, sowie wie es mit dem mischnischen Eide zu halten sei, R. Nissim *ad loc.* sprechen: „Bei den Fällen des biblischen Eides spricht Vieles gegen den Producten; er muss sich also hiervon durch den Eid reinigen oder er bezahlt: eine Hinüberschiebung findet nicht statt. Bei den Fällen des rabbinischen Eides liegt im Grunde dem Producten kein Eid ob, er leistet ihn nur zur grössern Vergewisserung und kann er ihn daher auf den Producenten hinübertragen. Wie ist es aber zu halten mit dem mischnischen Eid (dem Ergänzungseid)? Hier gibt es manche Fälle, wo es schon als eine dem Producenten zu Theil gewordene Rechtsvergünstigung anzusehen ist, dass ihm der Erfüllungseid zugestanden wurde, so der Tagelöhner, bei Entwendung, Verwundung (vergl. zu §. 80.); will also Producent nicht schwören, so findet eine Hinüberschiebung nicht statt. Hingegen gibt es hier wieder andere Fälle, wo im Grunde Producent gar keinen Eid leisten sollte, wie z B. wenn er den Waisen eine Schuldurkunde ihres verstorbenen Vaters producirt u. dgl. m. (vgl. §. 80. zu Ende): hier dürfte ein Hinüberschieben auf den Producten stattfinden. Dieses scheint auch die Meinung Raschi's zu sein; Alfasi aber hält dafür, dass beim mischnischen Eide nie eine Hinüberschiebung stattfinde." *R. Ascher* zu *Ketubot* 88ᵃ motivirt das Nichthinüberschieben beim mischnischen Erfüllungseide folgendermaassen: „Ein Hinüberschieben ist nur zu denken vom Producten auf den Producenten, indem ersterer zu letzterem sagt: du forderst von mir, schwöre und ich will zahlen. Mit welchem Rechte aber kann Producent den ihm obliegenden Eid auf den Producten hinüberschieben? Dieser hält ihm entgegen: willst du deine Forderung durch einen Eid beweisen, gut, so will ich zahlen: willst du sie nicht beweisen, so hast du nichts mit mir zu thun." — Die obige Meinung Alfasi's wird als Norm angenommen und findet nie beim mischnischen Eid ein Hinüberschieben statt.

Dieses für den Ergänzungseid. Für den mischnäischen Reinigungseid (§. 81.) kann er auf die Gegenpartei gewiss nicht hinübergeschoben werden, da diese nur eine ungewisse Klage hat und nicht schwören kann (vgl. zu §. 81.). Doch kann nach *R. Meïr Halewi* Product dem Producenten einen Eid antragen, dass er ihn wirklich in Verdacht habe (und sein Antrag auf Eid nicht eine Chicane sei). Also eine Art Gefährdeeid, welchen sonst das talmudische Recht nicht kennt: und der nur hier, weil der eigentliche Eid nur auf eine ungewisse Klage erfolgt, nach Halewi's Meinung stattfindet.

Noch ist zu bemerken: Kommt zu dem rabbinischen Eid ein Adhärirungseid hinzu, so findet, wie leicht begreiflich, ein Hinüberschieben nicht statt. Will jedoch Product den Adhärirungseid leisten und nur den eigentlichen Eid hinüberschieben, oder will er beide Eide zugleich hinüberschieben, so ist ihm dieses gestattet. Es kann aber auch der mischnische Ergänzungseid in einen rabbinischen Eid umgewandelt werden, d. i. wenn Producent sagt, er renuntiire auf seinen Eid (z. B. der Tagelöhner, dass er noch nicht seinen Lohn empfangen), er wolle nicht die Rechtsvergünstigung und möge es verbleiben bei der Einrichtung, nach welcher, wenn Product die Forderung in Abrede stellt, er den rabbinischen Eid leisten muss (vgl. zu §. 82.). Product kann nun wieder diesen rabbinischen Eid auf seinen Gegner hinüberschieben: und schwört dieser nicht, so ist Product von der an ihn gemachten Forderung freizusprechen. — Eine Zurückschiebung kennt (wenn man den obengedachten Fall ausnimmt, wo aber auch keine eigentliche Zurückschiebung ist) das talmudische Recht nicht. Uebrigens findet, wenn beide Parteien damit einverstanden sind, auch beim biblischen Eide eine Hinüberschiebung statt. Das Ausführliche über diesen §. vgl. *R. Hai l. l.* 1. Abtheil. 5. Pforte f. 9. *Barceloni l. l.* 17. Pforte. *Maimonides Toën c.* 1. *Chosch. Mischp. c.* 87. §. 11. 12. c. 94. §. 6. *Tur c.* 87. §. 17. 18. 19.

Zu §. 95—98.

Wir kommen jetzt zu der nothwendigen Eideshinüberschiebung, wenn nämlich die Partei, der der Eid obliegt, wegen irreligiösen oder unsittlichen Wandels zur Eidesleistung unfähig ist. Die Norm „dass, wer einen Eid zu leisten hat und ihn nicht leisten kann, der muss bezahlen" (zu §. 87) findet hier nicht Anwendung, da hier eine ganz andere Beziehung eintritt: der Product kann und will den Eid, so weit es von ihm abhängt, leisten, er schwebt nicht in Ungewissheit über den zu beschwörenden Punct, noch gestehet er den eigentlichen Rechtspunct zu: das Gericht lässt ihn nicht zum Eide zu. Auch wäre, sollte diese Norm hier geltend gemacht werden, der Verdächtige rechtlos, da Jedermann an ihn eine, mit einer Eidesleistung verbundene Forderung stellen könnte und er jedes rechtlichen Vertheidigungsmittels beraubt wäre (*Tosefot Baba Mezia* 5ª). Daher sagt die *Mischna Schebuot* 44., dass, wenn Product verdächtig ist, Producent schwört. — Dieses für den mischnischen Eid und zwar insofern Producent eine Klage mit Gewissheit vorbringt. Gründet sich aber die Klage nur auf Zweifel, wie bei abhanden gekommenen Depositis (§. 79c.), so findet, da Producent nicht schwören kann, eine Hinüberschiebung nicht statt und muss also die Eidesleistung unterbleiben. — Wie es aber beim biblischen Eide (mit Ausnahme von §. 79c.) zu halten sei, wenn beide Parteien verdächtig sind? Hierüber findet sich *Mischna l. l. Talmud* das. 47ª. eine Meinungsverschiedenheit, die sich auch auf die nachtalmudischen Autoren fortpflanzte. Nach Einigen wird der Eid, da ihn Producent, auf den er hinübergeschoben wurde, nicht leisten kann, wieder auf den Producten zurückgeschoben, dem doch eigentlich die Eidesleistung obliegt: und da er sich durch dieses Beweismittel nicht reinigen kann, so gilt wieder die Norm: „wer einen Eid zu leisten hat ff. der muss zahlen." Diese Meinung theilen auch *Alfasi* und *Maimonid.* (*Toën c.* 2. §. 4.) und wird sie *Chosch. Mischp. c.* 92. §. 7. angeführt. Andere halten dafür, dass Product und Producent, da an beiden die Schuld der Unterlassung der Eidesleistung liegt (vgl. *Tosefot ad loc.*), jeder zur Hälfte büsse. Dieser Meinung treten *R. Hai* 2. Abtheil. 4. Pforte und viele Andere bei. Vgl. *Glosse* zu *Chosch. Mischp. l. l.* und *Schach* das. Anmerk.; haben wir sie auch §. 96. aufgenommen.

Ist beim mischnischen Ergänzungseid der Producent verdächtig, so unterbleibt (nach *Alfasi* bei *Tur l. l.* §. 13.) die Eidesleistung, da sie an sich selbst nur eine Vergünstigung ist. *Maimonid. l. l.* §. 5. u. A. erkennen dem Producten den rabbinischen Eid zu; *R. Abraham ben David ad loc.* und *R. Meïr Halewi* (vgl. *Maggid Mischna* das.) wollen endlich, dass bei den Fällen, wo im Grunde der Producent gar keinen Eid zu leisten hätte, wie bei Urkunden gegen Waisen ff. (vgl. oben zu §. 93.), Producenten, wenn er als verdächtig den Eid nicht leisten kann, die Forderung ohne Eidesleistung zugestanden wird. Die Meinung Maimonides' ist die angenommene und wird *Chosch. Mischp. l. l.* §. 9. angeführt, daher sie unser §. 97. wiedergibt. — Ist beim mischnischen Reinigungseid der Product verdächtig (der andere Theil von §. 97.), so unterbleibt die Eidesleistung, da die Klage nur auf Ungewissheit beruhet.

Beim rabbinischen Eide unterbleibt ebenfalls die Eidesleistung, wenn der Product verdächtig ist (§. 98.). Dieses sagt *Talm. l. l.* §. 41[a] und wird als Grund hierfür angegeben: „der rabbinische Eid ist an sich nur eine Einrichtung (d. i. nach dem eigentlichen Rechte bedarf es dessen nicht und wurde er, nur zur grössern Eruirung der Wahrheit, von den spätern talmudischen Autoren eingerichtet), und fügt man ihr nicht eine neue Einrichtung hinzu." — (Dass beim mischnischen Eid, wenn beide Parteien verdächtig, die Norm von §. 96. nicht anwendbar ist, sondern die Eidesleistung ganz unterbleibt, wird dem denkenden Leser sich leicht aus §§. 97. 98. ergeben.)

Zu §. 99.

Maimonid. l. l. §. 8. *Chosch. Mischp. l. l.* §. 13. Ueberhaupt kann ein Verdächtiger, selbst wenn die Gegenpartei damit einverstanden ist, nicht zur Eidesleistung zugelassen werden. *Maimonid. l. l.* §. 1. Sehr scharfsinnig folgert ein nachtalmudischer Autor (*Maggid Mischna l. l.*) diesen Satz aus der im vor. §. angegebenen Norm. Dort wird nicht der Eid hinübergeschoben und unterbleibt, weil Product verdächtig, der Eid Allein unstreitig wäre Producent damit einverstanden, dass der Product den Eid leiste, damit er doch wenigstens ein (wenn auch hier nicht bedeutendes) Rechtsmittel in Händen habe. Es ergibt sich also hieraus, dass ein Verdächtiger, selbst mit Einwilligung der Gegenpartei, nicht zur Eidesleistung zuzulassen sei. — Der Grund hierfür ist, weil in dem Eide eines

Verdächtigen eine Entweihung, eine Herabwürdigung des Eides liegt. Vgl. *Sema Chosch. Mischp. l. l.* Anmerk. 1. vgl. ferner oben zu §. 90. (Nach dem römischen Rechte scheint es der Partei frei zu stehen, auch einem Meineidigen einen Eid zu deferiren. Vgl. *Malblanc l. l.* §. 42. Vgl. jedoch *Glück l. l.* S. 274 ff.)

Zu §. 100.

Die früheren Autoren a. a. O. — Hat Jemand einen Eid nicht nach der Vorschrift geleistet, z. B. den biblischen Eid ohne Anfassung eines heiligen Gegenstandes u. s. w. (§. 83.), so kann er zur nochmaligen rechtmässigen Eidesleistung angehalten werden. *Chosch. Mischp. c.* 87. §. 13. Glosse. Im Gegentheile kann, wenn Jemand den rabbinischen Eid zu leisten hatte, der Richter aber ihm den biblischen Eid auferlegte und er ihn nicht ableistete (und hierdurch in den Verlust des Processes verfiel), derselbe auf Restitution des Processes antragen. Das. vgl. auch *Schach* das. und Ende dieses Titels.

Zu §. 101.

Der wie §. 92. Verdächtige ist genau genommen nicht absolut unfähig zum Eide, sondern nur verdächtig, d. i. es wird aus manchem Vorgange gefolgert, dass es ihm auf einen Meineid nicht ankommen dürfte, und schwindet das Vertrauen zu seiner Wahrhaftigkeit. Vgl. oben S. 248. Gibt er sich nun selbst als verdächtig an, so schadet nach talmudischem Rechte dieses Selbstgeständniss an sich nicht (vergl. oben S. 174 ff.); und wird dem Delaten vorgestellt, dass, da er nicht absolut unfähig ist, er nach seiner bessern Ueberzeugung den Eid leiste oder die Klage zugestehe. *Maimonides l. l.* §. 3. nach *R. Hai.* — Doch gilt dieses nur für den Reinigungseid; hinsichtlich des Erfüllungseides aber wird, da, leistete Delat den Eid er das von ihm Geforderte erheben würde, sein Vorgeben, dass er den Eid wegen Unfähigkeit nicht leisten könne, als eine Renuntiation angesehen, die, wie oben vielfach erwähnt wurde, in Civilfällen stattfindet. *R. Meïr Halewi* bei *Tur Chosch. Mischp. l. l.* §. 5. Vgl. auch *c.* 87. §. 28.

Zu §. 102.

Chosch. Mischp. l. l. §. 7. Glosse und *Schach* Anm. 10. — Da Producent von der Eidesunfähigkeit des Producten gewusst und sich mit ihm eingelassen, so ist anzunehmen, dass er auf das Rechtsmittel des Eides verzichtet.

Zu §. 103. 104.

Der Eid ist vertragsmässig, wenn Product und Producent mit einander übereinkommen, dass letzterer einen Eid leisten und ersterer hierdurch die Behauptung des Producenten als erwiesen ansehen wolle *). Der vertragsmässige Eid erscheint im talmudischen Rechte in verschiedener Gestalt. Es war Product einen Eid zu leisten gar nicht schuldig: die Klage beziehet sich auf ein Object, auf das ein Eid nicht abgelegt wird (vergl. §. 89.), und Product ist einverstanden, dass, wenn Producent den Eid leisten will, er seine Forderung als gegründet anerkenne und ihm das Object abtrete (*Baba Batra* 128a. Vgl. *R. Sam. ben Meïr* das.). — Der Vertrag kann ferner von der Art sein, dass Producent dem Producten den eigentlichen Eid erlässt und sich dafür mit einer feierlichen Versicherung begnügt: so z. B. dass er statt der Ableistung des biblischen Reinigungseides bei seinem Leben schwöre. Oder umgekehrt: Product verzichtet auf den Eid und fordert Producenten auf, dass er bei seinem Leben schwöre. *Mischna Synhedr.* 24. *Maimonid. Synhedr.* c. 7. §. 3 ff. *Chosch. Mischp. c.* 22. §. 3.

Zu §. 105.

Wenn Product vor Gericht erklärt, dass er nicht den Eid leisten, sondern dass er bezahlen will und er nimmt hierauf sein Wort zurück und erklärt sich zur Eidesleistung bereit, so wird diese Erklärung, sobald das Gericht die Acten geschlossen, d. i. den Process für erledigt hält, nicht berücksichtigt. (Nach Einigen kann Product, so lange er nicht die Gerichtsstube verlassen, sich noch immer zur Eidesleistung bereit erklären, nach Anderen sogar so lange die Ge-

1) Im gemeinen Rechte unterscheidet sich der vertragsmässige Eid von dem deferirten, dass bei letzterem Producent dem Producten den Eid auch ohne dessen Willen zuschiebt, bei jenem aber eine Uebereinkunft vorausgehet. Vgl. *Schneider* §. 331 ff. und critische Anmerkung.

genpartei nicht geschworen; doch wird dem zuerst Angeführten beigestimmt.) Vgl. *Chosch. Mischp.* c. 22. §. 3. *Sema* Anmerk. 20. *Schach* Anmerk. 16. Ein aussergerichtlicher Verzicht aber bindet den Producten nicht (vgl. auch zu §. 88.). — Ueber die Versicherung vgl. weiter Einleit. zum 3. Titel symbolische Zusicherung. Diese ist auch aussergerichtlich verbindend. Hierüber *Synhedr. Maimonid. Chosch. Mischp. l. l.* — Auch der vertragsmässige Eid §. 103. 104 ist, wenn der Vertrag gerichtlich gemacht oder durch Versicherung befestigt würde, unwiderruflich.

Das im §. Erwählte gilt auch in seinem ganzen Umfange, wenn Product einen Eid nicht zu leisten hatte und er sich zur Eidesleistung anheischig machte. *Chosch. Mischp. l. l.*

Zu §. 106.

Chosch. Mischp. l. l. nach Analogie der beiden vor. §§. Sind jedoch noch nicht die Acten geschlossen (und beziehendlich der §. 105 angeführten Meinungen hat Product noch nicht die Gerichtsstube verlassen oder die Gegenpartei noch nicht geschworen), so kann Product die Hinüberschiebung zurücknehmen. (Diesem ganz ähnlich das römische Recht, welches ebenfalls dem Deferenten bis zur Sentenz des Richters die Zurücknahme des zugeschobenen Eides gestattet, *L.* 11. C. 4. 1.; wobei jedoch wieder der Unterschied zwischen dem römischen und dem talmudischen Recht hinsichtlich der Zuschiebung zu beachten ist. Nach der Pr. G. O. 10. Tit. §. 289. kann, wenn nicht neue Beweismittel sich darbieten, nach erfolgter Acceptation der deferirte Eid nicht zurückgenommen werden.)

Zu §. 107.

Baba Kama 106[a]. (es sei denn, dass die Partei auf andern Beweis ausdrücklich verzichtet. Vgl. *R. Hai* 1. Abth. 5. Pforte). Wenn also Product ein Darlehn abgeschworen und Producent hierauf eine recognoscirte Urkunde vorbringt, so muss Product bezahlen (*Chosch. Mischp.* c. 87. §. 31.). Oder wenn ein Zeuge gegen den Producten ausgesagt hat und dieser den Eid geleistet (§. 79b) und es tritt dann noch ein anderer Zeuge zu dem ersten hinzu, so gilt dieses als Beweis zweier Zeugen, und wird sogar Product als des Meineides überführt, unfähig zur fernern Eidesleistung (das. §. 29.) *). — Zu merken ist jedoch, dass das talmudische

*) Nach *R. Jakkir* (10—11. Jahrh.) kann, wenn Product den Eid

Recht eine eventuelle Eidescumulation nicht gestattet, daher den Eid nicht zulässt, wenn sich die Aussicht zeigt auf anderm Wege einen Beweis aufzufinden (das. §. 33). — Wenn dem Producten ein Eid zuerkannt wurde und Producent wünscht dass die Eidesleistung verschoben werde, da er Zeugen oder einen andern Beweis zu bringen hofft (d. i. nach *Sema* Anmerk. 6. zu *Chosch. Mischp. c.* 16. zwar nicht einen vollständigen Beweis, denn dieser würde ohnediess die Wirkung des Eides — wie im §. — aufheben, jedoch einen Beweis von der Art, dass der Product von seiner Bereitwilligkeit den Eid zu leisten zurückkommen würde), so wird ihm solches in der Regel zugestanden. *Chosch. Mischp. c.* 24. §. 1. Glosse. — Die Gewissensvertretung des römischen und gemeinen Rechts (d. i. wenn Jener, dem ein Eid zugeschoben wurde, die Unwahrheit des Beweissatzes, welche er beschwören soll durch andere Beweismittel darthun will; vgl. *Glück* S. 327 ff.) wird im talmudischen Recht, da es die eigentliche Eideszuschiebung nicht kennt, nicht erwähnt; doch wurde schon oben S. 300. des gerichtlichen Termins von 30 Tagen gedacht, welcher den Parteien zur Beibringung ihrer Beweise gestattet ist.

Zu §. 108.

Der Mandatar kann als Abgeordneter des Mandanten (das talmudische Recht betrachtet ihn nicht als unumschränkten Stellvertreter; vgl. *Baba Kama* 70a.) nichts was zu dessen Nachtheil ist vornehmen; daher auch nicht den Eid erlassen (auch nicht einen Vergleich eingehen u. s. w.). *Maimonid. Scheluchin* c. 3. §. 9. *Chosch. Mischp. c.* 123. §. 5. — Den andern Theil des §. vgl. *Maim. l. l.* §. 11. *Chosch. Mischp. l. l.* §. 7. Der Producent leugnet nämlich ganz ab und hat den rabbinischen Eid zu schwören (§. 82.), will aber diesen auf den Mandanten hinüberschieben. Er hat zwar hierzu nach §. 93. ein Recht; allein da diesem Hinüberschieben leicht eine List des Producten zu Grunde liegen kann und er solches nur in der Hoffnung

gegen einen Zeugen geleistet, Producent nebst diesem Zeugen mit der Anklage, dass Product in Zukunft als Meineidiger zu betrachten sei, auftreten; denn da Producent keine Forderung mehr macht, ist er nicht als Betheiligter anzusehen und also ein gültiger Zeuge gegen Producten. Doch wird diesem vielfach widersprochen. Vgl. *Chosch. Mischp.* c. 34. §. 27. *Tur* das. und c. 87.

thut, dass der entfernte Mandant nicht erscheinen werde oder damit er Frist gewinne, so wurde die Einrichtung des §. getroffen (vgl. *Kesef Mischna ad loc.*). — Ob Mandatar einen Eid deferiren kann? Dieses könnte nach dem Vorhergehenden nur bei einer uneingeschränkten oder einer Specialvollmacht stattfinden (hiermit zu vergl. *L.* 17. §. 3. *L.* 18. *D.* 12. 2.); allein es kann nach talmudischem Recht nur Kläger einen Bevollmächtigten stellen, Beklagter hingegen muss dem mündlichen Verfahren gemäss selbst vor Gericht erscheinen (*Chosch. Misch.* c. 123. vgl. oben S. 93.). Da nun aber nach den obigen Resultaten (zu §. 93.) im talm. Recht nur eine Eideshinüberschiebung vom Producten auf den Producenten vorkommt, so liegt ein Fall, wo Mandatar einen Eid deferiren sollte, im talmudischen Recht nicht vor. (Wir bemerken hier noch, dass das talmudische Recht einen Eid durch Stellvertreter nicht nur nicht kennt — vgl. Eidesleistung S. 169. —, sondern es geradezu als etwas Undenkbares, Absurdes bezeichnet. Im *jer. Talm. Synhedrin* 6[a]. wird bei der Mischna, dass auch der Hohepriester vor Gericht erscheinen müsse, gefragt: Warum kann er sich nicht durch einen Stellvertreter [אנטלר von ἐντέλλω, Beauftragter, Abgeordneter] vertreten lassen? Und hierauf geantwortet: Wie wenn ihm ein Eid zuerkannt wird, kann etwa der Stellvertreter schwören?)

Ob der Vormund einen Eid hinüberschieben kann? Auch ein solcher Fall kann nach der Weise, wie im talmudischen Recht Vormünder Gläubigern gegenüber sich zu verhalten haben nicht eintreten. Es ist nämlich hier die Regel, dass Gläubiger des Erblassers nur dann von dem Vermögen der Pupillen bezahlt werden, wenn entweder der Erblasser selbst sich beim Sterben als Schuldner bekannte, oder er gerichtlich zur Zahlung verurtheilt war und als Tergiversant starb, oder der Gläubiger mit einer schon beim Leben des Erblassers gerichtlich anerkannten Forderung auftritt *), deren Zahlungszeit beim Ableben des Erblassers noch nicht eingetreten war, da hier ebenfalls nicht anzunehmen ist, dass Erblasser schon seine Schuld entrichtet (vgl. weiter zu §. 196.). In allen diesen Fällen ist aber

*) Eine Zeugenaussage nach dem Ableben des Erblassers findet hier nicht statt, da Pupillen als abwesend betrachtet werden. Vgl. oben zu §. 7. zu Ende. Sie sind auch desshalb über den Besitz ihres Vermögens nur in den weiter gedachten Fällen klagbar.

auch keine Gelegenheit zum Eide. Treten die Gläubiger in anderer Weise als der vorgedachten auf, so wird von dem Pupillenvermögen nicht gezahlt; vielleicht hat Erblasser selbst schon seine Schuld abgetragen oder ein Pfand gegeben, und müssen die Gläubiger sich bis zur Mündigkeit der Pupillen gedulden mit denen sie den Process antreten. Der Vormund kann ihre Klage nicht annehmen, denn er ist nach talmudischem Rechte nur zum Vortheile der Waisen, nicht zu deren Nachtheil gesetzt (vgl. oben S. 64 ff.). — Auch das erwiesene ungerechte Gut des Erblassers, wenn er gestohlen und das gestohlne Gut abhanden gekommen ist, wird von dem Pupillenvermögen gezahlt, ebenso werden die Deposita zurückgegeben; ferner, wenn Erblasser Geld gegen Zinsen von Nichtjuden aufgenommen (von Juden ist dieses nicht gestattet; vgl. oben zu §. 49.), wird von dem Pupillenvermögen gezahlt, damit nicht die Zinsen das Vermögen aufzehren. Vgl. das Ausführliche über diesen ganzen Gegenstand *Baba Kama* 112. *Baba Batra* 7$^{b.}$ und 70$^{b.}$ *Erachin* 22 (die vorzüglichste Quelle). *R. Hai* 2. Abtheilung 10. Pforte *Alfasi* zu *Ketubot* c. 11. zu Ende *Maimonid. Malwe* c. 11. 12. *Chosch. Mischp.* c. 108. 110. 290. — In allen diesen Fällen ist ebenfalls keine Gelegenheit zum Eide.

Es ist aber dem Vormund gestattet zum Nutzen der Pupillen auszuborgen, und wird die Schuld wieder von dem Vermögen der Pupillen zurückbezahlt; vgl. *R. Ascher* zu *Ketubot* c. 11. *Chosch. Mischp.* c. 110. §. 8. Würde nun Jemand von dem Vormund die Rückzahlung einer Summe fordern, die er für die Pupillen erborgt, und der Vormund stellte die Forderung ganz in Abrede, so hätte er nach §. 82. den rabbinischen Eid zu leisten. Hier könnte also ein Hinüberschieben des Eides vorkommen und wäre die Frage, ob solches dem Vormunde gestattet sei. Allein abgesehen davon, dass das talmudische Recht stets auf den Vortheil und die Sicherheit der Waisen bedacht ist und solches auch dem Vormunde zur heiligsten Obliegenheit macht, er also schon aus dieser Rücksicht den Eid nicht deferiren dürfte, so scheint, dass der Vormund hier überhaupt gar keinen Eid zu leisten habe. Denn da Producent selbst sagt, dass der Vormund die Summe für die Pupillen ausgeliehen und er auch nicht an ihm, sondern an dem Vermögen der Pupillen die Forderung macht, der Vormund also kein persönliches Interesse dabei hat, so ist seine Aussage nicht die einer Partei, sondern die eines Zeugen (vgl. *Chosch. Mischp. c.* 290. §. 12. *Glosse* und oben zu §. 74.) und findet nach dem, was zu §. 85. zu Ende bemerkt wurde, hier keine Beeidigung statt. (Ueberhaupt dürfte auf den Fall wo Producent kein persönliches Interesse hat, die Einrichtung des rabbinischen Eides gar nicht zu beziehen sein. Eine Analogie hierfür scheint *Chosch. Mischp. c.* 87. §. 38. *Glosse* zu bieten.)

Ein anderer Fall, wo der Vormund einen Eid abzulegen hat, ist folgender: Wenn Jemand Schuldurkunden zurücklässt und der Schuldner behauptet sie schon bezahlt zu haben, so müssen die Erben schwören, dass der Erblasser ihnen weder mündlich noch durch einen Andern etwas davon gesagt, dass die Schuld schon bezahlt sei, so wie dass sie keine Quittung über die Schuld unter dem Nachlasse vorgefunden haben. Dieser Eid ist ein mischnischer (*Mischna Schebuot* 45[a.]). Hat der Erblasser einen Vormund gesetzt, so muss er, wenn er die Schuldurkunde für die Pupillen einfodert, vorgedachten Eid schwören *). Da aber dieser Eid ein mischnischer ist, so findet auch hier (vgl. zu §. 93.) ein Hinüberschieben nicht statt. — Das talmudische Recht hat also keine Gelegenheit die Eidesdelation bei Procuratoren, Vormündern und Curatoren (vgl. S. 64. Anmerk.) zu erwähnen.

Zu §. 100.

Der erste Satz des §. ist nach *Ketubot* 94[a.], angeführt *Chosch. Mischp. c.* 87. §. 36. *c.* 176. §. 24. — Dieses gilt für den Fall, dass alle Associes oder einer in Namen Aller geklagt und auf den Eid erkannt wurde. Dasselbe Bewandtniss hat es auch, wenn zwar nur einer der Associes geklagt, die anderen aber im Orte anwesend waren und von der Klage hörten und dazu schwiegen; dieses wird als ein Einverständniss mit dem Verfahren des Associes angenommen. Befinden sie sich aber an einem andern Orte, wo also vorauszusetzen, dass ihnen von der angestellten Klage des Associe keine Kunde geworden, so brauchen sie bei dem geleisteten Eide sich keinesfalls zu beruhigen,

---

*) Auch hier wäre eigentlich die Aussage als die eines Zeugen zu betrachten, und findet auch *R. J. Eibeschützer* (*Tumim ad loc.*) die Beeidigung auffallend.

sondern können sie die Klage nochmals anstellen und neue Gründe vorbringen. Vgl. *Ketubot l. l. R. Hai l. l.* 1. Abth. 5. Pforte zu Ende. *Maimond. Scheluchin c.* 3. §. 3. *Chosch. Mischp. c.* 77. §. 9. *c.* 122. §. 9. (und *Schach* Anmerk. 37. 38.) *c.* 176. §. 25.

Der andere Theil des §. ist aus einer Glosse zu Maimon. bei *Sema* Anmerk. 100 zu *c.* 87. und *Ture Sahab* daselbst.

Wir werfen noch einen Blick zurück auf den Eid des talmudischen Rechts. Die polypenartige Vielgestaltung des Eides im römischen Recht, die nur dazu geeignet ist, die Ehrfurcht vor dem Eide durch dessen Anhäufung zu vermindern und den Process ins Unendliche zu verlängern, ist hier unbekannt. Auch dass das talmudische Recht in der Eidesformel und der Weise der Ableistung des Eides eine Gradation eintreten lässt und den eigentlichen Eid intensiv hebt, musste die Heiligkeit des Eides steigern und eine Verseltsamung des Eides herbeiführen, der überhaupt hier auch nicht der Willkür eines Jeden der ihn zuschieben will anheimgestellt ist, und nicht der Chicane ein freies Feld ihn herabzuwürdigen, darbietet. Wie auch in der That der Eid bei den Juden seine Heiligung erhielt und mit welcher ängstlichen Gewissenhaftigkeit er geleistet, ja trotz dem besten Wissen oft vermieden wird, vgl. Eidesleistung S. 100. — Kann aber nicht über die Vervielfachung des Eides durch *juramentum credulitatis, jur. calumniae* u. a. geklagt werden, so dürfte vielleicht ein entgegengesetzter Vorwurf gehört werden, dass hier ein nothwendiger Eid vermisst werde: der Eid vom Nichtwissen (*jur. ignorantiae*). Das frühere — mischnische — Recht erwähnt seiner nirgends ausdrücklich und scheint ihn nicht zu kennen, vgl. *Baba Kama* 118ᵃ. Wenn also Product ein Vorgeben des Nichtwissens nicht zu beschwören braucht, so wird er sich hinter dieses in den meisten Fällen flüchten und seines Eides entbunden sein. Allein beim nähern Eingehen schwindet auch hier das Befremdende, da nach dem Princip des talmudischen Rechts Producent eigentlich nur durch einen Rechtszutritt (dieser liegt in dem theilweisen Geständnisse, Aussage eines Zeugen u. dgl., vgl. §. 79. wozu noch die Mischna Manches hinzufügte §. 81.) das Recht erwirbt, Producten mit einem Eid zu belasten. Es involvirt daher gänzliches Ableugnen keinen

Eid, und schützt also die Einrede des Nichtwissens nicht mehr als ein gänzliches Ableugnen; sowie anderseits die Einrede des Nichtwissens noch keinen Rechtszutritt zugestehet und daher auch nicht das Recht, Producten mit einem Eide zu belasten. Und hier tritt nun wieder jener characteristische Unterschied zwischen der Grundlage des talmudischen und des römischen Rechts hervor. Dieses gestattet die Zuschiebung eines Eides, wenn auch Producent seine Behauptung noch gar nicht wahrscheinlich gemacht: daher musste auch Product bei seiner Einrede, dass er nicht wisse, ob die Klage des Producenten wahr oder unwahr sei, den Eid auf Nichtwissen schwören. — Die spätere talm. Einrichtung, die auf völliges Ableugnen den rabbinischen Eid setzte (zu §. 82.), hat daher auch in der That den Eid auf die Einrede des Nichtwissens. Vgl. zu §. 80. — Wir bemerken nur noch, dass der Eid von Nichtwissen, wo er über *facta aliena* (wie bei Erbschaften) geleistet wird und mit der vorerwähnten Grundansicht nicht in Verbindung stehet, auch von der Mischna (vgl. vor. §. über den Eid der Erben) vorgeschrieben ist. Das talmudische Recht kennt jedoch keinen Eid über Nichtwissen der Zeugen, worüber oben §. 8. 24.

Dass im talmudischen Recht manche Weitläuftigkeiten über die Eidestermine und wer die Kosten zu tragen habe nicht vorkommen, ist in der Mündlichkeit des Processes und in der Weise, wie die Richter Recht sprechen mussten, begründet (vgl. oben S. 92 ff.).

Zum zweiten Titel.

Quellen: Synhedrin f. 20. Schebuot f. 40 u. a. a. O. *R. Hai* Mischpete Schebuot 1. Abtheilung 5. Pforte. *Maimonides* Toën Wenitan c. 6. 7. *Haïttur voce* הודאה*). *Chosch. Mischp.* c. 32, 81. 88.

---

*) Das Werk Haïttur entwickelt nach der Weise des R. Hai aus den Quellen, ist aber reicher an Discussionen und Besprechung der verschiedenen Meinungen. Nur der erste Theil dieses Werkes ist edirt, von dem andern Theil soll jedoch ein Msct. vorhanden sein, vergl. die Vorrede des Herausgebers der Warschauer Auflage (J. 5561—1801). Diesen ersten Theil hat der Verfasser nach zwölf Buchstaben des Alphabet — er selbst bezeichnet sie in seiner Vorrede mit תשבק בגוד חכמה — geordnet und enthält jeder Buchstabe verschiedene mit ihm beginnende Rubriken; voraus gehet noch eine Abhandlung über verschiedene Gegenstände. Der

Man nennt im Civilprocess den Beweis durch Geständniss den **König der Beweise** (*confessio regina probationum*), obschon genau genommen das Geständniss nicht als Beweismittel betrachtet werden kann, da was Jemand zugestanden nicht mehr streitig ist und es einer förmlichen Beweisführung hierüber nicht bedarf (vgl. *Weber* über die Verbindlichkeit zur Beweisführung S. 60.). Es kann also Geständniss nur als **Beweis im objectiven Sinne** (vgl. oben S. 3.) gelten; und ist von grosser Wichtigkeit, unter welchen Umständen der Richter das Geständniss als solches anzunehmen hat, d. i. wie es beschaffen sein muss, um Gewissheit in der Seele des Beurtheilenden hervorzubringen.

Ob die Kraft dieses Beweises aus dem Rechte der Disposition über das Seinige herzuleiten sei (*Gönner* Handbuch des deutschen gemeinen Processes IV. 44. *Linde* Lehrbuch des deutschen gemeinen Civilprocesses S. 373.), oder weil wenn Jemand zu seinem Schaden entsagt, hierin eine innere Glaubwürdigkeit liegt und an solcher Aufrichtigkeit gar nicht zu zweifeln ist (*Weber* a. a. O. S. 74. *Schneider* a. a. O. S. 70.) *), dürfte für das talmudische Recht von keinem erheblichen Einflusse sein. Denn wenn gegen die erstere Ansicht eingewendet wird, dass auch in manchen Straffällen das Geständniss genügt und hier doch eine freiwillige Disposition über das Seinige nicht zu Grunde gelegt werden kann (Weber S. 73.), so findet, wie bereits aus einander gesetzt wurde, im talmudischen Recht dieses nie statt und kann in Straffällen in keiner Weise Jemand gegen sich zeugen. Doch scheint nach dem Ausdrucke, den das talmudische Recht für Geständniss in Civilsachen hat „das eigene Geständniss ist wie" (zuweilen „mehr als") „das Zeugniss von hundert Zeugen" die zweite Ansicht vorzuwalten: das Geständniss ist die glaubwürdigste Aussage, ein Zeugniss wider das kein Zwei-

---

Verfasser sagt (f. 1.), dass man **heute** zählt 4939. seit Erschaffung der Welt (1179 übl. Zeitr.); er kennt daher Maim. Werk nicht, obschon *R. Jacob ben Meir* — *R. Tam* — ihm bekannt ist und von ihm mit vieler Hochachtung genannt wird.

*) Das römische Recht motivirt das Selbstgeständniss; *Qui quodammodo sua sententia damnatur* (*L.* 1. *D.* 42. 2.): und will (*L.* 3. 4. *h. t.*) das Geständniss, selbst wenn es unwahrscheinlich, ja sogar unwahr ist, gelten lassen. Es scheint also hier die erste Ansicht vorzuherrschen.

fel aufkommen kann. (Aber nur in Civilsachen; in Criminalfällen erwachen wider das Unnatürliche des Geständnisses viele Zweifel, vgl. oben S. 175.) Darauf dürfte auch hinweisen, dass das indirecte Geständniss (vgl. zu §. 125) im talmudischen Recht als Beweis gilt. Von Verzichtleistung kann hier nicht die Rede sein, da doch Product das ganze Darlehn ableugnet. Hingegen hat er durch diese Ableugnung selbst natürlich eingestanden, dass er das Darlehn nicht zurückbezahlt; behaupten nun Zeugen, dass Product es empfangen es aber wieder abgetragen habe, so kann letzteres nach dem allgemeinen Princip, dass das eigene Geständniss die grösste Glaubwürdigkeit habe, nicht angenommen werden, wenn auch die Absicht des Producten nicht auf Einräumung eines Rechts, Abtretung des Seinigen, hinzielte. — Doch dürften im talmudischen Recht vielleicht auch beide Ansichten zusammengeflossen sein.

Zu §. 110.

Das talmudische Recht nimmt für das Geständniss ein weit ausgebreiteteres Gebiet in Anspruch als das gemeine Recht. Letzteres spricht nur von dem, auf vorhergegangene Veranlassung des Producenten erfolgten Geständniss. Das talmudische Recht behandelt aber nicht nur ausführlich diese Puncte, sondern verbreitet sich auch über das Geständniss, das Product ohne vom Producenten oder sonst hierzu aufgefordert zu sein, abgelegt. Wir haben zur genauen Bezeichung diese zwei Arten geschieden: und die erstere Eingeständniss, die zweite unaufgefordertes Geständniss genannt.

Zu §. 111.

Auf den im §. gestellten zwei Bedingungen beruhet die Lehre vom Geständnisse überhaupt, und haben sie im talmudischen Recht noch manche besondere Beziehung. Die Bedingung ernstlich, welche vorzüglich beim Eingeständniss zu beachten kommt, hat den Umstand zu Grunde, dass Product nicht erwidern kann, er habe die Forderung des Producenten für Scherz gehalten, da er doch wissen müsse, dass er nichts bei ihm habe; und habe daher auch Producenten in solcher Weise geantwortet. *Synhedr. l. l.* vgl. *Raschi* das. (Nach dem talmudischen Ausdrucke משטה אני בך „ich habe dich zum Narren gehabt".) — Ohne Nebenabsicht: dieses ist eine Grundbedingung für das unaufgeforderte Geständniss, da das

Auffallende eines solchen Geständnisses vorzüglich der Vermuthung Raum gibt, es liege hier eine Absicht zu Grunde und zwar die, „um nicht für reich zu gelten“ (שלא להשביע את עצמו) *l. l.* So wird das. erzählt: „Man nannte Jemanden eine auf dem Gelde liegende Maus (ein Provinzialism für „einen reichen Geizhals“) und er sagte: „„ich schulde doch Diesem und Jenem““. Dieses Geständniss wurde aber von dem Richter nicht als solches angenommen; es mag in der Absicht um nicht für reich ausgeschrieen zu werden, ausgesprochen worden sein.“ Ferner das. „Man nannte Jemanden „Urkundenmass“ (nach unserm Ausdrucke: „Schuldensack“ man habe ein Mass von Schuldurkunden gegen ihn) und er sagte: „„Wer hat an mich etwas zu fordern ausser N N?“ Der Richter entschied, dass dieses kein eigentliches Geständniss sei, da es in der Absicht ausgesprochen sein kann, dass man ihn nicht für überreich halte“ (er wollte weder für arm noch für reich gelten). Vgl. *Nimuke Joseph.* das.

Die Einrede des Nichternstlichen findet also beim Eingeständniss, die Einrede der Nebenabsicht beim unaufgeforderten Geständnisse statt. Hingegen weiset die Natur dieser Einreden selbst darauf hin, dass beim Eingeständniss nicht vorgegeben werden kann, es sei in der Absicht um nicht für reich zu gelten, und beim unaufgeforderten Geständniss, es sei scherzweise abgelegt worden. *Tur c.* 81. §. 22. (*Schach* Anmerk. 12. *h. cap.* führt zwar viele Autoren an, dass auch bei dem unaufgefordeten Geständnisse die Einrede „scherzweise“ geltend gemacht werden kann; vgl. das. die Motivirung. Doch wird in *Chosch. Mischp.* durchgängig wie *Tur* angenommen.)

Noch muss eine dritte Bedingung, die im gemeinen Recht angeführt wird, erwähnt werden: „das Geständniss muss frei sein“. Diese Bedingung schliesst jeden sowohl unmittelbaren als mittelbaren Zwang aus; und hat ein aus Furcht gemachtes Geständniss keine Wirksamkeit. Auch das talmudische Recht erkennt natürlich diese Bedingung an, und will sogar, dass, wenn Producent als ein an Gewaltthätigkeiten gewöhnter Mann bekannt ist, selbst das vor Zeugen abgelegte Eingeständniss des Producten keine Geltung habe, weil hier Furcht eingewirkt haben kann. Vgl. *Baba Batra* 47[a]. — Nur wird diese Bedingung als von selbst im Begriffe „Geständniss“ involvirt, weniger im talmudischen Recht besprochen; und bilden die zwei Bedingungen des §. die Hauptfactoren, von denen auch die folg. §§. ausgehen.

Zu §. 112.

Das Eingeständniss vor Gericht unwiderruflich, *Chosch. Mischp. l. l.* §. 22. vgl. *Tosefta Baba Mezia c.* 1. — Mit dem Gerichte scherzt man gewöhnlich nicht, also war das Eingeständniss ernstlich. Der Acceptation von Seiten des Producenten, auf die mancher neuere Rechtslehrer so grossen Werth legt, bedarf es nicht: was vor Gericht ausgesprochen wird hat stillschweigend die Acceptation des Richters, ist gültig (vgl. auch Allg. Pr. G. O. 1. Thl. 10. Tit. §. 88). Ueber Widerruf und Interpretation vgl. weiter zu §. 131.

Zu §. 113.

Das sog. fingirte Eingeständniss, d. i. das Stillschweigen des Producten über die von dem Producenten aufgestellten Thatsätze wird verschieden beurtheilt. Manche neuere Rechtslehrer halten es für einen Widerspruch (*Litis contestatio negativa*). Andere lassen das Stillschweigen vor Gericht als Strafe für Eingeständniss gelten, denn die Parteien haben die Pflicht vor Gericht zu reden (vgl. *Schneider* §. 82 ff. und crit. Anmerk. hierzu). Im talmudischen Recht kommt häufig vor, dass Stillschweigen Eingeständniss sei, aber nicht aus der secundären Rücksicht der Bestrafung, sondern weil es in sich selbst begründet ist, dass Jedermann sein Recht nach Kräften zu vertreten und die von der Gegenpartei vorgebrachten falschen Thatsätze zu widerlegen sucht: schweigt Product ff., so liegt hierin ein Beweis, dass er die jenseitige Behauptung für begründet erkenne: vgl. *R. Jerucham* (14. Jahrh.) *c.* 77. nach *Ketubot* 94ª. (Dieser Autor führt auch den Grund an, „dass sonst Product es sich sehr leicht machen würde, er braucht nur zu schweigen".) Indessen können aber auch Umstände darauf hinweisen, dass Product schwieg, weil er selbst in Ungewissheit schwebte (vgl. *Baba Mezia* 37ᵇ.), oder er weiss seinem Stillschweigen eine plausible Interpretation zu geben, dass es nicht Eingeständniss gewesen sei (vgl. *Schach* Anmerk. 8. zu *Chosch. Mischp. c.* 80.); daher die Norm des §. (nach *Glosse* zu *R. Ascher Baba Mezia l. l.*), dass das Ermessen des Richters über das Stillschweigen entscheidet. — Ueber Stillschweigen bei aussergerichtlicher Forderung vgl. die folg. §§.

Zu §. 114. 115.

Bei dem Eingeständniss und zwar bei dem aussergerichtlichen muss nach §. 111. die Gewissheit aufgesucht werden, dass es ernstlich ist. Diese Gewissheit wird nach *Synhedr. l. l.* erlangt: „wenn bei dem Eingeständnisse Product selbst zu den (zwei) Anwesenden sagte: ihr sollet meine Zeugen sein, oder wenn Producent sie aufforderte, Zeugen des Eingeständnisses zu sein und Product schwieg" (erhob nicht die Einrede, dass sein Eingeständniss nicht ernstlich gemeint sei). Der Grund ist sehr einleuchtend, und fügen wir noch die das. erwähnten Einschränkungen hinzu: Product muss wissen von der Anwesenheit der Zeugen. Wenn nun Producent die Zeugen versteckte und vom Producten eine Schuld forderte, die dieser ihm auch zugestand; worauf Producent sagte, er soll es vor N. N. eingestehen und Product antwortete: ich fürchte, dass du mich gerichtlich belangen wirst. Producent fordert nun unter Berufung auf diese Zeugen den Producten vor Gericht, so kann dieser, da er von der Anwesenheit der Zeugen nichts wusste, sein Eingeständniss noch immer als ein nicht ernstliches widerrufen. Es folgen das. noch andere Bestimmungen; doch ist das Resultat, dass wenn Product annehmen konnte, dass Zeugen da seien und Producent sie als solche unter Zustimmung des Producten anrief, das Eingeständniss als ernstlich angenommen wird. Wichtig ist übrigens die Meinung Maimonides (*Toën* c. 7. §. 1.), dass wenn auch Product nicht gesagt: „seid meine Zeugen" sondern nur in Gegenwart Zweier ausgesprochen „ich gestehe, dass ich an B schuldig bin" (aber nicht ein kurzes „Ja" auf die Forderung des Producten; vgl. ausführlich bei *Schach* Anmerk. 10. zu *Chosch. Mischp.* c. 81), so wird auch dieses Geständniss als ein ernstliches angenommen. — Für diese Meinung wird auch ein Beleg aus *jer. Synhedr.* 13a. angeführt, und wird sie, obschon von mehreren Autoren angefochten (*R. Ascher* u. A.), doch als norminend *Chosch. Mischp. l. l.* §. 8. (vgl. auch *Hattrumot* 42. Pforte 1. Abtheil. §. 8.) aufgestellt.

Dieses für Eingeständniss. Schwieg aber Product (§. 115.) gleich vom Anfange der Anforderung des Producenten und setzte sein Stillschweigen, als dieser Zeugen anrief, fort, so ist hier kein Eingeständniss wahrzunehmen, und behauptet also Product mit Recht, dass da er aussergerichtlich nicht Rede zu stehen braucht, er auf die ganze Handlung des Producenten kein Gewicht gelegt und sie nicht der Widerrede werth gehalten habe. *Chosch. Mischp. l. l.* §. 7.

Zu §. 116.

Wird auch bei dem nicht wie §. 114. gemachten Eingeständnisse dem Producten die Einrede, er habe es nicht ernstlich gemeint, zugestanden, so muss er einen solchen Widerruf geltend machen; das Gericht aber setzt den Widerruf nicht voraus. Wenn also Product auf die Klage des Producenten, dass er ihm aussergerichtlich eingestanden, erwidert, er sei ihm nichts schuldig, so betrachtet das Gericht dieses als einen Widerspruch (und muss also Product, da Producent Zeugen hat, bezahlen), so nicht Product ausdrücklich die Einrede des „Nichternstlich" vorbringt. *Chosch. Mischp. l. l.* §. 3. — Zu bemerken ist jedoch, dass, wenn Product gestorben, das Gericht selbst, bei dem derartigen Eingeständniss diese Einrede erhebt, und zwar nach der allgemeinen Regel des talmudischen Rechts: man wendet zu Gunsten der Erben das ein, was der Verstorbene selbst hätte vorbringen können. *Tosefot l. l.* nach *Baba Batra* 175[a]. *Chosch. Mischp. l. l.*

Zu §. 117.

Dieses wird *Chosch. Mischp. l. l.* §. 1. angeführt und schreibt sich von *R. Saadia* her. Es liegt hier die zu §. 82. angeführte spätere talmudische Einrichtung zu Grunde, dass auch auf gänzliche Ableugnung geschworen werden muss. Vgl. auch *Sema* und *Schach ad loc.* Saadia wird übrigens nur für das unvollständige aussergerichtliche Eingeständniss angeführt (*R. Ascher* zu *Synhedr. l. l. Tur* c. 32. 81.) und dürfte für das unaufgeforderte Geständniss, da hier doch keine eigentliche Ableugnung ist, nicht ein Eid zuzuerkennen sein. Doch haben *Maimonid. l. l.* c. 6. §. 8. und nach ihm *Chosch. Mischp.* §. 21. auch hier den rabbinischen Eid. Vgl. *Tumim* Anmerk. 2

Zu §. 118.

Hattrumot l. l. §. 2. *Chosch. Mischp. l. l.* §. 4., und zwar aus dem einleuchtenden Grunde, dass, da Product weiss, Producent habe einen ihm gehörenden Gegenstand in Besitz und werde sich daran halten können, er nicht scherzhafter Weise ein Eingeständniss ablegen, sondern wenn er in der

That ihm nichts schuldete, die gemachte Forderung ernstlich zurückweisen würde. Vgl. *Sema* das.

Zu §. 119.

Baba Batra 175a. „weil der Mensch in der Todesstunde nicht zu scherzen pflegt" (das Eingeständniss war also ernstlich) *). — Ob, wenn der Kranke geneset und er nun sagt, dass sein Eingeständniss nicht ernstlich gewesen sei, diese Einrede angenommen werde? *R. Joseph Karo* (*Bet Joseph c.* 32. §. 2.) weiset es entschieden zurück, denn wird einmal die Einrede aus obigem Grunde als ernsthaft angenommen, was soll, weil Product nicht gestorben, zu einer andern Annahme veranlassen? Und wäre zu denken, dass das Eingeständniss nicht ernstlich gewesen, so würde doch das Gericht diese Einrede zu Gunsten der Erben (vgl. zu §. 116.) geltend machen! *Schach* Anmerk. zu *c.* 7. S. 61. sucht jedoch zu beweisen, dass zwar im Allgemeinen angenommen wird, das Eingeständniss sei ernsthaft gewesen, und darum vertritt nicht das Gericht die Erben mit dieser Einrede. (Denn auch dieses ist eine Regel des talmudischen Rechts, dass seltne Ereignisse, nach Einigen sehr seltne Ereignisse, — vgl. *Chosch. Mischp. c.* 108. §. 4. und *Schach* das. und *ad loc.* — nicht als Einreden zu Gunsten der Erben eingewendet werden, wenn auch der Verstorbene selbst sie hätte vorbringen können.) Behauptet aber der nun Genesene, dass sein Eingeständniss nicht ernsthaft gewesen sei, so ist die Einrede gültig. *Tumim* Anmerk. 7. führt jedoch viele ältere Autoren an (vgl. auch *Hattrumot l. l.* 2. Abth. §. 1.), dass ein solches Eingeständniss durchaus unwiderruflich sei: und hat auch in der That die Meinung des Schach Vieles wider sich.

Hinsichtlich des unaufgeforderten Geständnisses

*) Im gemeinen Recht wird die Frage sehr besprochen, ob Tod die Kraft der Eidesleistung habe, d. i. wenn Jemand sich bereitwillig erklärte, einen ihm deferirten Eid zu schwören und er vor dessen wirklicher Ableistung starb, ohne dass er widerrufen, der Eid für abgeleistet zu nehmen sei, weil von jedem Sterbenden zu vermuthen ist, dass er sein Gewissen bedacht haben werde (vgl. Glück 12. Thl. S. 307 ff.). Das talmudische Recht — wo diese Frage überhaupt nach der in ihm seltnen Eideszuschiebung weniger auftauchen konnte — nimmt den Tod nicht für Eidesleistung an. Vgl. (wenn auch nicht ganz hierher gehörend) *Schebuot* 48*a*. — Hingegen macht sich beim Eingeständniss die im Texte erwähnte natürliche Rücksicht geltend.

eines Kranken wird schon *Synhedr. l. l.* discutirt, ob anzunehmen sei, dass ein Kranker ein derartiges Geständniss aus der Nebenabsicht „um seine Erben nicht für reich auszugeben“ ablegen werde. Diese Ansicht behält, obschon dort auch auf die entgegenstehende Meinung eines Autors Rücksicht genommen wird, die Oberhand. — Doch wird dieses Geständniss für gültig angenommen, wenn es in der Form eines Geständnisses, d. i. nicht blos „ich bin N. N. schuldig“, sondern „ich gestehe vor euch (den Zeugen), dass ich ff.“ abgelegt wird. *Schach l. l.* Anmerk. 34. nach *Baba Batra* 175[a] Vgl. *Chosch. Mischp.* c. 255. §. 2. — Ferner gilt Obiges nur, wenn der Kranke blos gestanden, „ich bin N. N. schuldig“; hat er aber gesagt, „g e b e t an N. N. die 100 Gulden, die ich ihm schuldig bin“, so ist dieses ohne Widerspruch ein gültiges Geständniss. *Baba Batra* 174[b]. *Chosch. Mischp. l. l* vgl. auch *Hatrumot l. l.* §. 2.

Zu §. 120

Respons. des *Abi Esri* (Anfang des 13. Jahrhunderts) bei *Mordechai* zu *Synhedr.* c. 3. *Nro.* 705. *Chosch. l. l.* §. 2. *Glosse* (vgl. auch §. 27.). Dieses ist nach Analogie des vor. §., da, sowie der Mensch nicht in der Todesstunde zu scherzen pflegt, man auch mit einem Sterbenden nicht scherzt. — Der „Kranke“ dieser §§. ist übrigens von jedem bedeutend Erkrankten zu verstehen. Vgl. *Bet Joseph* c. 32. §. 7.

Zu §. 121.

Dieser §. hat das im vor. §. erwähnte Responsum zur Grundlage. Eine Wittwe, die erkrankt war, hatte in Gegenwart ihres Sohnes einem Verwandten ein Legat ausgesetzt. Nach ihrem Hinscheiden erhob der Sohn die Einrede, dass sie kein Recht hierzu gehabt, da das ganze Vermögen sein väterliches Erbtheil sei; und er entschuldigte sein Stillschweigen damit, dass er seine kranke Mutter nicht habe durch Widerrede betrüben wollen. Der erwähnte Autor weist diese Einrede zurück und hält das Stillschweigen nach *Synhedr.* 29. und *Baba Batra* 175. für Eingeständniss. — Doch gilt dieses nur, insofern ein Zweifel obwaltet, ob Testator über das Legat verfügen konnte. Hingegen ist in diesem Stillschweigen nie ein Z u g e s t ä n d n i s s wahrzunehmen, d. i. dass Jemand hierdurch ein wirkliches Recht aufgebe. Wenn also A in Gegenwart seines Gläubigers in der Weise über sein Vermögen verfügt hat, dass auf letzteren nur eine Kleinigkeit kommt und er hat dazu geschwiegen, so hat dieser Gläubiger dessbalb nicht sein Recht verloren. Vgl. *Chosch. Mischp.* *c.* 98. §. 1. *Glosse.* *Schach* Anmerk. 9. zu *c.* 81.

Noch dürfte zu erwägen sein, ob, wenn ein Kranker an Jemanden eine Forderung in Gegenwart von Zeugen machte und dieser schwieg (vergl. §. 114. 115.), das Stillschweigen hier nicht für ein Eingeständniss zu nehmen sei. Nach Analogie des obigen Responsum dürfte dieses zu bejahen sein. Selbst wenn nicht Zeugen anwesend waren, dürfte hier ein Eingeständniss wahrzunehmen sein. Vergl. *l. l.* *c.* 81. §. 3. *Glosse.* *Schach* Anmerk. 8. *Tumim* Anmerk. 9.

Zu §. 122.

Chosch. Mischp. l. l. §. 1. Glosse nach *J. ben Scheschet respons.* 475. 476. Es hatte eine Gemeinde einen Gemeindebeamten (Vorbeter) aufgenommen und ihm nach seinem Vorgeben zugestanden, dass er von Steuern befreiet sein solle, die Gemeinde stellte aber letzteres in Abrede. Es ergab sich aber aus der Mittheilung einiger Zeugen, dass mehrere Vertreter der Gemeinde die Richtigkeit der Behauptung jenes Vorbeters eingestanden hätten (jedoch nicht gesagt, dass jene Zeugen sein sollen; vgl. §. 114.). Unter mehreren Gründen, die benannter Autor anführt, fügt er auch diesen hinzu, dass es nicht annehmbar sei, dass eine Commun ein Geständniss scherzweise ablegen werde. (Vielleicht dürfte nach Analogie von §. 120. anzunehmen sein, dass auch jedes einer Commun gemachte Eingeständniss als ernsthaft anzunehmen sei; vergl. jedoch *Schach* Anmerk. 4. und *Urim* Anmerk. 6.)

Zu §. 123.

Dieser §. ist nach *Synhedr.* 30$^{b.}$ (vgl. oben zu §. 13.), wo ersichtlich, dass das Eingeständniss vor Einem Zeugen auch als ernstlich angenommen wird. *R. Serachja Halewi* (in seinem Buche *Maor* zu *Synhedr.* 29.) meint zwar, dass diese Norm nur auf den Fall anwendbar ist, dass das Eingeständniss zweimal, je vor einem Zeugen, abgelegt worden sei (also zusammenbezogen zwei Zeugen): hat aber Product nur einmal in Gegenwart eines Zeugen eingestanden, so kann er einwenden, das Eingeständniss sei nicht ernsthaft gewesen (vgl. *Schach l. l.* Anmerk. 22). Dieser Autor beruft sich zwar auf eine Stelle *Baba Batra* 40[a], wo es heisst: „Geständniss vor Zweien"; doch sind die meisten nachtalmudischen Autoren anderer Meinung und fassen gedachte Stelle anders auf. Das Eingeständniss vor Einem Zeugen *Chosch. Mischp. l. l.* §. 10. wird daher als ein ernstliches angenommen. Leugnet also Product, dass er es abgelegt, so muss er auf diese seine Behauptung den biblischen Eid leisten (§. 79b. Nach *R. Serachja* braucht er nicht zu schwören, da, wenn er auch einräumt, dass er vor dem Zeugen gestanden, er doch zu nichts verpflichtet ist, vgl. oben zu §. 86.); gibt er zu, dass er eingestanden, so muss er auf dieses Eingeständniss die Forderung des Producenten erfüllen.

Zu §. 124.

Dieser §. schliesst sich an §. 88. an, und ist er ebenfalls im talmudischen Rechte von Wichtigkeit. Wir führen hier seine nächste Anwendung an. A fordert von B eine Summe und dieser leugnet das Darlehn ab. Hierauf sagen Zeugen aus, B habe diese Summe ausgeliehen, habe sie aber schon zurückgezahlt. Hier ist nun B hinsichtlich des Ausleihens der falschen Einrede überwiesen und ist durch die Zeugen constatirt, dass er das Darlehn empfangen habe. Es gehet aber aus der Einrede des B selbst das Geständniss hervor, dass er nicht zurückgezahlt (denn hat er nicht ausgeliehen, so hat er doch wohl nicht abgetragen!). „Das Geständniss der Partei ist aber stärker als die Aussage von hundert Zeugen"; und muss er daher an A bezahlen *). Dieser Satz wird *Schebuot* 41[b] unter der Formel angeführt: „Wer da sagt, ich habe nichts ausgeliehen, der hat gleichsam auch gesagt, ich habe nichts abgezahlt" Vgl. auch oben S. 338. Es wird ausser mancher andern Anwendung hieraus zunächst gefolgert, dass es nicht des ausdrücklichen Eingeständnisses der Partei bedarf, sondern sobald ein solches aus der Ein-

*) Producent braucht hier auch den rabbinischen Eid nicht zu schwören. Ueberhaupt findet hier ein Eid gar nicht statt. Producent müsste nämlich schwören, er habe nichts empfangen, allein dieses wäre gegen die Aussage zweier Zeugen. *Maggid Mischna* zu *Maimonid. Toën* c. 5. §. 3.

rede oder der Klage hervorgehet, so hält sich der Richter daran (vgl. *J. ben Scheschet* a. a. O. und sonst bei anderen Autoren). Auch erkennt der Richter, wenn aus der Einrede des Beklagten sich ein theilweises Geständniss ergibt, nach §. 79b. auf den biblischen Eid. Vgl. das Ausführliche *Chosch. Mischp. c.* 75. §. 5. nach einem Responsum des *Salom. ben Aderet.*

Zu §. 125.

Wenn Producent einen Gegenstand fordert und Product denselben ableugnet, aber einen andern Gegenstand zugestehet (Producent sagt z. B. er habe bei Product zehn Strich Weizen, dieser leugnet den Weizen ab, sagt aber, Producent habe bei ihm zehn Strich Gerste), so wird dieses nicht als Eingeständniss betrachtet, und veranlasst weder (wie sonst beim theilweisen Eingeständniss) einen Eid (auf den Weizen), noch braucht Product den eingestandenen Gegenstand (die Gerste) zu bezahlen. *Baba Kama* 35b. und sonst häufig. *R. Hai* 1. Abth. 1. Pforte. *Maimonid. Toën c.* 3. §. 10. *Chosch. Mischp. c.* 88. §. 7. bis 19. — Als Grund hierfür dürfte am besten der von *R. Meïr Halewi* angegebene (vgl. auch *Schach l. l.* Anmerk. 16.) anzusehen sein, dass, da Product hier gar nicht auf die Forderung des Producenten eingehet, sein Eingeständniss als ein nichternstliches, als eine Ironie zu betrachten ist. *Raschi* und *Maimonides* (doch differirt ersterer etwas) nehmen als Grund an, dass Producent in der Weise der gestellten Forderung (Klage) gleichsam selbst gesagt habe, er habe Weizen, aber nicht Gerste zu fordern. *R. Ascher l. l.* findet diesen Grund nur unter der Modification geltend: es fordert Producent an Producten zehn Strich Weizen, die er ihm am 10. des Monats N. um 11 Uhr gegeben, und Product sagt, Producent habe ihm um diese Zeit zehn Strich Gerste gegeben. Verhielte es sich so, so würde Producent seine ganze Forderung geltend gemacht und zugleich mit dem Weizen auch die Gerste gefordert haben. — Die Differenz dieser beiden Ansichten übt auf andere sich hieran schliessende Rechtsfälle Einfluss. So wird nach Meïr Halewi, wenn Zeugen wie das Eingeständniss des Producten — auf den nichtgeforderten Gegenstand — aussagen, oder wenn Product sein Eingeständniss nicht als ein nichternstliches betrachtet wissen will, Product zur Bezahlung des eingestandenen Gegenstandes angehalten werden. Nach Maimonides, da die Nichtforderung (die Nichtklagbarmachung) des andern Gegenstandes von Seiten des Producenten als Geständniss (Aussage, dass er den andern Gegenstand nicht zu fordern habe) betrachtet wird, kann natürlich Product nicht zur Bezahlung angehalten werden, und auch die Zeugenaussage ist, da vom Producenten das Gegentheil besagt wird, nicht von Gewicht (vgl. vor. §.). Hingegen muss nach Maimonides Product den eingestandenen Gegenstand entrichten, wenn Producent erwidert, ja wohl habe er auch diesen zu fordern, er habe ihn nur jetzt nicht verlangt (weil er ihn nicht braucht u. s. w.). Nach R. Meïr Halewi, da das Eingeständniss des Producten für ein nichternstliches zu nehmen ist, hat jene weitere Behauptung des Producenten keinen Einfluss. — Hat Producent zwei verschiedene Gegenstände gefordert und Product hat ihm einen davon eingestanden, so ist das Eingeständniss hinsichtlich dieses Gegenstandes gültig und veranlasst auf den andern Gegenstand einen biblischen Eid. Vgl. *Ketubot* 108[b]. *Schebuot* 40. *Maimonides* und *Chosch. Mischp. l. l.* Selbst bei dem früher gedachten Fall bemerkt schon ein talmudischer Autor — *Schebuot l. l.* — dass, wenn Product listigerweise den andern Gegenstand eingestanden, d. i. ehe noch Producent seine Klage beendigt, und es fordert letzterer nun auch diesen andern Gegenstand, so wird das Eingeständniss wie in dem eben gedachten Fall (wenn Producent beide Gegenstände forderte) als ein theilweises angesehen.

Analog unserm §. ist auch, wenn Product zuerst zu dem Producenten gesagt, dass er einen Gegenstand bei ihm habe (Gerste) und hierauf fordert Producent von ihm einen andern Gegenstand, so ist jene Aussage des Producten nicht als theilweises Eingeständniss zu betrachten (also nicht der biblische Eid). Ueberhaupt gilt die Regel, dass zu einem theilweisen Eingeständnisse wie §. 79a. die Forderung des Producenten vorhergehen muss. Vgl. *R. Mos. ben Nachmann* bei *Schach* Anmerk. 9. zu *Chosch. Mischp. c.* 75. Daher Obiges selbst bei einem Gegenstand: wenn Product unaufgefordert zu Producent gesagt, dass er ihm fünfzig Gulden schulde und Producent hinzufügt, er sei ihm noch andere fünfzig

Gulden schuldig, so wird auch dieses nicht wie ein theilweises Eingeständniss angesehen. Vgl. *Schach* Anmerk. 31. zu *c.* 88. Vgl. auch weiter zu §. 129. — Auch werden zwei getrennte Klagen nicht zusammengezogen. Wenn Producent erst einen Gegenstand gefordert und Product hat ihn zugestanden, hierauf fordert er den andern und Product stellt ihn in Abrede, so ist hier kein theilweises Geständniss. Doch hat in allen diesen Fällen der Richter zu sehen, ob nicht Product listigerweise voraus, oder ehe Producent seine Klage geendigt, gestanden habe. *Glosse l. l.* §. 16. und *Schach* Anmerk. 34.

Noch schliessen wir hier einen Satz des talmudischen Rechts an. Wenn Product dem Producenten einen Theil seiner Forderung sogleich, wie er seine Klage erhebt, übergibt, so wird dieses nicht als ein theilweises Eingeständniss betrachtet. Durch die Uebergabe fällt dieser Theil der Klage ganz weg: und ist nun der andere Theil des Klagepunctes als eine für sich alleinstehende Forderung anzusehen, die aber Product ganz in Abrede stellt (also nur der rabbinische Eid, wie zu §. 82.). Im talmudischen Rechte kommt dieser Satz unter dem Ausdruck הילך („hier hast du") vor. Ausführlich hierüber *Baba Mezia f.* 4. *R. Hai* 1. Abtheil. 1. Pforte. *Maimonides l. l. c.* 1. §. 3. *Chosch. Mischp. c.* 75. §. 6. *c.* 87. §. 1.

Zu §. 126.

Das Eingeständniss ist allenthalben so zu nehmen wie es Product ablegt, und hat daher jeder Zusatz, durch den er dasselbe beschränkt oder aufhebt, seine Gültigkeit. Fordert z. B. A von B eine Summe, die er ihm geliehen, und dieser gestehet ein, er habe zwar ausgeliehen, er habe ihm aber die Schuld erlassen, so wird ihm geglaubt. Im talmudischen Rechte fliesst die Glaubwürdigkeit der Beschränkung aus der zu Gebote stehenden bessern Einrede (vgl. 4 Tit.); wäre es B um eine Lüge zu thun, so würde er von vorn herein geleugnet haben, dass er gar an A etwas schulde *). Die Anwendung

*) Auch die Einrede „er habe schon bezahlt" stehet hier dem Producten zu Gebote, da nach talmudischem Rechte der Schuldner bei einem mündlichen Darlehn einwenden kann, er habe schon gezahlt, und selbst wenn er vor Zeugen ausgeliehen. Indess kann letztere Exception nicht angenommen werden, wenn die Verfallzeit noch nicht da ist (vgl. weiter

dieses Satzes ist sehr häufig: so z. B. wenn A eine nicht recognoscirte Urkunde producirt und B zwar deren Echtheit eingestehet, aber hinzufügt, dass eine geheime Bedingung stattgefunden, die noch nicht erfüllt ist (vgl. weiter §. 184.) oder dass er noch nicht das Geld empfangen, so wird ebenfalls das Eingeständniss nur so genommen wie es der Zusatz aussagt, da Product die Urkunde ganz in Abrede stellen konnte. *Chosch. Mischp.* c. 82. §. 1.

Das einschränkende Geständniss (die s. g. *confessio qualificata*) wird von neueren Rechtslehrern umständlich behandelt; und wollen Manche unterscheiden, ob die Einschränkung mit dem zugestandenen Thatsatz unmittelbar verbunden ist, oder ob sie einen andern für sich bestehenden Thatsatz ausmacht. Vgl. *Schneider* critische Anmerk. 29., welcher ganz wie das talmudische Recht die Einschränkung aus dem Grunde gelten lässt, weil „es kostet dem Gewissen des Schuldners, welcher nicht bezahlen will, nicht mehr, die Existenz der Schuld fälschlich zu leugnen, als die geschehene Bezahlung fälschlich vorzugeben." Doch muss noch bemerkt werden, dass die neueren Rechtslehrer unter einschränkendem Eingeständnisse auch das theilweise Geständniss (A fordert von B 100, und B sagt, er schulde ihm nur 50) verstehen. Allein dieser Begriff scheint hier nicht richtig; denn was Product eingestehet (fünfzig), beschränkt er nicht, und die fünfzig, die er nicht bezahlen will, gestehet er gar nicht ein. Das Eingeständniss müsste denn hier auf den Begriff des Darlehns bezogen werden; aber dieser Begriff wird wieder im Grunde nicht beschränkt. — Es ist aber auch ferner an sich nicht ganz richtig, dass dieser Einschränkung des theilweisen Geständnisses Glaubwürdigkeit beizumessen sei; denn es kostet dem Gewissen des Producten gewiss mehr Anstrengung, Alles als nur einen Theil abzuleugnen, und wird der nicht ganz Gewissenlose, der jetzt gerade nur einen Theil der geforderten Summe abtragen kann, ihn lieber eingestehen und abtragen, als dass er völlig ableugne. Dass dieses der Grundsatz des talmudischen Rechts ist, das beim theilweisen Geständnisse den biblischen Eid zuerkennt, wurde schon oben zu

zu §. 196.); hingegen findet auch hier die im Text angegebene bessere Einrede statt.

§. 79. bemerkt und Eidesleistung S. 48. ausführlich besprochen; vgl. auch *R. Hai l. l.* Eingang. — Wir haben dem §. die vorliegende Fassung gegeben, und dürfte er um so weniger einem Missverständnisse ausgesetzt sein, als schon genugsam wiederholt wurde, dass das theilweise Eingeständniss im talmudischen Rechte einen Eid veranlasst.

Zu §. 127.

Wir gelangen jetzt zu der andern Art des Geständnisses, das nämlich von dem Producten (wenn anders diese Benennung hier anwendbar ist) abgelegt wurde, ohne dass Jemand an ihm eine Forderung geltend machte. Ein solches Geständniss hat viel Auffallendes und waltet die Vermuthung einer Nebenabsicht ob (zu §. 111.); daher wollen auch mehrere nachtalmudische Autoren, dass selbst, wenn Product seine gegenwärtige Einrede, er sei nichts schuldig, nicht durch die Einrede, dass er aus Nebenabsicht zugestanden, motivirt, das Gericht selbst diese Interpretation macht und in der jetzigen Ableugnung keinen Widerspruch mit dem frühern Geständniss erblickt. Vgl. *Choschen Mischp. c.* 81. §. 21. *Glosse* zu §. 14. (also hier anders als bei dem Eingeständnisse; vgl. zu §. 116. Anderer Meinung sind jedoch *R. Hai* und *Maimonides:* Product muss ausdrücklich die Einrede der Nebenabsicht vorbringen). — Ein solches Geständniss ist aber unwiderruflich, wenn es vor Gericht abgelegt wurde (*Chosch. Mischp. l. l.* §. 22. nach *Haïttur*); vor Gericht wird nämlich eben so wenig eine Nebenabsicht wie ein nichternstliches Eingestehen (vgl. zu §. 112.) angenommen *).

Zu §. 128.

Der erste Theil des §. nach *Maimon. Toën c.* 7. §. 1. (und bedarf es sogar nicht des förmlichen Geständnisses, sondern genügt, wenn Product es auch nur erzählungsweise vor-

*) Dieses stehet nicht im Widerspruche mit der Meinung des *R. Meïr Halewi*, der bei der Forderung eines Gegenstandes und Zugeständniss eines anderen letzteres für ein nicht ernstliches Geständniss (vergl. zu §. 125.) hält, und selbst wenn es vor Gericht abgelegt wurde; denn dort liegt, wie *Schach* Anmerk. 56. zu c. 81. erklärt, in dem Nichtbeachten der Klage — da Product gar nicht auf sie eingehet und etwas ganz anderes zugestehet — ein Anzeichen, dass es ihm nicht Ernst sei.

gebracht). Die Nebenabsicht, dass er nicht für reich ausgeschrieen werden soll (zu §. 111.), würde schwerlich Jemanden bewegen, in Gegenwart eines Andern zu sagen, dass er ihm schulde (vgl. *Schach l. l.* Anmerk. 34). Daher wird hier auch nicht zur Bedingung gemacht, dass Product die Zeugen als solche (§. 114.) angerufen; und ist dieses geschehen, so ist das auch in Abwesenheit des Producenten gemachte Geständniss — der andere Fall des §. — unwiderruflich. Vergl. *Chosch. Mischp. l. l.* §. 15. *Glosse. Schach* Anmerkung 34. 41.

Zu §. 129.

Das unaufgeforderte theilweise Geständniss: A sagt, er habe von B (oder dessen Vater) hundert erborgt und fünfzig schon zurückgezahlt; A leistet hier keinen Eid (auch den rabbinischen nicht), da sein ganzes Geständniss von Redlichkeit zeigt: er hätte nur zu schweigen gebraucht. *Ketubot* 15. 16. 22. *Schebuot* 42[a] (ein derartiges Geständniss an den Erben wird in Parallele gestellt mit dem Zurückgeben einer verlorenen Sache, vgl. Einleitung zum 4. Titel). *Maimonides l. l. c.* 4. §. 5. *Chosch. Mischp. c.* 75. §. 3. *c.* 88. §. 32. — Selbst wenn B hierauf sagt, ich wusste zwar nichts von der Schuld, doch erinnere ich mich jetzt, dass Product mir nicht gezahlt, so findet doch kein Eid statt (vgl. *Schach* Anm. 9. zu §. 75. vergl. auch oben S. 348.). Nur meint *Sema* Anmerk. 8. *l. l.*, dass der Richter (wie oben zu §. 125.) darauf zu sehen habe, ob das Geständniss nicht listigerweise, ehe Producent gefordert, abgelegt worden sei.

Zu §. 130.

Dieser §. nach einem Vorfalle *Gittin* 14[a]. Es rechneten mehrere Gärtner unter einander ab und fand sich bei einem ein Ueberschuss, der als dem Grundherrn gehörend diesem durch eine Scheintradition zugesichert wurde. Hierauf rechnete jener Gärtner für sich nochmals nach und es fand sich kein Ueberschuss. Der talmudische Autor **Raba** ertheilte den Bescheid, dass die Zusicherung ungültig sei, da sich zeigt, dass hier ein Irrthum obgewaltet habe. *Alfasi* fügt im Namen älterer Lehrer hinzu, dass dieser Irrthum sich durch Zeugen ausgewiesen habe (oder Producent selbst den Irrthum eingesehen): und sagt daher *Chosch. Mischp. c.* 81.

§. 20., dass ein Geständniss, das sich als Irrthum erweist, kein Geständniss ist. Es wird auch an letzterm Orte angeführt, dass, wenn A an B eine Schuldurkunde in der Meinung übergeben, dass er ihm schuldig sei, und es erweist sich dieses als unrichtig, so ist die Urkunde ungültig. Ferner das. §. 30., wenn sogar schon nach der Uebergabe einer zugestandenen Summe sich ein Irrthum zeigt, so ist ebenfalls das Zugeständniss, als auf einer falschen Voraussetzung beruhend, ungültig. Vgl. das. mehrere Fälle.

Zu §. 131.

Der erste Theil des §. basirt auf *Mischna Schebuot* 38[b], woselbst wenn B an A eingestehet, dass er bei ihm hundert zu fordern habe, den andern Tag aber sagt, er habe sie ihm (inzwischen) gezahlt, so ist die Einrede gültig. Sagt er aber den andern Tag, Producent habe nichts bei ihm, so wird die Einrede nicht angenommen. Das gestrige Geständniss war nämlich vor Zeugen (das. 41[b]); es ist also zwischen der heutigen und der gestrigen Aussage des Producten notorisch ein Widerspruch: und kann er nicht anführen, er habe sich geirrt, denn (wie die Commentatoren hinzufügen) man überlegt wohl genau, ehe man ein ernstliches Geständniss ablegt. Vgl. *Tosefot Gittin* 14[a.] und *Schach* Anmerkung 60. zu *Chosch. Mischp. l. l.* — Aehnliches besagt auch die *Tosefta Baba Mezia c.* 1.; doch will *Schach* (*l. l.* Anmerk. 56.) einen Unterschied machen zwischen dem Eingeständniss und dem unaufgeforderten Geständniss, und führen wir hier Manches ausführlicher über die Theorie der Zurücknahme einer Aussage oder eines Geständnisses an.

„Wer einmal vor Gericht eine Aussage gethan, der kann sie nicht zurücknehmen, es sei denn unmittelbar nachdem er gesprochen“ ist ein Princip des talmudischen Rechts (vergl. *Schebuot* 32[b.] u. a. a. O.); er kann also nach einigem Zwischenraume nicht angeben, er habe sich geirrt. Bei gleichzeitigen Zeugen kann jedoch der eine Zeuge widerrufen, so lange noch der andere spricht (vgl. *Sema* Anm. 7. zu *c.* 80. vgl. auch oben zu §. 27.). Hat nun die Partei ihre Aussage geendigt, so ist diese unwiderruflich, wenn auch das Gericht noch nicht die Klage und Einrede protocollirt hat (vgl.

Salom. ben Aderet respons. 1060.) *). Doch wird, so lange die Parteien die Gerichtsstelle nicht verlassen haben, auf eine plausible Interpretation gehört (*Chosch. Mischp.* c. 80.) **). — Gestehet nun Product dem Producenten die Forderung zu, so ist das Eingeständniss (wenn es nicht unmittelbar zurückgenommen wurde) unwiderruflich und findet das Vorgeben eines Irrthumes nicht statt, möge das Eingeständniss vor Gericht oder vor Zeugen unter den nöthigen Formen (§. 114) abgelegt worden sein. Gestehet aber Product unaufgefordert, so kann nach der Meinung Schach's, selbst wenn dieses unaufgeforderte Geständniss vor Gericht abgelegt wurde, Product es zurücknehmen; nur kommt viel darauf an, in welcher Weise er das Geständniss ausgesprochen. *Chosch. Mischp.* *l. l.* §. 22. gibt jedoch auch das unaufgeforderte Geständniss als irrevocabel an. — Das Geständniss (nach Schach das Eingeständniss) vor Gericht wird für so ernstlich und überlegt gehalten, dass selbst wenn der Beweis einer bessern Einrede für den Producten spricht (wenn z. B. Product einige Zeit, nachdem er vor Gericht das Geständniss abgelegt, es als irrthümlich widerruft: hier spricht für ihn, widerriefe er aus Unredlichkeit, so könnte er kurz sagen, er sei dem Urtheilsspruche schon nachgekommen und habe bezahlt) das Vorgeben eines Irrthums nicht angenommen wird. — Das Geständniss vor Zeugen wird ebenfalls von einigen Autoren für so ernsthaft und überlegt gehalten, dass auch hier auf keine Weise auf die Einrede eines Irrthums gehört wird (*Tosefot l. l.* und Andere). Doch hat nach einigen Autoren hinsicht-

---

*) Obschon der Process im talmudischen Rechte mündlich ist, so können, wenn beide Parteien damit einverstanden sind, sie ihre Actionen und Exceptionen protocolliren lassen (*Baba Batra* 167. 168.). Dieses pflegt auch nach *J. ben Scheschet respons.* 298. zu geschehen, damit um destoweniger ein Widerruf des einmal Ausgesagten stattfinde. Vgl. *Chosch. Mischp.* c. 13. §. 3. c. 80. §. 2. *Glosse.*

**) Nach der Allgem. Preuss. G. O. 1. Thl 10. Tit. §. 27. 82. findet ein Widerruf nach erfolgter Regulirung des *status causae et controversiae* nicht statt. Widerruf bei aussergerichtlichem Geständniss findet nach §. 88b. das. statt, wenn Product Gründe seines Irrthums u. s. w. (vgl. §. 27. das.) angibt. Das talmudische Recht nimmt auch bei dem aussergerichtlichen Geständnisse (vor Zeugen) keinen Irrthum an. Vgl. weiter.

lich der bessern Einrede das Geständniss vor Zeugen nicht die Kraft wie das Geständniss vor Gericht (*R. Mos. ben Nachman*, *Salom. ben Aderet*). Eine dritte Meinung (*R. Joseph Kolon respons.* 65.), dass bei einem Eingeständnisse vor Zeugen überhaupt die Exception eines Irrthums stattfinde, stehet ganz isolirt da, und wird mit Recht zurückgewiesen. Vgl. ausführlich *Schach* Anmerk. 60. *l. l.*

Der andere Theil des §. gehet aus *Baba Batra* 175[b.] hervor, wo nach der Erklärung von *Tosefot* das., wenn ein Kranker gesagt, er schulde an A eine Summe, und hierauf sagt, er erinnere sich, sie schon gezahlt zu haben (seine frühere Aussage war also ein Irrthum), das Letztere als richtig angenommen wird, weil die Denkkraft eines Kranken oft gestört ist und der Irrthum hier sehr leicht möglich.

Zu §. 132.

„Wenn A von B einen Gegenstand (ein Gefäss, Kleid u. s. w.) als ihm gehörend fordert, und B erwiedert, er gehöret nicht dir, sondern dem C, so gilt dieses nicht als Geständniss für C, selbst wenn dieses vor Gericht ausgesprochen wurde.“ *Chosch. Mischp. l. l.* §. 23. nach *R. Hai.* — Als Grund hierfür wird angegeben, dass dieses Geständniss gar nicht zu der Klage gehörte und nur als ein eitles Gerede zu betrachten ist. Doch ist dieses Geständniss gültig, wenn es in Gegenwart von C vor Gericht ausgesprochen wurde. Vgl. *Schach* Anmerk. 58. und oben zu §. 28.

Zu §. 133.

Chosch. Mischp. l. l. §. 17. 19. Das schriftliche Geständniss ist unwiderruflich, weil man aus Scherz oder Nebenabsicht wohl nicht ein solches ablegt (*R. Ascher respons.* 65. §. 1.). Wenn unter dem Nachlasse eines Verstorbenen sich eine Schrift befindet, in welcher er sagt, dass er an A eine gewisse Summe schulde, so wird dieses ebenfalls als gültiges Geständniss angenommen; denn wenn, wie zu §. 119. bemerkt wurde, auch bei dem unaufgeforderten Geständnisse eines Kranken die Vermuthung einer Nebenabsicht nicht ausgeschlossen ist, so fällt diese bei einem derartigen schriftlichen Geständnisse weg (*R. Ascher l. l.*). Dieses gilt auch, wenn man in dem Rechnungsbuche (vgl. weiter §. 188.) des Verstorbenen eine Schuld eingetragen findet. (So nach *Schach* Anm. 45;

das Glossem das. §. 17. will, dass die Handschrift nur dann beweiset, wenn sie sich bei einem Andern befindet. Vgl. *Sema* Anmerk. 42. und *Tumim* Anmerk. 25.). — Zum schriftlichen Geständniss gehört ferner, wenn Product vor Zeugen ein Geständniss abgelegt und zu ihnen gesagt, dass sie es schriftlich aufsetzen können, so ist dieses schon, wenn auch die §. 114. erwähnte Form fehlt, ein unwiderrufliches Geständniss. (*Maimonid. Edut* c. 17. §. 4. Vgl. auch *Schach* Anmerk 48. *l. l.* Anderer Meinung ist *Chosch. Mischp. l. l.* §. 10.) Zu bemerken ist jedoch, dass ohne Vorwissen des Producten die Zeugen ein schriftliches Document über das Geständniss nicht ausstellen können (es sei denn die symbolische Zusicherung vorhergegangen). Vgl. ausführlich *Synhedr.* 29[b]. *Maimonid. l. l. c.* 7. §. 2—6. *Chosch. Mischp. c.* 39. §. 7—13. Vgl. auch weiter zu §. 140. 141. — Auch wenn Product ein schriftliches Geständniss in einer ihm unverständlichen Sprache von Jemandem hat aufsetzen lassen und es unterschrieben, so ist es gültig, da er durch Hinzufügung seiner Unterschrift deutlich zeigte, dass er dem Abfasser dieses Documents volles Vertrauen schenke und überzeugt sei, dass er nur der Wahrheit gemäss schreiben werde. *Respons.* des *Mos. ben Nachman.* Vgl. *Bet Joseph c.* 45. §. 2.

Ueber die symbolische Zusicherung (der zweite Fall des §.) vgl. Eingang zum folg. Titel. Nach der Kraft, die diese Zusicherung hat, ist anzunehmen, dass ein derartiges Geständniss ernstlich gewesen sei — Dieses gilt auch für Geständniss in Gegenwart eines Dritten ff. (der dritte Fall des §.), d. i. B sagt zu A, dass er die Summe oder das Depositum, das er bei ihm zu fordern hat, an den gegenwärtigen C übergebe und Product A erklärt sich hiermit einverstanden, so ist dieses von Seiten des A ein vollkommenes Geständniss, dass B diese Summe oder das Depositum wirklich bei ihm zu fordern habe und kann er es nicht unter dem Vorwande des Nichternstlichen oder der Nebenabsicht widerrufen. Vgl. auch *Chosch. Mischp. c.* 126. § 13. und *Tur* das. — Das Vorgeben eines Irrthums findet nach *Schach* Anmerk. 43. zu c. 81. wenn eine bessere Einrede zu Gebote stehet (vgl. zu §. 131.), auch bei den Fällen dieses §. statt.

R. Joseph ben Leb Tom. 2. §. 51. will auch, dass wenn

A sagt, das Depositum, das er bei Jemandem niedergelegt, gehöre an B, so sei dieses ein vollgültiges Geständniss; denn da er befürchten muss, dass Depositar auf dieses Geständniss das Depositum an B geben werde, so wird er wohl nicht aus Nebenabsicht ff. ein unwahres Geständniss ablegen. *Tumim* Anmerk. 31. widerspricht diesem aus Gründen, die nicht ganz zureichend sein dürften.

Zu §. 134.

Chosch. Mischp. l. l. §. 28. nach *Alfasi in respons.* — Hier findet auch das Vorgeben eines Irrthums (er habe als er geschworen vergessen, dass er schon gezahlt) nicht statt (selbst wenn eine bessere Einrede zu Gebote stehet. *Schach* Anmerk. 68.), denn man überlegt genau ehe man schwört. *Tur l. l.* §. 31. — Den Handschlag erwähnt *Glosse ibid.* nach *R. Jerucham*, der zwar anführt den Handschlag „auf Glauben" (באמונתו „auf Treue"); doch erklärt *Sema* Anmerk. 58., dass der Handschlag heutezutage gewöhnlich so genommen wird, und es nicht der ausdrücklichen Hinzufügung „auf Glauben" bedarf *).

Zu §. 135.

Chosch. Mischp. l. l. §. 29. nach *Hattrumot* 42. Pforte. „Sagt der Gläubiger zu dem Schuldner, er habe auf die Schuld von zweihundert schon hundert empfangen, so ist dieses ein gültiges unwiderrufliches Geständniss". (Dieser Satz gehet zwar schon aus der Analogie des §. 118. Gedachten hervor; unser §. spricht jedoch auch von dem Fall, dass Producent eine auf 200 lautende Schuldurkunde in Händen hat, und jene theilweise Abbezahlung auf ihr nicht bemerkt ist, und wird auch hier das Ge-

---

*) Der Handschlag wird im *Chosch. Mischp.* aus doppeltem Gesichtspuncte betrachtet: als Versicherung und als Eid. Als Versicherung kommt es darauf an, ob der Ortsgebrauch sei, dass durch den Handschlag ein Kauf, Verkauf ff. beschlossen werde: in diesem Falle hat der Handschlag Rechtskraft und wird der Kauf u. s. w. hierdurch unwiderruflich. *Chosch. Mischp.* c. 129. §. 5. Glosse. c. 201 §. 2. — Als Eid (unter Hinzufügung „auf Glauben" oder unter solcher Voraussetzung) muss der Handschlag allenthalben gehalten werden; doch kann das Gericht hierzu nicht zwingen (vgl. oben zu §. 86) und sind auch die Erben nicht verpflichtet dem Versprechen nachzukommen (wie Beides im ersten Falle). Vgl. *Schach* Anmerk. 14. zu §. 121. Ferner c. 207. §. 19.

ständniss als völlig gültig angenommen. Vgl. *R. Joel Serkesch* bei *Schach* Anmerk. 72.

Zu §. 136.

Chosch. Mischp. l. l. §. 25. nach *Hattrumot l. l.* und *R. Ascher respons.* 65. §. 4. — Doch muss der Associe, welcher gestehet, die ganze Forderung bezahlen, da es nach *Chosch. Mischp.* c. 77. §. 1. Norm ist, dass wenn Mehrere gemeinschaftlich kaufen oder ausleihen, der Eine für den Andern bürgt (solidarische Obligation), vgl. *Sema* Anmerk. 51. und *Schach* Anmerk. 64 zu c. 81. — Es wird dieser Norm gemäss auch nicht der gestehende Associe als Zeuge gegen den andern Associe (um denselben mit dem biblischen Eide nach §. 79b. zu belasten) zugelassen; da er hierbei betheiligt ist. — Fordert aber Producent an Associes eine Schuld, die sie ausser ihrer Association gleichzeitig contrahirt haben (wo jeder nur eine *obligatio in partem* hat), so verursacht das Eingeständniss des Einen dem Andern einen Eid, so wie sie auch in dieser Beziehung zu einander Zeugniss ablegen können. *Chosch. Mischp.* c. 37. §. 4—6. c. 77. §. 5.

Zum dritten Titel.

Quellen. Baba Batra 160—176 und sonst an vielen Stellen, vorzüglich Ketubot und Baba Mezia. *R. Hai Gaon*: Mekach Umimkar (*de emtione et venditione*) *). *Alfasi*, zu

*) Ueber Geist und Darstellungsweise des Verfassers vgl. oben S. 302. Das Buch Mekach Umimkar zerfällt in sechzig Pforten und war ebenfalls arabisch geschrieben. *R. Jizchak ben Rëuben Barceloni* (vgl. oben S. 303.) übersetzte es ins Hebräische und begleitete es mit einem kurzen Vorwort, in welchem er das Jahr 4838 (1080 übl. Zeitr.) als das der Uebersetzung bezeichnet. Diese Uebersetzung (im Original wurde das Werk nicht durch den Druck veröffentlicht) erschien zuerst Venedig 5362; dann Wien 5560 mit Anmerkungen unter dem Titel Ser Sahab des unlängst verstorbenen *R. Eleasar*, Verfassers mehrerer Werke. Die Anmerkungen enthalten grösstentheils Nachweise der bezüglichen Talmudstellen und manche Textverbesserungen. Der letztgenannte Verfasser verdient schon deshalb Anerkennung, weil er jeden gelehrten Apparat und die ausgedehnte Disputationsweise vermieden, und sich strict an das Werk gehalten. Ein kurzer hebräischer Auszug des Mekach Umimkar erschien ebenfalls zu Venedig im obengedachten Jahre. *Rappoport*, Leben des

den gedachten Talmudstellen und sonst. *Mamonides* Toën Wenitan, und Malwe Welowe (*de creditore et debitore*). *Haït tur voce* אחריות. קנין. קיום טופסין. קיום. חוב. מלוה. מתנה. und sonst. — *R. Samuel Hassardi* Hattrumot *). *R. Ascher. Chosch. Mischpat c.* 39—87. *Tur* u. A.

Wir senden der Erklärung der §§. hier Manches über Hypotheken und Obligationen des talmudischen Rechts voraus, da erst durch eine genauere Auffassung der Eigenthümlichkeit dieser im vorgenannten Rechte, Aufschluss über dessen Lehre von Urkunden wird.

Zuerst Einiges über Hypotheken. Dem Gläubiger stehet gesetzlich das Pfandrecht zu. Die Pfändung kann aber nur auf Erkenntniss des Gerichts und zwar durch den Gerichtsdiener vorgenommen werden (also *pignus ex causa judicati*). — Die Instrumente des Handwerkers können nicht gepfändet werden, so wie überhaupt kein Pfandrecht auf das wovon sich Jemand ernährt, stattfindet. Auch das Unentbehrliche des Lebensbedarfes, wie das Kleid des Schuldners u. dergl. kann nicht ausgepfändet werden. Andere Modalitäten und die Weise der Pfändung ausführlich *Baba Mezia* 113 ff. *Maimonides Malwe c.* 3. *Hattrumot* 1. Pforte. 1. Abtheilung §. 3—5. *Chosch. Mischp. c.* 72. 79. — Ueber Faustpfand *Baba Mezia* 72. *Schebuot* 43. *Maimonid. l. l.* und *Sechirut c.* 10. *Chosch. Mischp. c.* 72. Hervorzuheben ist hier, dass der Pfandgläubiger das Pfand, das durch Gebrauch wenig abgenützt wird, wie

Hai, hält dafür, dass dieser Auszug nicht von Barceloni, sondern von einem andern Uebersetzer herrühre, dem er auch vor jenem den Vorzug einräumt. In letzterer Hinsicht dürfte jedoch nicht unbedingt Rappoport beizustimmen sein. — Wir benützen hier die Wiener Ausgabe und den gedachten Auszug.

*) Der Autor, ein Sardinier, verfasste nach *Abrah. Saccut* sein Werk im Jahre 4985 (1225 der übl. Zeitr.) und theilte es in 70 Pforten ein; jede Pforte zerfällt in Abtheilungen und jede Abtheilung in Paragraphen. Dem Werke gehet ein Gedicht voraus, in welchem der Verfasser sein Alter bei dessen Beginn auf dreissig Jahre angibt. Er war ein Schüler des R. Moses ben Nachman, mit dem er in starkem Briefwechsel stand und dessen an ihn ergangene Antworten er oft anführt. Dieses Buch wurde schon in früherer Zeit öfter edirt, und endlich Venedig 5403 von dem auch als Homiletiker bekannten und gebildeten *Asaria di Pigo* mit dessen zu diesem Werk verfassten Commentar Giddule Teruma. Wir citiren aus dieser Ausgabe.

eine Axt, Schaufel u. dgl., wenn es ihm von einem Armen verpfändet wurde, weiter vermiethen und den Lohn als Abzahlung nehmen darf (also eine Rechtswohlthat für den Verpfänder). Dem Pfandgläubiger selbst stehet kein Niessbrauch am Pfande zu, wohl aber muss er für Diebstahl und Abhandenkommen haften. Eine **Antichresis** (dass der Gläubiger die Früchte der verpfändeten Sachen statt der Zinsen ziehe) gehet im talmudischen Recht nicht an (vgl. oben §. 49.); wohl aber kann nach Uebereinkunft der Parteien der Gläubiger die jährlichen Früchte des verpfändeten Grundstücks als **Abzahlung** der Schuld beziehen. *Baba Mezia* 67[a]. (wo berichtet wird, dass dieses in der mesopotamischen Stadt **Sura** häufig war, daher auch diese Art Pfandleistung den Namen משכנתא דסורא *pignoratio Suritana* erhielt). *Maimonid. l. l. c.* 6. — Das Faustpfand kann nur mit Wissen und Einwilligung des Verpfänders veräussert werden; eine Ausnahme macht, wenn der Gläubiger gegründete Furcht hat, dass man ihm das Pfand stehlen oder es ihm sonst abhanden kommen werde und er es daher lieber in Geld umwandeln will, das er besser aufbewahren kann; zweitens wenn das Pfand sich deteriorirt, und der Gläubiger hierdurch seine Sicherheit für die geborgte Summe verlieren würde: in diesen beiden Fällen kann das Pfand auch ohne Vorwissen des Verpfänders verkauft werden (*R. Hai* 6. Pforte). Im Allgemeinen gilt für jedes Pfand (auch für das gerichtliche) die Regel, der Pfandgeber muss bei dem Verkaufe hiervon verständigt werden, vielleicht will er es einlösen und hat er das Vorrecht vor jedem Andern. Der Gläubiger kann das Pfand nicht an sich bringen, und muss es gerichtlich verkauft werden *Baba Mezia* 38. *Hai l. l. Maimonid. Chosch. Mischp.* (Bei Verkauf der Wittwe zur Erlangung ihrer Alimente und ihrer Paraphernen tritt manche lindernde Ausnahme von dem bisher Gedachten ein. Vgl. *Ketubot* f. 97. 98. *Hai l. l.* f. 15. und Andere).

Von grösserer Wichtigkeit für den folgenden Titel ist das hypothekarische Verhältniss in welchem das Habe des Schuldners zum Gläubiger stehet. Das Vermögen des Schuldners, sowohl das immobile als das mobile, das er zur Zeit, als er die Schuld contrahirte, besass, ist nach talmudischem Rechte dem Gläubiger verobligirt, also hier stillschweigend die röm.

hypotheca omnium bonorum (*L.* 15. §. 1. *L.* 34. §. *D.* 20. 1. Der Rechtsausdruck im talmudischen Recht ist משעובד „unterthänig,“ verobligirt). Es wird nämlich der Grundsatz aufgestellt: „die Güter des Menschen bürgen für ihn“ נכסי דבר אנוש מערבין ותיה *Baba Batra* 174ᵃ. Der Gläubiger hat also ein Recht an den Schuldner, und durch dieses *jus ad personam* oder eigentlich *potestas* *) entstehet ein derartiges *jus ad rem*, dass auf dem sämmtlichen Vermögen eine “Unterthänigkeit“ (שעבוד) zu dem Gläubiger liegt, es stillschweigend hypothecirt ist **). Ein talmudischer Autor (Abaja, *Pesachim* 29) meint sogar, dass dieses hypothekarische Recht sich wenn der Schuldner nicht zahlt schon von der Zeit des Darlehns in eine Possession umwandelt, das Habe (natürlich so weit die Forderung des Gläubigers reicht) also schon von da an als Eigenthum des Gläubigers betrachtet wird, so dass wenn letzterer in dieser Zwischenzeit einen Kaufcontract darüber abgeschlossen oder es (zum Gebrauche eines Gotteshauses oder der Armen) geheiligt hat, der Kauf oder die Heiligung gültig ist. Dieser Meinung wird (das.) widersprochen: der Gläubiger hat nur ein Recht; doch wird allgemein eingestanden, dass dieses Recht so stark ist, dass wenn der Schuldner zur Zeit die Zahlung nicht leisten kann, auch sein Verkauf oder seine Heiligung in der Zwischenzeit ungültig ist. Der Gläubiger kann sich also, wenn Schuldner nicht zahlt, an dessen gegenwärtige Mobilien halten, so wie an die Immobilien auch wenn sie schon im Besitze eines Dritten (verkauft sind) ***).

*) Vgl. *Tab. III. L.* 1. 2. 3. der XII. Tafelgesetze (bei Dirksen): *Aeris confessi rebusque jure judicatis triginta dies justi sunto. Post deinde manus injectio esto, in Jus ducito. Ni judicatum facit aut quips endo em jure vindicit, secum ducito, vincito, aut nervo aut compedibus, quindecim pondo, ne majore aut si volet minore vincito.* Vgl. *Gellius Noct. Attic. L.* 20. c. 1. Dieser Gedanke scheint dem obigen Satze: „Die Güter des Menschen bürgen ff.“ zu Grunde zu liegen; doch kennt in der Wirklichkeit das talmudische Recht durchaus keine solche *potestas* an dem Schuldner, und weiss es auch sogar nichts von einem Schuldarrest.

**) Der Ausdruck *jus ad rem* ist nicht ganz adäquat und ist fast nach der weiter zu erörternden Unterthänigkeit hier ein *jus in re.*

***) Bei Mobilien nur die gegenwärtigen, aber nicht die inzwischen verkauft wurden und sich nun in der Hand eines Dritten befinden. Als Ursache hierfür ist anzusehen, weil sonst jeder Schuldner vom nothwendigsten Verkehr ausgeschlossen wäre, da Niemand von ihm etwas als Be-

Nur ist der Gläubiger zuerst an das unverkaufte Vermögen des Schuldners zu weisen, und selbst wenn er hierbei im Nachtheile stehet. Es gelten hier folgende Regeln: der Gläubiger nimmt für seine Schuld die mittleren Grundstücke, d. i., wenn Schuldner ihn nicht mit baarem Gelde oder Mobilien befriedigen kann (besitzt der Schuldner ersteres oder letztere, so kann er nicht den Gläubiger auf Grundstücke verweisen *Baba Kama* 9^{a}. vgl. *Tosefot Ketubot* 86^{a} und *Baba Batra* 92^{b}.) und er besitzt Felder von guter, mittlerer und schlechter Qualität (Fruchtbarkeit), so wird Gläubiger von den von mittlerer Qualität befriedigt. Hat nun aber Schuldner diese verkauft und nur die von schlechter Qualität zurückbehalten, so muss Gläubiger sich mit letzteren zufrieden stellen, und kann die ihm eigentlich gebührenden Felder mittlerer Qualität nicht vom Käufer abfordern. — Sind mehrere Grundstücke des Schuldners von Mehreren erkauft worden, so kann Gläubiger sich nur an den letzten Käufer, d. i. an das von ihm erkaufte Grundstück (wenn die Schuld nicht dessen Höhe übersteigt), halten; denn der frühere Käufer entgegnet, es sei bei seinem Kaufe noch genug beim Schuldner geblieben, dass er — der Gläubiger — befriedigt werde. Bemerkt muss ferner werden, dass der Gläubiger nur an jene verkauften Immobilien ein Recht hat, die der Schuldner zur Zeit der Contrahirung der Schuld besessen; Güter aber die erst nach dieser Zeit in den Besitz des Schuldners kamen, sind zwar so lange sie der Schuldner besitzt dem Gläubiger unterthänig, kann dieser seine Schuld an ihnen einfordern; wurden sie aber verkauft, so kann der Gläubiger sich nicht an den Käufer halten. Eine Ausnahme macht jedoch hiervon, wenn Schuldner in die Schuldurkunde eingeschrieben, „dass

---

zahlung annehmen könnte. (Wurden jedoch ausdrücklich die Mobilien mit [durch אגב] den Immobilien verobligirt, so können auch sie aus der Hand des Käufers evincirt werden; vgl. *Baba Batra* 44*b*.) Es kommt aber noch ferner hinzu, dass zur Zeit des Talmuds das eigentliche Vermögen in Grundstücken bestand und man in ihnen die eigentliche Versicherung fand. Vgl. *Ketubot* 67*a*. *Baba Kama* 33*b*. Darum wurden auch die Paraphernen, Dos, Alimente nur von den Immobilien eingefordert (*l. l.* 52*a*). Erst als in späterer trüber Zeit die Juden auf den Handel hingewiesen wurden, führten die *Geonim* ein, dass die Paraphernen u. s. w. auch von den Mobilien bezahlt werden.

er auch das, was er etwa erwerben werde, dem Gläubiger unterwerfe". (Vgl. auch *L.* 9. *C.* 8. 17. und weiter zu §. 192.) — Bei mehreren Gläubigern hat der erste die Priorität, selbst wenn die Zahlzeit des spätern Gläubigers eher als die seinige fiele; doch gilt auch hier, dass wenn der spätere Gläubiger sich an einem Grundstücke bezahlt gemacht, ein anderes aber noch bei dem Schuldner zurückgeblieben ist, der frühere Gläubiger sich nur an dieses, selbst wenn es schlechterer Qualität ist, halten kann. Die Priorität gilt ferner nur hinsichtlich der Immobilien, die der Schuldner schon zur Zeit der Contrahirung der Schuld besessen; bei Mobilien so wie an später erworbenen Immobilien ist das Recht aller Gläubiger gleich, und findet eine Priorität nicht statt *).

Wir gehen nun zu den Obligationen über, die in näherer Verbindung mit dem folgenden Titel stehen. Unter den *Obligationes*, *quae consensu contrahuntur* ist hier vorzüglich der Kaufcontract zu erwähnen. Die eigentliche Erwerbsart ist bei Mobilien die Apprehension, und zwar indem entweder der Käufer die Sache in die Höhe hebt (welches die vorzüglichste und allenthalben gültige Art der Apprehension ist), oder indem Verkäufer den Gegenstand an den Käufer übergibt, oder der Käufer ihn an sich ziehet. (Vgl. hierüber ausführlich *Baba Batra* 76. 86. *Kidduschin* 25. *Hai* 13. Pforte.) Bei Tausch braucht die Apprehension nur einseitig zu sein, d. i. wenn einer der Paciscenten die Apprehension an der gegenseitigen Sache gemacht, so hat hierdurch der andere Paciscent ebenfalls die eingetauschte Sache erworben (*Kidduschin* 28[a].). Hieraus entstand der sogenannte Mantelgriff (קנין כודר), welches eine *traditio symbolica* ist. Der Käufer reicht nämlich dem Verkäufer einen Gegenstand (sein Gewand) hin, gleichsam als Eintausch gegen das von ihm erkaufte Gut, der Verkäufer ziehet diesen an sich und hat hierdurch der Käufer den erkauften Gegenstand erworben (*Baba Mezia* 47. *Hai l. l. Chosch.*

*) Diese Sätze werden ausführlich besprochen: *Ketubot* 90. 92. 94. *Gittin* 48 *ff.* *Baba Kama f.* 8. *Baba Batra f.* 44. und sonst an vielen Orten. *R. Hai* 27. Pforte. *Alfasi* und *R. Ascher* zu *Ketubot* 86. 94. und a. a. O. *Maimonid. Malwe* c. 19. 20. *Haïttur voce* אחריות. *Hattrumot* 4. Pforte. *Chosch. Mischp.* c. 104. 111. 112. vgl. ferner weiter zu §. 138.

Mischp. c. 195.). Diese Tradition kommt häufig bei Verträgen vor, und gilt sie sonst bei vielen Fällen als unwiderrufliche Zusicherung *). — Nach der Meinung eines talmudischen Autors (*Kidduschin l. l.* und sonst a. a. O.), welche auch allgemein als die gültige angeführt wird (*Hai l. l. Maimonid. Mechira* c. 3. *Chosch. Mischp. l. l.* c. 198. §. 1.), macht eigentlich „Geld," die Bezahlung des Kaufpreises, den Kauf gültig und bedarf es nicht der Apprehension; allein da der Verkäufer sich jeder weitern Obhut (*custodia*) überhoben sehen würde und so das Gekaufte bei ihm leicht zu Grunde gehen könnte, wurde die Apprehension eingeführt (also ursprünglich nicht symbolisch, sondern war es eine wirkliche Uebernahme; vgl. oben S. 55. vierte Anmerk.). Mobilien werden ferner erworben, wenn sie sich im Hause des Käufers befinden, und bedarf es hier blos der beiderseitigen Uebereinstimmung. Zweifelhaft ist jedoch, ob, wenn sie in den Geräthschaften des Käufers im Hause des Verkäufers oder umgekehrt, in den Geräthschaften des letztern und im Hause des Käufers sich befinden, ohne anderweitige Apprehension erworben werden können **). Immobilien werden erwor-

*) Der Verkäufer gibt, nachdem er den als symbolischen Tausch erkauften Gegenstand angegriffen, denselben gewöhnlich dem Käufer zurück; daher der Ausdruck: Erwerb durch Mantelgriff. Uebrigens kann auch ein Dritter einen Gegenstand (sein Gewand) zu Gunsten des Käufers zu diesem symbolischen Tausch reichen: denn es gilt im talmudischen Recht als Regel, dass was einem Abwesenden zum Vortheile ist auch ohne dessen Wissen für ihn gethan werden kann (זכין לאדם שלא בפניו), und hat diese Handlung volle Rechtskraft. So kann z. B. Jemand für einen Dritten ein Geschenk übernehmen und kann der Geber, wenn auch der Beschenkte es noch nicht ratificirt hat, es nicht zurückverlangen (also nicht die Norm des römischen Rechts: *ignoranti possesio non adquiritur L.* 1. *C.* 7. 32.). Daher kann auch einer der Zeugen sein Gewand zum Mantelgriff hergeben; und ist dieses gewöhnlich. *Chosch. Mischp. l l.* §. 3. Glosse. Eine andere Art der *traditio symbolica* ist, wenn Mobilien mit (vermittelst) Immobilien erworben werden, vgl. *Baba Batra* 75*b*; auf die wir aber als etwas fernliegend hier nicht eingehen.

**) Nach *Baba Batra* 85. 86. ist hier die Frage was eigentlich zu berücksichtigen sei, ob der Ort wo der Gegenstand sich befindet, oder das Gefäss worin er sich befindet. Wird also der erste Fall unseres Textes negirt, so muss der andere bejahet werden und umgekehrt. *Alfasi ad loc.* und *Maimonid. l. l.* c. 4. §. 2. verneinen jedoch mit Bestimmtheit beide

ben: 1) durch sofortige ganze oder theilweise Bezahlung des Kaufpreises *); 2) durch die Kaufsurkunde; 3) durch Apprehension, welche darin bestehet, dass der Käufer etwas an dem Grundstück mit Willen des Verkäufers vornimmt, einen Pflock einschlägt, den Zaun verbessert u. dgl. m., den Schlüssel vom Hause abziehet oder es übergibt ihm der Verkäufer den Schlüssel (worüber ausführlich *Baba Batra* 52—54. *Hai l. l. Maimonid. l. l. c.* 1, *Chosch. Mischp. c.* 192.); endlich 4) durch die obengedachte symbolische Tradition. Die Bezahlung des Kaufpreises macht jedoch nur an jenen Orten den Kauf unwiderruflich, wo man gewöhnlich nicht eine Kaufsurkunde ausstellt; wo nicht ein solcher Gebrauch bestehet, bedarf es auch der Urkunde (*Kidduschin* 26[a].). Umgekehrt macht aber auch Kaufsurkunde ohne Bezahlung nicht denn Kauf, es sei denn, dass das Grundstück von schlechter Qualität sei und der Verkäufer es gern losschlagen will (*l. l. Hai l. l. Maimonid. l. l. Chosch. Mischp. c.* 190. 191.).

Die vorzüglichste Obligation des Verkäufers ist die Gewährleistung für Eviction (talmudischer Ausdruck אחריות), d. i. die Dafürhaftung im Falle das verkaufte Object dem Käufer von einem Dritten rechtlich weggenommen (evincirt) wird, entweder weil es dem Verkäufer gar nicht gehörte und er es unrechtmässig an sich gebracht hatte, oder es fordert es ein früherer Gläubiger des Verkäufers für dessen Schuld von dem Käufer ab (vgl. oben). Diese Gewährleistung übernimmt stillschweigend jeder Verkäufer, wenn sie auch nicht in der Urkunde bemerkt ist (*Baba Mezia* 15[b]. und gilt dieses auch für Schuldverschreibung), oder wenn gar keine Urkunde ausgestellt wurde, und der Kauf nur vor

---

Fälle, worüber die Commentatoren zu vergleichen sind. — Auch bei den oben gedachten Arten der Apprehension übt die Verschiedenheit des Ortes einen Einfluss; so findet das an sich Ziehen nur in einem dem Käufer gehörenden Locale oder in einem nicht frequenten Gässchen (סימטא *semita*) statt, das Uebergeben nur in einer besuchten Strasse, das Aufheben aber allenthalben. Vgl. *Baba Batra* 77 und 86. Eine andere divergirende Meinung des *R. J. Tam l. l.* 77. übergehen wir, da sie allgemein nicht angenommen ist.

*) Die Bezahlung darf nicht in einem Pfand oder in einer bei dem Verkäufer habenden Schuld bestehen, wenn der Kaufpreis die Apprehension machen soll. Vgl. ausführlich *R. Hai l. l.*

Zeugen geschah (vgl. *R. Mos. ben Nachman* zu *Baba Batra* 77[a]). Aber selbst wenn ausdrücklich eine Nichtgewährleistung ausbedungen wurde, kann bei einer in Aussicht stehenden Eviction, d. i. wenn von einem Dritten ein Einspruch erhoben wird, der zwar noch nicht gerichtlich erwiesen, für dessen Richtigkeit aber mehrere Anzeichen sprechen (vgl. *Chosch. Mischp.* c. 226. §. 5. Glosse), der Käufer so er nicht eine bemerkliche Besitzergreifung (eine Abänderung, also noch mehr als die obige Apprehension) vorgenommen hat, zurücktreten und muss Verkäufer das Kaufgeld zurückerstatten (*Maimonid. l. l.* c. 19. §. 2. *Chosch. Mischp. l. l.* nach *Ketubot* 92. Anderer Meinung ist jedoch *Raschi* daselbst: wenn einmal das Kaufgeld erlegt wurde, so kann Käufer auf eine noch nicht erwiesene Eviction nicht zurücktreten. Vgl. auch *R. Ascher* und *Tur l. l.*) *). — Fernere **Obligationen** sind: Der Verkäufer muss haften für die Mängel und Fehler des Objects, die der Käufer nicht erkannt hat, d. i. von denen er nichts beim Kaufe gewusst. Was als Fehler zu beurtheilen sei, hängt (ausser den allgemeinen Fehlern) vom Ortsgebrauche ab; ferner in wie weit durch den Fehler der vom Käufer namhaft gemachte Zweck nicht erreicht werden kann. Selbst wenn der Käufer erst nach längerer Zeit, sogar nach Verlauf mehrerer Jahre den Fehler erkennt, gehet der Kauf zurück; hat aber der Käufer, nachdem er den Fehler erkannt, die verkaufte Sache noch weiter gebraucht, so wird dieses als ein sich zufrieden geben betrachtet. Bei Mängeln, die dem Käufer ins Auge fallen mussten, findet nach *Ketubot* 57[b.] und 75[a.] keine Rückgängigkeit statt. Ebenso wollen auch manche nachtalmudische Autoren, dass wenn der Käufer gleich kosten oder einen Versuch anstellen konnte und er hat es unterlassen, so hat er zu verstehen gegeben, dass er wegen Mängel, die auf diese Weise zu entdecken sind, nicht den Kauf rückgängig machen wolle (vgl. *Maggid Mischna* zu *Maimonid. l. l.* c. 15.). Findet sich an der erkauften Sache ein bleibender Fehler, so kann der Käufer auf gänzliche Aufhebung des Kaufes dringen (also eine *actio redhibitoria*), aber nicht auf Minderung des Preises (*actio quanti minoris*); ist es aber ein

---

*) Die *stipulatio duplae* des römischen Rechts *L.* 43. 56. §. 2. *D.* 21. 2. ist dem talmudischen Recht ganz unbekannt.

leicht zu verbessernder Fehler, so kann Käufer nur die letztere Klage aber nicht die erstere anbringen. *Maimonid. l. l.* §. 4. vgl. *Maggid Mischna* das.; *Chosch. Mischp. l. l.* §. 5. und Glosse nach *R. Ascher respons.* 96. §. 7. *).

Der Kauf ist ferner bei Mobilien aufgehoben, wenn der eine oder andere Contrahent über ein Sechstel des Werthes verletzt wurde. Bei einem Sechstel selbst ist der Verlust zu ersetzen und bleibt der Kauf; bei weniger als einem Sechstel braucht auch ein Ersatz nicht geleistet zu werden. Wenn übrigens bei der Verletzung über ein Sechstel nur die Klage auf Rückgängigkeit stattfindet, so muss sie von dem Verletzten (auch wenn der Verkäufer um diesen Werth verletzt wurde, gehet der Kauf zurück) angestellt werden; tritt aber der Verletzte mit der Klage auf Ersatz auf, dann kann auch der Verletzende den Kauf rückgängig machen. *Baba Mezia* 49 ff. *Baba Batra* 84 und *Tosefot* das. *R. Hai* 15. Pforte, aber etwas abweichend. *Alfasi* an beiden Orten, vgl. auch *R. Ascher* zu letzterer Stelle. *Maimonid. l. l. c.* 12. *Chosch. Mischp. c.* 227). — Bei Immobilien scheint nach babylonischem Talmud eine Klage auf Verletzung gar nicht stattzufinden (*Baba Mezia* 56 und sonst an vielen Stellen). Der jerus. Talmud *Ketubot* 37[a.] will, dass wenn der Contrahent über die Hälfte verletzt worden ist, der Kauf aufgelöst sei, aber auch in diesem Falle scheint der babylonische Talmud (*l. l.* 108[a.]) nicht eine Verletzung zu kennen. Auch *R. Hai l. l.* hat keine Verletzung bei Immobilien; *R. Chananel* (vgl. *Tosefot Ketubot* 98[a.]) versucht jedoch eine Uebereinstimmung zwischen beiden Talmuden, und nimmt auch Glosse zu *Chosch. Mischp. l. l.* §. 29. eine Verletzung über die Hälfte an. Vgl. auch *c.* 66. §. 38. Glosse und *Schach* Anmerk. 122 **).

*) Dieses ist ganz analog den hier unmittelbar folgenden Sätzen über Werthsverletzung. — Die Lehre über die Rückgängigkeit durch Fehler *Baba Mezia* 80. *Baba Batra* 83. 92—98., wo auch bestimmt wird was ein Fehler sei. *R. Hai Gaon* Pforte 45—48. *Maimonid. l. l. c.* 15—18. *Chosch. Mischp. c.* 229. 230. 232. 233. 234. Hierher sind auch zu vergleichen die ädilischen Edicte. *L.* 1. §. 1. *pr. L.* 38. *D.* 21. 1. Ueberhaupt bietet dieser ganze Titel sehr viel Interessantes; lässt aber, wo eine Klage statthaft ist, sowohl die *actio redhibitoria* als *act. aestimatoria* (*quanti minoris*) zu.

**) Das römische Recht hat nach einer späteren Constitution (*const.* 2. *C.* 4. 44.) eine *laesio ultra dimidium* wenn der Verkäufer verletzt wurde,

Wir erwähnen nun auch Einiges über Schenkungen. Die Schenkung wird sowohl bei Mobilien als Immobilien durch dieselben Mittel wie die des Kaufes erworben. Die Schenkung eines Kranken macht eine Ausnahme; hier genügt der ausgesprochene Wille, um dem Donatar einen Gegenstand zuzueignen. Hierher ist auch zu beziehen, wenn unter der ausgesprochenen Erwartung eines baldigen Todes etwas geschenkt wird. — Die Schenkung muss sich beziehen auf einen bestimmten Gegenstand, d. i. das geschenkte Grundstück u. s. w. muss benannt sein; heisst es aber der Donator schenkt ein (nicht näher bezeichnetes) Grundstück unter seinen Grundstücken, so hat hierdurch Donatar gar nichts erworben; *Maimonid. Sechija* c. 3. §. 5. nach *Gittin* 8. 9. *Chosch. Mischp.* c. 141. §. 4. — Die Schenkungsurkunde eines Gesunden muss öffentlich sein, d. i. der Donator muss den Zeugen gestatten, dass sie vor aller Welt die Urkunde ausstellen und unterschreiben; eine Schenkung, die im Geheimen oder nicht auf gedachte Weise geschiehet, ist nicht gültig, es wird hier eine Nebenabsicht oder ein Zwang, oder dass nicht in der Macht des Donators gestanden habe zu verschenken, geargwohnt (vgl. *Samuel ben Meir Baba Batra* 44^b); und wird daher in der Schenkungsurkunde gewöhnlich die Formel geschrieben: „er (der Donator) hat zu den Zeugen gesagt, ihr könnt euch öffentlich hinsetzen und ihm eine offene Urkunde schreiben.“ Doch ist bei der Schenkung eines Kranken gestattet, dass er von den Zeugen Stillschweigen bis nach seinem Tode verlange. — Dass eine Schenkung auch ohne Wissen des Donatars für ihn acceptirt werden kann, wurde schon oben bemerkt; doch kann natür-

---

und lässt hier wieder beide Klagen zu; nur bleibt dem Käufer anheimgestellt, auf welche er eingehen wolle. Das talmudische Recht verfolgt überhaupt bei Werthverletzung einen andern Grundsatz: der ganze Kauf wird als ungültig gehalten, so der Verletzte mit ihm nicht einverstanden ist; nach Anderen überhaupt für ungültig, und kann deshalb auch der Verletzer zurücktreten, wenn auch die vorzüglichste Rücksicht auf den Verletzten zu nehmen ist. Vgl. *R. Jona* bei *Ascher l. l.* Uebrigens ist eine Frist bestimmt, innerhalb welcher der verletzte Käufer zurücktreten kann (vgl. *Baba Mezia* 49*b*); hat er diese verabsäumt, so bleibt der Kauf. — Bei Münzen findet nach einer Meinung (*l. l.* 51. Glosse zu *Chosch. Mischp.* c. 127. §. 16.) schon eine Verletzung statt, sobald mehr als ein Zwölftel

lich der Beschenkte, wenn er Kunde davon erhält, jene Acceptation für ungültig erklären (*l. l.* 137[b].). — Die Schenkung soll eigentlich so sein, dass der Beschenkte jeden beliebigen Gebrauch von ihr machen kann; hat jedoch der Donator ausdrücklich gesagt, dass er nur zu einem gewissen Gebrauche oder nur auf eine gewisse Zeit schenke, oder hat er sonst eine Bedingung daran geknüpft (*sub modo* oder *sub conditione*): so muss der Wille des Donators stets erfüllt werden. Wird die Bedingung nicht eingehalten, so muss der Donatar das Geschenkte nebst den inzwischen gezogenen Früchten restituiren (*Chosch. Mischp. l. l.* §. 5—9.). — Bei Schenkungen wird übrigens nicht nur der ausdrückliche, sondern auch der muthmassliche Wille (אומדנא), d. i. unter welcher Voraussetzung der Donator das Geschenk gemacht, berücksichtigt (vgl. auch weiter bei Verkauf). Daher findet eine Revocation statt, wenn ein Erkrankter sein Vermögen Jemandem als Geschenk verschreibt und er hierauf geneset, weil anzunehmen ist, dass diese Schenkung nur unter der Voraussetzung des eintretenden Sterbefalls gemacht wurde, denn es wird wohl Niemand sich seines ganzen Vermögens berauben und es einem Andern geben (*Baba Batra* 146.). Ferner, wenn Jemand seinen abwesenden Sohn für gestorben haltend, eine derartige Schenkung macht, und dieser Sohn wieder zurückkommt; hier ist ebenfalls begründete Vermuthung wie oben (*l. l.*) *R. Meïr Lublin respons.* 104 schliesst nach dieser Analogie, wenn ein Kinderloser eine solche Schenkung macht und es werden ihm hierauf Kinder geboren, so ist ebenfalls diese Schenkung ungültig. Es wird ferner *Chosch. Mischp.* c. 240. §. 3. nach *R. Meïr Halewi* angeführt, dass wenn Jemand vor Feinden oder Gläubigern flüchten musste und er sein Vermögen verschenkte, hierauf aber sich mit ihnen abgefunden oder ausgeglichen u. s. w., so kann er ebenfalls die Schenkung revociren. Doch gelten alle diese Fälle nur von der Schenkung des ganzen Vermögens; hat hingegen der Donator etwas für sich zurückbehalten — selbst wenn dieses nicht bedeutend ist — so findet mit Ausnahme, wenn der Donator aussprach: er schenke in der Erwartung seines nahen Todes, eine Revocation nicht statt. Noch erwähnen wir eine Voraussetzung, die aber schon mehr eine Deutung der Worte des Donators ist. Wenn Jemand, der mehrere Kinder hatte, sein Vermögen an seine Frau oder an einen seiner Söhne verschrieb, so wird angenommen, dass er die Frau oder den Sohn nur als Vormund, Verwalter des hinterlassenen Vermögens einsetzen wollte. *Baba Batra* 131[b]. Doch wird die Schenkung als solche angenommen, wenn sich in der Urkunde deutlich herausstellt, dass der Donator eine wirkliche Schenkung gemeint (*Chosch. Mischp.* c. 246. §. 4.) *). — Die Gewährleistung für Eviction findet bei Schenkung nicht statt, es sei denn dass der Donator sie ausdrücklich zugesichert **).

Eine sehr bemerkenswerthe, einem Servitut sich nähernde Obligation veranlasst das dem talmudischen Recht eigenthümliche Grenzrecht (מצרנות). Diese Obligation wurde erst in späterer Zeit von unter persischer Herrschaft lebenden talmudischen Autoren ausgebildet; sie ist hervorgerufen durch das beim Verkaufe eines Grundstückes dem angrenzenden Nachbar zugestandene Vorrecht, welches später sich in ein

*) In einem Falle gilt die Voraussetzung auch im umgekehrten Verhältniss, es wird nämlich ein schenkender Wille angenommen, wenn auch dieser Wille nicht ausgesprochen wurde. Wenn nämlich Jemand ein Haus ganz ausgeräumt, all sein Geräthe herausgenommen und seinen Sohn darin verheirathet hat, so wird dieses als eine Willenserklärung angesehen, dass er dem Sohn das Haus schenke. *Baba Batra* 144 *b. Maimon. Sechija* c. 6. §. 15. — Dieses ist ein Beitrag zu dem Familienleben jener Zeit: und wird so wie die im Text erwähnte Schenkung an die Frau u. s. w. vom Talmud selbst bezeichnet „wie eine Regel ohne eigentlichen (Rechts-) Grund" (das.). Es wird hier die Absicht, der Wille berücksichtigt.

**) Ueber Schenkungen *Baba Batra* c. 9. 10. *Maimonid. Sechija Umatana (de adipiscendo et donatione)* c. 5. 6. 8 *ff. Haïttur voce* מתנה *Chosch. Mischp.* c 241 bis 258. — Im talmudischen Recht bedarf es bei einer Schenkung nicht wie im römischen Recht *L.* 36. §. 3. *C.* 8. 54. der Willenserklärung vor Gericht (*insinuatio donationis*). Die Revocation findet ferner im talmudischen Recht nur statt, wenn von Seiten des Donators ein neuer Umstand wie oben hinzutritt; ein Umstand aber von Seiten des Beschenkten in Beziehung zum Geber, wie *manus impiae*, *insidiae etc.* berechtigen nicht zur Revocation. Das römische Recht hingegen legt auf die Beziehung des Donators zum Donatar Gewicht (*L.* 10. *C.* 8. 56.); kennt aber, wo von Seiten des Gebers ein neuer Umstand eintritt, nur die *revocatio propter subvenientiam liberorum*, und zwar nur dann wenn die Schenkung von dem Patron dem *libertus* gemacht wurde (*L.* 8. *ibid*).

eigentliches Recht umwandelte und eine Klage gegen den Käufer begründet. Der Besitzer eines Grundstücks hat nämlich bei Verkauf eines angrenzenden Grundstückes die Priorität dieses zu erkaufen; hat nun Jemand ohne sein Vorwissen es gekauft, so ist dieser Käufer gehalten es ihm gegen Erlegung des Kaufpreises abzutreten. Hat der Käufer das Grundstück sehr billig an sich gebracht (der Werth ist 2000, und er hat es für 1000 erkauft), so braucht der Grenznachbar nur den Kaufpreis zu erstatten, es sei denn dass sich ausweise, dass Verkäufer aus besonderer Freundschaft für den Käufer es demselben billiger überlassen hat. Hat der Käufer das Grundstück ameliorirt, so bekommt er die Amelioration ersetzt; hat er es deteriorirt, so muss er den Schaden ersetzen *). — Dieser Obligation liegt an sich nur eine „Billigkeit" zu Grunde, also an sich nur eine moralische Verpflichtung (gleichsam eine *obligatio naturalis*), sie wird hergeleitet aus Deuteron. 6, 18. „du sollst thun das Rechtliche und Gute in den Augen Gottes", also noch mehr als recht, auch billig handeln; Jenem ist es von Nutzen, dass seine Grundstücke an einander grenzen, diesem verschlägt es nichts sich anderswo ein Grundstück zu kaufen (wobei freilich von unserer Zeit, wo die Acquisition eines Grundstückes durch Uebervölkerung sehr erschwert ist, abgesehen werden muss). Sie wurde zu einer rechtlichen erhoben, doch treten manche Modificationen sowohl nach dem Verhältnisse des Verkäufers als dem des Käufers ein. So wenn z. B. dringende Umstände einen schnellen Verkauf erheischten, da unter solchen Umständen der Verkäufer nicht erst bei den Nachbarn anfragen kann, ob sie kaufen wollen. Ferner, wenn Käufer das Grundstück auf zeitweilige Abtragung erstand, da der Grenznachbar nicht verlangen kann, dass auch ihm der Verkäufer wie Jenem traue und auf Borg verkaufe (es sei denn, dass er die Kaufsumme baar erlegen will). Ferner, wenn das Grundstück bei dem Käufer verpfändet war (hier wird dieser als der erste Nachbar betrachtet); der Ehemann, der von seiner Frau ein Grundstück erkauft, u. dgl. m. Das Grenzrecht findet natürlich bei Schenkungen

*) Der Käufer wird als der Mandatar des Grenznachbars betrachtet (vgl. *Baba Mezia* 108), und ist er gewissermassen der *negotiorum gestor* sowie auch hier Manches der *negotiorum gestio D.* 3. 5. anwendbar ist.

nicht statt; ferner, wenn Grundstücke gegen einander eingetauscht wurden (da ein Grundstück durch Tausch zu erwerben nicht immer zu Gebote stehet, und also jene Billigkeitsrücksicht wegfällt). — Dieses Grenzrecht ist von besonderer Wichtigkeit bei Erbschaften; und muss wenn einer der Erben ein in der Nähe des ererbten Grundstückes liegendes Besitzthum hat, ihm das angrenzende Grundstück (wenn es nämlich nicht besserer Qualität als die anderen ist (überlassen werden *).

Wir haben oben die Obligationen, die blos auf gegenseitiger Einwilligung beruhen, besprochen **); wir gehen jetzt

---

*) Die Lehre vom Grenzrecht *Baba Mezia f.* 108. *Baba Batra f.* 4. 5. 12. *Maimonid. Schechenim* (*de vicinis*) c. 12—14. *Chosch. Mischp.* c. 175. Das Grenzrecht schreibt sich aus der Zeit als die Sassaniden Mesopotamien eroberten, her; und verfolgt man aufmerksam die Discussion *Baba Mezia l. l.*, so scheint es sich aus dem Umstande entwickelt zu haben, dass die Eroberer das eroberte Land als Kronlehn ansahen (vgl. oben S. 56. dritte Anmerk.), und die Grundstücke gegen eine gewisse Grundsteuer — die **Taska** vgl. das. — jedem diese Anbietenden überliessen. Daher heisst es ursprünglich: „wenn zwei Brüder oder zwei Socien auf beiden Seiten Grundstücke haben und in der Mitte liegt ein durch die Taska zu erwerbendes Grundstück, und es drängt sich ein Fremder ein (vgl. *Raschi* das.), so ist es eine Unverschämtheit (חצ״פא ד״ר); aber entfernen kann man ihn nicht", d. i. ein **Recht** ist nicht da, wodurch er veranlasst werden könnte, das Grundstück an die Brüder, gegen die von diesen zu entrichtende Taska abzutreten. Ein etwas späterer Autor (nach der gewöhnlicher Leseart, wo oben **Rab**) gestehet schon bei diesem Falle ein Recht zu „man entfernt ihn"; sagt aber ausdrücklich, dass wegen des Grenzrechts man nicht entfernen kann. Erst noch spätere Autoren erheben (das.) das Grenzrecht zu einem vollkommnen Rechte und fügen die näheren Bestimmungen hinzu. Es bezog sich also diese Lehre anfänglich nur auf emphyteutische Grundstücke; und da diese zur Zeit der sassanidischen Eroberung leicht zu erlangen waren, so wurde ein Eindringen zwischen zwei Brüder als eine Unbilligkeit angesehen. Ein Grenzrecht an sich, dass es selbst bei Kauf eintrete, erkannte man auch in der darauf folgenden Zeit noch nicht an und dehnte es erst die noch spätere Zeit in solchem Umfange aus. — Wir bemerken noch, dass nach der Meinung des *R. J. Tam in respons.* (vgl. *Tosefot* das.) bei **Häusern** nicht das Grenzrecht stattfindet, da man nicht so leicht ein Haus zum Kaufe bekommt (also die dem Grenzrechte zu Grunde liegende Billigkeit hier wegfällt). Vgl. *R. Ascher ad locum.*

**) Diese Obligationen stimmen dort, wo die Normen in der Natur

zu den **Realcontracten** über, in so weit sie mit unserm Titel in Verbindung stehen, und heben hier das **Darlehn** heraus. Es ist eine Regel des talmudischen Rechts, der Schuldner des Schuldners ist der Schuldner des ersten Gläubigers, und heisst es: „Wenn Jemand (A) bei Einem (B) zu fordern hat, und dieser (B) wieder bei Einem (C), so nimmt man es diesem (C) weg und gibt es Jenem (A).“ Diese Regel wird nach ihrem Urheber, dem mischnischen Autor R. **Nathan**, kurzweg die Verobligirung des (nach) R. Nathan — שעבודא דר' נתן — genannt, und wird häufig auf sie zurückgekommen (*Pesachim* 31[a.] *Ketubot* 19[r.] und sonst allenthalben). Nach der Meinung der meisten Autoren ist übrigens kein Unterschied, ob der Schuldner des ersten Gläubigers oder der Schuldner des Schuldners früher die Schuld contrahirte; der zweite Schuldner ist allenthalben dem ersten Gläubiger verobligirt (*Chosch. Mischp. c.* 86. §. 1.). Es kann daher B nicht dem C die Schuld erlassen (das. §. 5.); kann ferner A das Darlehn direct von C einfordern, selbst wenn B noch sonst Vermögen hat (vgl. das. *Schach* Anmerk. 5.). — Noch mehr Eigenthümliches bietet die Lehre über **Cession**. Vor Allem ist zu bemerken, dass die Uebergabe einer Schuldurkunde in der Absicht sie zu cediren, noch keine Cession macht, sondern muss Cedent eine Urkunde ausstellen (oder bei der Schuldurkunde bemerken), dass Cessionar von ihm die Schuldurkunde erworben hat (*Baba Batra* f. 76. 77. und so die meisten Autoren. Vgl. *Alfasi*, *Tosefot*, *R. Ascher ibid.*, *R. Hai* 13. Pforte f. 29[a.], und nicht wie *R. Sam. ben Meïr ad loc.* dass die Uebergabe allein eine Cession mache. Vgl. *Chosch. Mischp. c.* 66. §. 1.). Aber nichtsdestoweniger kann Cedent, selbst wenn Cessionar ihm die Schuldurkunde abgekauft, dem Schuldner die Schuld erlassen (*Ketubot* 85[b.]);

---

der Sache gelegen sind und jede Rechtslehre auf sie kommen muss, wie *vitia* und *morbi* beim Kauf, mit dem römischen Rechte überein, weichen aber, wie der Leser bisher zu erkennen Gelegenheit hatte, in anderer Hinsicht ganz von demselben ab: so wie auch manche römischen Gesetze zu spät sind, als dass der Talmud sie kennen konnte, manche Normen wieder von talmudischen und nachtalmudischen Autoren aufgestellt sind, die erweislich das römische Recht nicht kannten. Vgl. oben S. 57. 58.

nur muss er dann an den Cessionar die ganze in der Schuldurkunde enthaltene Summe (also nicht nur den etwa geringern Kaufpreis, den er vom Cessionar für sie empfangen) bezahlen (*ibid.* 86ª· *Chosch. Mischp. l. l.* §. 27. 32 und *Schach* Anmerk. 109). Einige Autoren (*Alfasi ad loc. Maimonid. Mechira c.* 6. §. 12. *Tosefot Ketubot* 19ª· u. A.) sehen als Grund hierfür an, weil Urkunden überhaupt nach dem biblischen (stricten) Rechte (vgl. weiter zu §. 138. Anmerk.) nicht verkaufbar sind; denn nur eine wirkliche Sache kann verkauft werden, nicht aber ein Beweis *). Die Meinung eines andern Autors (*R. Chananel* bei Alfasi), dass Cedent einwenden kann, er habe nachgerechnet und gefunden, dass der Debitor cessus ihm nichts schuldig sei, wird als ganz unhaltbar zurückgewiesen. Mehr scheint die Meinung des *R. Abraham ben David* (bei Maimonid. a. a. O.) für sich zu haben, dass überhaupt der Schuldner einwenden kann, er habe sich nur seinem unmittelbaren Gläubiger, nicht einem Dritten (an dessen Stelle Tretenden) verobligirt. Es kann also diesem gemäss eine Cession gegen den Willen des Schuldners nicht gemacht werden; und hat sie, wenn ohne dessen Vorwissen, nicht vollkommene Rechtskraft. — *R. Jac. Tam* nimmt für obigen Satz folgende Rechtsfiction an. Der Gläubiger hat an den Schuldner ein doppeltes Recht: ein Recht an ihn selbst (*jus in personam*, annähernd *potestas* vgl. oben) und ein Recht an sein Vermögen (*jus ad rem*), und zwar folgt letzteres nach dem Grundsatz „die Güter des Menschen bürgen für ihn“ (vgl. oben) aus ersterm so dass wenn dieses aufhört, jenem die Unterlage fehlt und es also nicht statt hat. Nun ist aber nur das *jus ad rem* cedirbar aber nicht das *jus in personam*, dieses verbleibt dem eigentlichen Gläubiger; gibt er es nun auf, erlässt es dem Schuldner, so fällt von selbst auch das

*) Das hypothecarische Recht (vgl. oben) wird also nur als ein schwebendes, ungewisses betrachtet; es tritt ein, wenn Schuldner nicht bezahlt und Gläubiger sich an dessen Vermögen halten will. Ein solches Recht ist an sich als kein wesentliches nicht verkaufbar, obschon dingliche Rechte verkauf- und abtretbar sind und daher Aftermiethe (vgl. *Chosch. Mischp.* c. 316. §. 1.) u. dgl. gestattet ist. Hierdurch dürfte auch die von *Tosefot Baba Batra* 76b. zu Ende aufgeworfene Frage erledigt sein.

jus ad rem, welches nur dessen Folge ist (vgl. *R. Ascher Ketubot l. l.*).

Nach der Meinung mancher nachtalmudischen Autoren findet jedoch ein Erlass an den Schuldner von Seiten des Cedenten nicht statt, wenn Cedent vermögenslos ist und nicht dem Cessionar die Schuld bezahlen kann; da in diesem Falle nach der vorgedachten Regel des R. Nathan der Debitor cessus dem Cessionar als erstem Gläubiger, Gläubiger seines Gläubigers, verpflichtet ist. Andere stellen dieses in Abrede und erkennen die Regel des R. Nathan nur bei einer eigentlichen Schuld an. Vgl. *Chosch. Mischp. l. l.* §. 26. Glosse, *Sema* Anmerk. 65. *Schach* Anmerk. 89. — Ein Erlass an den Schuldner findet, wie allgemein angenommen wird, nicht statt, wenn Schuldner dem Cessionar einräumt, dass er ihn nun als seinen Gläubiger betrachte (*Chosch. Mischp. l. l.* §. 23. nach *R Hai*, also hier die Cession mit Willen des Debitors), oder wenn der Schuldner selbst eine Urkunde an den Cessionar ausstellt (*Ketubot l. l.*), ferner, wenn die Schuldurkunde lautet, er — der Schuldner — verpflichte sich dem Gläubiger und Jedem, der am dessen Stelle auftreten wird (dieses ist die Meinung des R. Abraham ben David und eine natürliche Folgerung aus dem, von demselben oben angegebenen Grunde für den Erlass); ferner, wenn die Cession in Gegenwart des Schuldners vor sich ging (*Chosch. Mischp.* §. 29. hier ebenfalls eine Einwilligung; vgl. jedoch *Schach* Anmerk. 97.); ferner, wenn Cedent ein Pfand seines Schuldners in Händen hatte, und es bei der Cedirung an den Cessionar übergab (*l. l.* §. 30. nach *Hatrumot* 51. Pforte 5. Abtheilung §. 13. vgl. auch das. 28. Pforte 6. Abtheilung: der Grund ist einleuchtend, Cessionar befindet sich hier im Besitz).

Da andere Realobligationen theils schon erwähnt wurden, theils nicht hierher gehören, so heben wir noch Einiges über Verbal- und Literalobligationen heraus. — Das Wort verobligirt moralisch, sowohl bei Kauf (*Maimonid. Mechira c.* 7. §. 8. *Chosch. Mischp. c.* 204. §. 8.) als bei Geschenk (das.); und ist es talmudischer Grundsatz: „dein Ja muss gerecht sein" (*Baba Mezia* 49[a].). Eine eigentliche Obligation und durch sie Begründung einer Klage entstehet jedoch nicht hieraus: es sei denn, dass ein Handschlag, wo dieses Ortsgebrauch ist, darauf geleistet wurde (vgl. zu §. 134.), oder der Käufer die Waare bezeichnet hat und dieses ebenfalls Ortsgebrauch ist (*Baba Mezia* 74$^{a.}$ *Chosch. Mischp. c.* 201.). — Das talmudische Recht legt übrigens einen grossen Werth auf die ernste Willensbestimmung; und wo anzunehmen, dass diese sich nicht vollständig finde, ist der Vertrag nicht bindend. Dieses ist vorzüglich anwendbar auf Scheinverträge (אסמכתא), die hier eine eigenthümliche Stellung einnehmen und vorzüglich hervortritt wenn Bedingungen an die Nichterfüllung geknüpft sind, von denen zu muthmassen ist, dass die Partei nur auf sie eingegangen, weil sie voraussetzt, dass es nie dahin kommen werde. So z. B. wenn Jemand ein Feld gegen ein abzulieferndes Quotum in Pacht übernommen (*colonus partiarius*) und in den Pachtcontract hineingesetzt: wenn ich das Feld brach liegen lassen und es nicht bearbeiten werde, so will ich 1000 Gulden (eine unverhältnissmässige Summe) bezahlen, — so ist er zu dieser Summe nicht verpflichtet, weil er sich nicht ernstlich hierzu verobligirte, sondern voraussetzte, dass er das Feld bearbeiten und es nie dahin kommen werde, dass er werde zahlen müssen. Hingegen hat die schon von der Mischna angeführte gewöhnliche Bedingung „wenn ich das Feld brach liegen lasse ff., so will ich aufs Beste (nach dem bestzuerwartenden Ertrag) entrichten" ihre volle Gültigkeit, da hier eine ernstliche Willensbestimmung ist (*Baba Mezia* 104$^{a.}$ *Chosch. Mischp. c.* 328. §. 2.). Dieses ist auch anwendbar auf Darlehn, wenn die Nichterfüllung der Bedingung eine Unverhältnissmässigkeit zeigt. So wenn z. B. Schuldner sich verpflichtet, wenn er bis zu einer gewissen Zeit nicht die Schuld entrichtet oder sein Pfand einlöst, er das Doppelte zahlen will (vgl. *Baba Mezia f.* 48. 66. *Baba Batra* 168$^{a.}$ *Chosch. Mischp. c.* 107. vgl. vorzüglich das. Glosse zu §. 13.) *). — Aus diesem Grunde kann auch der Vertrag rückgängig werden, wenn der Verkäufer zu erkennen gegeben, dass er sich durch Umstände zu dem Verkaufe veranlasst sehe; diese Umstände sich aber anders gestalteten. So z. B. wenn Verkäufer,

---

*) Das talmudische Recht hält also das *pactum commissorium*, das das römische Recht früher gestattete (*L.* 81. *pr. D.* 81. 1. *L.* 16. §. 9. *D.* 21. 1.) und erst später verbot (*L.* 3. *C.* 8. 35.), für ungültig.

zum Käufer gesagt: „da ich von diesem Orte abziehe, so verkaufe ich das Haus ff.", er aber durch eintretende Verhältnisse nicht abziehen kann, so geht auf sein Verlangen der Kauf zurück, obschon der Abzug nicht als ausdrückliche Bedingung namhaft gemacht wurde (vgl. *Ketubot* 97 und *Tosefot* das. *Kidduschin* 50[a]. *Chosch. Mischp. l. l.*). — Hingegen wird schon das Wort bindend, wenn anzunehmen ist, dass ihm eine ernste Willensbestimmung zu Grunde lag. Dieses in dem Fall, wenn Zwei sich zusammen bei der Verheirathung ihrer Kinder besprechen, dieser sagte: „wie viel gibst du deinem Sohne?" „So und so viel"; dieser „wie viel gibst du deiner Tochter? „So und soviel", so hat dieser Vertrag, obschon nur in Worten, seine volle Gültigkeit; weil hier beide Parteien gern wegen der Verschwägerung ihrem Worte völlige Kraft geben (*Ketubot* 102[b]. *Maimonid. Sechija c.* 6. §. 17. *Eben Haëser c.* 51.). Eine andere Verbalobligation findet sich bei der Cession in Gegenwart des Schuldners und Cessionars. Wenn Gläubiger zu Jenem sagte, dass er diesem die Schuld entrichten soll, so ist das Wort unwiderruflich, möge der Gläubiger die Schuld als Abzahlung oder als Geschenk an den Cessionar geben. Dasselbe gilt auch bei einem Depositum, wenn Depositor dem Depositar aufgetragen, dass er es dem gegenwärtigen Dritten gebe (*Gittin f.* 13. 14., wo dieses vorzüglich beim Depositum. *Chosch. Mischp. c.* 126.). Als Grund dieser Obligation wird die Erleichterung des Verkehrs angegeben, da wenn z. B. der Gläubiger etwas gekauft, er den Verkäufer, wenn dieser damit einverstanden ist, nur zum Schuldner hinzuführen und ihn an diesen einzuweisen braucht. Vgl. *Tosefot* und *R Ascher l. l.* ferner *Alfasi* zu *Baba Mezia* 112. *).

Hinsichtlich der Literalobligation so ist dieses constatirt, dass die ältere römische Literalobligation durch *nomen*

---

*) Ein *stipulatio solennibus verbis* (vgl. §. 1. *J.* 316.) kennt das talmudische Recht nicht, so wie überhaupt sich hier nicht *solennia verba* (etwa mit Ausnahme der Formel [aber nicht der *verba*] für Bedingungen) finden. Wenn im talmudischen Recht bei Schenkung u. a. (vgl. *Ketubot* 83. *Gittin l. l.* und *f.* 32. *Baba Mezia* 10*b*. *Baba Batra* 148. 149. *Kidduschin* c. 1. 2) auf das Wort viel Gewicht gelegt wird, so ist es nicht wegen einer fehlenden Solennität, sondern ob dieses Wort eine Schenkung u. dgl. ausdrücke.

transcriptitium (vgl. *Gajus* III. §. 128—133. und *Gans* Scholien S. 419—427.) dem talmudischen Recht durchaus fremd ist (vgl. auch weiter zu §. 187.). Wichtiger ist die *syngrapha* *). Es wurde schon oben bemerkt, dass eine Schenkung durch Uebergabe der Schenkungsurkunde, ohne dass es einer andern Besitzergreifung von Seiten des Beschenkten bedarf, erworben wird; nur wurde auch angeführt, dass sie sich auf einen bestimmten Gegenstand beziehen muss. — Hinsichtlich einer Schuld muss vor Allem bemerkt werden, dass das talmudische Recht die *exceptio non numeratae pecuniae* (die Einrede des Schuldners, er habe das Geld nicht empfangen) bei einer durch Zeugen vollzogenen Urkunde nicht kennt, und diese Exception selbst bei der blos vom Schuldner unterschriebenen Urkunde an sich von keiner Bedeutung ist, so sie nicht erst durch die zu Gebote stehende bessere Einrede Gültigkeit erlangt (vgl. weiter zu §. 186.). Noch unbekannter ist dem talmudischen Recht die *exceptio non solutae pecuniae* (die Einrede des Gläubigers bei einer Quittung, er habe das Geld nicht bekommen). Allein es kann nach *Maimonides'* Meinung und Erklärung der Talmudstelle *Ketubot* 101[b] sich Jemand durch einen Literalvertrag zu einer Schuld verpflichten, d. i. wenn A eine Urkunde ausstellt, er sei an B 100 Gulden schuldig, so entstehet durch diese Urkunde, obschon er ihm gar nichts schuldet, eine Verpflichtung: also eine eigentliche Literalobligation **).

Aber das talmudische Recht kennt eine Art der Obligation, die anderen Rechtslehren unbekannt ist: Obligation durch symbolische Zusicherung (vgl. oben). Diese bildet nicht nur bei Kauf und Schenkung eine Art der Acquisition, sonder übt sie auch grossen Einfluss bei Darlehn und Ausstellung von Schuldurkunden (vgl. zu §. 138. 140.), wird durch sie die *locatio conductio ff.* bestärkt und bildet sie überhaupt

---

*) *Gajus l. l.* §. 134. *Praeterea litterarum obligatio fieri videtur chirographis et syngraphis, id est, si quis debere se aut daturum se scribat.*

**) *Raschi l. l.* erklärt diese Stelle anders und erkennt hierin keine Verpflichtung. Doch wird *Chosch. Mischp.* c. 40. Maimonides' Ansicht als Norm aufgestellt.

die Befestigung jedes Rechtsvertrages. — Wir werden weiter auf sie mehrmals zurückkommen, und gehen nun zur Erklärung der §§. über.

Zu §. 137.

Der Begriff der Urkunde umfasst im weitern Sinne ein grosses Gebiet, indem hierher Denkmäler, Gemälde, Wappen, Sigille, Inschriften u. s. w. (vgl. *L.* 1. *D.* 22. und oben S. 178.) gehören. Doch begreift man unter Urkunde (*instrumentum*) im eigentlichen Sinne das schriftliche Document (vgl. *Glück* 22. Thl. S. 9.), welches auch das talmudische Recht unter dem Ausdruck שטר (zuweilen auch גט, vgl. *Aruch voce* גט und *Tosefot Gittin* 2$^{a.}$) bezeichnet. — Der §. gibt neben der Ausstellung des Producten auch an „von Zeugen im Auftrage ff.“ und ist diese Art der Urkunde im talmudischen Recht sehr gewöhnlich. Sie lautet dann: „An diesem Datum . . . an diesem Ort . . . hat A vor uns Endesunterzeichneten von B ausgeliehen oder an B verkauft ff. . . N. N. Zeugen“. Die Unterschrift des Schuldners, Verkäufers u s. w. kommt auf solcher Urkunde selten vor, wenigstens ist sie nicht nöthig. — Es tritt hierdurch ein ungemeiner Unterschied zwischen der Urkunde des gemeinen Rechts und der des talmudischen Rechts ein. Dort sagen die Zeugen eigentlich nur auf die Unterschrift des Producten (oder der Parteien), hier auf den eigentlichen Inhalt aus: ein Umstand auf den bei der Recognition viel Gewicht gelegt wird. Vgl. weiter zu §. 179 ff.

Zu §. 138.

Dieser §. hat vorzügliche Beziehung auf die Schuldurkunde. Es wurde Einleit. zu diesem Tit. das hypothecarische Verhältniss des Schuldners zu den Gläubiger besprochen, und dass dieser die Immobilien von dem Käufer evinciren kann. Doch gilt dieses nur von einer auf Urkunde contrahirten Schuld und zwar unter den im §. angegebenen Modalitäten. Es stehet nämlich hier der Satz oben an (M i s c h n a *Baba Batra* 175.): „Eine Schuld mit Urkunde wird eingefordert von den unterthänigen Gütern“ (d. i. Immobilien, die auch in der Hand eines Dritten verobligirt bleiben); „mündliche Schuld aber nur von den freien Gütern“ (d. i. die sich gegenwärtig im Besitze des Schuldners befinden). Unter obiger Urkunde ist jene zu verstehen, auf welche Zeugen unterschrieben sind: diese bringen gewöhnlich die Sache zur allgemeinen Kenntniss, erzählen dass A von B geliehen ff., und so tritt das stillschweigende Hypotekenrecht des Gläubigers in Kraft *). Einige talmudische Autoren (*ibid.*) halten dafür, dass nach dem stricten Recht **) auch bei der mündlichen Schuld Gläubiger die Immobilien vom Käufer evinciren könnte, allein man liess hier die Rücksicht vorwalten, dass die Contrahirung häufig nicht zur allgemeinen Kenntniss kommt, der Käufer also sich nicht in Acht nehmen konnte. Einige Autoren sind der entgegengesetzten Meinung, dass nach dem strengen Recht auch die verbriefte Schuld kein Anrecht auf Evincirung vom Käufer gibt, und man hier nur eine Concessiòn gegen den Gläubiger gemacht, da sonst Niemand sein Geld verleihen würde. Erstere Meinung ist die von *Alfasi*, *Maimonid* und *Chosch. Mischp.* c. 39. §. 1. angenommene (vgl. jedoch *Schach* das. Anmerk. 2.) ***).

Es ist aus Obigem ferner ersichtlich, dass auch eine verbriefte Schuld, so nicht Zeugen auf der Urkunde unterschrieben sind, zu einer Evincirung ****) nicht berechtigt, da auch sie gewöhnlich nicht zur allgemeinen Kenntniss kommt. Doch tritt ein neues Verhältniss ein, wenn eine derartige Ur-

---

*) Das talmudische Recht kennt noch nicht Vormerkung bei Gericht und gerichtliche Hypothekenbücher: selbst die *argentarii* des römischen Rechts sind ihm unbekannt. Zu Athen, das ebenfalls keine Hypothekenbücher hatte, wurden steinerne Tafeln vor die verhypothecirten Grundstücke aufgestellt. Diese Tafeln, ὅροι genannt, enthielten den Namen des Archonten unter dem das Geschäft gemacht wurde, den Namen des Gläubigers, endlich die Summe, worauf das Grundstück verpfändet war. *Bökh* hat in einem Programm zum Berliner Lectionscatalog, Sommer 1821, zwei Inschriften auf ὅροις bekannt gemacht. Vgl. Meier und Schömann S. 506.

**) Eigentlich heisst es „die Verobligirung sei biblisch" (שעבודא דאורייתא) und führen die Commentatoren hierfür eine Bibelstelle an (vgl. *R. Sam. ben Meïr l. l.*). Doch wird im Civilrecht der Ausdruck „biblisch" zuweilen für „strictes Recht" genommen. Vgl. auch bei Recognition der Urkunden zu §. 179.

***) Diese Rücksicht wurde öfter genommen, vgl. auch zu §. 22., da nach talmudischem Recht der Gläubiger keinen Nutzen, Zinsen von dem Darlehn ziehen darf.

****) Wir bemerken, dass zur Abkürzung wir hier und in den folg. §§. unter „Evincirung" das Recht des Gläubigers, die verkauften, bei einem Dritten sich befindenden Immobilien wegzunehmen, verstehen.

kunde vor Zeugen übergeben wurde (der andere Fall des §.). Ob hier Evincirung stattfinde, sind sowohl talmudische als nachtalmudische Autoren getheilter Meinung (vgl. *Gittin* 86[b.] *Alfasi* das. *Hattrumot* 13. Pforte. 3. Abtheil. §. 2. *Schach* Anmerk. 9. zu *Chosch. Mischp. c.* 51.). *Maimonid. Malwe c.* 11. §. 2. *Chosch. Mischp. c.* 40. §. 2. *c.* 51. §. 7. führen die Evincirung an: doch wollen einige Geonim, dass die Zeugen auf vorhergehende Aufforderung geschrieben geben, dass vor ihnen die Urkunde übergeben worden sei (denn hierdurch gelangt die Sache mehr zur Publicität. *Hattrumot l. l. Maggid. Mischna* bei *Maimonid. l. l.*). Hingegen erklärt schon die angeführte Mischna, dass bei einer selbst vor Zeugen eingegangenen mündlichen Schuld eine Evincirung nicht stattfinde; hier wird, weil keine Urkunde, weniger auf Verbreitung gerechnet. Eine Ausnahme macht jedoch der Verkauf: dieser erlangt gewöhnlich auch ohne Urkunde, wenn er nur vor Zeugen geschehen, Publicität (*Baba Batra* 41.).

Noch gehört ein dritter Fall hierher: wenn die symbolische Zusicherung vor Zeugen auf die Schuld eingegangen wurde. Die Zeugen sind hier nach §. 140. befugt eine Urkunde auszustellen, und wollen daher mehrere nachtalmudische Autoren, dass, da auch hier gewöhnlich Verbreitung stattfindet, die Evincirung eintrete; Andere stellen die Evincirung in Abrede (vgl. *Bet Joseph c.* 43. §. 12. 14. *Chosch. Mischp. c.* 39. §. 1. *Sema* und *Schach* das. *c.* 43. §. 16.

Bei der Urkunde, bei welcher Evincirung eintritt, haben wir zur leichtern Fassung den Ausdruck „volle Rechtskraft", bei der Urkunde mit Nichtevincirung den Ausdruck „mangelhafte Rechtskraft" gewählt.

Zu §. 139.

Aus dem Hypothekenwesen des talmudischen Rechts ist leicht zu ersehen, dass bei einem Darlehn nicht nur Gläubiger und Schuldner, sondern noch eine dritte Partei betheiligt ist: der etwaige Käufer der Immobilien des Schuldners. Es wird daher bei der Form der Urkunde strenge darauf Rücksicht genommen, dass die Käufer nicht mit Unrecht beeinträchtigt werden (vgl. weiter zu §. 141. 154 u. a.); und fliesst auch hieraus unser §. Durch die Ausstellung einer Urkunde wird die mündliche Schuld in eine verbriefte umgewandelt und erlangt der Gläubiger das Evincirungsrecht; es überschreiten also die Zeugen, wenn sie solches ohne Auftrag des Schuldners thun, offenbar zum Nachtheile der Käufer ihre Befugniss (§. 137). *Chosch. Mischp. c.* 39. §. 2. nach *Ketubot* 55[a]. *Baba Batra* 40[a]. Auch mag abgesehen von den Käufern dem Schuldner selbst das Uebertragen in eine Urkunde unlieb sein, da doch wohl Niemand wünscht, dass von ihm Schuldurkunden circuliren. (Wird öfter im talmudischen Recht angeführt, vgl. *Tosefot Ketubot* 55[a] *Synhedrin* 29[b].) — Die Norm unseres §. gilt nicht allein bei Schuldurkunden, sondern auch bei Schenkungen u. dgl.; und zwar bei diesen noch mehr, so dass wenn Donator den Zeugen gesagt, dass sie die Urkunde aufsetzen und unterschreiben sollen, sie vor der wirklichen Ausfertigung des Instruments ihn nochmals befragen müssen (*Ketubot l. l.*), was bei Schuldurkunden in diesem Falle nicht nöthig ist. (*Maimonid. Malwe c.* 11. §. 1. will jedoch auch bei letzteren die nochmalige Befragung, vgl. *Chosch. Mischp. l. l.* und *Schach* Anmerk. 4. 5.).

Zu §. 140.

Ketubot und *Baba Batra l. l. Maimon. l. l. Chosch. Mischp. l. l.* §. 3. — Auf das Eingehen der symbolischen Zusicherung erfolgt gewöhnlich, wie im Talmud sehr häufig erwähnt wird (vgl. auch *R. Sam. ben Meïr Baba Batra l. l.*), die Ausfertigung der Urkunde *). Einige Autoren (*Sal. ben Aderet* u. A.) gestatten hier die Ausstellung selbst wenn Product es verbietet, Andere (*Tosefot R. Ascher*) wollen, dass in diesem Falle Product gehört werde: *R. J. Tam* endlich nimmt bei Schenkungen unter symbolischer Zusicherung Letzteres, bei Verkauf und Darlehn Ersteres an (vgl. *Chosch. Mischp. l. l* §. 4. *Schach* Anmerk. 13). Die Zeugen müssen übrigens bei dem Falle unsers §. eingeladen sein. Würden auch Nichtsolennitätszeugen die Urkunde ausstellen können, so könnte leicht, wenn zehn Menschen bei der symbolischen

---

*) Die symbolische Zusicherung war, wie Ende der Einleitung zu diesem Tit. erwähnt wurde, die gewöhnlichste Art der Befestigung eines Rechtsgeschäfts, und wird nach der Meinung vieler Autoren auch hier stillschweigend die Gewährleistung für Eviction (vgl. S. 365.) angenommen. *Schach l. l.* Anmerk. 14.

Zusicherung gegenwärtig waren, der Gläubiger sich von je zwei von ihnen eine Urkunde ausstellen lassen und müsste der Schuldner fünfmal bezahlen (*Salom. ben Aderet* 107, 3.)!

Der andere Theil des §., dass die Zeugen auch nach längerer Zeit die Urkunde ausstellen können, gründet sich auf eine Erklärung des *R. Hai* zu *Ketubot* 19^a. Zwar braucht nach talmudischem Recht das vor Zeugen gemachte Darlehn nicht in Gegenwart von Zeugen abgetragen zu werden (*Schebuot f.* 41. 45. *Chosch. Mischp. c.* 70.); wenn aber hier dennoch die Zeugen selbst nach längerer Zeit die Urkunde ausstellen können und nicht zu berücksichtigen haben, ob der Schuldner vielleicht inzwischen *) seine Schuld abgetragen, so liegt dieses in dem Umstande, dass da Schuldner weiss, dass er eine symbolische Zusicherung eingegangen und die Zeugen demgemäss ohne sein Wissen die Urkunde ausstellen können, er im Zahlungsfalle die Zeugen hätte davon in Kenntniss setzen oder sich einen Empfangsschein ausstellen lassen sollen (vgl *Bet Joseph l. l.* §. 11.). Doch beschränken einige Autoren diese längere Zeit auf dreissig Tage; da nach talmudischem Recht beim Darlehn ohne Zeitbestimmung erst nach dreissig Tage der Zahlungstermin eintritt, und anderseits präsumirt wird, dass der Schuldner erst zum Zahlungstermine zahle (vgl. oben zu §. 108.). — Wenn die Zeugen die Urkunde nach einiger Zeit ausstellen, so schreiben sie in die Urkunde das Datum des Tages, an welchem die symbolische Zusicherung geschah oder sie bemerken in ihr, sie sei später geschrieben, habe aber ihre Geltung von dem ... Tage der Zusicherung. Vgl. weiter zu §. 147.

Zu §. 141.

Als Quelle *Baba Batra, f.* 177. und ausführlich besprochen *Baba Mezia f.* 13. Es wurde schon zu §. 139. bemerkt, dass bei Schuldurkunden das Recht der eventuellen Käufer zu wahren sei, und muss daher auch jeder Antedatirung vorgebeugt werden (vgl. weiter zu §. 154.). Auf dieser Grundlage beruhet nun unser Paragraph. Dass in Ab-

---

*) Wenn nämlich kein Zahlungstermin festgestellt wurde. Ist ein solcher bestimmt, so dürfen die Zeugen, wenn er abgelaufen ist, keine Urkunde ausstellen. *Chosch. Mischp. l. l.* §. 3.

wesenheit des Schuldners, d. i. so derselbe sich noch nicht zu der Schuld bekannte, die Urkunde nicht ausgestellt werden kann, bedarf kaum einer Erwähnung; selbst wenn der Gläubiger sie bis zur Anerkennung von Seiten des Schuldners bei den Zeugen deponiren will, darf sie nicht ausgestellt werden (vgl. *Maggid Mischna* zu *Maimonid. Malwe* c. 23. §. 5). Aber auch für die Abwesenheit des Gläubigers gilt diese Norm. Die Urkunde tritt nämlich im talmudischen Recht erst mit der Ueberreichung an den Gläubiger (oder dessen Stellvertreter) in ihre hypothecarische Kraft. Der Gläubiger muss in Gegenwart der Zeugen dem Schuldner die Summe einhändigen, oder der Schuldner aussagen, dass sie ihm schon eingehändigt worden sei, und muss der Schuldner sogleich die Urkunde dem Gläubiger übergeben. (Vgl. *Baba Mezia f.* 13. zu Anfang und *Nimuke Joseph* hierzu. *R. Joseph ben Megas* bei *Bet Joseph* c. 39. §. 27. Nach Anderen — *Alfasi ad loc. Maimonid. l. l.* und angeführt *Chosch. Mischp. l. l.* §. 13. — bedarf es nur der Uebergabe der Urkunde an den Gläubiger in Gegenwart der Zeugen, aber nicht des Einhändigens der Summe). Wollen übrigens die Zeugen zu Händen des Gläubigers die Urkunde übernehmen, so bedarf es nach der im talmudischen Recht geltenden Regel *ignoranti possessio adquiritur*, nicht der Gegenwart des Gläubigers (*R. Nissim ben Nimuke Joseph l. l.*).

Wir haben im §. hinzugefügt „in der Regel", und beziehet sich dieses auf Gegenwart des Gläubigers. Eine Ausnahme macht nämlich die symbolische Zusicherung; hat diese stattgefunden, so wird nach *Baba Mezia l. l.* und der Erklärung *Alfasi's* das. die Urkunde auch in Abwesenheit des Gläubigers ausgestellt: denn mit der Zusicherung beginnt auch die vollständige Verhypothecirung. (*Raschi* und *R. Ascher* das. stellen zwar diese in Abrede; doch treten *Maimonid. l. l.* und andere Autoren der Meinung Alfasi's bei und wird sie *Chosch. Mischp. l. l.* als Norm angeführt; vgl. auch *Schach* Anmerk. 39.).

Zu §. 142.

Nach der Meinung der meisten nachtalmudischen Autoren ist eine antedatirte Verkaufsurkunde ungültig, da der Verkäufer das Object in der zwischen dem Datum und diesem

Kaufe gelegene Zeit an einem Andern verkauft haben konnte; wird nun die antedatirte Urkunde producirt, so wird der Käufer, dessen Urkunde zwar von einer spätern Zeit lautet, der aber in der That der frühere Käufer war, verletzt. Es kann daher eine Kaufurkunde nur in Gegenwart des Käufers und mit sofortiger Uebergabe an denselben ausgestellt werden, da sein Recht erst mit dem Empfang der Kaufurkunde beginnt. (Gegen *Maimonid. l. l. c.* 24. §. 1., der nach *Mischna Baba Batra* 167 auch in Abwesenheit des Käufers die Urkunde auszustellen gestattet.) Eine Ausnahme macht jedoch, wenn eine symbolische Zusicherung stattgefunden, oder Verkäufer sonst angibt, dass Käufer das Object durch eine der oben gedachten Arten der Acquisition erworben habe; denn dann gehörte das Object schon in der That dem Käufer und erwirbt er es nicht erst durch den Empfang der Urkunde, die hier blos als Beweis dient (*R. Mos. ben Nachman* zu *Baba Batra l. l. Chosch. Mischp. c.* 238. §. 1.). Dieses besagt nun mit Beziehung auf den vor. §. unser Paragraph; nur wird hinzugefügt, „wenn Verkäufer angibt, dass er schon den Kaufpreis empfangen" (welches ebenfalls in die Urkunde hineingeschrieben wird, *Sema l. l.* Anmerk. 6.); da es leicht sich ereignen könnte, dass Verkäufer mit dem angeblichen Käufer gar nicht den Kauf eingegangen und später von ihm auf Grund dieser Urkunde die Bezahlung fordert (*R. J. ben Megas* bei *Tur l. l. Chosch. Mischp.* §. 3.). Anderer Meinung ist jedoch R. Mos. ben Nachman, da wenn die Urkunde nicht besagt, dass sie mit dem Willen des Käufers ausgestellt sei, derselbe sie natürlich desavouiren kann (*ibid. Chosch. Mischp. l. l.* scheint der Meinung des *R. J. ben Megas* beizutreten).

Zu §. 143.

Mischna l. l. Maimonid. l. l. — „Urkunden über die Wahl der Schiedsrichter": jeder der Parteien wählt — vgl. oben S. 89. — gewöhnlich einen Schiedsrichter, und wird zuweilen die Wahl urkundlich aufgesetzt.

Bemerkenswerth ist die schon von der angeführten Mischna getroffene Bestimmung, wer bei den in diesem und dem vorigen §. gedachten Urkunden die Schreibgebühren bezahlt. Bei Darlehn und Kauf Schuldner und Käufer, bei Pacht und Miethe Pächter und Miether, bei Verlobungs- und Ehepacten der Bräutigam, bei Scheidung die Frau, bei Schiedsrichterurkunden so wie bei Urkunden über die vor Gericht vorgebrachten Klagen und Einreden (diese werden — wie oben zu §. 131 bemerkt wurde — auf beiderseitigen Wunsch protocollirt und werden hierüber Urkunden ausgefertigt), beide Parteien.

Zu §. 144.

Der erste Satz des §. bedarf keiner Erläuterung, und dient er den folg. §§. zur Unterlage. Der andere Satz nach einer *Baba Batra f.* 172. berichteten Thatsache. Es producirte Jemand bei Gericht eine Urkunde, in welcher es hiess: „Ich N. N. habe von dir ausgeliehen hundert (Gulden)“. Dieses „von dir“ soll besagen, dass Producent der Gläubiger ist; aber abgesehen von dem Auffallenden einer derartigen Urkunde, so kann sie vielleicht dem eigentlichen Gläubiger abhanden gekommen sein und hat sie gegenwärtiger Producent gefunden. Dieses wird nun das. besprochen, und wird endlich zu Gunsten des Producenten entschieden. — An diesen etwas seltnen Fall (angeführt *Chosch. Mischp. c.* 50. §. 1.) schliessen sich andere wichtige Bestimmungen an. Wenn in der Schuldurkunde neben dem Namen des Gläubigers noch beigefügt ist, dass sie an jeden Producenten zahlbar sei, so muss sie auch an Jeden ausgezahlt werden. R. Ascher führt in seinen Responsen an, dass in Schuldurkunden gewöhnlich geschrieben wurde „zahlbar an jeden Producenten, Juden oder Nichtjuden“; und wurde er befragt, ob es einer Vollmacht von Seiten des Gläubigers bedürfe. Er antwortete, „dass in Toledo die Vollmacht erforderlich werde, da jener Ausdruck nur eine übliche (nicht Rechtskraft habende) Formel ist“. Es wird daher gefolgert, dass an Orten, wo dieses nicht eine blos übliche Formel ist, der Producent einer Verbindlichkeit an den Gläubiger und jeden Producenten enthaltenden Urkunde, keiner Vollmacht bedarf (*Chosch. Mischp. c.* 61. §. 4.). Doch muss er in Kraft (Ordre) des Gläubigers auftreten (Glosse zu *Chosch. Mischp. c.* 50.); stehet aber kein Name in der Urkunde, sondern lautet sie auf „jeden Producenten“ (*au porteur*), so ist sie an jeden Producenten zahlbar, tritt er auch nicht im Namen des eigentlichen Gläubigers auf (*Schach* Anmerk. 3. das.).

Diese Bestimmungen sind auch historisch merkwürdig,

da sie uns die allmälige Entstehung des Wechsels zeigen, dessen Erfindung man den Juden zuschreibt (R. Ascher lebte zu Ende des 13. Jahrh).

Zu §. 145.

Unser §. handelt von der vom Schuldner ohne Zuziehung und Unterschrift von Zeugen ausgestellten Urkunde: und braucht sie blos von ihm unterschrieben, die Urkunde selbst kann eine andere Handschrift sein (*Chosch. Mischp.* c. 69. §. 1.). — Es wird aber auch besprochen, wenn der Schuldner nicht unter- sondern überschrieben ist, d. i. wenn die Urkunde lautet: „ich N N habe ausgeliehen u. s. w." (ohne sonstige Unterschrift) *): hier muss die Urkunde ganz von der Handschrift des Ausstellers sein, weil nach — *Ketubot* 22[a.] *Baba Batra* 167[a.] — es sich treffen kann, dass Product seinen Namen auf eine Karte u. s. w. geschrieben und sie Jemand findet und in eine Schuldurkunde umwandelt. Vgl. hierüber ausführlich *Hattrumot* 13. Pforte 1. Abtheilung **).

Zu §. 146.

Mischna l. l., und wird diese Frage in verschiedenen Fällen, so bei Abhandenkommen eines Documents (*Gittin* 27. *Baba Mezia* 18.), bei Sterbefällen (*Jebamot* 115. 116.), bei Scheidungen (*Gittin* 24.) u. a m., besprochen. Die angeführte Mischna beziehet sich auf Schuldurkunden und kann, wenn zwei Männer gleichen Namens (z. B. Joseph Sohn Simons) ***) in

*) Dieser Gebrauch weicht zwar von dem heutezutag üblichen ab; doch ist seine Thesis auf Blanket andwendbar.

**) Bei den gegenseitigen Rechnungen der Associes unter einander genügt, dass sie von ihrer Hand geschrieben sind, wenn auch die Unterschrift fehlt. *Hattrumot l. l. Chosch. Mischp. l. l.* §. 2 — Die Urkunde vom Schuldner ausgestellt scheint die Chirographe der Alten, die Urkunde mit Zeugen deren Syngraphe gewesen zu sein, und werden wir der Kürze wegen diese Ausdrücke anwenden. Es wird sich uns im talmudischen Recht bei mehreren Gelegenheiten der Unterschied zwischen beiden (ausser der zu §. 138. gedachten Verobligirung der Güter) zeigen; und scheint auch bei den Attikern mancher derartiger Unterschied vorgewaltet zu haben, wenn sich auch nichts mit Gewissheit hierüber ermitteln lässt. Wenigstens dürfte hierüber vom talmudischen Recht aus mehr Aufschluss werden als von Ascanius und anderen Schriftstellern (vgl. Meier und Schömann S. 500 ff.) gegeben wurde.

***) In früherer Zeit waren bei den Juden Familiennamen nicht üb-

einer Standt wohnen, gegen Keinen von Beiden eine Schuldurkunde producirt werden, da Jeder einwenden kann, der Andere sei hier gemeint. Die Mischna schlägt daher vor, dass in solchem Falle der Name des Grossvaters angegeben werde (Joseph Sohn Simons, Sohnes Jacobs); und wären auch diese gleich, so seien andere unterscheidende Merkmale hinzuzufügen. Es wird auch besprochen, in wie fern Namensverwandte gegen einander Schuldurkunden produciren können, ferner wie es zu halten sei, wenn der Gläubiger einen Namensverwandten hat u. dgl. m. (worüber ausführlich *Chosch. Mischp. c.* 49. §. 7 bis 10.). Einige Autoren wollen daher, dass in der Urkunde der Ortsname (Wohnort) des Gläubigers und Schuldners (vorzüglich bei letzterm, vgl. *Sema* Anmerk. 18.) angegeben werde; hierdurch wird jedem Verstosse vorgebeugt, da vielleicht ein Anderer gleichen Namens an einem andern Orte wohnen könnte. Doch führt Glosse *l. l.* §. 7. an, dass diesse Vorsicht weder nöthig noch gebräuchlich ist. — Wir bemerken noch, dass wenn überhaupt ein Ort der Ausstellung nicht in der Urkunde angegeben ist (und ein Einspruch dagegen nicht erhoben wird), die Urkunde ihre Gültigkeit behält. *Chosch. Mischp. c.* 43. §. 22. vgl. auch *Tumim* Anmerk. 11. zu *Chosch. Mischp. c.* 49.

Zu §. 147.

Der erste Theil des §. *Gittin* 19^b 22. — Die Urkunde ist in diesem Falle ungültig, selbst wenn Product offenbar noch keine Gelegenheit hatte, etwas an ihr zu verfälschen (wenn er sie z. B. unmittelbar nach der Ausfertigung producirte). Zwar will ein früherer nachtalmudischer Autor — *R. Chananel* nach *Gittin l. l.* — ihr in diesem Falle Gültigkeit zugestehen; doch ist das zuerst Gedachte die *Chosch. Mischp. c.* 42. §. 1. angenommene Norm. — Der andere Theil des §. ist nach *Baba Batra* 167^a. und beziehet sich vorzüglich darauf, dass die Buchstaben weder zu weit von einander entfernt, noch einander zu nahe sein sollen. Da diese Verfälschung auf hebräische Buchstaben Bezug hat, so führen wir die weitern Beispiele nicht an, wohl aber die Bemerkung,

---

lich, sondern machte die Hinzufügung „Sohn des“ das Patronymicum aus (wie im Griechischen ὁ Ἀλέξανδρος τοῦ Φιλίππου u. s. w.).

dass wenn der Richter einen gegründeten Verdacht einer vorgenommenen Verfälschung hat, er Zwangsmassregeln anwenden kann, um den Producenten zum Geständniss zu bringen. Diese mit dem Anklageprincip einigermassen in Widerspruch stehende und von *R. Meïr Halewi* (der sie aus *Baba Batra l. l.* folgert) zuerst angegebene Norm beziehet sich auf den Fall, wenn eine derartige Urkunde gegen die Erben oder gegen die Käufer zum Behufe der Evincirung producirt wird, und zwar nach der Regel des talmudischen Rechts, dass das Gericht der natürliche Vertreter der Erben und Käufer ist (vgl. *Baba Batra* 23[a.] 41[b] und oben zu §. 108.). Wenn nach *Tur Chosch. Mischp. l. l.* §. 3. das Gericht auch in Anwesenheit des Producten obiges Verfahren gegen den Producenten einschlägt, selbst wenn jener nicht die Einrede der Verfälschung vorbringt, so erklärt *Schach* Anmerk. 4., dass hier gemeint sei, Product stellt überhaupt die ganze Forderung in Abrede *).

Zu §. 148—150.

Diese drei §§. enthalten die Bestimmungen hinsichtlich der Angabe der Summe. Was §. 148. anbelangt — *Chosch. Mischp. l. l.* §. 4. — so folgt er aus der aus dem vor. §. resultirenden Norm: es muss jeder Verfälschung vorgebeugt werden. (Wir haben zur Verständniss des deutschen Lesers „nicht in Zahlen" angenommen; im *Chosch. Mischp.* ist „nicht in Buchstaben", da im Hebräischen [so wie im Griechischen und Arabischen] die Buchstaben ihren Zahlenwerth haben, und Alef = eins, Bet = zwei, Kaf = zwanzig ist u. s. w.) Bemerkenswerth ist die Bestimmung (die zwar im Hebräischen unter anderer Benennung vorkommt aber doch auf dasselbe Resultat hinausläuft), dass von drei bis zehn die Zahl nicht am Ende der Zeile kommen darf, da hier leicht zu drei ein ssig, zu vier ein zig angedrängt werden kann (*Baba Batra l. l.* vgl. auch *Chosch. Mischp.* §. 4. und Glosse das. *Schach* An-

*) Das Gericht spricht zuweilen in Anwesenheit des Producten für denselben, wenn er seine Einrede nicht im gehörigen Zusammenhang zu bringen vermag (vgl. oben S. 93.) oder wenn das Gericht von der Unerheblichkeit der Klage (wie bei unaufgefordertem Geständniss u. a. m.) überzeugt ist.

merk. 5. 6.). — Ist die Summe in Zahlen (Buchstaben) u. s. w. geschrieben, so ist die Urkunde nach der Regel „jede Urkunde, die eine Verfälschung zulässt, hat keine Gültigkeit“ ungültig (Glosse zu §. 4. *l. l.*). Jedoch behält sie ihren Werth, wenn am Ende der Zeile Zehner (dreissig, vierzig ff.) geschrieben sind und wird nicht eine hier vorhergegangene Verfälschung geargwohnt (*Nimuke Joseph* bei *Bet Joseph* §. 7.).

Für §. 149. 150. *Mischna l. l.* 165$^{b.}$ und *Talmud ibid.*, ausführlich *Chosch. Mischp. l. l.* §. 3—15. „Keine nähere Bestimmung der Summe“ d. i. es stehet Susim (dieses der Plural von Sus) und die Anzahl wurde entweder gleich von vornherein nicht angegeben oder sie ist ausgelöscht, so wird zwei Sus als die geringste Zahl des Plurals angenommen, aber auch nicht mehr. Aehnliches gilt, wenn die Münzart fehlt: es wird die geringste Münzart angenommen. Doch ist hier die gewöhnliche Berechnung, d. i. in wie fern die Anzahl kleinerer Münzen in die grössere aufgehet, zu berücksichtigen. So wenn z. B. in der Urkunde die Zahl „zweihundert“ (ohne Angabe der Münzart) stehet. Hier sollte zwar nach obiger Norm bezweifelt werden, ob nicht Perutot (die geringste Münzsorte, etwa wie unsere Pfennige) gemeint seien; allein da schon deren 192 einen Sus machen, so setzt man bei einer solchen Anzahl nicht Perutot sondern redducirt sie auf Sus (so wie bei uns man nicht zweihundert Kreuzer oder Groschen, sondern Gulden oder Thaler schreibt): und können also hier nicht Perutot gemeint sein (vgl. *l. l.* 166$^{b.}$ und *Zunz* zur Geschichte und Literatur S. 539.). — Noch ist bei der Münzart zu bemerken, dass wenn sie auch angegeben ist, mancher Zweifel bei der Differenz des Münzfusses in den verschiedenen Orten entstehen kann (ungefähr wie bei uns über die Benennung „Gulden“, ob rheinische oder Conventionsgulden). Hier gilt nun die Regel: Ist in der Urkunde der Ort der Ausstellung angegeben, so wird gezahlt nach der daselbst gewöhnlichen Münzart. Fehlt der Ort der Ausstellung (vgl. zu §. 145.), so wird gezahlt nach der am Orte der Production gewöhnlichen Münzart (nach *Ketubot* 110$^{b.}$).

Für §. 150. ist zu merken, dass in der Schuldurkunde die Summe gewöhnlich zuletzt nochmals mit den Worten wiederholt wird: „für die mir geliehene Summe von ....

bin ich mit meinem Vermögen verobligirt u. s. w. (vgl. *R. Sam. ben Meïr* zu obiger Mischna). Diese letztere Stelle wird mit vorzüglicher Genauigkeit abgefasst; daher wird bei einem unausgleichbarem Widerspruche zwischen der zuletzt und der oben angegebenen Summe (vgl. *Chosch. Mischp.* §. 5. *Sema* Anmerk. 10. *Schach* Anmerk. 9.) an letzterer gehalten. Ist aber oben eine Specification der Summe, z. B. 50 Gulden für . . ., 60 Gulden für . . ., 100 Gulden für . . ., unten aber eine Summe, die zusammengezogen der specifirten Summe nicht entspricht (diese macht 210, und unten ist 200), so wird die obere Zahl, da dort genau angegeben ist, für die richtige, und die untere als die irrthümliche angenommen (*R. Jeschaja* bei *Tur l. l.* §. 8.). Uebrigens sagt die Mischna, dass wenn in der untern Stelle etwas ausgelöscht ist, man aus dem obern Theile Aufschluss holt, lässt aber dieses nur von einem Buchstaben gelten. So z. B. wenn es oben heisst *Chanani* (Eigenname) und unten *Chanan* und etwas ausgelöscht, so wird angenommen, dass es auch unten *Chanani* geheissen habe. Vgl. ausführlich *Baba Batra* 166. *R. S. ben Meïr* und *Tosefot* das. *Chosch. Mischp. l. l.* §. 5. 6. (Manche Fälle dieser §§ sind noch heutigen Tages von Einfluss, manche kommen zwar nach unserm Gebrauche nicht zur Anwendung, doch belehren sie über den Geist des talmudischen Rechts. Im Allgemeinen stimmt das gemeine Recht hier mit dem talmudischen Recht überein. Vgl. folg. §.)

Zu §. 151.

Schon die vor. §§. basiren auf dem in diesem §. aufgestellten Grundsatz, dass in zweifelhaften Fällen der Beweis dem Producenten obliegt; denn Product ist im Besitze und es muss nach dem öfters gedachten Axiom des talmudischen Rechts der beweisen, der das Besitzrecht eines Andern aufheben will *). — Bedeutsam ist der Zusatz des

*) Das römische Recht hat ebenfalls wie unser §.: *Semper in obscuris quod minimum est, sequimur. L.* 6. *L.* 56. *D.* 50. 17. vgl. auch *L.* 34. *h. t.* Ferner mehreres zu obigen §§. in Bezug Stehende *L.* 12. 13. 21. *D.* 34. 5. — Bei Verträgen will das röm. R., dass der Zweifel wider den zu interpretiren sei, der sich hätte bestimmter ausdrücken sollen (*L.* 26. *D.* 34. 5. *L.* 38. §. 18. *D.* 45. 1.), und ausdrücklich gegen den Verkäufer und Vermiether (*L.* 39. *D.* 2. 14. *L* 172 *pr. D.* 50. 17.). Das talmudische

§. „In so fern ff. würde.“ Die in den vor. §§. angeregten Zweifel sprachen nicht der Urkunde den ganzen Werth ab, sondern bewegten sich nur um dessen Höhe. Würde aber die eine Seite des Zweifels die Urkunde ganz aufheben, so ist gar nicht auf ihn zu hören, und wird der zweifelhaften Stelle die angemessene Auslegung gegeben. Es stehet z. B. in der Urkunde, dass sie Ostern zahlbar ist. Wird hier nicht angenommen, der Sinn sei nächstkommende Ostern, so wäre die Urkunde *ad calendas graecas* hinauszuschieben und wäre ihre Abfassung ganz zwecklos gewesen. (Wenn also auch Schuldner sagt, er meinte Ostern über zwei Jahre — also eine bestimmte Zeit zugestehet — so wird doch nur nächstkommende Ostern angenommen, da wenn nicht diese, die Urkunde an sich unbestimmt und daher werthlos bliebe.) Dieses gilt für alle derartige Fälle: eine (recognoscirte, vgl. weiter zu §. 156) Urkunde kann eines Zweifels wegen nicht ganz aufgehoben werden: und stimmen hierin die vorzüglichsten Autoren (*R. Chananel*, *Tosefot*, *Mos. ben Nachman*, *Aderet*, *Ascher* u. A.) überein; vgl *Chosch. Mischp. l. l.* §. 9.

Bei den in diesem §§. gedachten Fällen tritt übrigens eine neue Seite des talmudischen Rechts hervor. Ist Producent im Besitze eines dem Producten gehörenden Gegenstandes, so kann er sich, soweit er seine Forderung angibt, daran halten. Ist hier zwar, da über der Höhe des Werthes der Urkunde Zweifel walten, das Besitzrecht des Producenten an dem Gegenstande zweifelhaft, so hat auch die Behauptung des Producten nichts für sich, das den jenseitigen

---

Recht entscheidet auch hier für den, dessen Besitzrecht (*Chasaka*) beeinträchtigt werden soll: also für den Verkäufer und Vermiether (vgl. *Baba Mezia* 102*a*. *Baba Batra* 92*b*). Das talmudische Recht hält auch nach einer Erklärungsweise *Baba Batra* 71*a* dafür (vgl. *R. Chananel* bei *R. Sam. ben Meir* das., und treten ihm auch *Maim. Mechira c.* 26. §. 5. *Chosch. Mischp. c.* 215. § 6. bei), dass es dem Käufer obliege, sich genau auszudrücken. Nur bei Schenkungen erkennt es, aus dem natürlichen Grunde, dass der Beschenkte nicht anfragen und verlangen könne, diese Obliegenheit dem Geber zu (vgl. auch das. 64*a*, wo der Meinung des R. Akiba [überhaupt dem ganzen בעין יפה מוכר „der Verkäufer concedirt viel“] der Gedanke, dass der Verkäufer sich genau hätte ausdrücken sollen, zu Grunde liegen dürfte; doch widerspricht das talmudische Recht allenthalben dieser Auffassung).

Besitz als erweislich ungerecht darzustellen und ihn aufzuheben vermöchte. Product und Producent sind nun gewissermassen in ein entgegengesetztes Verhältniss getreten, und ist letzterer Besitzer geworden. Vgl. Einleit. zum folg. Titel.

Zu §. 152—156.

Diese §§., die die Bestimmungen über die Zeit besprechen, sind in dem in der Einleit. zu diesem Tit. und zu §. 138. 139. Erwähnten begründet. Quellen hierfür sind *Schebiit* 10, 5. *Baba Mezia f.* 72. *Baba Batra f.* 44. 157, und ausführlich besprochen *Chosch. Mischp. c.* 43. — Fehlt das Datum, so kann eine Evincirung nicht geltend gemacht werden, da die Urkunde nicht besagt, ob vor oder nach dem Verkaufe ausgeliehen worden sei, der aber beweisen muss, der das Besitzrecht eines Andern aufheben will (vor. §.). — Enthält die Urkunde ein früheres Datum, so ist hier eine Verfälschung zum Nachtheile der Käufer, da Gläubiger die Evincirung vom Datum an üben wird, damals aber ihm die Güter des Schuldners, dem er erst später geliehen, noch nicht verobligirt (unterthänig) waren. Nach *Tosefot Baba Mezia l. l.* und *R. Ascher* (bei *Tur* §. 6.) verliert sie ihre ganze Gültigkeit und dient auch gegen den Producten nicht als Beweis. Nach anderen Autoren (*Alfasi*, *Raschi*, *Maimonid. Malwe c.* 23. §. 1.) verliert sie nur das Recht der Evincirung, und wird auch dieser Meinung *Chosch. Mischp. l. l.* §, 7. beigetreten. — Bedeutsam ist übrigens die Frage, wie bei einer von Zeugen unterschriebenen Urkunde nachgewiesen werden kann, dass das Datum früher sei? Sagen es die unterschriebenen Zeugen selbst aus, so ist abgesehen vom Widerruf (vgl. weiter zu §. 186.) und Selbstanklage (vgl. oben Ende des ersten Cap.) mit Wissen der Zeugen ein Falsum vorgegangen und sie haben es unterschrieben: sie sind demnach unfähige Zeugen (§. 49 ff.): wie kann nun die Urkunde noch irgend eine Beweiskraft (wie die letztere Meinung will) haben? Einige Autoren (vgl. *Nimuke Joseph l. l.*) nehmen an, die Zeugen sagen, sie haben auf Aufforderung des Schuldners eine Urkunde in Abwesenheit des Gläubigers geschrieben und dieser erst einige Zeit hierauf das Geld geliehen. Zwar sollen Zeugen nur in Gegenwart des Gläubigers die Urkunde ausstellen (§. 141); doch ist eine derartige *ignorantia juris* zu entschuldigen. Andere (*l. l.*) erklären, die Zeugen sagen sie haben als sie die Urkunde unterschrieben, dafür gehalten, der Gläubiger habe schon dem Schuldner das Darlehn eingehändigt; und sie überzeugten sich hierauf, dass es erst später geschehen. Ferner: die Zeugen geben an, sie haben sich in der Monatsrechnung geirrt (vgl. oben zu §. 20.) und haben daher die Urkunde für richtig gehalten. (Eine andere Meinung, es haben die Zeugen unterschrieben in der Voraussetzung, es werde nie zur Evincirung kommen *) — *R. Simson* zu *Schebiit l. l.* — wird von *R. Sal. ben Aderet* Tom. 3. *respons.* 8. aufs entschiedenste verworfen.) *R. J. ben Scheschet resp.* 382 bemerkt, dass, wenn offenbar hervorgehet die Zeugen haben falsch unterschrieben, so ist die Urkunde nach Aller Meinung völlig ungültig (*Chosch. Mischp.* § 8.). Sehr richtig bemerkt ferner *Aderet respons.* 3. 8. *l. l.* dass wenn auch das in der antedatirten Urkunde erwähnte Factum — das Darlehn — seine Richtigkeit hat, dieselbe nichtsdestoweniger vom Gerichte vernichtet wird, damit Gläubiger nicht (etwa vor einem andern Gericht oder wenn die Sache vergessen wird) die Evincirung geltend mache; und ist die Zahlungszeit noch nicht da, so wird ihm vom Gericht eine neue Urkunde mit der ausdrücklichen Bemerkung, „dass sie nur von den freien (bei dem Schuldner sich vorfindenden) Gütern zahlbar sei“ ausgefertigt. Vgl. auch *Schach* Anmerk. 10. **). Die antedatirte Urkunde ist übrigens auch bei Kauf und Schenkung ungültig. — Dieses für §. 152—154.

Ist die Schuldurkunde — §. 155. — auf späterm Datum geschrieben (das Darlehn war im Januar gemacht worden und die Urkunde lautet auf Februar d. J.) so scheint beim ersten Anblick, dass

---

*) Die Antedatirung schadet nur wegen der eventuellen Evincirung. Es braucht übrigens kaum erwähnt zu werden, dass bei der Chirographe (vgl. §. 145. Anmerk.) die Antedatirung nichts schadet, da hier (vgl. zu §. 138.) eine Evincirung nicht stattfindet.

**) Das römische Recht spricht zwar auch von der Antedatirung (hier *praeferre, repetere diem* genannt; vgl. *L.* 1. §. 2. *D.* 2. 13. *L.* 3. *D.* 22. 4.). Allein da das römische Recht die Evincirung aus den Händen eines Dritten mit ausdrücklicher Ausnahme der *hypotheca omnium bonorum* (vgl. oben S. 361.) nicht kennt, so liegt an sich in der Antedatirung keine Verfälschung, da Schuldner damit einverstanden war (vgl. die zuletzt angeführte *L.* und *L.* 145. *D.* 50. 17). Nur wenn durch die Antedatirung ein späterer Gläubiger zum Nachtheile früherer Pfandgläubiger begünstigt wurde, findet ein *falsi crimen* statt. *L.* 28. *D.* 48. 10.

hier nichts zum Nachtheile der eventuellen Käufer geschehen, sondern vielmehr der Gläubiger Manches von seinem Rechte aufgegeben und die Urkunde also gültig sei. Allein es wurde schon oben (S. 362.) bemerkt, dass das Evincirungsrecht des Gläubigers sich nur auf jene in der Hand eines Dritten sich befindenden Immobilien erstreckt, die Schuldner zur Zeit der Contrahirung des Darlehns besessen, nicht aber auf jene, die er erst später erworben, und die nun im Besitze eines Dritten sind. Es liegt also in der Postdatirung ein Nachtheil für den Käufer, der später erworbenes Gut von dem Schuldner gekauft. Doch ist es nicht ungewöhnlich, dass Schuldner in der Urkunde die Güter, die er erwerben werde, verpflichtet (unterthänig macht); findet sich also diese Clausel in der später datirten Urkunde, so ist sie gültig. Einige Autoren halten dafür, dass, wenn auch diese Clausel nicht ausgedrückt ist, sie stillschweigend verstanden wird (vgl. weiter zu §. 192.); und dann wäre die postdatirte Urkunde in der Regel gültig (vgl. *Schach* Anmerk. 26.). — Die Verkaufsurkunde (und auch Schenkung) mit späterm Datum ist durchgehends ungültig, weil, im Falle der Verkäufer (oder Donator) wieder das Grundstück an sich gebracht, er durch die postdatirte Urkunde leicht in Gefahr kommt, das Seinige zu verlieren. Ausführlich *Baba Batra* $157^{b.}$ $171^{b.}$ *Chosch. Mischp. l. l.* §. 12. 13. — Doch sind alle postdatirten Urkunden gültig, wenn in ihnen ausdrücklich stehet, dass sie später (als das Darlehn, der Verkauf u. s. w. eingegangen wurden) datirt seien; es wird aber überhaupt gemissbilligt, eine derartige Urkunde auszustellen, da sie den Schein eines Falsums an sich trägt (Glosse zu §. 12. *l. l.*). —

Gehet aus der Urkunde hervor (§. 156.), dass das Datum unrichtig, und es ist ein Zweifel, ob sie früher datirt (also ungültig) oder später datirt (und unter oben gedachtem Umstande gültig) sei, so wird angenommen, das Datum sei später. Dieses nach *Baba Batra* 171, wo angeführt wird: Wenn das Datum auf Sabbat oder den 10. Tischre (Versöhnungstag, an diesem sowie an jenem Tage ist das Schreiben verboten) lautet, so ist hier sicherlich das Datum unrichtig und ein Irrthum dabei vorgefallen (vgl. *R. Sam. ben Meïr* das.); die Urkunde aber ist gültig, denn es wird angenommen, das

Darlehn sei früher — den vorhergehenden Freitag oder den 9. Tischre — contrahirt worden und ist also das Datum ein späteres. Dieses gilt jedoch nur von einer recognoscirten Urkunde (*Haïttur* bei *Tur l. l.* §. 16.); und wird ein Zweifel, der sie aufheben würde, nicht angenommen (vgl. *Maggid Mischna Maimonid. Halewi c.* 23. 4. und oben zu §. 151. *). Nach einigen nachtalmudischen Autoren kann jedoch Schuldner, wenn er die Postdatirung in Abrede stellt, von dem Gläubiger einen Eid, dass das Datum später sei, abfordern (vgl. *Schach* Anmerk. 32.). Ist aber die Urkunde nicht recognoscirt, so muss Gläubiger einen Beweis durch Zeugen für seine Behauptung der Postdatirung bringen. *Chosch. Mischp. l. l.*

Wir machen hier noch auf einen Umstand aufmerksam, der zwar in den ersten Abschnitt gehört, doch erst durch Obiges begreiflich wird. Die Beraita (*Synhedr.* 32^b.) erklärt dem zuletzt Gedachten gemäss, dass auf Urkunden unterschriebene Zeugen nicht eines Alibi überführt werden können; denn wird auch erwiesen, dass am Datum der Urkunde die Zeugen nicht an dem Orte der Ausstellung gewesen seien, so kann noch immer angenommen werden, die Urkunde sei früher geschrieben und postdatirt worden; Zeugen auf Urkunden können diesem gemäss nur dann in die Wiedervergeltungsstrafe (Ende des 2. Cap.) verfallen, wenn sie selbst angegeben, dass das Datum ganz richtig sei, d. i. keine unregelmässige Datirung stattgefunden, und sie nun eines Alibi überführt werden. Bemerkenswerth ist noch die Meinung des *R. Serachja Halewi*, dass nur auf mündliche Aussagen, nicht aber auf eine Unterschrift die Wiedervergeltungsstrafe eintritt (vgl. *R. Nissim Ketubot c.* 2. zu Ende); doch sind *Alfasi* und *Maimonid. Edut c.* 19. §. 3. entgegengesetzter Meinung.

Wir haben nun noch §. 152. zu besprechen. Die Juden rechneten in früherer Zeit nach der Seleucidischen Aera; seit Ausbreitung der Araberherrschaft rechnen sie nach Erschaffung der Welt. Vgl. *Rappoport Kerem Chemed* 6. Thl. (das Jahr 1846 ist bei den Juden 5606). Nebst dem Jahre muss in der Urkunde noch angegeben werden der Tag des

*) Selbst wenn, wie nach Alfasi, bei der Antedatirung von den freien Gütern eingefordert wird, so ist doch die Urkunde aufgehoben, und muss noch überdiess ein Falsum angenommen werden. Vgl. *Maimonides l. l.*

Monats und Tag der Woche. Wenn nun bei der Jahreszahl die Tausende und Hunderte fehlen und nur Zehner und Einheiten geschrieben sind, z. B. im J. 84 statt 5584, so ist die Urkunde gültig *). Stehen aber die Jahrtausende und Hunderte, die Zehner und Einheiten fehlen, so ist die Urkunde ungültig. — Wenn der Wochentag nicht mit dem Monattag zusammentrifft, es heisst z. B. in der Urkunde „Mittwoch den 22. des Monats ...", und Mittwoch war der 24., so ist die Urkunde dennoch gültig, weil (wie zu §. 20.) angenommen wird, man habe sich in der Calenderrechnung geirrt; und wird bei der Urkunde noch mehr als bei Zeugenaussage (vgl. ausführlich zu §. 20) dem Irrthume zu Gute gehalten, und er auch über die Hälfte des Monats oder auf zwei Tage angenommen. *Chosch. Mischp. l. l.* nach *Mordechai. Rosch Haschana* zu Anfang. (Doch führt derselbe an, dass *R. Tam* eine derartige Urkunde für ungültig hält.) — Da ferner der Tag nach der jüdischen Zeitrechnung mit dem Abend beginnt, die Nacht also zum folgenden Tag gehört, so können die Zeugen eine Urkunde, die bei Nacht ausgefertigt wurde, den darauffolgenden unterschreiben; wurde aber die Urkunde bei Tag ausgestellt und die Zeugen haben sie die folgende Nacht unterschrieben, so ist sie als eine antedatirte ungültig, es sei denn, dass die Zeugen sich schon bei Tag mit der Urkunde befasst und sie ihre Wirksamkeit also schon damals begonnen haben. *Chosch. Mischp.* §. 16.

Zu §. 157.

Chosch. Mischp. l. l. §. 16. 18. 20. nach *Baba Batra* 172[a]. — Es wurde schon zu §. 140. manches Hierhergehörende bemerkt; und ist hier nur noch der Punct der Ortsverschiedenheit nachzutragen. *Baba Batra l. l.* heisst es: „Rab Huna sagte zu den Schreibern (*Soferim*, *tabelliones*), seid ihr in Schili (Ortsname), so müsst ihr die Urkunde ausstellen nach Schili, obschon man euch (den Auftrag, die Urkunde zu schreiben) in Hini (ebenfalls Ortsname) übergeben hat, und umgekehrt." Hinsichtlich der Zeit heisst es das.: „Wenn ihr

---

*) *Bet Joseph* §. 1. will wenn auch die Zehner fehlen und nur die Einheiten stehen, die Urkunde gelten lassen: doch motivirt er nicht seine Meinung und ist sie allerdings sehr befremdend.

schreibet eine Urkunde auf symbolische Zusicherung, so schreibet nach dem Tag, wo die Zusicherung geschah; wo nicht nach dem Tag der Ausstellung." Nach einem Responsum des *R. Mos. ben Nachmán* bei *Hattrumot* (56. Pforte 1. Abth. §. 5.) wird bei der symbolischen Zusicherung nur dann die Urkunde nach dem Ort der Ausstellung geschrieben, wenn die Zeugen sich nicht mehr des Tages der Zusicherung erinnern. Da sie nun in solchem Falle das Datum der Ausstellung schreiben müssen, es wäre hier, stellen sie die Urkunde nach dem Orte der Zusicherung aus, ein scheinbares Falsum, da Ort und Zeit im Widerspruch stehen: an diesem Tage waren die Zeugen doch nicht an diesem Orte. Erinnern sich aber die Zeugen des Tages der Zusicherung und schreiben die Urkunde nach diesem Datum (zu §. 140. zu Ende), dann müssen sie auch die Urkunde nach dem Ort der Zusicherung ausstellen: würden sie sie nach dem gegenwärtigen Orte verzeichnen, so stände wieder hier Zeit und Ort in Widerspruch. *R. Salomon ben Aderet* bemerkt nun Folgendes: Schreiben die Zeugen Ort und Zeit der Zusicherung (sie erinnern sich noch des Tages der Zusicherung), so wird gesetzt: „Wir haben von N. an dem Orte... und an dem Tage.... die Zusicherung übernommen und haben die Urkunde geschrieben und unterzeichnet ff.": Ort und Datum beziehen sich also hier auf die Zusicherung. Muss aber Ort und Datum der Ausstellung geschrieben werden (die Zeugen erinnern sich nicht mehr des Tages der Zusicherung), so wird gesetzt: „Wir haben von N. die Zusicherung erhalten, und haben an dem Ort... und dem Tage... die Urkunde geschrieben ff.", wo also Ort und Datum zu der Ausfertigung bezogen werden: und wird hier wie dort vorgebeugt, dass nicht in der Urkunde Etwas wie ein Falsum erscheine. — *R. Meïr Halewi* will auch, dass, wenn der Münzfuss des Ortes der Ausstellung von dem des Ortes der Zusicherung verschieden ist, letzterer Ort oder der das. bestehende Münzfuss gesetzt werden muss, da man sich, wie zu §. 148—150. bemerkt wurde, bei variirendem Münzfusse an den in der Urkunde benannten Ort hält (vgl *Tur l. l.* §. 13. 15. und *Bet Joseph* §. 12. 13.). *R. Sam. ben Meïr* will aber überhaupt, dass, wenn die Urkunde nach dem Orte der Ausstellung geschrieben wird, man hineinsetze: „Wir haben an diesem Orte (und Tage) die Urkunde ausgefertigt über das, was wir an jenem Orte (dem der Zusicherung) wahrnahmen"; wodurch denn freilich die Bedenken Halewi's und Aderet's gehoben sind (vgl. *Bet Joseph l. l.*).

Zu §. 158.

Wenn der §. sagt „von mindestens zwei Zeugen", so ist dieses nicht in Bezug auf Gültigkeit zu nehmen, dass diese sich mit der grössern Anzahl steigerte: das talmudische Recht wiegt nicht nach der Menge der Zeugen ab (vgl. oben zu §. 14.); sondern gilt dieses nur in Hinsicht der Form der Urkunde. Als antiquarische Eigenthümlichkeit muss hier angeführt werden, dass zuweilen die Urkunde faltenweise abgefasst wurde; und zwar: eine Zeile wurde geschrieben, die andere leer gelassen und auf diesen leeren Raum die geschriebene Zeile gelegt und zusammengenähet, hierauf wieder eine Zeile geschrieben und eine Zeile leer gelassen u. s. w. Als Veranlassung dieser sonderbaren Abfassungsweise werden *Baba Batra* 160[b.] die Ehescheidungsurkunden der Priester (Aroniten) angegeben. Diese sollen zum Jähzorn sehr geneigt gewesen sein: durch die durch vorgedachte Abfassungsweise nothwendig entstehende Verzögerung soll, bei der etwa im Jähzorn beschlossenen Ehescheidung, Zeit zur besonnenen Ueberlegung gewonnen werden. Bei einer derartigen Urkunde, die die zusammengebundene (מקושר, im Gegensatz von der gewöhnlichen, die „פשוט", „die gestreckte, gerade" heisst) genannt wird, muss je auf einer Falte ein Zeuge, und da nicht weniger als drei Falten sein dürfen, also hier wenigstens drei Zeugen unterschrieben sein. *Mischna ibid.* und *Gittin* 81[b.] — Diese Form ist jedoch schon lange und, wie es scheint, schon zur Zeit der talmudischen Autoren ausser Gebrauch gekommen; und wird sogar eine heutigen Tages in dieser Form abgefasste Urkunde als ungültig erklärt. *Nimuke Joseph ad loc. Chosch. Mischp.* c. 42. §. 1. *Glosse* und *Schach* Anmerk. 3. vgl. auch *Tosefot Gittin l. l. Maimonides* erwähnt ebenfalls nicht diese Urkunde.

Eine Urkunde, auf der nur ein Zeuge unterschrieben ist, hat, wenn sie recognoscirt ist, das Recht der mündlichen Aussage eines Zeugen und veranlasst also, wie §. 79b. im Ableugnungsfalle, einen biblischen Eid. Der jerus. Talmud *Ketubot* will zwar nicht einem schriftlichen Zeugen die Kraft, einen Eid zu veranlassen, zugestehen (vgl. *R. Ascher Baba Batra* 165.); der babylonische Talmud *l. l.* scheint der im §. angeführten Meinung, die auch von den meisten Autoren und *Chosch. Mischp. c.* 51. §. 2. als normirend aufgestellt wird. Doch gibt die nur von einem Zeugen unterschriebene Urkunde kein Recht auf Evincirung, selbst wenn noch ein anderer Zeuge mündlich aussagt, dass in seiner Gegenwart die Schuld contrahirt worden sei (vgl. *Chosch. Mischp. l. l.*); es fehlt nämlich hier an Gelangung zur Publicität (*R. Ascher*, vgl. oben zu §. 138.). Sagt aber der mündliche Zeuge aus, dass vor ihm die Urkunde übergeben worden, so wären, da gewöhnlich die Urkunde vor den auf derselben unterschriebenen Zeugen eingehändigt wird, hier zwei Zeugen auf die Uebergabe, und hätte sie volle Rechtskraft (*Chosch. Mischp. l. l.*). Nur wurde schon zu §. 138. bemerkt, dass viele Autoren der nur vor Zeugen übergebenen und nicht von Zeugen unterschriebenen Urkunde nur mangelhafte Rechtskraft zugestehen: und gilt dieses auch für den vorgedachten Fall. — Wir fügen noch bei, dass auch, wenn zwei Urkunden, jede von e i n e m Zeugen unterschrieben, producirt werden (vgl. zu §. 13.), eine volle Rechtskraft nicht eintritt. *Chosch. Mischp. l. l.* Glosse.

Zu §. 159.

Der erste Satz des §. *Chosch. Mischp. c.* 45. §. 2. nach *Gittin* 19[b]. Die Zeugen müssen die Urkunde lesen; ist dieses nicht geschehen, sondern sie haben sich sie vorlesen lassen und sie unterschrieben, so ist die Urkunde ungültig, selbst wenn Zwei sie ihnen vorgelesen (*Alfasi ad loc. Maimonid. Geruschin c.* 1. §. 23. vgl. auch *Haïttur v.* קיום *in fine* und *Bet Joseph l. l.* §. 23.) *). Ist die Urkunde in einer dem Zeugen unverständlichen Sprache abgefasst und derselbe hat sich sie übersetzen lassen, so ist Obigem gemäss ebenfalls die Urkunde ungültig (vergl. *Chosch. Mischp. l. l.*

*) Bei Ehescheidungsbriefen treten hier und im Folgenden manche erleichternde Normen ein (*Gittin l. l. Eben Haëser c.* 130.); doch handeln wir in diesem Titel durchaus nur von den rein civilrechtlichen Urkunden.

Glosse und *Schach* Anmerk. 4). — Die Zeugen müssen auch ihre Namen unterschreiben können; vermögen sie dieses nicht und es hat ihnen Jemand die Buchstaben aufgezeichnet (auf die Urkunde nämlich und die Zeugen haben sie mit Tinte überschrieben, oder man hat die Buchstaben in ein Papier eingeschnitten und dieses auf die Urkunde gelegt und die Zeugen haben die Buchstaben ausgefüllt), so ist ebenfalls die Urkunde ungültig (*Gittin l. l.* und die Commentatoren das. *Chosch. Mischp. l. l.* §. 4. Manche Autoren vermeinen jedoch, dass, wenn es schon geschehen, die Urkunde gültig sei, vgl. *l. l.*). Wenn Andere im Auftrage der Zeugen unterschreiben, d. i. wenn diese des Schreibens unkundig sind und ein Anderer unter die Urkunde setzt „N. N. hat mich beauftragt, für ihn zu unterzeichnen“, so ist ebenfalls die Urkunde ungültig (*Salomon ben Aderet in respons.*): weil die Unterschrift als ein Zeugniss angesehen, dieses aber stets unmittelbar vom Zeugen ausgehen muss (*J. ben Scheschet in respons.* bei *Bet Joseph* §. 3.). Jedoch ist an Orten, wo die Einrichtung getroffen ist, dass der Sofer (*tabellio*) zu schreiben pflegt, „N. N. hat mich beauftragt, die Urkunde für ihn zu unterschreiben“, dieselbe gültig (*Chosch. Mischp. l. l.* §. 5. vgl. oben §. 76.) *).

Für den andern Satz des §. ist *Baba Batra* 167ᵃ Quelle: und ist der Grund einleuchtend. Kennen nicht die Zeugen die Parteien nach deren Namen, so könnten leicht betrügerischerweise unter dem Namen eines Dritten Schuld- und Verkaufsurkunden ausgestellt werden. Nach *Chosch. Mischp.* c. 49. §. 2 brauchen die Zeugen bei der Verkaufsurkunde nur den Verkäufer und bei der Schuldurkunde, die in Abwesenheit des Gläubigers ausgestellt wird (durch die symbolische Zusicherung vgl zu §. 141.), nur den Schuldner zu kennen. *Maimonides Malwe* c. 24. §. 3. führt aber überhaupt „beide

*) In manchen Gemeinden war auch die Einrichtung getroffen, dass, um jeder Verfälschung vorzubeugen, die Urkunden von dem Sofèr geschrieben und von hierzu bestellten notorischen Zeugen unterschrieben sein mussten. Doch galt dieses nur für Verkaufsurkunden und Syngraphen; die Chirographe aber so wie die Schenkung der Schuld an den Schuldner selbst (im talmudischen Rechte „מחילה“ Abtretung) kann allenthalben von der Hand des Ausstellers geschrieben sein. Vgl. *Chosch. Mischp.* c. 61. §. 1. *Tur* das. *Sema* Anmerk. 2.

Parteien" an (vgl. *Maggid Mischna* das. und *Sema* Anm. 3.). Es genügt übrigens, dass Jemand an einem Orte dreissig Tage unter diesem Namen bekannt sei, um den Namen nicht für fingirt zu halten. Antwortet Jemand auf einen Namen (man ruft ihn z. B „Simon" an und er meldet sich) und er wendet bei einer gegen ihn producirten Urkunde ein, dass er nicht „Simon" heisse, so wird er doch für diesen genommen, selbst wenn er noch nicht dreissig Tage unter diesem Namen bekannt ist. (Hingegen beweiset das Anmelden nicht für den Producenten [illegible] wenn Product einwendet, dass dieser nicht der eigentliche Gläubiger —, da es hier leicht auf einen Betrug abgesehen sein kann.) *Chosch. Mischp. l. l.* §. 3. 4. vgl. *Sema* Anmerk. 7.

Zu §. 160.

Mit diesem §. treten wir in manche Eigenthümlichkeit des talmudischen Rechts über Urkunden, auf die auch die folg. §§. zu beziehen sind. Das ältere talmudische Recht, das noch nicht abgegrenzte Formeln für Urkunden hat (vgl. weiter zu §. 163.), macht es sich zur Aufgabe, vorzubeugen, dass nicht zwischen der Urkunde und der Zeugenschrift Etwas fälschlich zugesetzt werde. Daher die Regel: „die letzte Zeile beweiset nichts" (*Baba Batra* 162ᵃ.). Ist nämlich hier ein wichtiger Umstand angeführt, so sagt er nichts aus; denn die Zeugen unterschreiben selten so unmittelbar an der Urkunde an, dass nicht eine Zeile leer bliebe und hier etwas verfälscht werden könnte. Daher auch umgekehrt: „man wiederholt in der letzten Zeile von dem Inhalt der Urkunde" (*ibid.* 161ᵇ.), d. i. man gibt hier kurz etwas von dem Obigen an (als: wir haben die symbolische Zusicherung erhalten von N. N., sowie oben [in der eigentlichen Urkunde] geschrieben und erklärt ist; vgl. *R. Sam. ben Meïr* und *Nimuke Joseph* das., ferner *Schach* Anmerk. 2. zu *Chosch. Mischp.* §. 44.), so dass diese letzte Zeile an sich von keiner Bedeutung ist. Ist also die Ueberschrift der Zeugen eine Zeile oder etwas mehr (*ibid.* 162ᵇ.) von der Urkunde abstehend, so kann kein Falsum vorgehen. Ist sie aber zwei Zeilen entfernt, so kann in der ersten (leergebliebenen) Zeile ein wichtiger Umstand zugesetzt (z. B. eine grössere Summe als oben, vgl. zu §. 150.) und in der zweiten die Wiederholungsformel geschrieben worden sein, wodurch jene die vorletzte wird und mit zu der eigentlichen Urkunde gehört. Dieses nun ist die Grundlage unseres §.; und wurde, um einem Falsum dieser Art vorzubeugen, als Regel festgesetzt, dass, wenn die Zeugenunterschrift zwei Zeilen abstehet, die Urkunde ungültig ist. *Chosch. Mischp.* c. 45. §. 6. (Doch behält sie mangelhafte Rechtskraft, und dient als Beweis gegen Producten. *Ibid.* §. 7.) Noch werden *Baba Batra l. l.* und *Chosch. Mischp. c.* 44. 45. viele Bestimmungen, um derartigen Falsa vorzubeugen, angeführt, die wir aber als minder gewichtig übergehen.

Zu §. 161.

Es wurde schon oben zu §. 66. erwähnt, dass, wenn unter zusammen aussagenden Zeugen ein Verwandter oder ein zum Zeugnisse Unfähiger befunden wird, das Zeugniss ungültig ist. Wenn nun eine Urkunde vor Gericht producirt wird, die wie im §. beiderlei Zeugen enthält, so ist sie, wenn sich hier zwei classische Zeugen finden, gültig (*Tosefta Baba Batra* c. 11. vergl. auch Talm. das. 167[b].); es wird nämlich angenommen, dass die classischen Zeugen für sich unterschrieben haben und die nichtclassischen erst hernach ihre Unterschrift hinzugefügt: jene also mit diesen nicht e i n Zeugniss ausmachten. *Halachot Gedolot* will zwar, dass für diese Präsumtion irgend ein Fingerzeig sein müsse und lässt die Urkunde nur dann gelten, wenn die classischen Zeugen zuletzt unterschrieben sind; dieses weiset darauf hin, dass sie in Abwesenheit der unfähigen Zeugen, die ihnen sonst den Vorrang eingeräumt haben würden, unterzeichnet haben. Die meisten Autoren halten jedoch die Urkunde für gültig ohne Rücksicht auf den Platz, den die classischen Zeugen einnehmen (*Chosch. Mischp. c.* 45. §. 12. vergl. auch *Schach* Anmerk. 23., der wie *Halachot Gedolot*).

Sind nur zwei Zeugen unterschrieben und einer von ihnen ist nichtclassisch — der zweite Satz des §. —, so scheint nach dem Wortsinn bei *Maimonid. Edut* c. 14. §. 6., dass die Urkunde völlig ungültig sei; denn da hier die erforderliche Zeugenanzahl unterzeichnet ist, so ist anzunehmen, dass die Zeugen zusammen unterschrieben haben (vgl. *Kesef Mischna* das.). Doch halten auch hier die meisten Autoren dafür, dass das Zeugniss des classischen Zeugen gültig und die Urkunde wie nach §. 158. zu beurtheilen sei *Chosch. Mischp. l. l.* vgl. auch *Schach* das.

Zu §. 162.

Der erste Satz des §. *Baba Batra l. l. Chosch. Mischp. c.* 45. §. 15. Die unfähigen Zeugen schaden hier nach vor. §. nicht, und ist gerade hierdurch dem §. 160 beregten Falsum vorgebeugt. Doch muss diese Ausfüllung stattgefunden haben, ehe die Urkunde vor Gericht producirt wird und zwar, wie einige Autoren wollen, nur mit Vorwissen des Schuldners (*ibid.*) *) — Der andere Satz des §. — *Chosch. Mischp. l. l.* §. 17. nach *Salom. ben Aderet* — beruhet auf dem folgenreichen Grundsatze des talmudischen Rechts: wenn jüdisches und nichtjüdisches Recht von einander differiren und ein Jude in der Kraft (statt, vermittelst) eines Nichtjuden auftritt, so wird nach dem nichtjüdischen Rechte verfahren. Einige Beispiele werden dieses erläutern. Es kauft ein Jude von einem Nichtjuden ein Haus, und in dessen Nähe befindet sich das Haus eines andern Juden, dessen Fenster nach dieser Seite gehen. Nach talmudischem Rechte darf ein Nachbar nur in der Entfernung von vier Ellen eine Mauer vor die Fenster eines andern Hauses ziehen (*Mischna Baba Batra* 22. *Chosch. Mischp. c.* 124., wo dieses Nachbarverhältniss gründlich und ausführlich besprochen wird): nach nichtjüdischem Rechte (nach persischem und wie es scheint auch nach altspanischem) lag dem Nachbar diese Entfernung nicht ob, und konnte er vor das Fenster eines andern Hauses vorbauen. Der jüdische Käufer tritt nun hier in das Recht des nichtjüdischen Verkäufers, und kann daher die Fenster seines jüdischen Nachbars verbauen (*Chosch. Mischp. l. l.* §. 18.). — So ferner: Wenn ein Jude von einem Nichtjuden eine Schuldurkunde auf einen Juden gekauft, und nun der Verkäufer (der Cedent) dem Schuldner die Schuld erlässt. Nach talmudischem Rechte ist, wie oben (S. 373.) aus einander gesetzt wurde, dieses gültig; allein da das nichtjüdische Recht dem Cedenten ein solches Erlassen nicht zugestehet und es für

*) Auch bei der zusammengebundenen Urkunde (vgl. zu §. 158.) können die Falten durch Verwandte und Unfähige, sobald die gehörige Anzahl classischer Zeugen da ist, ausgefüllt sein. *Gittin* 81*b*.

ungültig erklärt, so findet es auch hier nicht statt (*l. l. c.* 66. §. 25.), weil der Jude ganz an die Stelle des Verkäufers tritt und das Object nach dem für diesen geltenden Rechte mit seinen Vor- und Nachtheilen beurtheilt wird. So die von den meisten Autoren angenommene Meinung: und ist hierdurch auch unser §. erläutert. Vgl. auch *Sema* Anm. 38.

Zu §. 163.

Diese Formel scheint erst im 11.—12. Jahrhundert zur gewöhnlichen Schlussformel gemacht worden zu sein: und soll durch sie den zu §. 160. erwähnten Bedenklichkeiten einer Verfälschung am Ende der Urkunde vorgebeugt werden. Es kann daher auch in die letzte Zeile ein wichtiger Umstand gesetzt, sowie auch der obige Inhalt nicht braucht wiederholt zu werden (*Chosch. Mischp. c.* 44. §. 4.). Der Talmud *Baba Batra* 162ᵃ· kennt zwar auch schon diese Formel (der wörtliche Ausdruck ist „fest und bleibend" שריר וקיים); doch wurde sie erst in der spätern Zeit (bei den französischen Juden) zur stehenden gemacht, so dass, wenn sie fehlt, die Urkunde ungültig ist.

Wenn übrigens durch diese Schlussformel Vieles beseitigt ist, so bleibt doch § 160. in Kraft; weil, wenn die Zeugen weit von der Urkunde abstehen, man das ganze Obere wegschneiden und auf diesen Zwischenraum eine neue falsche Urkunde abfassen könnte. *Chosch. Mischp c.* 45. §. 6. *Sema* Anmerk. 13.

Zu §. 164.

Chosch. Mischp. c. 44. §. 5. nach *Baba Batra* 161ᵇ· („durchstrichen" nach *R. J. ben Scheschet in respons.*). Es wird also vor der Schlussformel geschrieben: „Das Wort . . . . ist über der Zeile geschrieben", oder „an der ausgelöschten Stelle standen die Worte . . . ." und so bei den durchstrichenen Worten. Was nicht vor der Schlussformel nochmals bemerkt ist, wird als nicht in der Urkunde vorhanden angesehen. Daher der zweite Satz des §., der, was das Wesentliche der Schuldurkunde macht (und nach diesem ist auf jede andere Urkunde zu schliessen) aufzählt. Wäre aber etwas Unwesentliches über den Zeilen geschrieben oder durchstrichen, so bleibt die Urkunde gültig; nur wird auf dieses Ueberschriebene u. s. w. nicht reflectirt. Ist aber etwas ausgelöscht und nicht vor der Schlussformel bemerkt, dann ist nach der Meinung vieler Autoren die Urkunde ungültig, weil an dieser Stelle etwas Wichtiges, z. B. eine Bedingung ff., gestanden haben kann, die der Inhaber der Urkunde verlöscht hat. Doch ist auch diese Urkunde gültig, wenn aus dem ganzen Zusammenhang klar hervorgehet, was an der verlöschten Stelle geschrieben gewesen sei. *Glosse* zu §. 5. *l. l. Schach* Anmerk. 14.

Zu §. 165.

Baba Batra l. l. Chosch. Mischp. l. l. §. 8. Da die Zeugen häufig eine Zeile von der Urkunde ab sich unterschreiben, so kann hier ein Falsum vorgegangen sein. Die verlöschte Stelle enthielt nämlich die Schlussformel und endete hier die Urkunde: der Falsarius löschte die Formel aus, fügte noch eine Zeile hinzu und setzte die Schlussformel zu Ende. — *Tur l. l.* schliesst daher, dass, wenn in einer derartigen Urkunde die Unterschrift der Zeugen eine Zeile von der Urkunde entfernt ist, sie gültig sei. Denn wäre hier auf obige Weise etwas zugesetzt worden, so müsste angenommen werden, die Zeugen haben zwei Zeilen entfernt unterschrieben. Da dieses aber nach §. 160. nicht sein darf und immer vorausgesetzt wird, dass die Zeugen nach Recht und Vorschrift verfahren, so liegt hier kein Grund zu irgend einem Verdachte vor. Doch wird *Chosch. Mischp. l. l.* hinzugefügt, dass die Zeugen Männer sein müssen, von denen anzunehmen ist, dass sie derartige Normen kennen.

Zu §. 166.

Wir haben im §. ausdrücklich „Pergament" gesetzt, weil sonst diese ganze Doctrin unverständlich wäre; bemerken aber, dass in diesem ganzen Titel von Pergament als dem Material der Urkunde die Rede ist (Papier war zu jener Zeit noch nicht bekannt): daher die vielen Besorgnisse und Vorbeugungen gegen Verfälschungen, deren manche bei auf heutigem Papiere geschriebenen Urkunden gar nicht stattfinden. Im talmudischen Rechte wird angenommen, dass man an dem Pergamente wohl unterscheiden kann, ob es ein- oder zweimal ausgelöscht worden sei, wenn auf demselben Pergament sich eine Gelegenheit zur Vergleichung darbietet. Daher der erste Satz des §.: „eine auf verlöschtem ff. ist gültig"; hier kann kein Falsum vorgehen. Bei einer auf verlöschtem Pergamente geschriebenen Urknnde muss nämlich der Verfälschung vorgebeugt werden, dass Producent nicht die Urkunde (bis auf die Zeugenunterschrift) nochmals auslösche und etwas Anderes dafür schreibe. Sind nun wie im §. Urkunde und Zeugen auf verlöschtem Pergamente, so würde, im Falle Producent hier etwas verfälschte, die Vergleichung der Unterschrift mit der Urkunde darthun, dass sie zweimal verlöscht ist und wäre das Falsum offenbar. Die Bedingung des §. „wenn das Pergament in Gegenwart der Zeugen ff." ist ebenfalls im Vorhergehenden begründet und will vorbeugen, dass nicht etwa die Zeugen auf eine schon zweimal verlöschte Stelle unterschreiben, wodurch dann leicht, wie sich nach Obigem bei einiger Aufmerksamkeit zeigt, die Urkunde verfälscht werden könnte. — Der zweite Satz des §. „die Urkunde auf reinem, die Zeugen auf verlöschtem Pergament ff.", hier kann, da die Zeugen dieses bemerkt, ein Falsum nicht mehr vorgehen; nur muss diese Bemerkung, damit sie nicht ausgelöscht werden könne, zwischen die eine Unterschrift und die andere eingefügt werden. Beim dritten Satz endlich „ist die Urkunde auf verlöschtem ff.", hier kann die Urkunde beliebig ausgelöscht und verfälscht werden. Die Unterschrift ist hier auf reinem Pergament und bietet also keine Vergleichung, und ebensowenig kann sie aus einem andern Pergament angestellt werden, da nur das auf demselben Pergament Geschriebene und in kurzem Zeitzwischenraume Verlöschte (so kann auch wegen der Vergilbung das gestern verlöschte Pergament nicht mit dem heute verlöschten verglichen werden), einen Unterschied zeigt *Baba Batra* 164^{a} *Chosch. Mischp. c.* 45. § 20. 23. (Diese speciellen Bestimmungen sind in der Vorsorge, jedem Betruge vorzubeugen, gegründet, und musste das talmudische Recht um so mehr derartige Bestimmungen treffen, als es die Urkunde vorzüglich aus dem Standpuncte des Zeugnisses betrachtet [vgl. weiter zu §. 184.]. Anderseits machte wahrscheinlich das theure Material es nicht ungewöhnlich, dass man auf verlöschtem Pergament schrieb.)

Zu §. 167.

Chosch. Mischp. c. 44. §. 6. *c.* 45. §. 23. nach *R. Ascher respons.* 68. §. 12. *R. Mos. ben Nachman* hält diese Urkunde nur für verdächtig und muss Producent streng vernommen werden. Vgl. *Bet Joseph c.* 44. §. 6. und *Schach* Anmerk. 15.

Zu §. 168. 169.

Baba Batra 168[b]. *Chosch. Mischp.* c. 52. §. 1. 2. — Das Gericht vernichtet eine Urkunde, indem es in deren Breite und Länge einen Riss macht, oder die Namen des Schuldners, Gläubigers und der Zeugen, das Datum u. s. w. durchreisst. Dieses drückt §. 169. unter „gerichtliche Vernichtung" aus. Ein sonstiger Riss schadet nicht (*Talmud l. l.*); es sei denn, dass die Urkunde in zwei durch nichts zusammenhängende Theile gerissen (*Hattrumot* 57. Pforte 1. Abtheil. §. 2.), oder dass sie zerschnitten ist (*R. Ascher respons. Chosch. Mischp. l. l.*) — Ist die Urkunde da, wo sie in einander gelegt wird (in den Falten), in zwei Theile zerrissen, so hält sie *Sema* (Anmerk. 8. *l. l.*), dem auch *R. Joël Serkisch* beistimmt, für gültig; nach *Schach* Anmerk. 8. ist sie ungültig. (Das römische Recht stimmt im Wesentlichen mit diesen §§. überein. Vgl. *Glück* 22. Thl. S. 54 ff.)

Zu §. 170. 171.

Mischna und *Beraita l. l. Chosch. Mischp.* c. 41. §. 1. — Die verloschene Urkunde muss bei der Renovirung vernichtet werden, da sonst Producent jene bei einem andern Gerichte vorzeigen und sie nochmals renoviren lassen könnte (also zwei Urkunden in Händen hätte). *R. Meïr Halewi* verlangt sogar, dass in der renovirten Urkunde ausdrücklich bemerkt werde, die verloschene sei vernichtet worden. — Das Gericht muss, da die eigentliche Urkunde nicht vorhanden ist und die Aussage über deren Inhalt gleichsam ein neues Zeugniss ausmacht, die aussagenden Zeugen genau befragen und dieses in der Urkunde bemerken (vgl. *Sema* Anmerk 10.). — Eine ohne Verschulden zerrissene, verweste u. s. w. Urkunde wird ebenfalls nach der Weise dieser §§. renovirt. *Chosch. Mischp.* c. 52. §. 1. Glosse.

Zu §. 172.

Chosch. Mischp. c. 41. §. 2. nach *Tur* das. §. 5. vgl. *Sema* Anmerk. 18. — Wir machen hier auf die im talmudischen Rechte geltende Präsumtion aufmerksam: der Gläubiger bewahrt die Urkunde, auf die er wirklich zu fordern hat, gut auf: und ist sie verloren gegangen, so deutet dieses darauf hin, dass die Schuld schon bezahlt worden sei (daher die

Urkunde nicht mehr beachtet wurde) vgl. ausführlich hierüber *Baba Mezia* 12[b] ff. — Dieses gilt denn auch für das Erlöschen, welches wie aus Tur ersichtlich ist gewöhnlich dadurch geschiehet, dass die Urkunde an einem unpassenden (feuchten) Orte liegt: hätte sie noch eigentlichen Werth, so würde Gläubiger sie in geziemende Obacht genommen und am gehörigen Orte aufbewahrt haben. Hierauf gründet sich denn unser §.

Zu §. 173.

Der erste Theil des §. *Baba Batra l. l. Chosch. Mischp. c.* 239. §. 1. — Wurde dem Käufer eine vollständige Urkunde ausgestellt, so hat er, im Fall er die verlorne Urkunde wieder findet, zwei Urkunden in Händen, woraus aber — wie dieses *l. l.* weitläufig aus einander gesetzt wird — im Falle der Eviction mancher bedeutende Nachtheil für die spätern Käufer entstehen könnte. Daher wird wie es der §. angibt in die Urkunde gesetzt; und dient sie also blos zum Beweise. — Hingegen kann bei der Schenkungsurkunde, wenn Donatar behauptet sie verloren zu haben, unbedenklich eine andere ausgestellt werden, da bei Schenkungen eine Gewährleistung für Eviction, so nicht Donatar sie ausdrücklich übernommen, nicht stattfindet. *Chosch. Mischp. c.* 41. §. 3. Glosse (und gilt dieses auch für den Fall, dass die Urkunde verloschen sei, das. §. 1.).

Hinsichtlich des andern Satzes des §., so wurde schon zum v. §. bemerkt, dass eine verlorne Schuldurkunde eine Präsumtion gegen sich hat. Hier kommt aber noch der Umstand hinzu, dass der Gläubiger die Urkunde wieder finden und also eine doppelte in Händen haben (und zweimal fordern) würde. Letzteres Bedenken tritt hervor, selbst wenn bezeugt wird, dass die Urkunde dem Gläubiger ganz ohne sein Verschulden abhanden gekommen sei. Auch dadurch, dass in der neuen Urkunde bemerkt würde, dass eine frühere verloren gegangen, würde, so lange nicht Schuldner hiervon in Kenntniss gesetzt ist, dieses Bedenken nicht gehoben; denn es könnte Gläubiger die eigentliche (wiedergefundene) Urkunde zuerst produciren, die ihm auch Schuldner ohne weitern Argwohn zahlen, und, wie es häufig geschiehet, die zurückempfangene Urkunde vernichten könnte. Hierauf producirt Gläubiger die renovirte Urkunde, und der Schuldner muss nochmals zahlen! Kann aber nur mit dessen Vorwissen renovirt werden *), so wird er, wenn Gläubiger die Originalurkunde producirt, dieselbe, da die Schuldurkunde dem Schuldner bei der Bezahlung zurückgestellt werden muss (vgl. §. 178.), sorgfältig aufbewahren und sie dem Gläubiger falls er nochmals auftritt entgegenhalten. Vgl. hierüber *Baba Batra l. l.* und *R. Sam. ben Meïr* das. *Maimon. Malwe c.* 23. §. 11. *R. Ascher respons.* 94. §. 5. *Chosch. Mischp.* 41. §. 3. und *Schach* Anmerk. 11. Nach *Urim ad loc.* (vgl. *Tumim* Anmerk. 9.) wird in die renovirte Urkunde hineingeschrieben, dass die frühere Urkunde ungültig sei.

R. Ascher fügt *l. l.* hinzu, dass, wenn Gläubiger die Schuldurkunde einem Andern zur Aufbewahrung übergeben und sie diesem abhanden gekommen ist, so wird dem Gläubiger eine andere Urkunde ausgestellt, da, wenn er sie nicht selbst verloren, der Besorgniss des Wiederfindens weniger eingeräummt wird. *Chosch. Mischp. l. l.* vgl. zu folg. §. zu Ende. (Das „erweislich" des §. beziehet sich auf den Verlust der Urkunde. Stellt der Schuldner die Echtheit — den Inhalt — in Abrede, so muss sie Gläubiger durch Zeugen nachweisen. So hat es auch das römische Recht, vgl. *L.* 5. *C.* 4. 21., welches aber die Besorgniss des Wiederfindens weniger berücksichtigt.)

Zu §. 174.

Hattrumot 57. Pforte, 2. Abtheil. §. 4. *Chosch. Mischp. l. l.* (wahrscheinlich durch Umstände — Unsicherheit der Strassen im Mittelalter — veranlasst). In diese Urkunde wird eingeschrieben, dass Gläubiger eine Urkunde des Inhalts, Namens ff. producirt (vgl. §. 171. mit Ausnahme jedoch der Erforschung der Zeugen) und das Gericht ihm, weil er fürchtete die Originalurkunde bei sich zu führen, die gegenwärtige Urkunde ausgestellt hat. Diese wird dann bei dem Ortsgerichte, wo sich der Schuldner befindet, niedergelegt, welches dem Gerichte, bei welchem die Originalurkunde deponirt wurde, von der geleisteten Bezahlung Nachricht gibt, und wird von diesem die Originalurkunde vernichtet. — Im Falle diese abschriftliche Urkunde erweislich abhanden gekommen ist, so wird dem Gläubiger die Originalurkunde zurückgegeben (*ibid.*) und wird hier nicht die Besorgniss des Wiederfindens berücksichtigt, denn dieser wird, nur

*) Das talmudische Recht, das vor der Erfindung der Buchdruckerkunst und öffentlicher Blätter ausgebildet wurde, kannte natürlich die heutigen Tages übliche Amortisation nicht.

wenn Gläubiger die Urkunde an seinem Wohnorte verloren, Manches eingeräumt, weil er des Orts, wo er verloren, sich leicht entsinnen kann und dort nachsuchen wird. *Sema* Anmerk. 24. 26.

Zu §. 175.

In den bisherigen §§. wurde von der Urkunde gehandelt, in welche eine vorhergehende ihrem Inhalte nach aufgenommen wurde, um sie ganz zu vertreten. Eine solche Urkunde darf nur zur Noth, wenn nämlich die Originalurkunde verloschen, abhanden gekommen ist u. s. w. ausgestellt werden. *R. Ascher respons.* 618. §. 21. erklärt, „dass er auf eine Afterurkunde (wir wählen der Kürze halber diesen Ausdruck) nichts vornehme, wenn nicht die Originalurkunde beigebracht wird (nämlich ausser den vorgedachten Fällen); und selbst eine Afterkaufurkunde mit der Bemerkung, dass man hierdurch kein Recht an den Verkäufer habe (§. 173.), darf nicht, wenn nicht Umstände es erfordern, ausgestellt werden." — Unser §. aber handelt von einem förmlichen Duplicat (dem *exemplum* des römischen Rechts *L.* 2. *D.* 22. 4., und wie Cujacius erklärt „*exemplum ex integro describitur*" vgl. *Glück l. l.* S. 13.), das wörtlich abgeschrieben ist und worüber bemerkt wird, es sei ein Duplicat. Dieses wird nicht als Urkunde ausgefertigt, sondern um als Beweis zu dienen, dass eine solche Urkunde existire, und zwar vorzüglich da, wo die eigentliche Urkunde in der Hand der Gegenpartei bleibt und von dieser leicht niedergeschlagen werden könnte. So z. B. bei Ehepacten, wo der Mann das Original behält, der Frau aber ein Duplicat eingehändigt wird. *R. J. ben Scheschet respons.* 413. 414. bezeugt, dass dieses in allen spanischen Gemeinden üblich war, und wird das. ein Fall besprochen, wo die Erben des Gatten die Ehepacten als verloren angaben und die Wittwe ihr Duplicat producirte. Der benannte Autor erklärt das Duplicat für gültig selbst wenn es nicht gerichtlich abgefasst, sondern nur von zwei Zeugen ausgestellt ist, die in ihm bestätigen, dass es mit dem Original ganz übereinstimme. Vgl. das. und *Chosch. Mischp. l. l.* Glosse *Sema* Anmerk. 27. *).

*) Obiges Respons. bringt auch den historisch bemerkenswerthen Umstand, dass die Landesregierung selbst einen jüdischen Richter beauftragt hatte, dass er diesen Process nach jüdischem Recht schlichte.

Zu §. 176.

Baba Mezia 17[a]. *Chosch. Mischp. c.* 48. — Die Anwendung dieses §. kann nur für den vom Talmud selbst als selten bezeichneten Fall stattfinden, wenn Schuldner an dem Tage der Contrahirung der Schuld bezahlt und an demselben neuerdings von diesem Gläubiger ausleihet; in einem sonstigen Falle kann ohnediess die Urkunde nicht für einen andere Schuld gebraucht werden, da sie eine antedatirte wäre (vgl. §. 154.). Es ist aber dieser §. wegen des ihm zu Grunde liegenden Princips von Wichtigkeit, dass, wenn einmal die eigentliche Verobligirung aufgehört, die Urkunde als vernichtet betrachtet wird (nach dem Ausdrucke *Maimon. Malwe c.* 14. §. 6. „wie ein Scherben"); und dient sie sogar nicht zum Beweise gegen Producten, wenn er zwar eingestehet, er habe auf die Urkunde nochmals ausgeliehen, habe aber schon wieder abgezahlt (vgl. weiter zu §. 186. So nach *Schach* Anmerk. 2. gegen *Sema*). — Doch lassen mehrere Autoren den §. nur von der Syngraphe gelten; denn da die Zeugen nur auf die frühere Schuld unterschrieben, diese aber abbezahlt wurde, so hat nun die Urkunde aufgehört. War sie aber ursprünglich eine Chirographe, so kann sie, da es hier blos auf den Willen des Schuldners ankommt, auch für die neuere contrahirte Schuld gelten. Vgl. *Schach l. l.* und jerus. Talmud. *Baba Mezia* 3[b].

Zu §. 177.

Baba Batra 172[a]. *Chosch. Mischp. c.* 53. — Wenn Gläubiger zwei Urkunden von je funfzig Gulden producirt und er verlangt, dass sie in eine Urkunde von Hundert zusammengezogen werden, so darf ihm das Gericht nicht willfahren; und gilt dieses auch im umgekehrten Falle: Gläubiger producirt eine Urkunde von hundert und verlangt, dass das Gericht ihn dafür zwei Urkunden von je fünfzig ausfertige. Es wird das. nachgewiesen, dass hier wie dortdem Schuldner ein Nachtheil erwachsen könnte und kann daher nichts ohne dessen Zustimmung vorgenommen werden. — Weiss das Gericht nicht mit Gewissheit, dass Schuldner noch nicht gezahlt, so darf selbst in eine kleinere nicht die grosse Urkunde umgewandelt werden, d. i. selbst wenn Gläubiger verlangt, dass man statt der Urkunde von 100 ihm eine von fünfzig ausfertige; denn es könnte jene schon bezahlt und über sie eine Quittung ausgestellt worden sein, und will nun Gläubiger durch diese kleinere Urkunde betrügerischerweise einen Theil der Schuld nochmals fordern.

Zu §. 178.

Die Frage ob der Schuldner überhaupt eine Quittung annehmen muss oder er auf Zurückgabe der Originalurkunde dringen kann, da, wenn die Quittung ihm abhanden kommt, Gläubiger nochmals jene produciren könnte, wird von mischnaischen und talmudischen Autoren viel besprochen (*Baba Batra* 170 ff. *Ketubot* 16. 56. 89. *Sota* 7 u. a. a. O.) und ist die überwiegende Meinung, dass in den im §. gedachten Fällen Schuldner die Quittung annehmen muss. Für den ersten Fall des §. „wenn die Schuldurkunde verloren ff. *Baba Batra* 171b. und zwar schon nach dem Vorgeben des Gläubigers (also wenn er auch nicht Zeugen hierfür bringt). Behauptet jedoch der Schuldner, dass Gläubiger die Urkunde besitze und sein Vorgeben unwahr sei, so muss Gläubiger den rabbinischen Eid schwören (*Maimonid. Malwe* c. 2. 3. §. 16. *Chosch. Mischp.* c. 54. §. 2). Besitzt aber Gläubiger die Urkunde und er will sie nicht herausgeben sondern eine Quittung schreiben, so braucht Schuldner nicht hierauf einzugehen, sondern kann er die Zahlung beanstanden bis Gläubiger ihm die Urkunde zurückstellt (*Aderet respons.* 1110.); und selbst wenn Gläubiger vorgibt, dass er die Urkunde nicht zur Hand habe (sie in einer entfernten Stadt liege ff.). *Chosch. Mischp. l. l.* §. 3. und Glosse.

Der andere Fall des §. wird *Mischna Baba Batra* 170b. besprochen. Der Schuldner hat einen Theil der Schuld abgetragen (die Urkunde lautet auf 1000 und er bezahlt 500): ein Autor meint, man stellt dem Gläubiger eine neue Urkunde über die noch schuldige Summen aus; ein anderer Autor will, Gläubiger behält die eigentliche Urkunde und stellt dem Schuldner eine Quittung über den empfangenen Theil aus. Es wird aber (das.) entschieden, dass es von dem Willen des Gläubigers abhängt, ob er die Urkunde umschreiben lassen will, welches aber nur gerichtlich geschehen kann und wo dann auch das Datum der frühern Urkunde angemerkt wird (damit Gläubiger nicht in der von diesem Datum ihm zustehenden Eviction verletzt werde, vgl. Einleit. zu diesem Tit. und zu §. 155.), oder er schreibt dem Schuldner eine Quittung. *Maimon. l. l.* §. 15.

Chosch. Mischp. l. l. §. 1. (Kann der Empfang auf der Rückseite der Urkunde bescheinigt werden, so wäre hier jedem Bedenken abgeholfen; die Mischna aber handelt von einem Fall, wo dieses nicht angehet, die Urkunde ist z. B. auf beiden Seiten beschrieben u. dgl. m.; vgl. *Schach* Anmerk. 11. zu *Chosch. Mischp. c.* 43. Vgl. auch die etwas gezwungene Meinung des *R. Mos. ben Nachman* bei *Tosefot Jom Tob. ad loc.*)

Zu §. 179.

Dieser und die folg. §§. handeln von der Recognition, die im talmudischen Recht nach vielen Seiten hin besprochen wird. Quellen hierfür sind: *Ketubot* 18—22. *Baba Batra* 159. 163. *Alfasi* und *R. Ascher ad loc. Maimonides Edut* c. 6—8. *Haïttür v.* קיום. *Chosch. Misch. c.* 46.

Der Gebrauch der Recognition wird schon von der Mischna a. a. O. und sonst als etwas Gewöhnliches angesehen. Wir wollen hier nochmals vor Allem erinnern, dass das talmudische Recht gewöhnlich die von Zeugen unterschriebene, seltner die vom Producten unterzeichnete Urkunde im Auge hat. Daher stellt dasselbe als Grundsatz oben an: „die Recognition ist nur eine rabbinische Einrichtung und bedürfte es nach dem stricten Rechte*) ihrer nicht, denn das unterschriebene Zeugniss wird angesehen, als hätte es das Gericht erforscht" (wäre es von dessen Authenticität überzeugt). *Ketubot* $18^{b.}$ *Gittin* $3^{a.}$ und sonst. Dieses wird zwar schon von früheren nachtalmudischen Autoren (vgl. *Tosefot Ketubot* $28^{a.}$ und $92^{b.}$) auffallend gefunden und scheint vielmehr, dass das stricte Recht eine Recognition verlange, da sonst leicht eine falsche Urkunde ausgestellt und die Namensunterschrift nachgeahmt werden könnte. Allein der obige Grundsatz, der die von Zeugen ausgestellte Urkunde im Auge hat, hat nichtsdestoweniger Vieles für sich. Der Betrug vergehet sich leicht zu einer falschen Unterschrift der betreffenden Person (des Producten); hingegen die Unterschrift einer fremden Person fälschlich herbei zu ziehen und hier sogar zwei Unterschriften — zwei Zeugen — darf nur

*) Manche haben den Ausdruck „biblisch". Doch wird, wie schon früher bemerkt wurde, im Civilrecht der Ausdruck „biblisch" zuweilen für „strict" genommen. Vgl. auch *Jizchak di Leon* in seinem *Megillat Esther* zu *Maimonid. Mizwot reg.* 2., der jedoch nicht genug den Punct des Civilrechts hervorhebt.

als Ausnahme betrachtet werden. Noch mehr: bei der Nachahmung der Unterschrift des Producten fürchtet der Betrüger nicht so sehr die Entdeckung; denn erkennt auch Product nicht die Unterschrift als die seinige an, so beweiset dieses noch immer nicht gegen den Producenten: das Gericht bleibt, da Product hier der Betheiligte ist, ungewiss, auf wessen Seite der Betrug sei. Hingegen wird den Zeugen als Unbetheiligten natürlich Glauben geschenkt werden, wenn sie die Unterschrift diffitiren: und hat also der Verfälscher sehr die Entdeckung des Betruges zu befürchten. Es wurde daher, gestützt auf diesen Grundsatz, für manche Fälle (vgl. *Gittin l. l.* vgl. auch oben S. 262.) eine Erleichterung getroffen. Allgemein wird jedoch, wie folg. §§. zeigen, streng an der Recognition gehalten.

Unser §. gibt nach *Maimond. l. l. c.* 6. §. 2. und *Chosch. Mischp.* §. 7. (in etwas veränderter Ordnung) die Arten an, wie die Urkunde recognoscirt wird *). Die Recognitionen des §. sind eigentlich auf drei Grundweisen zurückzuführen: Anerkennung durch die unterschriebenen Zeugen (Instrumentszeugen), Anerkennung durch Andere, die die Unterschrift genau zu kennen behaupten, Vergleichung der Handschrift (*comparatio literarum*). — Was die Anerkennung durch die Instrumentszeugen anbelangt, so führt sie schon die Mischna (*Ketubot* 20[b].) an. Hier entstehet jedoch die Frage: wie, da in der Agnition des Instrumentszeugen eine Aussage zum Nachtheile eines Dritten (des Schuldners ff.) liegt, ein Zeuge (er selbst) genüge? Der Zeuge ist zwar hierbei unbetheiligt und kann daher die Agnition nicht als Zeugniss in eigener Sache angesehen werden; aber es bedarf doch allenthalben zweier Zeugen zu einer Aussage? Diese Frage ist besonders nach dem reinen Accusationsprincip, wo andere Umstände nicht in Betracht gezogen werden, von Wichtigkeit; und dürfte sie selbst in neueren Gesetzgebungen, da allgemein die Agnition der Zeugen genügt, zu berücksichtigen sein. Ein Autor (*l. l.*) will daher in der That, dass neben dem agnoscirenden Instrumentszeugen noch ein Zeuge dessen Un-

*) Maimonides lässt zwar hier noch eine Art der Recognition aus: wenn Product selbst die Unterschrift als echt anerkennt. Er scheint aber dieses mit Vorbedacht gethan zu haben, weil bei diesem Falle noch manche Einrede zulässig ist. Vgl. weiter zu §. 186.

terschrift anerkennen müsse. Doch wird dieses (das.) zurückgewiesen, „weil bei der Anerkennung durch den Instrumentszeugen nicht die Unterschrift das Eigentliche der Agnition ist, sondern er sagt hierdurch auf das Wesen der Urkunde aus.“ Es wurde nämlich schon zu §. 137. bemerkt, dass die unterschriebenen Zeugen auf die in der Urkunde verzeichnete Thatsache (das Darlehn, Kauf ff.) Zeugniss ablegen und sie bewahrheiten; daher sie auch mit dem was die Urkunde besagt, vertraut sein müssen *). Bei der Agnition durch die Instrumentszeugen wird also angenommen, dass sie sich auf die Thatsache zurückbeziehen, diese nochmals bestätigen, daher ihre alleinige Anerkennung genügt, da hierdurch auf das was die Urkunde besagt zwei Zeugen sind. (Haben daher die Zeugen die Thatsache ganz vergessen und wollen nur ihre Unterschrift anerkennen, so nützt diese Agnition nichts, da nun die Urkunde die eigentlichen Zeugen verloren. Doch wird auf diesen Umstand nicht gefragt. Vgl. *Ketubot l. l. Maimonid. c.* 8. §. 1—3. *Chosch. Mischp.* §. 10.)

Die Anerkennung der Unterschrift durch Andere erwähnt ebenfalls die Mischna (*l. l.* 18*b.*) und Beraita (19*b.*). Diese Anerkennung wird wie ein Zeugniss, eine Aussage angesehen; und bedarf es zu jeder der Unterschriften, der Agnition von zwei Zeugen. (Es braucht übrigens kaum erwähnt zu werden, dass dieselben zwei Zeugen die Unterschrift des einen wie des andern Instrumentszeugen anerkennen können, und es nicht zwei Paar agnoscirender Zeugen bedarf.) Erkennt einer der Instrumentszeugen seine Unterschrift an und ein Fremder die Unterschrift des andern Instrumentszeugen, so ist, wie aus Obigem leicht zu erachten, hier noch keine genügende Agnition. Selbst wenn der Instrumentszeuge, nachdem er seine Unterschrift agnoscirt, mit dem Fremden zugleich die andere Unterschrift agnosciren wollte, so wird dieses nicht gestattet, weil hier das Gleichgewicht gestört ist und die Urkunde zum grösseren Theile durch Einen Zeugen (den Instrumentszeugen, der seine und die andere Unterschrift agnoscirt) ihre Anerkennung er-

*) Im gemeinen Recht wird hierauf nicht reflectirt und sind die Urkundenzeugen gleichsam nur agnoscirende Zeugen; sie erkennen die Unterschrift des Producten (oder beider Parteien wie bei Kaufurkunden ff.) an.

langt. (Das talmudische Recht will überhaupt, dass bei jedem Zeugnisse die Zeugen in gleicher Weise betheiligt seien und nicht durch den Einen mehr als durch den Andern sich ergebe. Vgl. *Ketubot* 21[a]. *Baba Batra* 57[a].) *).

Der dritten Art der Recognition — Vergleichung der Handschriften — gedenkt die Mischna *l. l.* allgemein und erklärt

---

*) Ueber diese hier erwähnte zweite Art der Recognition, die auch das alte deutsche Recht — jedoch unter Beeidigung der agnoscirenden Zeugen — gehabt haben soll, wurde von mehreren Rechtslehrern Einspruch erhoben und sie als durchaus unrichtig verworfen. Eine Aussage der Zeugen muss rein historisch sein, darf sich aber nicht gründen auf das was sie glauben und dafür halten; ferner verlangt die Vergleichung von Handschriften das Gutachten von Sachverständigen, und doch soll auch die Aussage von Zeugen gelten, dass sie des Producten Hand wohl kennen, auch gewiss glauben, dass er das ihnen vorgelegte Document ausgestellt habe (vgl. *Glück* 22 Thl. S. 100. Anmerk. 87.). Diese Einwendungen dürften jedoch bei genauerer Prüfung Manches an ihrem Gewichte verlieren. Ist es zwar richtig, dass das Zeugniss rein historisch sein und kein Urtheil enthalten soll, so kann doch auch anderseits nicht in Abrede gestellt werden, dass sowohl in Criminalsachen (wie bei Auffindung einer Leiche u. dgl. m.) wie in Civilfällen (z. B. bei einem vom Gerichte nicht gekannten Erben ff.) Identitätszeugen angenommen werden und auf ihre Aussage verfahren wird. Und wie oft gründet sich ein solches Zeugniss auf ein Urtheil, auf Merkmale, die die Zeugen z. B. an dem Leichnam wahrgenommen und ihn dadurch für eine gewisse Person erkennen! — Allein es scheint, dass man hier die Begriffe W i e d e r e r k e n n e n und U r t h e i l e n (oder besser U r t h e i l e n und S c h l i e s s e n) nicht gehörig von einander geschieden. Der Zeuge darf nicht urtheilen: nicht von einem Gegebenen auf ein Nichtgegebenes s c h l i e s s e n (dieses ist der eigentliche Ausdruck) und auf diesen Schluss sein Urtheil gründen; er darf nur das aussagen was er durch sinnliche Wahrnehmung erkennt. Bei einem Wiedererkennen ist es aber nur eine Vergleichung, ein Gegeneinanderhalten eines früher gewonnenen sinnlichen Eindrucks gegen eine gegenwärtige Wahrnehmung, wozu es nicht einer eigentlichen Geistesoperation, sondern nur einer Vergegenwärtigung bedarf. — Noch weniger scheint der andere Einwurf zu enthalten. Die Vergleichung der Handschriften erfordert dort das Gutachten der Sachverständigen, wo man die Handschrift an sich nicht kennt und erst durch Vergleichung mit einer andern ihre Identität erwiesen werden soll. Hier vermag der Laie, dem mancher Zug, manche Eigenthümlichkeit ff. leicht entgehet, nicht zu entscheiden und muss erst der Sachverständige g e g e n e i n a n d e r h a l t e n (nicht s c h l i e s s e n, sondern nur u r t h e i l e n ob beide Handschriften identisch sind). Wo aber Zeugen aussagen, dass sie mit der Handschrift des Unterschriebenen wohl vertraut

die Beraita näher: „aus einer Urkunde, die beanstandet und gerichtlich recognoscirt wurde." Der Talmud erklärt nun dieses weiter, und da sich hier verschiedene Lesearten (vgl. *Alfasi* und *Raschi*) und verschiedene spätere Meinungen finden, so führen wir Folgendes als das Erheblichste an. Nach Raschi u. A. kann die Vergleichung nur aus einer früher beanstandeten und hierauf recognoscirten Urkunde angestellt werden; weil, wie manche Autoren erklären, vorauszusetzen ist, dass das Gericht bei jener Urkunde die genauesten Nachforschungen angestellt und die Unterschrift ganz authentisch gefunden habe. Aus einer blos recognoscirten Urkunde hingegen kann die Vergleichung nicht angestellt werden. Andere Autoren (unter ihnen *R. Ascher*) halten dafür dass aus jeder recognoscirten Urkunde die Vergleichung stattfinde; Beraita und Talmud haben den Ausdruck „aus einer Urkunde die beanstandet ff. wurde" nach dem sich gewöhnlich Ereigenden, da man die Urkunde nur dann recognosciren zu lassen pflegt, wenn sie beanstandet wird. Beide Meinungen werden *Chosch. Mischp. l. l.* §. 7. und Glosse §. 37. angeführt (*Schach* Anmerk. 25. entscheidet für letztere).

Unser §. erwähnt noch eine andere Vergleichung der Handschriften „aus zwei im Besitze Anderer ff." Dieses wird als eine spätere Einrichtung talmudischer Autoren (*Ketubot l. l.*) angeführt und wird (das.) bestimmt, dass diese zwei Urkunden *ex qua*, Verkaufsurkunden über Grundstücke sein müssen, die

---

sind (und gegen die Wahrhaftigkeit dieser Behauptung waltet doch gar kein Zweifel ob) und sie die gegenwärtige Unterschrift als solche erkennen, so dürfte hierauf noch sicherer als auf das Urtheil der Sachverständigen zu bauen sein. Die Unterschrift meines Bruders oder meines Freundes, mit dem ich in häufiger Correspondenz stehe, ist in den meisten Fällen mir mehr bekannt, und mein Urtheil hier sicherer, als je das Urtheil Sachverständiger, die erst aus einer Vergleichung, wobei leicht Manches verloren gehet (daher auch dieser Beweis im gemeinen Recht nicht für einen vollständigen gehalten wird, vgl. weiter), cruiren wollen. Wenn vollends noch hinzugefügt wird, „dass die Zeugen angeben müssen, dass sie auch gewiss glauben, dass Product das ihnen vorgelegte Document ausgestellt habe" (vgl. oben das Citat aus Glück), so ist dieses eine gänzliche Verkennung dieser Recognition. Die Unterschrift allein ist hier Object des Zeugnisses: und so wenig die Zeugen je befragt werden, ob sie glauben, dass der angeklagte C eines Mordes fähig sei, so wenig sind sie hier über ihr Glauben hinsichtlich des Ausstellers des Documents zu befragen.

schon drei Jahre (dieses ist wie mehrmals bemerkt wurde die *praescriptio longi temporis* für Immobilien) im unangefochtenen Besitze des Käufers sind, oder es seien Ehepacten (*Ketuba*), wobei es jedoch keiner Zeit bedarf, da schon die Ehe auf die Richtigkeit der Ketubot hinweist (so nach den meisten Autoren Vgl. *Schach* Anmerk. 20.). Es müssen aber diese beiden Urkunden sich in Händen Anderer befinden, d. i. es sind zwei fremde Verkaufsurkunden oder Ketubot; denn befinden sich diese Urkunden *ex qua* in den Händen des Producenten, so kann er aus diesen authentischen Unterschriften die Unterschrift auf der Urkunde *ad quam* nachgeahmt haben. Diesem gemäss wollen auch mehrere Autoren, dass auch die Vergleichung der Unterschrift aus einer recognoscirten Urkunde (der erste *sub e* gedachte Fall) nur aus einer nicht in den Händen des Producenten sich befindlichen recognoscirten Urkunde angestellt werden kann *). Das talmudische Recht hat also bei der *comparatio literarum* zwei Umstände im Auge, 1) dass die Urkunde *ex qua* echt sei, 2) dass die Unterschrift *ad quam* nicht fälschlich nachgeahmt sei. Der ersten Besorgniss wird vorgebeugt durch die Vergleichung mit einer recognoscirten Urkunde ff.; der andern Besorgniss, indem Producent die Urkunde *ex qua* nicht in Händen hatte: wäre die Urkunde *ad quam* eine Nachahmung, so würde wahrscheinlich durch diese Urkunde *ex qua* sich eine Verschiedenheit zeigen **). Die Vergleichung geschieht durch

*) So nach Raschi. Aus Maimonid. *l. l.* gehet hervor, dass deshalb die Urkunde *ex qua* sich in Anderer Hand befinden müsse, weil Producent auch diese verfälscht haben könnte; und kann daher die Vergleichung auch aus einer in den Händen des Producenten sich befindlichen recognoscirten Urkunde angestellt werden. Nach dieser Meinung ist eine Imitation der Unterschriften weniger zu befürchten, da sie selten ganz genau nachgeahmt werden können; hingegen ist mehr die Besorgniss einzuräumen, ob nicht die Urkunde *ex qua* gänzlich verfälscht sei. Doch ist die Meinung Raschi's die überwiegende. Vgl. *Sema* Anmerk. 21. und *Schach* Anmerk. 24.

**) Wenn sich eine andere von diesen Zeugen unterschriebene Urkunde in den Händen des Producenten befindet, so kann nach *R. Ascher* zu *Ketubot l. l.* durch *comparatio literar.* nicht recognoscirt werden und bedarf es der Agnition Anderer. Nach *Haittur* 29*b*. genügt in diesem Falle selbst diese Agnition nicht, und müssen also die Instrumentszeugen selbst ihre Unterschrift anerkennen.

das Gericht; Sachverständige kennt das talmudische Recht auch hier nicht (vgl. oben S. 173.). Jedenfalls ist aber eine Anerkennung der Unterschrift durch Andere besser als die Recognition durch Vergleichung (vgl. *Schach l. l.*). Nach *R. J. ben Scheschet respon.* 136. und *Chosch. Mischp. l. l.* §. 7. Glosse 4. kann nicht aus Briefen eine Vergleichung angestellt werden, weil hier oft die Schrift schnell und ungenau ff. ist (vgl. auch *Haïttur* 29[b] *colum.* 2. und *Schach* Anmerk. 27.) *).

Zu §. 180.

Die schon oben § 160 ff. gedachte ungemeine Sorgfalt, dass nicht durch Hinzufügung oder durch Wegschneiden des obern Theils der Urkunde etwas Anderes an die Stelle der eigentlichen Urkunde komme, hat auch hier ähnliche Massregeln hervorgerufen, die ebenfalls vorbeugen sollen, dass nicht etwa, wenn ein bedeutender Raum zwischen der Urkunde und der darunter stehenden Recognition gelassen würde, ein Falsarius die obere Urkunde sammt Zeugenunterschrift wegschneide und auf diesen leeren Raum eine neue Urkunde schreibe, die dann bei der Producirung als recognoscirt für echt gehalten werden würde. Die Recognition muss daher ganz nahe sein (nicht einmal eine Zeile entfernt, weil, was ebenfalls eine Eigenthümlichkeit jener Zeit und ihrer Schreibart, eine in einer Zeile geschriebene und unterschriebene Urkunde gültig ist, *Baba Batra* 163[a].), oder es muss der leere Zwischenraum mit Strichen oder Puncten ff. ausgefüllt sein. Vgl. hierüber ausführlich *ibid.* und *Chosch. Mischp. l. l.* §. 31—34. — Die Recognition kann auch auf die Rückseite geschrieben werden (der andere Fall des §.), doch muss sie dann um jeder Verfälschung vorzubeugen der Schrift der Urkunde gerade gegenüber sein. *Ibid.* §. 31. vgl. *Schach* Anmerk. 83. — Nach *R. Hai* (bei *Haïttur l. l.*) kann, wenn die Urkunde nicht ausreicht, ein anderes Pergament angeheftet und ein Zeichen daran gemacht werden, dass es zu dieser Urkunde gehöre, wo dann die Recognition auf

*) Wie viele Noth die *comparatio liter.* dem römischen Recht gemacht, erkennt man aus *L.* 20. *C.* 4. 21. *Novell.* 49. c. 2. *Novell.* 73. *Praefat.* und c. 1—8. Die heutige Rechtslehre, die so wie das römische Recht vorzüglich die nur vom Producten unterschriebene Urkunde im Auge hat, erkennt nicht diese Recognition als einen vollständigen Beweis an. Vgl. Glück a. a. O. S. 104. und weiter zu §. 186.

das angeheftete Pergament geschrieben wird. Doch sind die meisten Autoren hiermit nicht einverstanden (vgl. *Maggid Mischna Malwe c.* 27, §. 6., hingegen *Schach* Anmerk. 84.). — Nach *Maimonid. l. l.* und Glosse *l. l.* kann, wenn nicht Raum ist, die Recognition auch auf die Seite geschrieben werden.

Zu §. 181.

Maimonid. Edut c. 6. §. 4. *Chosch. Mischp. l. l.* §. 8. — Die gewöhnliche Formel für die Recognition ist: „Wir drei (die unterzeichneten Richter) sassen zusammen und kamen N. N. (die Instrumentszeugen) und sagten vor uns aus, dass dieses ihre Unterschrift sei" oder „es kamen N. N. — andere Zeugen — und agnoscirten die Unterschrift", oder „wir haben diese Urkunde mit Anderen verglichen u. s. w."; und da sich uns herausstellte, dass die Unterschrift echt sei, so haben wir sie gebührlich legitimirt und bestätigt". (Vgl. *Chosch. Mischp.* §. 3. Nach *Schach* Anmerk. 29. war es zu seiner Zeit nicht gebräuchlich, dass man die Weise der Recognition bemerkte.) Gewöhnlich unterschreiben alle drei Richter; doch genügt bei obigem Formular, wenn auch nur zwei Richter unterschrieben sind (vgl. *l. l.* §. 29. 30.). — Die Recognition kann auch bei einem nichtgelehrten Gerichte (vgl. oben S. 89.) geschehen, so wie auch in Abwesenheit des Producten; ferner wenn auch derselbe gegenwärtig die Urkunde als falsch ausgibt und will dass man sie gar nicht recognoscire (*l l* §. 3. 5. nach *Baba Kama* 112[b].). — Die Recognition beziehet sich übrigens blos auf die Unterschrift der Zeugen: die Urkunde selbst brauchen die Richter nicht zu lesen, es sei denn, dass mancher Umstand obwaltet, der die Richter zu einer genauern Bekanntschaft mit der Urkunde auffordert. Vgl. *Ketubot* 109[b]. *Tosefot* das. *Chosch. Mischp.* §. 20.

Zu §. 182.

Eine recognoscirte Urkunde ist zwar als ein öffentliches Document zu betrachten; allein auch nach heutigem Rechte kann dieses angefochten werden, so wenn z. B. das Merkmal des öffentlichen Glaubens, das Amtssiegel, dem gegenwärtigen Gerichte unbekannt ist u. dgl. m. (vgl. *Schneider* §. 234.). Da das talmudische Recht ein Amtssiegel nicht kennt, so konnte um so eher ein Einspruch gegen die Recognition erhoben werden. Dieses wird auch aus *Ketubot* 21[a]. gefolgert (vgl. *Tosefot* das.) und wird, wenn das gegenwärtige Gericht nicht die Unterschrift der recognoscirenden Richter kennt, die Echtheit der Urkunde auf die im §. gedachte Weise hergestellt, wobei die Norm zu merken: Instrumentszeugen und recognoscirender Richter können, wenn sie ihre Unterschrift anerkennen, hier nicht zusammenbezogen werden, da das Zeugniss eines Jeden hier auf etwas Anderes gehet, das des Instrumentszeugen auf den Inhalt der Urkunde (vgl. zu §. 179.), und das des Richters dass die Unterschrift als echt befunden wurde (vgl. v. §.). Hingegen wird der recognoscirende Richter mit zwei oder auch nur einem gegenwärtig agnoscirenden Zeugen zusammenbezogen, da beide auf die Richtigkeit der Unterschrift der Instrumentszeugen zurückgehen. *Chosch. Mischp. l. l.* §. 14—16. (Daher genügt auch hier, dass der recognoscirende Richter seine Unterschrift anerkennt und bedarf es nicht noch hierzu eines andern Zeugen [vgl. S. 416], weil er durch diese Anerkennung auf die Thatsache des Befundes der Echtheit jener Unterschriften aussagt; vgl. *R. Jona* bei *Ascher l. l.*)

Zu §. 183.

Baba Batra 159a. *Chosch. Mischp. l. l.* §. 34. 35. — Es wurde schon hierüber Manches oben zu §. 37. 64. bemerkt und fügen wir hier noch Folgendes hinzu. Bei dem ersten Falle des §. ist auch die Anerkennung Anderer nur beschränkt gültig; denn auch vorausgesetzt, dass die Unterschrift echt sei, so besagt sie nichts für die Urkunde, da diese vielleicht verfälscht und ein früheres Datum, wo dieser Zeuge noch zulässig war, gesetzt wurde. Es müssen daher die agnoscirenden Zeugen diese Urkunde mit der Unterschrift schon vor eingetretener Unfähigkeit der Instrumentszeugen gesehen haben. (Es braucht kaum erwähnt zu werden, dass aus diesem Grunde eine Recognition durch Vergleichung der Handschriften ebenfalls nicht stattfindet.) — Bei dem andern Fall des §. kann zwar der Instrumentszeuge wegen der eingetretenen Verwandtschaft ebenfalls nicht auf seine Unterschrift (durch die er eigentlich, wie §. 179 und v. §., den Inhalt der Urkunde bezeugt) aussagen; hingegen wird der Besorgniss der Verfälschung hier nicht Raum gegeben: und ist also die Anerkennung Jener, die auch nicht die Urkunde nebst Unterschriften vor eingetretener Verwandtschaft gesehen, gültig. — Die Norm über eingetretene geistige und physische Unfähigkeit ist noch mehr begreiflich; und führen wir noch an, dass gezweifelt wird, wie es bei eingetretener Unfähigkeit wegen rein religiöser Vergehen (§. 43 ff.) zu halten sei. Vgl. *Tosefot* bei *Bet Joseph* §. 30.

Zu §. 184. 185.

Ketubot 18 *ff. Maimond. l. l. c.* 3. *Chosch. Mischp.* §. 37. 38. Zur Verständniss dieser §§. folgende Bemerkung. Die Urkunde wird im gemeinen Recht theils als Eingeständniss, theils als Zeugniss betrachtet, inwiefern nämlich die Urkunde den Producten zum unmittelbaren Urheber hat (er sie selbst unterschrieben), oder sie die hierher bezügliche Aussage Anderer enthält, wie öffentliche Urkunden, Certificate, Protocolle u. s. w. (vgl. *Schneider* §. 196. nebst Anmerk. zu §. 218 ff,). Das talmudische Recht hat die Urkunde zunächst als Zeugniss im Auge, als eine von den Zeugen hier niedergelegte Aussage über ihre Wahrnehmung (vgl. zu §. 137. 138.). Ist die Urkunde noch nicht recognoscirt, so beginnt die eigentliche (gerichtliche) Aussage erst mit der Recognition, also mit der Anerkennung der Instrumentszeugen, wenn durch diese die Recognition geschiehet (§. 179a); der Zeuge findet aber so lange er nicht seine Aussage geendigt mit jeder Angabe Gehör, ausser mit einer solchen, durch die er sich selbst eines Verbrechens zeihet, da Niemand nach talmudischem Recht gegen sich als Ankläger auftreten kann (Ende des ersten Cap.). Hierauf beruhet denn §. 184.: die Zeugen heben durch Angabe eines Umstandes das Zeugniss, das sie noch nicht völlig abgelegt, wieder auf. Zu bemerken ist, dass bei dem ersten Falle des zweiten Satzes des §. (Product habe ihnen dargelegt, dass er ff. gezwungen werde) die Zeugen kein Unrecht mit ihrer Unterschrift begehen (wie eine Meinung Talmud *l. l.* will), sondern sie wohl von der guten Absicht geleitet sein mochten, den Producten einstweilen von dem ihn zum Verkaufe eines Grundstückes ff. gewaltsam Drängenden zu befreien, und es dann dem Gerichte anzuzeigen (*l. l*). — Noch sind die Worte des letzten Satzes „zum Nachtheile des Producenten" herauszuheben. Sagen nämlich die agnoscirenden Instrumentszeugen, dass die in der Urkunde verzeichnete Thatsache (das Darlehn, Kauf ff.) nicht stattgefunden und sie für empfangene Bezahlung fälschlich unterschrieben haben, so thut dieses zwar der Urkunde keinen Eintrag; allein vom civilrechtlichen Standpuncte aus liegt hier ein Geständniss vor, dass die Zeugen dem

Producten Schaden verursacht; in dieser (civilrechtlicher) Hinsicht hat die Aussage gegen sich Gültigkeit und verfallen sie wie oben §. 27. in Schadenersatz. Dieses für die noch nicht recognoscirte Urkunde. — Ist aber die Urkunde schon recognoscirt, so liegt in dieser selbst ein vollendetes Zeugniss vor. Geben nun die Instrumentszeugen einen die Urkunde entkräftenden Umstand an, so ist dieses ein Widerruf nach beendigtem Verhör, welcher (§. 27 und §. 131) nicht gestattet ist, und macht dieses die Grundlage von §. 105. Doch sind bei dem Falle, dass die Instrumentszeugen aussagen, es wäre mit der Urkunde eine geheime Bedingung verbunden gewesen (§. 184.), schon die frühesten nachtalmudischen Autoren — da die betreffende Talmudstelle *l. l.* f. 19 verschieden gedeutet wird — verschiedener Meinung, wie es hier mit der recognoscirten Urkunde zu halten sei. Einige sind dafür, dass die Angabe einer Bedingung gehört werde, da doch die Urkunde hierdurch nicht aufgehoben wird: erfüllt Producent die Bedingung, so hat die Urkunde ihre völlige Kraft. Andere erblicken hier einen Widerruf, da die Urkunde, wie sie sich darstellt, nichts von einer Bedingung weiss. Vgl. *Tosefot l. l.* und *R. Nissim.* Letzterer ist der Meinung, „dass entweder eine Urkunde in der nicht alle Umstände angegeben sind, da sie leicht zu einem Unrecht führen kann, gar nicht ausgestellt werden darf und dann werden die Zeugen selbst wenn die Urkunde nicht recognoscirt ist, nicht gehört *), oder darf (wie in der That) eine Urkunde bei geheimer Bedingung ausgestellt werden, dann finden die Zeugen, auch auch wenn die Urkunde recognoscirt ist, mit einer solchen Angabe Glauben". Dieser Meinung ist auch *R.*

---

*) Auf diese Rücksicht wird im talmudischen Recht viel Gewicht gelegt. So darf z. B. eine Schuldurkunde, die Product ohne das Darlehn empfangen zu haben (*non numerata pecunia*) dem Producenten in dem guten Glauben übergibt, dass er ihm die in der Urkunde bemeldete Summe wenn er deren benöthige auszahlen werde, nicht von Zeugen unterschrieben werden, weil hier eine Veranlassung zu Unrecht liegt. (Im babylonischen Talmud kommt diese Urkunde unter dem Namen אמנה, in jerus. Talmud unter פיסטיס *πίστις* „Vertrauungsurkunde" vor). Sagen also die Instrumentszeugen, dass die vorliegende Urkunde eine derartige sei, so zeihen sie sich selbst der Unredlichkeit, da sie unerlaubterweise die Urkunde unterschrieben, und werden also nicht gehört, vgl *Ketubot* 19. —

Hai: wir führten §. 184. 185 nach *Maimonid. Chosch. Mischp. l. l.* (jedoch widerspricht sich *Chosch. Mischp. c.* 82. §. 12. vgl. *Sema* Anmerk. 104. *Schach* Anmerk. 116.) und sonst sehr vielen Autoren an. (Ueber die Aussage, Product sei gezwungen gewesen, vgl. *Schach* Anmerk. 117.)

Der andere Satz des §. 185. wird von *R.' Jom Tob* aus Sevilla (14. Jahrh.) aufgestellt (*Bet Joseph.* §. 35.). Hier ist nicht ein Widerruf der Aussage, sondern gleichsam die Darlegung eines neuen Ereignisses, und ist ein Analogon hierfür: wenn die Zeugen aussagten, die Urkunde sei schon bezahlt; hier wird nicht widerrufen, sondern wird ein neues Ereigniss angegeben. Stimmt zwar auch *Chosch. Mischp. l. l.* diesem nicht bei, so hat sie doch viele gewichtige Autoritäten für sich, und wird sie von *Schach* (Anmerk. 114.) als die allein richtige bezeichnet. — Der letzte Satz des §. 185. wird *Ketubot l. l.* discutirt, und bemerken wir: Träten Zeugen auf, die die Instrumentszeugen als Unfähige an sich, wie §. 43. 49., angeben, so würde nach der Meinung der meisten Autoren (gegen *R. Ascher* zu *Ketubot l. l.* vgl. *Schach* Anmerk. 102.) die Urkunde völlig ungültig sein (vgl. oben S. 243. 244.). Hier ist aber gemeint die Zeugen setzen die Glaubwürdigkeit der Instrumentszeugen nur in Beziehung zu dieser Urkunde in Zweifel (sie sagen die Instrumentszeugen seien verwandt gewesen mit einer der Parteien, oder die Instrumentszeugen sind schon gestorben und jene behaupten, sie wären bei der Unterschrift unzulässige Zeugen wegen Diebstahls u. s. w. gewesen: diese Aussage hat, da die Instrumentszeugen nicht mehr das Object einer Anklage sind, nur Beziehung auf die Urkunde); es stehet also Zeugniss gegen Zeugniss gegenüber, da eine recognoscirte Urkunde gleichsam eine lebendige Aussage der auf ihr unterschriebenen Zeugen ist. Die Gültigkeit der Urkunde ist daher zweifelhaft und kann nicht Product zur Bezahlung verurtheilt, so wie Producent, wenn er sich im Besitze befindet, nicht zur Zurückgabe angehalten werden. Vgl. zu §. 151. und Eingang zum 4. Titel. (Manches noch zu diesen §§. Gehörende Ende dieses Titels.)

Zu §. 186.

Dieser §. ist nach *R. Scherira* und *R. Hai* (angeführt bei *Hattrumot* 13. Pforte 1. Abtheil. §. 3. und *Tur c.* 69. §. 10.);

und erwähnt auch *Chosch. Mischp.* dieser Meinung nicht, so ist sie doch in sich hinlänglich begründet und hält sie auch *Schach* (*c.* 69. Anmerk. 12.) für die richtige. Die Vergleichung der Handschrift ist eine nur schwach genügende Recognition (vgl. zu §. 179. Anmerk.); und wenn ihr auch das talmudische Recht bei der Zeugenunterschrift Kraft eingeräumt, so waltet, wie oben bemerkt wurde, die Rücksicht ob, dass hier überhaupt eine Verfälschung in weiter Aussicht stehet und es nach dem „stricten Recht" nicht der Recognition bedurfte. Bei der alleinigen Unterschrift des Producten hingegen verlangt nach der Behauptung der vorgedachten Geonim das stricte Recht ein Recognition (welches ebenfalls in dem zu §. 179. Gedachten ganz begründet ist): und findet demgemäss der Vergleich durch die Handschrift nicht statt. — Hier kann also blos durch Anderer Anerkennung (§. 179d.) oder durch Agnition des Producten selbst recognoscirt werden. In letzterm Falle tritt hier mancher neue Umstand ein. Die nur von Producten unterschriebene Urkunde ist als Eingeständniss zu betrachten (vgl. zu §. 184 zu Anfang), und ist also, so lange sie nicht recognoscirt ist, die §. 126. aufgestellte Norm anwendbar, „das einschränkende Geständniss kann nur so genommen werden wie es die Einschränkung besagt." Erkennt demnach Product zwar die Urkunde an, fügt aber hinzu, dass sie eine Vertrauungsurkunde gewesen, oder dass er schon gezahlt u. s. w., so ist er aus der zu Gebote stehenden bessern Einrede beglaubigt, da, so es ihm um Unredlichkeit zu thun wäre, er nur die Urkunde nicht agnosciren durfte (vgl. oben S. 350.). — Auch bei der Syngraphe, die erst durch die Agnition des Producten recognoscirt wird, findet dessen Einrede, sie sei schon bezahlt, aus dem vorher erwähnten Grunde statt (*Ketubot* 19a. wo jedoch Meinungsverschiedenheit. *Hattrumot* 17. Pforte 1. Abth. §. 1. *Chosch. Mischp. c.* 82. §. 1.). Erfolgt jedoch hierauf eine Recognition durch eine der §. 179. gedachten Arten, so hat die Urkunde an sich ihre Gültigkeit erlangt und fallen jene Einreden weg (*Maimonid. Malwe* c. 14. §. 5. *Hattrumot* und *Chosch. Mischp. l. l.*).

Bei einer recognoscirten Syngraphe findet die Einrede, sie sei schon bezahlt, nicht statt; da in diesem Falle sie im Besitze des Schuldners und nicht in dem des Gläubigers sein müsste (oder es müsste jener eine Quittung aufzuweisen haben).

Doch muss Gläubiger auf Verlangen des Schuldners den mischnischen Eid schwören, dass nicht schon gezahlt sei (*Chosch. Mischp. l. l.* §. 2.). Ob bei einer recognoscirten Chirographe die Einrede, dass sie schon bezahlt sei, stattfinde und Product vorgeben könne, dass, da die Urkunde nur mangelhafte Rechtskraft (zu §. 138.) hat, er wegen ihrer mindern Wichtigkeit nicht auf die Zurückstellung gedrungen, hierüber herrscht bei den nachtalmudischen Autoren Meinungsverschiedenheit (vgl. *Hattrumot* 13. Pforte 1. Abtheil. §. 4.). Nach *Chosch. Mischp. c.* 69. §. 2. findet diese Einrede statt; Glosse das. führt aber die widersprechende Meinung an, und schliesst, dass es dem Ermessen des Richters anheimgestellt sei. (*Tumim* Anmerk. 5. sagt dass nach Einführung der Wechsel, da diese von einer Hand zur andern übergehen, es bei allen Gerichten üblich sei, obige Einrede nicht anzunehmen.)

Noch bemerken wir, dass das ältere talmudische Recht den Diffessionseid (Eid des Producten bei Ableugnung seiner Handschrift) nicht kennt, da hier kein Geständniss oder sonstige Hinweisung auf einen Rechtszutritt vorliegt (vgl. oben zu §. 79 ff.); nach späterm talmudischen Recht (Einführung des rabbinischen Eides §. 82.) muss Product bei Diffession der Handschrift den rabbinischen Eid leisten. *Chosch. Mischp. l. l.* *).

Zu §. 187.

Dieser §. berührt das in neuerer Zeit weit discutirte Gebiet des „Beweises durch Handelsbücher". Mischna und Talmud sprechen nicht ausdrücklich hierüber und thun auch die früheren nachtalmudischen Autoren hiervon noch nicht Erwähnung. Erst R. Ascher (Ende des 13. Jahrh.) macht *respons.* 86. auf einen Ausdruck in der Mischna aufmerksam, aus welchem zu folgern sein dürfte, dass das Rechenbuch des Kaufmanns (eigentlich Krämers) für denselben, wenn noch andere Anzeichen hinzutreten, ein Beweis sei, und kann er hierauf wenn er sonst den eigentlichen Umstand vergessen einen Eid ablegen. Die

*) Nach dem römischen Recht (*L.* 20. *C.* 4. 21. *Novell. XVIII.* c. 8.) wird der Diffessionseid auf Verlangen des Producenten geleistet; die spätere Praxis hat daraus ein *juramentum necessarium* gemacht. Vgl. Glück a. a. O. §. 1163.

Mischna *Schebuot* 45ᵃ· bedient sich nämlich bei dem Fall, wo der Krämer und die an ihn gewiesenen Arbeiter den mischnischen Eid leisten (vgl. oben S. 305.) des Ausdruckes: „der Krämer auf sein Rechenbuch“ (פנקסו πίναξ, die Rechentafel): also nicht nur wenn er mit Gewissheit weiss den Arbeitern das ihm Aufgetragene gegeben zu haben, sondern wenn er auch nur, weil es so in seinem Buche eingeschrieben ist, mit dieser Behauptung auftritt *). Nur weiset hier noch ein Umstand darauf hin, dass das Buch seine Richtigkeit habe: der Miethsherr hatte ihn beauftragt für ihn auszuzahlen; und wird hieraus auf andere Fälle, wo derartige Anzeichen hinzutreten, geschlossen. Ist aber Product oder Producent sich bewusst, dass sie genau Buch führen, d. i. dass sie alle Ausgaben und Einnahmen ins Buch eintragen, so können sie je nachdem der Eid auf diesen oder auf jenen fällt ihn Kraft ihres Buches leisten (*Idem l. l. Chosch. Mischp. c.* 91. §. 4. 5. vgl. *Schach* Anmerk. 24.). *R. Ascher* führt auch an, dass wenn Product sich bewusst ist genau Buch zu führen und es wird von ihm eine Summe gefordert, die sich nicht in seinem Buche findet, so kann er hierauf gestützt einen Reinigungseid leisten. — Bei genauem Eingehen findet sich hier folgendes Verhältniss zwischen dem talmudischen und dem gemeinen Recht. Letzteres erwägt, welche Gewissheit das Handelsbuch dem Gerichte darbiete (Beweis im objectiven Sinn) und wird es gewöhnlich für einen halben Beweis genommen und dem Producenten der Erfüllungseid zuerkannt (vgl. *Glück* a. a. O. S. 61 ff. *Schneider* §. 250. 251.). Das talmudische Recht erkennt strict genommen in dem

---

*) Bei den Attikern hatten zwar die Bücher der *τραπεζίται* so wie bei den Römern die der *argentarii* oder *mensularii* die Kraft öffentlicher Urkunden und lieferten einen vollen Beweis (vgl. Meier und Schömann S. 661. Glück 12. Thl. S. 125.). Dem Ausdruck *τραπεζίτης* und *mensularius* — von *τράπεζα* und *mensa* — entspricht ganz das mischnische und talmudische שלחני von שלחן (Tisch); doch führte er nicht ein öffentliches Buch und erscheint er auch nicht in dem öffentlichen Character der Trapeziten und Argentarien. Die vorerwähnte Mischna hat noch überdiess חנוני, welches Krämer bedeutet und also noch weniger mit jenen gemein hat. Wir bemerken noch, dass das talmudische Recht die *tabulae accepti et expensi* nicht kennt und auch hierzu nicht Gelegenheit hatte, da Census und Comitien ihm natürlich unbekannt sind.

Handelsbuche, wenn es die gehörigen Erfordernisse eines genauen Handelsbuches hat, einen vollen Beweis (und dafür lassen es auch manche Particularrechte gelten, vgl. Anmerk. des Herausgebers bei Schneider a. a. O. 2. Aufl.); ob es aber diese Erfordernisse habe, kann, da zu jener Zeit noch nicht eine nach gewissen Regeln geordnete und hierdurch auf Glaubwürdigkeit Anspruch machende Buchführung bestand (worauf die neueren Gesetzgebungen und Rechtslehrer ihre Normen für den Beweis aus Handelsbüchern basiren), nicht der Richter beurtheilen, sondern nur die Partei selbst: und hat sie diese Ueberzeugung, so kann sie einen Eid leisten (daher also das jüdische Recht nicht auf das Gericht, sondern auf die Partei zurückgehen musste).

Zu §. 188.

Dieser §. ist ebenfalls nach dem erwähnten Responsum des R. Ascher. Sind in dem Rechnungsbuche des Producten Umstände angeführt, die mit der Behauptung des Producenten übereinstimmen, so beweiset dieses völlig gegen den Producten. Der Fall des Respons. ist folgender: A behauptete an den inzwischen verstorbenen B 1000 Gulden zu einem gemeinschaftlichen Geschäfte gegeben zu haben, B war ohne letze Verfügung verschieden, doch war in seinem Rechenbuche eingetragen: diese Pfänder erworben für die von A erhaltenen 1000, auch war im Buche bei jedem Pfande A bemerkt. R. Ascher hielt dieses für einen vollen Beweis und veranlasste die Erben zur Bezahlung. Vgl. *Chosch. Mischp. l. l.* §. 5. (Findet sich aber im Buche eines Verstorbenen eingetragen, dass er an A schulde, so bietet dieses — wenn die Zahlzeit schon war — keinen Beweis, da Product vielleicht schon bezahlt hat und dieses durch Umstände verhindert nicht in das Buch eintrug. *Salomon ben Aderet respons.* bei *Bet Joseph c.* 107. §. 7. *Chosch. Mischp. c.* 107. §. 12. vgl. oben S. 332. 333.)

Wenn in dem Rechnungsbuche eines Verstorbenen sich eingetragen findet, dass A ihm eine Summe schulde und die Erben jenes treten mit der Klage auf, so muss nach R. Hai Product bei völliger Ableugung den rabbinischen, bei theilweisem Geständnisse den biblischen Eid leisten. *Chosch. Mischp. c.* 77, §. 22. vgl. *Sema* Anmerk. 55. (Hier bietet also das Buch, da nicht Jener, der das Buch führte, auftritt, nicht einen vollkommen halben Beweis. Vgl. v. §) — Wenn Product in seinem Buche eingetragen hat, dass er Jemandem schulde und er gibt hierauf vor, er habe sich geirrt, so hat diese Einrede Gültigkeit. *Chosch. Mischp.* c. 81. §. 22. Glosse nach *R. J. Kolon respons.* 85. vgl. auch *Schach* Anmerk. 61. (Wir haben in diesen §§. die Benennung „Rechnungsbuch" gewählt, da wie vor. §. bemerkt wurde „Handelsbuch" nach seinem heute üblichen Begriffe auf jene Zeit nicht anwendbar ist.)

Zu §. 189.

Ueber Edition der Urkunden findet sich ausser einer Andeutung *Baba Batra* 108b nichts in Mischna und Talmud; erst die Geonim haben hierüber Einrichtungen getroffen (vgl. *Maimonid. Toën* c. 5. §. 7. 8. *Tur* c. 60. zu Ende) und wurde später durch R. Ascher (*respons.* 68. §. 21.) noch Manches näher bestimmt. Maimonid. führt überhaupt im Namen der Frühern an, dass das Gericht zur Edition anhalte, welches aber nach R. Ascher nur dann stattfindet, wenn wie im §. Producent (oder Product) die Behauptung durch andere Angaben wahrscheinlich gemacht hat. Vermag Producent dieses nicht, so muss zwar der Dritte, wenn er gestehet eine derartige Urkunde zu besitzen, sie ediren: verneint er aber den Besitz und Producent tritt mit der bestimmten Behauptung des Gegentheils auf, so leistet dieser Dritte den rabbinischen Eid. — Zur Edition der Urkunde ist übrigens Jedermann, selbst der Product (und dessen Verwandte) verpflichtet. Ueberhaupt kann jede der Parteien, die vorgibt, dass sie eine für sie beweisende Urkunde irgendwo liegen habe, sie wisse aber nicht wo, den Richter veranlassen, dass er unter Androhung des Banns Jedermann auffordere, den Beweis beim Gerichte anzuzeigen *). *Chosch. Mischp.* c. 16. §. 3. 4. — Der Edent

*) Der Bann wird hier nicht gegen eine gewisse Person oder im Falle der Entdeckung angedrohet, sondern spricht er eine religiöse Verpflichtung aus, d. i. wer der Aufforderung nicht nachkommt, der hat sich als mit dem Bann behaftet zu betrachten. Der Bann ist also nicht sowohl eine weltliche Kirchenstrafe als vielmehr eine das Gewissen verpflichtende Bestrafung: wer dieses oder jenes thut oder unterlässt, der hat sich als verbannt anzusehen. Daher hat die jüdische Lehre bei geheimen Vergehen und Lastern z. B. bei Ononie „wer es thut der ist in Bann." Es wurde schon in der Einleitung aus einander gesetzt, dass die jüdische Lehre allenthalben von Gott ausgehet und auf ihn die Ueberwachung des Rechts und der

zeigt, wie im §., die Urkunde nur dem Gericht vor, welches den Beweispunkt ausschreibt (das.). — Erhebt der Schuldner die Einrede, dass die vom Producenten producirte Urkunde falsch sei und verlangt daher eine Abschrift, so wird eine solche ihm vollständig gegeben (*l. l.* §. 5); nach Anderer Meinung (*R. Ascher* vgl. *Sema* Anmerk. 16.) muss überhaupt, sobald eine Abschrift der producirten Urkunde verlangt wird (also nicht nur bei der Einrede der Verfälschung) solche ausgestellt werden. — Edition gemeinschaftlicher Urkunden wird im talmudischen Recht als sich von selbst verstehend (vgl. *Baba Batra l. l.*) nicht besonders erwähnt *).

Zu §. 190.

Ketubot 36[b.] wird angeführt, „wenn zwei Zeugen aussagen, Producent habe von ihnen eine falsche Urkunde verlangt, so kann auf eine von ihm producirte Urkunde nicht eingefordert (Product nicht zur Bezahlung angehalten werden), da er vielleicht diese Urkunde fälschlich geschrieben" (und die Unterschrift der Zeugen nachgeahmt hat). *R. Ascher ad loc.* und *Chosch. Mischp. c.* 63. (vgl. auch *c.* 31. §. 4.) erklären dieses, wie es im §. angegeben ist: hat Producent auf diesen Producten eine falsche Urkunde verlangt, so ist jede vom Producenten gegen

Sittlichkeit zurückbeziehet; daher liegt schon eine Strafe in dem Bewusstsein, sich des Bannes schuldig gemacht zu haben.

*) Die Edition der Urkunden wird *D.* 2. 13. 10. 4. 43. 3. *C.* 2. 1. 3. 42. 8. 7. ausführlich behandelt. Nach *L.* 22. *C.* 4. 21. wird der Editionseid nicht nur geleistet wenn der um Edition Angegangene den Besitz der Urkunde in Abrede stellt, sondern auch wenn er aus der Bekanntwerdung der Urkunde Schaden fürchtet, und schwört er, dass nicht etwa, weil er Geld dafür empfangen, sondern weil ihm Nachtheil entstehen könne, er die Urkunde nicht edire. Das talmudische Recht, das nach dem mündlichen Processe den Richter in unmittelbare Verbindung mit den Parteien bringt und nicht durch Productions- und Beweisterminen und Anwälte eine Scheidewand zwischen Gericht und Parteien ziehet, hat eine andere Norm als die Justinianische (übrigens nicht glossirte, vgl. Glück S. 112. ff.) *Lex* und lässt die Urkunde dem Gericht vorlegen, welches nur den Beweispunkt ausschreibt und nach ihm urtheilt. Der Eigenthümer kann natürlich von dem Gerichte Stillschweigen über das Uebrige verlangen und auch darauf rechnen. Das talmudische Recht verlangt ferner nur ein Darthun der Wahrscheinlichkeit von Seite des die Edition Fordernden (wie im §.), aber nicht einen Calumnieneid wie das römische Recht (*L.* 9. §. 3. *D.* 2. 13.); dieser Eid ist überhaupt, wie im 1. Titel bemerkt wurde, nicht den Grundsätzen des talmudischen Rechts gemäss.

ihn vorgebrachte Urkunde ungültig; Urkunden gegen Andere aber von diesem Producenten vorgebracht haben Gültigkeit, da Producent hier noch nicht als ein allgemeiner Falsarius erscheint (und er vielleicht eine alte Schuldforderung an diesen Producten hatte, die er in eine Urkunde bringen wollte). Verlangt er aber überhaupt, dass sie eine falsche Urkunde auf irgend Jemanden, wer er immer sei, ausstellen, so erscheint er als allgemeiner Falsarius und ist jede von ihm producirte Urkunde bis auf weitern Nachweis ungültig (Andere Autoren wollen auch schon beim ersten Fall allgemein keine Urkunde von diesem Producenten gelten lassen, vgl. *R. Ascher* das. Vgl. auch das. manche andere Modificationen hinsichtlich der Summe.)

Wie bei einem derartigen Producenten der Nachweis der Authenticität sich herausstelle, besagt der §., da er die Agnition der Instrumentszeugen will; die Anerkennung durch Andere nützt hier nicht (und noch weniger die *comparatio literarum*), da wo schon die Absicht zu verfälschen sich offenbar zeigt vieler Grund zur Besorgniss der Nachahmung vorliegt, so dass selbst die Agnitionszeugen nicht im Stande sein dürften, die nachgeahmte Unterschrift von der echten zu unterscheiden. R. Meïr Halewi (*Tur l. l. Chosch.* §. 1. Glosse) will selbst die Agnition der Instrumentszeugen nicht gelten lassen, da die Unterschrift vielleicht so genau nachgeahmt wurde, dass sie selbst getäuscht werden. Eine solche Urkunde könnte also nur Gültigkeit erlangen, wenn Zeugen aussagen, dass Producent dem Producten in ihrer Gegenwart die hier benannte Summe geliehen, oder dass diese Urkunde in ihrer Gegenwart unterschrieben wurde (vgl. *Tur l. l.* vgl. hierzu Glück a. a. O. S. 99.). *Maimonid. Edut* c. 22, §. 5. *Chosch. Mischp. l. l.* §. 1. und andere Autoren halten jedoch die Agnition der Justrumentszeugen für genügend. — Die Urkunde dieses §. ist bis auf geschehenen Nachweis ganz kraftlos (also nicht wie §. 185. von zweifelhafter Gültigkeit); und wird Producent, wenn er eine Besitznahme ergriffen, zur Zurückerstattung angehalten (vgl. *Sema* Anmerk. 4.). Die Urkunde muss, damit nicht Producent bei dem etwaigen Sterbefalle des Producten mit ihr bei einem andern Gerichte auftrete, ausgeliefert werden und wird sie bei einem Dritten deponirt (*Ibid.* §. 2. Glosse).

Zu §. 191.

Das talmudische Recht kennt keine Verjährung der Urkunden; doch bemerkt *R. Ascher respons.* 81. §. 9, dass bei alten Schuldurkunden der Richter genau nachzuforschen habe, da hier die so lange aufgeschobene Production Verdacht erweckt. *R. Jacob Kolon respons.* 190. fügt hinzu, dass selbst bei einer Urkunde, in welcher die Clausel hinzugefügt ist, dass Product sich aller Einrede begebe (vgl. weiter), es in obigem Falle der genauen richterlichen Nachforschung bedarf. — *R. Ascher respons.* 68. erwähnt ferner folgenden Fall: es producirte Jemand nach dem Tode des Producten eine Urkunde, Producent war aber schon beim Leben des Producten verarmt; die Erben erhoben nun aus dem bisherigen Stillschweigen den Beweis, dass die Urkunde unecht sei. R. Ascher erwiderte hierauf, dieser Beweis ist nicht genügend, da Producent die Urkunde verlegt haben mochte und sie erst jetzt fand; doch empfiehlt er dem Richter, genau die Sache zu untersuchen. Vgl. *Chosch. Mischp. c.* 61. §. 9. und Glosse.

Zu §. 192.

Schon die Mischna *Baba Mezia* 104 erwähnt, dass, wenn bei der Pachtung nicht die gewöhnliche Verpflichtung (vgl. oben S. 376) in den Contract gesetzt wurde, sie doch eingehalten werden müsse; und wird das. noch Mehreres angeführt, wo der Gebrauch die Norm angibt. Nach *Bet Joseph c.* 42. §. 21. dürfte Gewohnheit und Ortsgebrauch sogar noch mehr als manche gesetzlich getroffene Einrichtung verbindlich sein; indem bei letzterer unter Umständen ein Nichtwissen (*ignorantio juris*) stattfindet, bei ersteren aber nicht (vgl. hingegen *Schach* Anmerk. 36). — Es wurde auch schon oben (S. 365) erwähnt, dass die Verobligirung der Güter ebenfalls eine stillschweigende Verpflichtung ist, auch wenn sie nicht in der Urkunde bemeldet wurde. Ferner halten mehrere nachtalmudische Autoren dafür, dass, wenn auch nicht in der Urkunde die Verobligirung der später etwa zu erwerbenden Güter (vgl. S. 362) gesetzt ist, nichtsdestoweniger eine derartige Verpflichtung eintrete (*Chosch. Mischp. c.* 112. §. 1. Glosse). Von beiden Verobligirungen pflegt, wenn sie fehlen, der Ausdruck gebraucht zu werden: „es sei ein Versehen des Schreibers." Doch gehört dieses nicht zum Gewohnheitsrecht, sondern ist es eine gesetzliche Bestimmung.

Noch muss zu unserm §. erwähnt werden, dass die gewöhnlichen Formulare, die die Schreiber (*tabelliones*) an manchen Orten für Urkunden haben, ebenfalls verbindlich sind und muss sich Product den in ihnen enthaltenen Verpflichtungen unterwerfen. Vgl. *Chosch. Mischp.* c. 61. §. 5. nach *J. ben Scheschet respons.* 105. 345. Letzterer führt an, dass an Orten, wo die Acquisition auf andere Weise als durch Ansichziehen oder die symbolische Tradition ff. geschichet (vgl. oben S. 362), diese Art Erwerbung eine gültige sei: und hebt in solchen Dingen der Gebrauch (*Minhag*) die Rechtsnorm (*Halacha*) auf. Vgl. auch *Chosch. Mischp.* c. 201. §. 1. 2., ferner jerus. Talmud *Baba Mezia* 19.

Wir fügen noch zum Schlusse einige Worte über das Wesen der Urkunde an. Im talmudischen Rechte muss, wie zu §. 184. bemerkt wurde, vorzüglich der Gesichtspunct, die Urkunde sei ein Zeugniss, festgehalten werden, da hier die Urkunde gewöhnlich von den Zeugen ausgestellt wird: auch nur die von Zeugen unterschriebene Urkunde volle Rechtskraft hat (§. 138.). Aber dieses Zeugniss ist schriftlich: und so entstehet denn die Frage, wie überhaupt Urkunden Geltung haben, da doch jedes Zeugniss mündlich abgelegt werden muss? Maimonides (vergl. oben zu §. 5.) wollte daher in der That in dem Gebrauche der Urkunden nur eine Concession zur Erleichterung des Verkehres erblikken. Allein es wird ihm von vielen Autoren nachgewiesen, dass auch im Rituellen, wie bei Ehescheidungen ff., wo solcher Rücksicht nichts eingeräumt werden kann, ebenfalls schriftliche Urkunden Gültigkeit haben. Diese Frage dürfte übrigens auch auf dem Boden des gemeinen Rechts auftauchen. Hier zwar nicht in solchem Umfange, wie im talmudischen Recht; im gemeinen Rechte unterzeichnet auch da, wo Zeugenunterschrift erfordert wird, wie bei Kaufurkunden ff., Product die Urkunde, ist sie also nicht wie in jenem ein absolutes Zeugniss; aber doch erhält sie erst durch die Mitunterschrift der Zeugen ihre Gültigkeit und ist also auch hier das Zeugniss schriftlich. Wir haben zu §. 5. den Unterschied aufgesucht, dass bei der Urkunde der Gegenstand schon vor dem Beginn jeder Einrede constatirt ist. Zeugniss ist nämlich das Wiedergeben einer Wahrnehmung (vgl. zu §. 3.): und will es entweder eine Einrede oder einen Zweifel entkräften (das Zeugniss Beweis), oder es will vorbeugen, dass keine Einrede oder Zweifel erhoben werde (hier eigentlich das Zeugniss Bestätigung): letzteres ist der Zweck der Zeugenunterschrift auf Urkunden. Einwendung und Zweifel werden nur mündlich entkräftet, vor dem Forum des Richters muss Behauptung und Gegensatz ausgekämpft werden; selbst wenn es nur eine Thatsache, eine Auskunft (Thatfrage, wir benannten dieses §. 3. „Umstand") gilt, sobald dem Richter über etwas Gewissheit werden soll, muss sie ihm mündlich werden: eine schriftliche Aussage vermag nicht solche Klarheit zu geben; und muss daher der Beweiszeuge mündlich vor Gericht aussagen. Hingegen erwacht bei der „Bestätigung, um jeder Einrede vorzubeugen" (Instruments-Zeugniss) in der Seele des Richters kein Zweifel; ist doch das Wesen dieser Bestätigung, dass von vorn herein Gewissheit sei! — Aber es ergibt sich auch hieraus, dass sicher gestellt sein muss, dass wirklich Zeugen bestätigen und zwar, was die Urkunde besagt, bestätigen; daher die Recognition; daher auch im talmudischen Rechte die Normen über den Zwischenraum zwischen Urkunde und Zeugenunterschrift (§. 160 ff.); tritt ferner hier auch die Rücksicht, die das talmudische Recht bei Civilsachen hinsichtlich des Zeugenverhöres nimmt (§. 22. vgl. das.), zurück und sind hier, so lange nicht die Urkunde recognoscirt, viele Einreden, ohne dass es des Diffessionseides bedarf, gestattet (zu §. 186.), weil vor Allem sich ergeben muss, dass hier ein Zeugniss vorliege.

Die Urkunde wird ferner (zu §. 184), wenn sie vom Producten (ohne Zeugen) unterschrieben ist, als Eingeständniss betrachtet. Ist auch im talmudischen Rechte diese Urkunde nicht sehr gewichtig, da hier gewöhnlich Syngraphen ausgestellt werden (vgl. zu §. 186.), so ist um so mehr die im talmudischen Rechte besprochene Beglaubigungsurkunde zu erwähnen. Dieses ist eine Urkunde, in welcher Product sagt, dass Producent zu jeder Zeit beglaubigt sein soll, dass er ihm noch nicht gezahlt, und findet gegen sie keine Einrede, dass sie eine Vertrauungsurkunde ff. sei, statt. Nach Haïttur kann selbst gegen die nicht recognoscirte Beglaubigungsurkunde eine derartige Einrede nicht eingewendet werden; Hattrumot, dem auch Tur c. 46. 82 beistimmt, machen jedoch die Recognition zur Bedingung. Die Beglaubigung (נאמנות) findet auch bei einer mündlichen Schuld statt; und hat Product zugestanden, dass das Wort des Producenten so viel gelten soll wie eine Zeugenaussage, so ist dieser beglaubigt, wenn auch zwei Zeugen bezeugen, dass Product vor ihnen bezahlt habe *). Die Beglaubigungsurkunde bleibt übrigens nur in ihrer Kraft gegen den Schuldner selbst; producirt sie Producent gegen dessen Erben oder gegen die Käufer der Immobilien des Schuldners (zum Behufe der Evincirung), so muss er wie gewöhnlich den mischnischen Eid, dass er noch nichts empfangen habe, schwören (vgl. zu §. 80.). Jedoch ist er bei den Erben dieses Eides entlassen, wenn in der Urkunde ausdrücklich stehet, dass Product sowohl in Bezug zu sich als zu seinen Erben den Producenten der Eidesleistung enthebt. — Die Beglaubigungsurkunde verliert ihre Kraft, wenn sich, sei es auch von einer andern Seite, ausgewiesen, dass Producent ein unehrlicher Mann ist; denn Product wendet mit Recht ein, dass er ihm nur in der Voraussetzung Glauben geschenkt, dass er es mit einem Redlichen zu thun habe. — Bemerkenswerth ist, dass zuweilen auch der Gläubiger eine Beglaubigung an den Schuldner gibt, die schriftliche oder mündliche Zusicherung nämlich, dass er mit der Einrede, er habe schon gezahlt, gehört werden soll. — Ausführlich wird die Beglaubigung besprochen *Schebuot* 42ª *Alfasi ad loc.* und zu *Ketubot* 87. *Maimonid. Malwe* c. 15. §. 4 ff. *Hattrumot* 26. 27. Pforte. *Chosch. Mischp.* c. 71.

---

*) Doch bemerkt *Schach* c. 71. Anmerk. 3., dass in diesem Falle die Beglaubigung nur dann dem Producenten zu statten kommt, wenn er vorgibt, jenes sei Bezahlung auf eine andere Schuld gewesen.

Zum vierten Titel.

Eine bestimmte talmudische Quelle, wo über diese Beweisart besonders abgehandelt wurde, findet sich zwar nicht, aber sie erscheint als Axiom an unzähligen Stellen des Talmuds, und wird allenthalben bei der Exception auf sie Gewicht gelegt. Als abgegrenzte, in Regeln gebrachte Disciplin erscheint sie zuerst in *Sefer Hakkeritut* des *R. Simson* aus Chinon (13 Jahrh.); später bei *R. Joseph ben Leb* (16. Jahrh.) *respons. Tom. I.* zu Ende und an anderen Stellen; ferner im *Jabin Schemua* des *R. Salom. Algasi* (16. Jahrh.), *Schach* Anhang zu *Chosch. Mischp. c.* 82., *Keneset Haggedola* an diesem Orte und kurz ausgezogen bei *Urim Wetumim*, mit Anmerkungen des letztern Verfassers Andere spätere Werke, als: *Bet Lewi*, *Schelut Jacob*, *Schoresch Joseph* u. a. sind theilweise oder ganz diesem Gegenstande gewidmet.

Da die Miggo zu den Präsumtionen gehört, so bemerken wir hier vorerst Manches über letztere im Allgemeinen und wie sie im talmudischen Rechte hervortreten.

Präsumtion — Vermuthung — ist das auf Gründen der Wahrscheinlichkeit beruhende Dafürhalten eines Geschehenen oder Nichtgeschehenen. Da die Grade der Wahrscheinlichkeit sehr verschieden sind, so sind diesem gemäss auch die Vermuthungen bald von grösserm, bald von minderm Gewicht: manche nähern sich der Gewissheit, manche gehen nur etwas über den Zweifel hinaus. Bei dem Inquisitionsprincip, das sich veranlasst sichet, durch feste Gesetze dem subjectiven Urtheile des Richters vorzubeugen, mussten auch über die Vermuthungen feste Normen aufgestellt werden. Allein sowie die Wahrscheinlichkeit sich nicht nach statischen Graden fixiren lässt und sie sich nach jedem vorliegenden Falle verändert, so sind auch die Vermuthungen sehr schwer unter bestimmte Categorien zu bringen: daher haben die Gesetzgebungen selbst die Vermuthungen bei gegebenen Fällen herausgehoben und sie als Rechtsvermuthungen, die gesetzlich einen Beweis bilden, sanctionirt. Es bleibt also der Thätigkeit des Richters hierbei gar nichts eingeräumt; gründet sich auch das Gesetz nur auf Vermuthungen für ihn ist es ebenso Gesetz, als wenn dessen Basis Gewissheit wäre (vgl. *Weber* a. a. O. S. 116 ff. *Mühlenbruch* Lehrbuch des Pandectenrechts §.146. Anm. 13. *Borst* über die Beweislast im Civilprocess §. 38.). Doch unterscheiden sich diese Rechtsvermuthungen in gemeine (*praesumtiones juris*) und in unumstössliche Gewissheit habende Rechtsvermuthungen (*praesumt. juris et de jure*): erstere gelten zwar für einen vollständigen Beweis, schliessen jedoch nicht den Beweis des Gegentheils aus; die anderen lassen auch den Beweis des Gegentheils nicht zu. So wird z. B. der zehn Monate nach dem Absterben des Gatten dieser Frau Geborne nicht zu der Erbschaft des Verschiedenen zugelassen (*L.* 3. §. 11. *D.* 38. 16. vergl. auch *L.* 6. *D.* 1. 6.): hier ist eine unumstössliche Rechtsvermuthung. Hingegen ist die Vermuthung, dass, wenn Gläubiger die Schuldurkunde zurückgegeben, er auf die Forderung Verzicht geleistet (*L.* 2. §. 1. *D.* 2. 14.), dass von der Tilgung der Handschrift auf die Aufhebung der Schuld zu schliessen sei (*L.* 24. *D.* 22. 3.), dass, wenn der Mann durch Unwohlsein längere Zeit am Beischlaf behindert gewesen, das Kind, dessen Schwangerschaft in diesen Zeitpunct fällt, als illegitim zu betrachten sei (*L.* 6. *D.* 1. 6.) u. a. m. nur eine gemeine Rechtsvermuthung, die nur so lange nicht das Gegentheil nicht erwiesen ist, als Beweis gilt. Bei dieser letztern Art ist zuweilen die Vermuthung nur schwach und hat das Gesetz sie angenommen, weil es sonst an jeder Auskunft fehlen würde; zuweilen gehet sie selbst über einen Zweifel nicht hinaus (hier passt demnach auch gar nicht der Ausdruck „Vermuthung") und stützt das Gesetz sich mehr auf einen Billigkeitsgrund, ist es zum Besten schutzloser Personen statuirt. So z. B. wird, wenn Vater und Sohn (oder Mutter und Sohn) in einem Schiffbruch umgekommen und zweifelhaft ist, wer zuerst gestorben, der Sohn, wenn er mündig ist, als überlebend, ist er unmündig, der Vater (die Mutter) als überlebend angenommen (*L.* 9. §. 4. *L.* 22. 23. *D.* 34. 5.); bei dem Beischlafe des Gatten und eines andern Mannes wird das Kind als legitim angesehen (vergl. *Weber* S. 113. 146). — Ausser den Rechtsvermuthungen gibt es gemeine Vermuthungen (*praes. hominis*), die zwar auf Wahrscheinlichkeit beruhen, aber nicht vom Gesetze sanctionirt sind, und nur als Beweisgrund mit angewandt werden können *).

Das talmudische Recht, das allenthalben vom Accusationsprincip durchdrungen ist, verfolgt hier manche andere Norm, stellt nicht sowohl Gesetze als Vernunftgründe für die Vermuthungen auf, nach denen der Richter in vorkommenden Fällen zu urtheilen hat. Daher hat es auch nicht Präsumtionen, wie die zuletzt gedachten, für die entweder gar keine oder nur ein sehr geringer Grad von Wahrscheinlichkeit spricht, sondern gilt ihm nur das als Präsumtion, was in sich als Vermuthung begründet ist. Wir führen hier mehrere Arten dieser Vermuthungen an, die auch im Criminalrecht und im Rituellen zuweilen Geltung haben; und wird sich auch hieraus Aufschluss über die Verbindlichkeit zur Beweisführung, welcher Partei nämlich die Beweislast obliege, ergeben.

Als gegründete Vermuthung wird angenommen, was bei bekannten Verhältnissen sich in dieser Gestalt und Beziehung darstellt. So wenn z. B. zwei unbekannte Personen als Bruder und Schwester zusammenleben, sie in ihren gegenseitigen Beziehungen, in Umgang, Liebe, Theilnahme, Vorsorge u. s. w. sich als Geschwister zeigen, so werden sie als solche auch in jeder Hinsicht angenommen (*Maimonid. Issure Biu c.* 1. §. 20.). *Kidduschin* 80[a.] wird folgendes Factum aus der Zeit, als noch die peinliche Gerichtsbarkeit geübt wurde, erzählt. Eine Frau kam nach Jerusalem mit einem Kinde auf ihrem Arm, das sie als ihren Sohn ausgab und grosszog. Dieser beschlief, als er erwachsen war, (diese) seine

---

*) *Schneider* hat a. a. O. §. 15—50 feste Normen über die rechtlichen Vermuthungen aufzustellen versucht, wobei er aber häufig in Conflict mit den Rechtsvermuthungen des gem. R. gerieth. Er wurde daher aus diesem Gesichtspuncte heftig angegriffen (welches aber für ihn, der eine absolute Theorie geben wollte, keinen eigentlichen Angriff bildet), theils wurde ihm Manches als unbegründet nachgewiesen. Vgl. *Weber* 4. 5. Abschnitt. Doch wenn es auch der Schneider'schen Theorie von mancher Seite an logischer Schärfe fehlt und er auch Manches hätte bündiger motiviren können, so dürfte doch im Ganzen, wenn man über die Empirie und das so häufig hier in Dunkelheit lassende positive Gesetz hinausgehen und zu einer rationellen Auffassung der Vermuthungen gelangen will, diese Theorie eher verbessert und vervollkommnet, als durch mitunter gesuchte Einwürfe verworfen werden.

Mutter; und das Gericht verhängte die für den Mutterincest vorgeschriebene Todesstrafe *).

Eine gegründete Vermuthung gibt ferner das in den meisten Fällen des Lebens auf diese Weise Vorkommende und unter diesem Umstande und Verhältnisse sich Darstellende. In der talmudischen Lehre wird dieses mit dem Ausdruck bezeichnet „Man richtet sich nach der Mehrheit". So wird z. B. jedes Kind als legitim betrachtet, und erfolgt die gesetzliche Strafe bei Verbrechen gegen den Vater. Es wird nämlich als von Ihm erzeugt (dass dieser Mann sein Vater sei) betrachtet, sowie es das Leben ergibt, dass der Frau nur von dem ihr angetrauten Manne beigewohnt wird (vgl. *Cholin* 11., wo noch andere Beispiele durch die „Mehrheit" bestimmt, angeführt werden). Diese Vermuthung aus den gewöhnlichen Zuständen und Ereignissen hat einen sehr hohen Grad von Wahrscheinlichkeit und grenzt sie für den Sterblichen fast an Evidenz, sowie sie die Grundlage aller Familien- und gesellschaftlichen Verhältnisse bildet. Die talmudische Lehre räumt im Criminalrecht und im Rituellen der Mehrheit (רוב) sehr viel ein, und stellt sie hier viel höher als die gewöhnliche Vermuthung (vergl. auch *Maimonides l. l*).

Auf Letztere wollen wir nun etwas näher eingehen und muss vor Allem eine genaue Definition des Wortes **Chasaka** (חזקה), das im talmudischen Rechte für **Präsumtion** gebraucht wird, aufgesucht werden. Chasaka bedeutet nach seiner Etymologie (Radix חזק) **Festhaltung**: daher dieser Ausdruck für Apprehension bei Immobilien (vgl. oben S. 365), sowie für die

*) Das talmudische Recht lässt nicht Todesstrafe auf Indicien zu (vgl. oben S. 178 ff.); Vermuthungen aber sind, wie es auch von mehreren Rechtslehrern bemerkt wurde, genau genommen nur Indicien, und doch erfolgt auf sie hier Todesstrafe. Allein der Unterschied liegt darin, dass oben erst durch das Indicium das Factum, worüber jetzt ein Zweifel erwacht, festgestellt werden soll, hier aber dieser Umstand schon lange feststehet und durch die anhaltende Dauer constatirt wurde (vgl. auch oben zu §. 5. und Ende des vor. Tit.). Diese Bemerkung drängt sich übrigens überhaupt für die Gesetzgebungen auf, die auf Indicien nicht Todesstrafe erkennen und die doch Vermuthungen wie die im Texte hier und weiter gedachten, auch bei Todesstrafen zur Grundlage nehmen.

Usucapion. Diesem analog heisst überhaupt der **Besitz** Chasaka. Diese Benennung dient auch ferner für die Annahme der Fortdauer eines bekannten frühern Zustandes, über dessen noch Vorhandensein ein Zweifel obwaltet, oder der zwar schon aufgehört, es herrscht aber Ungewissheit über den Moment des Aufhörens. Sowohl im ersten als im zweiten Falle gilt der Begriff **Festhaltung**; dort wird das noch Vorhandensein, hier die längstmögliche Dauer, also allenthalben die Festhaltung eines gegebenen Zustandes angenommen. Endlich bedeutet Chasaka ein **Dafürhalten**, eine auf Vermuthung gestützte Annahme oder Voraussetzung (*praesumtio*): welche, wie sich weiter zeigen wird, ebenfalls auf den Begriff „Festhalten" zurückzuführen ist.

Gehen wir auf die Präsumtion der Festhaltung ein, so ist der hier zu Grunde liegende Gedanke: eine Gewissheit kann nur durch eine ihr gegenüberstehende sie verneinende Gewissheit aufgehoben werden; oder: die Eigenschaft, die Jemand naturgemäss besitzt, kann zu keiner Zeit ihm eines Zweifels wegen abgesprochen werden. Diese Chasaka liegt mehreren Sätzen zu Grunde. So überreicht Derjenige, der von einem Ehemann den Auftrag erhält, seiner in weiter Ferne lebenden Frau den Scheidebrief zu überbringen, ihr denselben in der Voraussetzung, dass Mandant (obschon längere Zeit auf der Reise verflossen) noch lebt (*Gittin*. 28[a].). — Eine Jungfrau hat Paraphernen von 200 Sus, ein vor der Verlobung gefallenes oder genothzüchtigtes Mädchen, das in der Voraussetzung, dass sie Jungfrau sei, geheirathet wurde, hat keine Paraphernen; wurde jedoch die Braut zwischen der Verlobung und der Verehelichung genothzüchtigt, so hat sie die gewöhnlichen Paraphernen. Waltet ein Zweifel, ob die Nothzüchtigung vor oder nach eingegangener Verlobung stattgefunden, so wird letzteres angenommen; weil das Mädchen primitiv in dem Zustand der Keuschheit war, hierfür also Gewissheit vorliegt: und wird sie bis zu dem Moment, wo eine entgegengesetzte Gewissheit eintritt, als in dem frühern Zustande verharrend betrachtet (vgl. *Ketubot* 12. 75. vgl. auch *Boehmer exercitt. ad Pandect. T. IV. exercitt.* 56. c. 1. §. 3). Aus dem zuletzt gedachten Falle ist übrigens auch zu erkennen, dass die Präsumtion der Fortdauer eines frühern Zustandes auch dann angenommen wird, wenn die gegenwärtige Sachlage zeigt, dass der frühere Zustand aufgehört; die jetzige Gewissheit ist nicht rückwirkend und stehet bis zu dem Zeitpunct, wo sie erlangt wurde, nur ein Zweifel der einstigen Gewissheit gegenüber. Diesem gemäss wird, wenn bei einem nun Verstorbenen die Zeit des Hinscheidens zweifelhaft ist, der spätere Zeitpunct angenommen; weil die Gewissheit des Lebens einst vorhanden war (vergl. *Tosefot Ketubot* 70[a] und *Nidda* 2[a]. *Ture Sahab* zu *Jore Dea* c. 307. Anmerk. 2. und *Schach Nekudot Hakkesef* das.). Ebenso wird, wenn an einer erkauften Sache ein Fehler gefunden wird (vgl. oben S. 366) und ein Zweifel vorliegt, ob dieser Fehler vor oder nach dem Verkaufe entstanden, letzteres angenommen; weil die durch den primitiven unverletzten Zustand entstandene Gewissheit nicht durch einen Zweifel aufgehoben werden kann (vgl. *Ketubot* 76. vgl. auch *L.* 4. *D.* 22. 3. und werden wir weiter noch hierauf zurückkommen). — So wird auch nach der Präsumtion, dass Jedermann für religiös gut zu halten sei (im gemeinen Rechte die Vermuthung: *quilibet praesumitur bonus*), selbst bei einem Religionswechsel das Individuum bis zu der Zeit, wo der Wechsel vorgegangen, als religiös angenommen, als verbleibend nämlich in seinem frühern Zustande (vgl. *Bet Joseph* zu *Jore Dea* c. 119.) *).

Die Präsumtion des Besitzes fliesst natürlich auch aus dem obigen Grundsatz des „Festhaltens"; und wird als Axiom

*) Nur dürfte hier zu berücksichtigen sein, dass eine derartige Sinnesänderung nicht plötzlich, sondern nur allmälig eintritt (vgl. *Ture Sahab* zu *Jore Dea* c. 1. Anmerk. 6). — Das allgemeine Recht stimmt übrigens auch der Grundlage unseres Textes bei. Zu der gedachten Präsumtion *quilibet praesumitur etc. etc.* wird hinzugefügt: *donec probetur contrarium.* Dieses *donec* ist auch als Zeitverhältniss zu nehmen: bis zu dem Zeitpunct, wo sich das Gegentheil herausstellt. Wenn z. B. Jemand sich im Monat Juni eines Betruges schuldig gemacht, so wirkt diese heutige Gestaltung nicht zurück, dass auch in der frühern Zeit seine Handlungen, als sein Zeugniss u. dgl. als unredliche betrachtet würden und die Präsumtion des *quilibet bonus* nicht damals für ihn ihre Kraft hätte. Nur wird nach Erforschung der Umstände darauf ankommen, von welcher Zeit diese Präsumtion an Gewicht verloren hat, so z. B. wo schon Beklagter erweislich mit betrügerischen Vorsätzen umgegangen u. s. w.

aufgestellt: „Wer Jemanden aus einem Besitz verdrängen (Etwas entziehen) will, dem liegt der Beweis ob (המוציא מחברו עליו ה־איה) *). Ist dieses zwar in sich selbst genugsam begründet, da es doch vernunftwidrig wäre, den gegenwärtigen Besitzer auf Grund einer Klage, der jeder Beweis abgehet, zur Herausgabe zu zwingen (vergl. *Weber* a. a. O. S. 132), so hat dieser Satz in seinen weitern Folgen einen ungemeinen Einfluss, wo auch das Recht zu besitzen keineswegs ganz unangefochten erscheint. So wurde oben bei Gelegenheit des Eides erwähnt, dass der Besitz — dort Eigenthum — nicht durch einen Eid aufgehoben werden kann, selbst wenn Kläger einen halben Beweis hat (vgl. S. 306). Ferner wird, wenn Beklagter der Gewissheit des Klägers nur einen Zweifel entgegenzusetzen hat, letzterm dennoch nicht ein Eid, um den Besitz des erstern aufzuheben, zugestanden (vgl. zu §. 80.). Wenn bei dem Kaufe eines Gegenstandes Käufer behauptet, dass Verkäufer ihm mehr zugestanden oder noch etwas ausbedungen worden sei u. dgl. m., so liegt, wenn Verkäufer das Kaufpretium erhalten, er also nun der Besitzer ist, dem Käufer der Beweis ob, im entgegengesetzten Falle dem Verkäufer (*Maimonid. Mechira c.* 70. §. 5. *Chosch. Mischp. c.* 222. §. 4.). — Hervorzuheben ist noch, dass, selbst wenn nicht über der vom Kläger vorgebrachten Thatsache, sondern nur, ob in der Weise, wie sie Kläger vorbringt, ein Zweifel waltet, auch da die mit Gewissheit vorgebrachte Klage, selbst wenn Beklagter nur einen Zweifel entgegensetzt, nicht den Besitz aufzuheben vermag. So z. B. der Ochs des A stiess die schwangere Kuh des B, und man findet nun die verlorne Frucht an deren Seite. Beklagter räumt zwar ein, dass sein Ochs gestossen und er also zum Schadenersatz für die Kuh (nach Exod. 21, 35.) verpflichtet sei; hinsichtlich der Frucht bezweifelt er jedoch, ob nicht der Abortus sich schon früher ereignet. Die Mischna *Baba Kama* 46[a]. will, dass Kläger und Beklagter theilen, d. i. jeder die Hälfte des Schadens trage; und ist dieses die

*) Es dürfte vielleicht die vorhergedachte Präsumtion des Festhaltens ursprünglich gerade aus der Präsumtion des Besitzes, d. i. „dass, um aus dem Besitz zu verdrängen, es natürlich eines Beweises bedarf" herzuleiten sein: auch die Eigenschaft ist ein Besitz und weicht sie nicht einer Ungewissheit.

Meinung des mischnischen Autors Symmachus, der bei jedem an sich begründeten Zweifel die gedachte Theilung will (vgl. *Baba Mezia* 2^b). Andere mischnische Autoren hingegen halten dafür, dass, selbst wenn Kläger mit Gewissheit behauptet, der Abortus sei eine Folge des Stosses, der im Besitze sich befindende Beklagte nur erst auf einen vollständigen Beweis zum Schadenersatz angehalten wird (vgl. *Baba Kama l. l. Baba Batra* 93^a). Ein ähnlicher Fall wird Mischna *Baba Mezia* 100^a angeführt. Jemand verkaufte seine abwesende schwangere Sclavin. Da Sclaven durch Geld allein, ohne dass es einer andern Apprehension bedarf, acquirirt werden (also wie Immobilien vgl. oben S. 365 und *Kidduschin* 22^b), so gehört die Sclavin dem Käufer von der Zeit an, wo er das Geld gegeben. Die Sclavin ist inzwischen darniedergekommen: der Verkäufer behauptet vor dem Verkaufe (und gehöre das Kind ihm), der Käufer nach dem Verkaufe; oder es zweifeln beide, ob vor oder nach dem Verkaufe. Die Mischna will, wie gedachter Symmachus, dass Käufer und Verkäufer mit einander theilen; nach anderen Autoren (das.) muss Käufer einen vollen Beweis führen; der Verkäufer, der bisher im Besitze war, hat so lange die Präsumtion des Besitzes für sich, bis das Gegentheil erwiesen ist *).

Noch bemerkenswerther tritt das Recht des Besitzes in einer andern Hinsicht hervor. Bekannt ist, dass Besitz (*possessio*) und Eigenthum (*proprietas*) zwei verschiedene Begriffe sind, die nicht mit einander verwechselt werden dürfen (vgl. *L.* 12. §. 1. *L.* 53. *D.* 41. 2.), da Jemand den Besitz einer Sache haben kann, ohne deren Eigenthümer zu sein und umgekehrt. Auch macht nach allgemeinem Rechte der factische Zustand, dass Jemand eine Sache in seiner Gewalt hat und auf sie nach Belieben einwirken kann (Detention), noch nicht den Besitz, sondern muss der Inhaber die

*) Die früher erwähnte Präsumtion der Festhaltung eines Zustandes würde zwar hier für den Käufer sprechen, nämlich das möglichst lange Verbleiben in dem Zustande der Schwangerschaft und das spätere Heraustreten aus demselben (vgl. *Tosefot* das.). Allein es scheint, da dieser Zustand nicht lange anhält und häufigem Wechsel unterworfen ist, dass man hier keine hinlängliche Unterlage zu einer Präsumtion fand. Vergl. *Nidda* 2*b*.

Absicht (*animus*) haben, sie als sein Eigenthum zu haben (juristischer Besitz). Im römischen Rechte sind, abgesehen von jedem Eigenthum, Folgen des Besitzes: Interdicte und Usucapion (vgl. *Savigny*, das Recht des Besitzes §. 1 ff. Fünfte Auflage). Bei der Usucapion ist der blosse Besitz unabhängig von allem Recht, Grund des Eigenthums selbst, nur muss der Besitz auf eine besondere Weise (durch einen *titulus*) begonnen haben (*possessio civilis*); der Besitz ist ferner der Grund für die possessorischen Interdicte, und zwar ohne Rücksicht, ob der das Interdict Ansprechende sich recht- oder unrechtmässig in Besitz gesetzt hat (*possessio* schlechthin oder auch *possessio naturalis*): in der gewaltsamen Störung des Besitzes liegt, da jede Gewaltthätigkeit widerrechtlich ist, eine Rechtsverletzung, die das Interdict aufheben will (vgl. *Savigny* §. 2. 3. 7.). Was das talmudische Recht anbelangt, so wurde über Usucapion schon oben an mehreren Stellen gesprochen; und weicht es auch in der Zeitdauer (der *praescriptio longi temporis*) vom römischen Rechte ab, so stimmt es wie natürlich hinsichtlich des Rechts des Besitzes mit diesem überein. Hingegen kennt das talmudische Recht kein Interdict zu Gunsten eines unrechtmässigen Besitzers *) Aber es macht zuweilen im talmudischen Rechte die Besitzergreifung das Eigenthumsrecht, das Recht zu besitzen, gleichsam den *justus titulus*. Dieses ist der Fall, wenn die Ansprüche beider Parteien von gleichem Gewichte sind und das Object sich weder in dem Besitze des Einen noch des Andern befindet. So wird *Baba Batra* 34[b] ein Factum referirt: Es stritten zwei um ein Schiff, Jeder behauptete, es gehöre ihm; der Richter (R. Nachman) entschied, wer zuerst Besitz ergreift, dem verbleibt das Schiff (nach dem dortigen Ausdrucke „כל דאלים גבר“, „wer stärker

*) Von dem Interdict *uti possidetis* heisst es *L.* 2. *D.* 43. 17: *Justa enim an injusta adversus caeteros possessio sit, in hoc interdicto nihil refert: qualiscumque enim possessor, hoc ipso quod possidet plus juris habet quam ille, qui non possidet.* Dem talm. Rechte sind zwar Interdicte im Sinne des röm. Rechts überhaupt unbekannt und hat es nur eigentliche Actionen; doch bleiben wir hier bei obiger Benennung stehen, insoweit hier ein gerichtliches Einschreiten für den mit Unrecht Besitzenden begriffen ist.

ist — sich in den Besitz setzen kann — der siegt"). Doch ist dieser Spruch nur als ein interimistischer anzusehen oder vielmehr als ein Belassen (das.): der Richter enthält sich hier jedes Spruches, da es nicht unwahrscheinlich ist, dass sich von einer andern Seite ein Beweis für eine der Parteien herausstellen wird und enthielte vielleicht der heutige Spruch ein Unrecht gegen den, der später den Beweis bringt. Bei Fällen, wo ersichtlich, dass von keiner Partei ein Beweis wird geführt werden können, entscheidet das Ermessen des Richters. So wenn z. B. A und B jeder eine Schenkungsurkunde auf dasselbe Grundstück an einem und demselben Tage ausgestellt, produciren. Nach talmudischem Rechte haben alle an demselben Tage ausgestellten Urkunden gleiche Kraft und kann auch der vielleicht um manche Stunden ältere eine Priorität nicht zugestanden werden (vgl. *Ketubot* 95.). Das Ermessen des Richters entscheidet, welcher von beiden Beschenkten dem Donator näher gestanden und wem er die Schenkung wirklich zugedacht habe (vergl. *Raschi* das. und *Chosch. Mischp.* c. 240. §. 3.) *). Ist übrigens bei dem zuerst erwähnten Falle der Gegenstand (dort das Schiff) dem Gerichte übergeben worden, so bleibt er bei diesem bis zur völligen Beweisbeibringung deponirt und wird er nicht den Parteien zur Besitzergreifung ausgeliefert **).

Eine neue Seite des talmudischen Rechts ist, dass bei einander gegenüberstehenden gleichgewichtigen Gründen die Besitzergreifung ein Recht gegen den frühern rechtmässigen Besitzer begründet. So wenn zwei Zeugen aussagen, A schulde an B und B gelangte zur Bezahlung. Hierauf sagen

---

*) Vgl. auch *Tosefot Baba Batra* 62*b*. über richterliches Ermessen, Theilung und Präsumtion des bisherigen Besitzes. Die richterliche Entscheidung durch das Loos(vgl. *Schneider* §. 27.), ein Ausweg, der dem Rechte wohl am entferntsten stehet, kennt das talm. Recht nicht.

**) Bei diesem zuerst gedachten Falle tritt auch eine Art Interdict gegen einen Dritten, der sich der Sache bemächtigen will, ein, so dafs, wenn er sie an sich gerissen, er die Sache an jede der Parteien zahlen muss; denn es ist Regel, wenn Jemand einen Gegenstand Einem unter Mehrern gestohlen und er weiss nicht, wen er bestohlen, so muss er ihn an jeden von diesen zurückgeben. Vergl. *Baba Batra* 35*b*. und *Baba Kama* 103.

zwei Zeugen das Gegentheil: A schulde nicht an B. Da Zwei gegen Zwei einen Zweifel machen (vgl. oben zu §. 14. 56.), so würde, wenn A sich im Besitze befände (noch nicht gezahlt hätte), er ferner in demselben bleiben: ein Zweifel vermag nicht das Recht des Besitzes und hierdurch das Eigenthum aufzuheben. Aber in unserm Falle befindet sich B im Besitz: sein Recht zu besitzen (*jus possidendi*) ist zwar zweifelhaft, während A ein solches einst unbestritten hatte; es entscheidet aber doch der gegenwärtige Besitz und kann also B nicht zur Zurückgabe veranlasst werden (vergl. *Ketubot* 20ᵃ· *Tosefot* das. vgl. auch *R. Jona* bei *R. Ascher* das.) *). — Beruhen die bisher erwähnten sich gleichgewichtig einander gegenüber stehenden Gründe auf Gewissheit, so kommt zu erörtern, welches Recht der Besitz gab, wenn Klage und Einrede nur Zweifel zur Basis haben. Das talmudische Recht, das sich frei entwickelte und nicht absolute (imperatorische) Constitutionen und Rescripte kennt, lässt manche Rechtsfrage suspendirt, beleuchtet den Zweifel nach jeder Seite und es kann oft auf der Waage des Rechts nicht die Lösung gefunden werden. Hat nun Kläger bei einem derartigen Rechtsfalle Besitz ergriffen, so sind die Meinungen nachtalmudischer Autoren sehr getheilt: Viele wollen, dass er zur Zurückgabe angehalten

---

*) Vgl. auch zu §. 151. zu Ende, wo ebenfalls die Besitzergreifung dem Producenten das Besitzrecht verschafft. Wir fügen hier noch hinzu, dass der dortige §. auf den Fall zu beziehen ist, dass in der Urkunde sich ein Widerspruch hinsichtlich der Höhe der Summe findet. So wenn die Urkunde lautet: „A hat ausgeliehen hundert Susim, die zwanzig Selaïm machen", allein es machen 100 Susim 25 Selaïm: und ist also eine Angabe ungenau (vgl. auch *R. Sam. ben Meïr Baba Batra* 165*b. Mischna*). Scheint zwar die Behauptung des Klägers hier nicht so gewichtig, wie bei dem im Text gedachten Fall, wo er zwei Zeugen für sich hat, so liegt doch jedenfalls ein sehr gegründeter Zweifel vor. Hingegen ist die Besitzergreifung ganz widerrechtlich (und wird also Producent zur Zurückgabe veranlasst), wenn in der Urkunde keine nähere Bestimmung der Summe ist (vgl. S. 390); hier scheint der nicht näher bestimmte Plural („Selaïm" oder „Susim") selbst darauf hinzudeuten, dass nur zwei gemeint seien (*Chosch. Mischp.* c. 42 §. 12.). Ueberhaupt findet, wo nicht die Urkunde selbst Anlass zu gerechtem Zweifel über die Summe gibt, eine Besitzergreifung nicht statt; und will *Nimuke Joseph* (*Baba Mezia* 17) sie selbst bei dem Falle „100 Susim, die 20 Selaïm machen", nicht gelten lassen.

werde, Andere wollen auch hier durch die Besitzergreifung ein Besitzrecht zugestehen *). — Von gleicher Bedeutung ist der Fall, wenn bei einer Rechtsregel verschiedene Meinungen sich gegenüberstehen und die eigentliche Gesetznorm hierdurch zweifelhaft bleibt **). Ob nun Besitzergreifung unter Berufung auf die für den Kläger sprechenden Autoritäten nütze, wird von späteren Autoren weitläufig abgehandelt ***).

Die Besitzergreifung ist auf verschiedene Art denkbar und ist hier der Modus genau zu erörtern. Es ging die Besitzergreifung vor sich, ehe noch irgend ein Zweifel entstanden war. So z. B. bei dem Falle gegen einander aussagender Zeugen. Producent brachte eine von Zeugen unterschriebene und gehörig recognoscirte Urkunde vor und gelangte hierdurch zu der Bezahlung seiner Forderung. Hierauf treten Zeugen auf, die die Instrumentszeugen als unfähig erklären (vgl. zu §. 185): zur Zeit der Besitzergreifung waltete noch kein Zweifel ob und war sie in rechtmässiger Weise ****). Der Besitzergreifung kann ferner in so weit ein Wille des frühern Besitzers vorausgegangen sein, als er zwar den Gegenstand an den jetzigen Besitzer übergab, jedoch nicht in der Absicht, dass er sich dessen bemächtige. So z. B wenn A an B einen Gegenstand zur Aufbewahrung übergab und B bei seiner nunmehrigen Forderung an A, wo, wie oben Klage und Einrede von gleichem Gewichte sind, sich an die-

---

*) Vgl. *Schach*, *Tkafo*, gewöhnlich *Tokfo Cohen* (dieses ist der Titel einer eigenen, über diese Materie von Schach verfassten Abhandlung) §. 8. 71. 73. Schach meint (§. 78.), dass das Ermessen des Richters entscheide; *Tumim* (der zu *Chosch. Mischp.* c. 25. die gedachte Abhandlung des Schach in Auszug wiedergibt und mit vielen Anmerkungen bereichert) hält jedoch die erstere Meinung für begründeter.

**) Es wurde schon oben S. 100. 101. bemerkt, dass es bis auf Maimonides einen eigentlichen Rechtscodex nicht gab. Die Forschung blieb zwar hierdurch frei, doch war die Norm zuweilen schwankend.

***) Vgl. *Schach l. l.* §. 79 ff. *Tumim* hält hier ebenfalls die Besitzergreifung für kraftlos. Vgl. auch M. Mendelssohn Ritualgesetze der Juden 10. Abschnitt §. 4. Anmerk. B.

****) *Schach l. l.* §. 16. will nur bei diesem Falle, wo Producent eine Urkunde in Händen hat, die Besitzergreifung gelten lassen; aber nicht, wenn, wie früher bemerkt wurde, nur Zeugen und Zeugen einander gegenüberstehen. Doch gehet er selbst zuletzt von dieser Meinung ab.

sen in seinem Besitze befindenden Gegenstand hält. Diese Besitzergreifung wird als rechtswidrig und daher ungültig angesehen *). — Eine andere Art der Besitzergreifung mit dem Willen des frühern Besitzers ist, wenn dieser den Gegenstand dem jetzigen Besitzer übergeben hat, dass er ihn besitze, es waltet aber über dem Wie dieses Willens ein Zweifel. So ist die Regel, dass ein Gegenstand nicht theilweise erkauft wird: wenn z. B. A an B einen Kur Weizen verkauft (Kur identisch mit dem biblischen Chomer, ist ein Trockmaass, ungefähr wie unser Scheffel und enthält dreissig Saïn) und Käufer hat eine Saa apprehendirt, so ist der Kauf noch nicht gültig und kann Verkäufer noch zurücktreten, bis er ihm den ganzen Kur zugemessen. Nun sagte aber Verkäufer zum Käufer „er verkauft ihm den Kur zu dreissig Selaïm, die Saa zu einem Sela"; und er hat ihm mehrere Saa zugemessen. Hier ist in der Redeweise des Verkäufers ein Zweifel (Widerspruch): nach dem ersten Ausdruck („den Kur zu 30 Selaïm") will er den Gegenstand nur im Ganzen, nach dem andern Ausdruck („die Saa zu einem Sela") ihn auch theilweise verkaufen. Die Besitzergreifung war mit seinem Willen (er hat dem Käufer die Saa zugemessen): und so wird der Käufer rechtmässiger Besitzer, und kann jener hinsichtlich der zugemessenen Saïn den Verkauf nicht rückgängig machen (*Baba Batra* 105. vgl. *Nimuke Joseph l. l.* angeführt bei *Schach l. l.* §. 53.). Ein derartiger Fall findet sich auch bei Miethen und wird er *Baba Mezia* 102. ausführlich besprochen. Die Mischna gibt das. als Norm an: Bei der jährlichen Miethe kommt der Schaltmonat (da der jüdische Calender nach Mondmonaten und Mondjahren rechnet, so werden, um Mond- und Sonnenjahre mit einander auszugleichen, in jedem Sonnencyclus — 19 Jahre — sieben Monate eingeschaltet und entstehen also sieben Schaltjahre von je 13 Monaten) dem Ermiether,

---

*) *Schach l. l.* §. 60. Dieses gilt nach *Tumim l. l.* Anmerk. 62 auch für das Darlehn. — Das römische Recht hat zwar ebenfalls: *nemo sibi causam possessionis mutare potest* (*L.* 3. §. 19. *D.* 41. 2.); doch bezog sich dieses ursprünglich auf die *usucapio pro herede* (vgl. Savigny S. 56).

bei der monatlichen dem Vermiether zu Gute. Nun ereignete sich, dass Jemand bei der Vermiethung gesagt „er vermiethe für zwölf Goldstücke das Jahr, monatlich für ein Goldstück“; und das Jahr war ein Schaltjahr. Einige Lehrer halten in der Mischna dafür, dass, da der Sinn dieser Redeweise zweifelhaft ist (einen Widerspruch wie oben enthält), der Schaltmonat getheilt werde (d. i. der Vermiether bekommt für diesen Monat ein halbes Goldstück) Diese Meinung wird aber (das.) nur für den Fall angenommen, dass Vermiether in der Mitte des Monats mit seiner Klage auftritt; geschiehet dieses aber zu Anfang des Schaltmonates, so kommt er ihm zu Gute, klagt er hingegen erst zu Ende des Monates, so hat Ermiether, da er vom Anfange an rechtmässig — mit Bewilligung des Vermiethers — sich in den Genuss gesetzt (dieses Haus bezogen) hatte, den Schaltmonat nicht zu erstatten *). Nur bei Miethe von Immobilien wird dieses abgelehnt und muss Ermiether in jedem Falle den Schaltmonat bezahlen, weil Grundstücke immer in dem Besitze des Eigenthümers verbleiben und überhaupt eine Besitzergreifung bei ihnen nicht stattfindet (vergl. das. *Alfasi. R. Sam. ben Meïr zu Baba Batra l. l. Nimuke Joseph l. l.*) **).

---

*) Hier kommt noch der Umstand hinzu, dass, da der Vermiether bis Ende des Schaltmonates geschwiegen, er diesen gleichsam dem Ermiether zugestanden hat. Vgl. *Tosefot Baba Batra* 105*a*. *R. Ascher* zu *Baba Mezia* 7. — In gewisser Beziehung ist der Fall unseres Textes eine Negatorienklage, über die auch die Meinung neuerer Rechtslehrer verschieden ist. Es befindet sich Jemand im Besitze einer Servitut an dem Eigenthum seines Nachbars und das Recht hierzu wird ihm von dem Eigenthümer streitig gemacht: wem liegt hier der Beweis ob? Muss der Quasipossessor dem Eigenthümer gegenüber sein Recht der Servitut beweisen oder muss Kläger beweisen, da Jener sich im Besitze befindet? Vergl. bei Borst „über die Beweislast im Civilprocesse“ §. 84 ff. die verschiedenen Meinungen, ob die Rechtsvermuthung des Besitzes oder das Eigenthumsrecht prävalire. Was das talmudische Recht hier lehrt, wird sich weiter ergeben.

**) Der Besitz gibt, wie aus vielen hier angeführten Beispielen zu ersehen ist, ein Eigenthumsrecht und legt die Beweislast dem frühern Besitzer auf (vgl. folg. Anmerk.). Es tritt also im talmudischen Rechte ein neues Recht des Besitzes hervor: Verweigerung der Zurückgabe an den frühern Eigenthümer bei zweifelhaften Fällen. Dieses ist in dem oben

— **Dieses für Besitzergreifung mit Willen des frühern Besitzers: hat aber Producent sich ohne dessen Willen in Besitz gesetzt (einen dem Letztern gehörenden Gegenstand auf Grund einer Forderung obiger Art an sich gebracht), so wird von vielen Autoren diese Besitzergreifung als widerrechtlich, von Andern als gültig angesehen *).**

S. 443 angeführten Axiom ausgedrückt: „Wer Jemanden aus einem Besitze verdrängen will, dem liegt der Beweis ob"; und gilt dieses auch hinsichtlich des frühern Besitzers in Bezug zu dem, der gegenwärtig besitzt. Daher auch die dortige Regel, dass, wenn Verkäufer das Kaufpretium erhalten, dem Käufer bei jeder Einrede der Beweis obliege, und andere viele derartige Fälle. Dieses gilt aber nur für Mobilien. Hier gehet ein Besitzen (Halten in seiner Gewahrsam, Detention) an; Immobilien hingegen werden im talmudischen Rechte immer als im Besitze (Gewalt) des frühern Besitzers, so lange er sich nicht seines Rechts darauf freiwillig entsagt, angesehen. Es findet daher hier auch eine Dejection (vgl. *L.* 25. §. 2. *D.* 41. 2. *L.* 5. *D.* 41. 3. und Savigny S. 360) nicht statt, und gilt die Regel: Immobilien können nicht geraubt (entrissen) werden (*Baba Kama* 117). Hierauf gründet sich der Unterschied des Textes zwischen der Vermiethung von Mobilien und Immobilien. Vgl. *R. Sam. ben Meïr l. l.*

*) Vgl. *Schach l. l. Keneset Haggedola* c. 25. zu *Bet Joseph* §. 6 ff. — Durch den Besitz wird gleichsam Producent Beklagter und Producent Kläger; und ist hier die Regel anwendbar, die das römische Recht in anderen Fällen aufstellt: *in exceptionibus dicendum est, reum partibus actoris fungi opportere* (*L.* 19. *pr. D.* 22. 3.). Doch dürfte das römische Recht nach seiner Norm: „*ei incumbit probatio, qui dicit: non, qui negat*" (*L.* 2. *h. t.*) hier abweichen, da der Besitzer den Grund der Klage zugestehet, einräumt, dass der in seinem Besitz sich befindende Gegenstand ihm ursprünglich nicht gehört habe und er ihn erst auf Grund seiner Forderung zu seinem Eigenthum machen will (vgl. weiter die Definition des *qui dicit*). Auch dürfte nach dem römischen Rechte in manchen der obengedachten Fälle die Besitzergreifung als Selbsthülfe (*vis*) und also rechtswidrig erscheinen (*L.* 176. *pr. D.* 50. 17.). Das talmudische Recht, das zwar ebenfalls die Selbsthülfe in den meisten Fällen nicht zugibt, aber doch eine andere Norm verfolgt (vgl. *Baba Kama* 27. *R. Ascher* das. *Chosch. Mischp.* c. 4.), räumte mehr der Besitzergreifung ein.

Uebersiehet man die im Texte angeführten Regeln und Fälle, so stellt sich im talmudischen Rechte folgendes Verhältniss über das Recht des Besitzes heraus. Der Besitz an sich selbst ist hier von zweierlei Art. Es soll zuweilen durch ihn zugleich ein Eigenthumsrecht entstehen, das Eigenthum selbst wird Object des Processes; der Producent hält sich an den in seinem Besitze befindenden Gegenstand, und will, da unentschieden ist, wem er zugesprochen werden soll (so z. B. bei dem Falle, es

Wir kommen nun noch zu der Chasaka in der eigentlichen Bedeutung der Präsumtion (Dafürhaltung). Hierher ist zu beziehen die Präsumtion „dass man nicht vor der Zahlungszeit zahlt". Wenn also Jemand eine Summe auf ein Jahr ausgeborgt, Gläubiger fordert die Zurückzahlung im neunten Monat und Schuldner bringt die Einrede vor, er habe schon gezahlt, so wird

---

widersprechen spätere Zeugen den früheren Zeugen und Schuldner hat schon gezahlt) ihn nun als sein Eigenthum betrachten. Es bildet aber auch der Besitz allein Object des Processes und bleibt der Gegenstand selbst nach der Behauptung des Besitzers noch ferner Eigenthum des Klägers (wie bei der Miethe): hier wird für den Eigenthümer (oben für den Vermiether) entschieden; nur muss, wenn die Klage sich auch auf die Vergangenheit beziehet, Beklagter zurückerstatten soll was er schon besessen, Kläger beweisen, da Beklagter an seinem Vermögen, aus dem er bezahlen soll, Eigenthümer ist und gilt also obiges Axiom „wer Jemanden aus dem Besitze — hier Eigenthum — verdrängen will ff., der muss beweisen." Doch zeigt der Fall des Textes nur, wenn der Besitzer nicht eine bestimmte Behauptung entgegensetzt: es liegt in der gedachten Redeweise selbst ein Zweifel, und kann der Ermiether nicht mit Gewissheit behaupten, dass der Gegenstand ihm auf dreizehn Monate sei vermiethet worden. Tritt aber Besitzer mit einer bestimmten Behauptung hervor, so gibt der Besitz ihm ein überwiegenderes Recht vor dem des Eigenthümers (vgl. *R. Ascher* zu *Baba Mezia* 7). Doch gilt dieses nur, insofern vom Anfang ihm ein Recht zugestanden wurde und es sich um die Dauer handelt oder um einen erweiterten oder beschränkten Gebrauch (vergl. *Baba Mezia* 103*a.*, wo zwar auch bei der unbestimmten Behauptung des Ausleihers einer nicht fungibeln Sache der Besitz ein Recht bei dem Zweifel über den Gebrauch gibt — vgl. *Tosefot R. Ascher* das. —; doch scheint dort mitzuwirken, dass der Eigenthümer, als er das Recht einräumte, sich nicht bestimmt ausdrückte und dem Besitzer also den beliebigen Gebrauch anheimstellte). Der Besitz gibt aber nur ein Recht bei Gegenständen, die sich in der Disposition des Besitzers befinden; nur bei Mobilien, die ganz aus dem Besitze des Eigenthümers heraus- und in den des Besitzers hineingehen, der Besitzer also ganz für eine gewisse Zeit an die Stelle des Eigenthümers tritt. Bei Immobilien hingegen — hier gehet nicht der Gegenstand in den Besitz über, sondern der Besitz tritt zu ihm, er selbst verbleibt wie früher und liegt die jemalige Veränderung (wie bei Verkauf, Schenkung) nur in der Substituirung eines Rechts an die Stelle des andern, daher auch keine Dejection im talmudischen Rechte stattfindet und das Eigenthumsrecht nicht erlöschen kann — erzeugt der Besitz keine Rechtsvermuthung und muss der Besitzer beweisen. Das talmudische Recht legt daher auch bei der Negatorienklage dem Besitzer der Servitut den Beweis auf. Vgl. *Chosch. Mischp.* c. 317. §. 2.

er nicht gehört, da gedachte Präsumtion gegen ihn spricht (*Baba Batra* 5[b].). Ferner mehrere moralische Präsumtionen; als: „Es wagt Niemand zu fordern, wenn er nicht Grund hierzu hat": hierauf basirt der rabbinische Eid bei gänzlicher Ableugnung (vgl. oben zu §. 82.). Die Präsumtion: „Es ist Niemand so frech, eine Schuld ganz abzuleugnen"; und veranlasst daher das theilweise Geständniss einen Eid (vgl. zu §. 79. 126). Die Präsumtion: „Eine nicht geschiedene Frau hat nicht die Frechheit, ihrem Manne in's Gesicht zu sagen, sie sei von ihm geschieden"; daher findet sie, wenn sie ihrem Manne gegenüber mit einer solchen Behauptung vor Gericht auftritt, Glauben (*Ketubot* 23[a].). Vgl. eine andere derartige Präsumtion *Baba Batra* 33[a]. So gilt ferner als Präsumtion, dass Zeugen nicht eine Urkunde unterschreiben, wenn nicht die Parteien das zu einem Rechtsgeschäfte gehörige Alter haben; ferner, dass Gläubiger und Käufer nur fähige Zeugen aufsuchen (*Ketubot* 18. 19. *Baba Batra* 155[a].) u. a. m. *).

Die Präsumtionen collidiren zuweilen in der Weise, dass auf beiden Seiten sich Vermuthungen aufdrängen und die Frage entstehet, welche Vermuthung als die stärkere anzunehmen sei **)? Das talmudische Recht führt manche Collisionen an. So stehet bei dem oben S. 441 gedachten Zweifel über die Zeit der Nothzüchtigung der Präsumtion der Fortdauer eines natürlichen Zustandes die Präsumtion des Besitzes (der Gatte, der die Paraphernen zahlen soll, ist im Besitze) gegenüber: es überwiegt jedoch die erstere Präsumtion. Dieses gilt auch bei dem daselbst gedachten Falle des entdeckten Fehlers an einer erkauften Sache: hat Käufer eine Apprehension gemacht, aber noch nicht das Kaufpretium bezahlt, so spricht zwar für ihn die Präsumtion des Besitzes

*) Es ist leicht zu erkennen, dass auch hier der Begriff „Festhaltung" eines moralischen Zustandes, gewöhnlichen Ereignisses u. d. m. anwendbar sei.

**) Böhmer hat in der oben gedachten Abhandlung die Collision der Präsumtionen näher besprochen; vergl. hingegen *Weber* a. a. O. S. 150 ff., der eine eigentliche Collision in Abrede stellt. Im talmudischen Rechte, das nicht *praes. juris* nur hat, stellen sich wohl manche Collisionen heraus.

(seines Geldes); es liegt aber doch hier die Beweisführung dem Käufer ob, denn es wird angenommen: „dort, wo man den Fehler gefunden, dort ist er zu suchen" und gilt dieses auch für den ersten Fall (vgl. *Ketubot* 75. 76. *Chosch. Mischp.* c. 224. 232. §. 11.). Eine andere Collision: A kaufte von B einen Ochsen gegen Bezahlung. Seine Absicht war, ihn zum Pfluge zu verwenden und werden an diesem Orte gewöhnlich nur zu diesem Behufe (als Zugvieh) Ochsen gekauft. Der Ochs ist nun aber zum Pfluge untauglich und B wendet ein (da A nicht gesagt, in welcher Absicht er ihn kaufe), er habe den Ochsen zum Schlachten verkauft. Für A spricht die Präsumtion des Gewöhnlichen (Mehrheit vergl. oben S. 440), für B, der schon die Kaufsumme empfangen, der Besitz. Hierüber ist nun zwar (*Baba Batra* 92ᵃ.) Meinungsverschiedenheit, es wird aber die Meinung als Norm angenommen, dass in Civilsachen die Präsumtion des Besitzes mehr Gewicht als die des Gewöhnlichen (Mehrheit) hat. Andere Collisionen noch an anderen Orten, und werden wir weiter noch Manches hierüber anführen.

Eine Vergleichung der Präsumtionen des talmudischen Rechts mit denen des römischen Rechts und wie die Beweislast sich hier und dort gestaltet, dürfte manches Interesse bieten. Sie stimmen häufig überein, wo die Präsumtion rationellen Grund hat und die gemeine Vermuthung (*praes. hominis*) dasselbe Resultat wie die Rechtsvermuthung (*praes. juris*) liefert. Finden zwar manche Fälle, wie bei Erbschaften und Testamenten im talmudischen Rechte, das weder dem Fiscus noch einer dritten fremden Person (wie etwa dem *patronus* im römischen Rechte) ein Recht zugestehet, also eine *fraudem legis*, oder *personae* nicht zu berücksichtigen hat, nicht statt, so würde doch unter gegebenen gleichen Bedingungen das talmudische Recht wie das römische Recht präsumiren und wie dieses die Beweislast auflegen *). Hingegen weicht, wie schon oben

*) Gehet man den Titel *de probationibus et praesumtionibus* (*D.* 22. 3.) aufmerksam durch, so gewahrt man häufig diese Uebereinstimmung. So *L.* 1. und *Ketubot* 13*b*., wo ebenfalls wer den Grund seiner Klage in eine Verwandtschaft oder Herkunft setzt (wie dieses bei *L.* 1. vgl. *Glück* 21. Thl. S. 240 ff.) beweisen muss: auch gehet es aus dem Axiom „wer

erwähnt wurde, das talmudische Recht ganz ab, wo das römische Recht nicht eine Vermuthung, sondern einen Ausspruch setzt *). — Aber es zeigt sich gerade hier eine neue

Jemanden aus dem Besitze verdrängen will ff." von selbst hervor. — *L.* 3. das. liegt auch nach talmudischem Rechte dem Erben, der schon einmal erwiesenermassen *in fraudem legis* mit einem *tacitum fideicommissum* einverstanden war, die *probatio mutatae voluntatis* ob, und zwar nach der (oben S. 320 angeführten) talmudischen Regel, dass, wer sich einmal als Ableugner herausstellt, dem stehet in dieser Angelegenheit mehr kein Glauben zu. — *L.* 4. das. ist fast der oben erwähnte Fall des *vitium* bei einem erkauften Gegenstande: der Käufer muss beweisen, dass der Sclave schon früher ein *fugitivus* war. — *L.* 5. *pr.* *L.* 6. wer Jemanden als unfähig zu einem Rechte erklärt oder dass er zu seinem Nachtheile etwas unternommen, der muss „beweisen" bedarf fast keiner Erwähnung: und gehet die Uebereinstimmung des talmudischen Rechts aus dem, was oben über Chasaka gesagt wurde, deutlich hervor. — *L.* 8. und 14. fliessen ebenfalls aus der oben erwähnten talmudischen Präsumtion über die Dauer eines primitiven Zustandes: wer ihn also aufheben will, der muss beweisen. — Dieses Verhältniss stellt sich auch bei anderen *Legg.* heraus. Zuweilen hat jedoch das talmudische Recht eine andere Präsumtion. So würde z. B. *L.* 123. §. 1. *D.* 30. 1., wo Testirer den testamentarischen Erben im Testamente gebeten, die Erbschaft einem Erben, der hier nicht genannt ist, zu restituiren, nach talmudischem Rechte ein *tacitum fideicommissum* noch nicht mit Sicherheit angenommen werden können, da im talmudischen Recht der Absicht „seine Kinder nicht für reich auszugegeben" Manches eingeräumt wird (vgl oben S. 344); der Testirer also nicht *in fraudem legis* gehandelt und einen *incapax* gemeint, sondern die nichtgedachte Person sein nächster Intestaterbe sein mag. — Die vielbesprochene *L.* 26. *D.* 22. 3. kommt schon in sehr früher Zeit in etwas veränderter Form, in der Mischna *Ketubot* 110*a*. vor. Product producirt eine Schuldurkunde, die der angebliche Gläubiger ihm ausgestellt und will daraus beweisen, dass er diesem nicht schulde, denn sonst würde dieser Gläubiger nicht von ihm ausgeborgt, sondern die Summe als Abzahlung genommen haben. Diese Einrede wird jedoch (gegen die Einzelnmeinung eines sehr frühen Autors, der Präsident des oben S. 96 erwähnten Gesetzgebungstribunals zu Jerusalem gewesen zu sein scheint) zurückgewiesen, und behalten beide Urkunden ihre Gültigkeit (vergl. das. ausführlich). — Auch hinsichtlich *L.* 2. *D.* 22. 3. wird sich weiter eine andere Norm des talmudischen Rechts zeigen.

*) Es wurde schon oben S. 438 der Norm des römischen Rechts gedacht bei dem gleichzeitig erfolgten Tode des Vaters und des Sohnes. Diese Lehre kommt mehreremal vor und wird *L.* 26. *pr.* *D.* 23. 4. die schwache Vermuthung aufgestellt „*quia verisimile videbatur ante matrem infantem periisse*"; und noch unbefriedigender bei dem mündigen Sohn *L.* 22. *D.* 34.

Seite des talmudischen Rechts, das sich nur an Präsumtionen hält, die einen rationellen Grund haben. Diese Präsum-

5. „*humanius est filium diutius vixisse.*" Das talmudische Recht kennt keine derartige Vermuthung, sondern bleibt bei dem Satze stehen „wer Jemanden aus dem Besitze verdrängen (den bisherigen Besitz aufheben) will, der muss beweisen", so wie „ein Zweifel kann nicht die Gewissheit aufheben." Daher der Fall: Es ist ein Haus über Vater und (seinen unverheiratheten) Sohn zusammengestürzt; die Brüder sagen, der Vater habe den Sohn überlebt und hat dieser nie geerbt, die Gläubiger des Sohnes sagen, er habe den Vater überlebt und war er also in die Erbschaft getreten. Eine Schule (die des Schamai) will, dass beide Parteien, da hier wie dort ein Zweifel ist, theilen. Nach der Schule des Hillel aber haben die Brüder in jedem Falle, mag der Vater oder der Sohn zuerst gestorben sein, einen Anspruch (auch wenn der Vater zuerst gestorben, sind sie Erben, nur dass hier das Recht der Gläubiger vorangehet), der Gläubiger aber nur in dem Falle, dass der Sohn den Vater überlebt hat: ein Zweifel kann aber nicht die Gewissheit aufheben, und müssen also die Gläubiger beweisen (*Baba Batra* 157*a*. vgl. *R. Sam. ben Meïr* das.). Ein anderer Fall: Es ist ein Haus über Gatte und Gattin zusammengestürzt und sie haben kein Kind hinterlassen; die beiderseitigen Erben stehen mit der Behauptung des frühern und spätern Todes einander gegenüber. (Bekanntlich ist im talmudischen Rechte der Mann ausschliesslicher Erbe der Frau.) Nach dem Grundsatze „wer aus dem Besitze verdrängen will ff." zahlen die Erben des Gatten die *Ketuba* (Morgengabe, die der Mann der Frau für den Fall seines Todes oder einer Ehescheidung verspricht) nicht aus. Hingegen bekommen die Erben der Gattin die *bona parapherna*, da von diesen die Frau als Besitzerin auch beim Leben ihres Mannes angesehen wird und er sie nicht veräussern darf. Die *Dos* aber, die zwar ebenfalls Vermögen der Frau ist, der Mann jedoch sie veräussern kann, aber dafür einstehen muss, bleibt zweifelhaft (als wessen Eigenthum sie nämlich anzusehen sei) und theilen die beiderseitigen Erben zusammen (das. 158). Sind aber Mutter (die Wittwe ist) und (einziger kinderloser) Sohn zugleich gestorben und die Erben jener und dieses stehen sich in ihrer Behauptung des frühern Todes gegenüber, so erben die mütterlichen Verwandten; da, sobald der Mann gestorben, die Wittwe zu ihrer Familie gerechnet und das Vermögen als im Besitze dieser Familie sich befindend angesehen wird (vgl. ausführlich das. 158*b*.). — So wird auch bei dem Zweifel, welchem Vater das Kind angehöre (es hat eine Frau wiedergesetzlich zwei Monate nach dem Tode ihres Mannes geheirathet und ist ein Zweifel, ob das Kind vom ersten Manne, ein neunmonatliches, oder vom zweiten Manne, ein siebenmonatliches sei), das Kind von beiden Erbschaften zurückgewiesen: weil es hier wie dort gegen die gewissen Erben nur mit einem Zweifel auftreten kann (vgl. *Jebamot* 100*b*.). Die Billigkeitsvermuthungen, die neuere Rechtslehrer in diesem verwandten Fällen für eine legitime Abkunft des Kindes aufstellen

tionen werden nämlich nicht nur aus dem gewöhnlichen Laufe der Begebenheiten und der Naturerscheinungen, aus dem Besitze und der Dauer u. s. w. hergeholt, sondern es hält das talmudische Recht sich auch an jene, zu denen man erst durch Schlüsse gelangen muss, bleibt nicht nur bei der gegenwärtigen Einrede des Beklagten stehen, sondern berücksichtigt auch, ob er nicht manche Einrede von grösserem Nutzen hätte vorbringen können und findet hierin manche Präsumtion. Das römische Recht legt hierauf kein Gewicht: es befasst sich genau mit den Actionen und bestimmt, mit welcher Action Beklagter belangt werden kann*); hält sich aber nur an die Exception wie sie Beklagter vorbringt, und untersucht blos, ob hier ein Ableugnen oder Zugeständniss des Klagepunctes (*L.* 2. *L.* 19. *pr. D.* 22. 3.) oder ob in der verschiedenartig angebrachten Action selbst eine Exception liege (*L.* 7. *D.* 44. 2.). Das römische Recht gehet nur vom Factischen aus, das talmudische Recht räumt auch Manches dem Schlusse des Richters ein: und zeigt sich hier die Einwirkung des Accusationsprincipes, nach welchem der Richter nicht bloss bei den Aussagen der Parteien und dem Einblick in das Gesetzbuch stehen bleibt, sondern bei sich über diese Aussagen urtheilt, sie

(vgl. *Schneider* §. 40.), sind Zugeständnisse auf Kosten des Rechts; und wenn Weber (S. 146 ff.) will, dass trotz dass Beklagter selbst eingeräumt, er habe sich mit der Ehefrau des Klägers zwei Monate vor deren Verheirathung fleischlich vermischt, das Kind als ein siebenmonatliches angenommen und dem Kläger (dem gegenwärtigen Gatten) die Alimentationskosten des Kindes zuerkannt werden sollen, so heisst dieses wohl aus dem Recht ein Unrecht herausdemonstriren. Entweder wären beide Väter, da gegen keinen von ihnen mit Gewissheit aufgetreten werden kann, von der Alimentation zu befreien, das Kind fiele dann in die Categorie der Findelkinder und läge dessen Ernährung dem Staate ob: oder, da von beiden das Factum — der Beischlaf — eingestanden wurde, so liegt dem Staate gegenüber Jedem von ihnen die Beweislast ob; und da Keiner den Beweis führen kann, so tragen sie die Alimentationskosten gemeinschaftlich. — Mehr über derartige Präsumtionen und wie das talmudische Recht urtheilt, kann, ohne die Grenzen dieses Werkes zu überschreiten, hier nicht gegeben werden.

*) Sowie es auch zu dessen Gunsten, dass er entweder die Sache gütlich beilege oder gehörig vorbereitet zu der gerichtlichen Verhandlung komme, die Edition der Action verlangt. *L.* 1. *pr. D.* 2. 13.

gegen einander abwägt und zu erforschen strebt, auf welcher Seite sich ihm Wahrhaftigkeit herausstelle. Dieses die formelle Grundlage der **Miggo**: und erwähnen wir, ehe wir weiter auf sie eingehen, zuerst Manches über deren Etymologie und Entwickelung.

Das Wort Miggo (מגו, aus, von) hat die juristische Bedeutung **dadurch**, **daraus** (*ex eo quod*), und ist ein technischer Ausdruck für „dadurch, dass Jemand hätte eine bessere Einrede (selten Klage, vgl. weiter) vorbringen können.“ Wo es also heisst „Beklagter hat eine Miggo“ wird hierdurch angedeutet: ihm stand eine bessere Einrede, die Glauben gefunden hätte, zu Gebote; und „er ist beglaubigt durch die Miggo“, es wird der Präsumtion der bessern Einrede Glauben beigemessen *). Die Mischna kennt nicht den Ausdruck Miggo (der aramäisch ist), und wendet überhaupt diese Präsumtion auf Fälle an, wo eine eigentliche Klage gar nicht vorhergegangen. So *Ketubot* 15[b.]: „Wenn Jemand sagt, dieses Feld gehörte deinem Vater und ich habe es von ihm gekauft, so ist er beglaubigt“ und wird hinzugefügt: „denn der Mund, der gebunden, der hat auch gelöset“, d. i. er selbst hat erst aufmerksam gemacht, dass das Feld einst einem Andern gehört und er hat gleich hinzugefügt, jetzt gehöre es ihm: hätte er geschwiegen, so wäre hier keine Klage gewesen. So auch das. 22[a.]: „Wenn eine dem Gerichte unbekannte Frau sagt: ich war eine Ehefrau (hatte einen Gatten) und bin jetzt geschieden, so ist sie beglaubigt (darf eine Ehe eingehen), denn der Mund der bindet, löset.“ Hier und an ersterer Stelle wird jedoch hinzugefügt: „Sind Zeugen da (dass das Feld einst dem Vater gehört habe, diese Ehefrau eine Ehefrau gewesen), dann ist Jener oder Jene nicht beglaubigt“ (vgl. auch *Demai* S. 11). Ein ähnliches Verhältniss zeigt die Mischna *Gittin* 48[b.]: „Wer etwas findet, der schwört nicht“, d. i. wenn Jemand eine gefundene Sache zurückgibt und der Eigenthümer behauptet, er habe mehr verloren, so braucht der Finder nicht zu schwören, dass er nicht mehr gefunden

---

*) Andere nicht hierher gehörende Anwendungen der Miggo vgl. *Sefer Hakkeritut reg.* 193. und *Keneset Haggedola* zu *c.* 82. §. 216 bis 221. Auch im Rituellen kommt Miggo vor.

habe. Dieses wird auch in dem Fall angenommen, dass Jener angibt, er habe zwei zusammengebundene Beutel verloren, der Zurückgeber will aber nur einen gefunden haben (vgl. 51[a.] das. und *Alfasi*): er braucht nicht zu schwören, denn er hätte den Fund überhaupt verschweigen können (vgl. *Tosefot Ketubot* 18[a.]). Die Mischna fügt jedoch hinzu: „wegen des Nutzens des Allgemeinen": sähe sich nämlich der Finder der Beschwerlichkeit einer Eidesleistung ausgesetzt, so würde Niemand eine verlorne Sache an sich nehmen, sondern sie liegen lassen. Andere Fälle, die in der Mischna vorkommen (vgl. *Ketubot* 12[b.] ff.) haben noch andere Präsumtionen als die der Miggo für sich *). — Der Satz „wer eine verlorne Sache zurückgibt, der braucht nicht zu schwören" wurde zu einem Axiom erhoben; und wird er von der Beraita *Baba Mezia* 4[b.] in einem Falle angewendet, wo schon die Miggo einigermaassen zum Vorschein kommt. B producirt eine Urkunde, in der es heisst, A schulde ihm Selaïm, die Summe ist aber nicht benannt: Producent behauptet, die Schuldsumme sei fünf Selaïm, Product drei. Die Urkunde an sich besagt, da keine nähere Bestimmung der Summe angegeben, nur die geringste Zahl des Plurals: zwei (vgl. §. 149. und S. 390). Es hat also Schuldner, da er drei einräumt, Etwas zugestanden, was die Urkunde nicht angibt; und hätte nach der Norm über das theilweise Geständniss (§. 79[a.]) den biblischen Eid zu leisten. Dieses ist auch die Meinung eines in dieser Beraita angeführten Autors; dem aber ein andrer Autor entgegnet: „Schuldner ist wie Zurückgeber einer verlornen Sache zu betrachten und daher der Eidesleistung ledig", d. i. dass Schuldner den dritten Sela zugestanden und es nicht bei der Urkunde, die nur auf zwei ausweist, hat bewenden lassen (wobei er ebenfalls keinen Eid hätte zu leisten gehabt) spricht für seine Redlichkeit. — Dieses ist schon annähernd die Miggo; doch tritt, wie das. bemerkt wird, hier noch der Umstand hinzu, dass die Urkunde selbst für den Schuldner spricht: hätte Gläubiger eine grössere Summe als zwei zu fordern, so würde

*) In der Mischna *Keritut* 11*b.* liegt scheinbar eine Miggo im Rituellen vor; vgl. jedoch *Tosefot Jebamot* 88*a.* *Baba Mezia* 3*b.*

er sie haben in die Urkunde setzen lassen, da vorauszusehen war, dass der Richter auf Unbestimmtheit nicht mehr als zwei werde zuerkennen. (Daher braucht der Schuldner hier auch den rabbinischen Eid, der sonst bei Miggo aufgelegt wird, nicht zu leisten. *Chosch. Mischp. c.* 88. §. 32.). — Auch im jerusalemischen Talmud bricht die Miggo noch nicht deutlich hervor: vielmehr wird sie dort, wo sie auftaucht, zurückgewiesen. So wollen *jer. Schebuot c.* 6. zu *Halacha* 1. zwei Autoren, dass, wenn Jemand 100 ausgeliehen und er auf die Einforderung des Gläubigers behauptet: er habe schon die Hälfte zurückerstattet, er beglaubigt sei. Ein anderer Autor — R. Judan — entgegnet jedoch: „bei Geld (Civilsachen) wird nicht weil (מאחר, der jerus. Talmud hat diesen mehr hebr., der babyl. Talmud den aram. Ausdruck מיגו) angenommen: „weil er hätte einwenden können, du hast mir nicht „geliehen, sollte er auch einwenden können, du hast mir zwar ge„liehen, ich habe aber schon die Hälfte zurückerstattet" (dieses wird nicht angenommen). Ferner das. *c.* 4 zu *Halacha* 5. „Wenn Jemand sagt, du hast meinen Ochsen todtgeschlagen, meine Pflanzen umgehauen und Beklagter antwortet, ich habe es in deinem Auftrage gethan, so richtet man sich nach der Mehrheit der Anklage, d. i. wie die Anklage gegründet erscheint" *). Dieses wird daselbst erklärt, war der Ochs ein stössiger (der nach Exod. 21. 28. ohnediess umgebracht werden muss), waren es unnütze Pflanzen (die er selbst weggehauen hätte), so ist anzunehmen, dass Kläger selbst es Beklagtem geheissen (vergl. auch *Baba Kama* 91[b].). Hierzu bemerkt R. Judan: „Bei Geld wird nicht weil angenom„men; weil Beklagter hätte einwenden können, du hast mich „beauftragt, soll er auch Glauben finden, wenn er einwen„det, ich habe gar nicht den Ochsen todtgeschlagen, nicht „die Pflanzen umgehauen" (hier ist wahrscheinlich gemeint, wenn manches Andere dafür spricht, dass Beklagter es gethan, da bei einer völligen Ableugnung die Mischna selbst *c.* 6. §. 1. den Beklagten von der Beweislast losspricht. Vgl.

*) Die Lesart אחר רוב טענותיו ist unstreitig ein Druckfehler, da dieses keine Erwiderung auf ע״פי הרגת ist: sondern muss sein א׳ ר׳ טענותיו, wie auch *Tosefta Synhedr. c.* 6. hat הכול הולך אחר הטענה. Das רוב ist in jedem Falle etwas befremdend.

auch *R. Sal. Luria* zu *Baba Kama l. l.*). Noch kommt eine Stelle das. *c.* 7. zu *Halacha* 1. vor, wo ebenfalls behauptet wird: „bei Geld sagt man nicht weil“ *). — Erst die babyl. Schule hat diese Theorie ausgebildet, die jedoch weit hinaufreicht, da schon der Vater des bald nach der tanaïtischen Periode lebenden Samuel auf sie eine Entscheidung bei einem vorkommenden Factum basirt (*Baba Batra* 36^a.), sowie die frühern Autoren R. Chia (das. 41^b), Rab, der erwähnte und als Rechtslehrer Autorität habende Samuel (vgl. S. 103), R. Jochanan, der ebenfalls in der Rechtslehre als Autorität geltende R. Nachmann (S. 103) u. A. (vgl. *Schebuot* 45) sie als bekannt aussprechen: und so wurde diese Theorie weiter ausgearbeitet, auch theilweise beschränkt.

Untersuchen wir etwas näher den Grund dieses Beweismittels im talmudischen Recht. Die Miggo oder Beweis aus der zu Gebote stehenden bessern Einrede besagt schon an sich, dass Product Etwas zugestanden, das er so gut hätte ableugnen können, und das seiner Einrede noch mehr Gewicht gegeben hätte. *Mendelssohn* (a. a. O. 10. Abschnitt. Anmerk.) siehet als Grund hierfür an „damit verhindert werde, dass ein Schuldner, der wirklich bezahlt hat und die Bezahlung nicht beweisen kann, nicht gleichsam durch die Rechte selbst gezwungen werde, sich eines lügenhaften Vorwandes zu bedienen und am Ende zu beschwören, wenn er nicht vor Gericht unterliegen und zum zweitenmal diese Schuldpost bezahlen will. Man hat daher für dienlich gefunden, die Einrichtung so zu machen, dass Niemand in Gefahr sei aus Liebe zur Wahrheit von seinem Rechte zu verlieren.“ Aehnlich spricht sich *Schneider* (critische Anmerk. 29) über das einschränkende Geständniss aus: „Eine Gesetzgebung, welche den redlichen Mann, der sich bewusst ist, eine Schuld bezahlt zu haben, ohne darüber Beweismittel zu besitzen, in die Verlegenheit setzt, entweder die ursprüngliche Existenz der Schuld, der Wahrheit zuwider zu leugnen oder sie zum zweitenmal zu bezahlen, muss nothwendig der Moralität nachtheilig sein.“ Dieses wäre also eine Billigkeitsrücksicht, nicht sowohl rationell, direct aus dem Recht hervorgegangen,

*) Hier ist zu lesen ר׳ יודן und nicht wie in den Ausgaben ר׳ יוחנן.

als vielmehr Vorbeugung eines Unrechts. Mag nun auch dieser Berücksichtigung Manches eingeräumt werden, so scheint doch dieser Beweis (die Miggo) im talmudischen Recht eine andere Grundlage zu haben: eine sich hier ergebende Präsumtion für die Wahrhaftigkeit der vorgebrachten Einrede. Gehen wir nämlich überhaupt auf Präsumtionen zurück, so geben sie da den Ausschlag, wo der Behauptung eines Thatsatzes der einen Partei die entgegengesetzte Behauptung der andern Partei gegenüberstehet; der Richter weiss nicht wohin sich wenden, wer von beiden Parteien die Wahrheit vorbringt; bietet sich ihm Etwas dar, wodurch hier mehr Wahrheit als dort zu sein scheint, so neigt sich die Waage auf diese Seite hin. Einen solchen Ausschlag zeigt die Miggo: Product zeigt sich hier schon durch das, was er zugestanden, als redlichen Mann; und ist auf seiner Seite Wahrhaftigkeit wahrzunehmen, da, wäre es ihm um Unwahrheit zu thun, er gar kein Zugeständniss gemacht (und doch Glauben gefunden) hätte. So z. B. Producent fordert eine Summe, die er geliehen; Product wendet ein, er habe zwar ausgeliehen, habe aber schon zurückgezahlt. Product gerirt sich hier als redlichen Mann: wäre er unwahrhaft, so würde er den Klagepunct gar nicht eingeräumt, sondern Alles in Abrede gestellt und sich so jeder Entgegnung überhoben haben. Das talmudische Recht erblickt daher in diesem Falle eine Präsumtion für Producten und spricht ihn von der Beweislast frei *). Ein ähnliches Verhältniss zeigt auch der oben an-

*) Nur dass er nach späterer Einrichtung den rabbinischen Eid, wie überhaupt bei der Miggo, schwören muss. *Chosch. Mischp.* c. 70. § 1. — Auch Schneider leitet a. a. O. aus diesem Grunde die Gültigkeit des einschränkenden Geständnisses her (vgl. oben S. 350); und will er ebenfalls (§. 46.), dass, wer einer vertragsmässigen Verbindlichkeit, über die er ein schriftliches Bekenntniss nicht ausgestellt hat, sich wieder entledigt zu haben behauptet, die rechtliche Vermuthung für sich hat. (Dieser Autor, der eine rationelle Theorie über Präsumtionen aufstellte und gerade desshalb sehr angefochten wurde, vgl. S. 439 Anmerk., gelangte, obschon noch dunkel, zu der hier im Texte besprochenen Präsumtion). Das römische Recht stellt (*L.* 2. D. 22. 3.) die Norm auf: *ei incumbit probatio qui dicit: non qui negat:* der Beklagte ist aber nur dann der *qui negat*, wenn er den factischen Grund der Klage leugnet; gestehet er ihn zu, so ist er der *qui dicit* (vgl. *Weber* S. 187. 280. *Glück* a. a. O. S. 245 ff.). Nach dieser Norm liegt dem

geführte Fall, wo Schuldner drei Selaïm zugestanden: wäre er unredlich, so würde er es bei dem haben bewenden lassen, was die Urkunde besagt. So wird auch *Baba Batra* 41[b.] angeführt: Jemand wohnte in einem Hause vier Jahre: und als der früher für den Eigenthümer Geltende ihn fragte, mit welchem Rechte er darin wohne, antwortete er, ich habe es von A gekauft, der (mir gesagt, dass er) es von dir gekauft. Hier war hinsichtlich der Zeit eine hinlängliche Usucapion, allein der Nachweis des rechtmässigen Besitzes (*justus titulus*) fehlte, da der gegenwärtige Besitzer nicht behaupten konnte, dass der, von dem er das Haus gekauft, es mit Recht besessen habe und wird daher dort ein anderer Nachweis verlangt. Es wird nun das hinzugefügt: wenn in obigem Falle der jetzige Besitzer sagte: du hast das Haus in meiner Gegenwart an ihn (von dem ich es erworben) verkauft, so wäre er beglaubigt; denn wäre dieses nur ein trügerischer Vorwand, um einen *justus titulus* aufzufinden, so würde er kurz gesagt haben: „ich habe das Haus von dir gekauft", wo es dann, da die dreijährige Usucapion schon stattgefunden, keines weitern Beweises bedurft hätte. — So wenn Jemand etwas in Verwahrung gegeben und der Depositar nach einiger Zeit behauptet, das Depositum wieder zurückerstattet zu haben: wäre es ihm um Unwahrheit zu thun, so würde er das ganze Factum in Abrede gestellt und erwidert haben, es sei nichts bei ihm deponirt worden (vergl. hierüber Mehreres *l. l.* 45. 46. 70.). — So ferner *Baba Mezia* 110[a.]: Jemand hatte eine Summe ausgeborgt und dafür sein Feld zum Niessbrauche auf mehrere Jahre gegeben (vgl. oben S. 300). Der Gläubiger behauptete, dass ihm ein fünfjähriger Niessbrauch sei zugestanden worden, der Schuldner wollte nur einen dreijährigen zugestanden haben. Da Gläubiger schon eine Reihe von Jahren das Feld zum Niessbrauch besessen, so hätte er, wäre er unredlich, nicht nur einen fünfjährigen Niessbrauch, sondern, da die Usucapionsjahre schon verflossen waren, den ganzen Besitz des Feldes behaupten können: der Richter schloss hieraus, dass es die-

---

Beklagten, wenn er behauptet, bezahlt zu haben, die Beweislast ob: und sagt dieses *L.* 1. *C.* 4. 19. *L.* 25. *C.* 8. 43. ausdrücklich.

sem Gläubiger um keine Unredlichkeit zu thun sei und der Schuldner ihm den fünfjährigen Ususfructus zugestanden hatte *). — In solcher Weise und auf dieser Grundlage erscheint die Miggo an sehr vielen Orten.

Doch ist diese Präsumtion aus der dargelegten Redlichkeit nicht allenthalben anzunehmen, sondern ist genau zu untersuchen, ob nicht bei dem Producten noch ein anderes Motiv vorwaltet. So ist zwischen der geheimen, Niemanden bekannten Unredlichkeit und der, der Gegenpartei bekannten Lügenhaftigkeit ein grosser Unterschied: Mancher, der wohl zu jener geneigt sein dürfte, besitzt doch nicht den Grad von Unverschämtheit, die Wahrheit im Angesichte dessen zu verhöhnen, dem dieser Hohn bekannt ist. Es wurde oben bei mehreren Gelegenheiten nachgewiesen, wie im Accusationsprocesse auf diesen Umstand Gewicht gelegt wird und wie gerade diese Berücksichtigung den Werth der gedachten Processform erhöhet; und so will auch das talmudische Recht, dass bei der Miggo sich herausstelle, ob die zu Gebote stehende Einrede nicht Etwas in sich habe, das ein Mensch, obschon von schwachem, aber nicht von völlig verdorbenem Gewissen nicht gern vorbringt. Es muss daher der Depositor, der vorgibt, das Depositum sei ohne seine Schuld zu Grunde gegangen, den biblischen Eid leisten (§. 79c.): es stehet ihm zwar die bessere Einrede, es sei bei ihm gar nichts deponirt worden — wo er also gar keinen Klagepunct einräumt — zu Gebote; allein dieses ist eine der Gegenpartei bekannte Lüge, zu der auch der minder Gewissenhafte (wie hier Depositor beargwohnt wird) sich nicht entschliesst (vgl. *R. Ascher* zu *Schebuot* 45). Eine ähnliche Rücksicht

---

*) Bei der Verpfändung eines Grundstückes zum Niessbrauche, wie bei der suritanischen entrichtet der Schuldner die Taska (S. 56 Anmerk.) und beugt hierdurch vor, dass Gläubiger nicht usucapiren könne; oder er wehrt in den drei Jahren, d. i. spricht vor Leuten aus, dieses Grundstück gehört mir und ist nur bei Jenem verpfändet (*Talm. l. l.*). Beides hatte Schuldner im obigen Falle unterlassen. — Wären übrigens Zeugen bei der Verpfändung zum Niessbrauch gegenwärtig, so findet die Usucapion, möge Gläubiger das Feld noch so lange besessen haben, nicht statt. *Baba Batra* 33*a*. und *Tosefot* das. *Chosch. Mischp.* c. 150. §. 3. c. 317. §. 4.

waltet auch bei dem theilweisen Zugeständniss ob: Product muss hier den biblischen Eid leisten (§. 79*c*.), trotz dass sein Geständniss scheinbar von Redlichkeit spricht. er mag eben in diesem scheinbaren Zugeständnisse Beruhigung suchen, und räumt das talmudische Recht hier weniger als das gemeine Recht ein (vgl. oben S. 360) *). — Ebenso findet die Miggo nicht Anwendung, wenn nicht sowohl aus Misstrauen gegen die Redlichkeit der Partei als aus Zweifel, ob sie nicht irre, ihre Behauptung beanstandet wird. Es producirt Gläubiger eine Urkunde, die nach seinem eigenen Vorgeben schon zum Theile bezahlt ist; Schuldner aber behauptet, sie sei ganz bezahlt. Hier spricht zwar für den Gläubiger, dass, so er unredlich wäre, er die in der Urkunde verzeichnete Schuld in ihrem ganzen Umfang geltend gemacht haben würde. Allein es wird angenommen (*Ketubot* 87[b.]), dass der die Bezahlung Empfangende sich zuweilen irrt, und vermeint er nur einen Theil empfangen zu haben (hier kommt wohl der ihn in diesem Irrthum bestärkende Umstand hinzu, dass er die Urkunde in Händen hat); es wird daher dem Gläubiger der Eid auferlegt, vor dessen Ableistung er sich wohl das eigentliche Verhältniss genau zurückrufen wird. — Dasselbe gilt auch bei dem Falle, dass eine Ehefrau aussagt, ihr Mann sei in einer Schlacht umgekommen: sie darf nicht heirathen, weil eine solche Aussage zuweilen nur auf einem Schein beruhet (*Jebamot* 115[a]): es kamen viele Krieger um, und da ihr Mann dort stand, hielt sie dafür, dass auch er umgekommen u. s. w. (vgl. oben S. 146). Zwar findet eine Ehefrau, die bei Gericht aussagt, ihr Mann sei gestorben, Glauben (vgl. zu §. 33); aber diese bessere Aussage kommt nicht jener andern zu statten, da nicht eine Unwahrheit, sondern ein Irrthum geargwohnt wird (vgl. *Tosefot l. l. Sefer Hakkeritut reg.* 192. *Schach* §. 9). — Es tritt also auch hier ganz das obengedachte Princip der Miggo hervor. Der Rich-

*) Die zwar bessere, aber eine Unverschämtheit involvirende Einrede wird von früheren und späteren nachtalmudischen Autoren viel besprochen: Manche verwerfen sie durchaus, Andere reflectiren auf sie, wenn Product auf seine gegenwärtige Einrede einen Eid zu leisten hat. Vgl. ausführlich *Sefer Hakker. reg.* 188. *Schach* §. 6. *Keneset Haggedola* §. 121—132. *Tumim* zu §. 72—82. u. A.

ter siebet bei gewöhnlicher Klage Behauptung gegen Behauptung gegenüberstehen; auf welcher Seite die Unwahrheit sich finde; vermag er nicht zu entscheiden: hat nun eine Partei einen Beweis der Redlichkeit abgelegt, so vermindert sich der Verdacht auf dieser und vermehrt sich auf jener Seite. Ist aber diese Partei selbst etwa im Irrthum begriffen, so mag ihr zwar Redlichkeit, aber noch immer nicht Wahrhaftigkeit zugestanden werden: sie behauptet, sich selbst dessen nicht bewusst, Unwahrheit. — Die Miggo erleidet noch manche andere Modificationen. So wird nach Mehreren eine zwar zu Gebote stehende bessere aber seltene Einrede nicht als Präsumtion — Miggo — angenommen (*Sefer Hakkerit. reg.* 187. vgl. *Schach* §. 22); so kommt ferner, wenn das Gericht die jetzige Einrede nicht annehmen kann, der Partei nicht zu statten, dass früher eine bessere Einrede ihr zu Gebote gestanden (vgl. *Tosefot* zu *Ketubut* 85[a.] *Baba Batra* 30[a]) u. a. m., worüber die folg. §§. Manches bringen.

Zu §. 193 — 195.

Haben obige Beispiele zumeist nur die Präsumtion für die Wahrhaftigkeit hinsichtlich der Einrede besprochen, so ist zu erwägen, ob diese Präsumtion auch dem Kläger zu statten komme, ob seine aus der Klage hervortretende Redlichkeit ihn vom Beweise entlastet? Die meisten früheren und späteren nachtalmudischen Autoren (vgl. *Schonesch Joseph radix* 6. 1) verneinen es und so wird auch *Chosch. Mischp.* c. 82. §. 12. dieses angenommen. Und dieses ist auch in sich selbst begründet. Die Miggo ist als ein Judicium, wie überhaupt alle Präsumtionen (vgl. oben), zu betrachten: ein Judicium mag wohl den Ausschlag geben für ein Verbleiben in einem Besitze, für ein bisher bestandenes Recht, ist aber nicht geeignet einen Besitz aufzuheben, es sei denn, dass es sich an Evidenz nahe, einen unwiderlegbaren Beweis (wie oben S. 310) liefere. — Wir führen einen Fall an, wo diese Präsumtion sich auf Seiten des Klägers zeigt. A producirt eine recognoscirte Schuldurkunde gegen B. Product wendet ein, es sei eine geheime, von dem Producenten zu erfüllende Bedingung hiermit verbunden gewesen, der er aber noch nicht nachgekommen: und Producent gestehet die geheime Bedingung ein, sagt aber, er habe sie schon erfüllt.

Hier spricht die Präsumtion der Wahrhaftigkeit (Redlichkeit) für den Producenten: wäre es ihm um eine Lüge zu thun, so würde er das Vorhandensein der geheimen Clausel ganz in Abrede gestellt haben und hätte er unter Ableistung eines mischnischen Eides (Erfüllungseides) Glauben gefunden *). Allein eine Miggo um einen Besitz aufzuheben (nach talmudischem Ausdrucke מיגו לאפוקי „Miggo um zu entziehen") wird nicht angenommen, und muss also Gläubiger einen vollständigen Beweis führen (*Chosch. Mischp. l. l.* nach *Hattrumot* 21. Pforte 3. Abtheil. §. 2) **).

Doch kommt die Miggo auch unter manchen Umständen dem Producenten zu statten. Hierher gehört (§. 194), wenn er eine unbestrittene Urkunde (also nicht wie vorher, wo die Gültigkeit der Urkunde durch die Behauptung einer geheimen Bedingung angefochten wird) in Händen hat (*Hattrumot* 17. Pforte 2. Abtheil. §. 1). So wird *Schebuot* 42[a] berichtet: Jemand producirte eine Schuldurkunde, Product wendete ein, er habe schon bezahlt, Producent entgegnete, die Abzahlung sei auf eine andere Schuld, die er beim Producten gehabt, geleistet worden. Es wird nun folgende Decision angeführt: Zahlte Product in Gegenwart von Zeugen, so wird Producent nicht gehört; hat er aber ohne Zeugen bezahlt, so findet

*) Die Norm ist nämlich: bringt bei einer recognoscirten Urkunde Product eine Einrede vor, die die Urkunde ungültig macht, als, sie sei verfälscht oder sie sei eine Vertrauungsurkunde (*non numerata pecunia*), so muss er bezahlen und leistet Producent im ersten Falle gar keinen, im andern den rabbinischen Eid. Wendet aber Product das Vorhandensein einer geheimen Clausel ein, so muss, da hierdurch die Urkunde nicht aufgehoben wird — vgl. oben S. 424 — Producent einen mischnischen Eid leisten. *Chosch. Mischp. l. l.* §. 10. vgl. auch c. 222. §. 4. — Das römische Recht legt (*L.* 19 *pr. D.* 22. 3.) bei der Einrede des *pacti conventi* dem Schuldner die Beweislast auf.

**) Nach römischem Rechte, das zwar die Präsumtion dieses Titels überhaupt nicht kennt, liegt hier ebenfalls die Beweislast dem Kläger ob. Zwar spricht das römische Recht nur davon, wenn der Kläger einen *dolus malus* entgegensetzt (*L.* 7. §. 11. *D.* 2. 14.): dieser muss natürlich bewiesen werden, da es höchst ungerecht, einen Dolus ohne Beweis anzunehmen, und gilt doch dieses auch bei der Exception (*L.* 18. §. 1. *D.* 22. 3.). Allein auch bei der Replik des Klägers, dass die Bedingung schon erfüllt sei, muss er nach *L.* 2. *h. t.* beweisen, da er der *qui dicit* ist. Vgl. oben S. 264. Anmerkung.

Producent unter Ableistung des mischnischen Eides Glauben, da ihm die bessere Replik zu Gebote stand: er habe gar nichts empfangen (vgl. *Chosch. Mischp. c.* 52. §. 1. 2.). Hier kommt zu dem Indicium, das die Miggo bietet, noch ein Beweis hinzu: die producirte Urkunde; wäre auf sie Abzahlung geleistet worden, so würde sie Product zurückverlangt und sie nicht in den Händen des Producenten gelassen haben (vgl. *Tumim* Anmerk. 8). Ueberhaupt wird, wo zu der Miggo noch eine Präsumtion hinzukommt, dieselbe auch zu Gunsten des Klägers angewendet (*Hattrumot* 45. Pforte 1. Abth. §. 22. *R. Ascher* zu *Baba Batra* 32[b.]).

Auch wenn Producent im Besitze ist (§. 195) wird, wenn ihm eine Miggo zu Gebote stehet, dieselbe zu seinen Gunsten angewendet. Ein derartiger Fall findet sich *Baba Batra* 32[b.]. Gegen den Besitzer eines Grundstückes (der noch nicht drei Jahre im Besitze war) trat der frühere Eigenthümer auf, wie er denn zum Besitze komme? Er antwortete, er habe das Grundstück von ihm gekauft und producirte eine Kaufsurkunde. Jener stellte die Richtigkeit der Urkunde in Abrede, worauf der Producent dem Richter im Geheimen vertraute, dass diese Urkunde zwar eine ungültige sei (eine Vertrauungsurkunde, vgl. *R. Sam. ben Meïr* und *Alfasi ad loc.*), allein er habe eine vollkommen gültige Urkunde gehabt, die aber abhanden gekommen sei. Hier findet sich nun eine Präsumtion der Wahrhaftigkeit: wäre es dem jetzigen Besitzer um eine Lüge zu thun, so würde er bei der Behauptung stehen geblieben sein, die producirte Urkunde ist eine rechtskräftige. Auch befindet er sich im actuellen Besitze. Hingegen hat der frühere Eigenthümer für sich das Eigenthumsrecht, da Jener noch nicht drei Jahre besessen hatte. Es wird nun daselbst entschieden, dass in wessen Besitz sich jetzt das Grundstück befindet, dort bleibt es. Die Miggo ist hier im Grunde für ein Verbleiben, so wie es sich hier überhaupt mehr um eine Einrede als um eine Klage zu handeln scheint; allein da das Object erst Eigenthum des die Urkunde Producirenden und noch nicht drei Jahre Besitzenden — ein Recht des Besitzes ist hier also noch nicht eingetreten — werden soll, so ist es als ein Entziehen zu betrachten.

Der andere Theil dieses §. ist auf *Ketubot* 11[b.] basirt:

wenn der bestimmten Behauptung des Producenten Product nur eine zweifelhafte Einrede entgegensetzt (vgl. oben S. 308), dem Producenten noch überdies eine bessere Klage zu Gebote stehet, so bedarf es keines weitern Beweises.

Zu §. 196.

Die Präsumtion dieses §. ist die Chasaka; und da die Miggo auch eine Präsumtion ist, so wollen wir mit einigen Worten auf den Unterschied zwischen beiden aufmerksam machen und hierdurch nochmals etwas näher auf die Divergenz des talmudischen und römischen Rechts eingehen. Die Präsumtion stützt sich, wie oben bemerkt wurde, entweder auf ein natürliches Verhältniss oder auf das im Leben sich auf diese Weise Ereignende und mit diesen Umständen, Wirkungen und Folgen Zusammenhängende ff. So z. B., wer sich im Besitze befindet, kann nicht auf die ohne Beweis geführte Klage daraus vertrieben werden; so die Präsumtion der Verwandtschaft aus dem Zusammenleben u. s. w. Diese Präsumtionen sind gewissermassen objectiv; sie wurden nicht erst aus dem vor dem Richter vorgehenden Kampfe der Parteien hergeholt, sondern bestehen sie an sich, haben ihren Grund in anderen sich ereignenden Thatsachen. Dieses nun ist die Chasaka des talmudischen und die Präsumtion des römischen Rechts: nur dass letzteres das Gesetz zur Grundlage macht und auf einen rationellen Grund mitunter weniger eingehet. Es gibt aber auch eine Präsumtion, die nicht aus Verhältnissen und anderseitigen Thatsachen und Vorgängen abgeholt wird, sondern die aus dem gegenwärtigen Kampfe der Parteien, aus der Klage und Einrede sich dem Richter aufdrägt. Dieses ist die Miggo, die schon an sich mehr der orientalischen als der occidentalischen Geistesthätigkeit zusagend (vgl. oben S. 59) dem römischen Recht, das nur zu bald seine abgesteckten Grenzen hatte und sich endlich ganz zum Inquisitionsprincipe hinneigte, unbekannt bleiben musste, vom talmudischen Rechte hingegen, das dem Accusationsprocesse treu blieb, begünstigt wurde. — Unser §. bespricht nun, wenn Chasaka und Miggo, die Präsumtion aus gewöhnlichen Thatsachen und die aus dem Kampfe der Parteien sich ergebende Präsumtion einander gegenüberstehen: die Chasaka spricht für den Producenten, die Miggo für den Producten. Ein solcher Fall wird *Baba Batra* $5^{b.}$ angeführt. Es gilt wie oben erwähnt wurde, als Chasaka, dass man nicht vor der Zeit, sondern erst zur Verfallzeit zahlt. Nun hat A an B auf drei Monate geliehen, und da er im vierten Monat seine Schuld fordert, wendet B ein, er habe schon vor zwei Monaten gezahlt. Dieser Behauptung stehet nun die gedachte Chasaka entgegen: hingegen hat Product für sich eine Miggo: er hätte einwenden können, er habe am Ende der drei Monate (A hat erst in der Mitte des vierten Monats gefordert, vgl. auch *Tossafot* das.) gezahlt und da es eine mündliche Schuld ist, so wäre er, wie oben häufig bemerkt wurde, beglaubigt. Es wird daher die Frage aufgeworfen, ist Chasaka oder ist Miggo besser? Diese Frage bleibt zwar daselbst unentschieden und kann Product nicht zur Bezahlung veranlasst werden: doch erklären die nachtalmudischen Autoren, dass dieses nur von dieser Chasaka gilt, die zwar Manches für sich hat, aber doch nicht zu den starken (festbegründeten) Präsumtionen gehört; bei letzteren wird auf die gegenüberstehende Miggo kein Gewicht gelegt (ist also die objective Präsumtion gewichtiger als die subjective). So wenn Product vom Gericht zur Bezahlung verurtheilt wurde und sich dem Urtel unterzog, und als er zur Bezahlung belangt wird erhebt er die Einrede, dass er nichts schuldig gewesen, da Gläubiger eine gleich grosse Summe an unrechtlichen Zinsen von ihm genommen ff. Hier spricht gegen ihn die sehr gegründete Chasaka, dass, verhielte es sich wie seine Einrede er sich nicht dem Urtheil unterzogen, sondern diese Einrede gleich vorgebracht haben würde, und diese Chasaka überwiegt die gegenüberstehende Miggo, dass Product hätte sagen können, er sei schon dem Urtheil nachgekommen und habe bezahlt (vgl. oben S. 354). *R. Salom. ben Aderet in respons.* bei *Bet Joseph c.* 75. §. 22. *Chosch. Mischp. c.* 79. §. 14 Glosse. — Als eine sehr gegründete Chasaka wollen auch Einige (*R. Mos. ben Nachman* bei *Maggid Mischna Malwe c.* 1. §. 4.) ansehen, dass was Jemand in seinem Besitze hat als sein Eigenthum betrachtet werde, so lange er nicht das Gegentheil bewiesen. Daher wird der Schuldner, der bei der Auspfändung angibt, dass einige Gegenstände ausgeborgt oder Deposita seien, nicht gehört, selbst wenn eine Miggo ihm zur Seite stehet u. dgl. m. (vgl. auch *Hattrumot* 5. Pforte. 1. Abtheil. §. 4. *Chosch. Mischp. c.* 99. §. 1 Glosse. *Jabin Schemua reg.* 554).

Zu §. 197.

Der erste Theil des §. stellt eine objective Präsumtion das Gewöhnliche, der Gebrauch in diesem Orte — der subjectiven entgegen: und gibt wie im vor. §. der objectiven Präsumtion den Vorzug. Diese Norm führt zuerst *R. Hai Mischpete Schebuot* 1. Abthl. 5. Pforte (der jedoch nichts von Miggo erwähnt) nach *Baba Mezia* 110$^{a.}$ an. Daselbst heisst es: Wenn der Pächter (Gärtner) behauptet, er habe das Feld, dass er die Hälfte des Ertrages beziehe, zur Bearbeitung übernommen, der Eigenthümer behauptet aber, dass er ihm nur ein Drittel des Ertrages zugesagt, so kommt Alles auf den Ortsgebrauch an: pflegt der Pächter gewöhnlich die Hälfte zu bekommen, so wird seine Behauptung als die richtige angenommen. Hier hat, wie die nachtalmudischen Autoren bemerken, der Eigenthümer zwar eine Miggo: er hätte ganz in Abrede stellen können, dass er gar das Feld verpachtet, sondern habe der vorgebliche Pächter nur als Tagelöhner das Feld bearbeitet. Allein es wird hierauf nichts gegeben, da der gegenwärtigen Behauptung der Ortsgebrauch entgegenstehet. Vgl. auch *Tosefot Baba Batra* 2$^{z.}$

Der andere Theil des §. wird viel von den späteren nachtalmudischen Autoren besprochen und führen wir hier einige Fälle an. *Baba Batra* 31$^{a.}$ 33$^{b.}$ wird berichtet: Zwei stritten um ein Feld, jeder behauptete, es habe seinen Eltern gehört (und er habe es von ihnen geerbt); A brachte hierauf Zeugen, dass er es schon durch drei Jahre besessen, B Zeugen, dass es seinen Eltern gehört habe. Ein Autor meint nun, wollte A lügen, so würde er kurz gesagt haben, er habe es von B gekauft (und wäre er durch die Usucapion im Besitz geblieben). Es wird aber entgegnet, dass wo Zeugen sind auf das „was brauchte er zu lügen“ (ein Ausdruck für Miggo) nicht gehört wird. Der Zeugenbeweis ist natürlich evidenter als jede Präsumtion. — Diese an sich sehr einleuchtende Norm gilt übrigens nicht nur für den wirklichen Zeugenbeweis, sondern auch da, wo die gewöhnlichen Ereignisse gegen eine Behauptung, die sonst durch eine Miggo gestützt wird, sprechen. Dieses wird ausgedrückt: „wir sind Zeugen“ d. i. das Gericht verwirft diese Behauptung, als wäre es selbst Zeuge des Gegentheils gewesen, wäre das Gegentheil evident erwiesen. So wird *Baba Mezia* 81$^{b.}$ angeführt: Jemand vermiethete einen Esel, warnte aber den Ermiether nicht auf der Strasse am Strome Pakod zu gehen, da dort gewöhnlich Wasser zu sein pflegt. Der Esel verunglückte auf dem Wege und Ermiether sagte: ich bin zwar am Strome Pakod gegangen, die Strasse war aber trocken (für unverschuldete Todesfälle braucht ein Ermiether nicht einzustehen). Hier liegt zwar eine Präsumtion für die Wahrhaftigkeit seiner Behauptung vor, da er hätte sagen können, er sei gar nicht auf diesem Wege gegangen. Allein es wird das decidirt: eine Miggo bei entgegenstehenden Zeugen wird nicht angenommen. Die Strasse am Pakod hat immer (gewöhnlich) Wasser und ist's soviel als wenn das Gericht Zeuge wäre (sich durch richterlichen Augenschein überzeugt hätte), dass es auch an jenem Tage dort gewesen (vgl. auch *Ketubot* 27^{b}. u. dgl. m.) *). — Auch wenn ein Gerücht gegen die gegenwärtige Behauptung spricht oder die bessere Einrede gegen ein Gerücht verstossen würde, wird auf die Miggo nach mehreren Autoren nicht gehört. Vgl. *Kereset Hagedola reg.* 84. 85.

Wir führen noch hier an, dass bei Zweien — wenn Zwei die Beklagten sind und ihnen eine bessere Einrede zu Gebote stehet, oder wenn zwei Zeugen und sie hätten eine bessere Aussage vorbringen können — eine Miggo nicht angenommen wird; denn wie kennt Einer die Gesinnung des Andern? *Tosefot Ketubot* 19^{b}. *Hakkeritut reg.* 185. u. A.

Zu §. 193.

Diese Norm wurde erst von den Geonim aufgestellt. Wenn die gegenwärtige Behauptung, auch wenn auf sie eingegangen wird noch immer einen Eid involvirt, so kann, wenn auch eine Miggo ihr zur Seite stehet der Eid nicht erlassen werden. A verpfändete bei B einen Gegenstand: nun behauptet B, er habe 200 darauf geliehen (der Gegenstand hat diesen Werth), A aber behauptet, er habe nur 100 aus-

*) Selbst zu einer günstigen Interpretation kommt übrigens bei entgegenstehenden Zeugen die Miggo nicht zu statten. So könnte bei dem ersten Falle interpretirt werden: „es gehörte meinen Eltern, die es von den deinigen erkauft", und wäre also die Aussage der Zeugen keine Widerlegung der Behauptung des A. Allein dann hätte er anführen müssen: ich habe es von meinen Eltern geerbt; seine jetzigen Worte deuten an, es habe immer seinen Eltern gehört, diesem stehen aber Zeugen entgegen. Vgl. *Nimuke Joseph ad loc.*

geliehen. Die Norm ist, dass in solchem Falle der Pfandempfänger einen mischnischen Eid leistet. Nun hat aber A ohne Zeugen ausgeliehen; hier stehet B eine Miggo zu Gebote: er hätte das Pfand ganz ableugnen oder erwidern können, er habe es von A gekauft. Er muss aber doch nichtsdestoweniger eben jenen Eid leisten, denn eine Miggo entlastet nicht vom Eide. Vgl. *R. Mos. ben Nachman* zu *Baba Batra* 33[a.] *R. Ascher* zu *Schebuot* 44. *Chosch. Mischp. c.* 72. §. 17. *c.* 93. §. 2. — (Die subjective Präsumtion hat ihren Grund nur in dem Gleichgewicht der Klage und Einrede und hebt sie zu Gunsten dessen, für den sie spricht, dieses Gleichgewicht auf. Wo aber an sich gesetzlich ein Beweis verlangt wird, das Gesetz eine Partei mit dem Eide belastet, so ist das Gleichgewicht von vorn herein aufgehoben, da doch von dieser Seite erst bewiesen werden muss: und fehlt also die eigentliche Grundlage zur Geltendmachung der subjectiven Präsumtion.)

Zu §. 199.

Es wurde schon oben der Grundsatz der Mischna hervorgehoben: „der Mund der bindet löset“ d. i. wenn Jemand gegen sich Nachtheiliges aussagt und einen Umstand hinzufügt, der dieses Nachtheilige aufhebt, so findet er Glauben: denn er hätte nur zu schweigen gebraucht. (Vgl. die oben angeführten Beispiele.) Hier bildet also das Schweigen eine Miggo. Dieses findet aber natürlich nur statt, wenn nicht eine Klage vorausgegangen, sondern — dass wir uns des Ausdruckes bedienen — Kläger und Beklagter eine Person sind. Indess kann selbst in diesem Falle die Miggo des Schweigens zuweilen nichts beweisen, wenn nämlich durch die jetzige Aussage ein Resultat erzielt wird, das aus dem Schweigen nicht hervorgegangen wäre. Dieses wird aus *Ketubot* 23[a.] gefolgert, woselbst es heist: Wenn über eine dem Gerichte unbekannte Frauensperson ein Zeuge aussagt, sie sei verheirathet, ein anderer Zeuge sie sei verheirathet gewesen, sei aber nun geschieden, so sind für die Verheirathung zwei Zeugen, da auch der andere Zeuge das einstige Dasein eines solchen Zustandes zugestehet; für die Scheidung aber ist nur ein Zeuge: und wird sie daher als Ehefrau betrachtet (darf sie nicht heirathen). Hierzu wird nun von nachtalmudischen Autoren (*Tosefot* und *Hakkeritut reg.* 186) bemerkt, dass hier eigentlich dem Zeugen der für die Scheidung aussagt, die Miggo des Schweigens zu Gebote gestanden habe: er hätte nur gar kein Zeugniss abzulegen gebraucht, so wäre nur jener Eine Zeuge für die Verheirathung dagewesen, und Ein Zeuge ist — wie aus dem ersten Abschnitt zur Genüge bekannt — nicht beglaubigt. Allein die Aussage des Zeugen ergibt ein anderes Resultat als sein Schweigen: nach diesem würde sie für unverheirathet, nach seiner Aussage soll sie als Geschiedene angesehen werden (dieses hat vielen Einfluss bei ihrer abermaligen Verheirathung). Es wird daher hieraus auch für Einreden die Regel abgeleitet, dass wo die Aussage Anderes als das Schweigen ergibt die aus dem zu Gebote stehenden Schweigen hergeholte Einrede nichts beweist. Vgl. *Keneset Haggedola reg.* 147.

Der andere Theil des §. wird *Tosefot Baba Mezia* 98a. angeführt: Nichtwissen wird nicht als Miggo betrachtet (vgl. oben S. 308), weil eine solche Entgegnung schon einen Verdacht auf den Producten wirft und sie daher Niemand gern anwendet. Vgl. auch *Schach* §. 3.

Zu §. 200.

Es ergibt sich aus dem bisher Gedachten, dass die Miggo sehr vielen Beschränkungen unterworfen ist, und man nicht dem subjectiven Ermessen zuviel anheimgeben wollte. Es finden sich auch noch vielfache andere Beschränkungen: so wird die zwar bessere aber entfernt liegende (seltene) Einrede nicht berücksichtigt; ferner die Einrede durch die Jemand sich in ein schlechtes Licht setzen würde, die Einrede, die nur dem Rechtsgelehrten bekannt ist und auf die der Nichtgelehrte schwer fällt u. s. m. (vgl. die im Eingange gedachten Autoren). Daher stellt *Schach* §. 32 die Norm unseres §. auf. —

Ist übrigens richtig, dass nur mit grosser Vorsicht der Präsumtion dieses Titels — der Miggo — Gewicht beigelegt werden kann, so dürfte sich wieder von der andern Seite ergeben, dass ihr nicht alles Gewicht abzusprechen sei. Wird unser Civilprocess, wie von mehreren Seiten beabsichtigt wird, sich mehr dem Accusationsprincip und dem Geschwornengericht annähern, dann wird wohl auch die *praesumtio hominis* zur Geltung gelangen und mit ihr die Präsumtion der bessern Einrede, die bei dem den Richter eng beschränkenden schriftlichen Verfahren keine Berücksichtigung finden konnte.

Ueber
die Preussische Gesetzgebung
hinsichtlich
des Zeugnisses der Juden.

Der vorhergehende Theil hat die mosaisch-talmudische Theorie über den gerichtlichen Beweis gebracht. Jüdisches Gericht und jüdisches Recht sind in dem grösten Theile Europa's ausser Wirksamkeit getreten; der Jude bildet nicht mehr einen Staat im Staate, sondern haben die allgemeinen Gesetze und das allgemeine Recht für ihn, wie für jeden andern Bürger ihre bindende Kraft *). Nur wurde beim Eide, da der Eid religiöser Natur ist, die jüdische Religionslehre berücksichtigt: es wurde gefragt, welche Theorie vom Eide sie aufstelle und durch welche Formen sie die Heiligkeit der Eidesleistung erhöhet wissen will. Das jüdische Recht hingegen, in welchen Fällen im Judenthume ein Eid zuerkannt, welcher Eid ob Reinigungs- oder Erfüllungseid aufgelegt werde, so wie überhaupt die rechtliche Seite des Eidesbeweises konnte hier nicht zur Geltung kommen, wenn man nicht mit dem Grundsatze, dass es nur Eine Rechtlehre und Ein Gesetz für alle Staatsbürger gebe, in Widerspruch gerathen wollte. Dass andere Elemente, wie die des Judenhasses und des Misstrauens hinzutraten und die Eidesableistung ihre ursprüngliche Form verlor (vgl. Eidesleistung S. 69 ff), war mehr ein Aeusserliches, das die Lieblosigkeit der Zeit und

*) In Deutschland (mit Ausnahme Altona's), Frankreich, Holland u. s. w. hat die jüdische Civiljurisdiction aufgehört. In der Türkei wird sie noch geübt und ist nach dem Zustande der türkischen Justiz wohl noch Bedürfniss. Wird die Charte von Gilhane eine Wahrheit werden, dann dürften wahrscheinlich auch dort die Juden sich ihrer Jurisdiction begeben. In Russland wäre nach der bekannten Verkäuflichkeit der dortigen Beamten für die Juden wohl vortheilhafter ihre Processe vor jüdischen Gerichtshöfen auszumachen; und dass man sie nicht als Bürger des Staates betrachtet, zeigen doch nur zu deutlich die gegen sie erlassenen, Europa mit Trauer erfüllenden Ukase.

ihre Vorurtheile angesetzt hatte. Auch bei der Zeugenaussage eines Juden wurden diese Elemente vorwiegend und hatte das gemeine Recht Ausnahmegesetze beim jüdischen Zeugnisse: welches, da man einmal auf dem Boden des Hasses und des Vorurtheils stand, nicht befremdend ist. Hingegen fand sich hier keine Veranlassung der jüdischen Religionslehre und dem jüdischen Rechte etwas einzuräumen; denn dass, da jedes Zeugniss nach gemeinem Rechte beschworen sein muss, der jüdische Zeuge den Eid, wie die jüdische Eidesleistung es vorschreibt, ablege, gehörte in das Gebiet der Eidesleistung und bildete beim Beweise durch Zeugen keine besondere Rubrik. Um so auffallender ist manche Berücksichtigung, die die Preussische Gesetzgebung bei dem Zeugnisse der Juden eintreten und die verschiedenartigsten Bestandtheile vorwalten lässt.

Die Preussische Criminal-Ordnung hat unter der Rubrik „Vereidung der Zeugen" §. 332—339. Folgendes:

§. 335. Nro. 7. „Juden können zur Ablegung eines eidlichen Zeugnisses nicht gezwungen werden, wenn die Strafe, welche den Angeschuldigten treffen kann, eine Geldbusse bis funfzig Thaler, oder Gefängnisstrafe bis sechs Wochen übersteigt. Wollen sie aber den Eid in Sachen, worin eine härtere Strafe statt findet, freiwillig leisten, so kann solches geschehen (§. 357. N. 8)."

In diesem §. 357, welcher die Ueberschrift führt: „Von Zeugen, welche zur näheren Erkundigung vernommen werden können" heisst es Nro. 8:

„Juden ohne Unterschied, ob der Angeschuldigte ein Jude ist oder nicht, und ob einer ihrer Glaubensgenossen ein Interesse bei der Sache hat oder nicht, sobald es auf eine härtere Strafe als funfzig Thaler oder sechswöchentliches Gefängniss ankommt, wenn sie sich auch zur Ablegung des Zeugeneides freiwillig erbieten. Kommt es aber nur auf die gedachte oder eine noch gelindere Strafe an, und ist der Angeschuldigte ein Jude; so beweiset ihre eidlich bekräftigte Aussage gegen diesen vollständig (§. 335. N. 7.).

Die Preuss. Allgemeine Gerichts-Ordnung hat 1. Thl. 10. Titel 4. Abschnitt „Beweis durch Zeugen" Folgendes.

§. 230. „Zu denjenigen Personen, welche ausser vorstehenden, zwar nicht als Beweiszeugen, wohl aber der Erkundigung wegen, abgehört werden können, gehören ferner:

12) Juden, wenn sie in einem Prozesse zwischen einem Christen und einem ihrer Glaubensgenossen von letzterm vorgeschlagen werden. Wenn jedoch der vorgeschlagene jüdische Zeuge ein einländischer Schutzjude ist, und durch ein Attest seiner Obrigkeit bescheinigt wird, dass er noch nie eines Verbrechens wegen in Untersuchung gewesen sei; übrigens aber aus den Umständen erhellet, dass derselbe von der Sache hat Wissenschaft erhalten können; so kann die eidliche Abhörung auch auf den Vorschlag der jüdischen Partei erfolgen. Doch können dergleichen jüdische Zeugen, selbst wenn ihrer mehrere sind, niemals einen vollen Beweis zum besten der jüdischen Partei gegen einen Christen bewirken; sondern ihre Aussagen verdienen nur in so weit Rücksicht, als sie mit den Angaben eines andern christlichen Zeugen übereinstimmen. Der christlichen Partei stehet es frei, jüdische Zeugen in Vorschlag zu bringen, welche jedoch ebenfalls als vollgültige Zeugen nicht zu betrachten sind. Diese Qualität gebührt ihnen nur alsdann, wenn der Prozess, in welchem sie abgehört werden, bloss unter Parteien ihrer Nation geführt wird. Uebrigens macht es bei der Beurtheilung: ob ein jüdischer Zeuge gültig sei, und welches Gewicht seine Aussage habe, keinen Unterschied, wenn auch dem Zeugen oder der Partei Rechte christlicher Kaufleute beigelegt wären. Wohl aber steht einem Juden, welchem die Rechte christlicher Bürger überhaupt nach ihrem ganzen Umfange beigelegt worden sind, seine Religion, in Rücksicht eines in bürgerlichen Rechtsangelegenheiten abzulegenden Zeugnisses, nicht entgegen."

Anh. §. 88. „*Juden, welche die Rechte der Preussischen Staatsbürger erlangt haben, können in Civilprozessen, auch wenn sie von einem ihrer Glaubensgenossen gegen einen Christen zu Zeugen vorgeschlagen worden sind, eben so wie andere Staatsbürger als Beweiszeugen ab-*

gehört werden." (Dieser §. ist nach Rescript vom 30. Mai und 12. October 1812, welches bestimmt, dass nach §. 20. des Edicts der bürgerlichen Verhältnisse der Juden 11. März 1812, welches die Regel festsetzt, dass die privatrechtlichen Verhältnisse der Juden nach eben den Gesetzen zu beurtheilen seien, welche anderen preussischen Staatsbürgern zur Richtschnur dienen, Juden vollständige Zeugen in Civilsachen sind. Vgl. bei Mannkopf Allg. Ger.-Ordn. für die Preuss. Staaten. 1. Band. S. 500.)

In demselben Titel 3. Abschnitt „Beweis durch den Eid" heisst es:

§. 343. „In Sachen der Juden gegen Juden bedarf es bei jüdischen Zeugen keines Eides, sondern es werden dem Zeugen nur die zehn Gebote und die im mosaischen Gesetze ausdrücklich befohlene Pflicht, als Zeuge die Wahrheit zu sagen, von dem Rabbiner oder Gelehrten, ernstlich zu Gemüthe geführt.

§. 344. Wenn Christen bei einer Rechtssache ein Interesse haben; so können auch die jüdischen Zeugen der Ableistung des förmlichen Zeugeneides sich nicht entziehen.

§. 351. Die Glaubwürdigkeit und Beweiskraft des von einer Jüdin abgelegten Zeugnisses soll lediglich nach den Gesetzen des Staats, ohne Rücksicht auf den Unterschied des Geschlechts, beurtheilt werden."

Ehe wir zur weitern Betrachtung dieser Gesetze über Criminal- und Civilrecht übergehen, dürften einige historische Notizen über Glaubwürdigkeit jüdischer Zeugen vorauszuschicken sein.

Nach früherm römischen Rechte waren Juden unstreitig vollständige Zeugen. „Wer im römischen Reiche lebt ist römischer Bürger", erklärte Antoninus in einer Constitution *). Ausdrücklich wurde von Severus und Antoninus den Juden Fähigkeit Staatsämter zu erlangen zuerkannt: und waren sie dem-

---

*) *L. 17. D. 1. 5: in orbe Romano qui sunt, ex Constitutione Imperatoris Antonini cives Romani effecti sunt.*

gemäss doch wohl auch befähigt Zeugniss abzugeben *). Rom nahm das Christenthum an, und seine Imperatoren erblickten die Erfüllung ihrer Regentenpflicht in der Verfolgung Andersglaubender: welche Gesetze erlässt schon Constantin, der erst unlängst das Christenthum angenommen hatte, gegen Häretiker! Gegen die Juden zeigen sich jedoch Constantin und Theodosius der Grosse tolerant **), Arcadius und Honorius schwanken hin- und her ***), aber sie erlassen (418) das den Juden als Staatsbürger tiefverletzende Gesetz, dass kein Jude von nun an in den Kriegsdienst aufgenommen werde, obschon sie ihm andere Aemter, so wie die Advocatur ausdrücklich erlauben (*L.* 22. *C. Theod. h. t.*). Unter Theodosius dem Zweiten werden (439) die Juden von allen Ehrenämtern ausgeschlossen (*L.* 19. *C.* 1. 9); Justinian bestätigt nicht nur dieses Gesetz, sondern will auch, dass obschon die Ausgeschlossenen nicht gleiche Rechte haben, sie doch gleiche Staatslasten tragen müssen (*Novell.* 45. *Praef.*), „denn" fährt er mit scharfsinniger Logik fort, „wenn es Menschen gibt, die für ihren fortdauernden Unsinn Belohnungen beanspruchen, die wir für die höchsten Würden aufsparen (Immunität von Staatslasten, die aber die Juden eben desshalb verlangten, weil sie von Würden ausgeschlossen waren), wen sollte nicht diese Unverschämtheit empören? Sie sollen persönliche Dienste und Abgaben leisten, kein Gesetz soll sie davon frei machen; Ehre aber sollen sie nicht geniessen, sondern sie mögen in dem verächtlichen Stande verbleiben, in welchem sie wollen,

---

*) *L.* 3. §. 3. *D.* 50. 2: *eis qui judaicam superstitionem sequuntur, D. Severus et Antoninus honores adipisci permiserunt: sed et necessitates eis imposuerunt quae superstitionem eorum non laederent.* Ein Nachklang der toleranten Gesinnung des zweiten Theiles dieser *Lex* (vgl. auch *L.* 2. *C.* 1. 9.) findet sich noch unter Arcadius und Honorius. Vgl. *L.* 20. §. 1. *Cod. Theod. de Judaeis* (16. 8. *Edit. Haenel. Lips.* 1842) *L.* 13. *C.* 1. 9.

**) Constantin vgl. *L.* 2. 3. 4. *Cod. Theod. h. t.* (Justinian nahm *L.* 3. *C.* 1. 9. nur die feindliche *L.* 1. *ibid.* auf). Theodosius vgl. *L.* 8. 9. *Cod. Theod. h. t.* (mit *L.* 8. scheint die *L.* 7. *C.* 1. 9. in Widerspruch zu stehen).

***) Vgl. *L.* 11. 12. 13. 15. 20. 21. 23. 25. 26. 27. *Cod. Theod. h. t.* *L.* 14. *C.* 1. 9. Doch spricht sich auch hier häufig ein feindlicher Sinn aus.

dass ihre Seele sei" (*Ibid.*). In diesem Geiste erliess auch der fanatische Justinian ein Gesetz (532), welches die Unfähigkeit der Juden, ein Zeugniss gegen Christen abzulegen ausspricht: und so war nun hiermit die gänzliche Ehrlosigkeit der Juden erklärt. Dieses Gesetz sagt: „Auf die Anfrage vieler unseres Spruches harrenden Richter, wie es mit ketzerischen Zeugen zu halten sei, ob ihre Zeugnisse angenommen oder zurückgewiesen werden sollen, stellen wir fest: Kein Ketzer, so wie Jene die dem jüdischen Glauben anhangen haben in dem Prozesse Rechtgläubiger einen Zutritt als Zeugen: mögen beide Parteien, möge eine Partei rechtgläubig sein. In dem Streite der Ketzer oder Juden unter sich geben wir den gleichen Bund zu: die Streitenden mögen diese ihrer würdigen Zeugen anführen" *). Es wird nicht dem Gesetze zur Grundlage gegeben, weil Ketzer und Juden geneigt zur Lüge seien und man ihrem Worte nicht trauen kann, noch weil man wegen eines etwa bei ihnen vorauszusetzenden Hasses gegen die Rechtgläubigen Unwahrheit zu befürchten habe (denn warum dürften in letzterem Falle Jene nicht Zeugniss ablegen, wenn beide Parteien Rechtgläubige sind, die Wage also hier im Gleichgewicht bleibt?), sondern es spricht hier der tückische Bigotismus, der seine fromme Freude daran findet, den in Religionsmeinungen Abweichenden zu verletzen und ihn mit Schmach und Hohn zu bedecken, wie ihn der zweite, bei den mittelalterlichen Juristen zum Stich- und Witzworte gewordene Satz offen ausspricht. Dass Fanatismus allein das Motiv des Gesetzes sei, bewährt auch der weitere Verfolg, in welchem Justinian erklärt „dass da wo nothgedrungen ihr (der Ketzer und Juden) Zeugniss benutzt werden müsse, wie bei Testamenten, bei letzten Willensmeinungen oder bei Verträgen ihr

*) *L.* 21. *C.* 1. 5. *Quoniam multi judices in dirimendis litigiis nos interpellaverunt, nostro indigentes oraculo, ut eis refferretur, quid de testibus haereticis statuendum sit, utrumne accipiantur eorum testimonia an respuantur, sancimus, contra orthodoxos quidem litigantes nemini haeretico, vel his etiam, qui judaicam superstitionem colunt, esse in testimonia communionem: sive utraque pars orthodoxa sit, sive altera, Inter se autem, haereticis et Judaeis, ubi litigandum existimaverint, concedimus foedus permixtum, et dignos litigatoribus etiam testes introducere.* Vgl. auch *Novell.* 45. *C.* 1.

Zeugniss, damit der Beweis nicht beengt werde, Gültigkeit habe" *).

Dass das **canonische** Recht auf diese Basis fortbaute ist leicht zu errathen. Es lässt sich sogar für dasselbe noch eher Entschuldigung als für das römische Recht aufsuchen. Das canonische Recht gab sich als ein kirchliches, suchte also eine religiöse Grundlage; wer diese nicht mit ihm theilte, der stehet ausser seinem Rechte. Allein abgesehen davon, dass das canonische Recht sich zu einem weltlichen machte, aus dem religiösen Gebiete des Christenthums das nur **Tugendlehren** aufstellt, keinesfalls aber Norm für Staatsverfassung und Staatsgesetzgebung sein will (vgl. oben S. 13), heraustrat und das römische Recht, dessen Gesetze so oft angeführt und befolgt werden, die eigentliche Basis bildet, so stehet das canonische Recht, da es eine Eidesableistung bei jedem Zeugnisse verlangt, ja sogar dieses ohne jene gar nicht gelten lassen will (*c.* 51. *X.* 2. 20), schon aus dieser Rücksicht nicht auf religiösem Gebiete (vgl. oben S. 203. 204), sondern betrachtet das wahrhafte Zeugniss als eine aus der Sittlichkeit hervorgegangene Verpflichtung, die durch die religiöse, den Eid, gehoben werden soll. Warum weiset also dennoch das canonische Recht das Zeugniss Andersglaubender zurück **)? Lassen wir es selbst sprechen: „Weil, wer dem göttlichen Zeugnisse nicht folgt, das Gewicht menschlicher Zeugnisse verloren hat" ***). „Jenem nicht ganz zu glauben ist, der nicht den wahren Glauben erkennt" †)! — Doch scheint das canonische Gesetz lange Zeit nicht zur Ausführung gekommen zu sein ††); und es fand sich noch

*) *Ibid. Caeterum testamentaria testimonia eorum, et quae in ultimis elogiis vel contractibus consistunt, propter utilitatem necessarii usus, eis sine ulla distinctione permittimus, ne probationum facultas angustetur.*

**) Das canonische Recht gestattet Andersglaubenden und sogar Heiden einen Eid. Vgl. den merkwürdigen *can.* 28. *Caus.* 22. *qu.* 1.

***) *Can.* 21. *Caus.* 23. *qu.* 4: *qui enim divina testimonia non sequuntur, pondus humani testimonii perdiderunt.*

†) *C.* 1. *X.* 5. 7: *Dubius in fide infidelis est. Nec eis omnino credendum est, qui fidem veritatis ignorant.*

††) Höchst bemerkenswerth ist, dass *can.* 26. *Caus.* 2. *qu.* 7., der die gedachte *L.* 21. *C.* 1. 5. wiedergibt, nur *Haereticus* aber nicht *Judaeus* (wie in der *L. C.*) erwähnt wird. Vgl. jedoch *can.* 25. *Caus.* 2.

der Papst Alexander III. im J. 1179 zu verordnen veranlasst: „Zeugniss der Christen gegen Juden soll, da sie (die Juden) sich herausnehmen sich ihrer Zeugen gegen Christen zu bedienen, angenommen werden, und wird der in den Bann erklärt, der hier die Juden den Christen vorziehen wollte, da doch erstere den letzteren unterworfen sein sollen und sie nur aus Menschlichkeit geduldet werden" *). Bemerkenswerth ist, dass man den Juden scheint auch das Recht eingeräumt zu haben, mit Einem Zeugen die christliche Partei überführen zu können; welches ebenfalls der gedachte Papst abgeschafft wissen will **).

Wir gehen nun auf das alte germanische Recht über. Die Capitularien haben manche merkwürdige Vorschriften über Zeugenverhör, über Widerspruch der Zeugenparteien, über Bestrafung falscher Zeugen, die theils aus dem bei den Deutschen üblichen Accusationsprocess, theils aus dem jenes Zeitalter characterisirenden Geiste hervorgingen ***). Von der

---

qu. 7.: *Pagani vel Haeretici vel Judaei non possunt Christianos accusare, aut vocem eis infamationis inferre.*

*) C. 21. X. 2. 20. *Testimonium quoque Christianorum adversus Judaeos in omnibus causis (cum illi adversus Christianos testibus suis uti praesumant), recipiendum esse censemus. Et anathemate decernimus feriendos, quicunque Judaeos Christianis voluerint in hac parte praeferre: cum eos Christianis subjacere opporteat, et ab eis pro sola humanitate foveri.*

**) C. 23. h. t: *Quia non est licitum alicui Christiano, ut multo minus crucis Christi inimico, ut causae suae unius tantum quasi legitimo testimonio finem imponat: Mandamus, quatenus si inter vos et quoscunque Judaeos emerserit quaestio, in qualibet causa Christiani et maxime Clerici, non minus quam duorum vel trium virorum, qui sint probatae vitae et fidelis conversationis testimonium, admittatis.*

***) Wir führen hier als Ergänzung der oben im ersten Abschnitte gedachten verschiedenen Gesetzgebungen diese Capitularien an, wie sie bei *Pertz Monumenta Germaniae historica Tom. III.* abgedruckt sind. Ueber Zeugenverhör aus den Capitularien Ludwigs und Lothars (832). C. 17. „*De perjuriis ut caveantur ut non admittantur testes ad juramentum antequam discutiantur. Et si aliter discuti non possunt, separentur ab invicem et singulariter inquirantur, ut non solum accusatori liceat testes eligere absentes suos causatores. Et omnino nullus nisi ieiunus ad juramentum vel ad testimonium admittatur. Et ille qui ad testimonium adducitur si refutatur, dicat ille qui eum refutat et probet, quare illum recipere nolit. Et de ipso pago testes eligantur, nisi longius*

Unfähigkeit eines Juden zum Zeugnisse wird weder in diesen ziemlich ausführlichen Capitularien, noch in einem anderen Capitular, wo die Form des Judeneides vorgeschrieben wird *), Erwähnung gethan.

Ein besonderes Gesetz über Zeugniss des Juden tritt erst im sächsischen Weichbild, im Sachsenspiegel und im Schwabenspiegel hervor.

Das Weichbild hat Artik. 137. (Ausgabe 1547. ohne Angabe des Druckortes und des Verlegers):

„Beklagt aber ein Christ ein Jüden vmb Schuld, mit Gezeug, er sol jn vberzeugen selb drit, mit zweien Christen vnd einem Jüden. Die Jüden vberzeugen den Christen auch also, mit zweien Jüden vnd einem Christen.“

Dieses von einem sehr gerechten Geiste dictirte Gesetz will dem, der wahrhaften Aussage entgegenstehenden Moment der Feindschaft, welche Christen und Juden gegen einander hegten, vorbeugen. Der Glaube kommt hier nicht in An-

extra comitatum causa sit inquirenda. Et si quis convictus fuerit, perdat manum aut redimat (Pertz S. 363). Ueber Widerspruch der Zeugen ff. aus den Capitul. Ludwig des Frommen (816): *Si duo testimonia de qualibet re testimoniaverint et inter se discordant, tunc comis eligat unum ex una parte et alium ex alia parte, ut illi duo testes decertent cum scutis et fustibus. Nam si flebiliores ipsi testes fuerint, tunc ad crucem examinentur. Quod si majoris aetatis sunt et non possunt ad crucem stare tunc mittant aut filios suos aut qualemcunque hominem possunt, qui pro eis contendant. Et ille qui de falsitate convictus fuerit, dextrum manum perdat (ibid. p. 195.).* — Wir geben hier auch wieder die bei Lässig, Sammlung der Notariatsgesetze 2. Auflage S. 244 angeführten hierher gehörenden Langobardischen Gesetze *Tit. XLIII. De testimoniis falsis. circ. an. 724 et regni 12. §. I. Si quis testimonium falsum contra quemcunque rediddderit aut in chartula falsa scienti manu posuerit, et ipsa fraus manifesta fuerit, componat Vuidrigeld* (dieses ist nach einer dortigen Bemerkung, wie aus dem Worte selbst hervorgehet, eine Geldstrafe) *suo medietatem regi, et medietatem cujus causa fuerit. §. II. Et si talis persona fuerit, quae non habeat unde componat, tunc publicus debeat eum dare, pro servo, in manus ejus, cujus culpam fecit, et ipse eum deserviat sicut servus. §. III. Et ille, qui alios rogat testimonium dicere, aut pro causa sua, manum in chartulam falsam ponere, sic componat, sicut ipsos falsos testes jubemus componere pro eo, quod ipsum malum per ipsum fuit, in quo actum.*

*) Von Karl dem Grossen und Ludwig (814); Pertz S. 194.

schlag: so wie Juden nicht gegen Christen, können auch Christen nicht gegen Juden Zeugniss ablegen. Das Gesetz rechnet zwei verdächtige Zeugen für einen classischen Zeugen*); daher wenn der Christ einen Juden anklagt und Zeugen für den Kläger aussagen, müssen **zwei** Christen (da Christen **gegen** den Juden verdächtige Zeugen sind) nebst einem Juden (gegen den Juden ist der Jude ein classischer Zeuge) aussagen, und umgekehrt zwei Juden und ein Christ

Der Sachsenspiegel (Leipzig 1614. Voegelin Mit Anmerkungen von Zobel) spricht sich zwar nicht deutlich aus, scheint sich aber auf das Weichbild zurück zu beziehen. Es heisst 4. Buch 7. Artikel:

„Kofft ok eyn Yode oder Waduwe kalke, boke, oder Gewand, vnd uymen waren en Hefft, vind men id an siner wer, man richtet over ene, als ouer eynen diff. Wat he auer dinges kopet, by dages lechte, vnverholen vnd nicht in beslotenen Hus, mach hey dat tugen selff drede, he beholdet seine penninge darane, de her dar umme gaff, oder vp dede myt sinen ode,* offte id verstolen is. Bret auer ome an deme Tuge he verluset sine penninge." (Hochdeutsche Uebersetzung: „Kauffet ein Jude oder nimmet zu pfande Kelch, Bücher oder Kirchengerede, da er keine gewehren an hat, findet man es in seinen gewehren, man sol vber ihn richten, als vber einen dieb. Was aber der Jude anders dings kaüfft, oder zu pfande nimmt, vnverholen vnd vnverstohlen, bei tages liecht, vnd nicht in beschlossenen Häusern, vnd mag er das gezeugen selb dritte, er behalt seine pfenninge daran, die er darumb gab oder darauff that, mit seinem eyde, ob es wol gestohlen ist. Gebricht es ihm aber an den gezeugen, er verleust seine pfenninge".) Das Gesetz bestimmt nicht, wer die „selff drede" seien; doch bemerkt die Glosse zum ersten Artikel dieses Buches, dass hier zwei Juden und ein Christ ff., wie im Weichbild, gemeint seien.

---

*) Doch dürfte deshalb noch nicht daraus zu schliessen sein, dass **vier** verdächtige Zeugen einen vollständigen Beweis liefern: also vier Christen gegen einen Juden, oder vier Juden gegen einen Christen vollständig beweisen (wie *Hommel Rhapsodia observatt.* 211. *voc. Judaei* meint). Vgl. oben zu §. 14.

Etwas härter als das sächsische Weichbild hat Schwabenspiegel, Landrecht 260 (Ausgabe von Lassberg, Tübingen 1846, Fues):

„Unde git ein jude einem cristen iht zekouffenne . oder schaffet er anders mit im iht . er sol dez cristenen gewer sin in cristenlichem rehte . vnd ob der cristen lougent . dez sol in der jude vber komen mit drin cristenen mannen . keines ivden eit gat vber einen cristen man . mit rehte . wil man ouch einen juden vber zvgen . so mvz man zem minsten einen ivden han der da si gewesen . daz reht hant in die Roemeschen Kvnige gegeben. Swaz si gnaden vnde rehtez hant . daz er warp im Iosephus . vmbe den kivnig tytvm *) . daz geschach do Ierusalem gewunnen wart . do nerte si Iosephus swaz ir dannoch lebete. Der juden wart besessen in Ierusalem dristvnt ahzeg tvsent **) . der starp ein teil hvngers . daz ander teil wart erslagen . daz dritte nerte Iosephus . doch furte man die selben veile . vnde gab ie drizzeg vmbe einen boesen phenning . die selben gab der kvnig tytus ze eigen in dez kvniges kamer . vnd da von svln si sin dez Riches knechte . vnde er sol si schirmen . vnde sleht ein ivde einen cristen man . oder tvt er ander vngerihte . wen rihtet vber in alse vber einen andren cristen man . vnde lougent der jude . vnd hat ez juden vnd cristen gesehen . so sol man zem minsten einen juden han . ze gęzivge . vnde ist ez also daz nvt ivden da sint gewesen . wen erzivget ez wol mit einvalten cristenen mannen . diz ist aber niwan reht ***) . swer an einen ivden vrevelt. Sleht ouch ein cristen man einen ivden . wen rihtet vber in . alse ob er einen cristen man hette geslagen . daz ist

*) Der Rechtstitel der Juden gründete sich auf die Fiction, dass Josephus durch sein Verdienst um Titus den Juden den Schutz der römischen Kaiser erwarb (vgl. auch Sachsenspiegel Eingang des obigen Art.). Dafür sind sie auch, wie hier weiter folgt, des Königs und Reiches Knecht. Vgl. auch Eichhorn's deutsche Staats- und Rechts-Geschichte. 2. Thl. §. 297.

**) *D. i.* dreimal achtzig Tausend.

***) *D. i.* „dieses ist aber nur recht, wenn ein Jude frevelt" (*hoc tantummodo juris est si Judaeus delinquit* hat die lateinische Uebersetzung bei *Koenigsthal Corp. Jur. Germ*, wo jedoch für swer ff. eine andere Leseart).

dar vmbe gesetzet . daz si der kivnig in sinen vride genomen hat . vnde lougent aber der cristen man wen mvz in vber zivgen mit cristenen lvten . deheines juden eit gat gegen cristenen lvten . wil aber ein cristen man . ez mvz ein ivde mit im kemphen."

Nach diesem Gesetze kann ein Jude **gegen** einen Christen auch in Verbindung mit anderen Christen nicht zeugen, und ist sonderbar genug, dass, wie es im Eingange heisst, wenn der Christ leugnet (dieses beziehet sich wahrscheinlich darauf, dass der Jude von ihm gekauft und er die Gewähr schuldig sei), der Jude **drei** Christen zu Zeugen haben muss; zwei also nicht genügen. Wird ein Jude angeklagt, so soll, wenn es angehet, mindestens **ein** Jude Zeuge sein; wo nicht so genügen christliche Zeugen. Und hier **gegen** den Juden werden nicht drei Zeugen verlangt; welcher Widerspruch! — Als Grund, dass Juden nicht gegen Christen Zeugniss ablegen können, wird angegeben, weil der Eid eines Juden gegen einen Christen nicht gültig ist (jedes Zeugniss aber beschworen sein muss). Um so mehr ist 261 dieses Landrechts hervorzuheben. Dort wird gesagt, dass die Juden von den Königen das Recht erkauft, dass, wenn ein Jude auf gestohlenes oder geraubtes Gut geliehen, der Eigenthümer nur gegen Ersatz dessen, was der Jude darauf geliehen, sein Eigenthum zurückerlangen könne. Der Jude muss aber die Sache öffentlich erkauft haben, „bi schönem tage . vnde vor siner tvr an offener strazze" (vgl. oben Sachsenspiegel). Da heisst es nun weiter: „vnde giht der ivde . er habe vor siner tvr drvf gelihen offenliche . daz sol er erzivgen mit zwein mannen . die ovch ivden sin zv im . vnd hat er der nvt . so neme einen ivden vnde einen cristenen." Hier wird also (**für** den Juden) zwei jüdischen Zeugen der Vorzug gegeben vor einem jüdischen und einem christlichen Zeugen *)!

Gehen wir von diesen Gesetzbüchern zu den deutschen Reichs- und Particulargesetzen über, so begegnen wir zuerst dem von **Heinrich dem Erlauchten** im J. 1245 erlasse-

*) Vielleicht hatten sie auch dieses Recht erkauft. Oder es mochte, weil die Juden in abgesonderten Judengassen wohnten, schwer fallen, einen christlichen Zeugen bei einem derartigen Kaufe aufzufinden.

nen Judengesetze, welches sehr milde Bestimmungen enthält *). Klagt ein Jude gegen einen Christen, so muss er zwei christliche und einen jüdischen Zeugen bringen; ist der Christ der Kläger, so muss er bringen zwei jüdische und einen christlichen Zeugen. Der christliche Zeuge schwört nach seiner Weise, der jüdische Zeuge bei seinem Buche **). Wenn ein Jude Etwas zum Pfande genommen und der Christ es als Diebstahl angibt, so wird dem Juden eher der Reinigungseid als dem Christen der Erfüllungseid zuerkannt ***). — Befragt man

*) Bei *Goldast Constitut. Imperator. T. III. p.* 399. Er führt zwar dieses Gesetz als *Imperiales Henrici VIII. Thuringi regis Romanorum Leges Judaeis traditae* an, bemerkt aber selbst dabei: *Apud G. Fabricium Annal. Misnens. lib.* 1. *Anno* 1265. *legitur haec inscriptio: Nos Henricus Dei gratia Misnensis et Orientalis Marchio qui postea factus est Lantgravius Thuringiae. Ergo Misniae et Ostlandiae datae hae leges, non sunt Imperiales sed Municipales.* In welchem grellen Widerspruche stehet mit dem, in dieser für die Markgrafschaft Meissen im 13. Jahrhundert erlassenen Judenordnung sich kundgebenden Geiste das Judengesetz des *Codex Augusteus* vom J. 1746, auf das man in Sachsen noch heute sich bei Gelegenheiten beruft!

**) Dieses Gesetz ist verschieden von dem des Weichbildes, das wenn der Jude der Beklagte ist, zwei christliche und einen jüdischen Zeugen, wenn der Christ der Beklagte, zwei jüdische und einen christlichen Zeugen verlangt. Das Weichbild gehet rationeller als obige Verordnung zu Werke: es hält je den, der andern Glaubens als der Beklagte ist, für verdächtig gegen denselben, und siebet daher zwei Zeugen dieser andern Confession nur für einen classischen Zeugen an. Vielleicht ist hier etwas verschrieben und führen wie die dortigen Worte an: 1) *Si Judaeus contestari voluerit super Christiano de debito, vel de alia causa, contestari debet cum duobus Christianis, et uno Judaeo, veracibus et bonae famae. Christianis jurantibus suo more et Judaeo jurante in suo libro.* 2) *Si Christianus contestari voluerit super Judaeo de debito, vel de alia causa, contestari debet cum duobus Judaeis et uno Christiano veracibus et bonae fidei.*

***) *Ibid.:* 5) *Omne pignus, quod Judaeus acceperit, si de eo tanquam de furto Christianus aliquis impetierit, Judaeus potius obtinebit cum juramento, quod in pignore acceperat, quam Christianus id auferat cum juramento.* Dieses Judengesetz enthält noch andere sehr günstige Bestimmungen für die Juden, die wir jedoch als zu dem Zwecke dieser Abhandlung nicht gehörend hier übergehen. Bemerkenswerth ist, dass diese Judenordnung Heinrich des Erlauchten auch in die polnische Gesetzgebung um diese Zeit übergegangen ist. Boleslaw der Fromme, Herzog von Kalisch und Gnesen, erliess 1264 Statuten, die Casimir der Grosse

nun weiter die Reichskammergesetze, so hat die peinliche Gerichtsordnung Karl V. durchaus nichts über die Inhabilität des Juden zum Zeugnisse. Sie sagt Artikel 66: „Genugsame Zeugen sind die unverleumbdt und sonst mit keiner rechtmässigen Ursach zu verwerffen seynd.“ Ebenso setzte Schwarzenberg in die Bamburgensis, Art. 77: „Item die zeugen sollen unverleymant leut, vnd nit unter zwantzig jahren alt, auch nit Weibssbild seint.“ Vielleicht sind die Juden als „verleymant leut“ angesehen, doch würde das Gesetz dieses schwerlich unerwähnt gelassen haben. Die Reichskammergerichtsordnung hat ebenfalls nichts über Unzulässigkeit eines jüdischen Zeugen. Zwar wird Theil I. Tit. 95 die Formel für den Zeugeneid folgendermassen angeführt: „Ihr sollet schwören einen Eyd zu Gott und auf das Heilige Evangelium, dass ihr auf die Articul mit Recht zugelassen ff.,“ ohne dass eine Eidesformel für den jüdischen Zeugen vorgeschrieben ist; hingegen findet sich daselbst Tit. 86. die Formel für den Reinigungseid des Juden (angeführt Eidesleistung S. 75.): woraus

---

für das ganze Reich bestätigt, und die ebenfalls bei Anklagen das Zeugniss zweier Christen und eines Juden ff. (aber wie das Weichbild voriger Anmerkung) verlangen, der Jude hat das Vorrecht eines Reinigungseides ff. In unserer Zeitschrift für die Interessen des Judenthums, 3. Jahrg., S. 242 glaubten wir, dass dieser Umstand aus dem, von den polnischen Königen gegen das in der polnischen Reichsverfassung begründete und jedes Mass überschreitende Feudalwesen und Leibeigenschaft häufig angewendete *jus Teutonicum* herzuleiten sei. Hervorzuheben ist noch folgendes Gesetz der gedachten polnischen Legislation: „Bei einer Anklage gegen einen Juden, dass er ein Christenkind ermordet, bedarf es drei christlicher und eben so viel jüdischer Zeugen. Kann der Ankläger das Verbrechen nicht beweisen, so hat er dieselbe Strafe zu erleiden, die der Angeklagte im Falle der Ueberführung hätte erleiden müssen.“ Hätte Deutschland ein solches Gesetz gehabt, wie viel unschuldiges Blut wäre weniger vergossen worden! Vgl. *L. Hollaenderski les Israëlites en Pologne. Paris* 1846. *Dagetau et Comp.* Obige Zeitschrift, S. 219. Vgl. auch die Urkunde Herzog Heinrich's III. zu Glogau vom J. 1299, angeführt bei Rönne und Simon „die früheren und gegenwärtigen Verhältnisse der Juden des Preussischen Staates,“ S. 216 ff., die das Meiste aus den Statuten Boleslaw's abholt (die Herzoge von Glogau standen wie bekannt in naher Beziehung zu Polen); doch sagt §. 1.: „In Klagesachen wider einen Juden soll niemals ein Christ allein, sondern ein Christ und ein Jude gegen den Juden Zeugniss ablegen.“

zu schliessen wäre, dass ein Jude den ersteren Eid nicht zu leisten hat, weil er als Zeuge nicht zugelassen wird. Allein die Reichskammergerichtsordnung hat Tit. 96. den Armeneid (wenn eine Partei sich als mittellos angibt und Gerichts- und Advokatenlasten nicht bezahlen kann) und auch hier nur jene christliche Eidesformel. Es scheint also, dass der Gesetzgeber es dem Richter überlassen, dass er nach Massgabe der jüdischen Eidesformel Tit. 86. den Eid je nach dem vorliegenden Erfordernisse wie bei Zeugen ff. einrichten werde. — Hingegen dürfte die Zeugeninhabilität der Juden aus der Notariatsordnung Maximilians I. (1512) zu schliessen sein, woselbst es §. 2. „Wer nicht Notarius sein kann“ heisst: „Erstlich ordnen wir, dass unter den Personen, so approbirt oder von neuen instruirt werden, ihres Standes und Wesen halber, Unterschied gehalten und Aufmerkung gehabt werde, damit nicht die, so darzu von den Rechten verboten, als ungläubig, eygenleut, ehrloss, infames genandt, oder dieser unser Ordnung und anders, so zu Uebung dieses Ambts zu wissen noth ist, nicht berichtet, oder im geistlichen Bann, oder in unser und des Reiches Acht waren, und in Summa, alle die in Rechten zu zeugen verworfen werden, dieweil sie anstatt der Zeugen gebraucht werden“ *). Es werden also hier Ungläubige vom Notariat ausgeschlossen, „weil sie in Rechten zu zeugen verworfen werden“. Allein es dürfte noch immer zu erweisen sein, ob „Ungläubige“ der Ausdruck für Juden sei, da diese in den Gesetzen gewöhnlich mit ihrem Namen „Juden“ benannt werden.

Doch die Gerichtspraxis stellte fest, der Jude ist nicht fähig Zeugniss abzulegen. Wie überhaupt der Judenhass sich bis zu den Stätten der Gerechtigkeit seinen Weg gebahnt, legen die Formen für die Eidesleistung des Juden genügend an den Tag**). Für die Juden hatten die Priester des Rechts sich in Pfleger des Unrechts umgewandelt, aus ihren Codices zu demonstriren gesucht, dass die drückendsten Gesetze „der Juden Recht seynd“; da galt als Grundsatz: „*Judaeorum*

---

*) Bei Lässig a. a. O. S. 135.

**) Vgl. Eidesleistung S. 69 ff.

causae non ex aequitate sed rigore juris decidendae sunt"*). und wäre man wenigstens bei der Strenge des Rechtes (*rigor juris*) stehen geblieben! Die Rechtsgelehrten waren es auch, die die Gerichtspraxis von der Zeugenunfähigkeit der Juden nicht nur für unantastbar hielten, sondern auch noch viele Gründe hierfür aufzufinden wussten. Vergleicht man die Schriften eines Farinacius **) und der bei ihm angeführten Autoren, eines Menoch ***), Zillettus ****), Mascard †), Ziegler ††), Dinglinger u. A. so ist es bald weil die Juden Ungläubige, bald weil sie Wucherer und von entehrtem Stande (*viles personae*) sind und dem zufolge ein Abzeugen auf ihren Kleidern tragen müssen, ferner weil sie Hass gegen die Christen hegen u. dgl. m. Da wurde nun festgesetzt, in welchen Fällen das Zeugniss eines Juden adminiculirend sei und ein Indicium gebe, wie in Criminalsachen zu verfahren, wenn auf andere Weise als durch jüdische Zeugen die Wahrheit zu erhalten sei †††), welche Glaubwürdigkeit das Zeugniss eines Getauften habe, dass der Jude ein gültiger Zeuge durch die Tortur sei (ganz wie bei den Römern der Sclave, vgl. oben S. 257; waren doch die Juden *viles personae* und Kammerknechte); und suchte man sogar auch die *L.* 21. *C.* 1. 5. zugestandene Zeugenhabilität der Juden bei Testamenten, zu beschränken ††††). Doch gingen einige Rechtslehrer bei einem Prozesse der Christen unter sich von der Vorschrift des *C.* ab und hielten hier Juden für fähige Zeugen, „da der Hass, welchen der Jude gegen beide Parteien hat, das

*) *Dinglinger Dissertat. de jur. singul. circa Judaeos maxime in Germania* c. 9.

**) *De Test. quaest.* 56. *No.* 205. 206.

***) *Lib.* 2. *de arbit. cas.* 239.

****) *Tract. de Test. ex Crotto part.* 4. *No.* 136.

†) *De probat. volum. II. conclus.* 945. Drollig ist die daselbst ventilirte Frage, ob der Jude den Eid „bei Jesus Christus" schwören soll.

††) *Dissert. de Jur. Judaeorum c.* 6.

†††) In diesem Falle muss nach Berger (*Oeconomia juris p.* 1061) der angeklagte Christ einen Reinigungseid schwören. Nach Mascard (*l. l. No.* 9.) ist der Jude ein gültiger Zeuge bei der Anklage der Häresie, Simonie und Majestätsverletzung.

††††) *Mascard l. l. No.* 6.

Gleichgewicht wieder herstellt", ferner wenn die christliche Partei selbst den jüdischen Zeugen producirt *).

Erst mit J. H. Boehmer, dem Schöpfer des protestantischen Kirchenrechts, trat eine rationellere und humanere Theorie in's Leben **). Die Lehre, dass Ketzer unfähig zum Zeugnisse seien, war durch den westphälischen Frieden gefallen, da nach den dortigen Bestimmungen den im deutschen Reiche anerkannten christlichen Confessionen die gleiche Zeugenhabilität zuerkannt wurde. Gegen Heiden und Juden glaubte man jedoch noch das alte Gesetz anwenden zu müssen. „Zeigt nicht diese ungereimte Philosophie," ruft Boehmer ***), „dass man alle gesunde Vernunft abgeschworen habe! Man vermengt die theologische mit der juristischen Glaubwürdigkeit, welche doch himmelweit von einander abstehen. Es kann Jemand theologische Glaubwürdigkeit haben, und als Orthodoxer gezählt werden, und doch habgierig und von schlechten Sitten sein, so dass er juristische Glaubwürdigkeit nicht besitzt. Umgekehrt kann der, der nicht Christ oder Rechtgläubiger ist, also theologische Glaubwürdigkeit nicht hat, mit Aufrichtigkeit begabt, wenigstens ein redlicher Mann sein, so dass juristische Glaubwürdigkeit ihm nicht abgesprochen werden kann. Unter Protestanten können Ketzer als solche nicht zurückgewiesen werden, vorzüglich wenn sie den Schutz des Staates geniessen und also der gemeinschaftlichen Rechte theilhaftig sind. Die Verschiedenheit der Religion vermindert nicht die Glaubwürdigkeit; es sei denn dass von einer anderen Seite her sich ein geringerer Grad zeige, wie aus der Vermuthung des Hasses, den man gewöhnlich den Juden zuschreibt, so dass sie gegen Christen nicht (als Zeugen) angeführt werden können." Ueber diesen letzteren Punct spricht sich aber Boehmer an einem anderen Orte ****) aus. „Das canonische Recht will, dass Juden nicht gegen Christen, wohl aber Christen gegen Juden in allen Fällen

*) *Ziegler l. l.* §. 3.

**) *Puffendorf*, *T. II. Observ.* 109. ist noch sehr befangen. Vgl. auch das. die Urtel des Celler Tribunals.

***) *Jus Protest. eccles. T. I. L.* 2. *tit.* 20. §. 3.

****) *Ibid. Tom.* 4. *Lib.* 5. *tit.* 6. §. 70.

Zeugen sein können, da die Juden den Christen unterworfen sein müssen ff." (vgl. oben). „So philosophirt der Papst und giebt sich sonderbarer Weise ganz seinem Hasse gegen das jüdische Volk hin. Angenommen, dass die Juden eine unfreundliche, ja zuweilen sogar feindliche Gesinnung gegen die Christen haben, angenommen, dass sie hierdurch verdächtig (als Zeugen) seien; aber auch die Christen, die wie die Geschichte sagt, nur zu häufig feindlichen Sinnes gegen die Juden waren, sind wahrlich ebenfalls häufig verdächtig, so dass ein so grosser Unterschied nicht angenommen werden sollte (*sunt etiam Christiani, qui teste historia, infenso ut plurimum fuerunt animo in Judaeos, suspecti sunt, ut tanta diversitas induci non debuisset*). Es ist daher dem Ermessen des Richters überlassen und sind die Juden nicht allenthalben absolut vom Zeugnisse gegen Christen auszuschliessen, so dass in der Kammer (Reichskammergericht) Juden in einem Processe mit Christen zuweilen der Erfüllungseid zugestanden wird, um wieviel mehr können sie, mit Ausnahme wie oben (wenn nicht Hass hervortritt) als Zeugen zugelassen werden." Boehmer selbst führt an ersterem Orte (S. 1200.) ein Urtel der Juristenfacultät zu Halle im Jahre 1706 an, welches jüdische Zeugen als zulässig erkennt, und entlehnen wir hieraus folgende auch für Beeidigung der Zeugen wichtige Stelle. „Weil .... vornehmlich auch eine blosse Civil-constitution ist, dass ein gültiger Beweiss nicht anders als durch beeydigte Zeugen geführet, und einige hierzu untüchtig gehalten werden, da sonst die Wahrheit der Zeugen-Aussagen vielmehr aus der *Conformität* ihrer Antwort über alle von ihnen dabei gefragte Umstände, so in denen *Interrogatoriis* verfasset zu werden pflegen, abzunehmen ist, und aus solcher Ursach das göttliche Gesetz zu Bekräftigung der Wahrheit zweyer oder dreyer Zeugen Mund, oder gegenwärtige mündliche Aussage, nicht aber der Zeugen abzustattenden Eyd erfordert, so dann der Vermuthung eines Jüdischen wider einen Christen zu begegnenden Meyn-Eyds durch die in denen Reichs-*Constitutionen* vorgeschriebene und übliche Form eines Juden-Eyds begegnet ist." Hier sind also zwei wichtige Behauptungen aufgestellt: *a*) nicht die Beeidigung, sondern die genaue Erforschung der Zeugenaussage bildet das

Fundament des Vertrauens zu der Wahrhaftigkeit der Zeugen (vgl. oben zu §. 24.); *b*) erkennt einmal die Gesetzgebung den Eid des Juden als wahrhaft an, so muss sie auch sein Zeugniss, da doch einmal jedes Zeugniss beschworen wird, als gültig anerkennen. Dieses Argument gewinnt noch durch die Bemerkung an Kraft, dass der processirende Theil mehr im Verdachte die Wahrheit zu verbergen und sogar einen Meineid zu begehen stehet, als der Zeuge. Jener ist, bleiben wir beim Reinigungseide stehen, der Beklagte: er leugnet die Rechtmässigkeit der Klage ab und es wird ihm ein Eid auferlegt. Er muss nun entweder von seiner ersten Behauptung zurücktreten und dann muss er zahlen, oder bleibt er bei ihr stehen, so muss er schwören. Er hat also ein Interesse daran, gegen die Wahrheit zu handeln, und sogar einen Eid abzulegen; und ist dasselbe mit geringer Umänderung auch auf den Erfüllungseid anzuwenden. Der Zeuge hingegen ist nicht ein Beklagter, hat sich nicht zu reinigen, noch ergibt sich dem Richter, dass ihm ein Vortheil aus seiner Behauptung entstehe. Dieser Vortheil muss erst geargwohnt werden (der Zeuge sei vielleicht bestochen, sage aus Hass ff.); wird also dort dem Eide Glauben eingeräumt, wie erst beim Zeugnisse? (Vgl. auch Eidesleistung S. 45. ff.)

Boehmer fand, wenn auch Schöppenstühle und Rechtsgelehrte sich nicht von dem in's Recht übergegangenen Unrechte der Justinianischen Gesetzgebung zu trennen vermochten *), bei den Helldenkenden Eingang. So entscheidet sich auch Cramer **) dafür, dass Juden ein gültiges Zeugniss ablegen können und führt er ein Urtel des Hamburger Magistrats vom J. 1760 an, welches sich ebenfalls darauf stützt, dass durch die vorgeschriebene und übliche Form des Judeneides, der Vermuthung des von einem Juden bei Ablegung eines Zeugnisses gegen einen Christen zu begehenden Meineides vorgebeugt sei. Sehr eifrig spricht sich der berühmte Hommel für Zeugenhabilität der Juden aus; und nachdem er in dem oben mehrfach erwähnten Zeugencatalog *voc. Judaeus* Boehmer anführt, ruft er aus: „*Gaudeo inter innu-*

---

*) Vgl. *Abr. Kaestner dissertat. de teste Judaeo.*

**) *Observat. T. II. observ.* 568.

merabiles Juresonsultos unum tandem aliquando sapuisse Halensem! *)"

Dieses war der Stand der Rechtswissenschaft in der Mitte des vorigen Jahrhunderts, und kehren wir nun zu den oben angeführten Gesetzen der Preussischen Gesetzgebung zurück. Diese Gesetze wurden zu verschiedenen Zeiten erlassen (die Allg. G. O. J. 1793, die C. O. J. 1805, Anhang §. 88 der Allg. G. O. J. 1812); und bewährt der Anhang §. 88, dass die Preussische Legislation dem Vorurtheile und einem inhumanen Principe Nichts einräume, und es ihr Ernst sei, vor dem Rechte keinen Staatsbürger vor dem andern zu bevorzugen. Prüfen wir jedoch genau die Gesetze der C. O. und der Allg. G. O., so stellt sich ein dreifacher Mangel in der Gesetzgebung heraus: *Berücksichtigung eines nicht existirenden Religionsgesetzes, Beibehaltung mittelalterlicher Elemente, Normirung nach der jüdischen Rechtslehre und Widerspruch in dieser Normirung selbst.*

Wir wenden uns zuerst zu der Criminal-Ordnung. Der Widerspruch, der zwischen §. 335. Nr. 7. und §. 357. Nr. 8. zu liegen scheint, indem dort bestimmt wird, dass „wenn der Jude den Eid in Sachen, worin eine härtere Strafe (als 50 Thlr. ff.) stattfindet, *freiwillig* leisten wolle, dieses

*) Wir führen noch eine Stelle aus *Observ.* 350. an, auf welche sich hier Hommel beziehet. Es handelte sich darum, ob ein Jude zum Erfüllungseide zugelassen werden könnte. Die Juristenfacultät zu Leipzig (J. 1774) erklärte sich auf Anrathen Hommel's bejahend und führt in ihrem Urtel an: „Da es unter verschiedenen Religionsverwandten Meineydige zu allen Zeiten gegeben, wie denn der ehemals auf das höchste getriebene Saz päpstlicher Vorschriften, dass man eher den Christen als den Ungläubigen schwören lassen solle, aus einem den vorigen Zeiten nicht zur Ehre gereichenden Verfolgungseifer entstanden, mithin, über seine Grenze zur Ungebühr keineswegs zu erweitern, vielmehr die Erfahrung lehret, dass gewissenhafte Juden sehr schwer an die Ablegung eines Eides zu bringen und wenn letztere heimliche Widersacher der Christen sind, doch eben so wenig diese sich schämen, ja aus Unverstand es wohl gar als eine verdienstliche Handlung ansehen, sich auf gleiche Weise als derer Juden öffentliche Feinde zu erklären, mithin, wenn blos der Hass eine widrige Vermuthung abgeben sollte, auf beiden Theilen gleiches Bedenken vorhanden sein würde u. s. w."

geschehen kann"; §. 357. 8. den Juden als Beweiszeugen bei einer härteren Strafe ff. nicht gelten lässt, „wenn sie sich auch zur Ablegung eines Zeugeneides freiwillig erbieten," die freiwillige Beeidigung nutz- und zwecklos ist, welches doch §. 335. nicht beabsichtigen kann: wird, wie es auch das Criminalgericht zu Berlin erkannte *), durch C. O. §. 358. gehoben, woselbst es heisst: „In wie fern diese der näheren Erkundigung wegen zu vernehmenden Personen, besonders im Falle des Hochverrathes, der Landesverrätherei und der beleidigten Majestät dennoch mit dem Zeugeneide zu belegen sind, bleibt der Beurtheilung des Richters nach der Erheblichkeit ihres Zeugnisses und nach der Beschaffenheit der übrigen Beweismittel überlassen." Es treten also in den Fällen des §. 358. die §. 357. benannten Personen aus der Classe der reinen Informationszeugen heraus, und fände eine Beeidigung der Juden nie statt, so würde der Jude auch bei §. 358. nie mehr als einen Informationszeugen abgeben können. Daher bestimmt §. 335. 7., dass sein freiwilliges Zeugniss zulässig ist, und ist dieses von Einfluss für §. 358. **). — Auch hebt sich dieser Widerspruch durch das dem §. 230. Nr. 12. der Allg. G. O. zu Grunde liegende Princip. Dieses Gesetz will, dass der gewöhnliche Jude nicht als Beweiszeuge, sondern nur der Erkundigung wegen abgehört werden kann. Der inländische, mit einem Atteste der Verbrechenlosigkeit versehene Schutzjude wird ein theilweiser Beweiszeuge, und liefert die Aussage mehrerer jüdischen Zeugen mit der mit ihr übereinstimmenden Aussage eines christlichen Zeugen einen vollen Beweis. Der Jude befindet sich also je nach Umständen entweder in der Categorie des reinen Informations- oder des verdächtigen (halb classischen) Zeugen, und dieses auch auf die C. O. angewendet, ist der Widerspruch zwischen §. 335. und §. 357. gehoben. Der Jude kann in Criminalsachen zum Eide nicht gezwungen werden und bleibt er,

*) Vgl. Criminalistische Zeitung für den Preussischen Staat 1842. Nr. 1. 2., welche das Referat des Criminalgerichts zu Berlin über die gedachten Gesetze der C. O. bringt. Diese Nummern sind auch abgedruckt im „Orient" 1842, Hauptblatt Nr. 10. 14. 15. 16. Wir citiren hier nach dem Oriente.

**) Orient S. 119.

so lange er nicht schwört, ein Informationszeuge: will er freiwillig den Eid ablegen, so wird er ein halbclassischer, jedoch nie ein vollständiger Beweiszeuge. Ersteres besagt §. 335. 7.; vom vollständigen Beweiszeugen schliesst ihn §. 357. 8. aus. — Aber höchst auffallend ist die ganze Grundlage des Gesetzes, das annimmt, Juden können zur Ablegung eines amtlichen Zeugnisses in Criminalsachen nicht gezwungen werden, auffallend was den Unterschied der höheren und geringeren Strafe von 50 Thlrn. oder sechswöchentlichem Gefängnisse motivire, so dass in letzterem Falle der Jude zur Ablegung eines eidlichen Zeugnisses gezwungen werden kann? Es erhoben sich mehrere Stimmen gegen das Mangelhafte dieser Vorschriften *): und es brachten endlich die Jahrbücher für die preussische Gesetzgebung (116. Heft, drittes Stück) eine Mittheilung der zum grossen Theile noch unbekannten Verhandlungen, aus denen die Vorschriften über Judeneid und Judenzeugnisse flossen. Nachdem (S. 401—408) eine kurze Uebersicht, „wie die preussische Gesetzgebung über Judeneide sich allmälig gestaltet hat,“ vorausgeschickt und die Bestimmungen, eingeholten Gutachten, Rescripte und Edicte vom J. 1709 bis J. 1837 über „Judeneide, Judenzeugnisse, jüdische Handelsbücher“ theils wörtlich, theils in Nachweisen wiedergegeben werden, wird auf die wichtigen Materialien, die dem Gesetze der All. G. O. und der C. O. zu Grunde liegen, ausführlich zurückgekommen, und liegen hier vollständig die Verhandlungen vor, die bei Erlassung dieser Gesetze gepflogen wurden. Im J. 1782 wurde der Assistenzrath Klein beauftragt, einen Entwurf über die bei den jüdischen Eidesleistungen zu beobachtenden Formalitäten einzureichen. Er that, wie er in seinem Berichte an Friedrich den Grossen vom 7. Juni 1782 sagt: „sich mit M. Mendelssohn zusammen, der ihm einen Bericht bei-

---

*) Vgl. Mittermaier Beweis S. 302. Anmerk. 20. Referat des Berliner Criminalgerichts zu Ende. J. A. Fränkel: das jüdische Recht erlaubt nicht nur sondern fordert sogar den Zeugeneid. Orient 1842. Literaturblatt S. 323 — 325. Nach dem gedachten Referate hatte auch A. Geiger eine Abhandlung über den Zeugeneid der Juden in Criminalfällen eingereicht.

fügte, wie der Eid dem Talmud gemäss in jüdischen Gerichten abgenommen werde". Bei dieser Berathung kam auch der Zeugeneid zur Sprache; und werden wir auf die dortigen Resultate etwas genauer eingehen. In der Anlage I. (Jahrb. S. 411. ff.) bringt Klein das Gutachten Mendelssohns, in welchem dieser über den Eid spricht. „Nach den Gesetzen des Judenthums findet ein gerichtlicher Eid nicht anders als in Civilsachen, die Geld und Geldeswerth betreffen, statt. Dem Zeugen wird kein Eid auferlegt; denn das Gesetz, sprechen die Rabbinen, ist hierüber deutlich und bestimmt genug, und also Jeder durch das Gesetz Mosis hinlänglich beeidigt vor Gericht die Wahrheit auszusagen ff." (wie unsere Eidesleistung S. 46 ff. und oben an mehreren Stellen erörtert wurde). „Im Inquisitionsprocesse (so wird dort der Criminalprocess benannt) findet nach jüdischen Rechten die Eidesleistung um so weniger statt, da nach einem Satze der Rabbinen: Niemand sich selbst zum Verbrecher machen kann. Daher auch nach der Lehre des Judenthums auf das Geständniss des Verbrechers nichts ankommt, und die Sache einzig und allein durch Aussage der Zeugen evident zu machen sei" (vgl. oben S. 167 ff). „Ja der Augenschein selbst würde ohne mündliches Zeugniss nicht hinreichen, Jemanden straffällig zu erklären **). Es bleiben also blosse Geldforderungen, in welchen die Eide stattfinden, und gibt es nach den jüdischen Rechten in Absicht auf dieselben drei Grade. Der erste Grad wird der Eid des mosaischen Gesetzes genannt und wird dem Beklagten gegeben ff. (vgl. oben §. 79.). Der zweite Grad ist der Eid der Mischna. Diesen, haben die Lehrer der Mischna dem Kläger aufgelegt, der so viel Wahrscheinlichkeit für sich hat, dass der Beklagte nicht wohl

*) Wir haben Eidesleistung S. 118—136 die Preussische Gesetzgebung über die Formalitäten des Eides besprochen. Durch die mitgetheilten Materialien finden wir uns, wie die bald zu erscheinende zweite Auflage der Eidesleistung zeigen wird, in den dortigen Behauptungen noch mehr bestärkt.

**) M. ist hier ungenau. Nur bei Capitalfällen reicht der Augenschein des Richters nicht hin (vgl. oben S. 296); bei geringeren Strafen (und vielleicht sogar bei Geisselstrafen) genügt der Augenschein.

durch einen Reinigungseid zu befreien sei *). Der dritte Grad aber wird der Rabbinereid genannt und dem Beklagten auferlegt ff." (vgl. oben §. 82.). — Die zweite Anlage bringt ein, mehrere Anfragen auf Grund des obigen Gutachtens enthaltendes Schreiben Klein's an Mendelssohn, nebst den am Rande beigefügten Antworten des Letzteren. Wir heben aus dieser Anlage das zum Zeugeneide Gehörende heraus. „Endlich," sagt Klein (Jahrb. S. 417. 418), „da nach unserer Gerichtsverfassung keinem Zeugen ohne Eid Glauben beigemessen wird, ob nicht in Sachen der Juden gegen die Christen und der Christen unter sich jüdische Zeugen vereidet werden könnten?" M. „Ja!" K. „Was die bei Inquisitionsprozessen abzulegenden Eide anbetrifft, so sind anbei folgende drei Arten von Eiden zu unterscheiden:

1) die Eide, womit der Beschädigte den erlittenen Schaden beschwört;
2) die Reinigungseide des Verdächtigen;
3) der Zeugen.

Der erstere würde einem Erfüllungseide gleich zu achten sein, der zweite würde keinem Juden zuerkannt werden können. Und was die Zeugen anbelangt, so dürften diese wohl auch zufolge derselben Grundsätze schwer durch einen Eid zu binden sein." Bleiben wir, ehe wir die Antwort M's. hören, bei diesen Folgerungen stehen, so muss in Erstaunen setzen, wie in so wenigen Sätzen eine solche Reihe von falschen Schlüssen enthalten sein könne. „Der Reinigungseid des Verdächtigen würde keinem Juden zuerkannt werden können" Worauf gründete sich dieser Schluss? M. hatte in seinem Gutachten gesagt, dass nach jüdischem Rechte der Angeklagte nicht im Criminalprocesse beeidet wird, da Selbstgeständniss hier keinen Beweis bildet. Hieraus folgert nun Klein, dass einem Juden, der als Angeklagter in einem Criminalprocesse vor einem **Preussischen Gerichte** stehet, ebenfalls nicht ein Reinigungseid auferlegt werden kann. Warum? Hat das Preussische Recht sich nach **jüdischem Rechte** zu richten, ist für das Preussische

*) Auch hier ist M. ungenau, der mischnische Eid ist, wie oben §. 81. zeigt, auch zuweilen ein Reinigungseid.

Recht das jüdische Recht die Norm bei einer Anklage gegen einen Juden? Auf diese Weise dürfte ja das Pr. R. einen angeklagten Juden nicht inquiriren und auf Selbstgeständniss dringen, weil das jüdische Recht nicht den Angeklagten inquirirt und sein Selbstgeständniss für keinen Beweis hält! Geschiehet aber mit der Inquirirung dem Juden kein Gewissenseintrag, so ist nicht abzusehen, warum ihm nicht auch der Reinigungseid in Criminalsachen zuerkannt werden könne. Sein Religionsgesetz verbietet ihm nicht den Eid, sondern sein Rechtsgesetz, d. i. wenn das jüdische Recht angewendet wird, sagt, er braucht keinen Eid, legt ihn nicht auf, folgert nicht wie das gemeine Recht, dass wenn der Angeklagte ihn nicht leistet, er als schuldig erkannt werde (vgl. oben S. 301). Was stehet also nach dieser Prämisse, da wo nicht das jüdische Recht angewendet wird, dem Eide entgegen? — Es haben die meisten Staaten den Reinigungseid in Criminalsachen abgeschafft (vgl. das.). Wenn also ein Bürger dieser Staaten einen derartigen Reinigungseid in einem Staate abzuleisten hätte, wo die Gesetzgebung ihn beibehalten, wäre wohl die Folgerung richtig: weil er nach seinem heimathlichen Rechte den Reinigungseid nicht abzuleisten braucht, so darf er ihn nicht ableisten und kann ihm der Reinigungseid auch da, wo er beibehalten wurde, nicht auferlegt werden? — Es hätte, wollte man irgend einen Zweifel hegen, die Frage aufgeworfen werden müssen: begehet nicht der Staat eine Gewissensverletzung, indem er den Juden nach den Staatsgesetzen und nicht nach jüdischem Rechte richtet? Aber diese Frage hatte keinen Grund; der Jude als Unterthan und Mitglied des Staates muss sich nach den Landesgesetzen richten: und welcher Zweifel sollte hierzu noch beim Verbrechen obwalten, das nicht als eine Privat-, sondern als eine öffentliche Verletzung, eine Beeinträchtigung des Staates angesehen werden muss (vgl. oben S. 2 und sonst)! Ist aber unbezweifelt, dass der Jude nicht in seinem Gewissen verletzt werde, wenn er nach den Landesgesetzen und nicht nach jüdischem Recht gerichtet wird, so unterliegt auch keinem Zweifel, dass Nichts der Eidesleistung, die diese Landesgesetze verlangen, im Wege steht. Die Landesgesetze werden wohl bei dem Eide als religiösem Acte auf das Regionsgesetz des Juden Rücksicht nehmen, ihn den Eid in der Weise ablegen lassen, wie es das Religionsgesetz will. Ob aber das jüdische Rechtsgesetz hier einen Eid vorschreibt, kann nicht in Erwägung kommen, und wird doch auch, wie oben bemerkt wurde, beim Civilprocesse nie gefragt, ob und wem die jüdische Rechtslehre in diesem Falle einen Eid zuerkenne! –– Die gedachte unlogische Folgerungsweise Klein's tritt auch bei der dritten Frage über Zeugen in ihrem ganzen Umfange hervor. Klein sagt: „Und was die Zeugen anbelangt, so dürften diese wohl auch zufolge derselben Grundsätze schwer durch einen Eid zu binden sein." Dieses „zufolge" ist gar nicht abzusehen. M. hatte in seinem Gutachten erklärt: „Dem Zeugen wird kein Eid auferlegt, weil schon Jeder durch das Gesetz Mosis hinlänglich beeidigt ist vor Gericht die Wahrheit auszusagen" ff. (s. oben). Das jüdische Recht legt also keinen Zeugeneid auf: er ist nicht durch ein Religionsgesetz verboten, sondern die jüdische Rechtslehre verlangt ihn nicht, er kommt beim jüdischen Gerichte nicht zur Anwendung. Dass auch hier die Landesgesetze sich nicht nach jüdischem Rechte zu richten haben, ist wohl gewiss und wurde auch hierüber kein Zweifel angeregt: es stehet also der Eidesleistung des jüdischen Zeugen nichts entgegen. Dass übrigens das Religionsgesetz den Zeugeneid nicht verbiete, gehet auch aus dem oben (S. 212 ff.) angeführten Gebrauche der jüdischen Gerichte späterer Zeit, die Zeugen zuweilen zu beeidigen pflegten, unwiderlegbar hervor; die jüdischen Gerichte würden doch wohl nicht gegen das Religionsgesetz gehandelt haben! Endlich, wurde der Sprung von der jüdischen Rechtslehre auf das jüdische Religionsgesetz und vom Nichtbrauchen auf das Nichtdürfen gemacht, so durfte Klein für Civilsachen nicht blos anfragen, „ob nicht ff. jüdische Zeugen vereidet werden könnten?" und für den Criminalprocess verneinend vermuthen, „so dürften diese wohl ff. schwer durch einen Eid zu binden sein"; sondern hätte die Fragestellung für Criminal- und Civilprocess in gleicher Weise erfolgen müssen: „Sind hier wie dort jüdische Zeugen zu beeidigen?"

Hören wir nun, wie M. die Fragen beantwortet. Sind schon die Folgerungen Klein's auffallend, so hat die Beantwortung M's. noch mehr Befremdendes. Auf die Frage über den Religionseid des Verdächtigen sagt M.: „Der zweite (in der Fragestellung Klein's) kann einem Juden zuerkannt werden, wenn er sich durch den Eid von einer Geldbusse oder einer andern leidlichen Strafe befreien soll; denn er führt alsdann mit *Fisco* einen Civilprocess. Gehet es aber um harte Leibes- oder Lebensstrafe, so würde ich schwerlich einem Juden trauen." Wir wissen nicht, ob nicht zu lesen ist „einem Jeden"; M. würde hier die Idee des von ihm so sehr geschätzten Beccaria und anderer Philosophen des vorigen Jahrhunderts vertreten haben, dass der Reinigungseid im Criminalprocesse ein Unding sei, da hier der Schwörende sich in einem harten Kampfe zwischen der Wahrheit und der Selbsterhaltung befindet, und die grösste Gewissenhaftigkeit in dem Inculpaten vorausgesetzt werden muss, da sonst anzunehmen ist, dass er falsch schwören werde: eine Idee, die allgemein Eingang gefunden und den Reinigungseid aus den Gesetzgebungen verdrängt hat (vgl. oben S. 302). Doch wie hier immer zu lesen sei, welchen Zusammenhang hat diese Antwort mit der Aeusserung M's. in seinem früheren Gutachten, dass nach jüdischem Rechte eine Eidesleistung des Inculpaten nicht stattfindet und auf das Geständniss des Verbrechers nichts ankommt ff.: und auf diese Aeusserung hatte doch Klein seine Frage gestützt, nicht ob dem Juden an sich, d. i. als einem *infideli* oder *perjuro*, ein derartiger Eid zuzutrauen sei *)? Noch sonderbarer ist, was M. auf die Frage über Zeugen antwortet. „Zeugen," sagt er, „sind durch den Eid in Criminalsachen allerdings zu binden, in so weit nicht Lebensstrafe oder eine unausstehliche Leibesstrafe daraus entstehet." Für diese Beantwortung ist noch weniger ein rationeller Grund als für die vorige aufzufinden. M. wurde nicht über die Glaubwürdigkeit, sondern über das, was aus dem jüdischen Gesetze, wie er es in seinem Gutachten an-

*) Allg. G. O. §. 355. sagt: „In wie fern bei Criminalfällen Reinigungseide überhaupt und insbesonderheit von jüdischen Angeklagten stattfinden, soll in der Criminalprocessordnung näher bestimmt werden." Die C. O. aber hat nach dem oben bemerkten Grundsatze den Reinigungseid gar nicht aufgenommen: und war also diese Frage von selbst erledigt.

gegeben hatte, für Beeidigung der Zeugen zu folgern sei. Und selbst wenn M. die Glaubwürdigkeit im Auge hatte und er bei der früheren Frage — Reinigungseid in Criminalfällen — für seine Glaubensgenossen bei dieser gefährlichen und in ihrem Gesetze nicht begründeten Collision zwischen Wahrheit und Selbsterhaltung fürchtete, dass sie in diesem harten Kampfe nicht bestehen würden, so genügt dieses doch immer nicht für die zweite Beantwortung. Was sollte den Zeugen, wenn es auf Lebensstrafe ff. ankommt, zu einem falschen Eide bewegen? Selbst die schlimmste Seite angenommen, dass, wenn der Angeklagte ein Jude, der jüdische Zeuge aus Liebe zu seinem Glaubensgenossen falsch schwören und zeugen werde, so wäre doch der Jude ein glaubwürdiger Zeuge, wenn der Angeklagte einer anderen Confession angehört? Oder wird hier jenem mittelalterlichen Wahne des Hasses gegen Christen Etwas eingeräumt, dann wäre doch wohl dem Zeugnisse des Juden, auch wenn nicht Lebensstrafe ff. daraus entstehet, nicht Glaubwürdigkeit beizumessen? Doch wozu den Worten des edlen Mannes eine Deutung unterlegen, der der ganze Zusammenhang widerspricht. M. ging irrigerweise vom jüdischen Rechte aus (wie wir auch weiter wahrnehmen werden) und hatte dieses einseitig im Auge. So hatten auch die verschiedenen Justizministerien in obigen Worten M's. nicht einen Verdacht einer Nichtglaubwürdigkeit wahrgenommen, sondern da M. in seinem Gutachten die Normen des jüdischen Gesetzes angegeben hatte, Klein sich auf dieses Gutachten bezog und M. auf Klein's Fragen seine Antworten einrichtete, so wurde dafür gehalten, dass diese Antwort M's. ebenfalls die jüdische Satzung wiedergebe und gestaltete sich die Meinung, „der Jude dürfe nicht bei Lebensstrafe ff. einen Zeugeneid ablegen". Diese Ansicht wurde zuerst von dem Grosskanzler von Goldbeck im J. 1803 bei Gelegenheit des Entwurfes einer neuen Criminal G. O. ausgesprochen. Dieser Entwurf wurde dem König Friedrich Wilhelm III. vorgelegt, welcher in einem Schreiben vom 12. Mai d. J. erklärte: „*ad* §. 337. *No.* 7. ist es Mir aufgefallen, dass die Juden in solchen Fällen schlechthin nicht sollen zum Zeugnisse genöthigt werden können, wesshalb Ich die Gründe zu diesem Gesetzvorschlage von Euch vernehmen will" (Jahrb. S. 445). v. Goldbeck erwiederte (das.): „Ich zeige hierauf allerunterthänigst an, dass bei Anfertigung der G. O. und bei der näheren Bestimmung der Judeneide durch das Circular vom 1. Mai 1786 *) die zuverlässigen Mitglieder der jüdischen Gemeinde, besonders auch Moses Mendelssohn zugezogen wurden, deren Gutachten dahin ausfiel, dass es den Juden nur erlaubt sei, einen Eid abzulegen in Fällen, wenn die körperliche Strafe in eine Geldstrafe umgewandelt werden könne" In einem Rescript des Ministers von Kircheisen, 30. Mai 1812, „betreffend die Glaubwürdigkeit des Zeugnisses der Juden in Criminalsachen," wird dem Kammergerichte auf die Anfrage: „ob seit Emanirung des Edicts der bürgerlichen Verhältnisse der Juden vom 11. März 1812 ein Jude, welcher die in den §. 1. und 2 dieses Edicts bestimmte Eigenschaften hat, ein gültiger Instrumentszeuge sei," eröffnet, dass die aufgeworfene Frage nach §. 20. des Edicts **) zu bejahen sei, und ist der dagegen aus dem §. 23. des angeführten Edicts ***) herge-

*) Klein hatte einen „Entwurf einer Anweisung, wie es mit Abnahme der Judeneide zu halten sei," auf Grund obiger Rücksprache mit M. überreicht und dieser Entwurf circulirte auf königlichem Befehl bei denjenigen Collegien, „in deren Departements sich zahlreiche Judengemeinden befinden, und soll deren Rabbinern und Aeltesten communicirt werden" (Jahrb. S. 426 u. 427). Dem Entwurfe selbst waren die Motive M's. nicht beigefügt, sondern heisst es bloss daselbst: „§. 18. In Sachen, wo es auf harte Leibes- oder Lebensstrafe ankommt, kann dem Juden ein Reinigungs- oder Zeugen-Eid mit einiger Zuversicht dadurch die Wahrheit zu entdecken nicht abgenommen werden" (Jahrb. S. 423). Bei dieser Fassung, die keinesfalls besagt, dass man hier auf der jüdischen Lehre fusse, sondern die Norm eines Staatsgesetzes hinstellt (und dergleichen Ausnahmsgesetze waren doch den damaligen Juden nichts Ungewöhnliches), konnten die Judengemeinden kaum ahnen, dass diesem §. eine falsche Folgerung aus ihrer Lehre zu Grunde liege.

**) Edict §. 20.: „Die privatrechtlichen Verhältnisse der Juden sind nach eben denselben Gesetzen zu beurtheilen, welche anderen Preussischen Staatsbürgern zur Richtschnur dienen"

***) Edict §. 23.: „Auch muss es bei der Festsetzung der All. G. O. Th 1. Tit. 10. §. 352. und der Crimin. O. §. 335. Nr. 7. und §. 357. Nr. 8., dass kein Jude in den benannten Criminalfällen zur Ablegung eines eidlichen Zeugnisses gezwungen werden darf, so wie bei den daselbst bestimmten Wirkungen eines freiwillig geleisteten Zeugeneides, künftig verbleiben."

nommene Zweifel ganz unerheblich, indem daselbst den Zeugnissen der Juden nur in **Criminalfällen** die volle Glaubwürdigkeit und zwar deswegen abgesprochen wird, „weil anzunehmen ist, dass der Jude in den erwähnten Criminalfällen nach den Grundsätzen seiner Religion zu einem eidlichen Zeugnisse nicht angehalten werden, eben darum aber seinen freiwilligen Aussagen kein völliger Glaube beigelegt werden könne“ *). Also allenthalben die in Mendelssohn's Worten wahrzunehmende Ansicht, dass der Jude einen Zeugeneid in Criminalsachen nicht leisten darf. Wir verehren in Mendelssohn den Philosophen und den erleuchteten Lehrer seines Volkes, der nach den Finsternissen der letzten Jahrhunderte einen mächtigen Anstoss zu dessen Aufklärung gegeben und sein grosser Wohlthäter wurde; doch es gebührt der Wahrheit ihr Recht: Mendelssohn ist hier Menschliches widerfahren, er hat geirrt. Wir appelliren nicht an den Humanitätssinn, nehmen keinen Philanthropismus in Anspruch, sondern haben es allein mit der Gerechtigkeit zu thun. **Sie** wäge die zu §. 24. 25. angegebenen Daten ab, wäge ab das Princip des mosaischen und das des gemeinen Rechts, und dass dort die Beeidigung des Zeugen diesem Princip gemäss nicht für nothwendig erachtet, hier aber auf die Beeidigung gedrungen werde; sie wäge ab, dass nicht die jüdische Religionslehre den Zeugeneid verbietet, sondern nur die jüdische Rechtslehre ihn nicht für nothwendig erachtet und dass auch jüdische Gerichte den Zeugen den Eid auferlegten; sie wäge ab, ob nach der im ersten Abschnitte dargelegten Theorie ein Unterschied in der Weise stattfinden kann, dass im Civilprocesse der Zeuge schwören kann, aber nicht im Criminalprocesse, wäge ab, ob nicht, da das jüdische Recht die Untersuchung und Erforschung der Zeugen bei Criminalfällen in weit höherem Grade, als bei Civilfällen, verschärft (vergleiche oben §. 17. bis 19. 22. 23.), die Beeidigung des Zeugen, wird sie in Civilfällen zugestanden, noch mehr im Criminalprocesse stattfinden muss (vergleiche oben S. 212): **das strenge**

---

*) Vgl. bei Mannkopf Allg. Ord. zu Anhang §. 88. Rönne und Simon S. 495.

Recht, die vorurtheilsfreie unparteiische Gerechtigkeit spreche!

Noch müssen wir, ehe wir uns von dieser schadhaften Seite, der Berücksichtigung eines nicht existirenden Religionsgesetzes, abwenden, einen Punct hervorheben, der ebenfalls aus dieser Berücksichtigung floss und zu mancher bedenklichen Consequenz Anlass geben könnte. Das Gesetz §. 357. Nr. 8. sagt: „dass Juden, sobald es auf eine härtere Strafe u. s. w. ankommt, als Beweiszeugen nicht gelten, wenn sie sich auch zur Ablegung des Zeugeneides freiwillig erbieten." Dass auch der freiwillig beeidete jüdische Zeuge nicht Beweiskraft habe, beruhet auf einem Schreiben des Königs Friedrich Wilhelm III., 16. Mai 1803, an den Grosskanzler von Goldbeck. Der König drückt sich auf den oben erwähnten Bericht von Goldbek folgendermassen aus: „Da der §. 337. Nr. 7. der neuen Criminal-Ordnung vorkommende Gesetzvorschlag, Juden können zur Ablegung eines eidlichen Zeugnisses nicht gezwungen werden, wenn die Strafe, welche den Angeschuldigten treffen kann, eine willkührliche Geld- oder Gefängnisstrafe übersteigt, Eurem anderweitigen Bericht vom 13. d. M. zufolge sich darauf gründet, dass es den Juden nicht erlaubt sein soll, in solchen Fällen ein Zeugniss abzulegen, so will Ich demselben zwar meine Genehmigung ertheilen, jedoch weil auch alsdann ein Jude, der sich über seine Religionsgrundsätze in diesem Stücke wegsetzen will, keinen Glauben verdient, hinzugefügt wissen, dass freiwillige Aussagen jüdischer Zeugen in solchen Fällen niemals einen vollen Beweis ausmachen sollen" (Jahrb. S. 446. 447). Diesem gemäss erhielt nun der §. 357. Nr. 8. seine endliche Fassung und ging in dieser Gestalt in die C. O. über (vgl. das. S. 448). Sollte nun hieraus gefolgert werden, dass der Jude, der nicht strict nach seinen Religionsgesetzen lebt, kein vollständiger Zeuge sei, weil „wer sich über sein Religionsgesetz wegsetzt, dessen Eid verdient nicht Glauben," so würde hier der Staat das sonderbarste Inquisitionsgericht über Glaubenssachen der Juden bilden. Wird doch nicht gefragt, ob Jemand als frommer Christ lebe, und wird die juristische Glaubwürdigkeit von der religiösen völlig geschieden. Nur wenn der Schwörende das eigentlich bindende

Moment des Eides, das Dasein Gottes, oder, wo wie gewöhnlich der Eid bei der Bibel geleistet wird, die Offenbarung in Abrede stellt *), dann kann natürlich sein Eid nicht Glauben finden; eine einzelne Uebertretung hingegen wird seine Glaubwürdigkeit nicht schwächen (vgl. oben S. 252). Wollte hier das gemeine Recht sich auf den Standpunct des mosaisch-talmudischen Rechts versetzen (vgl. §. 44. 92.), so wäre dieses eine offenbare Verkennung der Verschiedenheit des Bodens, auf welchem jene Rechtslehre und die gemeine Rechtslehre stehet (S. 251. ff.); und den Juden nach dem jüdischen Recht zu beurtheilen, wäre eine Annahme, die, wie oben bemerkt wurde, der Staat von sich weist, indem er das Landrecht, in so weit nicht das Religionsgesetz der Confession beeinträchtigt wird, für alle Landesbewohner gelten lassen will. — Dass übrigens die Verletzung eines Religionsgebotes nicht unfähig zum Eide mache, erklärt auch ausdrücklich ein Rescript vom 9. Juni 1812. Ein Jude, der aus dem Stamme Aaron abstammend eine geschiedene Frau geheirathet hatte — was nach biblischem Gesetze Levit. 21. 7. verboten ist — sollte einen Eid ableisten, und der Rabbiner weigerte sich (nach §. 44.) zu assistiren. Auf eine Appellation hiergegen erklärt das Rescript, „da diese Meinung (des Appellanten) nach dem Gesetze für gegründet zu achten, indem die Beurtheilung der Fähigkeit eines Menschen zur Eidesleistung und die Wirkung eines geleisteten Eides keineswegs von der anmaasslichen Entscheidung der Rabbiner und jüdischen Gelehrten abhängig, sondern lediglich dem Ermessen der Obrigkeit nach den Vorschriften des bürgerlichen Rechts zu überlassen, hiernach aber der Jude wegen seiner Verheirathung ff. für unfähig zur Ableistung eines Eides nicht zu halten u. s. w., so hat das Königl. Ober-Landesgericht die Rabbiner und die jüdischen Gelehrten ausdrücklich zurechtzuweisen und weiter in der Sache rechtlich zu verfahren" **). Wenn also das obige

*) Vgl. Phillipps in dem oben angeführten Werke *p.* 19. 20. und den merkwürdigen Rechtsfall daselbst.

**) Vgl. bei Mannkopf Allg. G. O. 1. Thl. 10. Tit. zu §. 324. Dieses Rescript scheint ohne tieferes Eingehen auf die Quellen der Preussischen Gesetze über Judeneide und Judenprocesse erlassen worden zu sein, denn sonst würde man weder eine Anmassung der fun-

Schreiben des Königs dennoch will, „dass ein Jude, der sich über seine Glaubensgrundsätze in diesem Stücke weggesetzt, keinen Glauben verdiene," so scheint die Meinung vorgewaltet zu haben, dass, da beim Eid, dessen Unterlage die Religion, das Religionsgesetz im Auge zu behalten ist, dieses aber (vermeintlich) einen Zeugeneid verbiete, Jener der den Eid dennoch leisten will im Verdacht stehet, dass er den Eid nach seinem Religionsgesetze nicht hoch genug halte und fehlt also die Bürgschaft für seine Wahrhaftigkeit: eine Ansicht, die wenn die Prämisse — dass der Jude den Zeugeneid nicht leisten darf — richtig wäre Manches für sich hat *).

girenden Rabbiner gefunden, noch sie ausdrücklich zurechtgewiesen haben: sie hatten in dem gedachten Gesetze der C. O. und in dem Grund, den der König hierfür angibt, einen mehr als scheinbaren und — wie sich weiter zeigen wird — in einem anderen Gesetze einen wirklichen Anhalt.

*) Hingegen dürfte die Meinung der Minorität des Berliner Criminalgerichtes, nach der der Zwang eines jüdischen Zeugen zum Eide gestattet ist, wenn dadurch ein Staatszweck erreicht werden kann, der höher stehet als die Rücksicht auf Religionsansichten (vgl. Orient S. 79), entschieden zurückzuweisen sein. Hat auch an sich die Meinung der Minorität, die einen Unterschied zwischen Aussagen über Thatbestand und Aussagen über Thäterschaft macht, Vieles für sich, so ist ein Zwang zum Eide gegen die Religionsansicht des Schwörenden sehr bedenklich. Der Eid ist Sache der Religion und des Gewissens und muss gerade Religion und Gewissen den unbedingtesten freien Raum haben; wie will man auf Grundlage dieser Hauptpotenzen Wahrheit erlangen, wenn man im Voraus den Schwörenden zwingt, gegen sie zu handeln? Gerade je höher der Staatszweck ist und je mehr also an der Wahrheit gelegen, desto freier, unverletzter muss Religion und Gewissen bleiben? — Wir führen hier noch an, dass, wenn in dem gedachten Referat (Orient S. 112) aus unserer Eidesleistung, woselbst S. 44 heisst: „die jüdische Rechtslehre kennt den Eid nur für Civilsachen, der Zeugeneid kommt in ihr nicht vor ff." S. 46: „Die jüdische Rechtslehre ist in der Offenbarung begründet; du sollst nicht rauben, nicht stehlen, kein falsches Zeugniss sagen ff. sind geoffenbarte Verbote: wer dagegen handelt begehet nicht minder eine religiöse Sünde, als der welcher einen Meineid schwört ff." (vgl. auch oben S. 203. 204. 295.), gefolgert wird: „Erklärt sich hiernach also Frankel auf Grund der jüdischen Rechtslehre gegen den Zeugeneid, so muss letztere um so mehr gegen den Zwang zum Eide sein" — diese Schlussfolgerung für die dort angeregte Frage — Juden nach Preussischem Recht und vor Preussischem Gericht — sehr befremdend

Wir kommen nun zu der andern Seite dieser Gesetze: **Beibehaltung mittelalterlicher Elemente.** C. O. §. 357. Nr. 8 tritt ein derartiges Element offenbar hervor, da es daselbst heisst: „Kommt es aber nur auf die gedachte oder eine noch gelindere Strafe an und ist der Angeschuldigte ein Jude, so beweiset ihre eidliche Aussage gegen diesen vollständig.“ Das Gesetz lässt also in diesem Falle nur gegen den Juden den Juden als gültigen Zeugen zu, aber nicht gegen den Christen *), ganz wie das Mittelalter, nur dass dieses gerechter war und — wie Weichbild sagt — auch den Christen nicht gegen den Juden als vollständigen Zeugen auftreten liess, welches die Pr. C. O. nirgends hat. Uebrigens ist diese Bestimmung in gänzlichem Widerspruche mit Anhang §. 88. der Allg. G. O. Nach diesem §. sind Juden in Civilprocessen auch gegen Christen Beweiszeugen: und da der jüdische Zeuge in Criminalsachen, wobei es auf eine härtere Strafe als funfzig Thaler u. s. w. nicht ankommt nur desshalb als gültig gedacht werden kann, weil ein solcher Fall als eine Civilsache angesehen wird („er führt mit *Fisco* einen Civilprocess“ drückte sich Mendelssohn oben S. 503 aus), so folgt von selbst hieraus, dass der Jude hier auch gegen den Christen einen vollständigen Beweiszeugen abgebe. Es ist daher nicht wenig zu verwundern, dass trotz des Edicts vom J. 1812 und jenes §. 88 der Allg. G. O. noch kein Rescript den §. 357. 8. der C. O. abänderte **). Ein anderes noch mehr als mittelalterliches Element enthält

---

ist und auch in diesem Referat die sonderbare Vermengung der jüdischen Rechtslehre und des jüdischen Religionsgesetzes hervortritt. Das gemeine Recht nimmt nur Rücksicht auf das Religionsgesetz, durch das jüdische Recht fühlt es sich nicht gebunden. Und dass auch das jüdische Recht den Zeugeneid nicht verbiete und der Jude, wenn das gemeine Recht den Zeugeneid vorschreibt, hierzu verpflichtet sei und er ihn unter keinem Vorwande ablehnen, noch ihn als aufgezwungen betrachten könne, ist vier Seiten später (Eidesleistung S. 50) ausdrücklich gesagt: und wüssten wir daher nicht zu einem derartigen Irrthume Anlass gegeben zu haben.

*) Vgl. den Entwurf des Directors von Schlechtendahl und den Extract eines dritten Entwurfes der C. O. 1800. Jahrb. S. 442. 443.

**) Noch mehr ist zu verwundern, dass, obschon §. 23 des Edictes selbst auf diesen §. Rücksicht nahm (vgl. oben), es den beregten Punct doch ganz unberührt liess! —

§. 228 der Allg. G. O., der zwar für Juden, welche die Rechte preussischer Staatsbürger erlangt haben, ausser Kraft getreten ist; und da nach Gesetz vom 1. Juni 1833 auch für die Juden des Grossherzogthums Posen das Edict von 1812 in Anwendung gekommen, so dürfte er für die preussischen Juden selbst eine Antike geworden sein: doch ist diese Bestimmung von Einfluss für Juden, die nicht das Preussische Bürgerrecht erworben. Ist nun schon dieser ganze §. voll des grössten Misstrauens gegen den Juden, so ist vorzüglich die Stelle auffallend, wo es heisst: „Der christlichen Partie stehet es frei, jüdische Zeugen in Vorschlag zu bringen, welche jedoch ebenfalls als gültige Zeugen nicht zu betrachten sind. Diese Qualität gebührt ihnen nur alsdann, wenn der Process, in welchem sie abgehört werden, bloss unter Parteien ihrer Nation geführt wird." Wenn nun aber die christliche Partei selbst den Juden als Zeugen in Vorschlag bringt, was könnte nun dessen Glaubwürdigkeit mehr im Wege stehen? Und warum sind sie gültige Zeugen bloss unter Parteien ihrer Nationen und nicht auch wenn beide Parteien christlichen Glaubens sind! Sowohl in dem erstern als den letztern Falle haben, wie oben angeführt wurde, auch die judenfeindlicheren Juristen der vorigen Jahrhunderte dem Juden Glaubenswürdigkeit zugestanden. Sollte vielleicht jenes fanatische Gesetz Justinian's, nach welchem ein Ketzer oder Jude, wenn beide Parteien rechtgläubig sind oder wenn auch nur eine Partei rechtgläubig ist, nicht Zeuge sein kann (oben S. 482) die Norm abgegeben haben? *) — Ueberhaupt würde nur dann sich bewährt haben, dass man dem Vorurtheil Nichts einräume, wenn bei der Annahme, dass Juden den Zeugeneid in Criminalsachen nicht leisten dürfen, das

*) Befremdend genug ist, dass die Pr. Allg. G. O. offenbar zurückgeschritten, da die Neue Kammergerichts-Ordnung vom 1. März 1709 Tit. 38 §. 9 ausdrücklich sagt: „Wie denn auch gleichergestalt ein Jude, wenn zween Christen mit einander Process führen, zur Ablegung seines Gezeugnisses zu admittiren" (Jahrb. S. 403); und Rescript vom 12. October 1775 erklärt: „dass die Vorschrift der Kammergerichts-Ordnung vom 1. März 1709 Tit. 38 §. 9. so wie der Schlesischen Gesetzordnung durch den *Codex Friderician.* nicht aufgehoben und die *L.* 21. *C. de haereticis* nicht anwendbar sei (Jahrb. S. 405).

Princip zur Grundlage gedient hätte, nach welchem bei den Mennoniten, statt der nach ihren Grundsätzen unzulässigen Eidesleistung, die bei ihnen übliche Bekräftigungsformel und Handschlag als Eidesleistung angenommen werden *).

Diese Gesetze haben endlich das Auffallende, dass die jüdische Rechtslehre zur Norm genommen wurde, und man selbst in dieser Normirung sich nicht treu blieb. Wir haben schon bemerkt, wie man bei der G. O. von der jüdischen Rechtslehre, die den Zeugen nicht beeidigt, ausging und einen Sprung vom Nichtbrauchen auf Nichtdürfen machte. Noch überraschender tritt diese Normirung Allg. G. O. §. 343 hervor. „In Sachen der Juden gegen Juden bedarf es bei jüdischen Zeugen keines Eides u. s. w." (oben S. 480). Klein hatte in dem obigen Schreiben bei Mendelssohn angefragt: „Wie es zu halten sei, wenn ein Jude in Sachen eines Juden als Zeuge auftritt?" und M. antwortete hierauf: „Da ist die blosse Admonition hinreichend" (Jahrb. S. 418. 419) und hierauf gründet sich dieses Gesetz. Das Gesetz lässt also bei Processen zwischen Juden und Juden das jüdische Recht gelten, und da dieses keine Zeugeneide hat, so wird auch hier der Zeuge nicht beeidigt. Allein — abgesehen von der dem ganzen Wesen des Staates widersprechenden Anomalie — soll der Satz aufgestellt werden, dass bei Processen zwischen Juden und Juden das jüdische Recht als Norm gelte, so müsste das Preussische Recht für derartige Processe einen ganz andern Codex als den in Preussen angewendeten ins Leben treten lassen, müssten jüdische Gerichte für Civilprocesse der Juden unter einander niedergesetzt werden, oder wenigstens die christlichen Gerichte nach dem *Choschen Mischpat* sprechen! Noch mehr! Dieser §. trägt in sich selbst einen mit einem grossen Unrecht verbundenen Widerspruch. Beurtheile man auch den Juden nach seiner Rechtslehre, so muss doch dieses ganz mit denjenigen Vorsichtsmassregeln und Bedingungen geschehen, die

*) Vgl. C. O. §. 337. No. 4 und hierzu Verordnung vom 12. März 1827. §. 3.

die jüdische Rechtslehre vorschreibt. Das jüdische Recht verlangt keinen Zeugeneid, weil es sich auf dem Boden des geoffenbarten Gesetzes befindet: es schliesst aber als natürliche Folge den der ein biblisches Gebot übertritt von der Zeugenhabilität aus u. dgl. m. (vgl. oben §. 44. ff.). Diesem gemäss müsste ein derartiger jüdischer Zeuge in dem Processe der Juden unter einander als unfähig erklärt werden; müssten alle Ausnahmen, die das dritte Capitel des ersten Abschnittes brachte, zur Geltung kommen, da gerade weil der Zeuge nicht schwört das talm. Recht die grösste Vorsicht anwandte (vgl. oben die Anmerk. zum 3. Capitel). Aber der §. 343 der Allg. G. O. spricht von keinen besonderen Bedingungen dieses nicht beeidigten Zeugen, wendet also auf ihn blos die gewöhnlichen Vorschriften des Preussischen Rechts an: wird hier nicht an der Partei gegen die der Zeuge aussagt ein offenbares Unrecht begangen? Das Preussische Recht sucht Sicherheit im Eid, das talmudische Recht sucht sie in den von ihm aufgestellten Vorsichtsmassregeln: und man lässt diese und jenen fallen, geräth in Widerspruch mit dem talmudischen Rechte und stellt sich nirgends gegen ein falsches Zeugniss sicher! Welcher Rechtsgrund lässt sich anführen, wenn der Rabbiner sich weigert die §. 343 vorgeschriebene Admonition bei einem nach jüdischen Recht unfähigen Zeugen vorzunehmen, oder die Partei selbst gegen die dieser Zeuge aussagt ihn aus diesem Grunde recusirt; welcher Rechtsgrund überhaupt, wenn der Rabbiner bei vorkommenden Eiden, vorzüglich wenn der Process zwischen Juden ist, sich nach jüdischem Rechte hält, da doch der Staat selbst das jüdische Recht anerkennt? Ist nach diesem Grundsatze die Behauptung des oben angeführten Rescriptes richtig, „dass die Beurtheilung der Fähigkeit eines Menschen (hier: eines Juden) zur Eidesleistung lediglich dem Ermessen der Obrigkeit nach den Vorschriften des bürgerlichen Rechts zu überlassen sein"? — Dass, da das Gesetz nie einen Eid von dem jüdischen Zeugen bei Processen der Juden unter sich verlangt, es noch eine andere Ungerechtigkeit in sich trage, ergibt sich aus dem, was so häufig angeführt wurde: dass die jüdischen Gerichte selbst zuweilen den Zeugen beeidigen und ist dieses dem richterlichen Ermessen anheimgestellt *). — In offenbarem Widerspruch mit diesem §. stehet ferner §. 351. der Allg. G. O. „Die Glaubwürdigkeit des von einer Jüdin abgelegten Zeugnisses soll nach den Gesetzen des Staates beurtheilt werden.“ Auf die Anfrage Kleins, ob überhaupt Jüdinnen ein gültiges Zeugniss ablegen könnten, antwortete Mendelssohn „dass zwar solches dem eigentlichen Gesetze nach nicht geschehen könne; doch hielten es einige Gesetzlehrer für Herkommens, in Sachen, die hauptsächlich Frauenzimmern bekannt zu sein pflegen ihr Zeugniss gelten zu lassen; doch würden immer zwei weibliche Zeugen auf einen männlichen gerechnet“ (Jahrb. S. 436) **). Da hätte denn das Gesetz, da §. 343 das talmudische Recht zur Norm genommen wurde, auch nur bei dem von M. angeführten Fall („Sachen, die hauptsächlich Frauenzimmern bekannt zu sein pflegen“) müssen stehen bleiben: und dieses hier um so mehr, da nach §. 343 der jüdische Zeuge bei Processen der Juden unter sich nicht beeidigt wird; die Jüdin braucht nicht zu schwören und ihr Zeugniss ist dennoch gültig: hier also wieder die für den Zeugen günstige Seite des jüdischen Rechts, ohne dessen Vorsichtsmassregeln, Frauen vom Zeugnisse auszuschliessen (vgl. oben S. 256. 257) ***).

---

*) Als der Entwurf durch Circular den jüdischen Gemeinden mitgetheilt wurde, meinte ein gewisser Fabian Joseph Salomon aus Stargard, „dass es doch Fälle gebe, wo es auch unter den Juden dienlich sein möchte den jüdischen Zeugen schwören zu lassen.“ Mendelssohn erwiderte hierauf: „Dass die besondere Meinung eines Einzigen, der wenig Kenntniss von den jüdischen Gesetzen zu haben scheine, einen Punct nicht ändern könne, welcher durch die jüdischen Gesetze und Gebräuche klar und entschieden wäre“ (Jahrb. S. 431. 436). Und doch hat dieser Salomon hier besser gesehen als Mendelssohn!

**) Ueber dieses Herkommen vgl. oben §. 35 und Anmerkung. M. sagt übrigens unrichtig, dass zwei weibliche Zeugen auf einen männlichen gerechnet werden, woraus zu schliessen wäre, dass es vier weiblicher Zeugen bedarf, die aber zwei männlichen gleichkommen. Beides falsch! So lange kein Widerspruch anderer Zeugen, werden bei diesen Fällen die weiblichen ganz wie männliche Zeugen betrachtet und genügen zwei: widersprechen aber zwei männliche Zeugen, so wird hierdurch die Aussage von noch so vielen weiblichen Zeugen aufgehoben. Vgl. oben S. 259.

***) Vgl. auch Eidesleistung S. 129 ff.

Uebersicht man das Ganze der Preussischen Gesetzgebung hinsichtlich der Zeugenfähigkeit der Juden, so drängt sich wohl die Ueberzeugung auf, dass die neuere Gesetzgebung dem Vorurtheile und der Intoleranz keinen Einfluss gestattete *); und wo noch manche alte Spuren zurückgeblieben, liegt der Grund zu ihrer Tilgung schon vor, und wird eine nochmalige Revision sie völlig verwischen. Auch die erhebende Wahrnehmung tritt hervor, dass selbst in den Beschränkungen die Gesetzgebung nur von Gewissensfreiheit und Schonung des Glaubens ausgegangen ist. Hingegen zeigt sich, dass diese Gesetze theils auf einem Missverständnisse, theils auf einem an sich falschen Principe beruhen und dass selbst dieses Princip nur mangelhaft durchgeführt wurde: daher Widerspruch und Principlosigkeit. Sind aber Gesetze auf derartige Grundlagen aufgeführt jeder weisen Gesetzgebung unwürdig, so kommt hier noch das Unrecht hinzu, der sowohl dem Juden als dem Staate aus diesen Gesetzen erwachsende Nachtheil. Der Jude habe als Beschädigter keine andere als jüdische Zeugen; es sei in einer von Juden bewohnten Strasse ein Einbruch geschehen, die jüdischen Nachbarn haben die Thatsache mit angesehen und den Thäter erkannt: ihr Zeugnisss liefert keinen Beweis und der Beschädigte wird zurückgewiesen, muss auf dieses Beweismittel, das von jeher als das überzeugendste angesehen wurde, verzichten: es wirkt nur für ihn, wenn die Zeugen christlichen Glaubens sind! Die Erfahrung hat bei mehreren Vorfällen in Preussen gelehrt, in welchem Nachtheile sich hier der Jude befindet. Wenn ferner die Criminal-Ordnung §. 191 bei einem Raube sagt: „Die erlittene Gewalt muss aber der Beraubte in Entstehung anderer Bescheinigungsmittel eidlich erhärten, und bleibt es dem Richter vorbehalten, beim etwanigen Leugnen des Thäters den Werth dieser eidlichen Aussage nach den unter §. 357 u. f. vorkommenden Vorschriften festzusetzen", so wird der Jude, ist er der Beraubte

*) So zeigt es Allg. G. O. Anhang §. 88. Ferner das Rescript vom 1. Mai 1835 (s. bei Rönne und Simon S. 504): Jüdische Zeugen auch in Injuriensachen zuzulassen.

nicht beeidigt und bleibt die erlittene Gewalt unerhärtert *)! Und ist es nicht auch im Nachtheile des Staates, dass das Verbrechen ungestraft bleibe, dass auf falsch aufgefasste Ansichten der Staat auf einen vorzüglichen Beweis verzichte und die Hand zur Straflosigkeit des Verbrechens biete? — Und man erwäge noch den moralischen Nachtheil, der dem Juden und dem Staate aus diesen Gesetzen erwächst. Der Jude erscheint hier, mag auch in der Wirklichkeit ein anderer Grund sich finden, als minder glaubwürdig, seine Mitbürger nehmen hier wahr, man traue nicht seinem Zeugnisse in wichtigen Criminalfällen **). Dürfte es vielleicht mitunter erwünscht scheinen dem Zwange zum Zeugnisse nicht zu unterliegen und mancher Verantwortlichkeit überhoben zu sein, der Jude verlangt nicht dieses *privilegium favorabile*; sein Streben gehet nur nach gleichen Rechten, aber nicht nach Bevorzugung: und da Zeugniss ablegen mit zu den Pflichten eines guten Bürgers gehört (vgl. oben S. 82. 157), so muss es ihm nur kränkend sein, sich von der Erfüllung einer der edelsten Bürgerpflichten ausgeschlossen zu sehen. Und welcher moralische Nachtheil auch für den Staat, wenn er einen Theil der Unterthanen in den Augen der anderen zurücksetzt, wenn durch ihn das Vorurtheil genährt, die Unduldsamkeit noch ferner grossgezogen wird! Gleichheit vor dem Rechte ist die Grundbedingung der bürgerlichen Gesellschaft: und es ist Preussens weiser Legislatur angemessen, dass diese Ausnahmsgesetze aus den Gesetzbüchern Preussens schwinden!

Wir lassen hier noch eine kurze Statistik anderer Gesetzgebungen über Zeugniss der Juden folgen. In Ländern,

---

*) Vgl. Orient S. 111, die Meinung der Majorität des Berl. Criminalgerichts.

**) Daher auch die Provinzialstände der Provinz Preussen Landtag 1845 die Abschaffung der Beschränkung des Zeugnisses der Juden in Criminalfällen beantragten. Vgl. Edler, Stimmen der Preuss. Provinzialstände des Jahres 1845.

wo die Juden emancipirt sind und Rechtsgleichheit herrscht, sind sie vollständige Zeugen. So in Holland, Frankreich (wo nun auch der Eid *more judaico* aufgehört), England *) u. a. a. O. Auch in vielen deutschen Staaten und Städten **) ist jede Ausnahme in dieser Hinsicht aufgehoben. Wir erwähnen daher hier nur die Gesetzgebung **Oesterreichs, Baierns, Sachsens** und **Hannovers**.

Das **Oesterreichische** Gesetzbuch über Verbrechen und schwere Polizei-Uebertretungen vom J. 1803, achtes Hauptstück (vgl. vorzüglich §. 388) kennt keine Ausnahme hinsichtlich jüdischer Zeugen. Hingegen hat die Allgemeine Gerichts-Ordnung vom Jahre 1781. §. 142: „Bedenklich aber nicht verwerflich sind ein Jude für einen Juden wider einen Christen." Ein Hofdecret vom 10. October 1801 erklärt: „Für das Criminal-Verfahren bestehet die eigene, von der für die Civilangelegenheiten bestehenden ganz verschiedene Gerichtsordnung, worin die verwerflichen oder bedenklichen Zeugen genau aufgeführt werden; unter diesen aber ist die Zeugenschaft eines Juden für einen Juden gegen einen Christen nicht begriffen, es kann also hier kein analoger Schluss aus den Vorschriften der Civil-Gerichtsordnung allein gezogen werden ***)." In Criminalfällen also der Jude ein classischer, in Civilfällen ein bedenklicher Zeuge!

Dieselbe befremdende Erscheinung tritt auch in der Gesetzgebung **Baierns** hervor. Im *Codex Jur. Bavar. Judiciar.* vom J. 1753 werden 10. Cap. §. 11 die Juden als verdächtige Zeugen angeführt ****); das Strafgesetzbuch vom Jahre 1813. 2. Thl. 4. Cap. kennt keinen durch die Religion veranlassten Unterschied.

---

*) Vgl. *Philipps l. l. p.* 19. 20.

**) Ueber Hamburg vgl. oben. Die alte Frankfurter Ordnung (der Stadt Frankfurt a. M. erneuerte Reformation 1. Thl. Tit. *XI.*) besagt: „Item, die Juden gegen und wider einen Christen, seynd zur Kundschaft nicht zulässig"; doch wurden durch Gesetz vom 1. September 1824 alle Ausnahmsgesetze, und hierdurch auch obiges aufgehoben.

***) Vgl. G. Blasek, Auszug aller im K. Böhmen bestehenden Gesetze. 5 Thl. S. 467.

****) Vgl. auch Kreitermayers Anmerkungen über den *Cod. Jur. Bav.* S. 388.

In den **Sächsischen** Landen sind nach **Kori** *) unzulässige Zeugen: „Juden, in Processen gegen Christen, ausgenommen, wenn sie zugleich mit einem Christen Zeugniss ablegen, wo sie bloss nicht vollgültig sind.“ Wenn nun aber dieser Autor sich auf das Magdeburger (sächsiche) Weichbild beruft, so hätte ebenso gut können angeführt werden: Unzulässige Zeugen: Christen in Processen gegen Juden, ausgenommen, wenn sie zugleich mit einem Juden Zeugniss ablegen u. s. w. vgl. oben S. 405. Und dieses um so mehr als Kori sich auf **Hommel** beruft, Hommel selbst aber diese **Rechtlichkeit** des Weichbildes hervorhebt (vgl. *voc. Haereticus*). Ferner durften Juden nicht als **unzulässige** Zeugen angeführt und in eine Categorie mit taubstumm Gebornen und infamirten Personen (vgl. das. S. 96) gestellt werden, da Hommel selbst will, dass **vier** Juden einen vollen Beweis liefern **). — Der *Codex Augusteus* enthält keine Ausnahme hinsichtlich der Juden, und haben auch im Königreiche **Sachsen factisch**, wie dem Verfasser von hochgestellten Männern versichert worden, diese unserer Zeit gewiss unwürdige Ausnahmsgesetze aufgehört. Nach **Ackermann** ***) sind

---

*) Theorie des Sächsichen bürger. Processes §. 46. S. 97.

) Um so erfreulicher ist mir hier folgendes Schreiben des Herrn Oberappellationsrath *Dr.* Kori, in welchem sich dessen eigentliche Gesinnung ausspricht mittheilen zu können. „In meiner Theorie des Sächsischen bürgerlichen Processes habe ich die Vorschrift des in Sachsen recipirten Magdeburger Weichbildes mit aufgenommen, wonach Juden in Processen gegen Christen, wenn sie nicht zugleich mit einem Christen zum Zeugniss aufgerufen sind, ungültige Zeugen sind, und zugleich mich auf die Schriften von **Hommel und **Kind** bezogen, welche dieselbe Vorschrift ausheben. Meine Schrift handelt vom Criminalprocesse gar nicht und da sie blos gesetzliche Bestimmungen zusammenstellt, kein philosophisches Recht, so war dort auch nicht der Ort darüber zu philosophiren. Wäre ich Gesetzgeber, so hätte ich jenes alte auf unsere Zeit und Sitten nicht passende Gesetz längst aufgehoben.“

***) A. a. O. S. 98. Nur thut Ackermann (das.) dem durch seine Humanität allgemein geschätzten Oberappellationsrath *Dr.* F. **Hänel** Unrecht, wenn er in dessen Worten in der Zeitschrift für Rechtspflege. Neue Folge. 2. Band. S. 311 wahrzunehmen vermeint, dass Hänel Juden zu den verdächtigen Zeugen in Criminalfällen rechnet. Ein genaueres Eingehen in Hänel's Acusserung am a. O zeugt gerade das Gegentheil.

sie auch *de jure* erloschen, da das Gesetz vom 16. August 1838 mehrere angemessene Modificationen in den bürgerlichen Verhältnissen der Juden eintreten liess, ihnen auch in den Städten Dresden und Leipzig die Gewinnung des Bürger- und Meisterrechts, mit Ausnahme der besonderen im §. 65 der Städteordnung von 1832 angeführten Rechte gestattet, und das Gesetz vom 30. Mai 1840. §. 9. *d.* für die Zeugeneide der Juden ein besonderes Verfahren ausdrücklich vorschreibt. Von der Weisheit der Staatsregierung Sachsens ist mit Zuversicht zu hoffen, dass sie in Uebereinstimmung mit den Ständen auch den Zweifel beseitigen und der ungerechten Vermuthung entgegnen werde.

Am weitesten stehet Hannover zurück. Dort gelten noch — mit Ausnahme Ostfrieslands und anderer früher unter Preussen stehenden Theile, wo das Pr. Landrecht beibehalten wurde — die oben angeführten Leges des *Codex* und des canonischens Rechts! Doch hat der Gerichtsgebrauch einige Modificationen beim Civilprocesse eingeführt: *a*) Juden werden zum Zeugnisse gegen Christen zugelassen; *b*) doch macht ihr Zeugniss zu Gunsten ihrer Glaubensgenossen keinen halben Beweis; *c*) hingegen hat die Aussage eines Juden vollen Glauben, wenn sie mit der Aussage eines Christen conform ist *).

---

*) Vgl. Oesterley Handbuch des bürgerl. und peinl. Processes für das Königreich Hannover. 2. Thl. S. 212. Wir verdanken die Angaben über Hannover einem hannover. Rechtsgelehrten.

II. Anhang.

Es wurde oben an einigen Stellen das Malekitische Criminalrecht angeführt. Da die Bekanntschaft mit diesem Rechte erst aus der neuesten Zeit durch den Franzosen *M. B. Vincent* in dessen Werk *Etudes sur la loi Musulmane (rit de Malek) Legislation criminelle, Paris* 1842 datirt, so dürften manche Auszüge aus dieser in Deutschland wenig verbreiteten Schrift zur weitern Ausführung des oben Angedeuteten hier nicht am unrechten Orte sein. Wir werden aber diesem gemäss nur wiedergeben, was sich auf den Mord als Privatverbrechen und den Beweis beziehet: und schliessen der Eigenthümlichkeit wegen hieran auch Manches über Dolus und Culpa an.

Das Malekitische Recht, das heutigen Tages bei allen Musulmanen Afrikas geübt wird, schreibt sich her von Malek, dem Stifter einer der vier Hauptschulen des sunnitischen Islams *). Höchst bemerkenswerth ist die Weise, wie das ma-

*) Diese vier Schulen stammen her von den vier Lehrern: Abu Chanifa, Malek, Schafeï und Ibn Chanbel. Die Schule des Abu Chanifa ist die ausgebreitetste und bekennen sich zu ihr die Gläubigen Europa's und die grosse Majorität der Gläubigen Asiens. Vgl. ausführlich über diese Schulen *Sale Preliminary discourse* zu seiner Uebersetzung des Koran. Ueber das Chanifatische Recht ist Manches bei d'Ohosson *Tableau de l'empire Ottomane* zu finden. Feuerbach hat in Grolmann's Bibliothek für die peinliche R. W. 4. Th. 1. Heft über das Criminalrecht des Koran geschrieben; ich konnte aber trotz vieler Anfragen bei mehreren Bibliotheken dieses Heft nicht zu Gesichte bekommen.

homedanische Recht überhaupt sich bildete und lassen wir Makrizi (nach einem arabischen Manuscripte der königlichen Bibliothek zu Paris, *Nro.* 680. f. 244) auszugsweise sprechen. „Als Gott unsern Propheten Mahomed gesandt hatte, dass er die Offenbarung der Gesammtheit der Menschen, Araber und Barbaren mittheile, welche mit Ausnahme der kleinen Anzahl Kitâby *) sich zum Polytheism bekannten und andere Götter als Gott anbeteten, fanden die bekannten Vorfälle zwischen ihm und den Koraïsch statt, denen seine Flucht von Mecca nach Medina folgte. Dort war er umgeben von den Ashhâb (Gefährten, einfach Sahhib), die trotz der Schwierigkeit, mit der sie für ihre Bedürfnisse zu sorgen hatten, er stets um sich sah. So ernährten sich einige von ihrer Industrie, Andere lebten von Geschenken; doch kamen sie jeden Augenblick zum Propheten und fanden sich Manche bei ihm, sobald die sie schwer drückende Brodsorge ihnen nur ein bischen Musse gestattete. Wenn nun eine Frage ihm vorgelegt wurde, wenn er eine Entscheidung gab, wenn er eine Sache befahl oder verbot, oder sie selbst that, so erlangten Jene Kenntniss davon, die gerade gegenwärtig waren, den Anderen entging sie. So wusste Oman nicht Auskunft über das Dié **) für den Foetus der Frau, was ein einfacher Araber aus Hodaïl, Hamel ben Malek Ibn En-Nabegha wusste.

Während des Lebens des Propheten gaben die Ashhâbs Fetua (Responsen): dieses waren Abu Bekr, Omar, Otsman, Ali u. A. Nach seinem Tode und der Erhebung Abu Bekr's zum Kalifat trennten sich die Ashhâb; Einige zogen zum Kriege gegen Moseleïma und die abgefallenen Musulmanen, Andere begaben sich zum Heerzuge nach Syrien, Andere zum Heerzuge nach Irak, und eine gewisse Anzahl blieb zu Medina beim Kalifen. Wenn nun während dieser Zeit über eine Rechtsfrage entschieden werden sollte, so urtheilte Abu Bekr nach dem Koran und der Sunna, wenn er hier einen Anhaltspunct fand; wo nicht, so berathschlagte er

---

*) Kitâby, Leute der Schrift, so werden die Juden und Christen genannt.

**) Ueber Dié s. weiter.

die Ashhàb, die bei ihm waren; konnten diese ihm einen Punct angeben, so nahm er ihn zur Basis seiner Decision; fehlte auch dieses, so urtheilte er nach einem Idjtihàd (Argument, Combination). Es traf sich aber, dass über einen Fall der mit Hülfe des Idjtihàd beurtheilt worden war, einer der Ashhàb eine Decision des Propheten wusste; so traf sich, dass der Sàhhib von Medina gegenwärtig bei einem Falle oder einem Gespräche des Propheten gewesen war, während der Sàhhib von Egypten nicht dort war; dasselbe mit dem Sàhhib von Egypten und dem von Syrien u. s. w. — Dieses war nun das System der Jurisprudenz unter den Ashhàb. Diesen folgten die Tabyï, ihre Schüler; und da jede Classe der Tabyï der oben erwähnten Länder sich nur in der Schule der Aschàb unterrichtet hatte, die sich gerade in dem Lande befanden, welchen sie angehörte, so folgten sie nur ihren Fetua, mit Ausnahme einer kleinen Zahl von Fetua, die von anderen Ashhàb herstammten und deren Kenntniss bis zu ihnen gedrungen war. So folgte man zu Medina in den meisten Puncten den Fetua des Abd Allah ben Omar; zu Kufa den Fetua des Abd Allah ben Meçaoud, zu Mecca den Fetua des Abd Allah ben Abbas, zu Egypten den Fatua des Amru ben El-Aàs.

Nach den Tabyï kamen die Rechtsgelehrten der grossen Städte: so Abu Chanifa, Sofiàn und Ibn Aby Leïla aus Kufa; Ibn Djerihh zu Mecca; Malek und Ibn El-Madjeschun zu Medina; Otaman Et-Teminy und Sewàr zu Basra; El Awzayï in Syrien; El-Leïts ben Sàad in Egypten: und indem man auf diese Weise fortfuhr, so folgte Jeder dem Unterricht der Tabyï seines Landes, soweit er für diesen Fall ausreichte; und fand sich Nichts hierüber, so nahm man seine Zuflucht zum Idjtihàd oder zu dem was die Tabyï aus anderen Gegenden hierüber lehrten.

Die Pilgerfahrten (nach Mecca) wurden hierauf häufig; die Menschen begegneten sich, sahen sich und viele von ihnen gaben sich der Sorgfalt hin, die Traditionen des Propheten zu sammeln und sie aufzuschreiben. Der Erste der eine Sammlung veranstaltete war Mohamed ben Schchàb Ez-Zohary; die Ersten, die eine Classification und Eintheilung nach Capiteln machten, waren Saïd ben Aaruba und Er-Rebii ben

Sebihh zu Basra u A., unter denen sich Abu Bekr ben Aby Schiba, durch die Anzahl seiner Capitel, die richtige Vertheilung der Materien und durch das Talent mit welchem er (das Werk) zusammensetzte, auszeichnete.

So wurden nun aus den entferntesten Gegenden die Traditionen des Propheten Jenen, die sie nicht kannten, geoffenbaret, und wurden sie zur authentischen Norm. Man gelangte auch aus ihrer Vereinigung zur Erkenntniss der Genauigkeit der unter den vielen Deutungen gelungensten Interpretation, die man ausser dem natürlichen Sinne den Gesprächen des Propheten gegeben hatte; man lernte in dieser Interpretation unterscheiden das Wahre vom Schein, einsehen die Fehler des Idjtihâd, welches das Gegentheil von den Worten des Propheten und seiner Praxis eingeführt hatte; und es hörte durch die Kenntniss der Tradition und indem sie authentische Rechtsnorm wurde jede Entschuldigung für Jene, die sich bisher noch nicht nach ihr gerichtet hatten, auf. Die Aschhâb und die Tabyï unternahmen grosse Reisen um auch nur eine einzelne Tradition aufzusuchen; dieses weiss wer die Bücher der Tradition gelesen und das Leben der Ashhâb und der Tabyï kennt.

Als hierauf Hârun Er-Raschid zum Kalifat erhoben wurde und er nach dem Jahre 170 (der Hegira) Abu Jussef Jâkub ben Ibrahim, einen der Schüler des Abu Chanifa, mit der Richterwürde bekleidet hatte, ernannte er nur Jene zu einem Sitze in Irak, Khorassan, Syrien und Egypten, die Abu Jussuf ihm zugewiesen und ausgesucht hatte. In Spanien schätzte El Chakem El Mortedha ben Heschâm ben Abd Er-Rahman ben Moawia ben Heschâm ben Abd El Melik ben Merwân ben El Chakem, der nach dem Tode seines Vaters die Zügel der Regierung ergriffen hatte, den Spanier Yachia ben Yachia ben Ketir sehr hoch. Dieser hatte die Pilgerreise gemacht, die Muettha (Pandecten) mit Ausnahme einiger Capitel von Malek selbst gehört, und unter Ibn Webh, unter Ibn El-Kassem und anderen Lehrern reiches Wissen erlangt. Bei seiner Zurückkunft in sein Vaterland erhob er sich auf eine Stufe von Ansehung und Achtung, die kein Anderer erreicht hat; von ihm flossen die Fetua aus: König und Unterthanen consultirten ihn und Heschâm ernannte keinen

Kadi in ganz Spanien, den nicht er vorgeschlagen und ausgesucht hatte. — Damals verliess man in Spanien die Lehre (Weise) des El Awzayï und nahm die des Malek an, welche übrigens daselbst schon durch Zeyâd ben Abd Er-Rachman, bekannt unter dem Namen Schebtun, eingeführt worden war: dieser brachte sie zuerst nach Spanien."

Wir verlassen hier den weitern weitläufigen, bei Vincent angeführten Bericht Makrizi's und geben hier nur noch folgende Notiz über Malek und das Malekitische Gesetzbuch. Malek ben Anas war geboren im J. 95 und starb im J. 179. Er verfasste ein Rechtswerk, in welchem er nebst den vorgedachten Traditionen, die er nach Capitel ordnete, Erklärungen, Schlüsse ff. gab. Dieses Werk war aber nur von sehr beschränktem Umfange: er trug seine Rechtslehren zumeist mündlich vor; und sammelten diese seine Schüler und verbanden das Einzelne zu einem Ganzen.

Abu Mohamed Abd Allah Ibn Aby Zeïd El-Keirwâny, der zu Keirwan (Kirwan) lehrte und im Jahre 390 starb, verfasste unter mehreren Werken sein Resâle (Compendium) über das Malekitische Criminalrecht. Dieses Resâle, das Vincent nach einem Manuscript der königlichen Bibliothek gibt, ist durch seine ungemeine Kürze schwer verständlich, und wurden viele Commentare hierzu geschrieben, aus denen Vincent Mehreres ausziehet. Wir haben, da es hier nur auf eine Einsicht in das Malekitische Recht ankommt, die zum Verständniss des Textes unumgänglich nöthigen Erklärungen mit dem Texte verwebt und geben den Inhalt.

„Es kann nur dann Jemand wegen eines Mordes umgebracht werden, wenn entweder fähige Zeugen oder Selbstgeständniss oder Kesâme da sind.

Unter Mord wird hier der vorsetzliche Todschlag verstanden; auf das Instrument, womit die That begangen wurde kommt es nicht an, und schlägt Jemand aus Feindschaft oder aus Zorn mit einem Ringe und der Geschlagene stirbt von diesem Schlage, so wird dieses als vorsetzlicher Mord angesehen. Die Verfolgung des Mordes liegt entweder den Verwandten (Aâsib) des Verstorbenen oder dem Iman (Richter) ob. Letzteres beim Raub- und Meuchelmord (Ghile); hier findet keine Sühne statt, sondern muss die Wiedervergeltung (*talio*) geübt werden: der sonstige Mord wird von den Verwandten verfolgt und findet hier Dié statt.

Zur Fähigkeit (Aadâle) eines Zeugen gehört, dass er sei frei, mündig, Mûsulman, und Gottesfurcht und Würdigkeit besitze. Frauen sind beim vorsetzlichen Morde unfähige Zeugen. Beim unvorsetzlichen Morde, sowie bei Verwundungen bilden zwei weibliche Zeugen Einen Zeugen, und liefert ihre und die hinzugetretene Aussage eines männlichen Zeugen einen vollständigen Beweis *).

Der Kesâme ist eine Eidesleistung von fünfzig Schwüren, die die Verwandten des Ermordeten ablegen, und wodurch sie das Recht auf Ersatz (Schadloshaltung) erwerben. Beim vorsetzlichen Morde müssen wenigstens zwei Männer den Kesâme ablegen.

Durch den Kesâme kann nicht mehr als eine Person mit Tode bestraft werden, und findet der Kesâme nur statt, wenn eine dringende, der Wahrheit sich nahende Vermuthung (Luts) vorliegt. Ist mehr als solche Vermuthung, so bedarf es nicht des Kesâme; ist weniger als solche Vermuthung, so beweiset nicht der Kesâme. Er ist daher anwendbar in den Fällen, wenn der Sterbende gesagt hat: „Dieser und Dieser hat mein Blut vergossen", oder wenn Ein Zeuge gegen den Thäter aussagt, oder wenn zwei Zeugen erklären, dass sie die Verwundung gesehen und dass nach dieser Verwundung der Verletzte gelebt, getrunken und gegessen habe (in allen diesen Fällen fehlt Gewissheit, wenn sich auch Wahrscheinlichkeit findet: und soll erst der Kesâme Gewissheit verschaffen).

Wenn die den Ersatz eines Mordes verfolgen (die Verwandten) nicht schwören wollen, so leistet der Angeklagte fünfzig Schwüre. Dasselbe gilt auch, wenn der Verwandte keinen anderen Verwandten findet, der mit ihm schwöre, und er und der Angeklagte also einander gegenüberstehen. Doch wird der Angeklagte, da ein dringender Verdacht (ohne welchen überhaupt keine Gelegenheit zum Kesâme ist) gegen ihn herrscht mit hundert Peitschenhieben und einem Jahr Ge-

*) Doch scheinen vier weibliche Zeugen nicht einen vollen Beweis zu liefern, und spricht das Gesetz allenthalben von zwei weiblichen und einem männlichen Zeugen.

fängniss bestraft (!!). — Sind Mehrere eines Mordes angeklagt, so leistet in den vorhergedachten Fällen jeder der Angeklagten fünfzig Schwüre.

Bei der Verfolgung eines vorsetzlichen Mordes leisten fünfzig männliche Verwandte fünfzig Eide; sind weniger als fünfzig Verwandte da, so theilt man unter ihnen diese Eide und lässt die Zahl keine gleiche Eintheilung zu, so entscheidet das Loos. Eine Frau kann beim vorsetzlichen Mord an der Ableistung des Kesàme nicht Theil nehmen. — Bei dem Kesàme des unvorsetzlichen Mordes leisten die Erben, Männer oder Frauen, die Eide in dem Verhältnisse in welchem sie das Dié erben; und wenn ein Eid getheilt werden soll, so wird er von dem geleistet, dem der grössere Theil des Dié zufällt *).

Wenn nur ein Theil der Erben des Dié des unvorsetzlichen Mordes anwesend sind, so müssen sie sogleich die Eide des Kesàme leisten, da das Dié nicht anders erhoben werden kann als wenn die Eide geleistet sind. Die Erben, die hierauf erscheinen, leisten die Eide in dem Verhältnisse als auf sie die Erbschaft fällt. Hat der Verwundete Vermächtnisse ausgesetzt oder Schulden zurückgelassen und die Erben wollen nicht den Kesàme leisten, so leisten ihn die Legatarien oder die Gläubiger. Weigern sich ausser diesen Fällen die Erben zu schwören, so schwört der Angeklagte und mit ihm die ganze Aàkila **).

Der Kesàme findet nicht statt bei Verwundungen, ferner bei dem Tode eines Sclaven, unter den Kitàby, bei dem Morde eines Individuums, welches sein Leben beim

*) Der Mord wird (mit Ausnahme der Ghile) als Privatverbrechen und der Ermordete hinsichtlich der Hinterlassenen als Sache betrachtet (vgl. oben S. 17 ff.), daher die Erben auch bei dem vorsätzlichen Morde das Dié annehmen können. Letzteres wird aber rein als Erbschaft betrachtet; und da die Verwandten durch den Kesàme zum Dié gelangen, so hat natürlich der mehr Schwüre zu leisten der einen grössern Theil des hinterlassenen Vermögens erbt. Wenn Jemand also drei Fünftel, der Andere zwei Fünftel erbt, so leistet jener dreissig dieser zwanzig Eide.

**) Die Aàkila wird gebildet durch die Stammverwandtschaft und dieses auf verschiedene Art: aus den Aàsib, aus den Patronen und Freigelassenen, aus den unter demselben öffentlichen Register Eingetragenen.

Kampfe zweier Parteien verloren hat, endlich nicht, wenn die Leiche gefunden wurde an einem Orte, wo viele Menschen hinkommen.

Der Gemordete hat bei einem vorsetzlichen Morde — mit Ausnahme des Ghile — das Recht seinem Mörder zu vergeben; doch kann bei dem unvorsetzlichen Morde dieses Vergeben sich nur auf den dritten Theil dessen, worüber ihm in seinem Testamente zu schalten freisteht, erstrecken *).

Wenn einer der Söhne (des Ermordeten) vergeben hat, so wird die Todesstrafe nicht vollführt und haben die andern ein Recht an ihrem Theil des Dié. Die Töchter können nicht vergeben, wenn Söhne da sind. Doch ist hier Folgendes zu bemerken: Sind die männlichen und weiblichen Verwandten in gleichem Grade mit dem Ermordeten verwandt (wie Söhne und Töchter, Brüder [des Ermordeten] und Schwestern), so steht das Recht den Mord zu vergeben oder zu verfolgen bloss den männlichen Erben zu. Sind aber die Frauen näher verwandt als die Männer (wie z. B. Töchter und Brüder), so muss die Vergebung mindestens von einem Manne und einer Frau ausgehen. — Jener, dem der vorsetzliche Mord vergeben worden ist, unterliegt jedoch der Strafe von hundert Peitschenhieben und einem Jahre Gefängniss.

Das Dié bestehet, wenn es von Individuen die zu Kameelen habenden Stämmen gehören entrichtet werden soll, aus Kameelen; bei Stämmen, deren Besitzthum in Gold, aus tausend Dinar; bei Stämmen, deren Besitzthum in Silber, aus zwölf tausend Drachmen. Das Dié für einen vorsätzlichen Mord — wenn man übereingekommen ist es anzunehmen — bestehet aus 25 ins vierte Jahr, aus 25 ins fünfte Jahr, aus 25 ins dritte Jahr und aus 25 ins zweite Jahr tretenden Kameelweibchen. Das Dié bei einem unvorsätzlichen Mord bestehet aus 20 ins vierte, 20 ins fünfte, 20 ins dritte, 20 ins zweite Jahr tretenden Kameelweibchen und aus zwanzig männlichen ins dritte Jahr tretenden Kameelen.

---

*) Weil das Dié mit zu der Hinterlassenschaft gehört; und da beim unfreiwilligen Mord das Vergeben sich eigentlich auf das Dié beziehet (da keine sonstige Bestrafung hier stattfindet), so ist dieses Vergeben in obiger Weise beschränkt.

Dieses Dié wird verschärft, wenn ein Vater seinen Sohn tödtet, indem er auf ihn ein zugespitztes Instrument wirft. Der Vater verfällt zwar hierdurch nicht in die Wiedervergeltungsstrafe; das Gesetz nimmt an, dass ein Vater gewiss nicht die Absicht habe seinen Sohn zu tödten *): er muss aber dann zahlen den Dié von 30 ins 5. Jahr gehenden, von 30 ins 4. Jahr gehenden und von 40 schwangeren Kameelweibchen.

Das Dié einer Frau ist die Hälfte von dem eines Mannes, das Dié eines Kitâby ist die Hälfte von dem eines Musulman; das Dié einer Kitâby ist die Hälfte von dem des Kitâby. Das Dié eines Madjucy (Feueranbeters, Schülers des Zoroaster, Magier; — es werden aber unter diesem Ausdruck Heiden überhaupt verstanden) bestehet aus 800 Drachmen; das Dié einer Madjucy ist die Hälfte dieser Summe. Dasselbe Verhältniss tritt auch ein bei dem Dié der Verwundung.

Das obige Dié wird auch gezahlt für die beiden Hände, die beiden Füsse, die beiden Augen. Die Hälfte hiervon für eine Hand, einen Fuss und ein Auge.

Das Dié wird gezahlt für den nicht beinigen Theil der Nase, für das Gehör, für den Verstand (d. i. wenn Jemand durch einen Schlag auf das Gehirn u. s. w. den Verstand verloren hat), für einen Bruch der Schenkel, für die Testikel, für die Spitze des Penis, für die Zunge, für die Sprache, für die Brüste einer Frau, für das Auge eines Einäugigen. Für die Mudicha, d. i. eine Verwundung, durch welche das Bein entblösst wurde, zahlt man 5 Kameele; für jeden Zahn 5 Kameele; für jeden Finger 10 Kameele, für jedes Glied des Fingers 3⅓ Kameel; für jedes Glied des Daumens 5 Kameele. Für die Monakkila zahlt man 15 Kameele. Monakkila ist eine Verwundung, durch welche ein Theil des Knochens von seinem vorigen Sitze verdrängt wurde, ohne dass die Verwun-

*) Der Vater wird nur dann mit Tod für den Mord an seinem Kinde bestraft, wenn seine Absicht zu tödten evident ist; so wenn er es auf die Erde niederlegt und es erwürgt hat u. s. w.; oder wenn er selbst diese Absicht gestehet. Was vom Vater, gilt auch von den väterlichen und mütterlichen Ascendenten.

dung bis zu der Hülle des Gehirns ging, denn dann bekommt sie den Namen Mamuma und wird ein Drittel des Dié gezahlt. Die Djaifa, d. i. eine Verwundung im Bauch oder im Rücken, verursacht ein Drittel des Dié. Bei Verwundungen, die nicht bis auf die Mudicha gehen, so wie für andere Verletzungen findet nur eine Abschätzung statt. Man schätzt nämlich ab, wie viel der körperliche Werth des Verwundeten, wenn er ein Sclave wäre und nun weiter verkauft werden sollte, durch diese Verwundung verloren habe, und muss der Verwunder so viel bezahlen.

Das Dié wird nur nach der Genesung entrichtet; und ging diese Verwundung nicht bis auf die Mudicha und liess sie keine Spur zurück, so wird nichts bezahlt.

Die Wiedervergeltung findet statt bei der vorsetzlichen Verwundung, mit Ausnahme jener, die den Tod veranlassen kann, wie bei der Mamuma, der Djaifa, der Monakkila oder bei dem Schenkel, den Testikeln, den Lenden und in andern Fällen dieser Art; für diese Verwundungen wird das Dié gezahlt, doch unterliegt der Thäter zugleich einer correctionellen Strafe.

Weder der vorsätzliche noch der unvorsätzliche Mord, für den erst aus dem Selbstgeständniss der Beweis hervorgeht, fällt der Aàkila zur Last. Unvorsetzliche Wunden, deren Geldersatz wenigstens ein Drittel des ganzen Dié beträgt, fallen ihr zur Last; unter einem Drittel fallen sie auf den Thäter, auf seine persönlichen Güter. Bei der vorsetzlichen Mamuma und Djaifa will Malek, dass sie der Aàkila zur Last fallen, wenn der Thäter nicht zahlen kann. Die Aàkila zahlt nicht das Dié Desjenigen der sich vorsätzlich oder unvorsätzlich umgebracht.

Wenn mehrere Individuen einen Menschen umgebracht, so erleiden sie alle den Tod.

Wenn Jemand in Trunkenheit umbringt, so erleidet er den Tod.

Wenn Jemand im Wahnsinn einen Mord begeht, so muss seine Aàkila das Dié tragen.

Die vorsetzliche That eines Kindes ist gleich einer unvorsätzlichen That (eines Erwachsenen); der Geldersatz fällt seiner Aàkila zur Last, wenn sie ein Drittel des ganzen Dié beträgt; wo nicht, so fällt sie auf sein Vermögen.

Die Frau wird hingerichtet, wenn sie einen Mord an einem Manne und der Mann, wenn er einen Mord an einer Frau begangen.

Die Wiedervergeltungsstrafe wird an der Frau für Verwundungen an einem Manne, und an dem Mann für Verwundungen an einer Frau ausgeübt.

Wenn ein freies Individuum einen Sclaven tödtet, so wird es nicht umgebracht, hingegen wird ein Sclave der ein freies Individuum umgebracht, getödtet.

Wenn ein Musulman einen Ungläubigen tödtet, so wird er nicht umgebracht, sondern wird mit hundert Peitschenhieben und einem Jahr Gefängniss bestraft. Tödtet aber ein Ungläubiger einen Musulman, so wird er umgebracht.

Die Wiedervergeltungsstrafe findet nicht statt bei Verwundungen die ein freies Individuum einem Sclaven, noch die ein Musulman einem Ungläubigen zugefügt hat.

Wer ein Reit- oder Lastthier führt und hinter oder vor demselben geht oder auf demselben reitet, ist verantwortlich für den Schaden den das Thier anrichtet. Für den Schaden aber, den es ohne seine Schuld macht oder indem man es anhielt und es war keine sonstige Veranlassung da, findet ein Ersatz nicht statt.

Es findet kein Ersatz statt, wenn Jemand ohne Verschulden eines Andern den Tod in einem Brunnen oder in einer Mine gefunden hat.

Wenn die Aàkila das ganze Dié zu entrichten hat, so werden ihr Termine innerhalb dreier Jahre gestattet; hat sie nur ⅓ des Dié zu bezahlen, so muss sie binnen einem Jahre, und bei der Hälfte des Dié binnen zwei Jahren abzahlen.

Das Dié kommt an die Erben nach der Norm, die das Gesetz über Erbfolge festsetzt.

Für den Fötus einer freien Frau, deren Abortirung veranlasst wurde, zahlt man eine Strafe von 50 Dinar oder 600 Drachmen, oder man giebt einen Sclaven oder eine kleine Sclavin von demselben Werthe. Dieses Strafgeld fällt den Erben nach den angegebenen Regeln zu.

Der vorsetzliche Mörder kann weder das Vermögen noch

das Dié des Ermordeten erben. Der unvorsetzliche Mörder kann das Vermögen aber nicht das Dié erben.

Für den Fötus einer Sclavin, die von ihrem Herrn empfangen, muss derselbe Ersatz wie für den Fötus einer freien Frau geleistet werden. Hat sie von einem Andern als von ihrem Herrn empfangen, so bezahlt man den zehnten Theil von dem Werthe der Mutter.

Wer einen Sclaven umbringt, muss seinen Werth bezahlen.

Wenn Mehrere Einen durch Meuchel- und Raubmord umbringen, so werden Alle mit Tod bestraft, selbst wenn nur einer von ihnen den Todschlag versetzt hat.

Die Abbüssung eines unvorsetzlichen Mordes ist unerlässlich. Sie besteht in der Befreiung eines musulmanischen Sclaven, oder, wenn der Mörder diese Befreiung nicht bewerkstelligen kann, in einem Fasten von zwei auf einander folgenden Monaten. Der vorsätzliche Mörder, der Vergebung erlangt hat, wird aufgefordert sich ebenfalls dieser Abbüssung zu unterziehen und es ist gut für ihn, wenn er es thut (die Abbüssung ist aber nicht für ihn obligatorisch).

Für einen Räuber, dessen man sich bemächtigt hat, gibt es keine Vergebung. Hat er getödtet, so muss er unwiderruflich getödtet werden, hat er nicht getödtet, so schätzt der Iman ab die Grösse seiner Missethaten und die Dauer seines Verbrechens; und er bestraft ihn entweder mit dem einfachen Tode, oder mit dem Tode, nachdem man ihn an einen Galgen angebunden, oder indem man ihm den Fuss von der einen Seite des Körpers und die Hand von der andern Seite abhaut, oder mit Exil an einen Ort, wo er bis zu seiner Reue eingesperrt bleibt. Stellt er sich aber reuig vor Gericht, ehe man sich seiner bemächtigt hat, so hört gegen ihn das göttliche (öffentliche) Recht auf und tritt das menschliche Recht (Privatrecht) ein, so weit es sich auf Menschen und Sachen bezieht. Es findet also hier Vergebung und das Dié wie oben statt.

Jeder aus einer Diebes- oder Räuberbande (Lass) ist verantwortlich für das Ganze, das alle genommen haben.

Beim Meuchel- und Raubmord, der an einem Dimmy (d. i. einem Ungläubigen der unter dem Schutze der musulmännischen Gesetze lebet) begangen wurde, wird der Musulman mit dem Tode bestraft.

Wenn ein Mann bestraft wird, so entkleidet man ihn, dass er die Strafe erhalte; bei einer Frau aber entkleidet man nur den Theil wohin die Hiebe gegeben werden. Beide empfangen ihre Strafe sitzend. Eine schwangere Frau wird vor ihrer Niederkunft nicht körperlich gezüchtigt; so wie auch bei einem schwer Erkrankten die Bestrafung bis zur Genesung aufgeschoben wird. Ist er aber zum Tode verurtheilt, so wird die Strafe sogleich vollzogen.

Wenn wegen Verwundungen die Wiedervergeltungsstrafe eintritt, so wird ein mit dieser Operation Vertrauter mit der Execution beauftragt. Handelt es sich aber um die Wiedervergeltung wegen Mordes (Todesstrafe), so kann der Iman entweder einen Dritten mit der Execution beauftragen, oder er übergibt den Mörder den Verwandten, dass sie selbst ihn tödten. Der Mörder hat die Todesart zu erleiden, die er an dem Ermordeten ausführte: so wenn er ihn mit Stockschlägen zu Tode marterte, so kann er auf dieselbe Weise umgebracht werden; oder wenn er ihn verbrannte u. s. w., doch darf der Tod nicht zu langsam sein, wie z. B. der Hungertod. Dieses alles findet aber nur statt, wenn der Beweis durch Zeugen oder durch Selbstgeständniss hergestellt ist; bei dem Kesâme ist nur Enthauptung die Todesstrafe."

Dieses nun ist das Malekitische Criminalrecht über Mord und Verwundung. Im Ganzen erstreckt es sich über folgende Verbrechen: 1) Mord und Verwundungen; 2) Apostasie; 3) Raub; 4) Fornication; 5) Kadf (d. i. wenn Jemand einem freien Musulman vorwirft, dass er nicht der Sohn seines Vaters sei, oder dass er eine Fornication oder Sodomie begangen habe); 6) Gebrauch des Weines; 7) Diebstahl. Wir heben noch hier heraus, dass bei der Fornication, auf die dieses Criminalrecht Steinigung setzt, Folgendes den Beweis bildet: Selbstgeständniss, hervortretende Schwangerschaft (?), oder vier männliche fähige Zeugen, *qui viderunt eum sicut stylum in pixide stibii.* Diese vier Zeugen müssen zur selben Zeit aussagen; und wenn einer von ihnen nicht alle charakteristischen Umstände der Fornication bestätigt, so erleiden die andern drei Zeugen die auf den Kadf gesetzte Strafe (welche aus 80 Peitschenhieben besteht).

Beim Selbstgeständniss bei der Fornication ist zu bemerken, dass wenn der Inculpat das Geständniss wiederruft, man ihn entlässt, und selbst wenn er bei der Steinigung die Flucht ergreift, so wird dieses als ein Widerruf angesehen und kann man ihn nicht zurückholen.

Wenn ein Verbrecher Todesstrafe und noch andere Strafen auszustehen hat, so erleidet er die Todesstrafe allein; jedoch bildet der Kadf eine Ausnahme: hier wird diese Strafe noch vor der Hinrichtung applicirt.

Hinsichtlich des Diebstahls will das Malekitische Recht, dass der Werth der gestohlenen Sache sich auf drei Drachmen belaufe und der Diebstahl in einem Chirs (d. i. an einem bewahrten Orte) vorgegangen sei. Die Bestrafung ist Amputation der rechten Hand, und wird der Diebstahl wiederholt, Amputation des linken Fusses u. s. w. Ist der Dieb im Stande zu zahlen; so bleibt er neben der Amputation Schuldner des Bestohlenen; ist er aber insolvent, so genügt die Amputation. Auf Selbstgeständniss folgt ebenfalls Amputation. Widerruft der Dieb das Geständniss, so findet zwar die Amputation nicht statt, doch muss er, was er als gestohlen eingestanden, zurückerstatten. Bei einem Kholsa (d. i. bei einem offenbaren Diebstahl), so wie bei nicht gehüteten Sachen, wie bei am Baume hängenden Früchten, bei Schafen auf der Weide u. s. w. wird der Diebstahl nicht mit Amputation bestraft; hingegen bleibt der Dieb Schuldner des Bestohlenen, wenn er auch insolvent ist.

Das Selbstgeständniss eines Sclaven hat da, wo es auf körperliche Strafe und Amputation ankommt, Kraft; so weit es sich aber um das Eigenthum seiner Person handelt, kann er kein Selbstgeständniss ablegen.

Zusätze.

Seite 37 Z. 21. Vgl. jedoch oben S. 20.

„ 44 vierte Anmerkung zu Ende. Vgl. weiter Einleitung zum 3. Titel.

„ 56 erste Anmerk. zu Ende. Für „zum Pfande geben“ wird הִרְהִן, von dem arabischen רהן gebraucht. Das arabische Hauptwort רהן „Pfand“ kommt jedoch nicht vor.

„ 69 Anmerkung zu Ende. Eine andere Ansicht von S. Sachs über Entstehung des Synhedriums vgl. unsere Zeitschrift, zweiten Jahrg. S. 301.

„ 71 vierte Anmerkung zu Ende. Während der Ausführung zur Richtstätte stand ein Mann an der Thüre des Gerichtsaales, wo die Beisitzer des Synhedriums sich um diese Zeit versammelten und über das Todesurtheil besprachen, und in einiger Entfernung befand sich ein Mann zu Pferde. Fand nun noch jetzt einer der Beisitzer eine mildernde Seite auf, so gab der an der Thüre Stehende ein Zeichen mit einem Tuche dem zu Pferde Sitzenden, welcher schnell zur Richtstätte ritt und die Execution sistirte.

„ 95 Die späteren Talmudlehrer, in deren Zeit im römischen Recht das schriftliche Verfahren allgemein war, perhorrescirten dasselbe, wie ihre Anwendung des 31. V. Ps. 68: „Wehre dem Thiere des Rohres . . . . . das sich streckt auf Silberbarren“, zeigt. „Dieses beziehet sich auf Rom, sagt ein ein Lehrer; es schreibt Alles mit der Feder (dem

Rohr) und thut Alles für Geld." Vgl. *Jalkut ad loc. Pesachim* 118[b]. *Schemat Rabba c.* 35.

Seite 95 zweite Anmerkung zu Ende. Vgl. auch *L.* 22. *Cod. Theod. de Judaeis.*

„ 103 Z. 2 von unten. Wir citiren in diesem Werke nach der allgemein verbreiteten Livorner Ausgabe 1770 mit dem Commentar *Pene Mosche.*

„ 110 Z. 5. Ueber den als Gelehrten und Dichter gleich ausgezeichneten ben Giat vgl. M. Sachs, die religiöse Poesie der Juden in Spanien.

„ 110 Z. 8 von unten. Dieser Autor wird auch häufig nur *R. Salomon ben Aderet* genannt; und führen wir ihn weiter auch nur unter dieser Benennung an.

„ 111 Z. 6 zu *R. Nissim* ist hinzuzufügen *ben Ruben.*

„ 111 Z. 9 von unten. *Respons.* des *R. Jiz. Alfasi*, sehr kurz (nicht von verbürgter Echtheit).

„ 112 Anmerkung zu Ende. Noch sind hierher zu beziehen: *Collatio legum Mosaicar. et Romanar.* deren Verfasser unbekannt ist und im 4. Jahrh. gelebt haben soll. Diese in jüngster Zeit mehrfach besprochene *Collatio* ist von sehr untergeordnetem Werthe. Hierher sind ferner zu rechnen: *Samuel Stryk Leges forenses Mosaicae cum jure Romano collatae. Andreas Wegelein Collatio L. Mosaic. Roman. et Atticarum* u. A. — *Selden de Jure naturali et Gentium secundum praecepta Hebraeorum, libri septem.* Ferner dessen *Uxor Hebraica*, und dessen *tractatus de successionibus.* — *Salvador Histoire des Institutions de Moïse et du peuple hebreu. Paris* 1828. Dieses Werk kam mir erst zu als die Einleitung schon gedruckt war: Salvador stimmt in der Auffassung mancher Gesetze mit dem das. Gedachten überein.

„ 161 Z. 7. Nach *R. Mos. ben Nachman* (bei R. Nissim zu *Schebuot* 35[a]) scheint jedoch mit Beziehung auf *jer. Schebuot* 13[a]. (cap. 4 zu *Halacha* 1) auch in diesem Falle den Verwandten keine Verpflichtung obzuliegen.

Seite 164 Z. 13. Vgl. auch **Hommel** und **Ackermann** a. a. O. S. 57. 58.

„ 171 Z. 23. Vgl. auch weiter S. 242 Anmerkung.

„ 174 letzte Zeile. Vgl. *Baba Kama* 90[b].

„ 229 Z. 10 v. u. Nur dürfte, da hier ein Dolus, die Strafe für den Fall der Genesung zu gering erscheinen. Vielleicht liegt in dem Verhaft bis zum Ausgange der Krankheit und in der Angst, in der der Verhaftete schwebt, ob der Tod Jenes erfolgen und ihm Todesstrafe werde zuerkannt werden, eine genügende Bestrafung. Vgl. auch oben S. 27.

„ 257 Ueber Zeugniss des Sclaven durch Tortur vgl. *Cicero pro P. Sulla c.* 28, der beredt gegen das Unvernünftige eines solchen Zeugnisses spricht: „*Illa tormenta gubernat dolor, moderatur natura cujusque tum animi tum corporis; regit quaesitor, flectit libido, corrumpit spes, infirmat metus, ut in tot rerum angustiis nihil veritati loci relinquatur.*“ Aber Cicero ist Rhetor und Anwalt und ergreift gern jede Gelegenheit, um zum Vortheile seines Clienten das gegenüberstehende Zeugniss zu schwächen. Will er doch *pro Flacco c.* 4., dass man den Griechen keine Zeugenhabilität (dort war ein Grieche Zeuge) zugestehe — wobei er aber jedoch durch das, wie er anführt, bei den Griechen gewöhnliche *da mihi testimonium mutuum*, Manches für sich hat; — und *pro Fontejo c.* 9. 10. sucht er seinen Clienten dadurch zu retten, dass er den Gallern die Fähigkeit ein Zeugniss abzulegen abspricht.

„ 269 Z. 13. Vgl. **Carolina** Art. 43. „Unbekannte Zeugen sollen auff Anfechtung des Gegentheils nicht zugelassen werden (die Bamburg. Art. 75 hat einfach: „Item, Unbekannte zeugen sollen nit zugelassen werden“), es würde dann durch den, so die Zeugen stellet, stattlich fürbracht, dass sie redlich und unverleumbt wären.“ Vgl. auch Baier. Strafgesetzbuch 2. Thl. §. 280, wo „eine, dem

Gericht vollkommen unbekannte Person" zu den verdächtigen Zeugen gezählt wird.

Seite 306 Ende des §. Die Zeitschrift für Rechtspflege Neue Folge 2. Band bringt Seite 309 eine Abhandlung „über die Anwendung der Legaleide nach geführtem Beweise durch sogenannte verdächtige Zeugen in Civilsachen ff. vom Oberappellationsrath *D.* F. Hänel." Der Verf. gehet zunächst auf die Frage ein, ob überhaupt auf die übereinstimmende eidliche Aussage mehrerer nicht ganz vollgültiger Zeugen, wenn dieselben nicht noch durch andere Beweismittel unterstützt werden, ein Suppletorium gegründet werden könne, oder ob ohne Rücksicht auf die grössere oder geringere Zahl dieser Zeugen stets nur auf einen von dem Gegentheile zu leistenden Reinigungseid zu dringen sei. Er führt die Meinung verschiedener Autoren an, nach denen zwei verdächtige Zeugen einem classischen Zeugen gleichkommen, nach Einigen mehrere verdächtige Zeugen nach Umständen und dem Ermessen des Richters einen vollständigen Beweis bilden. (Die Aussage des verdächtigen Zeugen ist häufig mindestens ein Indicium; nach der Lehre, die dem künstlichen [Indicien-] Beweise Beweiskraft einräumt, dürften in den Aussagen mehrerer verdächtigen zuweilen ebenso viele dringende Indicien liegen, die zusammengenommen einen vollen Beweis herstellen [vgl. oben S. 249]. Aber freilich dürfte nicht die arithmetische Berechnung: zwei verdächtige Zeugen = einem classischen Zeugen, vier verdächtige Zeugen = zwei classischen Zeugen stattfinden, sondern müsste das Ermessen des Richters entscheiden, welche überzeugende Indicien er in den Aussagen dieser verdächtigen Zeugen wahrnimmt [das.]. Aber hier erwachen die Einwürfe, die überhaupt gegen den Indicienbeweis im Inquisitionsverfahren erhoben werden [vgl. oben S. 179]; und sind genaue gesetzliche Normen, wie man sie für andere Indicien versucht hat, hier schwerlich aufzustellen.) Der Verf. erhebt nun den gewichtigen Einwurf, wenn mehrere verdächtige Zeugen eine Thatsache eidlich versichern und gleichwohl dagegen auf einen Reinigungseid erkannt wird, so ist hier Widerstreit von Eid und Eid, welcher doch wohl nach wohl begründeter Rechtsansicht verhüthet werden muss. Dieser Grund, der Vieles für sich hat, scheint auch Veranlassung gegeben zu haben, dass bei der Aussage eines classischen Zeugen auf Suppletorium erkannt wird. Nach talmudischen Rechte, wo der Zeuge nicht beeidigt wird, fällt dieser Grund weg, der aber auch im gemeinen Recht nicht stichhaltig ist. Bleiben wir bei der aufgeworfenen Frage des Verf. stehen, nehmen aber statt mehrerer verdächtigen Zeugen e i n e n verdächtigen Zeugen. Auf dessen Aussage wird nach Aller Meinung nicht auf Suppletorium sondern auf Purgatorium erkannt. Und der Zeuge wurde doch vorher beeidet und stehet Eid und Eid einander gegenüber! Aber es ist auch nicht abzusehen, wie das R e c h t weichen soll vor der Billigkeits- oder Moralrücksicht. Hat Product ein Recht den Eid zu leisten, so kann es nicht zurückgedrängt werden, weil in *abstracto* Unmoralisches, Eid gegen Eid, hervortreten wird. Soll Unmoralisches vermieden werden, so lasse die Gesetzgebung Einen Zeugen gar nicht schwören, bis sich mit ihm noch ein Zeuge verbunden (und dann bedarf es auch des Suppletoriums nicht) oder durch einen noch hinzutretenden Umstand mehr als *semiplene* bewiesen wird (und dann Suppletorium): bei der a l l e i n i g e n Aussage eines Zeugen sei strenge Befragung und Erforschung und werde dann auf Purgatorium erkannt. Aber die Beeidigung des Zeugen hat zu festen Fuss gefasst, als dass man es wagte sich von ihr zu entfernen, und so ist die natürliche Folge: Unrecht oder Unmoralisches.

Seite 311 Z. 8. *Baba Batra* wird angeführt: Jemand hinterliess mehrere Söhne, von denen seine eigene

Frau ihm gestanden hatte, dass sie mit Ausnahme eines einzigen sämmtlich Bastarde seien. Vor seinem Tode sagte er, sein ganzes Vermögen hinterlasse er Einem Sohne. Die Söhne kamen vor den Richter und beanspruchte jeder von ihnen die Hinterlassenschaft. Der Richter sagte, sie sollen Jeder einen Stock nehmen und auf das Grab des Vaters schlagen, dass er ihnen sage, wen er gemeint habe. Sie liefen nun Alle hin bis auf Einen (den eine gewisse Ehrfurcht vor dem Verstorbenen zurückhielt). Diesem, sprach der Richter, gehört die Hinterlassenschaft." Doch ist diese Erzählung, sowie der Autor selbst in das Reich des Sagenhaften zu verweisen (vgl. das.); das talmudische Civilrecht hält Indicien, ausser den S. 309. 310 angeführten, nicht für einen Beweis.

Seite 335 Z. 21. Vgl. auch S. 496 Anmerk.

„ 337 zu Ende. Vgl. auch *L. un. C.* 7. 59 und Weber a. a. O. S. 77 ff.

„ 340 zu Ende. Ueber Stillschweigen im römischen Recht vgl. *L.* 142. *D.* 50. 17.: Stillschweigen zeigt weder eine Einwilligung noch eine Missbilligung an. Hingegen beweiset es, wo der Stillschweigende hätte ausdrücklich widersprechen müssen, wenn er nicht gewollt, dass sein Schweigen zu seinem Nachtheile erklärt werde. So vor Gericht, und zwar aus Strafe seines Ungehorsams (*L.* 11. §. 4. *D.* 11. 1.); ferner, wenn er gewusst, dass eine ihm nachtheilige Handlung vorgehe, die er durch seine Einrede hätte abwenden können: ein Sohn schreibt z. B. seinem Vater, dass er Geld von A geborgt und ersucht den Vater, er möchte die erborgte Summe dem Gläubiger bezahlen (*L.* 16. *D.* 14. 6). Ferner, wenn das Stillschweigen keine andere vernünftige Auslegung, als dass es eine Einwilligung sei, leidet. So ist z. B. wer wissentlich geschehen lässt, dass ein Dritter sich seinen Geschäften unterziehe, zur Vertretung ebenso gehalten, als wenn er ihn dazu bevollmächtigt hätte (*L.* 16.

§. 2. *L.* 18. *D.* 17. 1. *L.* 60. *D.* 50. 17). Vgl. Glück *l. l.* 4. Thl. S. 90 ff.

Seite 361 erste Anmerk. zu Ende. Vgl. auch *R. Salom. ben Aderet respons.* 1069, dass selbst, wenn Jemand ausdrücklich seine Person verpflichtet, eine Personalhaft (Schuldarrest), selbst im Falle eines Unterschleifes des Vermögens, nicht stattfindet, Interessant ist auch *respons.* 908., ob, wenn der Schuldner sein Vermögen verschwendet, der Gläubiger vor eingetretener Zahlungszeit die Bezahlung verlangen könne? *Aderet* verneint dieses mit Gewissheit: der Gläubiger hat für jetzt noch kein Recht den Schuldner in der freien Disposition seines Vermögens zu stören, und wendet Schuldner ein, dass er bis zur Zahlungszeit im Stande sein werde, die Abzahlung zu leisten. Nur in dem Falle, dass in den Händen des Gläubigers sich eine dem verschwenderischen Schuldner gehörende Summe befindet, dürfte, fährt Aderet fort, dem Gläubiger, wenn Schuldner überdies auch arm ist (also vorauszusehen, dass er zur Bezahlungszeit insolvent sein werde), zu gestatten sein, dass er sich an das in seinen Händen Befindende halte.

„ 386 Z. 7 von unten. Vgl. auch *R. Salom. ben Aderet respons.* 921, der es ebenfalls als unbezweifelt ansiehet, dass wenn es in der Urkunde heisst, zahlbar an jeden Producenten, sie an den gezahlt werden müsse, der die Urkunde producirt.

„ 490 Ende der Anmerkung. Der uns so eben zu Gesichte gekommene Wiener Kalender auf das Jahr 5607 bringt Seite 64 die höchst merkwürdige Judenordnung des ungarischen Königs Bela *IV.* (1235—1270), aus welcher wir hier §. 1 anführen: „In keinem das Eigenthum oder die Person betreffenden Rechtshandel gilt das alleinige Zeugniss eines Christen wider einen Juden, überall muss auch ein jüdischer Zeuge beigebracht werden.“

Register.

Druckfehler.

S. 8 Z. 18 giltige l. geltende. — S. 33 Z. 5 „sich“ zu viel. — S. 37 Z. 10 Indifferenz l. Differenz. — S. 39 Z. 18 qualificirten l. directen. — S. 58 Z. 9 v. u. ist „es“ zu viel. — S. 61 Z. 20 מקבל l. קבלן. S. 65 Z. 27 ist „und“ zu viel. — S. 71 Z. 18 dass l. das — dasselbst ist das † zu viel. — S. 76 Z. 8 früher l. schon früh. — S. 95 Z. 5 v. u. Thybaut l. Thibaut. — Das. Z. 4 v. u. Goldschmit l. Goldschmidt. — S. 103 Z. 18 Nachmann l. Nachman: und so allenthalben. — S. 110 Z. 13 Tosefot l. Tosafot: und so allenthalben. Das. Z. 15 Meir l. Meïr: und so allenthalben. — Das. Z. 14 26. Haittur l. Haïttur. — S. 119 §. 36. Z. 4 der l. ein derartiger. — S. 121 §. 53 unrechten l. ungerechten. — S. 128 §. 118. Z. 4 ist das Komma vor „wie“ zu viel. — S. 136 §. 180. Z. 2 Urkunden l. Urkunde. — S. 146 gehört die Anmerk. zu S. 147 Ende des §. — S. 153 Z. 7 v. u. vor „aber“ ein Komma. Z. 19 v. u. diesen l. diesem. — S. 159 Z. 3 Harmonäische l. Hasmonäische. — S. 162 Z. 7 v. u. alle l. alte. — S. 166. Z. 4 ist „für“ zu viel. — S. 167 Z. 10 v. u. Haldäische l. chaldäische. — Das. Z. 9 v. u. 16. l. 26. — S. 177 Z. 3 statt. Die l., die. — S. 186 Z 15 v. u. andern l. geringern. — S. 201. Z. 11 v. u. 156. l. 138. — S. 206 Z. 10 *Tom.* I. l. *Vol. II.* T. 1. — S. 228 Z. 20 aus l. ein. — S. 237 Z 3 N. l. 19. — S. 249 Z. 9 dass l. bei. — S. 293 Z. 6 pg. l. 19. — S 301 Z. 17 v. u. für l. im. — S. 302 Z. 4 Mispete l. Mischpete. — S. 305 Z. 12 Dieser l. Dieses. -- S. 306 l. Z. v. u. auf l. durch. — S. 308 Z. 2 v. u. man l. dass. — S. 326 Z. 5 v. u. fehlt „und“. — S. 361 Z. 5 den l. dem. — Das. Z. 10 Abaja l. Abaji. — S. 366 Z. 14 v. u. geben l. Geben. — S. 374 Z. 17 v. u. den l. dem. Z. 16 ihn l. ihm. Z. 15 sein l. seinem. — S. 446 Z. 14 ältere l. ältern. — S. 465 Z. 15 v. u. 715 l. 115. — S. 466 Z. 17 entlastet l. entlaste. — S. 486 Z. 14 uymen l. nymen. — S. 492 Z. 17 nach „Wahrheit“ l. „nicht“. — S. 496 Z. 1 *Juresonsultos* l. *Jureconsultos.* — S. 499 die erste Anmerk. gehört zu Z. 4. — S. 503 Z. 8 v. u. nach „Glaubwürdigkeit“ fehlt „befragt“. — S. 504 Z. 7 doch l. noch. — S. 511 Z. 10 Partie l. Partei. — Das. Z. 23 Glaubenswürdigkeit l. Glaubwürdigkeit.

Druck der B. G. Teubner'schen Officin in Dresden.

FSC
www.fsc.org
MIX
Papier | Fördert
gute Waldnutzung
FSC® C083411

Kolibri 360 GmbH
Ferdinand-Jühlke-Straße 7
99095 Erfurt, Deutschland
produktsicherheit@kolibri360.de